Os monoteístas

VOLUME II

As palavras e a vontade de Deus

F. E. Peters

Os monoteístas

Judeus, cristãos e muçulmanos

VOLUME II

As palavras e a vontade de Deus

Tradução

Jaime A. Clasen

editoracontexto

Foto de capa
Jaime Pinsky

Montagem de capa e diagramação
Gustavo S. Vilas Boas

Revisão de tradução
Renato Marques de Oliveira

Revisão
Lilian Aquino

Dados Internacionais de Catalogação na Publicação (CIP)
(Câmara Brasileira do Livro, SP, Brasil)

Peters, F. E.
Os monoteístas : judeus, cristãos e mulçumanos : volume II : as palavras e a vontade de Deus / F. E. Peters ; tradução Jaime A. Clasen. – São Paulo : Contexto, 2008.

Título original: The monotheists, vol. II.
ISBN 978-85-7244-399-9

1. Cristianismo 2. Deus - Vontade 3. Islamismo 4. Judaísmo 5. Monoteísmo - Estudos comparados 6. Palavra de Deus I. Título.

08-03046 CDD-291.211

Índice para catálogo sistemático:
1. Monoteístas : Religião comparada 291.211

2008

EDITORA CONTEXTO
Diretor editorial: *Jaime Pinsky*

Rua Dr. José Elias, 520 – Alto da Lapa
05083-030 – São Paulo – SP
PABX: (11) 3832 5838
contexto@editoracontexto.com.br
www.editoracontexto.com.br

Para *Peter Paul Peters*,
bom homem, grande filho

Sumário

Apresentação

Este é o segundo e último volume de *Os monoteístas*. Junto com o primeiro, recentemente publicado pela Editora Contexto, formam uma obra completa sobre judeus, cristãos e muçulmanos. São volumes interdependentes, não sendo essencial que se leia o primeiro para se entender este, ou vice-versa. Mas não é difícil prever que, concluído um volume, fatalmente o leitor se interessará pelo outro...

Enquanto o primeiro compara os povos que adotaram o monoteísmo e descreve sua trajetória histórica, este se preocupa em falar das crenças, mostrando o desenvolvimento das idéias – principalmente as religiosas – e das instituições.

Aqui o autor se ocupa em mostrar a evolução daquelas que são consideradas as verdades religiosas, desde a confecção até a cristalização das Escrituras, suas interpretações oficiais ou tradicionais, assim como eventuais ramificações e desvios de rumo, como as heresias.

Nessa linha, o livro dá a palavra aos grandes "explicadores", como Maimônides, Agostinho e Ibn Khaldun, assim como revela as formas encontradas pelas pessoas para seguir as palavras divinas (como eremitas, monges, rabis, comunidades fechadas, comunidades minoritárias, grupos hegemônicos) e ensiná-las (escolas religiosas, ensino religioso).

Um dos aspectos mais fascinantes do livro é quando ele compara noções e conceitos como: pecado, paraíso/céu/inferno/purgatório, anjos, demônios, messias, santos ou outros intermediários, possibilidades e limites da ação humana (assuntos como livre-arbítrio, predestinação, responsabilidade, impotência diante dos desígnios divinos ou possibilidade de interseção, ou seja, de "negociação" com Deus), o Fim dos Tempos, os castigos e as recompensas.

A obra termina falando dos cultos e das principais festas religiosas (inclui peregrinações, períodos de purificação etc.), das liturgias, dos ídolos e das representações, de algumas devoções "oficiais" e de crenças populares.

O que este livro tem de diferente? Primeiramente o autor, que além de grande especialista, escreve bem, tem texto claro e vigoroso. Deve-se notar que, embora muitas vezes irônico, mantém o respeito, não é tendencioso e busca a neutralidade, preocupando-se com conclusões apenas após fornecer as informações, algo meio incomum na área.

O livro foi objeto de cuidadosa tradução. O leitor desta obra ficará com uma base sólida para entender de uma área sobre a qual sobram mitos e faltam boas análises, principalmente em língua portuguesa.

Conhecer bem o assunto não reforçará nem abalará a fé das pessoas, mas seguramente fará com que elas fiquem mais tolerantes. É sempre bom compreender as razões do outro. Ou até poder criticá-lo com mais fundamento.

Os Editores

1 – As Escrituras: Bíblia, Novo Testamento e Alcorão

O judaísmo, o cristianismo e o islã são, todas elas, religiões escriturísticas, ou seja, afirmam a existência de uma revelação divina em forma escrita. As "Escrituras Sagradas", "A Escritura" e "O Livro" são termos praticamente intercambiáveis entre as três comunidades, e seus adeptos podem ser identificados, como veremos, como Povos do Livro, expressão com a qual os muçulmanos de fato se referem a judeus, cristãos e a si próprios. No entanto, as três Escrituras mostram diferenças claras. Na visão judaica – e muçulmana também –, Deus deu e Moisés escreveu um livro, dividido em muitas partes distintas e separadas, a Lei ou Torá. Embora, porém, a Torá se orgulhe do lugar que ocupa na história revelacional judaica, as intervenções diretas de Deus foram, de uma maneira ou de outra, contínuas desde Moisés até Esdras; assim, a Bíblia judaica é uma obra coletiva que inclui, sob os títulos de Lei, Profetas e a miscelânea chamada Escritos, toda a revelação de Deus ao seu povo.

Essa era certamente a visão judaica no tempo de Jesus, e não há motivo para pensar que Jesus considerasse a Escritura de modo diferente. Ele mesmo não produziu nenhum escrito ou livro novo, de modo que a Escritura cristã é de fato totalmente diferente da Escritura concebida pelos judeus. Os evangelhos são relatos das palavras e atos de Jesus registrados, numa estrutura aproximadamente biográfica, por seus seguidores. Aos olhos dos cristãos, Jesus não trouxe uma Escritura; ele próprio, em sua pessoa e mensagem, era uma revelação, a "boa-nova de Deus". A sua vida e morte sacrificais selaram uma "Nova Aliança" que Deus firmou com seu povo, e os evangelhos, os relatos dos atos e pensamentos da comunidade cristã primitiva, registrados nos Atos dos Apóstolos, e as cartas de vários dos seguidores de Jesus passaram a ser vistos pelos cristãos como uma Nova Aliança, ou Testamento, a ser posta junto à Antiga – aquela registrada e celebrada na Bíblia judaica.

Maomé pode ter tido uma compreensão um tanto diferente desse processo complexo. Embora em geral se referisse à revelação judaica como *Tawrat*, o Profeta do islã certamente tinha consciência de que havia outros profetas judeus e, por isso, possivelmente outras revelações, depois de Moisés. Mas ele nunca menciona um Novo Testamento; suas únicas referências são a um "Evangelho" singular, *Injil* em árabe, e parece que ele o imaginava como um livro sagrado que Jesus trouxera ou escrevera, assim como Moisés fizera com a Torá.

Maomé tinha uma sólida percepção da vocação profética e da linha de profetas que haviam criado a tradição judaico-cristã; depois de uma breve hesitação inicial, ele mesmo colocou-se firmemente nessa linha. Ele também era um profeta, e, quando as primeiras revelações de Deus foram distorcidas nas mãos obstinadas e perversas dos judeus e cristãos, Deus deu a ele, não menos do que a Moisés e a Jesus, um Livro revelado. Ou assim ficou na sua versão final, codificada. Aquilo que o próprio Deus instruíra Maomé a chamar de "a Recitação", em árabe *al-Quran*, era de fato uma série de mensagens transmitidas a Maomé pelo anjo Gabriel ao longo de 22 anos. Cada parte já fora identificada como Escritura durante a vida do Profeta, e o Livro só foi finalmente encerrado com a morte de Maomé.

Dos três conjuntos de Escrituras, só o Alcorão goza de uma canonicidade autoconferida; ele se unge a si mesmo como Escritura. Ao contrário, tanto a Bíblia como o Novo Testamento passaram por um processo longo (e em grande medida invisível) para chegar finalmente à canonicidade, que foi conferida pela comunidade.

Três livros sagrados

Assim passaram a existir três livros sagrados, sendo cada um, em certo sentido, a Palavra de Deus. Tradicionalmente, cada coleção é considerada por sua comunidade de fé uma declaração completa, autorizada e universal, que regula o papel e a conduta da humanidade em relação ao seu Criador. No entanto, a história sugere algo diferente. De modo geral, objeções diretas à Escritura são um fenômeno muito moderno, mas até mesmo em ambientes tradicionais cada comunidade contestou implicitamente a completude da Escritura, ou pela tentativa de abrir outros canais de revelação contínua (ver II/3); ou por meio do esforço para arrebatar a autoridade das palavras da Escritura, distorcendo seu sentido, para as mãos de seus intérpretes (ver II/2); e, em épocas mais recentes, pelo recurso de cravar junto à universalidade da Escritura a noção de seu condicionamento histórico – a idéia de que ela era expressa num meio cultural e social que em maior ou menor medida determinava seus parâmetros morais. Além disso, cada Escritura era um patrimônio hereditário e uma carta para uma comunidade que não existira antes. Cada comunidade vivia sob a profunda convicção de que Deus falara a ela pela última vez: os judeus, pela primeira e última vez; os cristãos, pela segunda e última vez; os muçulmanos, pela terceira e última vez.

A Bíblia, o Novo Testamento e o Alcorão, embora considerados livros que emanaram da mesma fonte, são obras muito diferentes. A Bíblia é uma mistura complexa e compósita de mito religioso, narrativa histórica, decretos legais, admoestações proféticas, contos de advertência e poesia, composta durante um longo período e editada, em certo momento, num Livro único. O período de tempo para a composição do Novo Testamento é consideravelmente mais curto, meio século talvez, mas seu conteúdo também é misto bastante variado de narrativa semibiográfica, história de comunidade, cartas e, em algumas versões, um Apocalipse ou Livro da Revelação. O Alcorão, como vimos, é absolutamente contemporâneo à sua revelação, 22 anos durante a vida do Profeta.

No Alcorão não há nada além da Palavra de Deus, como o próprio Maomé garantia à comunidade de crentes, embora houvesse muitíssimas palavras de Maomé circulando fora da Escritura e com grandes conseqüências (ver II/3). Nos círculos judaicos e cristãos, porém, certamente circulavam outros escritos que também reivindicavam a condição de serem Palavra de Deus, mas que não se encontram na Bíblia ou no Novo Testamento. Essas duas Escrituras representam, portanto, uma decisão deliberada de alguém em designar certos livros como Escritura autêntica ou canônica e de excluir outros da lista autorizada, que é chamada de cânone.

Essa decisão foi essencialmente teológica, e a exclusão dos livros não canônicos, geralmente chamados apócrifos pelas Escrituras judaica e cristã, não os tornam menos interessantes ou importantes de um ponto de vista histórico. Os Livros dos Macabeus nunca entraram no cânone judeu, por exemplo, nem os evangelhos gnósticos no cânone cristão, mas cada um deles nos conta algo dos acontecimentos e atitudes da época que os produziu.

Povos do Livro

Para o Alcorão e os muçulmanos em geral, a expressão "Povos do Livro" refere-se àqueles povos – judeus, cristãos, muçulmanos e, posteriormente, alguns outros – que foram recebedores de uma revelação na forma de livro sagrado. Embora a fonte, Deus, e, portanto, a verdade dos livros sejam idênticas, as Escrituras diferem – como atestam seus nomes diferentes – não apenas desde o começo, mas particularmente depois que os judeus e os cristãos começaram a alterar os seus livros, como acreditam os muçulmanos

Os judeus negariam cabalmente a afirmação de que haveria mais de um Povo do Livro, a saber, eles mesmos, pois não houve outras revelações depois que se encerrou o cânone bíblico. Os cristãos concordariam que tanto eles como os judeus são, de fato, Povos do Livro, no sentido de que a sua fé estava enraizada na Bíblia, a única Escritura que os cristãos primitivos conheciam. Quando os cristãos primitivos falavam de "Escritura", referiam-se às Escrituras judaicas ou *Tanach* (ver mais adiante), e levou algum tempo (e uma importante separação do judaísmo) para iniciarem o processo de atribuir aos seus próprios escritos sobre Jesus a mesma categoria de Escritura sagrada. Mas, por fim, também os cristãos acabaram considerando seus próprios livros como Escritura, ou seja, "um Livro" em pé de igualdade com a Bíblia hebraica, embora nesse caso registre a Nova Aliança ou Testamento que Deus firmara com seu povo (ver mais adiante). O ato redentor de Jesus era decisivamente eficaz para toda a humanidade, por isso não haveria mais revelação futura antes do Fim. Por sua vez, os muçulmanos se consideram o Povo do Livro por excelência, visto que o Alcorão substituiu as duas Escrituras anteriores, que, no entanto, eram autênticas. (Sobre as implicações políticas muçulmanas do conceito essencialmente teológico de Povo do Livro, ver I/8).

A Bíblia

A Bíblia (do grego *biblia*, "livros") é de fato uma coleção de 24 livros separados reconhecidos pelos judeus como o registro autêntico das transações de Deus com eles. Ela é muitas vezes chamada de Tanak, um acrônimo de suas três divisões principais. Torá (Lei) são os cinco livros (Pentateuco) de Moisés – Gênesis, Êxodo, Levítico, Números e Deuteronômio. Nebiim (Profetas) inclui tanto os profetas anteriores (que podemos considerar livros de história), a saber, Josué, Juízes, depois Samuel e Reis (estes dois últimos em dois livros cada um, embora contados como um), e os profetas posteriores, ou seja, Isaías, Jeremias, Ezequiel e os doze profetas menores (novamente contados como um livro). A coleção mista chamada Ketubim (Escritos) inclui obras tão diversas quanto os hinos chamados Salmos e o Cântico de Salomão; as estórias morais de Jó, Rute e Ester; a sabedoria de Provérbios e Eclesiastes (Qohelet ou Coélet), a trenodia de Lamentações, o Daniel apocalíptico e os históricos Esdras-Neemias (contados como um livro) e Crônicas (novamente, dois livros contados como um).

Quando voltaram do exílio, os judeus já estavam perdendo seu hebraico nativo e adotando o aramaico, a linguagem semítica que serviu como língua franca do Mediterrâneo oriental. Partes dos últimos livros da Bíblia foram realmente escritas em aramaico, assim como foram os livros legais posteriores, como os Talmudes (ver II/3). Os judeus da diáspora acabaram adotando como sua linguagem ordinária o *koine*, "dialeto comum" ou "língua comum" do grego (o hebraico nunca desapareceu inteiramente como linguagem erudita), e mais tarde falaram, e escreveram, em tudo, desde o árabe ao inglês, e em muitos dialetos no meio. Por isso havia a necessidade de se traduzir a Bíblia. Essa necessidade produziu várias traduções aramaicas (chamadas targums), que muitas vezes parafraseavam em vez de simplesmente traduzir a Bíblia. A tradução grega feita em Alexandria, em meados do terceiro século a.e.c., tornou-se comum entre os judeus da diáspora como Fílon e Paulo, e depois universalmente entre os cristãos que falavam grego; ela é chamada de Septuaginta ("Setenta") por causa do mito de sua feitura.

> **Nota:** A persistência de títulos em grego (Gênesis, Deuteronômio, Eclesiastes etc., e a própria palavra bíblia) numa coleção de livros hebraicos pode ser atribuída ao fato de que eram mais comumente citados na literatura em geral por cristãos, que desde o começo usaram a Septuaginta grega. Em hebraico, os livros são universalmente citados pelas palavras iniciais de cada primeira linha do livro. Assim, o livro geralmente referido como Gênesis é em hebraico chamado *Bereshit* ("No princípio...").

O que acabou tirando a Septuaginta de circulação entre os judeus foi exatamente o sempre crescente uso cristão dessa tradução um tanto livre, com seu cânone elástico (muitos dos apócrifos, como Judite, Sabedoria de Salomão, Eclesiástico e 1 e 2Macabeus foram incluídos na Septuaginta e assim se tornaram parte do Antigo Testamento cristão padrão até que os reformadores protestantes voltaram ao cânone hebraico dos 24 livros) e a interpretação ainda mais livre que os cristãos faziam dela para seus próprios fins teológicos. No segundo e terceiro séculos e.c. os judeus optaram por uma série de traduções gregas mais literais e de fato descartaram a Septuaginta. Jerônimo (m. c. 420) usou a Septuaginta como base, embora com correções a partir do hebraico, de sua própria tradução latina do Antigo Testamento, a chamada Vulgata, que dessa forma passou a ser comum e de uso geral entre os cristãos na cristandade ocidental.

Línguas sagradas

Um elemento na compreensão da importância de Jesus é que suas intenções foram finalmente recordadas na forma mais de biografia, os evangelhos, do que como mera reunião de seus ditos. Originalmente, ambas as formas podem ter estado em competição, a biografia narrativa como testemunhada pelo evangelho de Marcos, por exemplo, e uma coleção de ditos como o evangelho não canônico de Tomé, ou a famosa fonte "Q", que a moderna ciência bíblica reconstruiu a partir de versículos idênticos em Mateus e Lucas, mas não em Marcos. Mas foi a biografia de tipo marcana que rapidamente prevaleceu nas igrejas e constituiu a "boa-nova" para os cristãos. Esse triunfo de biografia sobre ditos pode também ter influenciado a transição fácil e muito rápida do aramaico nativo de Jesus e seus seguidores para o grego de nosso Novo Testamento, que não parece ser uma tradução. De qualquer forma, não era importante que as próprias palavras de Jesus fossem lembradas em sua língua original, e as poucas vezes em que o verdadeiro aramaico de Jesus é posto por escrito nos evangelhos (por exemplo, Mc 5,41; 7,24), tem-se a impressão de que aqueles que recolheram as palavras pensavam tratar-se de fórmulas sagradas ou até encantamentos mágicos, e não palavras historicamente autênticas.

A questão de uma linguagem sagrada, portanto, dificilmente surgiu entre os cristãos, e o Novo Testamento rapidamente passou para várias línguas vernáculas: copta egípcio, aramaico sírio chamado siríaco, latim, eslavo e, finalmente, todas as línguas européias e asiáticas. Na Europa ocidental, a tradução latina feita (ou supervisionada) por Jerônimo tornou-se finalmente comum como a *versio latina vulgata* ou, em português, simplesmente a Vulgata.

Nota: A tradução Vulgata, como a Septuaginta entre os judeus do segundo e primeiro séculos, ganhou, entre os cristãos medievais, um *status* próximo da inspiração da própria Escritura. Sua exatidão, porém, exigiu defesa cada vez mais vigorosa contra as dúvidas levantadas sobre bases puramente acadêmicas por humanistas como Lorenzo Valla (m. 1457) e Desidério Erasmo (m. 1536) (ver mais adiante) e por um número crescente de traduções vernáculas que variavam em compreensão acerca do que estava sendo traduzido. A própria tradução que Lutero fez das Escrituras – iniciada em 1522 e muitas vezes revista durante sua vida – buscou documentos que datam de período anterior a Jerônimo, edições recentemente disponíveis e mais confiáveis do original, a saber: a tradução que Erasmo fez do Novo Testamento (1519) e a edição Soncino da Bíblia hebraica (1495). A Igreja romana respondeu no Concílio de Trento, que afirmou a autoridade da versão de Jerônimo, mas ao mesmo tempo pediu uma nova edição crítica da Vulgata, publicada somente em 1590 e que precisou quase que imediatamente de revisão (1592-1598). A mais famosa das primeiras traduções inglesas, a Bíblia King James, apareceu em 1611.

Se o aramaico de Jesus desapareceu rapidamente atrás de outras versões lingüísticas de seus ensinamentos e obra, o percurso das linguagens das Escrituras judaica e muçulmana seguiu trajetórias totalmente diferentes. Tanto o hebraico como o árabe foram, e são, a linguagem de trabalho das elites clericais no judaísmo e no islã (como foi o latim na cristandade européia). Os judeus, em geral, porém, começaram a perder o seu hebraico como língua vernácula um pouco depois do exílio e passaram cada vez mais a falar a língua predominante no lugar onde viviam. Portanto, não é de surpreender que um judeu de fala alemã ou árabe da Idade Média que quisesse tornar-se rabino tinha forçosamente de aprender o hebraico, assim como um persa ou um turco que quisesse estudar a *xaria* não o fazia em sua língua nativa, mas em árabe. Nos países muçulmanos, a tensão entre as línguas vernáculas seculares e o árabe religioso está vividamente ilustrada tanto pelo abandono, em 1924, da escrita árabe pelos turcos, em seu desejo de criar uma nova república secular, como no artigo da constituição de 1979 da República Islâmica do Irã, que torna obrigatório o estudo do árabe para os alunos do ensino médio.

A ligação entre ensino religioso e linguagem é obviamente determinada pela linguagem do próprio texto sagrado ou, em termos mais exatos, pela linguagem das Palavras de Deus, uma versão da qual é encontrada no hebraico e a outra no árabe. Clérigos judeus e muçulmanos têm sido igualmente entusiastas em louvar cada uma das duas línguas como "a linguagem de Deus" ou "a linguagem dos anjos", mas há uma diferença muito clara na relação entre cada uma e o Livro em que se encontra. Primeiro, a Bíblia não está toda em hebraico; partes dos livros canônicos de Esdras e Daniel foram escritas em aramaico, e essas outras extensões quase canônicas da intenção de Deus para o seu povo, a Mishná e os dois Talmudes (ver II/3), mostram uma mistura crescente de aramaico e hebraico nas discussões rabínicas registradas. De modo mais fundamental, porém, a Bíblia não é apenas fala direta de Deus – de fato, o discurso direto é apenas uma pequena porcentagem do todo –, mas um quadro narrativo composto em cujo âmbito se desenvolvem ações e fala, quase sempre no discurso dos mortais. Os judeus entendiam que os livros bíblicos tinham autores, e dessa maneira estavam lingüisticamente condicionados, embora mesmo assim fossem inspirados.

O Alcorão, ao contrário, parece apresentar-se como as *ipsissima verba* de Deus, e num árabe "evidente" ou "convincente" (Alcorão 16,103 etc.). No entanto, não tem nenhuma narrativa estruturada, nenhuma assinatura de autor ou presença sua. Na visão muçulmana, Maomé não é sequer um transmissor; apenas anunciou com absoluta precisão o que ele mesmo ouviu. A conseqüência, então, é que o Alcorão contém as palavras exatas de Deus, sem intervenção humana ou condicionamento de qualquer espécie; Deus falou, e Maomé ouviu e relatou em língua árabe.

Finalmente, tanto os judeus como os muçulmanos usam o texto da Escritura como a base essencial para suas orações litúrgicas. Embora a Mishná (Sotah 7,1) permita explicitamente que se use o vernáculo ("qualquer linguagem") para as orações litúrgicas centrais, a atração da língua original é forte entre os judeus. Entre os muçulmanos, a prática de usar o árabe na oração litúrgica é quase universal.

As traduções

A Bíblia foi, portanto, originalmente composta em hebraico – embora, como já foi dito, algumas das últimas passagens estejam em aramaico – e está disponível em várias traduções em línguas modernas, seja sozinha ou em combinação com o Novo Testamento. É notável que, onde outrora diferenças sectárias entre judeus, católicos e protestantes criaram discrepâncias marcantes em suas respectivas traduções, atualmente as diferenças se reduziram a tão poucas palavras ou passagens que é possível que exegetas judeus e cristãos, católicos e protestantes trabalhem juntos em traduções a várias mãos.

Houve colaborações bem cedo acerca de tradução escriturística. Como veremos, em 1142, Pedro, o Venerável (m. 1156), abade do mosteiro de Cluny, concebeu um projeto para auxiliar a conversão de muçulmanos que, entre outras coisas, devia conter uma tradução do Alcorão para o latim, é claro. Em meados do século XV, o Alcorão foi novamente traduzido, nessa ocasião para salvar a tradição em extinção da fé ancestral dos mouriscos, os convertidos muçulmanos da Espanha. Os muçulmanos das partes ao norte da Espanha, que cedo tinham passado para a soberania cristã como mudéjares, acabaram falando, escrevendo e lendo uma língua românica em vez do árabe. Tentaram compensar, pelo menos simbolicamente, escrevendo textos românicos em escrita arábica, prática conhecida como *aljamiado*, pois tanto a escrita como a linguagem do Alcorão eram consideradas um dom de Deus. Mas a perda da linguagem significou que não podiam mais ler o próprio Alcorão. Entre 1456 e 1462, o clérigo muçulmano que chefiava a comunidade mudéjar em Segóvia produziu não apenas um Alcorão castelhano, mas também uma espécie de livro elementar islâmico para ajudar os muçulmanos que caíam rapidamente na ignorância religiosa.

Em 1698, a Europa ganhou a primeira tradução impressa do Alcorão, uma versão erudita feita por Ludovico Marraci, de novo em latim. Embora houvesse professores de árabe tanto em Cambridge como em Oxford na década de 1630 – uma considerável obra sobre o islã por um deles, Edward Pococke (m. 1691), cujo professor de língua arábica, na Síria, disse que ele sabia a língua "tão bem como o mufti de Alepo", ainda estava em latim –, a primeira tradução inglesa do Alcorão diretamente do árabe só apareceu em 1734. Foi obra de George Sale (m. 1736), um advogado inglês que aprendeu árabe com professores particulares em Londres. O incentivo pode ter vindo da Sociedade Britânica para a Promoção da Ciência Cristã, que o recrutou para traduzir o Novo Testamento e os Salmos para o inglês. Sale teve acesso a vários comentários muçulmanos padrão (talvez de Pococke através de Marraci), que usou para explicar o texto. De maneira ainda mais notável, a tradução foi prefaciada por um longo "Discurso preliminar" que dava aos leitores ingleses uma explicação detalhada do pano de fundo árabe para o surgimento do islã, bem como uma vida de Maomé. A versão de Sale foi a tradução inglesa padrão do Alcorão até à segunda metade do século XIX.

Os muçulmanos, por sua vez, foram muito mais relutantes em traduzir e, assim, transformar a palavra do próprio Deus. Mesmo quando o Alcorão foi traduzido por muçulmanos para benefício de outros muçulmanos que não sabiam a língua arábica, como os que viviam no Ocidente, por exemplo, o esforço foi, às vezes, modestamente disfarçado como uma paráfrase ou resumo do conteúdo do livro sagrado. Há algumas traduções inglesas do Alcorão impressas, também comumente, embora menos corretamente, chamadas *Koran*. A dicção do Alcorão é extremamente elíptica, e qualquer versão inglesa dele soará, naturalmente, muito mais estranha aos ouvidos ocidentais há muito acostumados com os ritmos e as imagens da Bíblia e do Novo Testamento.

Mas é mais do que a familiaridade que faz a Bíblia e os evangelhos melhor servidos por suas traduções do que o Alcorão arábico. A mensagem de Deus a Maomé foi transmitida em imagens afetivas altamente carregadas do poeta sagrado. Ela é mais alusiva que explícita, um grande conjunto de advertências, comandos, injunções e instruções transmitido contra o pano de fundo de povos e maneiras tão áridos aos nossos olhos como a própria estepe. Sentimos o Sinai e Canaã na Bíblia; a Palestina, suas casas, montanhas, rios e lagos, suas aldeias, cidades e as pessoas que viviam nelas estão todos presentes na narrativa evangélica. No Alcorão, porém, buscamos sem sucesso por Meca, pela vida profana mas intensamente comercial dos coraixitas, pela família e companheiros de Maomé. Em suas páginas há somente a voz de Deus. Uma vez ouvida, ela dominou os corações, como ainda faz em sua forma escrita, mas deixa o historiador esperando em vão, e surdo, por contexto.

Crítica escriturística

Quase desde o começo, cada um dos Povos do Livro estudou sua Escritura de maneira séria e detalhada, mas sempre com o respeito e veneração devidos à Palavra de Deus. Nos círculos acadêmicos europeus do século XIX começou a ser seguida uma abordagem nova, diferente do estudo anterior dos mesmos textos no sentido de que via as Escrituras – Bíblia, Novo Testamento, Alcorão – apenas como documentos, não diferentes da *Ilíada* de Homero ou das *Histórias* de Tito Lívio. Esse método crítico, como foi chamado, não se dirigia somente à Escritura; de fato, começou formalmente como uma maneira de estudar a história romana primitiva. Os resultados foram surpreendentes à medida que antigas e até então inabaláveis suposições acerca da idade e validade de nossas fontes latinas começaram a balançar em suas fundações, empurradas para cima em alguns casos, escoradas em outros, pela nova ciência da arqueologia. Uma vez que as mesmas técnicas foram empregadas nas Escrituras, as pessoas não ficaram apenas surpresas; ficaram escandalizadas à medida que os resultados das novas investigações críticas começaram a cair na consciência popular. A própria fé parecia sob ataque, como talvez em muitos casos estivesse.

Já se falou sobre a crítica escriturística nas discussões sobre as vidas de Jesus e de Maomé. Aliás, não vai ser aprofundada aqui, visto que o propósito da atual empreitada é principalmente entender as crenças das comunidades em questão como os crentes as entendem, e não como os eruditos pensam que eles devem crer em primeiro lugar. Mas a "alta crítica", como foi chamada, é importante por dois motivos. Primeiro, suas raízes estão muito profundas nas três tradições religiosas, que foram expostas a tensões antigas e igualmente poderosas de racionalismo e tiveram de reagir ou adaptar-se a elas. Segundo, o método crítico agora só é ignorado pelos membros conservadores mais radicais das três comunidades monoteístas. Muitas das descobertas da crítica escriturística foram incorporadas às tradições para seu próprio uso ou as comunidades criaram mecanismos para responder a elas.

A crítica escriturística geralmente trata de duas questões inter-relacionadas, o texto em si da Escritura e sua composição. A crítica textual faz perguntas acerca da preservação e da transmissão do verdadeiro texto da Escritura, do manuscrito à impressão, a fim de estabelecer a versão mais confiável e autêntica do texto. Implica obviamente a coleta e comparação do máximo possível de manuscritos, sua datação e classificação em "famílias", uma compreensão de quando e como foram copiados, os tipos de erros que os escribas cometeram e os tipos de coisas que eles provavelmente puseram ou omitiram no texto diante deles, mesmo num texto da Palavra de Deus. A finalidade de todo esse trabalho é a publicação do melhor manuscrito (com correções, quando lhes pareceram necessárias) ou, no caso da Escritura, em que há uma proliferação de manuscritos, a produção de uma edição crítica, na qual o editor "cria" a partir da evidência disponível um texto que parece o mais próximo do original, ainda que com todas as escolhas do editor e as várias possibilidades anotadas para o julgamento do leitor. Há edições críticas tanto da Bíblia como do Novo Testamento, embora nenhuma até agora para o Alcorão, uma vez que a coleta e a comparação de manuscritos da última Escritura nem de longe estão completas.

Tanto a crítica histórica, como a literária e a redacional tratam da verdadeira composição do texto. A crítica histórica investiga a data, o tempo, o lugar, a autoria e as circunstâncias da composição – das cartas de Paulo, por exemplo, ou do livro de Daniel – e, o que é crucial aqui visto que esses textos são pensados como provindo de Deus, as fontes usadas pelo(s) autor(es). A crítica literária estuda tanto a linguagem do texto – o que todas as três comunidades fazem quase desde o começo – e a(s) forma(s) literária(s), seja da obra toda ou de partes dela, das parábolas, por exemplo, nos evangelhos, ou dos juramentos com que iniciam muitos capítulos do Alcorão, e isso à luz do que sabemos de outro lugar acerca das regras que regem tais formas. Por fim, a crítica redacional tenta entender o processo editorial que levou à produção final da obra assim como a temos, de que maneira seus elementos aparentes foram reunidos para formar nosso Gênesis, ou o que Mateus e Lucas fizeram com o evangelho de Marcos ao produzir o deles.

Quem escreveu a Bíblia?

Há dois tipos de respostas para esta pergunta. Uma é complexa, mas altamente suscetível, vem da tradição judaica, e sabe precisamente quem escreveu cada livro da Bíblia. De fato, alguns autores ainda têm seus nomes nos seus livros, como Josué, Samuel, Jeremias, Esdras e Neemias. Outros são fáceis de imaginar: Moisés escreveu o Pentateuco, Davi, os Salmos. Os outros, porém, podem ser apenas deduzidos, o que os rabinos fizeram com habilidade. Moisés também escreveu o livro de Jó, e Samuel é autor de Juízes e Rute; Jeremias escreveu Reis e Lamentações, além de seu próprio livro; Ezequiel e seu grupo escreveram Isaías, Provérbios e o Cântico dos Cânticos; os homens da Grande Sinagoga escreveram Ezequiel, os livros dos doze profetas menores, Daniel e Ester; Esdras escreveu também Crônicas.

A outra resposta, que vem da crítica bíblica moderna, vai exatamente na direção oposta: não temos a menor idéia de quem compôs a Bíblia. Nem podemos ter, visto que os livros bíblicos que possuímos são, todos, obra de editores anônimos, ou até de "escolas" de editores, que durante um longo período juntaram e ordenaram esses livros a partir de materiais mais antigos e igualmente anônimos. Até os livros proféticos, que parecem simplesmente composições de uma única autoria, acabaram tendo numerosas interpolações e adições. Sabe-se que o profeta que a tradição conhece simplesmente como Isaías viveu entre cerca de 742-701 a.e.c. e escreveu apenas os capítulos 1–39 desse livro; os capítulos 40–55 pertencem a um posterior segundo Isaías exílico (c. 587-539 a.e.c.) e os capítulos 56–66 a um terceiro Isaías, que escreveu um pouco depois do exílio. Obviamente, a dificuldade é extremamente grande no grupo dos cinco livros que iniciam a Bíblia, a Torá ou Pentateuco. A tradição os chama de "Livros de Moisés"; o "Javista" o escreveu, responde a crítica, ou o "Eloísta" (ver mais adiante), e ambos com grande quantidade de ajuda editorial.

Como até o leitor casual pode observar, a Torá repete estórias, a criação de Adão, para citar apenas um exemplo famoso, com detalhes diferentes e, muitas vezes, conflitantes, e registra versões diferentes dos Dez Mandamentos em Êxodo 20 e Deuteronômio 5. Desde cedo o fato foi notado e explicado – ou justificado – numa variedade de maneiras engenhosas, mas que deixaram a questão da autoria mosaica intocada e imperturbada. Mas um astuto exegeta medieval, o comentarista Abraão ibn Ezra (m. 1164) (ver II/2), propôs uma solução mais econômica e um tanto mais perigosa. Quando as leis diferiam, explicava ele, era porque uma versão vem diretamente de Deus e a outra de Moisés. No século XIX, porém, a afirmação da autoria divina tinha sido rejeitada pelos críticos, e faltava apenas identificar as mãos humanas responsáveis por tais anomalias na Torá.

Em 1883, Julius Wellhausen, em seu *Prolegômenos à história de Israel*, ofereceu uma solução para a composição da Torá, mais Josué, o chamado Hexateuco, ou "Seis Partes", que explicavam essas anomalias. De uma forma ou de outra, tal "teoria documentária", como é geralmente chamada, permanece sendo a teoria crítica predominante sobre a composição da Torá. A questão da autoria pode ser imediatamente rejeitada: o Hexateuco, na forma como o temos, foi composto a partir de vários materiais mais antigos no século V a.e.c., após a volta do exílio.

Wellhausen pretendia demonstrar exatamente a origem e a natureza desses "materiais mais antigos". Baseado em fundamentos lingüísticos e estilísticos, ele mostrou que diferentes correntes de material atravessavam o nosso Hexateuco. Por hipótese, ele chamou os dois autores/editores mais antigos de "Javista" e "Eloísta" por causa do hábito deles de referir-se à divindade "Yahweh" [Javé] (em alemão, *Jahweh*, daí a abreviação J) e "Elohim" [Eloim] (E), respectivamente. Wellhausen pensava que ambos haviam se originado no reino dividido que se seguiu à morte de Salomão, J nos primeiros dias do reino do sul de Judá (870 a.e.c.?) e E no reino do norte de Israel (770 a.e.c.?). O trabalho deles pode ter sido combinado por volta de 680 a.e.c., e depois o material D (a Fonte Deuteronomista) foi acrescentado sob Josias, o rei de Judá que em 621 a.e.c. descobriu e promulgou um "livro da lei" descoberto no templo (2Rs 23,8-10) e que é tido como o núcleo central (cap. 5-28) do Deuteronômio. A redação final da última fonte, P, ou Fonte Sacerdotal (*Priester* em alemão), que é responsável pela maioria das leis cerimoniais na Torá, pela explicação de coisas como a circuncisão (Gn 17,9-14) e as leis dietéticas (Gn 9,4), tinha, na hipótese dele, começado após o exílio e continuado até que foi finalmente combinada com o trabalho de J, E, e D para formar a Torá, talvez por volta de 450 a.e.c.

Explicação da revelação

No contexto de nossa discussão até aqui, a revelação apareceu como questão apenas de um livro ou um escrito, em suma, da Escritura. Mas, subjacente ao texto sagrado, o consenso é que há um fundamento oral-auditivo. Deus falou e o mensageiro, seja Moisés ou Maomé, ouviu. A revelação, portanto, pelo menos em suas versões judaica e muçulmana, tem três momentos distintos: a comunicação oral de Deus ao seu mensageiro; o pronunciamento público que o mensageiro faz da mensagem de Deus, geralmente entendido como sendo feito de forma oral, embora no caso de Moisés, pelo menos, Deus tenha cuidado da própria publicação ao fornecer a Moisés uma cópia resumida de suas leis, escrita pela própria mão de Deus sobre tábuas de pedra (Ex 32,15-16); e, finalmente, a anotação por escrito dos pronunciamentos de Deus, de modo que a comunidade pudesse continuar a possuí-los na forma de livro.

Todos os três estágios do processo que se acabou de descrever estão sujeitos a algum grau de autenticação. Os crentes devem ter certeza de que foi de fato Deus que falou ao mensageiro e, portanto, o que saiu da boca do mensageiro era realmente oracular, não o produto de algum espírito maligno ou alucinação, como alegaram alguns dos que ouviram Maomé (ver I/3). Os chamados Treze Princípios do judaísmo formulados por Maimônides (m. 1204) tratam dessas três proposições. Seu sétimo princípio é a afirmação por todos os judeus do fato dos poderes proféticos de Moisés (e sua prioridade sobre todos os outros). O oitavo afirma que a Torá vem de fato de Deus – a Mishná (Sinédrio 10,1) já negara a participação na vida futura para "aquele que disser que a Torá não vem do céu" – e o nono afirma que "a Torá é transcrita com precisão desde Deus e de ninguém mais". Os muçulmanos afirmam a mesma coisa. A *shahada* ou profissão de fé islâmica tem como a segunda de suas duas cláusulas a declaração que "Maomé é o mensageiro de Deus", a afirmação que envolve a autoridade divina do Alcorão.

O mensageiro, ou profeta, e o texto sagrado que provém dele são os focos da maior parte das discussões subseqüentes sobre autenticidade. O primeiro, sobre o mensageiro, foi principalmente uma questão de "provas de profecia", como os muçulmanos chamaram todo um gênero literário dedicado ao tema: como o mensageiro demonstrava aos seus ouvintes imediatos e, portanto, às gerações posteriores de crentes que ele era de fato o portador da Palavra de Deus. Foi apenas muito mais tarde, e quase certamente sob pressão cultural hostil, que os crentes também tiveram de moldar para si uma explicação racionalmente adequada de como essa comunicação ocorreu entre Deus e seu profeta.

A principal prova de profecia é o milagre. O profeta pode invocar, ou Deus pode simplesmente dar uma demonstração visível e espontânea de intervenção sobrenatural. Moisés teve de convencer o Faraó de que era o portador da Palavra de Deus, tarefa que ele mesmo duvidava ser capaz de cumprir (Ex 6,30). Deus, porém, garantiu a ele que podia fazer uma demonstração (7,3-4; 10,1-2), o que fez, em parte, no dramático debate com os sábios do Faraó (7,7-8; cf. Alcorão 7, 103-137) e pelas pragas espetaculares que ele lançou sobre a terra e o povo (Ex 7,14–12,36). Uma vez fora do Egito, os israelitas começaram a ter dúvidas, as quais foram regularmente apaziguadas porque Moisés foi miraculosamente capaz de dar alimento e bebida, por exemplo: Ex 16,2–17,7. O Alcorão conta as mesmas estórias e outras acerca dos profetas antigos e sua autenticação através de milagre (40,78), mas quando os ouvintes de Maomé pediram, o que não era anormal nem de se estranhar, sinais semelhantes desse profeta autoproclamado (6,37; 13,7; 21,5), ele se recusou. O Alcorão era seu milagre; a não ser que alguém que dele duvidasse produzisse outro Alcorão (2,23; 10,38; 11,13). É a inimitabilidade do Alcorão que valida, de modo basilar, o profetismo de Maomé. Mesmo assim, os biógrafos posteriores de Maomé aduziram toda uma gama de outros milagres tradicionais para apoiar e fortalecer o Alcorão.

Deus fala a Moisés quase continuamente desde o começo do Êxodo até o fim da Torá. O leitor fica quase sem dúvidas de que as leis que preenchem a maior parte dos últimos quatro dos cinco livros do Pentateuco tiveram origem em Deus e que Moisés está de modo geral relatando o que recebeu do alto. Mas o Gênesis vê a coisa de modo diferente, bem como as seções narrativas do Êxodo e o restante da Bíblia, geralmente de Josué em diante. Aqui a tradição designa autores humanos – Moisés, Josué, Davi, os membros da Grande Sinagoga e assim por diante –, não Deus. Os livros após o Pentateuco podem ser acerca de Deus ou, mais exatamente, acerca do Povo Eleito de Deus, mas não vêm de Deus nem são escritos por Deus no mesmo sentido que as leis na Torá. Deus falou a Moisés "face a face, como um homem fala com o outro" (Ex 33,11). Ele falou assim também a Josué, Davi, Isaías e Jeremias, Esdras e Neemias?

É obvio que a resposta é matizada. Deus falou tanto a Jeremias – "ponho minhas palavras em tua boca" (1,10) – como a Isaías, após este profeta ter os lábios limpos com brasa (Is 6,6-9). E "a palavra do Senhor" veio aos outros profetas também. Josué, contudo, e Davi, "cantor dos salmos de Israel" (2Sm 23,1), para citar apenas dois exemplos, estão bem atrás das obras a eles atribuídas. Aqui estamos na presença não de oráculos, mas de atos caracteristicamente autorais – editorais segundo o conhecimento moderno – em que o papel de Deus não é afirmado, mas deve ser presumido. Às vezes, até temos um vislumbre do autor em ação. Na introdução ao seu livro de sabedoria, Ben Sira explica o cuidado e o esforço por ele empregados no ato de escrever e pede que o leitor não leve em conta qualquer imperfeição que possa haver. O autor de 2Macabeus age da mesma forma: faz o que pode e assume a responsabilidade por qualquer falha que a obra contenha (2,24-33).

Os crentes fazem muitas suposições diferentes acerca da Escritura, nesse caso a Bíblia hebraica, que surgiu em etapas que nem sempre podemos localizar ou mapear. A origem divina da Lei é afirmada na própria Bíblia, mas a convicção de que o conteúdo de *toda* a Bíblia é relevante e importante – por que motivo o restante seria recolhido e preservado com a venerável Torá? – veio muito mais tarde, e muito gradativamente, à medida que podemos ver. Pelo final do primeiro século a.e.c. tudo o que a Escritura continha era citado como autorizado, e digno de crédito, mesmo que não tivesse sido ainda determinado o que exatamente estava na Escritura. Então o que se acreditava acerca das obras de Moisés e dos outros profetas foi estendido, de maneira análoga, às obras de todos os autores bíblicos: os autores de Juízes e de Reis eram profetas em pé de igualdade com Jeremias e Isaías, e os privilégios de Davi foram estendidos aos autores de Provérbios, Rute e Ester. Assim, uma origem divina certificava a obra de autores desde Moisés até Esdras: seus livros eram igualmente sagrados.

Os cristãos primitivos, que gostavam de citar a Bíblia, fornecem uma visão privilegiada de como essa Bíblia (livremente definida; ver mais adiante) foi vista. O próprio Jesus chama a Bíblia inteira de "Escritura" (*graphe*) e afirma que ela "não pode ser anulada" (Jo 10,34-35). Do mesmo modo, os autores do Novo Testamento também consideram que a Bíblia seja, nem mais nem menos, a palavra de Deus (Hb 1,5-13; Rm 5,9-12). O autor de 2Timóteo, ao se referir à Bíblia, declara que "toda Escritura é inspirada por Deus e útil para ensinar, para repreender, para corrigir, para educar na justiça, a fim de que o homem de Deus seja perfeito e capacitado para toda boa obra" (3,16-17). A segunda carta de Pedro resume a questão da seguinte maneira: "jamais uma profecia foi proferida por vontade humana, mas foi pelo impulso do Espírito Santo que homens falaram da parte de Deus" (2Pd 1,21). Não há nenhuma diferença discernível entre esses modos de ver e o sumário que Josefo faz para o mundo pagão, no primeiro século, de como os judeus viam a sua Escritura: "Há um instinto em cada judeu, desde o dia de seu nascimento, de olhá-las [as Escrituras] como decretos de Deus, cumpri-las e, se necessário, morrer alegremente por elas" (*Contra Apião* 1.8.42).

O islã não teve, ou não reconheceu, um problema de autor ou múltiplos autores. Nesse caso, Deus falou apenas a um só mensageiro, Maomé, e o Alcorão é, de fato, sua Torá; em sua totalidade ele é as *ipsissima verba* de Deus, sem o acréscimo seja de Reis ou de Jó. Além disso, os muçulmanos distinguirão com clareza o Maomé "inspirado", cuja palavra era a Torá, do homem de Meca e de Medina que oferecia explicação, conselho e sabedoria. Estes últimos não estavam no Alcorão, mas foram recolhidos numa espécie de forma deuterocanônica nos *hadith* (ver II/3). Os muçulmanos também não se preocupavam muito sobre como exatamente a comunicação com Maomé ocorreu, exceto para notar que sua forma foi oral-auditiva, como várias estórias atestam, e que foi, à maneira da aceitação dos mensageiros e intermediários divinos da antiguidade tardia (I/1), não diretamente de Deus, mas através da atuação de seu anjo, Gabriel (Alcorão 2,97).

Nota: Alguns não-muçulmanos argumentaram que esses *hadith* são uma espécie de apócrifo muçulmano, um conjunto de ditos do qual o Alcorão foi selecionado e elevado à condição de revelação, mas o vocabulário, estilo e conteúdo do grande corpo de *hadith* são diferentes demais daquilo que temos no Alcorão, de modo a tornar altamente improvável essa possibilidade. Os *hadith* pertencem a outro mundo. Tiveram sua origem na cabeça e no coração inspirados, mas decididamente humanos, do próprio Maomé, segundo os muçulmanos, ou nas imaginações férteis, mas tendenciosas, de juristas do século VIII ou IX, segundo a maioria dos não-muçulmanos.

Alta profetologia

O que estimulou, ou talvez coagiu, judeus e muçulmanos a dar atenção mais deliberada aos modos de revelação foi sua exposição a categorias mais amplas de epistemologia, quando tiveram de aceitar (ou rejeitar) o profeta como o possuidor do mesmo conhecimento intuitivo que ocorria em teorias mais abrangentes de conhecimento. Fílon, por exemplo – o judeu alexandrino helenizado que tinha à disposição várias teorias sofisticadas de como se obtém o conhecimento – procurou explicar como Moisés conheceu as verdades de Deus invocando os dois modelos helênicos do filósofo e do legislador. Moisés captou as "realidades" à maneira intuitiva do filósofo platônico; o que o distinguiu foi sua habilidade, como legislador supremo, de traduzir essas verdades transcendentes para um código concreto de conduta para seu povo.

Ao adotar essas categorias cognitivas helênicas, Fílon podia explicar o conhecimento profético de Moisés de maneira intelectualmente satisfatória, como mais tarde fizeram os aficionados muçulmanos do saber grego, ainda que pagando o preço, talvez fatal, de abandonar qualquer reivindicação do *status* único de Moisés ou de Maomé como profeta. É o que poderia ser chamado de "alta profetologia". A mais alta faculdade cognitiva do profeta é iluminada por – ou se torna idêntica a – uma inteligência ainda mais transcendental fora dele. Para muitos gregos isso era o assim chamado intelecto agente, que está "sempre em ato"; para os monoteístas, era uma inteligência angélica, tradicionalmente de Gabriel. Sua única qualidade miraculosa talvez seja a escolha que Deus fez de um Moisés ou de um Maomé; o verdadeiro processo de profecia usa toda a sutil maquinaria cognitiva já existente nas teorias gregas de cognição intelectual. É colocada contra a "baixa profetologia" do relato bíblico de Deus falando a Moisés "de homem para homem" e da tradição biográfica muçulmana que tem Gabriel sentado junto ao peito de Maomé e recitando o Alcorão para ele. Qualquer explicação era absurda para os adeptos da outra, a primeira por sua qualidade secular e redutiva, a segunda por seu antropomorfismo crasso.

Livros celestes

Não bastava autenticar os profetas de Deus; os livros que eles promulgavam tinham também de ser comprovados. A convicção de autenticidade era tão forte que às vezes podia simplesmente ser afirmada, como Josefo fez em seu folheto *Contra Apião*; "embora longas eras se tenham passado, ninguém ousou acrescentar, tirar ou mudar uma sílaba [da Escritura]" (1.8.42). Mas havia também forte ajuda externa para apoiar isso. Uma era totalmente tradicional: pensava-se que tanto a Bíblia como o Alcorão tinham protótipos celestes eternos e invariáveis, crença diretamente relacionada à autoridade deles enquanto *livros*. Essa idéia é muito antiga no Oriente Médio, e os judeus e muçulmanos não eram os únicos a crer na existência de um livro celeste eterno no qual os decretos divinos, e portanto o destino da humanidade, estavam inscritos. Essa noção é expressa de passagem na Bíblia (por exemplo, Sl 139,16), no livro do Apocalipse 5–6, no Novo Testamento, e de forma mais insistente do que todas no Alcorão (por exemplo, 69, 19.25; 82,10-12 etc.). Mas não era o mesmo livro que foi dado a Moisés ou Maomé. Nesse caso, os livros celestes são os arquétipos da Torá e do Alcorão, no caso judeu, criado antes do universo e, no caso muçulmano, incriado (para o debate sobre essa questão, ver II/7). As pretensões da Torá acerca de uma existência transcendental bem como uma existência terrena, outorgadas a Moisés, ficaram evidentes após o exílio na literatura sapiencial popular da época (ver I/1), e alcançaram seu apogeu na era rabínica, quando a Torá se tornara o foco central da vida judaica. O Alcorão, ao contrário, faz sua própria reivindicação: por trás do Alcorão revelado por Maomé está a "Mãe do Livro" (43,3-4), um "Livro escondido" (56,78) ao qual só Deus tem acesso.

Para os judeus, a sacralidade da Escritura levantou outra questão. A Escritura, como todo objeto sagrado, era fonte de tabu ritual – o que algumas vezes é chamado de "impureza ritual" –, estado que é possível transferir por contato. Desde cedo os rabis determinaram que "todos os rolos (da Escritura) tornam as mãos impuras" (Mishná Kelim 15,6) – ou seja, transferem sua qualidade de tabu para aqueles que os manejam. Uma seção da Mishná intitulada "Mãos" (Yadaim) é apresentada para determinar precisamente quais livros e quais partes físicas desses livros constituíam Escritura e, assim, eram santos o bastante para "profanar as mãos" (3,4-5). Até os fragmentos aramaicos originais em Esdras e as seções aramaicas de Daniel se encaixam nesse perfil; mas não as traduções da Escritura (Yadaim 4,5). Nem as Bíblias dos cristãos, pois nelas não há santidade (4,5-6).

O Novo Testamento: noção, texto e cânone

O Novo Testamento é, ao mesmo tempo, uma idéia e uma coleção de textos pensada para descrever e incorporar essa mesma idéia. A idéia é um dos elementos básicos da construção que os cristãos fizeram de uma auto-identidade nos anos que se seguiram à morte de Jesus. Como muitas outras coisas nesse construto, era uma idéia judaica. "Aliança", aqui chamada "testamento" por causa da tradução que o grego da Septuaginta fez do hebraico *berit* por *diatheke* (lat. *testamentum*), é a pedra angular abraâmica da auto-identificação judia como Povo Eleito de Deus. A Aliança de Deus com Israel passou por freqüentes renovações e reconsiderações ao longo da história desse povo, mas, para os cristãos, uma remodelação crítica da Aliança foi anunciada por Jeremias (31,31-33), que disse: "Virão dias em que firmarei com a casa de Israel e a casa de Judá uma aliança nova. Não como a aliança que firmei com seus pais... Colocarei minha lei no seu íntimo e a escreverei em seu coração. Então eu serei seu Deus e eles serão meu povo". Bem cedo, o tema começou a ser repetido pelos seguidores de Jesus (2Cor 3,6; Gl 4,24-26) e pode até ter sido introduzido pelo próprio Jesus, visto que a expressão "uma nova aliança" - que seria selada por seu sangue - ocorre em suas próprias palavras durante a ceia eucarística na noite antes de sua execução (Mc 14,4 e paralelos). Portanto, uma nova aliança ou novo testamento é uma noção teológica, que os cristãos usaram para reunir o conjunto de textos que se imaginava que descreviam (como nos evangelhos) e explicavam (como nas cartas de Paulo) de que modo os eventos da vida de Jesus, tanto suas ações como seus ensinamentos, certificam que, através dele, Deus iniciara de fato a nova aliança/testamento de promessa profética.

Idéias teológicas criam invariavelmente coleções teológicas de textos, e o Novo Testamento dos cristãos é exatamente isso, assim como certamente o é a própria Bíblia dos judeus. Como a Bíblia, os textos coligidos pelos cristãos na qualidade de sumário da Aliança incluíam alguns textos que se apresentavam pura e simplesmente como um tipo de história. Como já vimos, os dois volumes de Lucas, seu evangelho e os Atos dos Apóstolos, são formalmente obras de história. Outras peças que acabaram incluídas no Novo Testamento, especialmente as cartas de Paulo, embora mais relacionadas com o sentido da vida de Jesus do que com os acontecimentos distintos em si, também contêm partes que parecem ser informação histórica.

A reunião do Novo Testamento num volume único não foi imediata nem uniforme. As obras por fim incluídas foram escritas entre os anos 50 e 150 e.c., mas a designação "Novo Testamento" apareceu pela primeira vez somente no século II. Antes e depois desse momento, diferentes igrejas haviam tido diferentes idéias a respeito do que constituía o dossiê Novo Testamento. Uma dessas idéias, que um certo Marcião (m. c. 160) propôs em Roma, tinha um alcance tão estreito - sobre fundamentos ideológicos, limitava a Escritura cristã às cartas de Paulo e uma versão editada de Lucas - que a Igreja foi impelida a explicitar exatamente o que constituía esse Novo Testamento. A atual coleção de quatro evangelhos (Mateus, Marcos, Lucas e João), os Atos dos Apóstolos, as cartas de Paulo, Pedro, Tiago, João e Judas e, finalmente, o Apocalipse, revelação atribuída a João, que só se estabilizou totalmente no século IV, quando as igrejas do Oriente grego e do Ocidente latino chegaram a um consenso sobre o que constituía o seu Novo Testamento.

Embora o consenso eclesial tenha surgido apenas no século IV e.c., numerosas listas prescritivas de "obras recebidas" já existiam na maioria das assembléias (*ekklesiai*) que chamamos igrejas. Tais listas foram, mais tarde, chamadas cânones (gr. *kanon*, "medida", "padrão"), por sua associação com certos critérios de autenticidade conhecidos por alguns escritores cristãos posteriores como as "características de canonicidade". Essa avaliação cuidadosa dos escritos sagrados também deve algo ao processo de julgar e separar, de "canonização", praticado entre os críticos literários acadêmicos gregos, que, séculos antes, tinham compilado listas oficiais dos poetas trágicos e líricos "recebidos", tornando-se assim referências literárias da maior parte da cultura ocidental.

As características de identificação de canonicidade eram tanto teológicas como históricas. Para ser incluída no cânone, uma obra tinha de passar por uma prova de ortodoxia: estava de acordo com a "regra de fé" seguida pela igreja em questão e, de modo mais geral, era de origem "apostólica"? Parece duvidoso que as igrejas olhassem para a última noção como um critério estritamente histórico pelo qual "apostólico" significava apenas e exclusivamente "testemunha ocular" – a designação apostólica provavelmente se referia mais à probidade espiritualmente garantida da testemunha do que ao mero ato de testemunhar ocularmente –, mas trazia consigo a segurança de que o documento era de fato primitivo, portanto mais confiável.

O cânone do Novo Testamento, que originalmente podia ter a intenção de *incluir*, acabou por *excluir* da consideração "oficial" uma grande variedade de escritos que circulavam entre os cristãos desde pelo menos o segundo século. Alguns deles eram evangelhos, ou seja, discursos em forma de narrativa sobre a vida e os ditos de Jesus, ao passo que outros eram simplesmente coleções das *logia* ou ditos do Salvador. De um ponto de vista teológico, pensava-se que tais escritos estavam além dos limites aceitáveis, que talvez fossem úteis, em alguns casos, para edificação ou divertimento, mas geralmente tinham ortodoxia suspeita. Durante muitos séculos, por causa de todo o seu efeito ocasional sobre a piedade popular – o "Evangelho da Infância de Tiago", por exemplo, forneceu muitas das noções populares para a celebração do Natal –, os evangelhos "excluídos" ou "apócrifos" (gr. *apocrypha*, "escondido") tiveram papel limitado tanto na construção da fé cristã quanto na apreciação das dimensões históricas de Jesus. Mesmo quando a busca pelo Jesus histórico tomou uma direção decididamente secular e cética no século XIX, os apócrifos cristãos primitivos continuaram a agir sob seu explícito descrédito teológico (e depreciação histórica implícita). Nas pesquisas eruditas mais recentes sobre Jesus, no entanto, os evangelhos apócrifos, como o de Tomé, estão passando por uma considerável reabilitação histórica.

O cânone bíblico

A palavra "cânone", no contexto dos escritos sagrados, era, pois, um uso cristão tomado de uma prática literária grega anterior para descrever obras que foram "recebidas" pelas comunidades cristãs e, assim, constituíram o Novo Testamento. O próprio Novo Testamento, quando fala da Bíblia, simplesmente se refere à "Escritura" ou, como em 2Tm 3,15, às "letras sagradas" [*hiera grammata*], expressão idêntica à maneira judaica comum de referir-se ao mesmo material. Deixando, porém, de lado a palavra, os judeus também afirmavam, por decreto ou consenso comum, que um grupo fechado de escritos constituía a Bíblia? Aparentemente sim, pelo menos por volta do primeiro século e.c., visto que Josefo (m. c. 100 e.c.) descreve uma coleção de escritos considerada pelos judeus os "decretos de Deus", que tinha permanecido intocada desde sua composição. Há, diz ele à sua audiência gentia, 22 destes livros, 5 compostos por Moisés, 13 composições proféticas e 4 outros contendo hinos e preceitos morais; juntos, eles cobrem o período desde Moisés até a morte do xá Artaxerxes I (424 a.e.c.)

O testemunho de Josefo fala de uma convicção judaica comum de que havia um cânone encerrado de Escritura divinamente inspirada dividido em três partes semelhante à divisão posterior da *Tanach*, mas não fornece nenhuma pista de como o processo de aceitação ocorreu nem por quê. Nos tempos rabínicos, o critério, ou melhor, o sinal de inclusão entre as Palavras de Deus era se o livro "manchava as mãos" ou não, isto é, se partilhava do tabu do sagrado. Sabemos, contudo, que outros escritos religiosos que gozavam do mesmo grau de prestígio e autoridade circulavam entre os judeus, embora não fossem considerados Escritura. O próprio Josefo, por exemplo, não nos diz se estava usando livros "canônicos" ou outros ao parafrasear a história judaica em suas *Antiguidades*, e a biblioteca essênia descoberta em Qumran contém uma grande variedade de textos religiosos que não estão na Bíblia hebraica padrão, ainda que sejam citados com autoridade e sem preconceito. O Novo Testamento também, produto do ambiente judeu do primeiro século, usou uma variedade de escritos que considerava ainda possuindo autoridade entre os judeus. Finalmente, o livro chamado 2Esdras, aproximadamente contemporâneo de Josefo, descreve Esdras ditando novamente, sob inspiração divina, a coleção inteira da Escritura, que fora destruída pelo fogo. Segundo esse relato, o produto final compreendia 24 obras para circulação geral – provavelmente o "cânone" mencionado por Josefo – e 70 livros adicionais para o uso exclusivo "dos sábios entre teu povo". Estes últimos parecem ser os apócrifos, que também se acreditava, como mostra essa estória, ter sido compostos antes do tempo de Esdras.

Toda essa evidência fala da Bíblia como um todo e sugere que, no século I e.c., *Tanach* era um conjunto de textos mais ou menos aberto, pelo menos no que se refere à categoria chamada Escritos (Ketubim) e porque os rabis continuaram a discutir o *status* canônico de alguns livros até bem dentro do segundo século. No entanto, há razão para pensar que o Pentateuco mosaico foi reconhecido muito cedo como uma unidade bíblica fechada. Como já vimos, o Deuteronômio, o último dos cinco livros do Pentateuco, parece ter sido "descoberto" em 621 a.e.c., durante o reinado de Josias, encerrando assim pelo menos a redação inicial do cânone do Pentateuco. Isso é corroborado pelo fato de que os samaritanos, que se separaram dos seus irmãos do sul no século IV a.e.c. pelo menos (ver I/1), reconheciam somente o Pentateuco como Escritura, isto é, os Profetas e os Escritos foram acrescentados algum tempo depois desse cisma. Mas vimos também que os judeus estavam dispostos a aceitar certas obras como revelação autêntica, talvez em meados do segundo século, quando a revolta de Bar Kokhba mostrou o perigo de apelos a cenários apocalípticos e esperanças messiânicas que enchiam alguns desses últimos livros. Então os rabis podaram a lista daquilo que circulava como Escritura: muitos e muitos livros já implicitamente aceitos como Escritura foram então explicitamente excluídos, e a atual Bíblia hebraica passou a existir. A voz da profecia, uma voz perigosa, como a história recente havia mostrado, estava agora silenciada. Mas talvez, na perspectiva judaica, isso ocorresse um pouco tarde demais.

Nota: Os Antigos Testamentos lidos pelos católicos e protestantes são notavelmente diferentes. As Bíblias católicas têm 73 livros ao todo, 46 deles no Antigo Testamento e 27 no Novo. As Bíblias protestantes têm 66 livros, pois incluem somente 39 livros no Antigo Testamento. Os livros omitidos pelas versões protestantes são Tobias, Judite, Baruc, Sabedoria, Siracida, 1 e 2Macabeus e partes de Ester e de Daniel, chamados "deuterocanônicos" pelos católicos, que os incluem, e "apócrifos" pelos protestantes, que não os incluem. A diferença remonta a Lutero, que colocou estes 7 livros num apêndice em sua tradução da Bíblia. Continuaram a ser impressos como apêndice na maioria das Bíblias protestantes até 1826, quando foram completamente omitidos.

A inspiração da Escritura

Para judeus e muçulmanos, a Escritura é revelação; para os cristãos, a revelação está *na* Escritura, ou, para dizê-lo em termos atuais, a Escritura está onde o cristão encontra revelação. Essa revelação é Jesus Cristo, e embora os cristãos continuem a debater os papéis relativos de seu ensinamento, sua vida e o acontecimento da ressurreição, ou se o cristão encontra revelação *fora* da Escritura também – a questão entre católicos e protestantes –, a equação permanece estável. Assim, as "provas de profecia" tomam qualidade diferente no caso de Jesus, onde elas se tornam as "provas de messianismo" ou, numa cristologia mais elevada, "provas de Filiação divina".

A Escritura em si é mais problemática entre os cristãos do que entre os judeus e, certamente, entre os muçulmanos. Essas duas outras Escrituras são dominadas pelo modelo de profecia, em que Deus transmite uma mensagem a um mensageiro privilegiado, porém humano, para proclamação pública. Embora alguns contemporâneos de Jesus pensassem que ele fosse um profeta (Mt 16,14), e o Alcorão o identifique como profeta a quem a Escritura fora revelada ao modo de Moisés e Maomé (5,46), os cristãos rejeitaram a identificação de Jesus como profeta, primeiro como sendo Messias e, finalmente, Filho de Deus.

No começo, os cristãos conheceram apenas uma Escritura, a Bíblia judaica, que usaram em sua versão ampliada e traduzida para o grego, a Septuaginta. Seus escritos próprios, como alguns livros da Bíblia, tinham nomes de autores ligados a eles, mas, quem quer que tenham sido – "testemunha" é uma caracterização recorrente nas primeiras discussões –, esses autores do Novo Testamento não eram profetas. Nenhum dos quatro evangelistas era um Moisés, que trouxe a Lei, ou um Isaías, que trouxe os avisos e as promessas de Deus a Israel. Marcos era apenas um repórter; Mateus e João eram supostamente testemunhas oculares dos acontecimentos, estando o último um tanto mais envolvido pessoalmente; e Lucas aparentemente se imaginava um verdadeiro escritor, um historiador. Paulo era um escritor de cartas esforçado e louco (1Cor 1,17s), que ditava sua obra (16,21).

Quando os cristãos se lembraram de explicar a elevação de biografia e escrita de cartas em Escritura sagrada – os autores de Enoc, Baruc e da Sabedoria de Salomão tinham pelo menos tomado emprestado alguns nomes eminentes –, tinham à mão um extenso repertório de termos literários em grego e em latim que podiam ser usados para descrever o aspecto "criativo" da poesia, por exemplo. Assim, "inspirado por Deus" (*theopneustos*) e "possuído por Deus" (*theophoretos*), estavam à disposição para descrever uma composição divinamente assistida, termos que já tinham sido aplicados por escritores cristãos à Escritura judaica (2Tm 3,16; 2Pd 1,21, já citados). O latim fornecia *afflatus*, "soprar sobre", e termos semelhantes. Entre eles, o grego *epipnoia*, em latim *inspiratio*, "soprar em", que tanto Fílon como Josefo tinham usado em ligação com a Bíblia, finalmente se tornaram descrições cristãs comuns da ação de Deus sobre os autores da Escritura, seja do Antigo ou, agora, do Novo Testamento: eles eram "inspirados".

Na Antiguidade tardia, uma fórmula definitiva foi enunciada, pela primeira vez pelo papa Gregório I (chamado "Magno") (590-604), e muitas vezes repetida depois. Deus era o autor (*auctor*) da Escritura, o homem era o seu escritor (*scriptor*); ou como mais tarde Tomás de Aquino colocou, de maneira um tanto mais técnica, o Espírito Santo é o principal autor da Escritura, os homens são os autores instrumentais. Como isso de fato funcionava, era um assunto um tanto mais delicado. As teorias cognitivas gregas já tinham fornecido uma espécie de modelo dual de inspiração. No primeiro modelo, o intelecto humano do profeta/autor é iluminado pelo intelecto divino (ou semelhante ao divino) superior. No segundo modelo, eles se tornam idênticos: as próprias faculdades do profeta são suspensas, e o Espírito toma posse e fala através dele. Alguns judeus e muçulmanos foram atraídos a esse último modelo de inspiração profética – que se mostrou muito mais perigosamente atraente para todos os três num contexto místico –, mas os cristãos, exceto por breves interesses passageiros, não foram atraídos por nenhum deles. Os autores do Novo Testamento eram iluminados pelo Espírito Santo e não possuídos por ele.

Contingência e coerções da história

Se Deus é, num sentido profundo, responsável pela Escritura, e se esta foi planejada para ser um guia dotado de autoridade para a salvação, como explicar os aparentes erros na Escritura? O que dizer das contradições existentes entre João e os evangelhos sinóticos, por exemplo, e das imprecisões científicas e históricas? A Escritura não deve ser inerrante? A resposta antiga e medieval era "sim"; a resposta mais moderna se aproxima cada vez mais do "não".

Se a resposta é "sim", as discrepâncias aparentes na Escritura devem ser explicadas, como foram (e são) com considerável ingenuidade e elegância na prática da interpretação exegética ou escriturística (ver II/2). O que abriu a possibilidade do "não" foi o reconhecimento, desde o começo, de que o agente humano estava envolvido, tão remoto como Moisés, tão presente como Paulo ou Maomé. De fato, uma revelação oral, um ato de fala, invoca imediatamente uma questão de linguagem e chama mais atenção ainda para o fato de que a revelação está realmente condicio-nada – isto é, seja qual for a intenção de Deus, a revelação verdadeira foi dada nestas palavras, a este homem neste tempo e lugar. Em primeiro lugar, teve de ser compreensível a ele, apropriada à sua inteligência e entendimento, e a teoria da inspiração tratou disso. Mas o condicionamento não ficou por aí. Como foi transmitida, a mensagem tinha de ser inteligível e importante para um público também limitado em linguagem e nas habilidades de compreensão – os recém-nômades israelitas que vagavam por perto do Sinai, ou aos pescadores e camponeses da Galiléia do primeiro século, ou aos habitantes analfabetos da afastada Meca do século VII.

Quase desde o começo, os cristãos pareciam dispostos a fazer alguma concessão ao elemento humano na composição da Escritura. O padre grego Orígenes tentou traçar uma distinção entre as palavras da revelação que os autores tinham recebido do Espírito Santo e o que eles resolveram dizer a respeito delas, seus comentários próprios, de certa forma, embora ambos estejam incluídos na Escritura, e no último caso eles podiam de fato errar. Agostinho, que insistiu fortemente na inspiração divina das Escrituras, deu aos seus autores humanos uma liberdade ainda maior. Eles não podiam mudar o assunto, que provém de Deus, mas a escolha das palavras e dos modos de expressão era deles, e aí podiam realmente faltar com a perfeição.

Nota: O próprio Agostinho pensava que a Escritura fora ditada, e nos debates escriturísticos que se reacenderam com mais vigor na Reforma, ambos os lados se serviram da teoria. Calvino (m. 1564) usou-a de modo constante para explicar a composição da Escritura, embora os escribas apostólicos pudessem errar. Do lado católico, a teoria do ditado foi tornada sagrada por um decreto do Concílio de Trento em 1546, repetido textualmente pelo Primeiro Concílio Vaticano em 1870.

Lentamente, o cristianismo chegou a considerar as implicações do elemento humano na produção da Escritura. Uma das principais forças motrizes foi o surgimento da crítica textual, com sua descoberta de milhares de variantes nos manuscritos do Novo Testamento. Quais eram as "inspiradas"? Não se podia mais pensar a inspiração verbal da mesma maneira. A Igreja foi também compelida, mais do que levada, pelo movimento paralelo de crítica histórica que desde o começo do século XIX insistia em tratar os evangelhos mais como documentos humanos do que como obra do Espírito Santo. O autor humano foi gradualmente transferido para a frente da Escritura, para uma posição de responsabilidade, e passou a ser mais importante que nunca saber quem ele era, quando e onde escreveu e, o mais radical de tudo, para quem. A tradição religiosa em cada uma das três fés sempre acentuara o caráter universal da Escritura; no século XX, firmou-se a percepção cada vez mais crescente de que esses livros foram escritos por comunidades históricas específicas e que as necessidades e aspirações dessas comunidades deram forma às obras que estão diante de nós.

O que foi dito acerca do condicionamento, dos parâmetros humanos que foram chamados de "coerções da história" que atuam sobre a Bíblia e o Novo Testamento, é obviamente verdadeiro também para o Alcorão. Mas somente se forem feitas as mesmas suposições com respeito à inspiração – conjeturas que os muçulmanos não fazem. Os muçulmanos continuam a manter – como faz um grande número de judeus e de cristãos conservadores ou tradicionalistas com relação às suas próprias Escrituras – o que foi chamado de teoria da "inspiração verbal plena", ou seja, que cada palavra do Alcorão é diretamente inspirada por Deus, com o resultado de que (1) é totalmente a palavra literal de Deus; (2) cada palavra é verdadeira; e (3) a verdade da revelação está nas proposições do Alcorão, não nos acontecimentos da história. Maomé, desse ponto de vista, que representa a ortodoxia muçulmana, de modo algum foi o autor do Alcorão; foi, no máximo, o seu transmissor. O Alcorão é eterno e incondicionado.

Críticos humanistas da Escritura

Com o começo da Renascença européia e a redescoberta dos clássicos gregos e latinos, os aspectos humanos e, portanto, condicionados, e talvez problemáticos, da Escritura apareceram numa luz nova. No século XV, estudantes das faculdades de artes das universidades européias, onde os clássicos literários da Antiguidade estavam novamente sendo apreciados e estudados, voltaram a sua atenção para os clássicos do cristianismo ocidental, especialmente a versão latina da Escritura feita por Jerônimo um milênio antes com aprovação papal. O mais conhecido desses intelectuais foi provavelmente Lorenzo Valla, que ensinou nas universidades de Pavia e Roma. Sua trajetória intelectual foi marcada por uma série de desafios (que anteciparam as objeções dos reformadores) a várias das posições tradicionais da Igreja: ele negava a preeminência espiritual concedida às ordens monásticas em relação aos cristãos comuns, preferia os padres primitivos à teologia escolástica, que era quase exclusivamente estudada em sua época (ver II/7), e tinha graves dúvidas de que a fé pudesse, no fim, ser conciliada com a razão. Além disso, foi um dos primeiros a contestar a autenticidade da Doação de Constantino, o documento que dava a fundamentação para as posses e propriedades políticas da Igreja na Itália (ver I/7).

A obra de Valla sobre a Escritura cristã está resumida em sua *Colação do Novo Testamento*, série de observações textuais e literárias sobre a Vulgata, a famosa tradução latina de Jerônimo preparada em Roma em 383-384 a pedido do papa Dâmaso. No tempo de Valla, a Vulgata partilhava da aura de inspiração concedida aos originais gregos, e, em 1546, foi formalmente declarada a versão autêntica para "leitura, disputas, sermões e explanações públicos" pelo Concílio de Trento – embora o concílio também recomendasse uma nova edição crítica do texto, que só apareceu em 1590. Um século antes de Trento, as observações de Valla foram um primeiro passo para essa edição crítica, mas também apontavam com severidade, em detalhe, para todas as inexatidões, ambigüidades e erros demasiado humanos na própria obra de Jerônimo; assim, parecia pôr em dúvida um dos pilares escriturísticos da fé do Ocidente.

O equivalente espanhol de Valla foi Antônio de Nebrija (1441-1522), que aprendeu o seu humanismo na Itália e o ensinou em Salamanca como professor de gramática, pelo menos até aplicar suas habilidades filológicas, um tanto entusiasticamente demais, à Bíblia. Apesar da crítica, e do fato de ser um leigo, não um clérigo, foi escolhido pelo cardeal Francisco Jiménez de Cisneros – o confessor franciscano de Isabel que se tornou arcebispo de Toledo, primaz da Espanha e, em 1507, inquisidor geral da Espanha (ver I/5) – para colaborar numa nova Bíblia multilíngüe conhecida como *Poliglota Complutense*, por causa da cidade de Alcalá (lat. Complutensis), onde foi publicada em 1521. A versão final tinha, impressos em colunas paralelas, os textos da Septuaginta grega e da Vulgata latina, bem como o texto hebraico do Antigo Testamento e o texto siríaco do Pentateuco. Mas não corrigiu o latim nem a partir do hebraico nem do grego, o que era a compreensão que Nebrija tinha do projeto e, no seu modo de pensar, a contribuição mais importante, e por isso ele se retirou do trabalho antes de este estar completo.

O Antigo e o Novo Testamento

É redutor dizer que "Antigo Testamento" é apenas um termo ligeiramente depreciativo dos cristãos para a Bíblia hebraica. Até certo ponto, é verdadeiro. A Aliança feita por Deus com Abraão e seus descendentes está registrada e sua história está descrita na Bíblia hebraica. A Aliança é substituída por aquela feita com os cristãos através de Cristo e cujo testemunho se encontra nos escritos cristãos que eles, também, acabaram considerando como Escritura. Mas a Bíblia judaica não foi simplesmente descartada, como alguns cristãos sugeriram, no segundo século, que se fizesse; ela ainda serviu para cumprir um importante propósito para os cristãos, como veremos. Mas não era a mesma obra. Material e formalmente, a Bíblia hebraica dos judeus e o que os cristãos começaram a chamar de Antigo Testamento eram e são dois livros muito diferentes.

Em primeiro lugar, e muito obviamente, existe a questão de linguagem. Os judeus liam ou, de modo mais exato, *expunham* uma coleção de livros escritos quase exclusivamente em hebraico. Os cristãos, com poucas exceções como Orígenes e Jerônimo, liam, entendiam e interpretavam o Antigo Testamento segundo uma tradução grega (Septuaginta) ou latina (Vulgata), nas quais as palavras têm ressonâncias totalmente diferentes e muitas vezes levam a implicações totalmente diversas daquelas subentendidas em hebraico. De maneira muito mais impressionante, porém, judeus e cristãos lêem livros diferentes em suas Bíblias, colocados numa ordem também diferente. Como já foi observado, os rabis anônimos do segundo século, que acabaram determinando o que deveria ficar na Bíblia, rejeitaram vários livros que gerações anteriores de judeus, inclusive Jesus, seus seguidores e até a geração seguinte de cristãos consideravam profecia autêntica. Esses livros – Sabedoria, Ben Sira ou Eclesiástico, Baruc, 1 e 2Macabeus – sobreviveram no cânone cristão do Antigo Testamento. Embora o desejo dos reformadores protestantes por exatidão histórica os levasse a purgar os textos no século XVI – eles ainda estão presentes nas versões romano-católicas da Bíblia –, esses mesmos livros foram, por um milênio e meio, parte essencial da reflexão cristã acerca do passado bíblico.

Além das diferenças acerca de quais livros incluir, os cristãos organizaram os livros do seu Antigo Testamento de uma maneira significativamente diferente da maneira dos judeus. As últimas obras nos escritos da *Tanach* são Esdras-Neemias e Crônicas, e assim a Bíblia hebraica termina com o desastre do exílio e a volta elegíaca e a tentativa de uma restauração. O Antigo Testamento cristão, ao contrário, seja em sua versão protestante ou católica, tem quatro divisões em vez de três. O Nebiim Hebraico está dividido em livros históricos (os profetas antigos, Josué e outros) e livros proféticos (os "últimos" profetas, Jeremias e outros); o Antigo Testamento cristão termina com os profetas. Essa posição final é claramente teológica. O Antigo Testamento não está fechado; tem continuidade com o Novo, e os profetas levam diretamente a Jesus.

Norte-americanos e ingleses são dois povos divididos por uma língua comum, observou certa vez Oscar Wilde, num comentário que ficou famoso. Com igual justiça, embora com originalidade consideravelmente menor, também já se disse que judeus e cristãos são dois povos divididos por um livro comum, a Bíblia. As duas versões, a Bíblia hebraica dos judeus e o Antigo Testamento dos cristãos, não somente soam diferente em termos de linguagem, conteúdo e estrutura, mas também são lidos de maneira diferente pelas duas comunidades. O judaísmo rabínico das eras mishnaica e talmúdica, em tempos mais modernos chamado de tradição ortodoxa, entende a Bíblia esmagadoramente em termos legais ou haláquicos, enquanto os cristãos, desde o começo, tomaram a estória, os elementos hagádicos da Bíblia, e deixaram de lado a *halakah* (ver II/2).

A organização do Alcorão

Como já foi observado muitas vezes, o documento fundador do islã é chamado *al-Quran*, "a Recitação". A si mesmo ele se chama de "Livro", embora a palavra deva ser entendida em seu sentido simbólico, no mesmo sentido que nós usamos "Escritura". O Alcorão afirma que essas revelações são um Livro no mesmo sentido que os judeus e cristãos possuem um Livro, a Escritura. Fica claro que esse Livro veio de Deus, que foi entregue a Maomé e pronunciado por ele, mas o livro físico no sentido de páginas com capas veio mais tarde e foi produzido por seres humanos. Este último, cujo tamanho é aproximadamente o do Novo Testamento, é uma coleção de 114 suras, que depois foram subdivididas, como os "capítulos" das outras Escrituras, em versículos (*aya*; pl. *ayat*) de extensão variável.

O conteúdo sagrado do Alcorão – nossas cópias têm vários acréscimos editoriais, como títulos e outras indicações breves – compreende uma série de revelações dadas a Maomé entre 610 e sua morte em 632. Elas foram transmitidas oralmente, em diversas circunstâncias, e, como foi explicado, por intermédio do anjo Gabriel. Essas comunicações enviadas por Deus foram repetidas textual e publicamente por Maomé durante os 22 anos de seu ministério, primeiro em Meca entre 610 e 622, e depois em Medina, de 622 a 632 (ver I/3). Portanto, o Alcorão é literalmente as Palavras de Deus, repetidas, sem erro, por seu "enviado" ou "mensageiro" (*rasul*), como ele é chamado no Alcorão, e como todo muçulmano deve crer.

As suras, assim como as temos em *nossa* versão, estão organizadas, após uma curta oração introdutória (a *fatiha*, ou "abertura"), em extensão aproximadamente descendente. Esse arranjo, cuja finalidade original não podemos sondar, é evidente, não nos diz nada acerca da ordem em que foram de fato reveladas a Maomé, mas é possível, com base em seu estilo mutável e conteúdo diferençável, entre outras coisas, discernir de um modo mais ou menos geral a sua seqüência cronológica original.

Do ponto de vista da oração, do ritual ou da meditação, a ordem cronológica das suras não preocupa absolutamente os muçulmanos, que recitam a obra em sua atual ordem não cronológica, seja selecionando passagens julgadas convenientes para ocasiões especiais ou para um ciclo mensal. Para essa última finalidade, a edição padrão do Alcorão está dividida, assim como está a Bíblia hebraica para um ciclo anual de leituras, em trinta "porções" seqüenciais de comprimento aproximadamente igual – geralmente marcadas no texto impresso – para serem recitadas como ato de piedade, meia porção na oração da manhã, a outra metade na oração da tarde, durante um mês. Mas alguns muçulmanos *ficaram* interessados na ordem histórica da revelação – mesmo os editores originais colocaram "Meca" ou "Medina" no cabeçalho das suras. Estabelecer o contexto de cada revelação, as chamadas ocasiões de revelação, era importante sobretudo para juristas e exegetas, de modo que se pudesse entender as implicações legais exatas de cada preceito. Como veremos, havia a doutrina da "anulação", que afirmava que um versículo posterior do Alcorão podia anular um anterior, visão que obviamente levanta a questão da ordem histórica das suras, e até mesmo de seus versículos. Por fim, historiadores posteriores desejaram providenciar uma biografia de Maomé, para a qual o Alcorão foi uma fonte importante, ainda que imprecisa.

Os muçulmanos tinham, então, um bom motivo para tentar organizar as suras em sua ordem cronológica – embora nunca tenham publicado o Alcorão nessa forma, como às vezes foi feito no Ocidente. A edição padrão do Alcorão, a versão atual do livro, tornou-se, com efeito, quase tão canônica como o próprio Livro. Os não-muçulmanos embarcaram na empresa de rearranjar as suras somente em meados do século XIX, como parte de seu projeto geral de iluminismo de tratar também os livros sagrados, seja a Bíblia, os evangelhos ou o Alcorão, mais como documento do que como Escritura Sagrada. Os resultados não foram muito diferentes daqueles aos quais chegaram os estudiosos muçulmanos medievais, a saber: as suras de Meca podem ser divididas em "primitivas", "médias" e "tardias", ao passo que as suras longas, que datam do período de atividade do Profeta em Medina, muitas das quais são compostas, desafiam muito mais a categorização.

Com esses resultados reconhecidamente provisórios em mãos, podemos começar a traçar a trajetória do ministério de Maomé. Muitas das suras que parecem ser primitivas mostram uma maneira e uma elevação de estilo semelhantes às dos profetas judeus, quando admoestam os homens à reforma ou avisam sobre o juízo eterno. As suras tardias são mais longas e contêm regras de conduta para o já convertido. Não é de admirar. Em Meca, Maomé estava empenhado principalmente em converter pagãos, persuadindo-os a submeterem-se ao Único Deus Verdadeiro. Nesse estágio primitivo, submissão significava antes de tudo oração diária, dar esmolas e um compromisso estrito de adorar somente a Alá, divindade conhecida dos mequenses – que, no entanto, associavam outros deuses, suas chamadas filhas, a ele. Maomé avisou aos seus conterrâneos mequenses que no passado Deus infligira castigos terríveis àqueles que ignoraram os profetas – muitos dos exemplos são tirados, como se notou, da história bíblica – que Deus enviara a eles. De nada adiantou. Expulso de Meca para Medina em 622, Maomé começou a conquistar um público maior, e as suras de Medina mostram-no agora se dirigindo mais a um público muçulmano que pagão. Tanto o pano de fundo de suas revelações como o que está implicado na submissão são agora explicados em grande detalhe. Descobrimos que Maomé está no final – não haverá nenhum depois dele – de uma fila de profetas que começam com Adão. A três profetas principalmente foi confiada uma revelação pública na forma de livros sagrados – a Moisés a Tawrat, a Jesus o Injil e a Maomé o Alcorão –, que ilustram a contínua misericórdia de Deus para com uma humanidade caprichosa. Em certo sentido, a revelação atual é a mais fundamental das três, visto que remonta à religião de Abraão, e a revive, a qual conseguira sobreviver em Meca de forma desfigurada por séculos. É por isso que o islã ainda venera a caaba construída por Abraão e Ismael – os muçulmanos rezam agora voltados para ela – e devem continuar a praticar o ritual da *hajj* (peregrinação) iniciado nos dias de Abraão (ver II/6).

A composição do Alcorão

Já tocamos na questão complexa da inspiração da Escritura, ou seja, como a tarefa de produzir uma Escritura Sagrada foi partilhada entre Deus – fonte dos conteúdos da Sagrada Escritura, ponto em que todos os crentes concordam de alguma maneira – e seus agentes humanos – Moisés, Marcos ou Maomé –, escolhidos para mediar aqueles conteúdos aos seus contemporâneos e depois. Como vimos também, a inspiração que se pensa estar por trás do Alcorão é simples: Deus, através do anjo Gabriel (como isso ocorreu exatamente ainda não está de todo claro; ver mais adiante), transmitiu o texto verbalmente e, portanto, em árabe, a Maomé, que depois o relatou ao povo em várias ocasiões de revelação.

A partir da evidência do produto final, o Alcorão podia ter sido composto oralmente ou por escrito, mas quando examinamos o texto mais de perto, a questão fica muito mais complexa. Longas seções das suras medinenses podem muito bem ter sido compostas por escrito: são formadas de longos períodos, têm dicção prosaica e maneira didática. Aquelas atribuídas por muçulmanos e não-muçulmanos ao período mequense, ao contrário, têm muitos sinais de terem sido orais e até mesmo, poderia argumentar o não-muçulmano, de composição oral. A dicção é poética, de fato rimada; o estilo é emotivo, rápido; a expressão é breve, colorida, muitas vezes abrupta. Há repetições do tipo que devíamos esperar de poesia oral. Por fim, os próprios contemporâneos de Maomé identificaram o que estavam *ouvindo* como poesia e Maomé como poeta (Alcorão 21,5 etc.). Ele negou a acusação (36,69), como poderia muito bem fazer, pois nenhuma poesia pré-islâmica preservada tivera por tema Deus, a salvação ou a ressurreição.

No entanto, Maomé pode ter sido considerado um poeta, certamente por sua dicção e, talvez também, por sua maneira. Não sabemos e não podemos imaginar como essas suras procederam de seus lábios; as suras mequenses não têm nada do tom às vezes coloquial do Sermão da Montanha de Jesus, nem da segurança pedante de Levítico ou Números. Deus parece, às vezes, gritar no Alcorão, e só podemos supor que Maomé também fez isso ocasionalmente. De fato, ele parece possuído por um gênio, como pensaram alguns de seus contemporâneos (52,29)?

Agora é fé quase dogmática da tradição histórica muçulmana fixada que o "arábico claro" do Alcorão (16,103; 26,195) era de fato o dialeto mequense dos coraixitas. No entanto, parece que não. Embora não haja unanimidade sobre o assunto, um número substancial de estudiosos está convencido de que o árabe do Alcorão está expresso numa espécie de fala artística, uma *koiné* poética, que era a linguagem comum do poeta e compreensível por toda a Arábia. Esse fato também deve ter convencido os ouvintes mequenses de Maomé de que estavam ouvindo um poeta, ainda que um poeta bastante estranho, que não falava de amor ou de façanhas de guerra, mas de justiça e misericórdia de Deus e da vida futura. No entanto, o argumento pode ser tomado como encerrado. Podemos conceder a Maomé a sua negação de que fosse poeta; ao mesmo tempo, o que é ouvido e lido nas suras mequenses do Alcorão é indubitavelmente poesia.

A composição das suras de Medina apresenta um problema muito mais sério. As suras têm sabor de prosa e escrita, mais reflexão que intuição, todavia sabemos com certeza que Maomé carecia da habilidade de escrever, mais ainda de compor por escrito. As suras medinenses foram, talvez, ditadas, com cuidado e refletidamente. Esse processo explicaria o estilo e a dicção das últimas partes do Alcorão, mas podemos também supor que havia, no oásis agrícola de Medina, escribas quase profissionais capazes de lançar por escrito, na escrita arábica altamente imperfeita dessa época, o que o Profeta falava a eles. A suposição não é impossível, apenas desanimadoramente implausível nesse contexto. No entanto, parece nossa melhor conjetura.

A edição do Alcorão

Como já foi observado, as suras em nossos exemplares do Alcorão variam amplamente em comprimento, desde os dois versículos da primitiva sura 112 mequense até os 286 versículos da sura 2 medinense. Além disso, muitas suras são claramente compostas. Se tomarmos por exemplo a sura mequense 74, bem primitiva, notamos que o versículo 26 afirma que um dos oponentes de Maomé será arremessado "no incêndio". Aparentemente, essa é uma nova palavra ou novo uso, pois é de imediato seguida (v. 27) por uma frase alcorânica estereotipada usada para assinalar uma explicação: "O que te explicará o que é 'o incêndio'?". Rapidamente se seguem versículos que caracterizam "o incêndio" para os ouvintes. O último deles (v. 30) diz: "acima dele estão dezenove". Dezenove o quê? E por que dezenove? As mesmas perguntas devem ter ocorrido a outros em Meca, e talvez em Medina também, pois o versículo 31 é uma réplica longa, incoerente e totalmente combativa contra aqueles que discutem acerca de "dezenove". É um versículo obviamente importuno, uma inserção posterior muito diferente em estilo daquilo que precede e que segue. No versículo 32 parece haver uma ligação, uma série de juramentos que são típicos do começo das primitivas suras mequenses, e aqui provavelmente representam o que foi uma vez o começo de um novo pronunciamento.

Assim, muitos dos que chamamos de "capítulos" do Alcorão são, de fato, compostos e levantam a questão mais ampla da unidade autoral da obra e da variedade dentro dela. O Alcorão todo, segundo seu próprio testemunho, deve certamente ser pensado como constituindo um livro, como os dos judeus e dos cristãos (3,3-4). Todavia, de novo pelo seu próprio testemunho, ele foi transmitido aos poucos (17,106). A sura 25,32 contém a famosa afirmação: "Os descrentes dizem: 'Por que não lhe foi revelado o Alcorão de uma só vez?' Foi revelado assim para que deste modo nós possamos fortalecer o teu coração [quer dizer, de Maomé]. E nós o medimos com passos medidos". À primeira vista podemos pensar que esses "passos medidos" se referem às suras, as 114 divisões bem demarcadas do Alcorão. Mas quase em todo o Alcorão ocorrem as mesmas mudanças abruptas de assunto, dicção, ritmo e rima que assinalam inequivocamente uma colagem dos pronunciamentos de Maomé. Em resumo, há mais de 114 revelações no Alcorão, fato evidente para estudantes tanto muçulmanos como não muçulmanos do texto, embora discordem sobre quem é responsável por tal trabalho de edição. Uma tradição muçulmana procedente de Ibn Abbas (m. 687), sobrinho do Profeta, apresenta Maomé instruindo seu escriba, após a revelação de alguns versículos, a "pôr esses versículos na sura em que tal e tal é mencionado". A notícia mostra, portanto, Maomé como seu próprio editor, contra a tradição muçulmana geral, segundo a qual, como veremos, o Alcorão foi reunido como um todo bem depois da morte de Maomé.

Entre os críticos ocidentais – a própria estética teológica da inimitabilidade do Alcorão (ver II/7) lhes proíbe esse tipo de análise –, o julgamento geral que muitas das suras são pastiches de modo algum é unânime. Pelo menos se provou que as suras mequenses representam unidades estruturadas, e que a composição delas como tal foi obra de Maomé. O último ponto parece estar correto: é difícil imaginar um escriba ou compilador, mesmo por ordem de um califa, "editando" a Palavra de Deus, a não ser que houvesse precedente do próprio Maomé para encorajá-lo. Acerca da unidade das suras, ambos os lados em debate

– aqueles que desejam desfazê-las em pedaços pequenos, de alguns versículos no máximo, e aqueles que defendem algum grau de unidade intrínseca entre as suras – podem estar corretos. Mesmo se excetuarmos as interpolações claras, as revelações primitivas dão a aparência de terem sido agrupadas, embora sem muita consideração pela lógica ou preocupação com a consistência. Dois motivos se apresentam. O primeiro é litúrgico. Desde bem cedo, na sura 73,1-5, o próprio Maomé é instruído a passar parte da noite "recitando A Recitação de maneira cadenciada". A ordem não se refere aqui ao anúncio público do Alcorão – afinal, é de noite – e sim a uma ação litúrgica. De modo mais claro ainda, a sura 29,45 mequense manda Maomé "seguir o que te foi enviado do Livro por inspiração e estabelecer oração". A primeira ordem parece referir-se à promulgação pública da mensagem de Deus revelada, e a segunda ao seu uso na oração litúrgica. Em suma, os muçulmanos primitivos rezavam o Alcorão depois de o terem ouvido ser pregado, e para esse fim, alguns dos pronunciamentos podem ter sido juntados para compor unidades apropriadas para repetição litúrgica, o que não exige nem lógica interna nem consistência.

O segundo motivo não deixou sinais tão indicativos ou evidentes no próprio texto, mas sabemos com alguma certeza que grandes partes do Alcorão eram memorizadas – a tradição garante que alguns indivíduos sabiam o Alcorão todo de cor –, e para realizar isso, ou pelo menos para facilitá-lo, algum ajuntamento ou trabalho de coleção era necessário. As unidades menores devem ter sido colocadas juntas de maneira desigual e aproximada para formar unidades maiores com algum grau de integridade interna. Em ambos os casos, seja para fins litúrgicos ou para memorização, o "editor" foi sem dúvida Maomé. Ele também inseriu mais tarde esclarecimentos ou anotações em prosa em algumas das unidades já ajuntadas.

Essas são essencialmente questões editoriais colocadas em conexão com a primeira compilação do Alcorão, processo que durou a maior parte da carreira profética de Maomé. Sua morte inaugurou um novo processo: uma tentativa, ou talvez tentativas, de coletar todas as suras criadas pelo Profeta e arranjá-las numa espécie de ordem que não existira até então.

A compilação do Alcorão

Embora seu conteúdo represente autenticamente a revelação dada a Maomé, o Alcorão em sua forma acabada como o temos certamente não é obra do próprio Profeta: outras mãos reuniram as suras. Se o próprio Maomé não é o responsável, essas mesmas mãos podem até ter juntado algumas das suras, visto que muitas delas, como acabamos de ver, parecem ser compostas, elaboradas a partir de mais de uma revelação singular. O que os editores semi-anônimos certamente fizeram foi organizar as suras em sua ordem atual, em geral em comprimento descendente, do mais longo para o mais curto, e dar a elas os nomes – "A Abertura", "A Vaca", "A Abundância", e assim por diante – pelos quais os muçulmanos geralmente as citam.

O estudo sistemático do Alcorão como documento canônico começou no islã no final do século VIII ou começo do século IX. Estudiosos ocidentais vêm tentando, há pouco mais de um século, restaurar a ordem original e entender o processo editorial que começou com a morte de Maomé e levou ao Alcorão que temos diante de nós. A tarefa não tem sido fácil. Assim como está, o Alcorão é um texto muito complexo e quase sempre opaco, e sabemos extraordinariamente pouco acerca do que acontecia na comunidade muçulmana no primeiro século crucial de sua existência. Quase todas as fontes de nossa informação sobre a primeira comunidade de muçulmanos, suas preocupações e realizações, têm data posterior a 750, ou até mais tarde, mais de um século após a morte de Maomé.

A Bíblia e os evangelhos estão cheios de muitos dos mesmos temas e das mesmas imagens do Alcorão, mas naqueles livros esses temas e imagens estão cercados por um corpo de narrativa que fornece um contexto que suaviza a maneira de compreender. O Alcorão, ao contrário, não tem estrutura narrativa. Não é que os pronunciamentos de Deus estejam todos dissociados dos acontecimentos contemporâneos; é que simplesmente nem sempre, ou mesmo com freqüencia, sabemos sobre o que ele está falando, embora Maomé e seus ouvintes aparentemente soubessem. Onde a revelação toma a forma de uma estória, na sura "José" (Alcorão 12), por exemplo, a narrativa é tão alusiva e desconexa que só se pode supor que os ouvintes mequenses e medinenses já tinham alguma familiaridade com o assunto.

O estilo literário do Alcorão tem sido caracterizado mais como "referencial do que expositivo". Devemos supor que os ouvintes entendiam as referências, mas há aí algo mais além da posição privilegiada dos ouvintes. As elipses e as repetições de temas no texto, as mudanças abruptas no ponto de vista narrativo, da primeira pessoa para a segunda e a terceira, o grande número de pronomes pendentes, cujos antecedentes são incertos, também apontam para um texto que foi compilado oralmente – ou, para ser mais correto teologicamente, compilado oralmente e transmitido oralmente. A Arábia ocidental do século VII era uma sociedade esmagadoramente oral, e qualquer conhecimento que houvesse de escrita estava ao certo limitado a muitos poucos praticantes e a poucas ocasiões. Ninguém sugere que Maomé em pessoa escreveu o Alcorão, embora haja forte evidência de que o editou. Fontes muçulmanas insistem que, enquanto muitos memorizavam o Alcorão à medida que era transmitido, pelo menos partes foram postas por escrito por outros durante a vida de Maomé. Não sabemos o que pensar sobre isso. A oralidade da cultura e a carência de escrita árabe nesse tempo e lugar – seus sinais só podem distinguir muito imperfeitamente uma letra da outra: os *y*, *b*, *t*, *th* e *n*, por exemplo, parecem todos idênticos – tornam altamente improvável que esse fosse o caso. Mas a tradição muçulmana diz que foi assim, e os muçulmanos aceitam.

Por ocasião da morte de Maomé, havia muçulmanos que tinham memorizado o Alcorão, enquanto outros, como sua mulher Hafsa, filha do posterior califa Umar, possuía "cópias" escritas. A tradição afirma ainda que sob os primeiros califas houve três tentativas de coligir e codificar esses vários testemunhos sobre o Alcorão. A primeira foi sob Abu Bakr (r. 632-634), imediatamente após a morte do Profeta; a segunda, sob Umar (r. 634-644); e um esforço final, definitivo, sob Uthman (r. 644-656). Todas as três tentativas parecem muito semelhantes, com respeito ao motivo – o medo da multiplicação de versões diferentes e a morte dos "recitadores" que sabiam todo o texto de cor – e até com respeito ao procedimento. Para realizar o trabalho, foi formada uma comissão, geralmente sob a direção do "secretário" do Profeta, Zayd ibn Thabit, para recolher toda evidência disponível, para "instruir" os recitadores, para juntar e comparar as várias versões escritas do Alcorão. Assim foi feito, e foi produzida uma edição padrão. Foram enviadas cópias a todos os centros muçulmanos, com a ordem de destruir as antigas versões. Esta última tarefa pode parecer impossível numa sociedade medieval incipiente, e era com certeza, visto que estudiosos modernos identificaram nos restos de antigos comentários e de manuscritos recentemente descobertos várias leituras um tanto diferentes de linhas e versículos alcorânicos. Nenhuma dessas variantes desafia o sentido básico do texto recebido, mas há um número suficiente delas para nos levar a crer que versões diferentes do Alcorão estavam em circulação bem depois de 650, e para sugerir a outros a posição ainda mais radical de que o Alcorão, assim como o conhecemos, pelo menos na forma em que o conhecemos, só começou a existir no século VIII já bem avançado.

Qere e Ketib

A Bíblia hebraica e o Alcorão árabe mostram uma afinidade textual marcante. Ambos estão escritos em linguagens semíticas, nas quais era costume escrever apenas o texto consonantal e deixar sem marcas as vogais curtas que determinam a pronúncia exata. Portanto, em ambas as Escrituras há uma diferença entre o que está escrito e o que é de fato lido, em hebraico, entre o *qere* e o *ketib*. O texto sagrado era importante demais para que essa vocalização fosse deixada ao acaso, e por isso os escribas tanto judeus como muçulmanos começaram a marcar as vogais curtas nos textos escritos da Escritura com uma série de sinais diacríticos. Na tradição bíblica, em que desde bem cedo a Escritura era tanto escrita como lida, os peritos em escrita que forneceram a codificação diacrítica eram chamados *massoretas*, e o texto vocalizado (*massorá*), que eles procuravam proteger dos caprichos tanto da escrita como da pronúncia, é chamado de Texto Massorético. A esse texto eles acrescentaram anotações críticas volumosas – que nunca são incluídas nas cópias da Torá usadas para fins litúrgicos nas sinagogas –, um mar de variantes *qere* no qual os comentaristas posteriores da Bíblia podiam pescar à vontade. No entanto, o trabalho desses virtuosos não produziu uma massorá uniforme única. A tradição lembrou que havia numerosas delas, procedentes principalmente da Palestina, da Babilônia e de Tiberíades – a qual gozou de preeminência até cerca do ano 1000.

No islã, a ênfase foi e é totalmente diferente. A preservação e a transmissão do Alcorão têm natureza esmagadoramente oral, e por isso os peritos no Livro foram mais os recitadores (*qurra*) que os escribas (*kuttab*). Portanto, não houve massoretas guardando com ciúme uma tradição textual e, nesse processo, anotando as mínimas variantes. Entre os judeus o esforço foi para preservar um texto corretamente escrito, ao passo que os muçulmanos estavam mais preocupados com um texto corretamente lembrado. O objetivo certamente foi alcançado. É extraordinário que haja poucas variantes nas cópias manuscritas preservadas do Alcorão e menos ainda nas versões impressas: quase todas as cópias impressas do Alcorão refletem o texto impresso no Egito em 1924, que estão na linha de transmissão atribuída a Abu Umar Hafs ibn Sulayman (m. 796). Mas os muçulmanos têm sua própria tradição de maneiras diferentes de recitar o texto (*qira*). Imaginou-se que sete delas remontam aos primeiros dias do islã – alguns sustentaram o argumento de que todas elas provêm do próprio Profeta – e receberam aprovação da comunidade e da academia na Idade Média. Não havendo, porém, uma tradição massorética entre os muçulmanos, as variantes no texto do Alcorão – como certamente deve ter acontecido com o sistema árabe de escrita imperfeito do começo, que mal distinguia algumas consoantes, muito menos vogais – em grande medida desapareceram, e as que sobreviveram quase não afetam o texto.

Interpolação e anulação

É crença comum nas três comunidades que a Escritura interpreta-se a si mesma, e que versículos posteriores elucidam e explicam versículos anteriores. O Alcorão, porém, introduz uma forma radical de reinterpretação escriturística.

A noção de inspiração, unida à convicção de que Deus é onisciente e imutável, sustenta vigorosamente que as Palavras de Deus são total e simultaneamente verdadeiras, e as três comunidades monoteístas em geral as consideraram assim. Contradições aparentes ou inconsistências entre duas passagens poderiam ser desfeitas pela aplicação cuidadosa de uma exegese harmonizadora (ver II/2). Mas, em duas ocasiões no Alcorão (2,106 e 16,101), Deus admite que por vezes ele mesmo substituiu um versículo por outro, anulando ou cancelando assim o versículo anterior. Além disso, ao servir como um poderoso incentivo para os muçulmanos na tentativa de descobrir a verdadeira ordem cronológica das suras – o último versículo provavelmente anularia um anterior –, a noção levou a uma considerável especulação sobre se algum dos versículos anulados ainda estaria em nosso Alcorão e por que tal ação foi necessária, em primeiro lugar.

Noutra ocasião (22,52-53), o Alcorão diz que Satanás inseriu certos versículos no Alcorão, os quais Deus acabou cancelando, a fim de provar a fé do crente. A observação é enigmática, mas pode remontar a um incidente histórico no qual Maomé, cedendo a uma tentação satânica para aplacar os coraixitas, permitiu que as "filhas de Alá" tivessem algum poder de intercessão junto a Deus. Como já vimos (I/3), esses versos ditos satânicos ocorreram depois de Alcorão 53,20, mas Deus logo interveio – não se diz exatamente qual foi a rapidez ou em que circunstâncias –, os versículos escandalosos foram cancelados e nossos atuais versículos 53,21-23 foram colocados em seu lugar.

Os muçulmanos reconhecem que tanto a Torá como os evangelhos originalmente representavam revelações verdadeiras e autênticas provenientes de profetas genuínos e estimados, Moisés (Musa) e Jesus (Isa). Posteriormente, porém, judeus e cristãos mexeram nos textos – tiraram predições de Maomé, como profeta – e por isso suas versões atuais em geral não são confiáveis. Em todo caso, não são leituras nem necessárias nem recomendadas para os muçulmanos. Dentro do islã, os xiitas acusaram os sunitas de mexer no Alcorão e retirar o pronunciamento da indicação de Ali como sucessor de Maomé.

Encerramento

A canonização da Escritura marca o seu encerramento. As palavras finais de Deus tinham sido pronunciadas, o Livro fora fechado e selado. O processo é inconfundível no islã. O Alcorão era a Palavra revelada de Deus transmitida à humanidade pela mediação de seu profeta, Maomé. Quando Maomé morreu, a revelação estava completa, como estava o Alcorão, o Livro, celeste e terreno, que a contém. A revelação não será reaberta ou continuada por outro profeta. O Alcorão unicamente anuncia sua própria canonização. Maomé é o "selo dos profetas" (33,40); não haverá outro. A questão não é tão incisiva no caso dos judeus e dos cristãos. Tanto a Bíblia como o Novo Testamento são constituídos por uma série de livros, a esmagadora maioria deles independente entre si, e seu conteúdo nem sempre é seqüencial à maneira de Êxodo-Josué-Juízes-Reis ou Lucas-Atos. Não há motivo, portanto, para não haver mais livros, outro profeta na Bíblia, por exemplo, ou outro evangelho no Novo Testamento. De fato, o evangelho de João anuncia conscientemente que "Jesus fez ainda muitas outras coisas. Se fossem escritas uma por uma, penso que nem o mundo inteiro poderia conter os livros que se deveriam escrever" (21,25). Havia, de fato, tais livros; mas assim como a comunidade muçulmana recusou autorização àqueles que reivindicavam a qualidade de profeta depois de Maomé, assim também os judeus e os cristãos acabaram renegando todos os outros livros que reclamavam o título de "Palavra de Deus". O cânone estava fechado por consenso entre os judeus e os cristãos, e pela morte de Maomé para os muçulmanos.

2 - Compreender a Palavra de Deus

Se foi silenciada com o encerramento da Escritura, a voz clara de Deus não se tornou completamente inaudível. Cada um dos Povos do Livro pensou que podia captar ecos ricamente matizados daquelas palavras originais sob a superfície da Escritura e, de maneira ainda mais significativa e com maiores conseqüências, naquilo que se acreditava que era uma corrente contínua de revelação "secundária" no âmbito da própria comunidade. A primeira convicção leva à discussão de como os judeus, os cristãos e os muçulmanos passaram a desembrulhar os ricos conteúdos da revelação escriturística; a última convicção leva a um exame da noção de tradição (ver II/3).

O selo e o silêncio

Todos os que acreditam num Deus que tem um desígnio estão certos de que o propósito divino está manifesto no mundo. O cuidado e o propósito providenciais de Deus são visíveis em vários sinais da natureza, e se pensa que o

Criador eventualmente interveio de modo direto nos assuntos de suas criaturas para o benefício de seus favoritos entre eles. O que coloca as três comunidades monoteístas à parte, e o que as une como Povo do Livro, é sua convicção comum de que Deus revelou direta e verbalmente sua vontade ao seu Povo Eleito e, através dele, a toda a humanidade. Além disso, essa revelação foi sucessiva: através dos livros da Bíblia; para os cristãos, do Antigo para o Novo Testamento; e para os muçulmanos, da Tawrat ao Injil ao Alcorão. Para os cristãos e os muçulmanos, essas revelações foram progressivas, uma seguindo a outra em direção ao um fim previsto. O plano divino dessa revelação serial talvez tenha sido mais claro aos cristãos do que para os muçulmanos. Para os cristãos, as revelações bíblicas estavam pré-ordenadas a terminar em Jesus, o Messias prometido que era em pessoa a revelação e o cumprimento de uma Nova Aliança. Embora Maomé e a revelação a ele confiada sejam o clímax daquilo que havia sido enviado antes, simplesmente defendeu-se a idéia de que ele é o fim ou o "selo" (Alcorão 33,40) de uma série de profetas que falaram por Deus. Menos determinado ainda era o fim da tradição profética (e, portanto, revelacional) em Israel: embora houvesse considerável especulação sobre o assunto, os judeus estavam inseguros acerca do fato de Deus ter silenciado após Ageu, Malaquias e Zacarias.

No silêncio depois do selo, enquanto os cristãos esperavam pela nova era messiânica inaugurada por Jesus, os judeus e muçulmanos se voltavam para dentro, para as palavras já reveladas por Deus na Torá e no Talmude. Começava a grande era do escolasticismo escriturístico. Agora a Palavra era texto – só no século XIX ela se tornou, para alguns, meramente um documento – e o processo de desembrulhar seu conteúdo infinito estava em andamento. O que agora é imaginado ou simbolizado como "desembrulhar" já foi mais sobriamente conhecido como exegese (gr. *exegesis*, "tirar" ou "levar para fora") – em hebraico *midrash*, "investigar", em árabe *tasfir*, uma "revelação" ou "explicação" – nome para o processo geral de extrair o sentido de um texto, neste caso, a Escritura.

Exegese bíblica

Não há como chegar ao começo da exegese bíblica. Na versão atual do Livro, fica claro que a Bíblia já interpretava a si mesma, e que os livros posteriores já refletiam sobre os anteriores. De fato, a obra toda é como um comentário à Aliança feita com Abraão ou as promessas confirmadas a Moisés, com a Torá como texto e os Profetas e Escritos como *midrash*. No tocante às tentativas de interpretar a Escritura a partir de fora do texto, antes de tudo há acréscimos e explicações, que são obviamente obra do escriba, as quais acabaram tornando-se parte do próprio texto. Somos informados que Betel anteriormente se chamava Luza (Gn 28,19) e que o termo estrangeiro *pur* significa "sorte" em Ester 3,7. Realmente, as adições explicativas do escriba anônimo a Isaías 29,10 – "os profetas" e "os videntes" – parecem ter mudado o sentido da passagem.

Esses tampouco são o único tipo de explicação. Jeremias 17,21-22 amplia as proibições do sábado encontradas no Pentateuco, às quais a tradução Septuaginta acrescenta sua própria extensão. Além disso, há uma grande profusão de ampliações, extensões e versões novas do material escriturístico na literatura judaica entre o exílio e o final da época do Segundo Templo, na qual os relatos bíblicos são muitas vezes puxados, moldados e pinçados para fins claramente sectários. Algumas dessas obras são anônimas, como Jubileus, enquanto outras são disfarçadas como obra de algum personagem venerável do passado; Enoc, Baruc e Esdras serviram aqui para mascarar e presumivelmente dar autoridade a obras da Antiguidade judaica inventadas (e que acabaram sendo julgadas como não canônicas) chamadas de pseudo-epígrafas, exatamente como os nomes de Tomé e Tiago serviram para evangelhos igualmente sectários (e igualmente não canônicos) nos primórdios do cristianismo.

Os pseudo-epígrafos judeus não são comentários num sentido formal, isto é, o tratamento de um texto feito trecho por trecho ou versículo por versículo, mas os sectários em Qumran chegaram muito perto de escrever exatamente isso. Eles puderam compor paráfrases bíblicas, o Gênesis Apócrifo, por exemplo, mas também foram capazes de produzir leituras mais diretas de um texto. Suas "explicações" (*peshar*; pl. *pesharim*) são exatamente isso, embora sua atenção se limite a textos proféticos. Os pesharim preservados sobre os Salmos e Habacuc dedicam-se, como fizeram muitos dos seguidores contemporâneos de Jesus, a mostrar que a profecia passada apenas refletia – pouco se preocupavam com o contexto original de tais profecias – a realidade presente e futura.

Toda exegese escriturística – judaica, cristã e muçulmana – está, evidentemente, comprometida em discernir tanto o que o texto quer dizer em sua inteligibilidade literal como, mais especificamente, quais são os seus imperativos comportamentais para nós, a comunidade de crentes e, para mim e ti, dos crentes individuais. No entanto, a maneira como o texto é abordado – com que métodos e quais pressupostos – difere consideravelmente dentro das comunidades de fé. A tradição escriba mais primitiva em Israel, e a primeira a estudar a Torá de maneira sistemática, parece ter sido motivada principalmente por preocupações jurídicas e didáticas, as mesmas que levaram à compilação e à canonização da Escritura por esses mesmos profissionais. O objetivo era manter um povo que vivia num mundo marcado pela rápida mudança – até o hebraico, a própria linguagem da revelação, estava desaparecendo – em contato com as tradições fundacionais da comunidade, e que as observasse. Pode ser que também estivesse em ação um elemento mimético: a tradição escriba dos israelitas não era a única no antigo Oriente Médio, nem a Torá era o único livro sagrado.

Seja qual for a sua origem, a existência, na comunidade judia pós-exílica, de uma classe de escribas profissionais ou homens do livro (*soferim*), como Esdras, sugere que, então, a exposição das Escrituras judaicas tanto para eruditos como para o laicato já estava bem adiantada. A própria tarefa e algumas obras literárias que dão corpo a ela são, em geral, chamadas *midrash*, e o *midrash* pode ser o ato individual mais característico do judaísmo pós-exílico. A raiz da qual a palavra deriva significa simplesmente "estudar" ou "expor", mas quando ligada à Escritura, a tarefa assume para muitos judeus a qualidade de ato litúrgico.

Midrash

A partir da evidência disponível podemos concluir que nas décadas que se seguiram à volta do exílio ocorriam dois processos exegéticos entre os judeus. Em suas próprias "casas de estudo" (*bet ha-midrash*), os *soferim* copiavam, comparavam e combinavam os preceitos legais (*halakoth*) que tiravam da Escritura, trabalho que chegou a termo na Mishná (ver II/3, II/4). Em lugares mais gerais de assembléia comunitária, talvez os precursores das sinagogas posteriores, esses mesmos textos escriturísticos e outros eram apresentados e desenvolvidos, à maneira de homilia (*hagadá*), para fins de formação moral, edificação e piedade.

Esta última abordagem exortatória ou homilética da Escritura, chamada *midrash* hagádico ou, às vezes, simplesmente *midrash*, aparece em contextos muito diferentes. As traduções da Bíblia, por exemplo, são lugares de excelência para o exercício do método midráshico. A linguagem do judaísmo pós-exílico estava mudando do hebraico para o aramaico nos séculos pré-cristãos imediatos. Visto que um grande número de pessoas do laicato não conseguia mais entender as Escrituras em sua forma original, a Bíblia foi traduzida para a língua aramaica comum da Palestina, assim como em Alexandria fora vertida para o grego para os judeus falantes de grego que viviam lá e em outros lugares da diáspora. A versão grega alexandrina, a Septuaginta, cujas origens estão cercadas de estórias que visavam garantir a sua autenticidade, era uma tradução relativamente fiel mas livre (ver II/1), porém as traduções aramaicas, chamadas targums, eram ainda mais livres. Muitas vezes estão mais próximas de paráfrases que de traduções, e se assemelham a comentários em sua maneira homilética de ampliar o texto. Não é de admirar, visto que os targums eram usados principalmente num contexto homilético, isto é, para recitação litúrgica no culto sinagogal.

Os targums são obviamente midráshicos no tipo, embora continuem sendo mais expansões de um texto que comentários hagádicos autônomos sobre um texto no sentido formal, literário. Os mais antigos exemplos preservados destes últimos *midrashim* são os já citados comentários sectários encontrados em Qumran e nas obras dos rabis da era talmúdica. Estes últimos *midrashim* rabínicos entram em duas categorias gerais. A primeira são comentários no sentido ordinário da palavra, exceto que refletem, sem causar surpresa, a Escritura assim como é lida por um jurista. Esses comentários puramente expositivos estabelecem um método de abordagem da Escritura na ordem dos seus versículos, sendo cada versículo exposto por um conto ou parábola apropriado. O segundo tipo é o *midrash* francamente homilético, que difere do *midrash* expositivo não apenas pela preferência por uma abordagem da Bíblia edificante, e muitas vezes lendária, em vez da abordagem legal, mas também pela mecânica: o *midrash* homilético trata a Escritura segundo suas divisões litúrgicas, ou seja, as seleções da Torá lidas diariamente na sinagoga durante um ciclo de três anos ou então a "seção" (*pesiqta*) reservada aos sábados e festas especiais.

Uma tradição que se desdobra

O desenvolvimento da exegese judaica não é diferente da história da lógica. Há uma espécie de lógica em quase todas as formas de pensamento humano, mas só depois de alcançar certo grau de autoconsciência acerca do processo é que as "regras" que governam tal pensamento foram formuladas pela primeira vez. Aristóteles não inventou a lógica; ele simplesmente abstraiu e formalizou uma operação que muitos podiam realizar, mas que até então poucos podiam descrever. Os escribas pós-exílicos também devem ter praticado *midrash* sem formalizar o processo, embora sua crescente autoconsciência já estivesse refletida no elogio ao escriba e seu trabalho feito na Sabedoria de Jesus ben Sira (39,1-8) no século II a.e.c. A tradição, porém, dá a Hilel, contemporâneo de Jesus, a glória de ser o Aristóteles do *midrash* judaico. Algumas regras de Hillel para elucidar o sentido de um texto eram lugares-comuns nas escolas gregas e romanas de retórica e filosofia da época, tão comuns, talvez, que não havia necessidade de "tomá-las de empréstimo", em nenhum sentido formal da palavra. Hillel simplesmente usou o que estava ao alcance da mão para ler um texto.

Depois de 70 e.c., a Escritura era a única pedra fundamental que restava para sustentar a identidade do povo judeu. O Estado e o culto tinham desaparecido, e os judeus agora estavam reunidos em torno da Torá como seu princípio orientador e identificador. Os saduceus, detentores do pensamento sacerdotal, tornaram-se funcionalmente impotentes; os essênios e os zelotes foram destruídos, e os seguidores de Jesus rumaram – ou foram empurrados – para outro lugar. Os fariseus tornaram-se rabinos, os expositores e guardiões da lei e intérpretes autorizados e autênticos da Escritura. A essa altura, a Escritura tornara-se um corpo fechado de textos ao qual nada podia ser acrescentado ou subtraído. Como resultado, a tarefa permanente de formação da comunidade só podia ser realizada pela exegese, pela reabertura da Escritura através da interpretação, o que os fariseus passaram a fazer, colocando sua autoridade na noção de "Torás Gêmeas". Eles afirmavam que, além da Torá escrita, um outro depósito igualmente autêntico da fé fora dado a Moisés no Sinai e depois acabou passando para os fariseus, que eram agora seus guardiões (ver II/3).

Como já se observou, os mais antigos *midrashim* rabínicos tinham por objetivo transcrever material legal da Escritura aplicando o método midráshico. São estes o *Sifra* ou O *Livro* escrito sobre Levítico, o *Sifre Zuta* dedicado a Números e o *Mekilta* sobre o material jurídico (capítulos 12 a 23,19) em Êxodo. Exemplos de *midrashim* puramente expositivos são o *Bereshit Rabba* sobre Gênesis e o *Midrash sobre Lamentações*. Entre as obras midráshicas homiléticas mais antigas estão a *Pesiqta de Rab Kahana*, o *Tanhuma* e a *Pesiqta Rabbati*. Todos esses *midrashim* carregam com eles a substância das lendas e contos judaicos usados para aumentar, magnificar e iluminar o texto bíblico, às vezes de maneira surpreendente para o leitor moderno.

> **Nota:** As exposições hagádicas da Escritura foram chamadas de "mitologia popular do universo judaico", caracterização que se aplica igualmente bem ao material muito semelhante que encontramos nos "Contos dos Profetas" dos muçulmanos e seus comentários alcorânicos em geral. Este último material teve obviamente origem num meio judeu, mas dado que é quase impossível determinar a datação exata dos *midrashim* hagádicos, é difícil dizer em que direção a influência fluía, se dos escritores rabínicos do século VIII para os escritores muçulmanos do século VIII ou vice-versa.

Como acabamos de ver, Hilel, um fariseu, recebeu o crédito de codificar as regras da exegese, possivelmente porque os fariseus não podiam reclamar a autoridade sacerdotal dos saduceus e seus escribas ao interpretar a Escritura, e por isso, se quisessem partir do sentido literal (*peshat*), o que os saduceus se recusavam a fazer, tinham de justificar seu *midrash* cuidadosamente em bases técnicas. Os fariseus, porém, não eram os únicos a "aplicar" a Escritura ao seu próprio ponto de vista. A comunidade de Qumran fez o mesmo em seus *pesharim*, como fizeram os seguidores de Jesus, embora os primeiros o tenham feito baseados no texto hebreu e os últimos, baseados na Septuaginta grega. O *midrash* farisaico e o *midrash* rabínico, que surgiu dele, visavam extrair uma compreensão mais profunda (e de uma aplicação mais ampla) dos princípios legais e éticos inerentes na Escritura. Os essênios e os cristãos tinham interesses totalmente diferentes: ler nas Escrituras a prefiguração de acontecimentos no futuro que agora era o presente ou no futuro que seria o Final dos Tempos.

Fílon relê a Escritura

A técnica exegética tanto dos essênios como dos cristãos envolve uma espécie de alegorização: sua premissa é que, embora a Escritura fale sobre uma coisa (o presente), ela está realmente se referindo a outra coisa (o futuro). A leitura alegórica encontra sua amplidão máxima em Fílon de Alexandria (m. c. 50 e.c.), cuja compreensão "do outro" era o corpo todo da filosofia grega contemporânea. Fílon compreendia bastante bem o valor do sentido simples, em que havia grande quantidade de lei, e podia também compor *midrash* moral no melhor estilo palestino. Mas sua principal contribuição à exegese escriturística foi a aplicação do sentido peculiar grego de *allegoria* (referente a outra coisa) e *hyponoia* (subpensamento ou significação encoberta) à Bíblia.

Não era novidade nem para a tradição judaica nem para a tradição grega nas quais Fílon se criou que havia profundezas debaixo da superfície do texto. Já os primeiros rabinos, que parecem contemporâneos de Fílon, afirmavam que "tudo está na Bíblia" (Mishná Aboth 5,22) e usavam várias técnicas para extraí-lo. Por sua vez, os filósofos gregos, particularmente os estóicos, já tinham alegorizado Homero e outros poetas, mesmíssima razão pela qual os exegetas judeus "interpretaram" mais tarde a poligamia patriarcal e o incesto: as estórias, dos deuses olímpicos, no caso grego, dos patriarcas de Israel, no caso judaico, eram moralmente ofensivas, no entanto ocorriam num contexto de inspiração divina. Fílon não alegorizou sobre os mesmos fundamentos morais, mas antes por causa de sua convicção de que a Escritura e a filosofia falavam das mesmas verdades, ainda que em diferentes formas de discurso. As próprias Escrituras convidavam à alegorização, um pouco à maneira como os poetas fizeram, apresentando as coisas de modo a tornar a interpretação literal improvável, ofensiva ou absurda a uma geração posterior com sensibilidades diferentes. Com a Bíblia diante dele, Fílon contou de novo a estória desde a Criação, de uma maneira que fazia sentido a um platônico judeu assimilado do primeiro século.

Exegese evangélica

Se para os cristãos primitivos a Escritura não era nada mais que a Escritura judaica, *Tanach*, a compreensão que tinham desses mesmos textos era igualmente judaica. De fato, o movimento de Jesus como forma sectária do judaísmo e depois o cristianismo como uma *religio* diferente e distinta nasceram da exegese. Foi demonstrado, em primeiro lugar, que Jesus era o Messias, não por milagres, mas através de uma compreensão privilegiada da Escritura, uma compreensão judia da Escritura judaica. O argumento começa a se desenvolver nas linhas iniciais dos evangelhos e nunca pára: por suas palavras e atos Jesus realizou o que os profetas judeus tinham dito daquele que viria. Essa visão exegética do messianismo pode ter sido do próprio Jesus – "Hoje se cumpriu esta passagem da Escritura [Is 58,6; 61,1-2] que acabais de ouvir", consta que ele disse publicamente na sinagoga de Nazaré (Lc 4,21) –, mas foi avidamente assumida por seus seguidores. O evangelho de Mateus em particular baseia-se muito na "exegese messiânica" da Escritura judaica.

Os cristãos primitivos seguiram prontamente os evangelhos, lendo o passado como futuro e transformando os profetas bíblicos de repreendedores morais a pura e simplesmente homens encarregados da previsão do futuro. Parece correto presumir que outros judeus do primeiro século, que ouviam ou liam esse tipo de exegese da Escritura, não a consideravam ofensiva, ou talvez sequer incomum, por mais que pudessem discordar de suas conclusões. Para nós, que preferimos interpretar histórica e contextualmente os textos, essas leituras cristãs parecem premeditadamente livres, e os próprios textos eram tirados do seu contexto ou juntados de maneira totalmente arbitrária. A "virgem" em Isaías 7,14, por exemplo, sobre a qual parece assentar-se todo o peso da concepção virginal de Jesus em Mateus 1,22-23, não significa nada além de "moça", e a expressão "Filho do Homem" em Daniel 7,13, lida como título messiânico nos evangelhos (Mc 2,10 etc.), é o "filho do homem" aramaico em caixa baixa, ou seja, um humano. Mas o que perturba a nós não perturbava os contemporâneos de Jesus, e a evidência de como a Escritura era lida pelos sectários judeus, os de Qumran, por exemplo, torna a maneira cristã primitiva de manejar a Escritura não apenas possível, mas até comum nos círculos judeus do primeiro século. E também por muito tempo depois. Não foi preservado nenhum exemplo de *midrash* do rabi Akiva, mas podemos estar certos de que o seu reconhecimento de Bar Kokhba (Nm 24,17) como messias era apoiado por sua própria compilação, e compreensão, dos textos escriturísticos convenientes.

Os sentidos da Escritura

Paulo foi o precursor da noção de que a Escritura judaica prenunciava os acontecimentos da dispensação cristã. Adão era o "tipo" analógico do Messias vindouro; o pecado do primeiro prefigurava o ato redentor do segundo (Rm 5,14). As experiências dos israelitas no Sinai aconteceram "tipicamente" para ensinar os resultados da resistência a Deus por parte dos cristãos (1Cor 10,11). As gerações seguintes de cristãos levaram essa exegese prefigurativa ou tipológica da Bíblia a um nível muito sofisticado e, nesse processo, garantiram que o Antigo Testamento estaria para sempre ligado ao Novo, a realidade prefiguradora ligada à prefigurada. Embora atados à Bíblia, os cristãos nem sempre podiam cumpri-la. Paulo já tinha abandonado a lei no caso dos novos cristãos gentios, que haveriam de constituir a carne e os ossos do cristianismo, o que não demorou a acontecer.

Muitos desses mesmos gentios eram treinados em exegese alegórica – ela era a base de uma educação retórica, a principal ciência humana na universidade antiga –, que mostrou ser o instrumento perfeito para libertar o cristão das leis cerimoniais e alimentares da Torá, assim como Paulo já tinha "espiritualizado" a circuncisão para seus convertidos gentios, ao mesmo tempo em que conservava os preceitos morais como os Dez Mandamentos. A *Carta de Barnabé*, do segundo século, que é provavelmente obra de um judeu-cristão, é uma longa alegorização das leis alimentares da Bíblia. Para os antigos, os animais eram uma espécie de paradigma moral – as *Fábulas* de Esopo e os bestiários medievais populares são exemplos de como a zoologia podia ser lida de uma maneira tanto divertida como instrutiva – e o autor da *Carta* aplica isso para a exegese. A proibição de comer carne de porco, afirma ele, não tem a intenção de ser literal, mas é uma advertência alegórica a não se comportar porcamente. Dessa maneira, ele examina o menu inteiro de alimentos proibidos pela Torá e demonstra que, em cada caso, algumas espécies de comportamento, tipificados pelo animal em questão, são proibidos aos cristãos.

Com o tempo, os cristãos perderam o seu público de judeus ou convertidos judeus. Como resultado, eles se afastaram dos métodos do *midrash* rabínico, que estavam cada vez mais comprometidos com a exegese legal da Escritura, passando para a alegoria mais ampla de Fílon, no tratamento da narrativa. Parece que os padres cristãos conheceram muito bem o método alegórico de Fílon e, se eles próprios não leram Fílon, os novos intelectuais cristãos receberam ampla instrução na interpretação alegórica por parte daqueles que o tinham lido, especialmente de dois cristãos alexandrinos do começo do século III, Clemente e Orígenes. Todos esses estudiosos – Fílon, Clemente, Orígenes e seus sucessores gregos e latinos – tentaram formalizar a *allegoria* subdividindo-a de uma ou de outra maneira. Concordava-se de modo geral que havia dois sentidos da Escritura, um literal e um "espiritual"; o sentido espiritual se dividia comumente em sentido moral, que não era muito diferente do *midrash* hagádico rabínico, e uma alegoria de tipo filoniana, que penetrava nas verdades mais profundas, isto é, filosóficas constantes no livro sagrado. Eventualmente era acrescentado o sentido escatológico mais antigo, sendo a Escritura vista à luz do Final dos Tempos, agora distante, mas ainda inevitável.

Assim, os exegetas cristãos mais influentes da Escritura, Clemente (m. c. 215) e Orígenes (m. c. 254), no Oriente grego, Agostinho (m. 430) e Gregório Magno (m. 604), reconheciam, todos, que as variadas leituras figurativas ou alegóricas podem complementar, ou até superar, o sentido literal da Bíblia – Agostinho observou que a alegoria nos ensina que algo não deve ser tomado literalmente –, e cada um tentou submetê-las a alguma ordem. Orígenes tomou como ponto de partida a divisão tripartida da pessoa humana em corpo, alma e espírito, e propôs que o sentido literal da Escritura era como o corpo, o sentido moral como a alma, ao passo que a faculdade humana mais alta, o espírito, era representada pelo sentido espiritual do livro sagrado. Agostinho pensava ser possível haver quatro divisões: "as coisas que são relatadas como tendo sido feitas" é o sentido literal ou histórico do texto, "as coisas que são preditas" é um sentido profético ou tipológico, "as coisas que são indicadas" é uma leitura espiritual do texto e "o que somos mandados fazer" é a Escritura como fonte de orientação moral.

A divisão quádrupla de Agostinho tornou-se popular em toda a cristandade latina, embora não houvesse unanimidade sobre o que os elementos eram exatamente. Nas discussões que se seguiram, houve pouca discordância acerca da natureza do sentido literal da Escritura; a verdade histórica da Bíblia, e mais ainda dos evangelhos do Novo Testamento, devia ser levada a sério, e o sentido moral permanecia a base tanto da pregação como da contemplação. Com o tempo, a tipologia tornou-se menos importante, pois não era mais necessário defender a causa de Jesus como o Messias para os cristãos, que agora aceitavam o Novo Testamento como prova irrefutável de que Cristo é o Salvador. O sentido espiritual da Escritura tornou-se a leitura preferida dos místicos e teólogos da Igreja, assim como para os seus equivalentes judeus e muçulmanos; todos consideravam que as verdades divinas estavam encerradas para o crente comum.

Marcião lê a Escritura

Embora os padres aparentemente aprovassem e seguissem o sentido literal-histórico do Antigo Testamento, não gastaram grande quantidade de energia exegética explicando-o. Isso talvez não seja surpreendente tratando-se de uma comunidade que rejeitara de modo totalmente explícito a maioria das prescrições da Bíblia. Marcião foi um dos que levaram a Escritura judaica a sério e que, como cristão, foi persuadido a concluir que não havia absolutamente Escritura nenhuma. Ao passo que um autor judeu-cristão como Barnabé conseguia adotar a Bíblia judaica alegorizando-a quase além do reconhecimento, Marcião simplesmente a rejeitou. Por sua vez, foi rejeitado pela Igreja – foi excomungado em Roma em 144 e.c. A maioria dos padres seguiu o exemplo dos próprios evangelhos e ofereceu uma interpretação tipológica daquilo que chamavam de Antigo Testamento, ou então seguiram o caminho de Fílon, transformando a filosofia mosaica em filosofia platônica.

Por que não entendemos?

O contato com o helenismo literário – e a crescente diferença de opinião sobre o *sentido* da Escritura – ensinou aos cristãos (e aos judeus e muçulmanos) mais do que apenas métodos exegéticos. Forçou-os a enfrentar o próprio sentido da exegese, o que mais tarde foi chamado hermenêutica (ver mais adiante). Por exemplo, se Deus é onisciente e onipotente, por que se exprimiu de maneiras que podiam ser, e foram, mal compreendidas? Com tanta coisa em jogo, por que a Palavra de Deus tinha de ser opaca e ambígua? Os cristãos achavam que a resposta estava no Éden. O pecado original não tinha apenas transtornado as faculdades morais dos seres humanos (ver II/5); tinha também fechado o seu entendimento. Quando Deus falou a Adão e Eva no jardim, eles compreenderam exatamente o seu sentido. Foi depois de pecar que não conseguiram entender, e cumprir, o mandamento de Deus de amá-lo e servi-lo.

O argumento é retomado nesse ponto por Agostinho, o mais astuto e influente meditador cristão sobre os acontecimentos no Éden, em sua obra *Da doutrina cristã*. Assim como Deus dignou-se salvar a humanidade do pecado através da morte de seu filho, também se rebaixou para falar na língua incerta dos descendentes de Adão e Eva. A revelação é feita em discurso humano, não de Deus, e, como o discurso humano, ela é material, concreta e perturbadoramente simples, como os estilistas cristãos às vezes se queixavam. Na revelação, Deus está agindo no tempo, mas falando sobre eternidade; é responsabilidade dos mortais ir além da linguagem da Escritura sujeita ao tempo, que Deus cheio de misericórdia escolheu para usar por nossa causa, e tentar encontrar aí a linguagem estranha e difícil da eternidade. As verdades divinas não estão nas palavras, embora sejam visíveis aí de modo vacilante, mas naquilo que está debaixo delas.

Apesar de toda a sua fundamentação em Agostinho, essa teoria da profundidade da Escritura teve ressonâncias não apenas judaicas (e mais tarde muçulmanas), mas estava disponível no pensamento crítico do helenismo tardio também. Para os gregos e os romanos, não menos que para os contemporâneos de Maomé, o poeta, o *vates*, era divinamente inspirado. Quando os exegetas alexandrinos explicavam o texto de Homero, por exemplo, pensavam que estavam fazendo teologia e liam a obra que tinham diante deles de maneira altamente alegórica. A reputação de Homero como teólogo foi formada não apenas a partir de suas extensas descrições das ações dos deuses olímpicos, mas também a partir da convicção de que ele era, como todos os poetas, possuído por Deus. "A inspiração poética é divina", disse Platão, embora ele suspeitasse muito das verdades que eles talhavam. Por baixo dos contos dos deuses, muitos deles tão repreensíveis moralmente que nos obrigam a buscar uma verdade diferente, mais profunda, não podemos senão pensar que as "palavras são véus e a verdade está além do discurso", como disse um crítico literário latino.

Padres e outras autoridades

Os cristãos, não menos que os judeus e muçulmanos, estavam comprometidos com a veracidade total e simultânea da Escritura. No entanto, as Palavras de Deus ocorriam em textos altamente complexos, e o desafio de lê-las e entendê-las corretamente era assustador. Até a Reforma poucos aconselharam os cristãos a aceitarem só a Escritura, e menos pessoas ainda davam esse conselho entre os judeus e os muçulmanos, que ainda geralmente liam a Escritura – em oposição a recitá-la – com uma longa e profunda tradição espreitando sobre seus ombros ou, mais literalmente, a partir das margens do texto. Em todas as três comunidades de fé os exegetas empregaram enorme energia ao longo dos séculos discutindo, alisando as asperezas e harmonizando as contradições aparentes que se apresentavam aos leitores da Escritura.

À medida que o tempo passava, a tarefa do intérprete cristão ficava mais simples e mais complexa por conta de um corpo sempre crescente de exegese autorizada que começava a se reunir em torno do Novo Testamento. No século IV, os autores cristãos passam a se referir aos "padres", categoria elástica que visava incluir autoridades mais idosas e, mais especificamente, os "padres" reunidos no Concílio de Nicéia em 325.

Concílios posteriores se referiram de modo mais formal a esses padres conciliares mais antigos para apoiar seus próprios decretos e, finalmente, com a percepção de uma crescente separação da situação primitiva do cristianismo – sentimento totalmente visível na Europa no século IX –, os "Padres" tornou-se a designação das autoridades ortodoxas (e alguns, como Orígenes e Tertuliano, que não eram tão ortodoxos) daquele período primitivo mal definido. No Oriente, a "época dos padres" é geralmente contada a partir da era apostólica até João Damasceno (m. 749) – a última grande autoridade cristã no Oriente Médio pré-islâmico – e, no cristianismo latino, até Gregório Magno (m. 604) ou, talvez, Isidoro de Sevilha (m. 636), duas personagens que, julgava-se, ocupavam o ápice do mundo antigo agora desaparecido. Coletivamente, eles são conhecidos como padres da Igreja, e representam uma espécie de "autoridade estruturante" tida como a esfera que incorporava, e explicava, a tradição apostólica em seu sentido mais autorizado e legítimo.

> **Nota:** Os muçulmanos também se apoiavam na noção dos "pais", em árabe *alsalaf*, ou "os ancestrais". O consenso (*ijma*) é uma importante ferramenta hermenêutica no islã, e por mais que se debatesse o alcance desse consenso, todos reconheciam essa concordância em matéria de crença ou comportamento por parte dos "companheiros" – contemporâneos de Maomé que ocupavam a mesma posição funcional que os apóstolos cristãos – e dos muçulmanos das duas gerações imediatamente seguintes constituíam uma norma incontestável para a comunidade. Ver mais adiante II/3, II/4.

A glosa ordinária, cristã e judaica

Suas Escrituras chegaram aos cristãos e judeus instruídos virtualmente embrulhadas em exegese. Os textos da Vulgata latina, por exemplo, quase sempre traziam alguma versão de prólogos de Jerônimo em cada livro sagrado. Os sumários explicativos eram úteis para aquilo que o cristianismo latino chegou a considerar tarefa primária dos clérigos, a *praedicatio*, a pregação da Palavra de Deus aos fiéis. Para fazer isso bem, o pregador necessitava de preparação, por sua vez conseguida, talvez num mundo ideal e letrado, por meio de duas das principais preocupações da elite religiosa do cristianismo medieval. A primeira era a *lectio*, a leitura ou estudo da Escritura, que necessariamente incluía um comentário, quer fosse lido nas margens do próprio texto bíblico (sempre a Vulgata latina, é claro) na forma de notas (*glossae*), quer fosse ouvido nas lições de um dos mestres da "sagrada página". A segunda forma era a *disputatio*, discussão mais profunda, mais detalhada e mais complexa das dificuldades na Escritura.

Os séculos XI e XII foram um período metódico e exigente na cristandade ocidental. Compêndios e resumos foram organizados, programas de estudo foram elaborados, e houve um esforço para estudar bem os padres e reunir os esclarecimentos mais pertinentes, iluminadores e autorizados sobre qualquer texto na Escritura. Assim, aos poucos, começou a existir, por consenso e não por decreto eclesiástico, aquilo que ficou conhecido como *glosa ordinária*, ou "notas padronizadas", que acabaram tornando-se comentários tanto interlineares como marginais na maioria das cópias da Bíblia. O trabalho não teve um autor único, embora as principais mãos nessa ajuda exegética difundida e profundamente influente pareçam ter sido os professores e eruditos cristãos na França. Em todo caso, em meados do século XII cada livro tanto do Antigo quanto do Novo Testamento vinha envolvido na glosa ordinária.

Os judeus também leram a Bíblia com "os pais" espiando por cima de seus ombros. Na época medieval apareceram, de novo por acréscimo e consenso e não por decreto, as *Mikraoth gedaloth* ou "Grandes Leituras" – às vezes chamadas de "Bíblia Rabínica" –, que apresentavam ao leitor, em cada página, não apenas o texto hebraico padrão (*massorá*) da *Tanach*, mas também um ou mais *targum* aramaico (ver II/1) e vários comentários hebraicos medievais. O número dos comentários variava segundo o tamanho da página, mas invariavelmente estava incluída a obra do comentador medieval mais profundamente influente, Salomão ben Isaac, também conhecido como Rashi (m. 1105) (ver mais adiante).

O Alcorão lê a Bíblia

O Alcorão também "leu" a Bíblia ou, para dizer com mais exatidão e de uma perspectiva muçulmana, Deus "reinterpretou" suas revelações anteriores nesta sua versão mais recente, e última, do Livro. Os acontecimentos e personalidades contados ou descritos na Bíblia e no Novo Testamento são reintroduzidos no Alcorão e, de maneira muito freqüente, num cenário exegético. Esse cenário é, muitas vezes, um pouco diferente da apresentação escriturística anterior do mesmo acontecimento. Enquanto há um aceno leve e muito esporádico ao sentido prefigurador da revelação dos judeus e cristãos (como em Alcorão 61,6), a ênfase alcorânica se dá, sobretudo, no chamado sentido moral dos cristãos. Os relatos bíblicos dos profetas tomaram, ao ser de novo narrados, um tom moral distinto. Alguns, como aqueles relacionados às pessoas de Noé (por exemplo, 11,25-48) ou de Ló (por exemplo, 15,57-77) ou o Faraó (por exemplo, 54,45-48), são "estórias de castigos" pura e simplesmente, mas durante todo o período mequense o Alcorão conta e reconta estórias dos sofrimentos de profetas bíblicos com um olho óbvia e deliberadamente voltado para Maomé e seus seguidores sitiados. Há também lições morais na longa e edificante estória de José (sura 12), que é recompensado por sua virtude, e de Maria, mãe de Jesus, também falsamente acusada e inocentada (19,16-34).

Até aqui a questão foi o próprio uso exegético que o Alcorão fez das Escrituras antigas. Por trás está outra questão, embora não levantada pelos muçulmanos, pois diz respeito a uma indagação acerca das fontes do Alcorão. O Alcorão sabe bastante acerca da Bíblia e um pouco menos acerca dos evangelhos, mas tal conhecimento não parece ter nada de textual. Noutras palavras, há pouca evidência de que Maomé, seus informantes, se é que os houve, ou seus ouvintes tivessem qualquer conhecimento do texto de alguma das Escrituras. De qualquer forma, nada estava disponível em árabe e nem estaria por, talvez, dois séculos depois do Profeta. A cultura religiosa da Arábia de Maomé era esmagadoramente, se não exclusivamente, oral e, pelo menos entre os que falavam árabe, mais midráshica que textual. Exceto para certos usos litúrgicos, a Bíblia fora substituída pela história da Bíblia, estórias derivadas das Escrituras, mas, depois, ampliadas, aumentadas e iluminadas à maneira dos *midrashim* hagádicos. Esses contos midráshicos dos profetas e de Jesus e Maria passaram por mãos judias e cristãs e acabaram no Alcorão – algumas, sem dúvida, com uma expressão homilética final proveniente do próprio Profeta.

A citação do Alcorão e a compreensão de passagens selecionadas da Bíblia e do Novo Testamento tornaram-se, por um período de tempo muito longo, o único acesso dos muçulmanos a essas revelações anteriores; primeiro, porque o Alcorão as tinha substituído e, segundo, porque os judeus e os cristãos ou tinham ocultado parte de seus livros sagrados, ou então tinham mexido neles, tornando-os inúteis não só para aquelas outras comunidades, mas também para os muçulmanos (ver II/1). Esse ponto de vista essencialmente teológico, que o Alcorão invoca para explicar por que os judeus, em particular, não tinham aceitado a qualidade profética de Maomé, estreitou muito o campo de discurso entre muçulmanos e os outros monoteístas. A polêmica provocada por estes dirigiu-se muitas vezes à incompreensão que os muçulmanos tinham de suas Escrituras, e os muçulmanos, se preferiram dirigir a acusação diretamente, foram estorvados por sua falta de familiaridade com os textos completos ou da Bíblia ou do Novo Testamento em árabe. Mesmo quando tais traduções estiveram finalmente em circulação entre judeus e cristãos, nos séculos IX e X, parece que os muçulmanos não os usaram, e ainda no século XIV os autores muçulmanos instruídos continuavam a preferir aparentemente usar relatos orais (e inexatos) dos textos escriturísticos provenientes dos convertidos entre o Povo do Livro.

Ambigüidades alcorânicas

O Alcorão previne abertamente contra suas próprias ambigüidades (3,7), e por isso os muçulmanos não hesitaram em tentar elucidar as obscuridades do texto sagrado, e dedicaram enorme energia à tarefa da *tafsir* em todos tipos praticados pelos judeus e cristãos. Esses esforços exegéticos acabaram abrangendo o estudo detalhado e sofisticado dos problemas lexicográficos e sintáticos apresentados pelo Alcorão para levar seu sentido às regiões mais remotas onde preferências sectárias ou anseios místicos desejavam que fosse. Mas não, talvez, desde o começo. Dado que o Alcorão não era uma revelação historicamente condicionada, e sim, pensava-se, refletia um arquétipo celestial eterno composto das mesmíssimas palavras, a Mãe do Livro, a abordagem muçulmana de sua exegese foi, no começo, totalmente diferente daquela seguida pelos Povos do Livro. O Alcorão não podia ser facilmente traduzido nem parafraseado. Segundo a premissa cristã, Jesus era sua própria revelação: podia ensinar a sua importância e significado com autoridade e transmitir esse ensinamento aos discípulos de maneira formal e imperativa. Maomé, ao contrário, era o canal da revelação de Deus, muito à maneira de Moisés, e durante sua própria vida não se questionou que ele e só ele era o intérprete autorizado daquela revelação para a comunidade muçulmana.

Algumas das exegeses de Maomé podem ser encontradas no próprio Alcorão. O Profeta teve 22 anos para refinar, editar ou explicar a revelação – como também a autoridade indubitável para fazê-lo –, e o que são claramente glosas editoriais tornaram-se parte do texto. Na sura 74, por exemplo, que alguns pensam ser a mais antiga no Alcorão, Maomé explica nos versículos 27 e seguintes um termo estranho ou incomum, *saqara*, usado do versículo 26. A glosa foi feita, por assim dizer, de maneira atabalhoada e improvisada, e o ritmo do texto não é quebrado. O versículo 31, como já foi notado, contém uma longa explicação em prosa do termo "dezenove" usado no versículo precedente. Ele tem todos os sinais intrusos de ser uma adição posterior, mas, como os muitos exemplos judeus e cristãos do mesmo fenômeno (Gn 32,32; Mc 7,19), é parte do texto. A própria adição não é menos revelação do que a palavra que procura explicar.

No entanto, uma parte muito maior da compreensão que o profeta tinha do texto sagrado que ele próprio revelara está fora do Alcorão, no vasto conjunto de "notícias do Profeta" (*hadith*), que forma a base da exegese legal que os muçulmanos fazem do Alcorão (ver II/3). Existe a informação de que havia uma antiga proibição contra o próprio ato de interpretar o Alcorão. Se a proibição era autêntica, não foi observada muito estritamente, e os mais antigos tipos identificáveis de exegese alcorânica eram muito semelhantes às formas familiares de *midrash* homilético ou hagádico judeus, e mostram alguns dos mesmos motivos: preencher lacunas nas narrativas alcorânicas e ajudar na construção de uma piedade islâmica genuína. Em sua maioria as narrativas em questão eram estórias acerca dos profetas bíblicos e do que aconteceu àqueles que não deram atenção a eles. Segundo a própria tradição muçulmana, detalhes para a sua elaboração foram fornecidos por neoconvertidos com conhecimento particular da tradição judaica, especialmente o material popular, lendário e edificante conhecido pelo nome comum de hagadá.

Uma forma comum de comentário muçulmano sobre o Alcorão é a explicação das próprias palavras do texto, procedimento que pressupõe a existência de um texto canônico abalizado, o qual, temos certeza, foi preparado sob a direção do califa Uthman em algum momento entre 644 a 656. A linguagem do Alcorão era, evidentemente, o árabe, uma "fala arábica manifesta" nas próprias palavras da Escritura (16,103; 26,195). Se o árabe alcorânico era "claro" para os ouvintes de Maomé em Meca e Medina, como seguramente deve ter sido em certo grau, aparentemente era menos claro para os muçulmanos da segunda e terceira gerações, muitos dos quais não tinham o árabe como língua nativa. Em busca de ajuda para explicar o texto, eles se voltaram, numa direção um tanto inesperada, para as obras repreensíveis dos poetas pré-islâmicos pagãos, única ferramenta histórica disponível para entender o árabe do Alcorão. Contudo, era limitado o que essa poesia podia ensinar a respeito da linguagem do Alcorão; no modo de ver dos muçulmanos, o livro sagrado era inimitável não apenas no conteúdo, mas também na linguagem e no estilo. A poesia também não era de muita valia no que dizia respeito ao conteúdo do Alcorão. A poesia pré-islâmica atuava num campo diferente de noção e sensibilidade que o Alcorão e mostrava pouco interesse em religião ou assuntos religiosos. A poesia pré-islâmica forneceu um enorme léxico de raízes árabes, o mesmo grupo de étimos subjacentes ao próprio árabe do Alcorão. Assim, os exegetas muçulmanos estavam habilitados a explicar em termos puramente etimológicos o considerável número de palavras alcorânicas derivadas de termos estrangeiros, do aramaico siríaco, do etíope, do hebraico e do grego, entre outros, um vocabulário emprestado que servia para exprimir com precisão as idéias religiosas do Alcorão.

As "Ocasiões de revelação"

As mais antigas biografias existentes de Maomé, que estão organizadas na ordem cronológica tradicional, muitas vezes glosam acontecimentos de sua vida por referência a versículos específicos no Alcorão, de modo mais notável 93,6-8 sobre os dias pré-proféticos e 53,1-18 sobre suas visões. A relação é, com certeza, igualmente efetiva na direção oposta: o acontecimento biográfico ilumina inevitavelmente o versículo alcorânico ao lhe fornecer um contexto muito necessário – o Alcorão por si mesmo não fornece nenhum contexto –, no qual o versículo foi posto por escrito. Estes últimos casos, tomados isoladamente, constituíam todo um gênero da literatura árabe. As "Ocasiões de revelação" – o seu exemplo mais famoso é uma obra de mesmo nome escrita por al-Wahidi (m. 1075) – encontram-se a meio caminho entre a biografia e a exegese. Quando separadas, como é o caso nas coletâneas de "Ocasiões", visam claramente explicar versículos dispersos, embora de maneira alguma todos, ou sequer a maioria, do Alcorão. Organizados cronologicamente e unidos por uma narração, tornam-se o material de uma "Vida" do Profeta.

Como expedientes exegéticos, as anedotas ou casos chamados "Ocasiões de revelação" serviam para fins tanto haláquicos como hagádicos, quer dizer, para iluminar prescrições e proibições comportamentais ou ampliar, por qualquer razão, um indicador alcorânico para aquilo que no texto sagrado continua sendo uma passagem obscura. No primeiro caso, as variadas ordens contra beber vinho são explicadas nas "Ocasiões" através de uma série de anedotas nas quais um ou vários seguidores de Maomé chegam bêbados às orações ou cometem outras inconveniências, o que então faz com que o versículo seja escrito. Assim, fica claro que o vinho é proibido não porque seja impuro, como no caso da proibição da carne de porco ou carne estragada, mas porque causa intoxicação, o que por sua vez leva à inconveniência.

As ocasiões hagádicas são mais diversas, visto que a sua finalidade é menos prática e mais informacional ou devocional. Muitos versículos da sura 2, por exemplo, são explicados em termos de confrontação de Maomé com os judeus de Medina, em 622-624. Noutra abordagem, Alcorão 2,116 nota (com desaprovação) que "Eles dizem: 'Deus teve um filho. Glória a Ele!'", sem se preocupar, como em geral, em identificar "eles". Al-Wahidi, em suas *Ocasiões*, explica, não de maneira inteiramente útil, que nesse versículo "eles" se refere "aos judeus quando dizem que Uzayr [Esdras?] é o filho de Deus e os cristãos de Najran quando dizem que o Messias [isto é, Jesus] é o filho de Deus, e os politeístas entre os árabes que diziam que os anjos são as filhas de Deus". O versículo, portanto, é ampliado, seja a partir de uma fonte independente, seja, o que é muito mais provável, a partir do que parece plausível tanto a al-Wahidi como a outros praticantes do gênero.

Tabari entronizado

Muitos dos desenvolvimentos da exegese islâmica são tradicionalmente atribuídos ao muçulmano de segunda geração Ibn Abbas (m. 687), mas, como muitas outras atribuições semelhantes na história islâmica inicial, o objetivo pode ter sido conferir antiguidade a algo que ocorrera um século ou mais depois. Sabemos com certeza que a maior parte do que foi feito nas primeiras tentativas islâmicas de explicar o Alcorão acabou sendo absorvida na *Compilação ou explicação para a exegese do Alcorão*, simplesmente chamada *A exegese*, composta nas décadas de 880 e 890 por Mohamed ibn Djarir al-Tabari (m. 923), e que desde então ocupou lugar de honra na exegese muçulmana. O enorme comentário de Tabari – que em sua forma original tinha trinta partes e cuja primeira edição impressa foi feita em quinze volumes – caminha majestosamente através do Alcorão, sura por sura, de fato, palavra por palavra, combinando explicação legal, histórica e filosófica de grande densidade. Em suas mãos cada palavra é virada e revirada, de todos os modos, e cada aspecto lexicográfico e gramatical dela é anotado e, muitas vezes, explicado, como já se disse, por referência à poesia pré-islâmica dos árabes, a qual era usada continuamente pelos exegetas muçulmanos, um pouco à maneira de um dicionário etimológico do arábico para desenredar o texto do Alcorão.

Mas Tabari também era historiador; seus *Anais*, igualmente monumentais e influentes, foram compostos depois d'A *Exegese*. Assim como fornecia, muitas vezes, versões alternativas de um acontecimento na história, Tabari também ofereceu ao leitor de seu comentário sobre o Alcorão uma variedade de interpretações narrativas de um dado texto alcorânico. Cada uma delas era embasada por uma corrente de autoridades que remontavam aos contemporâneos de Maomé, os famosos companheiros do Profeta (ver II/3), e particularmente ao muçulmano mais influente da primeira geração depois de Maomé, Ibn Abbas, que a tradição muçulmana lembra como o autor das obras mais antigas e autorizadas de *tafsir*. Essas correntes de autoridades, que podem ter tido origem em textos legais para dar autenticidade às tradições proféticas às quais estavam ligadas, tornaram-se quase generalizadas, ainda que um pouco menos formais em sua estrutura, na escrita de história e exegese. Aqui também conferiram tanto autenticidade quanto uma autoridade, que remontava aos homens e mulheres da primeira geração de muçulmanos, que tinham visto e ouvido o Profeta pessoalmente. O resultado, na exegese, é confrontar o leitor com um texto alcorânico sedutoramente aberto. Embora um comentador como Tabari possa mostrar sua preferência entre as várias interpretações que cita, nenhuma está excluída, visto que cada uma é, em certo sentido, autêntica e autorizada. A Igreja cristã também apelou para uma leitura "tradicional" da Escritura no mesmo sentido histórico que os muçulmanos fizeram, mas essa tradição histórica era, afinal, guiada e moldada pelo magistério. Isso nunca ocorreu no islã, em que a glosa ordinária continuou sendo, graças a Tabari e semelhantes, um campo hermenêutico aberto e flexível.

Exegese plena e alegórica no islã

Visto que às vezes o próprio Tabari trata do assunto, a partir de seu comentário fica claro que em seu tempo já era sabido que havia uma outra distinção em abordagem exegética que atravessava as categorias que acabamos de discutir, ou seja, a distinção entre *tafsir*, ou exegese plena, e *tawil*, muitas vezes entendida como exegese alegórica. A distinção pode remontar ao próprio Alcorão (3,7), que parece sugerir que há duas espécies de versículos na Escritura: aqueles cujo significado é claro e aqueles que exigem uma espécie de explicação. As explicações que se seguiram não foram mais do que a aplicação do raciocínio (*ijtihad*) pessoal ou uma investigação crítica um tanto branda do texto, em oposição à aceitação com autoridade do sentido pleno – distinção que era corrente, e debatida, em círculos legais. A maioria dos comentadores e dos comentários discutidos a essa altura atuava no âmbito de uma tradição que considerava o corpo dos *hadith* proféticos como o instrumento exegético fundamental para a compreensão do Alcorão, particularmente sobre questões legais, muito ao modo de como o Talmude servia aos exegetas rabínicos no judaísmo. Nessa compreensão, a diferença entre *tafsir* e *tawil* não era, portanto, entre passagens exotéricas e esotéricas, mas sim entre passagens claras e ambíguas. *Tawil* assumiu a sua associação alegórica quando os princípios exegéticos começaram a ser usados para tirar da Escritura compreensões dogmáticas e místicas acerca das quais tanto Maomé como o Alcorão eram a princípio totalmente inocentes.

Aos olhos dos muçulmanos, o Alcorão não era um documento histórico, nem Maomé era um historiador. Os críticos seculares do Iluminismo olharam para a Bíblia, o Novo Testamento e o Alcorão como documentos de seu tempo (ver II/1). Os crentes, ao contrário, vêem nessas Escrituras um ponto de contato com o próprio Deus. Cada uma das três comunidades continua a levar sua Escritura a sério como história, é claro, primeiro no sentido de que foi revelada num momento determinado da história humana e, depois, no sentido de que suas prescrições de conduta referem-se à vida humana em andamento, em todos os tempos e todos os lugares, e têm pertinência histórica. Fílon, porém, como vimos, tentou olhar debaixo da superfície histórica da Bíblia, para as riquezas atemporais que estão aí. Ele pensava que podia distinguir aí as verdades das quais os filósofos gregos também tiveram algum pressentimento, ou podem até mesmo ter tomado emprestado de Israel. Os cristãos perscrutaram a mesma abertura que Fílon abrira, como fizeram os muçulmanos depois deles, e todos viam nas Escrituras as mesmas verdades perenes. Alguns, porém, olharam ainda mais para o fundo, para o coração profundo da Escritura, onde o próprio Deus habitava. Essa é a Escritura dos místicos, a Torá dos cabalistas, o Novo Testamento de Bernardo de Claraval e o Alcorão de Ibn

Arabi, uma presença contida não somente em toda a Escritura, mas também, sem distinção importante, em cada versículo e até em cada palavra e letra.

A luta muçulmana com a revelação e a razão

O islã primitivo testemunhou uma luta profunda por sua alma e sua identidade. De um lado estavam os "partidários da tradição" (*ahl al-hadith*), que ansiavam por uma sociedade orientada pelo Alcorão e pelo Profeta cuja imagem ia lentamente aparecendo, em versão altamente idealizada, numa enorme compilação de *hadith*, as tradições do Profeta que pretendiam definir e descrever os primeiros dias da comunidade (ver II/3). O Alcorão foi visto nesses círculos como um objeto tão santo quanto o próprio Deus, e a leitura que eles faziam do texto, como é comum entre conservadores religiosos, permaneceu reverentemente próxima do sentido pleno. A oposição a esses "tradicionalistas" veio dos "partidários da dialética" (*ahl al-kalam*); (sobre a teologia *kalam* ou dialética, ver II/7), particularmente do grupo conhecido como mutazilitas. Não se sabe se estes últimos rejeitaram os *hadith* ou, como parece mais provável, simplesmente assumiram uma visão mais hipercrítica delas do que era comum na maioria dos círculos muçulmanos. Certamente preferiam fundamentar suas sensibilidades muçulmanas no Alcorão. Mas liam o Livro como racionalistas: os antropomorfismos grosseiros dos pietistas ingênuos não eram para eles. Mas a disputa mutazilita com os tradicionalistas foi mais profunda do que isso. A veneração dos tradicionalistas pelas *ipsissima verba* do Alcorão e a insistência mutazilita em usar métodos dialéticos de análise acabou no debate profundo e profundamente desagregador sobre se o Alcorão foi criado – e assim, por implicação, condicionado, como os mutazilitas sustentavam – ou se era eterno, contemporâneo e igual a Deus.

Para os mutazilitas, um Alcorão incriado era uma afronta teológica ao Deus único, bem como um par de algemas que acorrentavam a razão e consciência humana ao texto, por mais reverenciado que este pudesse ser. Aos olhos tradicionalistas, um Alcorão incriado era uma personificação misteriosa do sagrado, um elo quase sacramental entre um Deus transcendente e sua criação terrena. Numa luta verbal em que todas as armas pertenciam aos dialéticos, é difícil reunir os matizes da posição tradicionalista, mas da *ahl al-hadith* vieram duas "escolas" islâmicas, as de Ahmad ibn Hanbal (m. 856) e Dawud ibn Kalaf (m. 884), das quais pode ser deduzida uma posição coerente. Ambos os grupos insistiam no sentido evidente (*zahir*; os seguidores de Dawud eram chamados zahiris) tanto do Alcorão como dos *hadith* – em bases piedosas, conservadoras, seguramente, mas quase tão seguramente como uma reação à exegese mutazilita do texto sagrado que se baseava numa analogia (*qiyas*) um tanto irresponsável e numa investigação crítica do seu sentido.

A exegese está no coração do debate sobre as reivindicações conflitantes da fé e da razão no domínio da religião revelada. Os teólogos racionalizadores arrebatavam dos juristas alguns dos direitos da exegese porque eram mais habilidosos em exegese alegórica. Os tradicionalistas estavam presos à interpretação literal da Escritura por suas próprias premissas legais, uma conexão que os comprometia, em passagens não legais, a certos antropomorfismos grosseiros que os dialéticos podiam devorar com argumentos. Além do mais, os teólogos tinham um alcance exegético muito maior e podiam aplicar tanto erudição como imaginação ao texto da Escritura, ao passo que os tradicionalistas estavam em grande medida limitados à retórica e à filologia. O poder de atração de uma *tafsir* teológica cuidadosamente elaborada está demonstrado pela posição conquistada entre todos os segmentos da comunidade islâmica pelo monumental comentário alcorânico *O desvelador das realidades dos segredos da revelação*, do mutazilita Zamakhshari (m. 1144), e pelo fato de que a exegese alegórica desacreditada de Fílon encontrou um novo público quando os teólogos judeus sob o islã redescobriram a filosofia.

Mais tarde, os filósofos do islã fariam afirmações até mais arrojadas do que os primitivos partidários da tradição. Para os teólogos dialéticos que vieram depois dos mutazilitas, o discurso racional, fosse em exegese ou em outro campo, era complementar às verdades mais elevadas da revelação e era defensivo em relação a elas; os filósofos, porém, o muçulmano Avicena ou o judeu Maimônides, consideravam mais alta a proposição da filosofia. A Escritura representava a verdade para as massas não filosóficas; a filosofia pronunciava seu próprio nome. No entanto, não pode haver conflito. Onde a Escritura parece conflitar com as conclusões do raciocínio demonstrativo, é um sinal claro de que o sentido literal da Escritura deve ser interpretado alegoricamente, não pelo jurista ou pelo teólogo, cujos poderes de raciocínio são solapados pelas premissas defeituosas, mas pelo filósofo, o único que possui conhecimento científico verdadeiramente rigoroso.

Tafsir xiita

Se os filósofos imaginavam que tinham uma compreensão privilegiada do Alcorão, não eram os únicos muçulmanos a fazer tais alegações. Como já se observou, o Alcorão deixa totalmente explícito que Maomé é apenas um na linha de profetas que remonta a Adão. Mas essa linha se encerra com Maomé, e por maior que fosse o empenho de alguns sectários como os bahais e ahmadis na tentativa de reabri-la (ver I/5), o corpo principal dos muçulmanos resistiu: Maomé era de fato o "selo dos profetas" (Alcorão 33,40). Mas se a sua qualidade de profeta era um caminho fechado, havia outros caminhos que percorriam, quase com a mesma eficácia, através da exegese. Os muçulmanos xiitas acreditam que Maomé foi seguido por uma série de imãs divinamente nomeados, que são vigários de Deus e guiam infalivelmente a comunidade (ver I/8). Um de seus poderes é compreender o sentido "oculto" do Alcorão.

Todas as variedades de xiitas compartilham uma crença no imã como o cabeça da *umma*, mas o grupo chamado ismailitas, que teve imãs verdadeiros por mais tempo do que qualquer outro, desenvolveu uma teoria rebuscada de profecia e exegese. Segundo os ismailitas, cada profeta – ou "falante", como preferiam chamar os profetas tradicionais do Alcorão – era encarregado de tomar conta do sentido "externo" ou "óbvio" (*zahir*) dos textos sagrados. Cada um, por sua vez, era seguido por um "delegado" (*wasi*) – Aarão para Moisés, por exemplo, Pedro para Jesus e, naturalmente, Ali para Maomé –, que tinha conhecimento do sentido mais interior (*batin*) e, por isso, mais profundo da revelação. Os muçulmanos comuns praticam sua *tafsir* sobre o sentido literal do Alcorão, que produz as práticas e crenças padronizadas daquilo que chamamos islã. Mas a exegese ismailita não era leitura e sim interpretação (*tawil*). Ela cabe dentro da categoria ampla daquilo que chamamos interpretação alegórica do texto sagrado. Suas diferenças específicas são, primeiro, o fato de que é oculta – quer dizer, da massa dos muçulmanos – e, portanto, esotérica; segundo, que é garantida, nesse caso, pela autoridade dos imãs infalíveis (sobre a questão da *tawil* ismailita, ver II/9).

Aprendendo com os muçulmanos

A abordagem rabínica preferida da Escritura era, como vimos, o processo chamado *midrash*, da raiz que significa "procurar". A forma mais antiga ainda é visível em textos como Jeremias 21,1-2, no qual se diz ao profeta: "consulta o Senhor por nós". Os rabis também consultavam o Senhor pelo povo, embora no caso rabínico o próprio texto sagrado estivesse sendo perguntado. A Escritura era submetida ao exame mais minucioso, ainda que, sobretudo, em sentido formal: peculiaridades de escrita, ordem de palavras e estilo eram cuidadosamente dissecados pelos rabis para extrair o significado mais profundo que estava por trás do sentido pleno.

O método midráshico está ricamente representado nos *midrashim* rabínicos de tipos legal (haláquico) e homilético (hagádico), e seus resultados estão abertos à inspeção na Mishná e nos dois Talmudes. No século X, porém, sob a inequívoca influência de seu ambiente muçulmano, os judeus adotaram um novo modo de entender a Bíblia. O primeiro proponente conhecido dessa nova abordagem foi Saadya ibn Yusuf (m. 942), erudito de origem egípcia que se tornou o principal nome da academia babilônica, que nessa época tinha sido transferida da cidade provincial de Sura para a Bagdá metropolitana, a sede do califado (ver II/4). Saadya produziu uma tradução arábica pioneira da Bíblia hebraica para o benefício dos judeus na Mesopotâmia que agora falavam árabe; mas o que é mais importante para nosso atual propósito é que sua tradução foi acompanhada de um extenso comentário sobre o texto, o que colocou a exegese bíblica judaica num novo caminho.

Os rabis que se ocupavam do *midrash* nunca se preocuparam muito com o contexto. Seu olhar estava fixo no texto em si, ou, mais exatamente, em suas palavras: o que se pensava que elas tinham dito (ou não) e, talvez de modo mais importante, o que elas pretendiam dizer. Uma variedade surpreendente de indícios verbais era lida com a mesma perspicácia habilidosa dos antigos áugures que se dedicavam a ler as entranhas de animais. Os comentadores muçulmanos do Alcorão olhavam de modo diferente para o texto deles. Diante da sua firme convicção da origem divina do Livro, eles o liam como um produto literário, não de Maomé, é claro, mas de Deus, porém ainda assim um produto. Por isso o Alcorão estava aberto – de fato, exigia – ao mesmo tipo de análise literária e retórica da rica (e profana) tradição poética dos árabes. Maomé negou que fosse poeta, mas o Alcorão era indubitavelmente poesia, e da mais alta ordem. Mais uma vez, de maneira totalmente antiintuitiva, os comentadores muçulmanos leram o livro celeste, com sua falta quase desafiadora de contexto histórico, como um documento histórico. Como vimos, as "Ocasiões" puseram por escrito versículos do Alcorão em circunstâncias bastante concretas na vida de Maomé e os entenderam precisamente naquele contexto.

Iniciando com Saadya, os rabis começaram a fazer o mesmo com sua própria Escritura, empregando o método que se tornou conhecido como *peshat*, às vezes chamado de leitura "plena" ou "literal" da Bíblia, mas que é, sobretudo, uma abordagem profundamente contextual. Talvez os rabis tenham tido pouca escolha. Não foram os seus contemporâneos muçulmanos que os conduziram pela senda exegética, mas companheiros judeus que resistiam tanto à interpretação despreocupada que os rabis faziam da Escritura quanto ao uso que faziam dos resultados na construção do edifício da tradição que se impunha. Estes eram os caraítas (ver II/3), e foi o ataque deles contra o *midrash* com a arma da exegese contextual que levou Saadya e o estabelecimento rabínico do Iraque a se defenderem com o instrumento do *peshat* de inspiração muçulmana.

Os judeus podem ter tido vantagem sobre seus modelos muçulmanos. Estes geralmente tinham apenas o árabe à sua disposição exegética (o que, pensava-se, era o suficiente à luz da própria insistência do Alcorão de que ele estava em "árabe manifesto"), ao passo que os estudiosos judeus não tinham apenas o hebraico, bíblico e rabínico, mas também o aramaico e, agora, certamente, aquilo que se tornara o seu arábico vernáculo. Durante a vida de Saadya, o árabe já era uma linguagem altamente analisada e sistematizada que, além do mais, se desenvolvera a ponto de se tornar uma ferramenta literária flexível e elegante capaz de exprimir tudo, desde a lírica mais terna à prosa técnica mais temida, fosse em lei, matemática ou filosofia, área em que já estava sendo usado para traduzir Platão e Aristóteles.

Os judeus aprenderam tudo isso – Saadya escreveu uma gramática hebraica inovadora segundo o modelo árabe – e fizeram bom uso. Como continuassem a interpretar a Escritura, o *peshat* ou método contextual generalizou-se entre em terras de judeus e muçulmanos. Os judeus também saíram no encalço da filosofia e das ciências em árabe – aqui, mais uma vez, Saadya esteve na frente (ver II/7). O mais surpreendente de tudo é que ressuscitaram o hebraico como meio literário, o qual os judeus da Espanha muçulmana, os sefarditas (ver I/6), usaram para produzir um extraordinário repertório de poesia totalmente secular.

Dois comentadores judeus medievais: Ibn Ezra e Rashi

Dois comentadores europeus, o espanhol Abraão ibn Ezra e o francês rabi Salomão Ben Isaac, mais conhecido pelo seu acrônimo Rashi, ilustram o pleno florescimento dos métodos tanto do *peshat* como do *midrash* de leitura da Bíblia. Embora mais jovem, Ibn Ezra (m. 1164) logicamente vem primeiro, pois sua obra levou o método contextual, com as concomitantes habilidades de linguagem, para fora do mundo muçulmano, onde estava espalhado entre os sefarditas, para os comentadores judeus da Europa cristã, que nada sabiam da tradição árabe de uma abordagem filológica e contextual próxima da Escritura. Nascido na Espanha, Abraão ibn Ezra viajou muito pela Casa do Islã, do Marrocos ao Egito. Em 1140, porém, a conversão de seu filho ao islã persuadiu-o, ou obrigou-o, ao exílio cristão. A partir daí até sua morte ele viajou bastante pela Itália, França e até, numa ocasião, Inglaterra.

Como Saadya, Ibn Ezra tinha um conhecimento enciclopédico, mas era também poeta, na verdade um dos últimos representantes da idade de ouro da poesia hebraica na Espanha. Era também, em certo sentido, um historiador cultural, e dois de seus escritos hebraicos em particular – uma gramática hebraica e uma história da evolução dos estudos lingüísticos hebraicos – ofereceram aos estudiosos judeus por toda a Europa cristã uma introdução convincente e atraente, em roupagem hebraica, sobre a poética e a filologia da Espanha árabe muçulmana. Ibn Ezra escreveu diversos comentários, quase sempre ousados e inovadores (ver II/1), sobre a Escritura, muitas vezes sobre o mesmo texto a partir de perspectivas diferentes. Um de seus conjuntos de comentários sobre o Cântico dos Cânticos, por exemplo, examina a linguagem do texto hebraico à maneira dos filólogos árabes, enquanto outro trata das qualidades literárias da obra como poesia. Um terceiro demonstra que ele pode apresentar o *midrash* tão bem como qualquer rabino: o Cântico dos Cânticos é desenvolvido como uma alegoria do amor de Deus por Israel.

Rashi (m. 1105) nasceu em Troyes, onde foi vinhateiro e também rabino de notável reputação contemporânea e, depois de sua morte, o exegeta por excelência na tradição judaica. Rashi comentou a Bíblia inteira, exceto Crônicas, e essa conhecidíssima obra – seu comentário sobre o Pentateuco foi, em 1475, a primeira obra hebraica impressa (sem o texto bíblico) – gerou centenas de outros comentários nas gerações seguintes. Embora tenha sido pioneiro no uso do vernáculo em exegese bíblica – muitas vezes traduziu termos hebraicos difíceis ou técnicos para o francês vernáculo contemporâneo –, Rashi não foi um inovador exegético. Passou adiante, de maneira concisa e compreensível, a interpretação rabínica padronizada do texto, a saber, "o que a Torá Escrita significa é o que a Torá Oral [o Talmude e o *midrash*] explica". A Torá oral explicou muita coisa, mas Rashi se restringiu ao essencial e poupou suas observações detalhadas para as dificuldades em fraseologia ou expressão no texto bíblico.

Os grandes debates

Uma mudança importante ocorreu na esfera de ação e na maneira da exegese cristã latina no século XII. Por muito tempo a Espanha fora um lugar onde cristãos, muçulmanos e judeus estavam em contato direto, às vezes de cooperação, às vezes de confronto (ver I/5). Por volta da década de 1230, porém, a maré política mudou em favor dos reinos cristãos, e o que outrora havia sido convivência foi substituído por um senso inconfundível de triunfalismo cristão. A Igreja, desde o papado, passando por seus bispos e pregadores, podia agora nutrir a possibilidade de converter os muçulmanos e os judeus.

Os projetos de conversão do século XIII tomaram rumos diferentes. Visto que os muçulmanos tinham a sua própria Escritura, era preciso aproximar-se deles por outro ângulo. A razão era um terreno comum aos cristãos e muçulmanos, uma paisagem filosófica generosa explorada, primeiro, por Platão e Aristóteles, cujos mapas tinham chegado, via tradução, às mãos tanto dos muçulmanos árabes como dos cristãos latinos (ver II/7). Alguns pensaram então que o discurso racional poderia ser o meio para convencer os muçulmanos mais importantes, seus governantes e "doutores", a reconhecerem a verdade do cristianismo. "A própria verdade nos compele", escrevera Tomás de Aquino. De fato, sua *Summa contra Gentiles* (1270-1272) – os "gentios" em questão eram os muçulmanos infiéis – foi escrita para a finalidade expressa de expor os argumentos racionais, sem recurso à Escritura, que pudessem "compelir" um muçulmano atencioso ao cristianismo.

No entanto, os judeus eram um caso diferente. Eles também compartilhavam a paisagem racional herdada da Antiguidade helênica – tanto Saadya como Maimônides edificaram aí estruturas nobres (ver II/7) – mas, uma vez que eles e os cristãos tinham uma Escritura comum, a Bíblia/Antigo Testamento, e os cristãos tinham edificado sua "casa" nela, o discurso medieval entre cristãos e judeus tomou muitas vezes a forma de um debate acerca da leitura da Escritura, a saber, se eram os judeus ou os cristãos que a liam direito. Os debates não eram sobre as idéias dos judeus, pois não estavam em condições de pô-las em ordem mesmo que estivessem dispostos a isso. Os judeus, principalmente, eram convocados – a população judia em geral e os muçulmanos também, se houvesse algum morando no lugar – a assistir aos sermões na igreja local, toda vez que o bispo ou pregadores franciscanos ou dominicanos (ver I/5) em visita achavam oportuno. A assistência era obrigatória. Segundo um decreto do rei Jaime de Aragão, em 1242, "nossos oficiais, se quiserem obter nosso favor, devem, sem atenção a escusas, compeli-los [os judeus e muçulmanos] a fazer isso".

O rei Jaime patrocinou um dos mais famosos exemplos de debate público ou disputa com especialistas judeus. Aqui a questão central era invariavelmente – tão invariável como nos sermões obrigatórios e na maior parte da literatura polêmica gerada pelo programa de conversão – a exegese, cristã e judaica, da Bíblia em geral e das profecias messiânicas em particular. Essas disputas eram uma iniciativa um tanto inconveniente e até perigosa: para os judeus, é óbvio, porque estavam destinados pela circunstância a serem declarados perdedores, e para os cristãos, porque seus oponentes judeus parecem ter tido quase sempre um melhor domínio da Bíblia, especialmente do seu sentido literal, do que seus defensores. Foram preservados manuais preparados por ambos os lados para polemistas menos habilidosos. Parece que foram planejados principalmente para evitar surpresas; os textos críticos são todos postos sobre a mesa, junto com as respostas apropriadas.

O principal ponto de contenda exegética era a compreensão tipológica que os cristãos tinham do Antigo Testamento e a leitura literal que os judeus faziam dos mesmos textos. Os argumentadores e polemistas judeus, que necessariamente faziam o papel de réus, eram muitas vezes prejudicados pela "prefiguração" generalizada dos cristãos, mas acabaram recebendo ajuda. Em meados do século XIII, José ben Natã Oficial, o consultor financeiro do arcebispo de Sens e aluno de um dos que participaram num "julgamento" do Talmude em Paris, em 1240 (ver II/3), escreveu o *Livro de José o zelota* para servir de guia para judeus que tentassem refutar a interpretação da Bíblia feita pelos cristãos. Um pouco mais tarde, apareceu o mais especializado *Livro da antiga polêmica*, que tomou, na perspectiva disputante, versículo por versículo, todas as passagens tipológicas do Antigo Testamento favoritas dos cristãos.

Entretanto, Jaime de Aragão convocou especialistas judeus para debater com seus dominicanos na sua presença em Barcelona, em 1263. Os principais participantes eram, do lado judeu, rabi Moisés Ben Nahman, ou Naamânides, e, do lado cristão, frei Pablo Christiá, ou Paulo Christiani, um convertido judeu ao cristianismo.

Nota: Naamânides (m. 1270) nasceu em Gerona, Catalunha, cidade que passara do controle muçulmano para o cristão em 1015. Como o mais jovem Maimônides – no estilo acronímico do tempo, o primeiro era conhecido como "Ranban", o segundo como "Rambam" –, Naamânides era um médico espanhol e autoridade na lei judaica, que se voltou também para outras direções. Maimônides enveredou pela filosofia segundo o modelo de Aristóteles corrente nos círculos muçulmanos (ver II/7), um negócio um tanto perigoso, ao passo que Naamânides, que escreveu em defesa de Maimônides, foi atraído pela cabala, ou judaísmo místico popular em muitos círculos sefarditas (ver II/9), e mais tarde compôs seus comentários bíblicos nessa perspectiva. Depois da disputa de 1263, foi obrigado a deixar a Espanha, mas enquanto Maimônides, exilado da Espanha muçulmana, passou o resto de sua carreira na corte real no Cairo, Naamânides preferiu migrar para a Eretz Israel, onde tentou abrir uma escola para a paupérrima comunidade de lá. Passou os anos finais de sua vida na Palestina e lá morreu, aparentemente esperando ainda poder voltar para Espanha.

Sobre Paulo ou Pablo Christiani sabe-se consideravelmente menos. Homem de certa instrução – uma notícia cristã o chama de "clérigo instruído na lei mosaica" –, era um converso do judaísmo, possivelmente na Itália, e mais tarde se tornou frade dominicano. Tinha a tarefa de persuadir os judeus a converter o enorme zelo e conhecimento da Escritura em hebraico, bem como do Talmude e o *midrash*. Mais tarde apareceu na corte francesa, onde persuadiu Luís IX a exigir que os judeus usassem emblemas identificadores e permitisse que ele, Paulo, pregasse aos judeus em suas sinagogas.

Paulo procurou provar "através de textos autorizados da Lei e dos Profetas, bem como através do Talmude" que o Messias chegara. Naamânides aceitou o desafio – "você não entende a Torá e a *halakah*", disse ele a certa altura para Paulo, "e apenas um pouco a hagadá". A discussão girou em grande parte sobre as passagens familiares, algumas que identificavam um Messias sofredor, outras que afirmavam que o cetro não sairia de Israel. A disputa foi depois seguida de sermões na igreja, um deles pregado por Raimundo de Peñaforte, o dominicano espanhol na vanguarda dos esforços de conversão do século XIII dirigidos tanto aos judeus como aos muçulmanos, e o outro pelo próprio rei, de novo com uma resposta discreta de Naamânides.

Pouco importa quem "venceu" esses confrontos, que, de qualquer modo, não visavam estabelecer nada, mas apenas converter abertamente os judeus de Aragão. Eles mostraram que a alegorização livre que os cristãos faziam da Bíblia podia sofrer diante da compreensão um tanto mais sofisticada que os eruditos judeus tinham do texto e do seu sentido literal. O próprio Paulo indicou parte do remédio. Um conhecimento do hebraico estava cada vez mais disponível por parte dos rabis, e os convertidos judeus estariam dispostos a instruir os cristãos não somente nos conteúdos do Talmude (ver II/3), mas também sobre o *peshat*, ou método contextual de abordar um texto, o qual os judeus tinham aprendido dos muçulmanos. Os resultados são plenamente visíveis na obra de Nicolau de Lira (m. 1340), que mais do que qualquer outro resume a exegese cristã medieval. Esse franciscano da Normandia, professor na Sorbonne durante a maior parte de sua carreira, escreveu numerosas obras sobre teologia, mas é mais conhecido por causa de suas enormes *Postillae* ou *Notas* sobre toda a Escritura, provavelmente o texto sobre exegese mais amplamente consultado no cristianismo da pré-Reforma e o primeiro a ser impresso. Nicolau criticou os seus predecessores, primeiro porque em diversas ocasiões foram enganados pela Vulgata, que às vezes se afastava do texto hebraico – ele mesmo era grande perito em hebraico e mostrou considerável familiaridade com Rashi – e, segundo, porque se entregavam a uma exegese alegórica sem prestar suficiente atenção ao sentido literal da Escritura. Seu comentário procurava remediar isso, e ele teve ajuda considerável e especializada. Nicolau, é claro, tinha lido cuidadosamente os comentários bíblicos de Rashi e fez bom uso do aprendizado e da abordagem do erudito judeu.

A reforma da exegese cristã

Os fundamentos da exegese cristã e judaica tradicional receberam seus primeiros choques textuais reais no século XV, quando humanistas como Lorenzo Valla, na Itália, e Antônio de Nebrija, na Espanha, lançaram olhares críticos sobre a exatidão textual da tradução latina da Escritura feita por Jerônimo (ver II/1), seguidos pelo exame que os historiadores fizeram dos mesmos textos no século XVI, atingindo o seu clímax nos grandes ataques racionalistas à Escritura no século XVII. Martinho Lutero tinha muita familiaridade com a exegese tradicional da Igreja, e embora nunca duvidasse da inspiração divina da Escritura, começou a recuar em relação ao uso livre e abundante que a Igreja fazia da exegese alegórica. Ele admirava a abordagem literal de Nicolau de Lira, a quem chamava de "alma fina, bom hebraísta e verdadeiro cristão". Lutero afirmou: "O Espírito Santo é o mais pleno escritor e falante no céu e na terra e por isso suas palavras não podem ter senão um sentido, e este é o sentido muito mais simples, o qual chamamos de sentido literário, comum, natural". Toda heresia, continuou ele, surgiu exatamente da ignorância do sentido pleno, literal, "a não ser", acrescentou, que "as particularidades das palavras nos obriguem a fazer isso". Invocou então o ensinamento cristão padrão sobre quando exatamente o sentido metafórico de uma passagem da Escritura devia ser preferido.

Lutero também estava preocupado com as contradições entre as várias partes da Escritura, particularmente as teológicas, e em alguns casos não tinha interesse nem estava preocupado em reconciliá-las. A Carta de Tiago, por exemplo, tem uma visão totalmente diferente da relação entre fé e boas obras para a salvação, diferente da maneira como Lutero lia Paulo e diferente da própria compreensão que Lutero tinha da questão (ver II/5). Como resultado, ele lançou dúvidas sobre a autenticidade apostólica de Tiago (como também do Apocalipse, embora por razões diferentes) e relegou-a a uma espécie de apêndice apócrifo em sua tradução alemã do Novo Testamento.

O Concílio de Trento publicou a resposta da Igreja. Em seu decreto de 1546, defendeu a autenticidade e a autoridade tanto da Escritura como da tradição. Tanto o Antigo como o Novo Testamento, bem como a tradição oral que veio dos apóstolos (ver II/3), foram "aceitos e recebidos pela Igreja com igual piedade e reverência". Os reformadores, todavia, não foram silenciados. Os sucessores de

Lutero insistiram que o contexto histórico era crucial para a verdadeira compreensão da Escritura. No entanto, esses escritos continuaram sendo a Palavra de Deus inspirada e, portanto, todas as contradições permaneciam, por enquanto, mais aparentes que reais. Os protestantes, não menos que os católicos, contentavam-se em medir a exatidão de sua interpretação de uma dada passagem na Escritura por sua "concordância com a fé".

Controle do Livro

Estava em jogo o controle da Escritura, a pedra fundamental sobre a qual o cristianismo, o cristianismo de todos, de alguma maneira se baseava. Antes de Lutero, a exegese escriturística estava firme nas mãos da Igreja, e o cristão era obrigado a segui-la em nome da autoridade de ensino da Igreja, a postura de aceitação que os muçulmanos chamaram de *taqlid*. Se os reformadores iriam reler a Escritura de maneira diferente, alguma defesa devia ser feita para se afastar ou desviar-se da maneira tradicional. O *slogan sola Scriptura*, "só a Escritura", da Reforma não significava apenas que a Escritura era a única fonte de revelação, mas também que o novo cristão reformado não precisava do conselho prescritivo da Igreja para entender a Palavra de Deus. O que *não* significava que cada um ou cada uma podia ler a Escritura como bem desejasse. No começo da Reforma surgiu o problema de leituras individuais, excêntricas ou radicais, e a maioria dos líderes precisou de pouco para se convencer de que, se fosse para manter a unidade da comunidade, da Igreja, seria preciso um guia. Um desses guias era a própria Igreja, como os católicos sustentavam, mas agora de maneira mais estreita, e autêntica, definida pelos reformadores com referência aos Padres e aos primeiros concílios: era a Igreja "moderna", aquela localizada na "Babilônia", para usar uma figura de linguagem favorita dos reformadores, que tinha traído a verdade da Escritura.

De modo geral, os reformadores preferiram a história à tradição em matéria de exegese. O princípio foi exposto com certo detalhe na *Chave para a Sagrada Escritura*, obra escrita em resposta ao Concílio de Trento por Matthias Flacius Illyricus (m. 1575). Seu nome latinizado confere a ele um ar antigo, mas o nome vernáculo escondido por baixo de Flacius, Vlacich, coloca-o no mosaico da moderna "Iugoslávia", no leste, na fronteira eslava da cristandade latina. Vlacich foi o perito hermenêutico pioneiro da Reforma e historiador eclesiástico de agudeza considerável (ver II/3).

No opúsculo de abertura da *Chave*, "Sobre o modo correto de entender a Sagrada Escritura", Vlacich lança os princípios da exegese ou, como seria chamada hoje, hermenêutica (ver mais adiante). Aí ele desenvolve o argumento de que o sentido literal ou "gramatical" é o correto, mas deve ser posto de lado, com graves apreensões, quando não faz sentido, e as possibilidades de alegoria devem entrar em ação. Isso é, em parte, uma reação ao uso católico amplo daquelas "outras" leituras para dar uma base escriturística às suas crenças e práticas e, em parte, uma confiança otimista nas novas ferramentas filológicas elaboradas pelos humanistas da Renascença. Agora esses humanistas lêem seus textos clássicos "no contexto", e Vlacich afirma que não é diferente – Erasmo, o humanista, insistira que era *muito* diferente – com o texto escriturístico: para entendê-lo, é preciso entender o seu contexto histórico ou "situação vital" (*Sitz im Leben*), como passou a ser conhecido por uma geração posterior de pesquisadores.

A maneira de inspeção textual cuidadosa iniciada por Matthias Vlacich foi ampliada ainda mais pelo clérigo católico Richard Simon (m. 1712), embora com finalidade inteiramente diferente. Vlacich afirmava que uma análise cuidadosa levaria ao entendimento de quase todas as passagens problemáticas; Simon demonstrou que tal análise cuidadosa, a qual recomendava, revelava ainda mais dificuldades de entendimento e mostrou que sem o ensino tradicional da Igreja nunca se poderia esperar entender o que Deus tentava dizer através de seus instrumentos humanos. Nenhuma dessas posições era confortável nem para os reformadores nem para os católicos. Ambos os lados estavam comprometidos com a noção de que os textos sagrados eram divinamente inspirados e que não podiam, se corretamente entendidos, enganar o crente. Como, então, entender corretamente? O ensino tradicional era uma resposta, estreitamente definida pelos reformadores, largamente pelos católicos. A infalibilidade da fé, afirmada pelos reformadores, uma qualidade no crente, era correspondida por uma "clareza" (*perspicuitas*) na Escritura; só a infalibilidade da Igreja e sua tradição, respondiam os católicos, garantia a verdadeira compreensão.

Um olhar mais de perto, e diferente, da Escritura

A Renascença tinha aberto as mentalidades européias para o passado, para a antiga mas intelectualmente vibrante paisagem da Antiguidade greco-romana, para tradições que pareciam eruditas e, ao mesmo tempo, humanas, e por isso eram vistas com estima. Eram igualmente tradições céticas, com uma visão bastante relativista da religião, o que era o resultado natural do paganismo polimorfo dos gregos e romanos e de sua filosofia altamente racionalizada. Alguns eruditos cristãos começaram agora a olhar para sua própria tradição eclesiástica através desses mesmos olhos humanistas um pouco céticos, talvez animados pelo mundo religioso pluralista criado pelo "estabelecimento" da Reforma e equipado com uma nova especialidade em línguas e história.

Em exegese, os frutos do novo aprendizado e das novas atitudes aparecem de maneira arrojada, como há pouco observamos, no clérigo católico francês Richard Simon, cuja *História crítica do Antigo Testamento* (1678) é o primeiro estudo crítico moderno da Escritura. O livro causou furor nos círculos cristãos, e a Igreja conseguiu rapidamente abafá-lo. Simon, porém, não se intimidou. Publicou, em seguida, uma série de obras sobre o texto e sobre comentários cristãos anteriores sobre o Novo Testamento, em que pela primeira vez o texto dos evangelhos foi submetido a um exame crítico minucioso, e a autoridade das primeiras autoridades exegéticas sobre as Escrituras cristãs foi avaliada e muitas vezes considerada insuficiente. Embora Simon fosse teólogo e não tentasse disfarçar que sua obra era, antes de tudo, uma refutação das afirmações protestantes acerca da Escritura, ele se aproximou da Bíblia e do Novo Testamento com os métodos e sensibilidade de historiador. O judeu holandês Baruch Spinoza (m. 1677) talvez fosse mais filósofo que teólogo, mas, como Simon, via na Escritura um documento humano – ele negava especificamente a autoria mosaica – e, no caso da Bíblia, mais uma história de um povo que um registro das relações de Deus com aquele povo. Suas teorias sobre a Bíblia, expostas com detalhe em seu *Tractatus theologico-politicus*, acabaram provocando a sua excomunhão da sinagoga de Amsterdã.

Tanto Simon quanto Spinoza estão no começo do moderno modo ocidental de tratar a Escritura como documento humano, uma peça escrita sujeita às mesmas convenções de composição que uma obra literária e às mesmas regras de autenticação de uma obra de história. Desenvolveram-se duas grandes abordagens da Escritura. Os teólogos continuaram o trabalho de exegese, de extrair do texto sagrado o sentido de Deus, mas doravante eram acompanhados – e muitas vezes atendidos – por historiadores e críticos literários, que achavam ter descoberto, nessas mesmas páginas, as vozes dos autores humanos que de fato as tinham composto.

Exegese e hermenêutica

Se a exegese trata do texto, a hermenêutica refere-se à própria noção de exegese. Em sua compreensão mais geral, hermenêutica (< Hermes, o mensageiro, e, por isso, o intérprete dos deuses gregos) significa interpretação, e o tratado de Aristóteles sobre o significado lógico é chamado "Sobre a *hermeneia*". A palavra conservou essa aceitação geral por longo tempo, com a compreensão adicional de que se tratava mais de teoria do que de prática. De fato, uma maneira comum tanto de ligar como de distinguir hermenêutica e exegese era descrever a última como a aplicação prática dos princípios da primeira.

Vários desenvolvimentos transtornaram a fácil e tranqüila relação sistemática entre os dois termos. Primeiro, os humanistas da Renascença européia estavam aprendendo a ler os textos de autores gregos e latinos de maneiras mais minuciosas e mais sofisticadas. Segundo, os reformadores protestantes, como vimos, davam muita importância ao modo como a Escritura devia ser lida: enquanto os católicos continuavam a sustentar uma abordagem alegórica geral das Escrituras, os reformadores tendiam a acentuar uma leitura mais literal e "histórica" dos textos. Mas de modo algum a questão era tão simples assim. Desde Orígenes a Igreja tradicional produzira comentários *ad sensum*; os reformadores, por sua vez, nunca deixaram de insistir, com os católicos e contra os judeus – que continuavam a protestar contra o fato de que o sentido pleno da Bíblia estava sendo violado desse modo –, que o Antigo Testamento devesse ser lido cristologicamente ou, como dissemos, tipologicamente. Quanto ao Novo Testamento, havia uma disputa importante entre os reformadores sobre o grau exato de literalidade com que se havia de entender o mais extremo e explosivo de todos os textos literais, as palavras muito bem testemunhadas e certificadas de Jesus: "Tomai e comei, isto é o meu corpo" (Mt 26,26 etc.). Os católicos compreenderam isso *ad litteram ipsam*; alguns protestantes também, outros não.

Apesar dos resultados mistos, a questão de como exatamente – ou por que – a Escritura devia ser lida, ou seja, a questão hermenêutica, fora levantada e nunca desapareceu. O debate entre Reforma e Contra-Reforma pode ter sido amplamente alimentado por polêmicas partidárias, mas a hermenêutica posterior foi levada para a órbita dos estudos filosóficos e literários e, depois, devolvida aos teólogos e exegetas escriturísticos com novas e incômodas questões anexas. O pai da hermenêutica moderna, e talvez da teologia moderna também, Friedrich Schleiermacher (m. 1834), afirmou que os livros da Escritura não eram ensaios de teologia sistemática, mas os produtos de intuições humanas modeladas em circunstâncias históricas particulares, compreensão que continua a dominar as modernas leituras da Escritura. Por isso não se deve tratar o texto apenas em termos de sua expressão lingüística, mas também levando em conta a mentalidade e a intenção do autor. Estes são dois dos principais elementos da hermenêutica moderna: o texto como uma espécie de ato de fala e a história mental do autor. Para entender esta última, Schleiermacher afirmava, o leitor deve transformar-se de alguma maneira no autor, tarefa que ele achava possível.

Que exatamente o contrário provavelmente seja verdadeiro é a intuição de Martin Heidegger (m. 1976), o filósofo existencialista alemão que defendeu a idéia de que o leitor não encontra a verdade no texto – ou no mundo em geral –, mas em si mesmo. O sentido ocorre quando um sujeito se encontra com um objeto, em nosso caso a Escritura. A questão teve um impacto profundo sobre o teólogo protestante Rudolf Bultmann (m. 1976). Para Bultmann, a verdade da Escritura está na experiência que o crente tem de Cristo, o Cristo que está na Escritura. Mas o encontro só pode ocorrer quando o leitor tiver passado por todos os elementos contingentes da expressão dos autores. O exegeta deve, em suma, "desmitologizar" os textos sagrados ou, como disse Bultmann, "distinguir o que é dito daquilo que se quer dizer e avaliar o primeiro pelo último".

3 – Escritura e tradição

Se a exegese é um método de abrir à força o Livro de Deus firmemente fechado e encontrar em suas profundezas as soluções para problemas mais contemporâneos de comportamento e crença, a tradição fornece à comunidade de crentes um instrumento com o qual prolongar a própria revelação, como de fato os três Povos do Livro prolongaram. O que veio a ser o judaísmo normativo não era mais simplesmente uma questão de relação com a Bíblia como o cristianismo tradicional em relação ao Novo Testamento ou o islã com o Alcorão apenas. Cada grupo acreditava que havia mais – que certos outros textos falavam com a autoridade do Livro ou que certas pessoas dos últimos dias falavam com a mesma autoridade dos profetas canônicos. E, no fim, judeus e cristãos pelo menos tiveram de enfrentar poderosas ondas de discordância, ao ponto de chegar à existência de uma segunda revelação ou revelação suplementar, tão autêntica e autorizada quanto a primeira. Essa mesma questão até hoje continua a dividir profundamente os dois conjuntos de crentes.

A grande tradição

Todas as três comunidades com Escrituras compreenderam a noção de uma forma continuada ou contínua de revelação, em textos ou oralmente, recebida de uma fonte mais antiga e indubitável, e que por isso pode ser descrita como "tradição" (< lat. *traditio*; gr. *paradosis*), algo transmitido ou entregue. No linguajar comum, a palavra é usada para descrever toda uma gama de conceitos, desde uma prática rígida e petrificada a conselhos dotados de autoridade ou orientações exemplares, até mera ação costumeira, com uma inclinação semântica para a última ponta da escala. É uma tradição social, por exemplo, que quase todo mudo dê a mão (ou um beijo) ao cumprimentar e que até ateus digam "graças a Deus" em situações felizes ou "Deus te abençoe" quando alguém espirra. Resta pouco da indubitável origem religiosa do último ato, mas continua existindo uma abundância de tradições religiosas genuínas entendidas como tais. Há (ou havia) uma tradição nesse sentido para um muçulmano começar pronunciamentos formais com a fórmula alcorânica: "Em nome de Deus, o Compassivo, o Misericordioso"; para alguns cristãos, de inclinar a cabeça quando se mencionava o nome de Jesus; e para os judeus, de evitar até a menção ou a grafia do nome de Deus. Dias santos importantes (que não estão nas Escrituras) como *Hanuka*, Natal e o Aniversário do Profeta (Mawlid al-Nabi) estão cheios de tais tradições às vezes piedosas, às vezes mais ou menos seculares (ver II/6).

A palavra tradição também é usada como um plural coletivo para descrever, por exemplo, a soma de costumes, leis, rituais e instituições que constituem a identidade de um determinado grupo. Nenhum uso, singular ou plural – embora tenham seu lugar nas sociedades judaica, cristã e muçulmana –, cobre exatamente o que significa a "tradição" ou, talvez melhor, "A Tradição" no contexto dos três Povos do Livro. Aqui ela pode ser mais bem definida como um pronunciamento não escriturístico, derivado de uma fonte autorizada, validado por testemunhas oculares ou auditivas fidedignas, transmitido por uma corrente autenticada de informantes e absolutamente obrigatória para os crentes como padrão de crença ou conduta. Essa é a Grande Tradição das três comunidades monoteístas, uma pedra fundamental na construção do que chamamos judaísmo, cristianismo e islã. A adesão a ela como norma de crença é parte daquilo que constitui a ortodoxia e, como norma de ação, a ortopraxia. De fato, a tradição nesse sentido – e é usada nesse sentido em geral – é tanto uma parte da ortodoxia como da ortopraxia a que os grandes movimentos de reforma no cristianismo, e no judaísmo, que essencialmente atacaram tanto a autoridade como a autenticidade da Grande Tradição, deram fim, remodelando não só o conteúdo da crença e do comportamento prescritos, mas também a maneira como a ortodoxia e a ortopraxia devem ser definidas.

A autoridade dessa tradição religiosa elementar deriva, em primeiro lugar, de sua fonte. A esse respeito a Escritura foi fundamental. Houve tradições antes da Escritura, pelo menos no judaísmo e no cristianismo, mas uma vez estabelecido como sendo a Palavra de Deus revelada, o Livro desfrutou do que parecia ser uma autoridade absoluta para os crentes: foi o que o Alcorão chamou "A Orientação". A tradição que, como se observou, era anterior à Escritura e pode de fato tê-la, finalmente, produzido teve de encontrar o seu próprio lugar diante da reivindicação aparentemente única da Escritura. No judaísmo, e mais tarde no islã também, imaginou-se que a tradição surgira ao lado da Escritura e fora transmitida através da mesma fonte. Da maneira pela qual o assunto foi entendido por uma geração posterior de rabis, Moisés recebeu duas revelações no Sinai; uma das quais recebeu a ordem de pôr por escrito, que é o nosso livro chamado Torá, e a outra, igual, mas não idêntica, que foi transmitida oralmente e constituiu para incontáveis gerações de judeus um guia tão autorizado de conduta e crença como a própria Bíblia. Uma convicção semelhante surgiu, como veremos, em círculos islâmicos.

Judaísmo rabínico

A dupla destruição de Jerusalém pelos romanos em 70 e 135 e.c. afetou radicalmente o curso do judaísmo e colocou-o no seu caminho da "política para a piedade", como foi descrito. Tanto o templo como até os sonhos de Estado desapareceram, e da diversidade doutrinal e cultural de apenas um século antes sobreviveram somente os fariseus e seu programa. Os sacerdócios do templo tornaram-se insignificantes devido à sua impotência funcional. Depois do ano 70, os *kohenim* tornaram-se ferreiros num mundo automotivo; o judaísmo helenístico, em seu espírito de acomodação, caiu cada vez mais em descrédito; os militantes nacionalistas foram dispersados pelos romanos; e novas reivindicações messiânicas, fossem pacíficas ou militantes, encontraram ouvidos moucos. Os fariseus escaparam do desastre. Já se falou (ver I/2) da difundida estória de como o chefe dos fariseus, o famoso Yohanan ben Zakkai, cujo túmulo ainda é reverenciado na Galiléia, foi carregado para fora da cidade num caixão de defunto pouco antes do fim e reconstituiu uma "escola" farisaica, primeiro em Yabneh ou Jâmnia, perto da costa, e, finalmente, em Tibérias ou Tiberíades, na Galiléia.

Como vimos, os fariseus são personagens familiares em Josefo, que os admira, e no Novo Testamento, que os difama. Realmente, os evangelhos podem ser a nossa melhor fonte sobre os fariseus após o ano 70. Embora visando descrever a vida de Jesus, o retrato dos fariseus em Mateus e em Lucas, em particular, pode basear-se em suas relações com os judeu-cristãos nas décadas de 1980 e 1990, quando os evangelhos foram escritos. Se for o caso, fica sugerido que nessa altura os seguidores judeus de Jesus estavam passando por dificuldades sempre crescentes com as autoridades judias e que estas últimas eram os fariseus, que pelo final do primeiro século tinham o controle firme e total da comunidade.

Embora os indícios contenham manchas e haja anomalias – os rabis descrevem aqueles que chamam de *perushim* (fariseus?) como um grupo (um pouco) diferente deles mesmos –, ainda parece seguro supor que os fariseus primitivos tornaram-se os rabinos da era após 200. Se olharmos para trás na perspectiva do Talmude, notamos a presença, a partir dos hasmoneus, de uma instituição importante, o sinédrio (*sanhedrin*), governado por dois colegiados, os *nasi* mais antigos, que exerciam a função de presidentes, e os *ab bet din*, mais novos. O sinédrio assumiu a responsabilidade pelo bem-estar moral da comunidade e julgava casos de lei e consciência que caíam no âmbito da competência geral da Lei Mosaica (ver II/4).

A tradição judaica posterior lembrou-se dos detentores desses dois cargos diretores do sinédrio como "pares" (*zugoth*), mas é imprecisa quanto aos detalhes de suas funções e decisões de governo até mais ou menos o tempo de Jesus, quando o "par" Hilel e Shammai ocupou o cargo e desenvolveu atitudes características com relação à interpretação da Lei. As "escolas" de Hilel e Shammai dominaram as discussões legais até 70, quando o sinédrio teve necessariamente de sair de Jerusalém e reconstituir-se em outro lugar sob a liderança de Yohanan ben Zakkai.

Foram dias difíceis para os judeus, e continuam sendo difíceis para o historiador moderno que tenta investigar acontecimentos tão obscuros quanto importantes. O judaísmo do culto ou do templo, que tinha seu centro único em Jerusalém desde o tempo de Davi e Salomão, desapareceu depois do desastre de 70, e os sacerdotes, que por longos séculos haviam guiado a vida religiosa da sociedade judaica, foram substituídos por outros. Os novos líderes da comunidade, a maior parte dos quais parece ter sido mais de eruditos religiosos que de figuras políticas ou ricos proprietários de terra, tiveram de reedificar, sobre novos fundamentos, a comunidade despedaçada.

O novo fundamento era a Lei. É uma das partes mais antigas da estrutura do judaísmo, e por muito tempo tinha sido explicada e administrada pelo sacerdócio, que presidia a outra pedra fundamental da vida judaica, o ritual do templo. Desde a volta do exílio, a Lei era promovida por muitos, principalmente os escribas e os fariseus, como uma questão central dos judeus. Agora, todavia, tornou-se a única norma de identidade e solidariedade judaica. Ou quase isso: nessas novas circunstâncias a Torá foi apoiada, ampliada e explicada por outra fonte de autoridade crescente, a Torá oral ou Mishná.

"Quantas Torás vocês têm?"

Não podemos dizer exatamente quando a noção de uma tradição oral surgiu entre os judeus. Todas as comunidades religiosas parecem ter tal noção, e quase desde o começo, mas essas mesmas comunidades tendem a atribuir antiguidade maior à sua "tradição" do que a evidência documental justifica. Os fariseus já estavam falando em uma "tradição dos pais" no tempo de Jesus, e embora os saduceus contemporâneos negassem qualquer autoridade a ela, não está claro qual era a posição de Jesus acerca de uma "lei oral", se é que ele tinha alguma posição. Até o "judaísmo rabínico" – o perfil religioso desenvolvido pelos judeus após o ano 200 –, não recebemos justificação para honrar tal tradição: ela é transmitida a nós na forma de uma "história de fundação" que explica a existência e a autoridade dessa outra Torá. Somos informados que duas Torás foram reveladas a Moisés no Sinai, uma para ser posta por escrito (nossa atual Torá) e a outra, uma "Torá oral", que não havia de ser lançada por escrito e da qual se acabou pensando que continha tudo de que a comunidade necessitava para sua informação e orientação. A última Torá passou, ainda em forma oral, de Moisés a Josué, depois, segundo o relato da própria Mishná (Aboth 1,1), através de grupos mais ou menos anônimos para as primeiras personagens identificáveis da época do Segundo Templo. Essa Torá oral foi finalmente posta por escrito em torno do ano 200 e está por trás da Mishná particular do rabi Judá ha-Nasi (m. c. 217), "o Príncipe" – havia aparentemente outras mishnás –, que logo ganharam *status* canônico igual ao da própria Torá (ver II/4).

Os conteúdos de nossa Mishná de fato aparentam apresentar uma tradição oral editada, organizada e posta por escrito. A dificuldade é que ela não parece ser uma Torá oral, pelo menos não no mesmo sentido que a Torá preservada por escrito, que chamamos de Escritura. A Mishná não é constituída nem por leis embutidas numa narrativa à maneira de nossa Torá escrita, nem por um código legal no sentido de uma compilação organizada de estatutos, nem sequer por um comentário organizado sobre as leis da Torá escrita. Em vez disso, parece mais ser uma discussão entre juristas acerca de pontos discutidos da lei religiosa e algumas de suas interpretações correntes. Nem o tempo, nem o cenário nem as circunstâncias são especificados, mas o tempo em que algumas autoridades mencionadas viveram faz remontar a cerca do ano 100 a.e.c. Não há nenhum preâmbulo na Mishná, nenhuma *mise-en-scène*; de fato, a Mishná começa abruptamente *in media res*, e o leitor – é duvidoso que se pretendesse que a obra fosse "lida" no nosso sentido da palavra – tem a sensação desconfortável de entrar numa discussão complexa já bastante adiantada. A discussão às vezes chega a algumas conclusões e, outras vezes, simplesmente coloca posições opostas, com freqüência as das duas escolas rabínicas de Hilel e Shammai.

Confecção da Mishná

Embora a Mishná tenha sido descrita como a colocação por escrito da lei oral, provavelmente é incorreto pensá-la como um livro escrito no sentido moderno, pelo menos no começo, visto que nenhum dos sábios que a comentou jamais se refere a um documento escrito. Talvez seja mais exato supor que a partir do tempo do rabi Akiva (m. c. 135) em diante começaram a circular estatutos (*halakoth*) legais escritos, alguns deles plenamente articulados como tais e muitos em estágio inicial, ainda embutidos em discussão e debate em andamento. Quando esse material foi reunido e organizado, foi confiado à memória de "recitadores" profissionais, os *tannaim*, como eram coletivamente chamados, e depois que tudo foi memorizado e recitado, passou a ser considerado "publicado", quer dizer, possuía autoridade canônica. Acréscimos subseqüentes foram feitos no tempo do rabi Judá, o renomado erudito-chefe que, como afirmado anteriormente, fez uma nova e definitiva edição da Mishná.

Existem indícios do que entrou e do que não entrou na Mishná do rabi Judá e por quê. Estatutos citados pelos sucessores de Judá, mas não incluídos em sua Mishná, são conhecidos genericamente como *baraita*, ou "material adicional", e há, além disso, uma compilação bem mais formal desse material, naquilo que chamamos de *Tosefta* ou "Suplemento". O autor deste último é anônimo, e sua finalidade não é clara, mas a organização do material legal da obra e sua maneira de tratá-lo pressupõe a existência da Mishná. Quando comparamos o *baraita*, consideravelmente mais prolixo, com a Mishná, podemos observar o que Judá, e provavelmente Akiva antes dele, fizeram: condensaram, abreviaram e refinaram um grande conjunto de textos de argumento e discussão legal.

A Mishná de Judá, assim como a possuímos, está dividida em seis "ordens" (*sedarim*) dedicadas aos detalhes mais minuciosos das leis que governam (1) as "Sementes" (produtos agrícolas e a parte devida aos sacerdotes e levitas); (2) as "Festas" (os dias santos prescritos); (3) as "Mulheres"; (4) os "Danos" (propriedade, danos e penalidades); (5) as "Coisas santas" (parafernália do templo) e (6) as "Purezas" (pureza e impureza ritual). Aos olhos seculares, a Mishná é um livro de casos extraordinariamente detalhados compilados por juristas para seu próprio uso e instrução. Trata principalmente das práticas cerimoniais, muitas delas já sem importância para a vida judaica na nova diáspora, e tem pouco a dizer em matéria de ética, teologia e devoção, com o que os judeus de épocas posteriores também se preocupavam. Mas não deve ter parecido incompleto aos editores, que preservaram seus conteúdos como um testamento para uma tradição que consideravam, à melhor maneira farisaica, como o coração normativo e essência do judaísmo. A Aliança era a Lei, e a Mishná era a promessa de fidelidade a ambas, por parte de uma nova geração de judeus.

Mishná e Guemara

Não sabemos muito bem por que motivo opiniões particulares acerca de determinados assuntos foram preservadas na Mishná. Presume-se que gozavam de alguma autoridade – uma autoridade condicionada pela preservação e pela transmissão de outras opiniões, divergentes – no mundo no qual foram postas por escrito. Seja qual for o caso, ganharam rápido autoridade nas gerações imediatamente subseqüentes de rabinos, os *amoraim*, ou "falantes", que agora se concentravam em escolas na Galiléia – na esteira da insurreição de 132, os romanos expulsaram os judeus de Jerusalém – e na Babilônia, como o Iraque moderno era então chamado nos círculos judeus. Os *amoraim* que conseguimos identificar vão desde os sucessores imediatos do rabi Judá, no começo do século III, até os últimos membros distintos das academias decadentes no final do século VI. O corpo de estatutos legais, quer fosse extraído da exegese da Escritura, quer, como no caso da Mishná, do recurso à tradição oral, agora era visto como encerrado e completo.

Nota: A ignorância que os cristãos do Ocidente tinham do Talmude e de seu conteúdo terminou no século XIII, quando convertidos do judaísmo começaram a revelar o seu conteúdo aos seus correligionários cristãos e a sugerir que nas páginas do Talmude eram abundantes as declarações blasfemas acerca das crenças cristãs. Por conseguinte, o papa Gregório IX (1227-1241) despachou advertências a vários governantes cristãos mandando que tomassem os livros dos judeus e os entregassem aos franciscanos e dominicanos (ver II/8) para investigação. No subseqüente "julgamento" do Talmude realizado em Paris, em 1240, duas acusações principais eram dirigidas aos judeus: primeiro, a de que preferiam os ensinamentos dos rabis (o Talmude) às Palavras de Deus (a Bíblia), e, segundo, a de que caluniavam Cristo e o cristianismo. As acusações foram sustentadas pelo tribunal eclesiástico e os livros judeus foram queimados em público. Em 1247, porém, Inocêncio IV reconsiderou a posição da Igreja. Dado que os judeus já tinham, havia muito tempo, recebido a concessão de tolerância oficial por parte da Igreja (ver I/5), e dado que seus livros sagrados, inclusive o Talmude, eram essenciais para sua fé, se devia permitir que conservassem e usassem os livros, mas somente depois que as passagens ofensivas ao cristianismo tivessem sido eliminadas.

A Mishná, acompanhada por suas duas respectivas *guemaras* ou "acabamentos", tomou forma final nos dois Talmudes, o babilônio (Mishná de Judá cercada em cada página pela Guemara dos *amoraim* babilônios) e o de Jerusalém ou palestino (a mesma Mishná de Judá, todavia agora embutida na Guemara dos *amoraim* de Tiberíades), sendo que o primeiro deles ganhou posição preeminente em autoridade. Com a apropriação cristã da Bíblia – em suas versões da Septuaginta grega ou da Vulgata latina (ver II/1) –, os judeus acabaram considerando o Talmude sua marca escriturística característica, não somente por causa de sua autoridade normativa sempre crescente, mas também por ser um texto não partilhado com os cristãos.

Validação dos rabis

A certa altura, os rabis da Palestina começaram a formalizar a delegação de seus poderes através do ritual conhecido como "ordenação" (*semika*). A *semika* acabou sendo entendida não apenas como a delegação de poderes, mas sua transmissão de fato. A transmissão da tradição oral foi ritualizada, como fora de Moisés a Josué, pela "imposição das mãos" (Nm 27,18). Com a textualização da *Mishná*, a *semika* tornou-se a extensão dessa passagem para as gerações além da *Mishná*, mas uma vez que a "corrente" das ordenações rabínicas foi quebrada no século IV, como todos concordam que aconteceu, a autoridade dos rabis mudou. Parece que o ofício evoluiu na mesma direção que o episcopado cristão – cuja própria crise de "sucessão" não ocorreu até à Reforma –, mas depois, nos séculos V e VI, tornou-se algo totalmente diferente. O magistério rabínico autorizado tornou-se, na ordenação atenuada da época pós-talmúdica, apenas uma certificação, ou licenciamento, da competência rabínica (ver II/4).

Ataque à tradição: saduceus e caraítas

Se "saduceu" significa "filho de Sadoc", um sumo sacerdote da era davídica, então os saduceus eram provavelmente uma espécie de partido sacerdotal. As breves notas de Josefo acerca dos saduceus os caracterizam como um grupo que rejeitava qualquer lei não explicitamente contida na Torá. Isso era uma negação direta da tradição dos pais dos fariseus. Para os saduceus, só a Torá era revelação, e devia ser interpretada de maneira direta, literal; todo o resto era, na melhor das hipóteses, especulação e, na pior, inovação. Isso não era um ataque à Lei – afinal, os sacerdotes eram, quase desde o começo, os principais guardiões e intérpretes da Torá –, mas uma defesa das prerrogativas sacerdotais contra a extensão farisaica da Lei através da noção de uma "Torá oral" sobre a qual podiam, então, exercer controle.

Ouvimos essa acusação de novo dentro do judaísmo, feita por um grupo chamado de caraítas contra os rabis babilônios do século VIII. Os caraítas eram literalmente "leitores" – seu nome está etimologicamente ligado a "Quran" – que limitavam a sua leitura à Escritura e procuravam viver de acordo com os seus mandamentos (*mitzvoth*) e só com eles. Não sabemos como os caraítas conseguiam fazer isso numa sociedade já afastada dos costumes e do modo de vida da era patriarcal. O literalismo dava liberdade contra as "leis derivadas" (*halakoth*; ver II/4) dos rabinos, é verdade, mas muitas dessas não eram os "fardos" às vezes sugeridos por fontes cristãs. Ao contrário, eles de fato faziam os mandamentos bíblicos entrarem em consonância com os costumes locais e as mudanças de circunstâncias, de modo semelhante ao que os *hadith* fizeram no islã. O perigo dos caraítas para a vida judaica em sua evolução no século VIII era a ameaça que apresentavam ao poder dos rabis, que então eram as autoridades incontestadas entre os judeus, tanto no mundo cristão como no mundo muçulmano.

Há dúvidas com relação a se a Torá pôde realmente servir, em seu sentido literal, como código normativo para uma comunidade judaica do século VIII, e a versão de uma sociedade segundo a Torá proposta pelo líder caraíta Anan ben David na década de 760 no Iraque pode ter afundado em seu próprio literalismo. Uma geração posterior de caraítas sob Benjamim al-Nihawandi, discípulo de Anan, e Daniel al-Qumisi (m. c. 900), tomou um caminho diferente; eles concediam a cada judeu o privilégio de ser o seu próprio rabi, de construir seu próprio Talmude a partir de uma Torá comum. De novo, tratava-se de uma possibilidade atraente, e o caraísmo se espalhou muito além de seu lugar babilônico de origem para comunidades judias por toda a Casa do Islã e além. A liderança intelectual caraíta afastou-se de uma discussão dos *mitzvoth* bíblicos numa direção que, antes, parecia inesperada, para a especulação filosófica e a interpretação alegórica da Escritura. Eles podiam estar seguindo uma orientação islâmica. Como os primeiros teólogos muçulmanos, conhecidos como mutazilitas, tinham mostrado (ver II/7), a Escritura podia ser controlada tão eficazmente pela investigação racional como por um apelo à tradição. A resposta rabínica foi, como vimos, a apropriação, por parte de Saadya, de outra arma no arsenal muçulmano: a interpretação contextual da Escritura.

No islã há paralelos distintos à posição caraíta nos partidários islâmicos primitivos conhecidos como caridjitas (ver I/5). Esse grupo mal definido – é difícil saber se deve ser chamado de seita ou de partido político – tentou estabelecer uma comunidade muçulmana e um modo de vida muçulmano baseados no Alcorão, sem recorrer à "interpretação" do sentido pleno do texto. De novo como os primitivos caraítas, tinham uma visão rigorosa da associação com aqueles que não compartilhavam seus pontos de vista. Os caridjitas propuseram seus pontos de vista no final do século VII, bem antes de o corpo de *hadith* se impor e de suas prescrições derivadas entrarem em vigor, e por isso eles provavelmente reagiam ao que interpretavam ser mais um comportamento mundano e não islâmico do que uma tradição opressiva.

Reforma judaica

No século XIX, na esteira do Iluminismo europeu e da emancipação dos judeus em relação à legislação discriminatória paralisante que marcara a maior parte de sua história naquele continente, alguns judeus europeus tentaram colocar suas próprias crenças religiosas em concordância com as novas versões protestantes liberais do cristianismo. Pareceu a muitos que o judaísmo rabínico tradicional afundara sob o peso de sua própria tradição. Foram lançadas dúvidas no coração dessa tradição, a autoridade absoluta das *halakoth* e, portanto, da tradição oral em geral. Os reformadores argumentavam que essas prescrições eram feitas por homens (ou seja, eram rabínicas), úteis em sua época, mas retrógradas na cultura iluminada que simbolizou a Europa do século XIX. O judaísmo reformado começou no início do século XIX em congregações na Alemanha, e foi levado por muitos migrantes para a América do Norte no final desse século.

Outros judeus – europeus do leste, de comunidades das aldeias da Polônia, Rússia e Ucrânia – migraram também para a América. No Novo Mundo, o contraste entre os judeus da reforma liberal e ilustrada, que aparecia muito mais em terras norte-americanas, e os menos abastados, menos educados e decididamente mais étnicos "ortodoxos", como os reformadores os chamavam, com menosprezo, foi ainda mais surpreendente. Os judeus reformados fundaram o Templo Emanu-El na cidade de Nova York, em 1846 – os judeus reformados preferem chamar seu lugar de culto de templo em vez de sinagoga –, para ser seu lugar de culto, e o Hebrew Union College em 1875. Obviamente, o programa de reforma incluía muito mais que rejeitar a autoridade da lei oral, e o seu núcleo foi expresso em oito parágrafos na "Plataforma de Pittsburgh" de 1885. A reforma afirmava que os judeus constituíam uma religião, não uma nação, e assim rejeitavam o sionismo. Como os cristãos antes deles, aceitaram as leis morais da Torá, ao passo que rejeitavam a maioria das regulamentações sobre alimentos e pureza. Diferentemente dos cristãos e dos muçulmanos, porém, recusavam-se a aceitar a visão de uma vida futura acompanhada de recompensa e castigo.

A reforma judaica gerou sua própria reação. O judaísmo "conservador" começou não como outra separação dos rigores da ortodoxia, mas como uma reação à reforma judaica. Começou na Alemanha, na década de 1840, por causa da rigorosa diminuição do hebraico na liturgia, o que, segundo alguns, era empurrar a reforma, que parecia estar levando o judaísmo europeu ocidental de roldão, a um ponto em que não teria mais continuidade com o passado judeu. Para os conservadores, o hebraico foi e continua sendo um dos grandes fios que ligam os judeus entre si através dos séculos. Os dissidentes não desaprovavam o projeto de reforma – concordavam, por exemplo, que a Torá oral tinha origem humana e que a Bíblia deve ser estudada criticamente –, mas, ao mesmo tempo, pretendiam conservar os ideais judeus propostos na Lei. Segundo os conservadores, o que autoriza a Lei é a *kelal Israel* – que, numa tradução livre, se poderia chamar de "judaísmo católico" –, ou seja, o consenso do povo judeu, uma noção explorada pelo grande paradigma conservador, Salomão Schechter (m. 1915), professor de hebraico na Universidade de Cambridge (ver I/5).

Como a própria reforma judaica, o judaísmo conservador encontrou sua verdadeira identidade na luz mais brilhante dos Estados Unidos, onde todas as contradições religiosas entre os judeus europeus tornavam-se mais agudas, particularmente depois da profissão de fé radical dos reformadores na Plataforma de Pittsburgh. Mais uma vez os judeus conservadores tiveram de distinguir-se da reforma. Não era uma questão simples: em 1880 todas as congregações judaicas nos Estados Unidos eram da reforma, exceto 12. Podiam ter voltado a juntar-se ao judaísmo ortodoxo, opção que rejeitaram formalmente em 1880; os conservadores tomaram o seu próprio rumo. Em 1902 fundaram o Seminário Teológico Judeu da América – Schechter foi um dos primeiros presidentes –, do qual saíram torrentes de escolas que levaram o ensinamento e a tradição conservadora por todos os Estados Unidos.

O começo de uma tradição cristã

O cristianismo nasceu e evoluiu no mesmo ambiente cultural e religioso que discutiu a lei oral e por fim produziu a Mishná. Os fariseus fizeram, de fato, da tradição dos pais um elemento principal em sua definição do que havia de ser um judeu. O próprio Jesus discutiu mais de uma vez com os fariseus acerca da autoridade da tradição oral, e embora não esteja claro que ele negasse a premissa, Jesus consistentemente substituiu a autoridade dos pais pela sua própria autoridade. Assim, Jesus se mostrava como a fonte de uma nova tradição (*paradosis*), entregue aos seus seguidores e confirmada pelo Espírito Santo no dia de Pentecostes.

A idéia de que houve uma "transmissão" especificamente cristã distinta das Escrituras pode ter começado com a compreensão de que os primeiros judeu-cristãos tinham da Escritura como sinônimo da Bíblia – não se prestou atenção exegética séria aos evangelhos até o final do segundo século –, ao passo que a nova "tradição" cristã foi constituída pelos ensinamentos de Jesus e sua morte redentora, e o próprio Jesus tinha colocado as duas coisas no seu verdadeiro contexto "escriturístico". Portanto, mesmo quando partes dos ensinamentos e ações de Jesus tinham sido postos por escrito nos evangelhos, começando a formar uma Escritura nova e especificamente cristã, a distinção entre Escritura, no sentido bíblico, e tradição, no sentido cristão, continuou a ser sentida na comunidade cristã.

O depósito da fé

A partir das narrativas evangélicas fica claro que Jesus tinha um círculo claramente definido – no sentido de que todo mundo sabia que eram 12 – de "apóstolos" ("os enviados"), que tinham, além de seu papel escatológico de presidir as tribos restauradas de Israel, a tarefa mais pastoral de divulgar a "boa-nova". O próprio Jesus mandou que fizessem isso (Mt 10,5-42). Entre os Doze havia um grupo menor de três – Pedro, Tiago e João, sendo os dois últimos os filhos de Zebedeu –, escolhidos para estar presentes em ocasiões especiais, como a Transfiguração (Mt 17,1-8). Finalmente, havia um grupo maior, mal definido, de "discípulos" ou seguidores além dos Doze (Mt 8,18.21). Entre eles havia mulheres – se andar "com ele" significa ser membro do grupo, como parece provável –, que apoiavam o movimento com seus próprios bens e recursos (Lc 8,3).

Alguns desses mesmos textos do evangelho descrevem Jesus dando aos seus discípulos – que neste contexto parece referir-se aos apóstolos – instrução especial sobre o sentido de seu ensinamento, sobre a importância das parábolas, por exemplo. Embora Jesus descreva essa instrução particular como "o mistério do reino de Deus" (Mc 4,11), como esse ensinamento está atualmente exposto nos evangelhos, as parábolas são explicadas de uma maneira que parece totalmente comum (como em Mc 4,14-20), e o ensinamento de Jesus em geral não mostra sinais de qualidades esotéricas genuínas. De qualquer modo, as comunidades primitivas de seguidores de Jesus olharam para os Doze em busca de orientação autorizada, seja por causa de sua posição, seja por causa da compreensão que se pensava que tinham do ensinamento de Jesus. Os cristãos logo olharam para os apóstolos um pouco à maneira de Moisés no Sinai, no sentido de que lhes fora confiado todo o conhecimento e entendimento necessários para a salvação, a soma total do que uma geração um pouco mais tarde conheceria como o "depósito da fé".

Tradição apostólica e sucessão apostólica

A transformação dos apóstolos em bispos – isto é, dos escatológicos Doze de Jesus designados para assumir a autoridade sobre as tribos restauradas de Israel em "supervisores" (*episkopoi*), que acabaram sendo encontrados à frente de cada comunidade cristã – é um processo vago e indefinido (ver I/6), embora não haja dúvida de que ocorreu. Na visão daquelas primitivas comunidades cristãs, tudo o que no segundo século se chamaria de "regra de fé" ou "regra da verdade" era, nas palavras do bispo Ireneu de Lion (m. c. 200), "recebido dos apóstolos e guardado na Igreja pela sucessão dos presbíteros". Essa é uma afirmação clara e vigorosa da chamada tradição apostólica, que incluía tanto a correta interpretação da Escritura como certas formas prescritas de comportamento, e estava explicitamente ligada ao fato de que os bispos eram os descendentes espirituais diretos dos apóstolos. Essa noção de sucessão apostólica já estava formalizada em cerca de 175 e.c.

Os bispos cristãos falavam, portanto, com a autoridade da tradição apostólica por trás deles. Às vezes suas vozes eram solitárias – a de um Inácio, um Ireneu, um Basílio ou um Crisóstomo –, mas havia também uma ampla tradição consensual, que se manifestava pelos bispos reunidos em sínodos ou, desde o século IV, nos concílios ecumênicos da Grande Igreja, e que se pronunciavam em matéria de fé e moral. Os bispos em concílio podiam referir-se à Escritura em seus decretos, mas a Escritura não era a justificação deles. E embora seus pronunciamentos comuns tomassem a forma de dogmas, literalmente "algo decidido", a voz era de fato a da tradição apostólica e, portanto, do próprio Jesus. Uma vez expressa, não havia apelação nem mudança.

Na Baixa Idade Média, nos séculos XIII e XIV, os teólogos da Igreja tinham formalmente reconhecido três fontes autorizadas de ensino da Igreja. Em primeiro lugar estava a Escritura e o que podia ser diretamente derivado dela. Em segundo lugar estavam as crenças e práticas de longa data, que, embora não se encontrassem na Escritura, eram julgadas por consenso como remontando à Igreja primitiva e que, por isso, podiam propriamente ser consideradas "apostólicas" no sentido de "justificadas por sua existência universalmente aceita na era apostólica". Finalmente, havia os decretos da Igreja, que constituíam a tradição eclesiástica. Em certo sentido, todas as três fontes tornaram-se Escritura, visto que a noção de "inspiração" ou direção divina fora estendida, desde bem do começo, não apenas à Escritura em si, mas também aos primitivos Padres da Igreja, aos concílios ecumênicos e ao ensino ordinário da Igreja, o seu magistério (ver II/5), e levavam consigo o conceito relacionado de infalibilidade. No fim, não houve grande esforço para colocar os decretos dos papas no mesmo terreno inspirado como o Novo Testamento.

Sola scriptura

Bem antes de Lutero, houve apelos por reforma a partir de dentro da Igreja ocidental. A maioria desses desafios reformadores baseava-se na Escritura ou, mais precisamente, pedia uma volta ao Novo Testamento em face de práticas que pareciam não ter garantia escriturística. Pierre Valdès, ou Pedro Valdo, era um mercador de Lion que pouco depois de 1160 passou por uma conversão pessoal, abraçou uma vida de pobreza evangélica e pregação, e encomendou traduções em vernáculo da Bíblia e dos padres. Ele e seus seguidores, os valdenses, romperam com as autoridades da Igreja, que estava preocupada e temerosa com o movimento crescente do catarismo no sul da França (ver I/5). Os valdenses apelavam para o evangelho como garantia de seu modo de vida e práticas, ao que o papa Alexandre III respondeu em 1179 lembrando que a Escritura deve ser lida "de acordo com os Padres" – ou seja, à luz da tradição da Igreja. Do francês Valdo ao inglês Wycliffe e ao boêmio Hus há uma linha reta com um tema comum: menos de Igreja e mais de Cristo – o Cristo, é claro, dos evangelhos, não o dos teólogos e dos canonistas. Inicialmente, era um protesto sem uma teologia e sem proteção política, mas John Wycliffe (m. 1384) forneceu a teologia e Jan Hus (m. 1415) enfrentou a Igreja romana com o apoio de grande número de compatriotas boêmios. No fim, Lutero teve as duas coisas: uma poderosa voz teológica e a força política dos príncipes alemães.

Quase desde o começo de sua carreira acadêmica, Lutero baseou seus argumentos, mesmo em defesa de posições bastante conservadoras, naquilo que encontrava na Escritura. Foi só à medida que seu pensamento progredia e suas posições tornavam-se mais radicais que ele passou a colocar a Escritura contra a tradição. Não há nenhuma obrigação de crer naquilo que não está afirmado na Escritura ou provado pela revelação, afirmava ele, posição que usou para argumentar contra o sistema tradicional da Igreja (ver II/5). Para Lutero, a tradição não tinha a importância que lhe fora dada aqui: "A tradição não é nada mais que a tradição dos homens", escreveu. Na visão de Lutero, a Escritura era o único instrumento de salvação, pois seu conteúdo não é nada mais que Jesus Cristo, e só o Espírito Santo é o princípio de sua compreensão.

Muito mais radical do que Lutero em aderir ao princípio da *sola scriptura*, "só a Escritura", foi o suíço Ulrich Zwingli (m. 1531), padre da catedral de Zurique que, em 1519, que resolveu pregar seguindo somente a Bíblia. Em silêncio ele atraiu um círculo de seguidores que, em 1522, apareceram em público com o seu programa de reforma escriturística e, aberta e desafiadoramente, comeram salsichas durante o período de abstinência da quaresma. Não havia nenhuma permissão para quaresma no Novo Testamento, argumentavam os reformadores, nem para todo o aparato de imagens do catolicismo. Em 1524, todas as pinturas e estátuas foram tiradas das igrejas de Zurique e, em 1525, a missa, para a qual Zwingli também pensava não haver justificação escriturística, foi abolida na cidade suíça onde ele agora dominava como um príncipe.

A posição dos reformadores, porém, estava longe de tornar a *sola scriptura* apenas um *slogan*. Todos eles reconheciam os decretos dos primeiros concílios gerais – os seis primeiros talvez, no caso de Lutero – como legítima doutrina cristã. Os reformadores aceitavam a autoridade dos ensinamentos dos padres – é difícil imaginar Lutero sem Agostinho – mas só, insistiam, na medida em que esses ensinamentos estivessem de acordo com a Escritura. Tudo o que não estivesse na Escritura podia ser rejeitado, como de fato aconteceu com os sacramentos da confirmação e da extrema-unção, com a doutrina do Purgatório baseada na tradição (ver II/5), com orações pelos falecidos, as festas de igreja, o culto de imagens (ver II/6), os votos monásticos etc.

A Reforma, vilarejo por vilarejo, cidade por cidade, não era apenas um ataque à tradição e uma volta ao "evangelho puro", livre da estrutura tanto do dogma como do direito canônico que tinham sido construídos sobre ele; também pegou em armas contra as instituições da Igreja, de modo particular aquelas que eram vistas como enriquecedoras do clero às custas da população em geral. Benefícios, dotações e indulgências foram todos atacados. As terras da Igreja foram confiscadas, mosteiros foram desmantelados e o pagamento dos dízimos eclesiásticos recusado; tudo, obviamente, onde ocorria, com a aprovação dos príncipes e magistrados, os quais também ganhavam com aquilo que foi, em muitas cidades alemãs, uma enorme redistribuição de riquezas. Finalmente, os reformadores voltaram-se contra o próprio clero, contra seus direitos, privilégios e isenções. A Reforma tinha um gosto fortemente igualitário, que em muitos casos começou de baixo para cima e acabou afetando os príncipes reformados quase tanto quanto afetou a Igreja.

O debate da tradição

Falando de modo geral, a Reforma começou entre os teólogos universitários como reação contra a intromissão do discurso filosófico em assuntos de teologia (ver II/7). Os reformadores diziam que a matéria da teologia era a Escritura, por exemplo, o evangelho de Jesus Cristo. O conteúdo desse evangelho submergira numa linguagem que o subvertera – como é o caso do ensinamento da transubstanciação – e por uma autoridade que o estendera ilegitimamente para além dos limites escriturísticos – como é o caso do ensinamento sobre indulgências e a própria noção de que nós, os vivos, podemos alterar a situação das almas que agora descansam aos pés da misericórdia ou da justiça de Deus.

Em 8 de abril de 1546 o Concílio de Trento publicou seu decreto "Sobre as Escrituras canônicas", que também tratou das fontes do magistério da Igreja. Afirmava que o evangelho de Jesus Cristo, que é salvação da humanidade, está contido nas Sagradas Escrituras *e* nas "tradições não escritas, as quais, recebidas pelos apóstolos da boca de Jesus ou transmitidas pelos mesmos apóstolos sob a inspiração do Espírito Santo, chegaram até nós como que passando de mão em mão".

Ligar Escritura e tradição, considerando-as em conjunto, não era o desejo inicial do concílio. O esboço original do decreto falava da "verdade (da fé) contida em parte nos livros escritos e em parte nas tradições não escritas", o que pareceria fazer da Escritura e da tradição duas fontes independentes e paralelas para a regra de fé. Os bispos e os outros em Trento podem ter relutado em fazer isso, daí a mudança de linguagem, mas a Igreja Católica fez mais tarde exatamente o que o primeiro esboço havia previsto, embora nunca negasse o vínculo entre as duas.

Martin Chemnitz (m. 1586), cuja resposta a Trento é a declaração mais abalizada daquilo que constituía a ortodoxia luterana, admitiu que sete diferentes tipos de tradição estavam de acordo com a Escritura. Esses tipos iam da verdadeira mensagem de Cristo e dos apóstolos como um todo e passavam, através das formas primitivas do credo e dos rituais antigos, para o consenso entre os padres. O que Trento parecia admitir, e Chemnitz negava, era a existência da tradição como um princípio formal diferente da Escritura. Para Chemnitz em particular, e para os reformadores em geral, a tradição não tinha nenhuma base a não ser que fosse formalmente idêntica ao testemunho explícito da Escritura.

A guerra dos historiadores

A tese básica de Lutero era a de que muito do que se considerava tradição da Igreja fora inventado pelos homens e corrompera progressivamente a verdadeira mensagem da Escritura. Lutero e os outros reformadores pretendiam resgatar o verdadeiro sentido da Palavra salvífica de Deus por sua releitura própria do texto, e coube ao já mencionado Matthias Flacius (ver II/2) demonstrar sistematicamente a verdade da tese da corrupção. Vlacich realizou a tarefa em sua *História da Igreja de Cristo*, mais tarde chamada *Os séculos de Magdeburgo* (1559-1574), cujos 13 volumes eram dedicados a traçar a história da Igreja, século a século, desde sua origem até 1300. Ele foi ainda além. Seu *Catálogo das testemunhas da verdade* tentava demonstrar uma linha de continuidade doutrinal entre a era apostólica e Lutero. Para tanto, Vlacich tinha de encontrar um fio que conduzisse através de outros opositores primitivos da autoridade eclesiástica romana, tarefa que estimulou a edição das obras dos hereges primitivos e a reabilitação da reputação deles. O seu ataque se deu em duas frentes: criticou as autoridades doutrinais romanas como Graciano e Pedro Lombardo (ver II/4, II/7) sob o argumento de que eram juristas e teólogos superinstruídos e supersutis que destruíram os sentimentos dos padres – reverência aos hereges "populares" simples e muitas vezes iletrados da Alta Idade Média –, e ao mesmo tempo, elogiava alguns destes últimos, especialmente os valdenses, afirmando serem mais instruídos do que as autoridades da Igreja estavam dispostas a retratá-los.

Vlacich teve, é claro, um predecessor eminente: Eusébio de Cesaréia (m. c. 340), biógrafo de Constantino e autor da inovadora *História eclesiástica*, obra que tinha como um dos temas precisamente mostrar a continuidade da tradição dogmática ao traçar a sucessão episcopal nas várias sés da Igreja. Vlacich, por sua vez, não estava interessado na continuidade; seus princípios heurísticos eram decadência e corrupção, que encontrou em escala ascendente à medida que a Igreja se movia de sua imaculada era inicial para sua manifestação atual.

Os *Séculos de Magdeburgo* e *Catálogo* deram aos reformadores ampla documentação histórica com a qual atacar a "tradição" que o Concílio de Trento oferecia como fonte adicional ou pelo menos suplementar de revelação à Escritura. A resposta católica a esse ataque devastador veio de forma quase idêntica, o *Anais eclesiásticos* do cardeal César Barônio (m. 1607). Barônio tentou documentar-se de maneira tão rigorosa quanto Vlacich e assim demonstrar exatamente a tese oposta – que havia continuidade confiável no desenvolvimento do ensinamento e das instituições da Igreja. *Anais* foram uma obra popular, muito impressa. Para contrapor-se a seus efeitos, o erudito calvinista Isaac Casaubon (m. 1614) produziu *Operações contra Barônio*, em que, na tradição humanista da época, atacou a erudição latina, grega e hebraica de Barônio, num esforço de solapar toda a sua obra.

É impossível computar o resultado final dessa competição historiográfica, mas pode-se dizer que a Reforma ocupou e dominou consideravelmente o campo histórico. No entanto, o efeito mais duradouro pode ser que todas essas obras puseram nas mãos dos pregadores em geral um rico arsenal de argumentos históricos para bradar contra o outro lado na popular guerra de trincheira em que a Reforma foi combatida com ferocidade particular.

A *sunna* do profeta

Maomé, como Jesus, falou com autoridade, não a sua, é claro, mas a de Deus e, nesse caso, com as próprias palavras de Deus. O Alcorão foi entendido pelos seguidores de Maomé como as *ipsissima verba Dei*, e devemos supor que, nesse caso também, o Profeta de Deus explicava, tanto voluntariamente como a pedido, o sentido às vezes obscuro das palavras e da vontade de Deus, também para dar orientação em outros assuntos que eram tratados de maneira mais geral, ou talvez nem fossem tratados, na Escritura. Não é difícil de acreditar que Maomé foi o primeiro e mais autorizado exegeta e jurista do islã. Também não é irracional imaginar que seus contemporâneos respeitosos, e talvez pasmos, se lembrassem de suas palavras de orientação e explicação pessoal com o mesmo fervor e fidelidade com que se lembravam do seu anúncio das palavras de Deus.

Estava em circulação, cerca de um século depois da morte de Maomé em 632, um crescente conjunto de relatos (*hadith* – o termo arábico é cada vez mais usado, pelo menos em inglês, tanto no singular como no plural coletivo) que pretendiam registrar um dito ou um ato do Profeta. Ainda que distintas na forma, aparecem nos contextos mais variados, como tijolos na construção daquilo que se tornou a tradição biográfica concernente a Maomé, por exemplo, como partes mínimas das primeiras tentativas dos muçulmanos de interpretar o Alcorão e, finalmente, e de maneira importante e com conseqüências relevantes, como um guia para a conduta muçulmana. Tomados em conjunto, esses últimos *hadith* eram tidos como aquilo que constituía o costume ou o comportamento costumeiro (*sunna*) do Profeta, da mesma maneira que as peças individuais são reunidas para constituir um mosaico só. Pelo final do século VIII, a "*sunna* do Profeta" era proposta como nada menos que o arquétipo da conduta muçulmana.

No contexto muçulmano, os *hadith* ou tradição (do Profeta) podem ser definidos tecnicamente como um relato transmitido, em geral oralmente, mas não só, por testemunhas fidedignas, concernente a um dito ou uma ação do profeta Maomé, que fornece assim um guia abalizado para uma ação ou crença permitida ou proibida. Tal tradição é normalmente composta por uma "corrente" (*isnad*) de transmissores e pelo texto (*matn*) da matéria transmitida.

Uma vez que os *hadith* começaram a ser moeda corrente nas tentativas dos juristas de formar um corpo de direito islâmico – o recurso ao costume do Profeta começou a ter tanto peso como os próprios textos comprovadores do Alcorão –, tais tradições começaram a multiplicar-se de modo bastante natural: apareceu a oferta para suprir a demanda. Coletores espalharam-se por toda a Casa do Islã em busca dessas preciosas pepitas e voltaram para os grandes centros legistas no Iraque, Síria e Arábia com suas cabeças cheias de *hadith*. É óbvio que a enorme quantidade de material recolhido nessas "expedições de caça" era totalmente incoerente em qualidade. Havia tradições mutuamente contraditórias, havia aquelas com correntes incompletas de transmissores e havia outras com fraquezas múltiplas. As próprias notícias continham material que ia às vezes do trivial ao supersticioso, ou era claramente judeu ou cristão na origem. Uma grande maioria era aberta e ultrajantemente política em sua inspiração, como os *hadith* que mostravam Maomé elogiando seu tio Abbas, um convertido bastante tardio ao islã, mas, ainda mais importante, o ancestral da dinastia que então reinava em Bagdá.

Nota: A necessidade de autenticar os *hadith* pela investigação de suas *isnads* e pelo estabelecimento pelo menos da possibilidade de que os elos transmissores citados na corrente transmitiram, para o seguinte, a notícia em questão, levou à coleta de uma quantidade enorme de informação biográfica e à criação e desenvolvimento de um dos gêneros mais prodigiosamente ricos da literatura árabe, o dicionário biográfico. O primeiro deles, o *Livro das classes*, de Ibn Saad (m. 845), mostra o impulso inicial por trás de tais obras. As vidas, nesse livro, são todas de transmissores de *hadith* e estão organizadas de acordo com as "classes" do título, cada uma representando uma geração depois do Profeta. A obra inicia-se com uma biografia do próprio Profeta, depois passa para os companheiros do Profeta e, em seguida, para os autores de seu tempo, com as classes posteriores, mais amplas, agrupadas pelo lugar de sua atividade. É uma obra grande, com mais de 4.250 entradas, e os dados biográficos foram claramente organizados em proveito do investigador da *isnad*, visto que se pensava que cada elo transmissor na corrente representava uma geração única e sucessiva.

A partir de Ibn Saad, o gênero rapidamente se espalhou para abranger quase todas as categorias imagináveis de muçulmanos, de poetas a médicos e a famosos nascidos em Bagdá. No século IX, a classificação um tanto enfadonha de Ibn Saad cedeu lugar a um princípio alfabético mais coerente, pelo menos à medida que todos os transmissores com o mesmo nome estavam agrupados juntos. A ordem alfabética completa só foi observada no século XIII, embora a biografia de Maomé fosse sempre a primeira. Como se pode imaginar, esses dicionários biográficos, tomados em conjunto, preservam uma enorme quantidade de informação sobre muçulmanos de uma ponta a outra da Casa do Islã e representam uma fonte de dados inexplorada de valor histórico inestimável

No século IX, muitos começaram a criticar a maré montante de *hadith* que ameaçava afogar a jurisprudência muçulmana. Alguns recorreram à zombaria, enquanto outros, como os novos racionalistas no islã, que aceitavam o Alcorão como revelação, mas eram avessos a uma explicação oficial tradicional para a revelação (ver II/7), apresentaram críticas mais mordazes contra os *hadith*. Para resolver as dificuldades óbvias do sistema tradicional, os estudiosos idearam um método crítico para estudar os *hadith* que os habilitasse a distinguir entre os *hadith* "fortes" e os "fracos".

Crítica dos *hadith*

Em sua forma mais antiga, os *hadith* parecem ter sido apresentados com um pouco mais de validação do que "Ouvi dizer que o Profeta, que esteja em paz..." ou "Ouvi de fulano, a quem foi noticiado que o Profeta..." No entanto, com a multiplicação das notícias proféticas e especialmente com o movimento por seu reconhecimento como uma base da lei, o credenciamento dos *hadith* tornou-se mais explícito, e as tradições proféticas foram finalmente citadas com uma corrente plenamente articulada de transmissores, que se estendia desde o mais recente elo transmissor, aquele que "entrega" (< lat. *tradere*), para trás até uma testemunha ocular ou auricular entre os próprios contemporâneos de Maomé, a geração mais tarde canonizada como a *sahaba*, ou companheiros do Profeta.

Os companheiros do Profeta e os outros transmissores nessas correntes eram confiáveis em suas notícias? A pergunta parece historiográfica e, em certa medida, era: estavam fulano e sicrano no mesmo lugar e no mesmo tempo de modo que estivessem habilitados a passar adiante o acontecido? Essas e outras perguntas históricas semelhantes podiam ser e foram respondidas, com considerável grau de detalhe.

> **Nota:** Os companheiros que estão na base do testemunho ocular de todos os *hadith* foram definidos como qualquer muçulmano adulto – embora houvesse quem desejasse tirar a qualificação de adulto – que teve algum contato com Maomé. O número total varia muito. Uma autoridade disse que chegavam a 100.000, enquanto Ibn Hajar (m. 1448), erudito e juiz cairota que se dedicou a recolher qualquer fragmento de evidência sobre os companheiros, publicou vidas críticas de 12.267 indivíduos que se enquadram na definição, dos quais 1.522 eram mulheres. No entanto, o número de companheiros a quem são de fato atribuídos *hadith* fortes chegam a mais de 1.060. Também esse número é enganoso. Quinhentos relataram apenas uma notícia, e só 123 levam o crédito de ter testemunhado vinte ou mais. No topo da lista está um certo Abu Hurayra, cuja principal reivindicação à fama é que relatou 5.374 *hadith*. Aisha, esposa de Maomé, está bem próxima, a ela são creditadas 2.210.

Quando o muçulmano medieval falava de confiabilidade, estava se referindo mais à probidade moral que às circunstâncias de tempo e lugar. O transmissor era uma espécie de pessoa fidedigna nesse importante assunto de notícias proféticas? Era consenso entre os muçulmanos que toda a primeira geração desse povo, os companheiros do Profeta, gozava dessa probidade *como uma classe*, que eles eram de fato testemunhas absolutamente fidedignas e noticiadores dos *hadith* (ver II/7). Os companheiros do Profeta podem ter gozado de uma infalibilidade *ex post factum* aos olhos das gerações posteriores de juristas muçulmanos, mas, de fato e na teoria, eram meros relatores que testemunharam as palavras e os atos do Profeta. Não houve nenhum Pentecostes e nenhuma imposição de mãos nesse ponto crítico da tradição islâmica.

As compilações canônicas

A crítica concentrou-se, então, principalmente na *isnad*, e em meados do século IX, a investigação chegara ao ponto em que *hadith* recentemente autenticados podiam ser reunidos para uso de juristas. Que eles de fato se destinavam a juristas está claro na compilação mais antiga, a de al-Bukhari (m. 870), chamada *A compilação forte*. Todos os *hadith* aí reunidos – 2.762, descontando as repetições, de pretensas 600.000 investigadas – são certificados como fortes com respeito às suas *isnads* e, portanto, utilizáveis em matéria legal. Para essa finalidade, foram organizados segundo a sua aplicabilidade às categorias de jurisprudência, 97 ao todo.

> **Nota:** Estudiosos ocidentais não muçulmanos encontraram os *hadith* pela primeira vez no século XIX, quando passaram a fazer investigações histórico-críticas da vida de Maomé. As biografias muçulmanas do Profeta estão compostas a partir dos *hadith*,

embora aqui eles sejam mais históricos que legais no conteúdo e estejam organizados cronologicamente e não por categorias. Desde o começo houve dúvidas acerca de sua autenticidade e logo os estudiosos ocidentais voltaram toda a sua atenção crítica para a questão, particularmente com relação aos *hadith* legais, dos quais se dizia terem sido examinados e estavam isentos de falsificação. Os resultados foram e continuam sendo esmagadoramente negativos: segundo os críticos ocidentais, o grosso dos *hadith*, "fortes" ou outros, parece ser de falsificações, e não há nenhum meio confiável de determinar quais notícias de Maomé, ou sobre Maomé, podem ser relatos históricos autênticos. Essa avaliação pode ser o pomo de discórdia mais importante entre os muçulmanos modernos e a ciência ocidental acerca das origens do islã.

A compilação de Bukhari logo recebeu *status* canônico no islã e foi seguida, nas décadas seguintes, pela obra do estudioso chamado Muslim (m. 875) e por quatro outras compilações semelhantes e igualmente abalizadas. Tomadas como um todo, as seis compilações de *hadith* representam o corpo de tradições aceitas como autênticas e, portanto, com força jurídica, pelos especialistas muçulmanos em lei da segunda metade do século IX. Nelas, a descrição da *sunna* do Profeta e, portanto, o projeto da vida muçulmana, estavam essencialmente completas. Fora desses *hadith* canônicos, os muçulmanos tinham de ser guiados por conselho, por sua piedade ou por suas inclinações sectárias.

Dos autores de coletâneas canônicas de *hadith*, Muslim é o mais disposto a explicar seus métodos ao separar as notícias anteriores a ele em várias categorias de aceitabilidade. As primeiras são as fortes, cujos transmissores são tanto moralmente retos como intelectualmente hábeis; os *hadith* transmitidos por eles não mostram sinais de contradição ou de falsificação. A segunda classe de notícias, em geral chamadas boas, são aquelas transmitidas por indivíduos de caráter igual, mas com menos instrução. Por fim, há os *hadith* suspeitos, também chamados fracos, cujo conteúdo os trai porque divergem totalmente do que transmissores confiáveis transmitiram. Esses transmissores não discriminaram ao passar seu material recebido adiante – conseqüentemente, uma boa quantidade de material falsificado ou até herege entrou no corpo dos *hadith* – ou então caíram na tentação de aumentar uma notícia.

Alcorão e *sunna*

A autoridade da *sunna* do Profeta, e por isso os *hadith* que a transmitiram às gerações seguintes, acabou sendo protegida de outra maneira, totalmente extraordinária. Já vimos na tradição judaica como se pensava que, no Sinai, tinham sido dadas a Moisés duas Torás, a escrita que se tornou a Escritura e uma não escrita ou oral, que formou o fundamento da Mishná e, assim, do judaísmo rabínico normativo. Algo semelhante ocorreu nos círculos islâmicos. Aqui também o ponto de partida foi uma observação na Escritura. Alcorão 3,164 anuncia que Deus conferiu uma grande bênção aos crentes ao enviar-lhes um profeta "para ensinar-lhes o Livro e a Sabedoria, visto que anteriormente eles estiveram em erro manifesto". Um grupo da tradição muçulmana viu na distinção entre o Livro e a Sabedoria a diferença entre tradição escrita, que era o Alcorão, e a tradição oral, que era a *sunna*. De fato, um dos *hadith* diz muito explicitamente que Gabriel revelou a *sunna* a Maomé e ensinou-lhe o sentido dela, assim como ensinara o Alcorão. A *sunna* era, com efeito, revelação, tão certamente como o Alcorão era.

Nota: A possibilidade da influência judaica sobre a elevação dos *hadith* ao *status* do Alcorão foi levantada, é desnecessário dizer, por não-muçulmanos. O próprio Maomé pode ter estado ao par – e desaprovado – da tradição judaica da Torá oral, pelo menos assim se pode ler Alcorão 3,78. Ibn Saad relata que o segundo califa, Umar (r. 634-644), rezou um mês inteiro para resolver permitir que os *hadith* fossem postos por escrito e depois teria dito o que parece quase certo que é uma referência aos judeus: "Eu me lembro de um povo que pôs por escrito e depois eles se voltaram para o escrito e esqueceram o Livro de Deus". As primitivas (inúteis) advertências contra colocar por escrito a tradição oral foram, em todo caso, igualmente fortes em ambas as tradições.

Como se pode imaginar, as conseqüências de igualar a *sunna* e o Alcorão foram consideráveis. Foram resumidas de modo conciso e impressionante num famoso aforismo legal muçulmano do começo do século IX: "A *sunna* decide o Alcorão; o Alcorão não decide a *sunna*", ou, com mais precisão: "O Alcorão precisa mais da *sunna* do que a *sunna* precisa do Alcorão". Os dois sentimentos fazem sentido perfeito: as notícias atribuídas a Maomé nos *hadith* necessariamente explicariam ou complementariam versos já revelados no Alcorão e por isso essa interpretação, a do próprio profeta, não outra exegese imaginada do Livro, deve ser seguida. Shafii (m. 820), o mais influente dos primeiros juristas muçulmanos – e quem glosou "Alcorão e a Sabedoria" (Alcorão 2,129.151.231, etc.) como se referindo às duas colunas do Alcorão e da *sunna* do Profeta – tentou exprimir isso em termos legais. Os *hadith* podem simplesmente reafirmar ou complementar o que já está dito no Alcorão. Ou podem tornar específico o que no Alcorão está apenas em termos gerais, os tempos exatos da oração, por exemplo, ou os termos precisos do dízimo-esmola. Finalmente, e aqui é o lugar em que o Alcorão e a *sunna* são tratados igualmente como revelação, há o caso "em que o Profeta estabelece uma *sunna* (um costume) sobre o que em parte alguma do Alcorão foi revelado".

Se a *sunna* do Profeta, que é normativa em matéria de lei (ver II/4), foi explicada em palavras e atos em Meca e Medina sob orientação divina, segue-se que os *hadith*, que várias vezes a exprimem, devem ser vistos como uma forma de revelação. Em geral, os muçulmanos tradicionais não fugiram dessa identificação, embora alguns tentassem distinguir entre a "revelação" (*wahy*) verbal e direta do Alcorão e a "inspiração" (*ilham*) mais sutil e sugestiva dada ao Profeta em outras circunstâncias. De resto, a diferença estilística e léxica entre o Alcorão e os *hadith* é inequívoca. Permaneceu, contudo, uma distinção sem diferença. Em termos legais, a *sunna* do Profeta foi uma parceira completa com o Alcorão na prescrição do comportamento muçulmano.

Os *hadith* xiitas

A Tradição, no sentido técnico usado aqui, foi tão importante entre os xiitas como foi no islã sunita - ainda que com profunda diferença metodológica. Na visão sunita, os *hadith* transmitem apenas a *sunna* do Profeta, enquanto para os xiitas a categoria é ampliada para incluir não só os *hadith* proféticos, mas também as instruções e iluminações atribuídas aos 12 imãs escolhidos por Deus para guiar a comunidade como "executores" depois da morte do Profeta (ver I/8). Esses imãs fizeram parte da família terrena do Profeta - através do casamento do primeiro deles, Ali, com Fátima, filha do Profeta -, mas foram também seus descendentes espirituais. Cada um deles possuiu uma parte do que, mais tarde, xiitas um pouco mais esotéricos chamaram de "Luz de Maomé", e assim representaram um tipo de revelação permanente no islã.

Com a ocultação do duodécimo imã no século IX, o poder de ensinar no Shiat Ali passou para as mãos mais mortais de um dos representantes do último imã e, com conseqüências ainda mais importantes, para as mãos de uma nova classe xiita de juristas, que começaram a construir sua própria versão de lei islâmica (ver II/4). Seus principais materiais de construção foram os *hadith* ou ditos noticiados de seus imãs. Os xiitas rejeitam numerosos *hadith* dos sunitas porque foram transmitidos pelos mesmos companheiros do Profeta indignos de confiança que preferiram escolher Abu Bakr a Ali como chefe da *umma*; eles preferem os pronunciamentos dogmáticos dos vários imãs. De fato, os *hadith* do Profeta e as dos imãs aparecem juntos, e por isso recebem paridade, nas compilações xiitas.

As tradições dos imãs xiitas, que em grande medida tinham a mesma forma (*isnad* e *matn*) e qualidade que as do próprio Maomé, multiplicaram-se de modo tão rápido, e tão suspeito, como as do Profeta, e os *hadith* dos imãs acabaram sendo submetidos à mesma espécie de análise crítica que os *hadith* sunitas. Exatamente como no islã sunita, desse exame surgiu o que passou a ser visto como compilações canônicas de tradições fortes, isto é, aquelas cuja corrente de transmissores resistiram à investigação de biógrafos e historiadores. As quatro principais compilações do século X, quando havia uma dinastia de tendência xiita de sultões "guiando" o califa sunita em Bagdá, são as de al-Kulayni (m. 940), de Ibn Babuya (m. 991) e duas de al-Tusi (m. 1067), sendo que todas elas se tornaram canônicas para os xiitas. A mais conhecida provavelmente seja a *Suficiência sobre a ciência da religião*, de al-Kulayni, a qual presenteou os xiitas com uma compilação básica de cerca de 16 mil *hadith*, que forneceram a base para uma jurisprudência xiita.

4 – A lei de Deus e sua observância

A tradição de uma sociedade governada pela lei é muito antiga no Oriente Próximo, e onde sociedades eram governadas por governantes cujos poderes estavam intimamente ligados à descendência, designação ou aprovação divina, a distinção entre lei secular e religiosa não era facilmente nem mesmo proveitosamente feita. Os israelitas eram incomuns porque sua lei vinha diretamente de Deus e não de algum rei-deus: Moisés era simplesmente um profeta. Por outro lado, porém, as partes mais antigas da Bíblia contêm códigos legais semelhantes em detalhe àqueles encontrados entre os babilônios e os cananeus.

Pureza e impureza

Os israelitas – cuja obrigação para com o Deus de Abraão fora previamente limitada ao seu culto exclusivo, de maneira não especificada, e à circuncisão de toda criança recém-nascida do sexo masculino no oitavo dia após o nascimento – tinham recebido um código detalhado que regulava quase todos os aspectos de suas vidas. Chamava-se Torá e foi dado a Moisés no Sinai, nos diz a Bíblia, na forma resumida de dez mandamentos em duas tábuas de pedra, no restante do Êxodo e nos livros inteiros de Levítico, Números e Deuteronômio, em detalhes extraordinários, embora com sobreposições e repetições. Agora Deus descreveu com precisão como desejava ser adorado, quando, onde e através de quem (ver II/6). Havia listas extensas de alimentos que podiam ou não podiam ser comidos. Estavam descritos crimes e suas punições. Por fim, os israelitas receberam ordens para que eles mesmos se tornassem santos (ver I/4), principalmente conservando santo o sábado, evitando impurezas rituais ou tabus contraídos por contato físico com objetos impuros – os chamados pais de impureza (por exemplo, um cadáver) ou pessoas (por exemplo, um leproso) – ou sendo o sujeito de certos atos contaminadores quase inevitáveis, todavia impuros, como menstruação, hemorragia e relações sexuais, a maioria dos quais parece ter a ver com "fuga" ou "vazamento" voluntário ou involuntário de fluidos vitais.

A impureza ritual, no entanto, apesar de toda a atenção dedicada a evitá-la, não é um pecado; de fato, as suas ocorrências mais comuns são contraídas por atividades obrigatórias, como enterrar os mortos, louváveis, como parto e relações sexuais, ou naturais e inevitáveis, como a menstruação. Nenhum desses casos sugere a mais leve mancha moral. E ainda que algumas impurezas possam ser contraídas por atos deliberadamente imorais, como comer certas gorduras ou sangue (Lv 7,22-27), ou fazer sexo com mulher no período de menstruação (20,18), a impureza ritual é mais um tabu, uma situação perigosa, como foi sugerido, porque de alguma maneira ameaça a Deus. Pessoas nessa situação estavam terminantemente proibidas de entrar no templo (Lv 12,4; 15,31; Nm 19,13).

Embora muitos desses tabus sumissem ao "pôr-do-sol", isto é, à tarde, o método mais comum de livrar-se da impureza ritual era lavando-se. O banho ritual reservado para tal finalidade é chamado de *miqveh* (Lv 11,36), que para a Bíblia é simplesmente uma "reunião" de água, embora suas modalidades fossem mais tarde minuciosamente exploradas pelos rabinos. A natureza paradoxal do tabu talvez seja mais bem ilustrada pelo fato de que a impureza bastante comum que surgia do contato com um cadáver podia ser removida apenas por um procedimento complexo que envolvia a morte e queima de uma "novilha vermelha", cujas cinzas eram misturadas com água, depois derramadas sobre a pessoa com a poluição do cadáver. A pessoa assim "lavada" tornava-se pura, mas todos os que estavam envolvidos na preparação das cinzas tornavam-se impuros.

As violações a essas regras de pureza e contaminação estavam sujeitas a punições severas, inclusive exclusão da comunidade e até morte, embora as penas fossem geralmente comutadas pelos rabis em algo menos drástico. A expiação pela ofensa podia ser feita por certos sacrifícios prescritos ("oferendas pelos pecados").

Lei bíblica

A lei bíblica, como qualquer outra lei, é uma norma de comportamento prescrito. Difere de seus equivalentes seculares porque se crê que essas prescrições e proibições tenham vindo de Deus, especialmente na Escritura revelada. No caso judeu, a transmissão da lei a Moisés no Sinai completou a Aliança que tinha sido feita muito antes entre Javé e Abraão em favor dos descendentes de Abraão. Embora, porém, a lei religiosa provenha de Deus, não está limitada ao que está explicitamente expresso em palavras de Deus. A lei judaica, coletivamente chamada de Torá e, às vezes, de *Halakah*, é de dois tipos gerais. O primeiro tipo compreende as *mitzvoth*, mandamentos explícitos transmitidos na Escritura, 613 ao todo, na forma tanto de mandamentos positivos como de proibições negativas. O segundo tipo são as *halakoth*, leis "extraídas" ou "derivadas" da Escritura. Estas últimas são sempre consideradas tiradas da revelação, nunca feitas por humanos, visto que em todas as três tradições religiosas somente Deus pode "fazer" lei. No judaísmo, as *halakoth* são derivadas principalmente por exegese rabínica e justificadas ou pela teoria da Torá dupla (ver II/3), ou pela convicção de que os corpos jurídicos judeus posteriores herdaram a autoridade de Moisés – assim como, no cristianismo, os bispos herdaram a autoridade dos apóstolos (e, portanto, de Jesus). Mas, de modo diferente do que ocorreu no islã (talvez por causa das circunstâncias políticas muito diferentes), os próprios rabis não hesitaram em fazer uma terceira espécie de lei chamada "decreto" (*gezerah*), para "proteger" as *mitzvoth* ou *halakoth* já existentes, ou "estatuto" (*taqqanah*), feito com finalidades comemorativas ou para promover o bem comum.

> **Nota:** Um exemplo moderno de *gezerah* é a proibição fixada na rampa de acesso ao monte do templo em Jerusalém avisando os judeus sobre a determinação do rabi chefe de que é proibida a entrada naquela área. A presença no recinto do templo exigia graus variáveis de pureza, inclusive o grau mais elevado no Santo dos Santos; visto que não se tem mais certeza sobre onde começa ou termina cada zona, julgou-se prudente que nenhum judeu entrasse, a fim de proteger a santidade do todo. A *taqqanah*, ao contrário, permite que os membros da Força de Defesa israelense entrem nessa mesma área por motivos de segurança, análise particularista mas inteligível do bem comum e já antes feita quando se deu permissão para combater aos sábados.

Pode ter sido o Deuteronômio, o último dos grandes opúsculos legais incluídos na Bíblia, noticiado "descoberto" no templo em 621 a.e.c. durante o reinado do rei Josias (2Rs 22,8–23,3). Era quase com toda certeza algum retoque editorial dos códigos pós-exílicos, pois nessa época o texto da Torá do Pentateuco estava, de fato, completo, e era de entendimento geral que não haveria mais, de modo algum, ordenanças escriturísticas ou *mitzvoth* na era pós-exílica. O que temos doravante no lugar do testemunho escrito direto do período anterior é testemunho indireto ou evidência circunstancial de atividade legal continuada entre os judeus, a saber, a existência óbvia de uma sociedade em funcionamento; a presença, nessa sociedade, de uma classe de escribas (*soferim*) dedicados ao estudo da Escritura, e cuja atividade – parte dela – era, certamente, de natureza legal; e a existência, desde o tempo dos macabeus, da seita popular e influente dos fariseus, cuja principal preocupação ideológica e comportamental era a Lei mosaica. Todavia, pelo que sabemos, não há nenhuma lei derivada ou *halakoth* que possa ser prontamente atribuída nem aos escribas, nem aos fariseus.

As lições de Qumran

Para tentar entender a tradição legal judaica entre o exílio e o começo do Talmude, é preciso tomar duas outras direções: voltar-se para Fílon e para qualquer prova legal que se possa tirar dos rolos do mar Morto. Diretamente de Fílon, o intelectual judeu helenizado de Alexandria, não se pode colher muito, visto que ele não estava muito interessado nas *halakoth* como tais. Contudo, a obra de sua vida foi um comentário, calcado em sua própria posição filosófica helenizada, sobre os livros legais da Bíblia, e por isso é possível compreender pelo menos algo de sua visão dos preceitos positivos da Lei – os que se referem ao sábado, por exemplo. Sua prática, ou melhor, sua pregação, parece totalmente comum: parece que Fílon compartilhava a compreensão judaica geral da lei bíblica e sua observância. Ao contrário, os rolos do mar Morto fornecem um novo e inesperado vislumbre da evolução da lei judaica. Embora a comunidade fosse incontestavelmente sectária – a maioria os identifica com os essênios de Fílon e de Josefo –, provavelmente não havia nenhum judaísmo verdadeiramente "normativo" nos séculos imediatamente anteriores e posteriores ao começo da era cristã (ver I/1). Os seguidores da Aliança de Qumran, e por isso sua visão da *Halakah*, podem ser, com proveito, comparadas a outras visões judaicas contemporâneas da Lei e suas prescrições positivas derivadas.

A comunidade de Qumran, como a maior parte dos outros grupos judeus, derivava suas leis de uma exegese (*midrash*) da Escritura (ver II/2); contudo, não fazia referência ao uso de uma teoria da lei oral como (mais tarde?) proposta pelos rabis. De fato, os essênios em Qumran não hesitaram em pôr por escrito e promulgar suas *halakoth* exegeticamente derivadas. No caso da exegese, porém, fizeram uma distinção interessante. Na visão de Qumran, toda a lei estava contida na Escritura, inclusive os profetas, e embora alguns preceitos decorressem de uma compreensão plena do texto (*peshat*), outros preceitos "escondidos" podem ser derivados somente por uma compreensão especial possuída pelos Filhos de Sadoc.

Como os essênios de Qumran, os fariseus contemporâneos derivavam prescrições legais recorrendo ao outro princípio, a tradição dos (ou proveniente dos) pais, a Torá oral (ver II/3 e a seguir). Mas a Torá oral era conhecimento no domínio público, ao passo que a exegese privilegiada dos Filhos de Sadoc aproximava-se da *gnosis*, ou gnose, conhecimento secreto concedido somente a poucos adeptos (ver II/10). Como se verá, muitos muçulmanos sunitas operaram no modelo fariseu de lei derivado mais de uma "tradição" pública do que no modelo essênio; o conhecimento possuído pelos imãs xiitas estava muito mais próximo da "compreensão" que os Filhos de Sadoc possuíam. No entanto, a comunidade em Qumran mostrava pouca divergência verdadeira a partir do que sabemos da prática judia contemporânea, assim como a lei xiita na prática difere pouco de sua contraparte sunita.

A tradição dos pais

O judaísmo pós-exílico é de todo coerente em derivar sua lei positiva diretamente da Escritura, de maneira estreita da Torá, e de modo um pouco mais amplo, ocasionalmente, também dos profetas. Os essênios, os fariseus e os helenizantes, como mais tarde os rabis e ainda mais tarde os caraítas, voltavam-se todos para a Palavra de Deus revelada em busca de instrução acerca do bem a ser feito e do mal a ser evitado. Diferiam, é claro, sobre quão literal e ampla devia ser a investigação (*midrash*) da Escritura, mas não diferiam sobre o fato de que a Escritura era a fonte e a origem da Lei. A discordância fundamental surgiu a respeito de haver alguma *outra* fonte da qual pudesse derivar a lei religiosa. Os saduceus, essênios e caraítas negavam que houvesse; os fariseus, seguidos pelos rabis e pelo corpo principal do judaísmo medieval e mais tarde tradicional, afirmavam a existência de uma tradição dos pais que era uma matriz igualmente legítima de *halakoth*.

A gênese e evolução dessa tradição estão cobertas, como muitas coisas no estudo das religiões de revelação, de uma pretensão de antiguidade absoluta: "dos pais" significava basicamente desde Moisés e, por conseguinte, diretamente de Deus. Essa pretensão era reivindicada no século I pelos fariseus, e tanto Josefo como os evangelhos dão testemunho disso, embora fosse negada explicitamente pelos saduceus contemporâneos e implicitamente pelos essênios. Faz muito tempo que se supôs que a tradição dos fariseus proveniente dos pais era de fato a Torá não escrita à qual, posteriormente, o Talmude se refere (ver II/3). A noção de uma Torá oral, que pretendia reproduzir as palavras exatas das prescrições haláquicas dadas a Moisés, pode ter sido, como alguns pensaram, criação dos rabis que reconstituíram os fundamentos da vida judaica na época negra após 70 e.c. Daí não resulta, evidentemente, que essas tradições legais não tenham pretensão de antiguidade, embora não possamos adivinhar quão antigas são. Estamos num chão um pouco mais firme ao investigar a redação dessas tradições, da forma oral para a forma escrita, como a Mishná.

A Mishná e os dois Talmudes

Como vimos (II/3), a Mishná é uma coletânea de discussões acerca das *halakoth* ou leis derivadas, reunida, de acordo com a tradição, pelo rabi Judá ha-Nasi e que entrou em circulação por volta do ano 200 e.c. Às vezes se faz referência a ela como um código de lei judaica, mas cabe nessa categoria apenas com dificuldade. Uma lei está *codificada* quando foi organizada segundo algum princípio de ordem, por exemplo, quando todos os estatutos sobre um assunto (blasfêmia, pureza, divórcio) estão reunidos. Parece que vários diferentes códigos de lei, como o "Código de Santidade" em Levítico 17–26, foram integrados nos cinco livros que iniciam a Bíblia (o Pentateuco ou "cinco [não tão fáceis] peças", como foi chamado).

Sob suas divisões gerais em ordens, a posterior organização da Mishná parece muitas vezes sem planejamento e arbitrária; falta-lhe a espécie de organização lógica que se esperaria de um código legal. Ademais, as discussões dos juristas incorporadas na Mishná são fluidas e muitas vezes provisórias. Objeções e opiniões diferentes se desenvolvem de maneira tal que acabam parecendo mais apontamentos de debates de professores de direito do que registros de opinião legislativa, ou talvez um livro de casos extraordinariamente detalhado, compilado por juristas para seu uso e instrução.

Como vimos, a Mishná hebraica recebeu dois conjuntos de comentário aramaico (Guemara) nas gerações que se seguiram a rabi Judá, um pelas mãos das novas escolas que surgiam na Babilônia e o outro, nas academias palestinas. Os sábios que elaboraram a guemara eram conhecidos, em contraste com os recitadores anteriores (*tannaim*) e falantes (*amoraim*). Sua função era essencialmente explicar, reconciliar e expor a lógica interna das *halakoth* enunciadas por seus predecessores tanaíticos.

Embora nenhum dos dois Talmudes pretendesse ser, nem mesmo se tornasse, a palavra final em lei judaica, o respeito dado a ambos derivava do fato de que eram os produtos de um consenso acadêmico e legal num tempo em que a academia (*ieshivá*) e o tribunal religioso (*bet din*) guiavam os destinos do judaísmo sem igual nem rival. Independentemente da grandeza de sua autoridade, nenhum dos Talmudes era um código de leis; eram mais transcrições taquigrafadas de discussões rebuscadas acerca de questões legais que ocupavam juristas desde o segundo até o sexto séculos da era cristã.

Dois códigos judeus: *Mishneh Torah* e *Shulkhan Aruk*

O desligamento das *halakoth* das discussões, debates e especulações circundantes só ocorreu já bem dentro do período islâmico da história judaica. O procedimento foi retomado e continuado entre os estudiosos que viviam em comunidades judias, que se expandiam rapidamente fora da Casa do Islã e num tempo em que a antiga autoridade superior das academias do Oriente Próximo estava passando para novos centros e novos estudiosos. Apenas dois exemplos precisam ser citados aqui. O *Mishneh Torah* de Moisés Maimônides, escrito no Cairo e completado em 1190, embora sem ser o primeiro da espécie, é um genuíno código produzido por um estudioso que pertenceu a uma tradição intelectual mais ampla do que a do Talmude. Maimônides era um filósofo e teólogo de primeira classe, instruído tanto no racionalismo grego como nas tradições legais sofisticadas do islã. Seu *Mishneh Torah* reflete tanto os esforços em seu discurso introdutório sobre os modos de conhecimento como os fundamentos do judaísmo, sua organização lógica das *halakoth* e sua exclusão do que Maimônides julgava ser pouco importante ou material não jurídico.

A visão que Maimônides tinha da Lei era em larga medida determinada por sua teoria política, em sua maior parte derivada do filósofo muçulmano al-Farabi (m. 950) e, através dele, de Platão. Para Maimônides, não menos que para al-Farabi, o profeta era ao mesmo tempo filósofo e legislador. Por sua brilhante inteligência, ele alcançara – ou lhe foram concedidas (há nuanças importantes aqui) – verdades eternas e, pelo poder de sua faculdade imaginativa, converteu-as em lei. Portanto, a Lei – a Lei revelada – tinha o duplo aspecto de regulamentar a vida e a sociedade, assim como a lei humana fazia, e de personificar as mesmas verdades absolutas que o filósofo se empenhava em alcançar.

Na visão de Maimônides, a Torá tinha essa mesma dupla finalidade: organizar a sociedade e levar os humanos a uma compreensão das verdades altíssimas. Tinha, em suma, uma finalidade ética e uma finalidade religiosa. Concentrar-se exclusivamente na primeira, como muitos estudiosos talmúdicos fizeram, era simplesmente entrar no pátio do palácio real sem entrar no palácio. Para entender a segunda e mais profunda intenção da Torá, afirmava Maimônides, é preciso penetrar mais nos mistérios profundos da revelação através de exegese alegórica; essa é uma das finalidades do seu *Guia dos perplexos* (ver II/7). Noutra parte, Maimônides é muito mais direto e apresenta em forma dogmática os artigos de fé necessários para a salvação, formulando para isso o que o judaísmo tinha de mais próximo de um credo formal (ver I/5).

Maimônides fornece alguma orientação sobre a intenção ética da Torá também – orientação que deve, realmente, ter soado estranha numa ieshivá tradicional. Numa passagem notável do *Guia* (3.32), ele compara a obra indireta mas resoluta de Deus agindo através de causas naturais no universo a sua atividade semelhante para fins morais entre a humanidade. A Lei foi dada a Moisés para modificar para melhor os costumes pagãos e assim fazer uma ponte entre a idolatria e a fé no Deus único. Maimônides sustenta a sua afirmação com documentação considerável, visto que tinha à disposição o que em seu tempo era tido como uma descrição autêntica do paganismo aramaico pré-abraâmico. A Lei parece, então – e claramente em seus aspectos cultuais e sacrificais –, ser mais um instrumento de mudança e de melhoramento do que final e perfeita, pelo menos quando vista numa perspectiva histórica.

Essa era uma visão amplamente compartilhada, mas até entre os tradicionalistas o Talmude era visto como um sistema legal congelado, em permanente estagnação. Uma geração antes de Maimônides, um estudioso francês, o rabi Salomão ben Isaac (m. 1105), agora em geral conhecido como Rashi, escrevera um eruditíssimo e exaustivo comentário sobre o Talmude que lança luz nova sobre o seu sentido e interpretação (ver II/2), e outros eruditos continuaram a dar respostas legais às comunidades judaicas por todo o continente europeu e o império islâmico. Maimônides ignorara muito desse novo material legal em sua versão um tanto idealizada da Lei, mas outras tentativas posteriores de codificação foram mais sensíveis às circunstâncias mutáveis da vida judaica. Um código desses acabou ganhando posição de autoridade quase absoluta, o *Shulkhan Aruk*, ou *O serviço de mesa*, de Joseph Karo (m. 1575), eminente jurista e cabalista de Safad (ver II/9). Nenhuma autoridade, porém, era absoluta diante da Torá e do Talmude, e o *Shulkhan Aruk* passou por suas próprias revisões, principalmente na forma de glosas diferenciais e comentários.

O propósito da Lei

As contínuas tentativas judaicas de codificação foram em parte afetadas pelo contato com a sofisticada tradição de codificação da lei romana. Mas uma geração ainda mais antiga de judeus, a primeira a entrar em contato com o helenismo nos séculos imediatamente anteriores à era comum, tinha sido estimulada por contato semelhante com uma tradição estranha para se preocupar com os *propósitos* da Lei. Então, como agora, os racionalistas pensavam que podiam discernir por trás da Lei de Deus algum propósito útil ou necessário para a humanidade. As leis alimentares e a circuncisão eram os assuntos preferidos para tal especulação. As leis dietéticas, por exemplo, de fato envolviam princípios de boa nutrição, e a circuncisão servia tanto para proteger contra doenças como para refrear o desejo sexual, visão particularmente atraente para os moralistas cristãos. Outros não estavam tão certos e pensavam que, pelo menos alguns dos mandamentos de Deus, como a sua ordem para Abraão sacrificar Isaac, não tinham outra finalidade a não ser testar a obediência humana. Pensou-se que as regras sobre o sábado – e o jejum do Ramadã, quando os muçulmanos começaram a se preocupar com a mesma questão do propósito – entravam nessa categoria, embora sensibilidades mais modernas tenham achado psicologicamente útil e bom para a saúde a noção de um dia longe das preocupações comuns e um mês de jejum.

A administração da lei judaica

Sabemos muito mais acerca do conteúdo da lei judaica do que sobre sua aplicação e sobre a administração da justiça entre os judeus. No judaísmo pós-exílico havia sempre um corpo autorizado e legitimado, geralmente chamado Grande Sinédrio, que tanto legislava como julgava. Seu chefe era o nasi, que tanto antes como depois da destruição do templo possuía legitimamente amplos poderes legislativos (ver I/6). Mesmo depois que os fariseus introduziram a noção de uma tradição jurídica oral, cuja validação remontava a Moisés, os nasi não cessaram de decretar prescrições legais positivas chamadas *gezeroth* e *taqqanoth*. As primeiras tinham, de fato, uma justificação farisaica na medida em que tais decretos positivos forneciam "uma cerca para a Torá" – isto é, cercavam a Torá com prescrições adicionais, garantiam a observância dos mandamentos ou *mitzvoth* da Torá explícita. Mas uma *gezerah* acabou significando qualquer decreto legal "limitador" que não fosse uma prescrição legal rabínica tradicional (*Halakah*), ao passo que as *taqqanoth* referiam-se mais exatamente ao "relaxamento", à criação, por exemplo, de novas instituições, cuja finalidade era melhorar as condições da vida social, econômica e religiosa.

O processo legislativo e judicial não estava limitado ao nasi e seu tribunal. Por "ordenação" (*semika*), ele podia delegar seus poderes a rabis individuais de modo que também pudessem julgar questões em juízo e fazer decretos. Não havia tal ordenação entre os judeus babilônios, e se algum dos primitivos rabis babilônios ia à Palestina para ordenação, o resultado era fortalecer a autoridade das ieshivás onde ensinavam e não a do exiliarca babilônio, que era o seu chefe nominal. Com o desaparecimento do patriarcado palestino em 425 e.c., por pressões cristãs, o modelo babilônio começou a prevalecer também na Palestina: os rabis podiam julgar e legislar por autoridade própria.

Os rabis

Falamos já da luta entre reis e sacerdotes pela liderança na comunidade após o retorno judeu do exílio na Babilônia. A contenda, todavia, ficou sem efeito prático com a destruição tanto do templo como do reino pelos romanos, no primeiro século e.c. Desde então, os rabis, descendentes espirituais e metodológicos dos primeiros escribas e fariseus, sem competição séria a partir de dentro – pelo menos não até o surgimento do movimento hassídico (ver II/8) –, controlaram a vida religiosa e social das comunidades judaicas no âmbito tanto da cristandade como da Casa do Islã.

Funcionalmente falando, os rabis eram um grupo relativamente pequeno de "virtuosos religiosos" que administravam a lei judaica para comunidades judaicas às quais fora concedido um certo grau de autogoverno da parte de seus soberanos políticos, os romanos na Palestina e os sassânidas no Iraque. Essa lei, como o seu equivalente islâmico posterior, a *xaria*, tinha principalmente a ver com *status* pessoal e tratava de assuntos como casamento, herança e a transferência de propriedade. Mas o mandado dos rabis não terminava aí. Em matéria legal, sua palavra era lei, e pelo seu prestígio cuidadosamente cultivado influenciavam uma ampla gama de assuntos religiosos e éticos.

É difícil subestimar a importância dos rabis para a continuidade da tradição judaica. O judaísmo era precisamente tradição, a entrega, tanto em espírito como na letra, da Aliança. O relato bíblico desse processo suaviza, talvez, as enormes dificuldades tanto em estabelecer como em manter a continuidade judaica. No entanto, temos evidência gráfica da dificuldade quando o relato da Bíblia termina, e o historiador pode confrontar testemunho inédito da deslumbrante variedade de seitas e facções judias que prevaleceram na Palestina e na diáspora nos anos que se seguiram aos macabeus, aos herodes e aos romanos (ver I/1). O colapso das expectativas políticas judaicas e a destruição do único lugar de culto litúrgico dos judeus foram acontecimentos de extraordinária magnitude na vida da comunidade.

Alguns judeus, como vimos, voltaram-se para expectativas mais radicais neste mundo e no próximo, para nacionalistas zelotes, para pretendentes messiânicos, para reflexos gnósticos de esperança escatológica ou desespero histórico, ou para as atrações da assimilação helênica. Os rabis não; quieta e pacientemente eles reconstruíram o judaísmo estilhaçado sobre o fundamento da Lei. O historiador pode lançar um olhar de dúvida sobre a pretensão deles de representar uma tradição não escrita que remonta ao próprio Moisés, mas essa reivindicação foi aceita no final pelo grande corpo de judeus, e os rabis usaram a sua autoridade para expandir, modificar e definir a Torá para uma nova era.

Os instrumentos da justiça de Deus

Havia bons fundamentos bíblicos para a nomeação entre os judeus tanto de tribunais religiosos (*bet din*) como de juízes para esses tribunais. Já se fez referência ao sinédrio, o qual em suas funções jurídicas era conhecido como o "grande *bet din*" e presidia sobre o *ab bet din*. Havia também tribunais menores, cujos membros eram provavelmente, na origem, nomeados pelo sinédrio. Quando o grande tribunal, que se reunia no templo, mudou-se para a Galiléia, na era após 70, as autoridades mantinham aí algum controle do processo judicial, através do ritual da imposição das mãos, para indicar a delegação de seus poderes, inclusive suas funções judiciais, a outros. O poder de tal delegação ficava apenas com os rabis de Eretz Israel. À medida que declinou o prestígio da comunidade palestina – acelerado, sem dúvida, pelo fato de os romanos retirarem o seu reconhecimento do patriarca (nasi) como o chefe da comunidade judaica no começo do século V –, a ordenação acabou e teve início a dispersão da autoridade rabínica, para vantagem dos rabis da Babilônia.

Com o fim da ordenação, os rabis começaram a assumir uma autoridade imediata por conta própria, a saber, a permissão de ensinar, um pouco à maneira dos posteriores mestres nas universidades européias. O poder do rabi não estava agora na nomeação ou delegação, mas em seu domínio do conhecimento da Lei. As ieshivás tornaram-se os centros onde a competência era garantida e, assim, o poder era concedido. Agora os rabis possuíam o magistério, e com ele veio, visto que não havia nenhum outro cargo competente, a autoridade de julgar. Portanto, no final, os rabis administravam a justiça, mas apenas em suas respectivas comunidades e mais por consentimento que por estatuto, pelo consentimento dos membros judeus de suas respectivas comunidades e pelo consentimento tácito ou explícito de seus soberanos, fossem cristãos ou muçulmanos.

Jesus e a Lei

Voltando ao primeiro século, os evangelhos apresentam Jesus como um judeu observante, de uma maneira como provavelmente era comum à maioria dos judeus de seu tempo: guardava o sábado, por exemplo, participava das liturgias no templo e provavelmente observava as leis alimentares. Mas esses mesmos relatos também retratam um ambiente judeu palestino no qual a preocupação dos fariseus com as *halakoth* está muito mais em primeiro plano. Jesus claramente não compartilhava das visões mais detalhadas dos fariseus acerca do grau de rigor com que se devia observar a Torá: se se podia violar a letra do descanso sabático para realizar um ato de compaixão (Mc 3,4-5), por exemplo, ou se a pureza ritual era um valor mais alto do que conquistar almas para a fé. São, certamente, questões discutíveis, mas uma questão mais profunda continua sendo como o Jesus messiânico ou o seu movimento se posicionavam em geral com relação à Torá. Não podemos ter certeza se a questão surgiu nessa forma durante a própria vida de Jesus ou, o que é igualmente provável, se foi levantada pela sugestão de seus discípulos posteriores – de modo mais notório por Paulo – de que a Torá pertencia ao passado, mas Jesus responde exatamente a isso. Ele não veio para abolir a Lei, mas para cumpri-la e, como ele mesmo explicou, "não passará um i ou um pontinho da Lei, sem que tudo se cumpra" (Mt 5,17-20).

No entanto, a questão estava longe de ser simples, visto que o contexto das observações de Jesus sobre a matéria da Torá é muitas vezes messiânico. Normas diferentes predominavam ou, como seus seguidores perceberam mais tarde, já *estavam* predominando, tornando problemática a Torá histórica. Por exemplo, ao ser perguntado por que seus discípulos não jejuavam, Jesus deu a famosa resposta: "Por acaso podem jejuar os amigos do noivo enquanto o noivo estiver com eles? Enquanto tiverem consigo o noivo, não podem jejuar" (Mc 2,19-20). A observação sugere fortemente pelo menos algum grau de suspensão da Torá à luz da era messiânica. Também essa aparente suspensão da Lei devia ser comparada com outras passagens em que Jesus parecia estar publicando suas próprias *mitzvoth*. "Ouvistes o que foi dito [aos israelitas]: 'Não cometerás adultério'. Pois eu vos digo. Todo aquele que lançar um olhar de cobiça sobre uma mulher, já cometeu adultério" (Mt 5,27-28) estende o pecado do ato à intenção. Quando perguntado se era permitido ao homem divorciar-se de sua esposa, Jesus respondeu que Moisés permitira o divórcio "devido à dureza de vossos corações". Porém havia um mandamento mais profundo, anunciou Jesus: "Não separe, pois, o homem o que Deus uniu" (Mc 10,2-9).

Os cristãos e a Lei

Nem todos os seguidores de Jesus interpretaram o advento da era messiânica como anulação fosse das *mitzvoth*, fosse das *halakoth* – ver o exemplo de Tiago e dos judeu-cristãos em Jerusalém –, mas Paulo interpretou. Em sua Carta aos Romanos e em outros lugares, afirmou, com ímpeto e minuciosamente, às vezes com ambivalência pessoal, que o estabelecimento de uma Nova Aliança significava que a Lei mosaica, tanto como conceito geral como coletânea de preceitos específicos, não obrigava mais o cristão que encontrara a sua libertação do pecado não na observância, mas na redenção.

Em sua Carta aos Romanos, Paulo elaborou uma compreensão bastante sistemática da morte de Jesus como acontecimento salvífico. O sacrifício do Filho de Deus na cruz trouxe liberdade para a humanidade (Rm 5,12–7,25): liberdade da morte e do pecado (5,12-21), liberdade do antigo homem (6,1-23) e, finalmente, liberdade da Lei (7,1-25). Em Gálatas (3,19-25), Paulo oferecera uma tentativa preliminar de resolver a relação dos judeu-cristãos com a Torá. Antes de sua fé em Jesus, tais judeus estavam "encerrados sob a custódia da Lei". Em seguida, mudando a imagem: "Assim como a lei foi nossa educadora (*paidagogos*, [escravo] que leva a criança) para Cristo, a fim de que fôssemos justificados pela fé. Mas, chegada a fé, já não estamos sob o pedagogo [a Lei]". O professor não é mais necessário; foi demitido. Em Romanos, ele lança um olhar mais preciso e mais nuançado. De novo, o argumento é em parte judicial e em parte analógico. A lei, qualquer lei, só obriga os vivos; o cristão morreu em Cristo. Mudando os papéis, o cristão tornou-se como a viúva que, com a morte do marido, está livre de suas obrigações de casamento. Encontrou um novo esposo em Cristo, e uma nova obrigação: "Estamos mortos para o que nos sujeitava, de maneira que sirvamos [a Deus] em espírito novo e não na letra velha" – a Torá (Rm 7,1-6).

As meditações continuam, embora agora, um pouco estranhamente, na primeira pessoa: "Entretanto não conheci o pecado senão pela Lei" (Rm 7,7). A Lei deu forma e figura ao pecado, até mesmo uma espécie de vida: "O pecado encontrou a sua oportunidade no mandamento", pois o que antes era apenas uma (vaga) matéria de consciência agora se tornou plenamente explícito. Mas o problema não está na Torá; está na humanidade. A vontade humana concorda com a Lei, pois "não faço aquilo que eu quero, mas aquilo que detesto" (7,15). A Lei é espiritual, mas a humanidade não. "No íntimo do meu ser amo a lei de Deus, mas sinto nos meus membros outra lei que luta contra a lei de minha razão e me prende à lei do pecado que está nos meus membros" (7,21-23). Para Paulo, a conclusão é clara: "O que era impossível para a Lei, enfraquecida por causa da carne, Deus fez enviando seu próprio Filho em estado de solidariedade com a carne do pecado e, em vista do pecado, condenou o pecado na carne" (8,3).

Uma lei para os cristãos

Os evangelhos são uma forma de pregação cristã primitiva que preserva os ensinamentos de Jesus sobre vários assuntos de moral geral – num contexto judeu, é claro –, bem como preceitos comportamentais específicos. Dadas as circunstâncias, Jesus podia mais ensinar que prescrever, mas dali em diante, e logo adiante, a Igreja que se seguiu teve de organizar-se e regulamentar o que surgia na primeira geração dos seguidores de Jesus como vida cristã. Qualquer que fosse a forma confessional que a Igreja tomou, suas atividades, desde aquele dia até hoje, foram dedicadas em grande medida ao mesmo fim: transformar o evangelho num modo de vida que, em seus aspectos externos de comportamento, é lei.

A morte sacrifical de Jesus, como Paulo declarou, trouxe liberdade do pecado e do seu corolário necessário, a Lei. Porém, ainda que ontologicamente "salvo" pela morte redentora de Jesus, o cristão ainda tinha que viver no mundo e, no fim, comparecer "diante do tribunal de Cristo: aí cada um receberá segundo o que houver praticado pelo corpo, bem ou mal" (2Cor 5,10). Essa vida é governada, como diz Paulo, pela "lei de Cristo" (Gl 6,2; 1Cor 9,21), e através de suas cartas ele tenta estabelecer tanto as orientações como as *halakoth* estatutárias dessa "lei de Cristo" que deve, agora, reger a vida cristã. Muitas das instruções de Paulo carregam virtudes a serem seguidas e vícios a serem evitados pelo cristão (por exemplo, Gl 5,19-23; 1Cor 5,10-11; etc.) e diferem pouco do que se pode encontrar entre moralistas gregos e mestres judeus contemporâneos. Não há nenhum ensinamento social revolucionário aqui (1Cor 7,20-24); o lado radical de Paulo aparece em suas instruções sobre sexualidade e matrimônio. Finalmente, os anciãos e os supervisores da comunidade cristã primitiva, como Timóteo e Tito, foram incitados a mostrar a mesma preocupação dual pela fé e pela moral. Deve haver fé, mas só a fé não seria suficiente. O cristão, não menos que o fariseu, devia manter-se separado das práticas do mundo pagão que o cercavam, para viver, como Paulo gostava de dizer, "em Cristo".

Como judeus, os primeiros seguidores de Jesus pareciam estranhamente despreocupados; nos Atos dos Apóstolos, por exemplo, tanto com o seu próprio relacionamento com a Torá (quão persuasivos foram os argumentos de Paulo?), quanto com com a formulação de um novo código de comportamento próprio deles. Suas próprias expectativas escatológicas podem ter reduzido a urgência de tais preocupações. Mas normas e regras acabaram surgindo, em particular à medida que o fim antecipado do mundo retrocedia para um futuro mais remoto, e o que pode ter sido a ética escatológica de curto prazo da comunidade original foi gradualmente substituído pela institucionalização de longo prazo de uma práxis que foi chamada de catolicismo primitivo. Como vimos, Paulo se contentara em estabelecer algumas orientações gerais sob o lema "não vos comporteis como os pagãos", mas uma sociedade cristã formal só apareceu depois das perseguições do século III, que forçaram muitos cristãos à clandestinidade. Constantino e seus sucessores legislaram o fim da existência do paganismo – os últimos *pagani* (habitante da zona rural, camponês) nativos desapareceram do Império Romano no século VI; a partir daí todos os pagãos estavam fora das fronteiras, onde a Igreja os perseguia com missionários. Ao mesmo tempo, os bispos da Igreja – ou talvez fossem de Constantino – que se reuniram em Nicéia, em 325, aos quais se atribuía possuírem o magistério, empreenderam em escala maior, de âmbito eclesial, o que já se começara em sínodos episcopais locais. Publicaram decretos chamados "cânones", balizas de conduta para regulamentar as ações tanto do clero como do laicato na Igreja.

As fontes da lei cristã

Essa lei emergente da Igreja derivou de várias fontes diferentes. Em primeiro lugar estava a Escritura, com a sua garantia de autoridade divina. Em alguns casos, prescrições comportamentais foram declaradas como tal na Escritura cristã, ou como uma *mitzvah* pelo próprio Jesus, em matéria de divórcio, por exemplo, ou por outra autoridade "apostólica", especialmente Paulo, que entrou no Novo Testamento. Havia, é claro, muitos mandamentos e proibições adicionais, na Bíblia judaica, que os cristãos agora chamavam de "Antigo Testamento", mas nem todas eram obrigatórias na lei cristã. Paulo, em sua destituição da Torá como Antiga Lei não mais pertinente, não fizera nenhuma distinção, e por isso uma das mais antigas e mais difíceis tarefas da exegese cristã foi separar do texto bíblico o que, segundo Paulo, permanecia em vigor na Igreja e o que não permanecia.

A autoridade da Escritura estendeu-se além do Novo Testamento para os primeiros escritores cristãos, autores cuja ortodoxia era inquestionada e cuja compreensão da tradição apostólica era reconhecida por todos. Estes passaram a ser olhados como Padres da Igreja, aceitos tanto no Oriente como no Ocidente (ver II/2). Seus escritos teológicos foram esquadrinhados em busca de ensinamentos normativos que pudessem ser incluídos nos estatutos da Igreja. Os autores desses estatutos posteriores eram grupos ou indivíduos cuja autoridade não derivava de sua compreensão da tradição apostólica, mas de seu ofício coletivo ou individual. Coletivamente, o principal instrumento "legislativo" para fazer as leis estatutárias – embora nunca confessassem que "faziam" lei mas apenas a enunciavam – foram os bispos reunidos em concílio, em âmbito local, regional ou, mais persuasiva e inquestionavelmente, como um conclave de toda a Igreja – os concílios ecumênicos que começaram em Nicéia. Esses bispos representavam o "consenso ortodoxo" que predominou em toda a cristandade até, pelo menos, o século VI. Eles promulgaram cânones bem como normas doutrinais em seus credos, e embora pudessem citar a Escritura ou os padres em apoio dos seus pronunciamentos, sua autoridade vinha da compreensão que eles tinham, como os próprios evangelistas, com a orientação do Espírito Santo.

Ao mesmo tempo em que os concílios ecumênicos se reuniam e regulamentavam a fé e o comportamento dos cristãos, a autoridade emergente do bispo de Roma (ver I/6) estimulou o aparecimento de uma nova noção na Igreja latina: os decretos dos concílios, fossem sínodos provinciais ou concílios ecumênicos, não tinham autoridade enquanto não fossem aprovados pelo papa. Os papas aceitaram decretos de muitos concílios locais, no sentido de que incluíam apenas os bispos do Ocidente sob a jurisdição do bispo de Roma, e eles também começaram a ser considerados, pelo menos na Igreja latina, "grandes concílios".

A autoridade papal se expressava da maneira mais formal numa bula, assim chamada por causa do latim *bulla*, "selo", visto que o documento em questão era selado de uma maneira particular. Originalmente, a bula era selada em cera com o anel papal, porém mais tarde vários selos de chumbo ou de cera foram usados. O documento em si era uma declaração oficial do papa sobre uma matéria doutrinal que afetava a maior parte da Igreja ou toda ela. Recebia comumente o nome das primeiras duas ou três palavras de seu texto em latim. Um pouco menos formal era a decretal, carta do papa que em geral exprimia uma decisão papal sobre alguma matéria de disciplina eclesiástica. A coletânea das decretais, algumas remontando ao século IV, é um dos fundamentos do direito canônico (ver mais adiante) no sentido de que as cartas decretais que exprimem a vontade do papa constituem precedente para todas as decisões futuras.

A codificação da lei da Igreja

O material legal produzido pelos concílios continuou a se acumular a cada novo sínodo, mas somente quando o imperador Justiniano (r. 527-565) patrocinou uma codificação autorizada de lei romana em seu *Corpus juris* a Igreja tentou colocar sua própria casa jurídica em ordem. O jurista antioqueno João, mais tarde patriarca de Constantinopla (565-577), compôs a sua *Coleção de cânones eclesiásticos*, o antecedente de todos os posteriores códigos de direito canônico, na qual os decretos conciliares estavam organizados mais por assunto que cronologicamente por concílio. Outra inovação sua foi a introdução na coleção de certos regulamentos patrísticos, cânones extraídos de São Basílio, por exemplo. Um pouco mais tarde João reuniu todas as leis civis de Justiniano que faziam referência ou diziam respeito a assuntos religiosos.

A transposição que Justiniano fez de questões religiosas para o direito civil não foi nada de extraordinário. O processo tinha começado já na época de

Constantino, que legislara sobre o descanso dominical, celibato e divórcio. Longe de usurpar as prerrogativas judiciais da Igreja, a obra legislativa de Justiniano reconheceu aberta e oficialmente a paridade entre a lei civil e a canônica num império romano cristão: para definir a questão em termos aforísticos, tudo o que os cânones eclesiásticos proíbem, os estatutos civis também proíbem. A Igreja era aceita como parceira legislativa do Estado, assim como aos bispos primitivos fora concedido o direito de ouvir certos apelos da lei civil. De fato, no tempo de Justiniano, o bispo cristão se tornara um funcionário administrativo importante, e foi freqüentemente usado como investigador da falta de escrúpulos de funcionários seculares em todos os níveis da administração provincial. O bispo tinha o poder de obrigar os funcionários a cumprirem seus deveres, e a ele se tinha de prestar contas do dinheiro público. Ele informava o imperador sobre as condições locais e, em sua própria comunidade, o bispo era um membro *ex officio* da junta eleitoral e do grupo dos quatro notáveis cuja tarefa era supervisar os banhos, celeiros, aquedutos e pontes.

Os primórdios do direito canônico ocidental

Desde muito cedo o bispo de Roma começou a emitir seus próprios estatutos em forma de respostas escritas a inquéritos ou pedidos de julgamento de outros bispos. Essas respostas papais, às vezes a bispos individuais, às vezes a inquéritos regionais, foram, como já afirmado anteriomente, chamadas de decretais. As primeiras datam de 385. Com a crescente autoridade do papa, elas também começaram a ser consideradas, junto com os cânones conciliares, uma fonte de lei eclesiástica. Assim se desenvolveu no Ocidente um corpo de estatutos que constituíam a base para uma tradição legal: livros com compilação de cânones e decretais, escolas nas quais ensiná-los e juristas produzidos por essas escolas para explicá-los e desenvolvê-los.

Os cânones compilados sob Justiniano foram apenas o primeiro passo num longo processo. No Ocidente, o segundo passo demorou bastante para ser dado, adiamento causado pelo colapso da antiga ordem sob repetidas invasões bárbaras, mas pelo começo do século XI, a tradição legal da Igreja reviveu, e apareceram três de suas mais proeminentes e influentes novas coleções de cânones. Duas eram de bispos e foram estimuladas por preocupações pastorais e uma tentativa de renovação e de reforma da Igreja; a terceira surgiu de um novo interesse pela lei como tal. A coletânea de Burcardo, bispo de Worms, que apareceu por volta de 1015, tinha quase 1.700 cânones diferentes organizados por assunto em vinte livros – a organização anterior, cronológica, estava ficando cada vez mais impraticável –

e foi compilada para a educação do clero de Worms, embora a sua ampla difusão indique uma necessidade mais geral. O *Decretum*, ou coleção de cânones de Ivo, bispo de Chartres (m. 1115), seguida de uma *Panormia* mais fundamentada foram igualmente estimuladas por preocupações pastorais, embora fossem também mais sofisticadas. Agora havia mais comentários, maior preocupação em reconciliar cânones contraditórios: se um cânone era irrevogável ou não e se em certas circunstâncias deviam ser dadas dispensas.

Graciano

Entre o *Decretum* de Ivo de Chartres e a compilação de 1140 do jurista Graciano, também chamada de *Decretum*, o papa fizera uma declaração importantíssima. Em 1075, Gregório VII proclamou que, em todas as matérias, o bispo de Roma era a autoridade legal suprema na Igreja, e que não só o laicato, mas todos os bispos e padres estavam sujeitos à sua jurisdição e sua autoridade. A compilação que Graciano fez de cânones, cujo título completo é *A concordância de cânones discordantes*, tornou-se de fato a lei de toda a Igreja do Ocidente. Dificilmente o *Decretum* seria obra de um bispo, cujas preocupações eram principalmente pastorais ou administrativas; Graciano era um mestre jurista, formado pela nova escola de lei romana em Bolonha e sobre a qual tinha muita influência.

O *Decretum* tem duas partes principais. A primeira está organizada em 101 divisões (*distinctiones*), começando com 20 pronunciamentos de autoridades sobre a natureza da lei – lei natural (ver II/5), lei humana, lei da Igreja, lei dos príncipes, lei por decreto e lei costumeira são todas passadas em revista –, bem como as fontes da lei da Igreja. Elas são seguidas por 20 outras *distinctiones* sobre as funções dos vários ofícios da Igreja. A segunda parte é composta de 36 "casos" (*causae*) hipotéticos que levantavam dificuldades específicas. Cada caso era seguido por uma apresentação de textos dos padres, concílios e papas, que podiam resolvê-lo ou não. A segunda parte inclui também o que parecem ser dois opúsculos soltos sobre o assunto complexo da penitência (ver II/5) e a consagração de coisas sagradas, o que a Mishná chama de *qaddushim*. Todo um sistema de jurisprudência sacramental se desenvolveu do último; batismo e casamento, por exemplo, agora eram vistos, antes de tudo, como contratos, com os direitos e as obrigações de cada lado estabelecidos detalhadamente.

Na era pós-Graciano no cristianismo ocidental, a lei da Igreja suplantou quase inteiramente a Escritura como a base primária para juízos morais. Em 1234, o papa Gregório IX completou formalmente a obra de Graciano com os *Cinco livros de decretais*, no qual todos os pronunciamentos papais anteriores foram reunidos e editados por Raimundo de Peñaforte. Seguiram-se adições por Bonifácio VIII (1298), Clemente V (1317), João XXII (1325) e uma miscelânea chamada *Communes* (1471). De 1491 em diante, foram impressas como uma única coletânea de lei canônica acompanhada pelo comentário padrão (glosa ordinária) tanto ao *Decretum* de Graciano como às *Decretais* complementares de Gregório. A obra de Graciano, no entanto, continuou por séculos a ser o texto de estudo básico para canonistas.

Em certo sentido, o direito canônico definiu a Igreja latina como organização, visto que regia quase cada aspecto de sua vida, desde suas crenças mais gerais até os menores e mais prosaicos detalhes da atividade humana. Mesmo depois da Reforma, as novas igrejas confessionais que surgiram da Grande Igreja medieval (ver I/6), tanto a luterana, calvinista ou anglicana, rapidamente tiveram de desenvolver seus próprios códigos de conduta cristã e suas próprias maneiras de instruir os fiéis neles.

Catequese e catecismo

A partir do Novo Testamento, várias formas do verbo grego *katechein* são usadas para descrever uma forma elementar de instrução cristã (como em Gl 6,6), e logo depois o substantivo *katechesis* surgiu como termo técnico para a instrução iniciatória dada a candidatos para a admissão à Igreja. A catequese era normalmente dada pelo bispo local durante a quaresma; depois, os catecúmenos, ou "aqueles sob instrução", eram admitidos ao batismo no sábado santo, que precede a Páscoa. A palavra "catequese", todavia, nunca perdeu seu sentido mais amplo de instrução nos rudimentos da fé.

Na Igreja ocidental, o *catechismus*, ou "catecismo", serviu como a tradução normal de *katechesis*, "instrução na fé", mas no século XIV "catequese" e "catecismo" começaram a se diferenciar. "Catequese" continuou a significar "instrução", porém numa sociedade cada vez mais livresca; "catecismo" era cada vez mais usado para descrever o livro-texto ou manual pelo qual se dava a instrução. O livro, é claro, era para ser usado pelo instrutor, visto que os que eram catequizados raramente eram alfabetizados. Com a invenção do tipo móvel, o catecismo enraizou-se rápida e firmemente na tradição do livro impresso. Esses catecismos impressos ou "breves compêndios", como às vezes eram chamados, estavam invariavelmente apresentados em quatro partes: o credo, os sacramentos, o decálogo e a oração.

O gênero catequético tomou vida nova em 1520, quando Martinho Lutero, que já estava rompendo com a Igreja romana, publicou em alemão o seu *Forma breve dos Dez Mandamentos, do Credo e da Oração do Senhor*. Os mandamentos da Escritura foram propositalmente colocados na frente da declaração das crenças teológicas da Igreja, enquanto os sacramentos, embora não inteiramente omitidos, foram reduzidos a "suplementos", pelo menos com respeito ao batismo e à Eucaristia. Em 1529 Lutero tomou os princípios enunciados em seu *Forma breve* e reproduziu-os num pequeno livro em alemão intitulado *Pequeno catecismo* – mais tarde seguido por um *Grande catecismo*, mais prolixo –, que se tornou imediatamente o que ficou conhecido como "a declaração mais típica e de maior influência da fé protestante".

O *Catecismo* de Lutero, de enorme sucesso, provocou duas respostas dignas de nota. A primeira foi a do reformador suíço João Calvino, cujo *Catecismo* apareceu em Genebra em 1541. Ele mexeu um pouco na ordem – o credo passou novamente para a frente – e adotou um tom muito mais didático e prescritivo. Esse novo modo de vida ainda estava sendo formulado, e Calvino não hesitou em conduzir, mais do que incitar, o crente para ele. Como ele mesmo colocou numa carta ao governo inglês em 1548, "deve haver uma fórmula comum de instrução para crianças pequenas e pessoas ignorantes que sirva para familiarizá-los com a sã doutrina... A Igreja de Deus nunca será preservada sem catequese".

Os bispos reunidos em Trento em 1545 reconheceram, como Lutero já havia reconhecido antes deles, que a ignorância era um enorme problema entre os cristãos, e que Lutero, com o seu *Catecismo* dirigido a um público popular e amplamente iletrado, tivera muito mais êxito que a Igreja em tratar do assunto. Houvera respostas anteriores às obras altamente eficazes de Lutero, sendo a principal delas o catecismo composto para os católicos alemães pelo jesuíta Pedro Canísio (m. 1597), numa versão para estudantes, outra para adolescentes e uma terceira para simples iniciantes. Mas o Concílio de Trento queria algo mais definitivo. De vez em quando, em suas longas sessões, falou-se de um catecismo oficial, mas só em 1566, dois anos após o encerramento oficial do concílio, de fato apareceu o *Catecismo para sacerdotes párocos pelo decreto do Santíssimo Concílio de Trento e publicado por ordem de Pio V, Sumo Pontífice*. Foi publicado no ano seguinte em alemão, com a supervisão de Canísio, sob o título *Catecismo romano*, nome pelo qual passou a ser mais geralmente conhecido. O *Catecismo romano* seguia a forma tradicional em todos os assuntos: suas quatro partes abrangiam os artigos do credo, os sacramentos, os Dez Mandamentos e a Oração do Senhor, embora agora, graças aos reformadores, com um nítido esforço em localizar todos os seus ensinamentos na Escritura.

Um catecismo islâmico: as Colunas do Islã

O Alcorão é em parte querigma ou pregação – isso é particularmente verdadeiro nas suras mequenses, nas quais se trata de conversão – e em parte instrução, em que o Livro expõe, às vezes de modo geral, às vezes de maneira específica, o que é ser *muslim*, alguém que se submeteu a Deus. A descrição do que compõe uma vida muçulmana foi muito mais detalhada em Medina, onde Maomé era o cabeça e o guia legitimado de uma comunidade muçulmana existente, uma *umma* agora livre para praticar suas crenças em público. Já vimos algumas circunstâncias gerais que cercavam sua instituição (ver I/3). O Alcorão dá algumas especificações a respeito de oração, esmola e jejum para os crentes, que tinham, ademais, o exemplo prático do próprio profeta para orientá-los. Gerações posteriores completaram o quadro baseadas nas recordações preservadas pelas *sunna* do Profeta (ver II/3). Disso surgiram as Colunas do Islã, declaração resumida daquilo que constituía, em termos amplos, as obrigações do muçulmano:

1. **A profissão de fé (*shahada*):** "Não há outro deus senão O Deus, e Maomé é seu enviado" (*la ilaha ill'allah wa Muhammad rasul Allah*). A primeira parte é uma afirmação direta do monoteísmo; a segunda, da validade da missão e da mensagem de Maomé.
2. **Oração (*salat*),** ou seja, oração formal com palavras (a maioria do Alcorão) e gestos prescritos, recitada em cinco ocasiões prescritas diariamente em lugar decente e de frente para Meca. A oração de meio-dia às sextas-feiras é para ser dita em comum, por isso a necessidade de um lugar de oração ou mesquita (II/6).
3. **Dízimo-esmola (*zakat*),** o pagamento anual de uma porcentagem do valor da propriedade que se tem – a porcentagem varia de acordo com o tipo de propriedade – para sustento e ajuda dos pobres e necessitados da *umma*.
4. **Jejum (*sawm*)** durante os 28 dias do mês lunar do Ramadã, período que se tornou sagrado pela transmissão do Alcorão. Entende-se o jejum como a abstenção completa de comida, bebida e atividade sexual a começar com o nascer do dia até ao pôr-do-sol.
5. **Peregrinação ou *hajj*,** o cumprimento em Meca e arredores de certos atos rituais prescritos no oitavo, nono e décimo mês lunar do *hajj* (Dhu al-Hijja) (ver II/6).

O cumprimento dos deveres religiosos por parte das mulheres estava limitado por duas considerações gerais. Os deveres domésticos (por exemplo, a criação de crianças pequenas) são tipicamente considerados os que isentam as mulheres das obrigações rituais. As impurezas mensais também impedem que as mulheres participem de atos rituais. Elas não podem ir à mesquita, nem sequer jejuar durante o Ramadã se estiverem menstruando. Em todo caso, não são vistas com freqüência em oração pública e, se estão presentes, ficam numa área restrita ou afastada da mesquita.

Embora as Colunas do Islã tenham se tornado o ponto de partida para um vasto corpo de prescrição que regula o comportamento islâmico, não refletem nem o tom nem a urgência da mensagem de Maomé, particularmente das primeiras revelações. As suras mequenses do Alcorão têm um acento escatológico dramático, expresso ora em termos comerciais, ora em imagens vivas da apocalíptica judaica e cristã. Deus, que criou o mundo, será também o seu juiz. Quando chegar o Dia do Juízo, acompanhado de caos e confusão, o Senhor do Mundo abrirá as contas de toda a humanidade e avaliará cada um e cada uma segundo o seu valor. Para aqueles que pecaram gravemente ou entesouraram seus bens com mesquinhez de espírito, está à espera uma Geena de fogo de sofrimento extremo. Mas a pessoa magnânima que submeteu sua vontade a Deus e entregou seus bens aos necessitados e oprimidos será recompensada num paraíso de luxo e esplendor. De fato, é para isso que o Profeta foi enviado, para "prevenir" a humanidade de que o juízo estava próximo.

Xaria, o caminho muçulmano

Passar de Justiniano a Maomé, que nasceu apenas alguns anos depois da morte daquele imperador, é sair de um domínio iluminado de uma tradição milenar de códigos romanos de lei e de todo o aparato de escolasticismo legal sofisticado para os domínios sombrios de costumes tribais não escritos e uma sociedade em lenta e incerta transição de uma vida nômade para uma vida sedentária. As batalhas do Alcorão contra os costumes da era de ignorância (*al-jahiliyya*), e as suras medinenses em particular, estão cheias de ordenamentos prescritivos, numa tentativa de dar forma e figura a um novo modo de vida, especificamente muçulmano. Para o estudioso não muçulmano, os ordenamentos no Alcorão podem parecer as *taqqanoth* de Maomé, a criação de novas instituições para melhorar as condições de vida social, econômica e religiosa. Mas elas foram, aos olhos do Profeta que as transmitiu e de seus companheiros muçulmanos que as receberam, nada menos que as palavras de Deus e, por isso, genuínas *mitzvoth*, injunções escriturísticas absolutas.

Implícita em tudo o que Maomé fez ou pregou estava a noção de que havia um "caminho" (*xaria*) islâmico, semelhante ao caminho judeu e cristão pelo fato de vir de Deus e estar em clara oposição tanto ao paganismo religioso como aos costumes tribais degenerados dos árabes contemporâneos. Mas o caminho islâmico não era mais explícito e formal do que os casuais preceitos do Alcorão que o definiram e, com a morte de Maomé, a revelação de Deus estava terminada e o Alcorão se tornara para sempre um Livro fechado. Nesse exato momento, porém, a comunidade muçulmana, dotada apenas das mais rudimentares instituições religiosas e seculares, foi colocada no começo de uma imensa expansão militar e política que a levaria, em pouco tempo, da Espanha ao Indo.

A lei islâmica ou *xaria* constituía o padrão prescrito de comportamento muçulmano, e teve origem em apenas um terreno, a vontade de Deus. A *xaria* está disponível aos seus pretensos beneficiários seja através de sua revelação formal no Alcorão, seja mediada pela instrução ou pelo exemplo, em suma, pelo comportamento costumeiro de seu Profeta escolhido, Maomé. Mas nem o Alcorão nem a *sunna* profética são, em si mesmos, *xaria*; os mandamentos e proibições divinos devem ser elevados ou extraídos de cada um ou de ambos. A lei é simplesmente tirada dessas duas fontes e é formulada a partir de seus preceitos, sem ambigüidade ou contradição, diretamente do texto. Todo o resto deve ser extraído de debaixo das palavras recebidas.

Nem todo o Alcorão é dedicado a assuntos legais. Segundo uma contagem, só 350 versículos, ou menos de 3% do texto alcorânico recebido, é de conteúdo legal. Esses versículos foram classificados, com alguma discordância sobre os detalhes, em 140 sobre matérias dogmáticas e devocionais como oração, jejum, peregrinação e semelhantes, 70 sobre questões de *status* pessoal (casamento, divórcio, herança etc.), outros 70 sobre transações comerciais (vendas, empréstimos, usura), 30 sobre crimes e castigos, outros 30 sobre justiça e os 10 finais sobre assuntos econômicos. Essa é apenas uma descrição material. Nem todos os versículos estão na forma de mandamentos ou proibições explícitos, e há sobreposições e até contradições entre eles; as contradições foram resolvidas ou por harmonização exegética, quer dizer, mostrando que as contradições são apenas aparentes, ou pela invocação do princípio de anulação, pelo qual um mandamento posterior cancela um (contraditório) anterior (ver II/1).

Não há nenhuma afirmação explícita no Alcorão de que a *sunna* do Profeta tenha o valor normativo do próprio Livro, mas há fortes indícios de que seja assim, como em Alcorão 4,80: "Quem obedece ao Profeta obedece a Deus". (Comparar também os mais indiretos 53,3 e 59,7.) Os juristas islâmicos acabaram concordando que a *sunna* do Profeta também constituía um fundamento para *xaria*. Mas no corpo extensivo de *hadith* legais, também, algumas diretivas eram explícitas, algumas exigiam extração, e um considerável número de *hadith* conflitantes ou contraditórios precisava, igualmente, de resolução.

O estudo analítico da lei islâmica é, portanto, um empreendimento crítico que requer tanto habilidade como sutileza, e tem formado e exercitado as mentes da maioria dos intelectuais muçulmanos do século IX ao século XIX. A disciplina é chamada *fiqh*, jurisprudência – seu praticante é um *faqih*; plural *fuqaha* – e se dedica a duas tarefas principais. A primeira é a inspeção e validação dos fundamentos da *xaria*, não apenas o Alcorão e a *sunna* do Profeta autenticada e validada por consenso, mas também a área mais problemática chamada "esforço pessoal" (*ijtihad*), em que os peritos cessam de ser exegetas ligados ao texto e voam para o empíreo da interpretação sustentada apenas pela analogia e pela lógica. Segundo, a jurisprudência islâmica assume o trabalho de elaborar a aplicação da lei em vários "ramos". É aqui que a *fiqh* também calcula a gravidade moral específica dos atos humanos (ver II/5).

De tradição profética à lei

Possuímos apenas a mais vaga idéia de como os muçulmanos conduziam seus assuntos legais no primeiro século após a morte de Maomé. O cabeça reconhecido da *umma*, o califa (ver I/8) era visto como o juiz (*qadi*) principal da comunidade, como Maomé tinha sido, e delegava esse poder judicial a outros nas províncias do novo império islâmico (ver mais adiante). Mas o modo como os *qadis* proferiam seus julgamentos aos outros muçulmanos – a justiça muçulmana aplicava-se apenas aos muçulmanos; os judeus e cristãos continuavam sob suas próprias tradições jurídicas – provavelmente se baseava no costume local, na instrução califal, na sua própria compreensão do Alcorão e, talvez, num senso embrionário de uma tradição islâmica (ver II/3).

Alguns acharam perturbadores tais arranjos pragmáticos e até seculares na própria comunidade de Deus, e, além da insatisfação, reforçada pelo desencantamento político, financeiro e tribal com a dinastia de governantes muçulmanos do momento, surgiram em certos círculos tradicionalistas – os conhecidos "partidários dos *hadith*" – os primeiros debates sobre o que significava ser muçulmano e seguir um caminho muçulmano em todas as suas implicações éticas e legais. Os resultados são vagos, mas para validar as suas conclusões, os primitivos pioneiros da jurisprudência muçulmana apelaram não só para o Alcorão, como se esperaria numa religião revelada, mas cada vez mais para a *sunna* do Profeta. A *sunna* não era, de modo algum, o único e nem mesmo o principal método usado para formar as normas de conduta muçulmana nesse ponto; os juristas ainda podiam recorrer, em certos casos, ao costume local ou ao exercício de sua própria prudência legal.

Um jurista não pensava assim. O egípcio Shafii (m. 820) defendeu a prioridade absoluta do costume do Profeta, no islã, sobre o dos contemporâneos e seguidores de Maomé, não importava quão bem-intencionados ou piedosos estes últimos pudessem ter sido. Além disso, ele argumentava, com conseqüências relevantes, que a *sunna* do Profeta estava autenticamente contida no grande corpo de notícias transmitidas por aqueles que viveram e trabalharam com ele (ver II/3). E como ficava o Alcorão, a própria Palavra de Deus? Shafii já tinha tratado da questão: o Alcorão nunca contradiz a tradição, mas as tradições procedentes do Profeta explicam o Alcorão. Nenhuma *sunna* jamais contradiz o Alcorão; simplesmente especifica o seu sentido.

Na visão da tradição islâmica, portanto, o Alcorão era Escritura, ao passo que a *sunna* do Profeta e, por extensão, o consenso da *umma* que presumivelmente estava refletida na mesma *sunna*, era tradição – porém não no sentido de lei costumeira nem no sentido carismático entendido na *paradosis* cristã. A *sunna* profética também era tradição, um pouco, porém, à maneira da Mishná. A Mishná possui algumas cadeias muito imperfeitas de autoridades (*isnads*), poucas das quais remontam a um período anterior a Hilel, nenhuma anterior aos macabeus. Para o período anterior é preciso contentar-se sempre com "Moisés recebeu a Torá [sempre glosada para incluir a Torá não escrita] do Sinai e a transmitiu a Josué, Josué aos anciãos, os anciãos aos profetas, e os profetas a transmitiram aos homens da Grande Assembléia" (Mishná Aboth 1,1). Eusébio é mais detalhado ao traçar em sua *História eclesiástica* as linhas da sucessão apostólica nas várias sés da Grande Igreja, mas os bispos não eram muito dados a recitar *isnads* de seus predecessores até os companheiros de Jesus antes de pronunciamentos sobre fé e moral. A consagração episcopal selava o que era uma tradição internalizada; a tradição islâmica, ao contrário, era noticiada, muitas vezes copiada por aquele que a recebia e certificada pelo transmissor à maneira de um contrato.

Os primeiros *fuqaha*, ou teóricos da lei, no islã, tinham consciência de que enchiam grandes espaços vazios entre as injunções um pouco limitadas do Alcorão. Tinham fundamentado a sua posição em relação à lei num consenso (*ijma*) de eruditos em suas "escolas". Shafii estava inquieto com a noção de um consenso local. Onde o Alcorão mantinha silêncio e não havia *hadith* explícitos sobre um dado assunto, ele preferia apelar para o consenso de toda a comunidade muçulmana, sua aceitação de uma prática como a circuncisão ou uma instituição como o califado, por exemplo. Para fortalecer a sua própria confiança vacilante na aplicabilidade legal do consenso, Shafii citava com bastante naturalidade um *hadith*, tendo em vista que a *umma* nunca concordaria com o erro (ver I/5, II/5).

A administração da justiça no islã

O Alcorão foi enviado para restaurar a justiça no mundo: para levar os seres humanos a reconhecer os "direitos de Deus" (*huquq Allah*) como Criador e Senhor e, conseqüentemente, restaurar a justiça no tratamento dos humanos entre si. A sociedade para a qual essa mensagem foi levada não deixava de ter a sua própria versão de justiça. Meca estava em processo de urbanização, mas o modo de justiça lá predominante estava ainda amplamente baseado na noção beduína de lei tribal costumeira (*sunna*) administrada, quando fosse necessário – as tribos freqüentemente tomavam a justiça em suas próprias mãos –, por um árbitro (*hakam*) escolhido por sua sagacidade ou, ocasionalmente, por suas qualidades carismáticas.

A substituição das normas de justiça beduína por normas alcorânicas não foi um processo curto nem fácil. O *hakam*, por exemplo, continuou por muitos séculos a funcionar lado a lado com as instituições muçulmanas de justiça plenamente desenvolvidas, embora houvesse restrições sobre os casos que deviam ser submetidos a tal arbitragem. Foi feito o esforço, primeiro de um modo um tanto incerto, mas finalmente com grande sucesso, de converter o costume árabe em lei muçulmana. O primeiro sinal da intenção de fazer isso talvez tenha sido uma mudança significativa na nomenclatura. Os juízes nomeados pela autoridade islâmica não eram chamados de *hakams*, ou árbitros, mas *qadis*, tomadores de decisão, um eco deliberado de *qada*, o verbo usado no Alcorão para descrever o próprio poder divino de Deus.

O *qadi*

A tradição muçulmana, que, como suas equivalentes monoteístas, tenta legitimar suas instituições fazendo-as remontar às origens da comunidade, atribui aos primeiros califas – o Alcorão nada sabe de tal oficial, ou de qualquer outro, no que diz respeito ao assunto – a nomeação dos primeiros *qadis*. Esse pode não ser o caso, e as instruções freqüentemente citadas de Umar aos *qadis* certamente são espúrias. Provavelmente foram os califas omíadas (r. 661-750), ou seus governadores, que nomearam os primeiros *qadis*, que, de modo coerente com a prática omíada, eram os delegados do governador da província, em quem residiam os plenos poderes administrativos e judiciais, embora sem muita distinção de função entre os dois poderes. O próprio emir provincial era, certamente, delegado do califa em ambas as jurisdições.

A prática desses primeiros juízes islâmicos era de qualidade muito mista: injunções alcorânicas, costume local, métodos e normas de seus predecessores pré-islâmicos e seus próprios poderes discricionários desempenhavam uma parte nos julgamentos feitos pelos *qadis* omíadas. Embora ainda não houvesse um corpo plenamente formado de lei islâmica a essa altura, a *xaria* estava em processo de elaboração em vários círculos no tempo omíada tardio, não, porém, em apoio de práticas locais correntes, mas muitas vezes em oposição a elas.

Aos abássidas (r. 750-1258) pertence o crédito de ligar essa *xaria* ainda nascente com a justiça que estava sendo administrada pelo *qadi*. Com efeito, fora isso que o filósofo e literato Ibn al-Muqaffa tinha sugerido ao califa al-Mansur (r. 754-775), mas os abássidas não seguiram o resto da prescrição e tentaram exercer algum controle sobre a própria lei. Abu Yusuf, *qadi* principal de Harun (r. 786-809), codificou e sistematizou alguma legislação que regulamentava os impostos dos povos submetidos, mas nenhum califa ou sultão exerceu qualquer função legislativa até a época otomana (ver mais adiante), e o poder absoluto dos governantes de nomear e demitir juízes nunca foi totalmente compensado por sua falta de controle sobre a própria lei.

No tempo em que os abássidas substituíram os omíadas, em meados do século VIII, os *qadis* não eram mais "secretários legais" do governador ou simples empregados do governo; eram agora especialistas naquilo que se desenvolvia rapidamente em sistema legal maduro de *xaria*. O *qadi* estava cada vez mais ligado à lei, não, como anteriormente, à vontade e à política do governador. O resultado foi o crescimento de um judiciário independente, mas apenas no sentido de que o *qadi* estava ligado a uma autoridade religiosa mais alta. Ele continuava a ser nomeado – e demitido – pelo governo e, como preço para sua independência, perdeu progressivamente o controle da lei criminal – a lei religiosa islâmica não reconhecia poderes de processar – que o Estado reservou judiciosamente para seu próprio poder de polícia (*shurta*). O *qadi*, afinal, ouvia apenas os casos apresentados a ele: na lei islâmica nenhuma ação era possível sem um queixoso.

A justiça do *qadi*

Em princípio, a justiça do *qadi* era a única justiça para os muçulmanos – e só para muçulmanos: os dhimmis da Casa do Islã administravam a justiça em suas próprias comunidades segundo suas próprias leis –, e nenhuma pessoa ou classe estava isenta dela. Ninguém está acima da lei no islã. O poder judicial do *qadi* era absoluto dentro de sua própria jurisdição geográfica, mas à medida que os califas e seus reflexos sultânicos nos Estados sucessores começaram a centralizar a administração da justiça, apareceram arranjos hierárquicos. Nos início havia só um *qadi* para cada centro provincial, seguido, sob Harun al-Rashid, pela criação do posto de grande *qadi* (*qadi al-qudat*), que no começo era apenas o *qadi* oficial da capital de Bagdá, mas que logo assumiu o papel de chefe de justiça de toda a Casa do Islã. Os xiitas fatímidas logo adotaram a mesma prática para afirmar a sua soberania, e o processo completou-se em 1264, quando o sultão mameluco Baybars nomeou um grande *qadi* para cada uma das quatro "escolas" de leis seguidas por juristas muçulmanos (ver mais adiante).

Qadis de qualquer classe – acabou havendo consideráveis distinções de trajes para denotar classes – eram nomeados pelo governo e exerciam a função de delegação do *sultan* ou poder do governante. A justiça que administravam baseava-se em normas legais além do controle do governo, mas os próprios *qadis* não estavam, de modo algum, livres de pressão do governo ou das tentações de peculato ou suborno, especialmente desde que a questão das propinas aparentemente ficou em aberto. Como em outras partes no islã, aqui também o princípio dinástico ficou logo em evidência: famílias de *qadis* alcançaram muitas gerações, e eles eram invariavelmente escolhidos de uma estreita base de pessoas notáveis dos municípios.

Historiadores e biógrafos muçulmanos deixaram muitas informações sobre *qadis* e a atuação de seus tribunais. As sessões eram quase sempre – embora não invariavelmente – realizadas na mesquita. Só havia julgamento quando se movia uma ação – não havia o cargo de promotoria e o *qadi* não podia recusar-se a ouvir um caso trazido a ele. A ação era iniciada por um queixoso que apresentava uma queixa contra um acusado. O *qadi* era a única autoridade julgadora. Essencialmente, ele – as mulheres podiam ser *qadis*, mas somente em circunstâncias bastante extraordinárias – chegava à sua decisão principalmente baseado em testemunho oral. Documentação e evidência física nunca foram muito importantes no processo judicial, e embora o *qadi* pudesse dispor de peritos no assunto, seu veredicto baseava-se primariamente na confiabilidade das testemunhas e no testemunho oral delas, o que constituía quase a única forma de evidência. Não havia apelação. Em certos casos, havia uma penalidade (*hadd*) prescrita pelo Alcorão para crimes específicos; em outras instâncias, a penalidade era deixada ao próprio arbítrio do *qadi*. As penas incluíam uma espécie de prisão domiciliar, multas e encarceramento. Execuções verdadeiras parecem ter sido muito raras. Algumas penalidades eram impostas pelo "braço civil"; outras cabiam ao *qadi* administrar através de seus agentes.

Os poderes do *qadi* não terminavam com a realização do julgamento dos casos trazidos a ele. Ele possuía também uma espécie de jurisdição extraordinária, que se estendia a questões religiosas, como a supervisão da oração pública e mesquitas, o cuidado de órfãos, viúvas e das divorciadas, e até a matérias seculares, como finanças e administração.

Ao longo dos séculos, a jurisdição outrora ampla do *qadi* encolheu. Mesmo sob regimes nominalmente islâmicos, desenvolveu-se um corpo de lei secular ou civil, muitas vezes disfarçado como uma forma ou outra de decreto executivo (ver mais adiante), que progressivamente limitava o campo do *qadi* à lei pessoal, assuntos relativos a divórcio, acordos e herança, por exemplo. O processo foi apressado no início do século XX, quando muitos regimes do Oriente Médio adotaram uma base constitucional com um corpo completo de lei explicitamente secular e um judiciário secular. Nos Estados mais novos, declaradamente islâmicos, como o reino da Arábia Saudita e da República Islâmica do Irã, a *xaria* foi restaurada com certa aparência da lei do país, e o *qadi* foi restabelecido como autoridade judicial principal.

Responsa e *fatwas*: o *mufti*

Entre os judeus e muçulmanos, para quem a autoridade de ensinar era mais uma questão de educação ou certificação do que do magistério carismático do bispo cristão, surgiram juristas que, por sua posição nas grandes ieshivás ou simplesmente por consenso da comunidade, eram considerados capazes de dar uma opinião informada sobre assuntos legais. Essas opiniões, que em geral não eram obrigatórias e gozavam de tanta autoridade quanta tinha a pessoa que as emitia, eram chamadas de *responsa*, entre os judeus – em hebraico, literalmente "perguntas e respostas" –, e *fatwas,* entre os muçulmanos. A pessoa capaz de fazer isso era e é conhecida como *mufti*.

O *responsum* rabínico como forma legal e literária distinta surgiu do renome do Talmude da Babilônia, que rapidamente se tornara um guia padrão para o comportamento da Torá judaica. O próprio Talmude estava "fechado", mas, mesmo completo, muitas questões de lei e de conduta permaneciam abertas – ou eram novamente abertas pelas circunstâncias. Para resolvê-las, judeus interessados endereçavam por escrito suas preocupações aos *gaons* ou chefes das ieshivás babilônias na Sura e na Pumbeditha iraquianas, ou mais tarde, em sua reencarnação em Bagdá, no coração do califado. O *responsum* era uma resposta gaônica a uma pergunta feita. Segundo uma fonte, que pode ter estado interessada em dar peso e autoridade às *responsa*, as questões foram postas às assembléias rabínicas plenárias em seus encontros bianuais naqueles lugares, e o *gaon* refletia sobre essa discussão ao compor sua resposta.

Uma mudança sutil, mas diferente, nas *responsa* rabínicas ocorreu no século XI, com a diminuição da importância das ieshivás iraquianas e as subseqüentes tentativas de tornar a lei talmúdica mais acessível, como vimos, através de sua codificação no *Mishneh Torah* de Maimônides e no *Shulkhan Aruk* de Joseph Karo. Desde então as perguntas e respostas tornaram-se mais concretas, mais detalhadas e mais minuciosas, visto que a maioria das questões gerais e de princípio já tinham sido tratadas na literatura anterior. Segundo, à medida que declinava a autoridade dos *gaons*, crescia a dos rabis regionais por todo o Oriente Médio e pela Europa; e agora as perguntas eram feitas às autoridades mais próximas de casa e mais afinadas com as condições e os problemas locais, e era delas que as respostas eram recebidas.

A prática de perguntar e responder já aparece no Alcorão, em que muitas das revelações representam respostas a perguntas, hostis é claro, ao Profeta. Embora, porém, o questionador fosse um mequense ou medinense mortal, sem nome, não era Maomé quem respondia no Alcorão, mas Deus. Podemos ficar certos de que Maomé respondeu igualmente, tanto às perguntas hostis como depois, cada vez mais, às questões de seus próprios seguidores que buscavam iluminação ou compreensão sobre matérias rituais ou outras concernentes à nova fé. Algumas das respostas estavam embutidas no corpo maciço do *hadith*. Com a morte do Profeta, porém, quem deveria responder a tais perguntas inevitáveis feitas por uma compreensão ainda incompleta e circunstâncias em rápida mudança? Não sabemos, nem temos qualquer certeza sobre em que base tais questões teriam sido respondidas visto que ainda não existia nenhum corpo fixo de magistério que pudesse ser chamado de "lei islâmica".

A *xaria* surge no nosso campo de visão no começo do século IX, e com ela uma classe definida de especialistas, os *ulama* (sing. *alim*), que a produziram e glosaram. Suas glosas eram, em geral, escolásticas e teóricas, novos tijolos no edifício da *xaria*, mas os muçulmanos comuns tinham outras preocupações mais concretas. Em casos de rixa, tinham necessariamente de ir ao *qadi* para um julgamento que resolvesse a questão, mas em casos de consciência, se isso ou aquilo era lícito ou não, voltavam-se, como era de se esperar, para um dos *ulama* para orientação. A resposta dada por um *alim* qualificado constituía uma *fatwa*. Era a aplicação da *xaria*, segundo o entendimento do jurisprudente em questão, a uma matéria prática de conduta; e aqueles que administravam *fatwas* foram chamados, com justiça, de "os mediadores criativos entre o ideal e o real da *xaria*".

O *qadi* e o *mufti*

O *qadi* era, pois, funcionalmente um juiz no sentido de que julgava um caso apresentado a ele por duas partes em contenda; ele decidia entre elas. O *mufti*, ao contrário, dava uma opinião não obrigatória em resposta a uma pergunta de um indivíduo. Havia igualmente outras diferenças importantes. O *qadi* era um funcionário do Estado, nomeado e pago pelo governo – nesse contexto tanto "Estado" como "governo" são expressos pelo mesmo termo arábico *dawla* e seus julgamentos eram cumpridos por força dos devidos poderes de polícia do governo. Suas exigências eram poucas: o *qadi* devia ser do sexo masculino, livre, são de vista e de ouvido e, como nomeado político, dependia do Estado e devia responder a ele. O *mufti*, no entanto, era um estudioso, um membro da *ulama* cujo apoio, tanto em sua formação como em sua posição atual, derivava dos fundamentos piedosos chamados *waqf* (ver mais adiante): não dependia de ninguém.

No islã não se firma jurisprudência, e por isso os juízos dos *qadis* de modo algum constituem precedente para decisões futuras nem estendem o alcance da *xaria*. Uma *fatwa*, porém, embora não obrigatória nem tivesse de ser cumprida no contexto em que fora originalmente transmitida, tinha um efeito mais profundo sobre a *xaria*. *Fatwas* foram registradas e recolhidas, e algumas – aquelas que exprimiam mais uma nova interpretação de um ponto da lei do que uma mera recitação dos textos apropriados da Escritura e dos *hadith* – constituíram, não menos que as conclusões a que chegaram os *ulama* acadêmicos, uma extensão da *xaria*. De fato, o *mufti* tem sido descrito como ocupando uma posição no leque legal islâmico mais ou menos entre o *qadi* normativo-prático e o *faqih* ou jurisconsulto acadêmico que exerce sua "iniciativa pessoal" ou "interpretação" (*ijtihad*) dentro dos muros da madrasa.

As escolas

A primeira evolução da lei islâmica ocorreu em centros muito dispersos por toda a Casa do Islã, e nem mesmo as tentativas de Shafii de impor uma espécie de ordem em seu desenvolvimento erradicou ou sequer inibiu o contínuo crescimento de diferentes escolas de interpretação legal, sendo cada qual reconhecida como ortodoxa e legítima pelas outras. Assim, as escolas shafiita, malikita, hanafita e hanbalita, fundadas pelos primeiros mestres da jurisprudência islâmica e que deles receberam o nome, floresceram, e continuam a florescer, entre os muçulmanos. Diferem em pontos específicos da teoria e da prática, mas suas diferenças não são muito substanciais, nem suas práticas diferem muito dos preceitos positivos da lei xiita, embora esta última tenha visão consideravelmente divergente da visão dos juristas chamados "as raízes da jurisprudência". As quatro escolas sunitas principais reconheceram, com graus variados de entusiasmo, o Alcorão, a *sunna* do Profeta (conforme expressa nos *hadith*), o consenso da comunidade e uma medida de *ijtihad* como a base da lei islâmica. Os xiitas fiaram-se pesadamente nos ensinamentos infalíveis dos imãs e rejeitaram de imediato o consenso da comunidade, que de fato os tinha traído e, na visão deles, ignorado tanto a vontade de Deus como as intenções explícitas de Maomé com relação ao imamato (ver I/8).

Lei xiita

A lei xiita baseia-se num fundamento totalmente diferente da lei sunita. Como vimos, os primeiros juristas sunitas, como Shafii, sustentavam que a lei muçulmana devia estender-se para além das prescrições explícitas do Alcorão, de modo a incluir as declarações do próprio Profeta. Em princípio, os xiitas não tinham nenhum problema com isso, mas os *hadith* foram transmitidos pela autoridade dos companheiros do Profeta, aquela mesma primeira geração de muçulmanos que havia escolhido Abu Bakr, Umar, e depois Uthman em lugar de Ali como chefe da comunidade muçulmana. Por isso o testemunho dos companheiros tornou-se suspeito neste e em todos os outros assuntos.

Os xiitas estenderam a lei além do Alcorão – mas com a autoridade das tradições relatadas pelos imãs divinamente nomeados e infalivelmente guiados. Os últimos transmitiram tradições acerca do Profeta, é verdade, mas podiam também se pronunciar com autoridade própria, o que foi negado às gerações posteriores no islã sunita. Portanto, os imãs, até à sua Grande Ocultação entre o Duodécimo Xia em 941, representavam a mesma espécie de revelação permanente em matérias de fé e moral que aquela reclamada pelos bispos cristãos e, em particular, após o desgaste de seus poderes e o crescimento do poder do papa, pelo bispo de Roma.

As tradições sobre o imã xiita multiplicaram-se tão rapidamente como acontecera com os *hadith* dos companheiros sunitas e acabaram sujeitando-se à mesma espécie de exame crítico que suas equivalentes sunitas. E assim como no islã sunita, desse exame resultou o que passou a ser considerado compilações canônicas de tradições "fortes", ou seja, aquelas cuja corrente de transmissores tinha resistido à investigação de biógrafos e historiadores. As quatro compilações principais são, como vimos, as de al-Kulayni, Ibn Babuya e duas de al-Tusi (ver II/3).

Na prática, não há grandes divergências entre lei sunita e xiita, mas dois exemplos merecem atenção. De modo diferente dos sunitas, os xiitas permitem a prática do casamento temporário (*muta*), uma união sexual por um período limitado de tempo, até mesmo horas, em troca de uma soma fixada de dinheiro. Os sunitas consideram isso mera prostituição; os xiitas afirmam, talvez corretamente, que o próprio Profeta permitiu isso e que a prática só foi declarada ilegal pelo califa Umar. Dado que os xiitas não aceitam a autoridade, política ou legal, de qualquer um dos três califas, a muta permanece. *Taqiyya*, ou dissimulação, é um ensinamento xiita característico que nasceu como reação à vida como minoria muitas vezes perseguida sob a soberania sunita. Com efeito, o próprio Maomé viveu em tais circunstâncias e, segundo a compreensão xiita de Alcorão 16,106 – que promete que a ira de Deus descerá sobre aqueles que não crerem, "exceto para aqueles que são obrigados mas cujos corações estão firmes na fé" –, é permitido dissimular a própria fé, especialmente as crenças xiitas, quando há perigo de perder a vida ou a propriedade. Ainda que geralmente associada aos xiitas, a *taqiyya* também era permitida aos muçulmanos sunitas da Espanha, por exemplo, quando ameaçados de morte caso não se convertessem ao cristianismo (ver I/8).

Ijtihad

Uma vez que os juristas do islã eram essencialmente rabinos, e não bispos que falavam confortavelmente *ex cathedra*, começaram cedo a empregar várias formas de raciocínio legal que foram os elementos fundamentais de juristas sempre e em toda parte. As primeiras gerações de juristas muçulmanos tinham muitas vezes simplesmente emitido uma "opinião" (*ray*) sobre um assunto de prática no ainda mal definido campo da lei islâmica, e era muito freqüente que isso não fosse suficiente para resolver a questão. No tempo da geração de Shafii, porém, as coisas tinham ficado consideravelmente mais complexas, e o jurista egípcio estava tentando racionalizar o pensamento legal quando insistia que a "opinião", que era mais ou menos apenas o uso que o jurista fazia de seus próprios poderes interpretativos sobre um ponto disputado ou incerto da lei, devia tornar-se mais rigorosa ao se basear apenas num texto do Alcorão ou num *hadith* – em oposição, digamos, a algum costume local – e que segue um procedimento reconhecido. Esse procedimento era, em geral, alguma forma de analogia (*qiyas*): o caso presente participa do mesmo princípio que um mandamento ou proibição explícito no Alcorão ou nos *hadith*, e por isso pode também ser propriamente julgado como mandado ou proibido.

A analogia era aceitável para Shafii, como foi para a maioria dos juristas subseqüentes, mas somente se fosse usada para erguer "cercas para a Lei", para usar uma frase talmúdica, e não para estender exceções a regras gerais; se partisse da compreensão literal e não da compreensão alegórica do texto; e, finalmente, se fosse considerada a quarta e mais fraca das "raízes da Lei" depois do Alcorão, do costume do Profeta e do consenso da *umma*. A iniciativa pessoal tornou-se consideravelmente mais problemática – um jurista descreveu isso, com certa rudeza, como "carne podre, para ser comida só depois que tivesse acabado o outro alimento" – quando foi ampliada para declarar algo lícito ou proibido em nome da equidade (*istihsan*) ou do interesse público (*istislah*) da *umma*, áreas em que, como vimos, os rabis não tinham medo de entrar com suas *taqqanoth*.

Uma escola legista, a dos *zahiris* – assim chamados porque desejavam basear suas conclusões legais somente no sentido literal ou visível (*zahir*) do Alcorão – rejeitou de imediato todo raciocínio pessoal, e embora os *zahiris* acabassem desaparecendo da paisagem legal no islã, suas apreensões acerca da *ijtihad* continuaram a perturbar muitos outros. "Esforço pessoal" ainda era a inteligência humana interpretando a palavra infalível de Deus e, à medida que era humana, era capaz de erro, possibilidade perigosa quando se tratava de assuntos de salvação. No entanto, seria um pouco mais fácil aceitar os seus resultados se todas as escolas concordassem numa aplicação particular, e pode de fato ter sido essa noção subjacente de consenso (*ijma*), nesse caso das escolas, que salvaram a *ijtihad* como fonte legítima de *xaria*.

O fechamento do portão

Depois de Shafii e como resultado do debate acerca da validade do raciocínio independente, a liberdade concedida aos primeiros juristas de tirar conclusões legais até do material mais tradicional foi severamente limitada, e por volta do ano 900 se desenvolvia um novo consenso de que o "portão da *ijtihad*" estava "fechado". Os juristas podiam disputar assuntos comuns às escolas, mas o Alcorão e os *hadith* estavam doravante fora de discussão. A *ijtihad* interpretativa foi substituída pela *taqlid*, "imitação" ou "aderência", pela qual o jurista estava agora obrigado a seguir os ensinamentos dos juristas das escolas clássicas da era clássica. O "fecho do portão da *ijtihad*" tinha uma campainha sinistra, mas devia ser entendido num sentido não muito diferente do encerramento do Talmude, como um arauto para o advento do escolasticismo. Os eruditos tinham de basear suas especulações legais na forma de comentário e explicação sobre um corpo estabelecido de mestres, nesse caso a doutrina desenvolvida das escolas canônicas.

A analogia com o Talmude, porém, não deve ser levada muito longe. Em certo sentido, a lei islâmica estava fundamentalmente acabada pelo começo do século X, assim como a Mishná estava completa no século III e os dois Talmudes, no século VI. Todos esses últimos, porém, eram textos formais, ao passo que a *xaria* continuava a existir, mesmo depois do século X, na forma de algo não perfeitamente acabado, um montão amorfo de proposições cuja formulação exata, mesmo havendo consenso a respeito, só tinha tanta autoridade quanto o jurista de cuja pena elas provinham.

Um jurista que tentou espreitar através do portão da *ijtihad* – com êxito, aos olhos de alguns muçulmanos modernos cada vez mais influentes – foi Ibn Taymiyya (m. 1328). Esse jurista sírio pertenceu à escola hanbali, a mais conservadora das tradições legais islâmicas. Os hanbalis resistiram à "inovação" em todas as frentes, No entanto não se sentiam à vontade com a idéia do fechamento do portão da *ijtihad*. Não tanto porque favorecessem o esforço pessoal às vezes perigoso, mas porque duvidavam da possibilidade de qualquer consenso real dos estudiosos. O consenso, como vimos, era o princípio de validação da *ijtihad*, mas muitos hanbalis imaginavam o consenso como uma maioria literal de todos os *ulama*, o que era improvável nas melhores circunstâncias. Portanto, a porta da *ijtihad* ainda permanecia teoricamente entreaberta para Ibn Taymiyya, o jurista hanbali de maior prestígio.

Nota: Hoje o portão da *ijtihad* parece mais escancarado do que apenas entreaberto. No começo do século XIX, alguns intelectuais progressistas do islã usaram os argumentos hanbalis acerca da impossibilidade de um consenso para afirmar seu direito próprio a praticar *ijtihad* para modernizar a prática islâmica. O argumento, e sua conclusão, também se revelou útil para os Estados muçulmanos modernos que pediam, ou pelo menos desejavam, algum apoio islâmico para sua legislação reformadora. Assim, em 1957, a Tunísia aprovou uma Lei do Estado Pessoal, que afirmava que o Alcorão permitia poligamia somente se todas as mulheres pudessem ser tratadas com absoluta imparcialidade e que isso deve ser considerado uma precondição de uma união polígama – uma posição nunca antes defendida pelos *ulama*. Visto que isso era praticamente impossível, a poligamia foi declarada ilegal.

Mais recentemente, muçulmanos fundamentalistas defenderam de modo igual o direito a *ijtihad*, embora para fins muito diferentes daqueles imaginados pelos modernistas.

A hierarquização dos *ulama*

Quem tinha o direito de dar um parecer em matéria de lei – em suma, quem era *mufti* – era uma questão que geralmente se resolvia por si só no islã sunita. Vários membros dos *ulama* criaram sua própria preeminência por sua erudição reconhecida pela comunidade e pela probidade de seus julgamentos, e na frente deles estava o raro *mujtahid mutlaq*, o "intérprete absoluto" cuja autoridade, como a de seus equivalentes rabínicos, transcendia o seu próprio lugar e seu tempo. Mas os *ulama* estavam também sujeitos à hierarquização, ou porque o governo assim os organizara, como foi o caso no Império Otomano, ou porque se classificaram por conta própria, como aconteceu no xiismo imamita.

A relação entre os soberanos otomanos e os *ulama* das terras do seu império era de dependência mútua, embora a concentração e a gravidade dessa dependência mudassem com o tempo. Os otomanos, que em essência eram um povo tribal turco com uma variedade de alianças religiosas suspeitas no passado, precisavam dos *ulama*, guardiões da tradição e do conservantismo sunita, como garantias de sua própria ortodoxia, e de fato de sua própria legitimidade como governantes na Casa do Islã. Os *ulama* responderam com instrução e aprovação. Por gratidão e para selar o negócio, os otomanos estenderam aos *ulama* o seu considerável patrocínio e acesso a um poder que os *ulama* nunca tinham tido antes no islã.

O primeiro funcionário a sentir o sopro quente do patrocínio otomano foi o *qadi* militar chefe (*qadi asker*), uma espécie de juiz defensor geral. Sob Mehmed II (r. 1444-1481) o ofício foi dividido e havia um *qadi asker* para a Anatólia (o

Oriente) e outro para Rumélia (os Bálcãs). Depois, sob Solimão (r. 1520-1566), houve uma mudança de ênfase. Vimos que os *qadis* eram funcionários judiciais e sempre tinham sido um cargo do governo. Solimão colocou um *mufti* acima deles, mais um jurisconsulto que um juiz: elevou o *mufti* de Istambul à posição de oficial religioso chefe do império sob o título de *shaykh al-islam*.

Solimão pode ter tido mais que a legitimação de seu sultanato em mente. Passou para os anais otomanos como *al-Qanuni*, o "Legislador", arrojada e nova afirmação num contexto islâmico em que Deus é o único Legislador (ver mais adiante). Poucos questionaram o direito do sultão de fazer lei executiva a essa altura do império, mas era um assunto delicado e o *qanun* devia ser visto como estando em conformidade com a *xaria*, ou pelo menos não ir contra ela. A própria compilação que Solimão fez de *qanun* se apresenta como "O *Livro de Qanun* imperial, cujo acordo com a Sagrada *Xaria* foi estabelecido", e esse estabelecimento foi em grande parte feito por ter um mufti como funcionário religioso chefe do império.

Abaixo do *shaykh al-islam* e depois dos dois juízes defensores gerais havia toda uma série de *qadis*, sendo que todos gozavam do título de *mullah*, ou mulá: o chefe de justiça de Istambul e seus três principais subúrbios, os das antigas capitais otomanas de Bursa e Adrianópolis, de Damasco e Cairo, de Jerusalém, Esmirna, Alepo, Tessalônica e Ienisseir. Ligados a eles estavam os capelães domésticos imperiais, o tutor religioso do sultão, os dois imãs que conduziam os ofícios de sexta-feira sempre que ocorressem e, finalmente, os dois membros dos *ulama*, um dos quais servia como o médico-chefe do sultão e o outro como astrólogo responsável da corte para escolher os momentos auspiciosos para os vários acontecimentos oficiais.

Todos esses grão-mulás eram funcionários do Estado e recebiam seus generosos emolumentos e prêmios, fosse em títulos, dinheiro, roupas ou no direito potencialmente lucrativo de nomear ou demitir um verdadeiro exército de subordinados. Sob suas competências estava um vasto aparato de personagens religiosas menores e funcionários que iam até os níveis provincial e local. As nomeações para essas fileiras apertadas vinham de cima, e a ambição surgia debaixo.

Assim como os otomanos organizaram o seu judiciário em classes hierárquicas que desciam desde o juiz defensor geral, assim, numa segunda ordem, os *muftis* do reino estavam organizados de modo semelhante sob o *shaykh al-islam*. Era ele quem nomeava o *mufti* chefe em cada cidade principal do império. Mas enquanto o governo de fato fazia um *qadi*, o *shaykh al-islam* simplesmente nomeava um *mufti*. Os cargos destes últimos não tinham prazo e eram vitalícios, e embora o *shaykh al-islam* pudesse silenciar ou proibir um *mufti*, não podia privá-lo do cargo, que se sustentava em suas qualificações, não em sua nomeação.

Em 1826, o sultão reformador Mahmud II (r. 1808-1839) cortou os suportes econômicos e institucionais que sustentavam essa organização pródiga. O *mufti* chefe ou *shaykh al-islam* tornou-se ministro de Estado, com seus cargos próprios – antes ele gerira os assuntos religiosos do império a partir de sua residência palaciana em Istambul –, e o sultão criou, ao mesmo tempo, um ministério de *waqf*. Desse modo passou para o controle político do governo não apenas o estabelecimento religioso, que antes gozava de ajuda do governo, mas também a principal fonte de sua renda, o extenso sistema de dotações pias do império. Mais tarde o sistema educacional foi igualmente tirado das mãos dos *ulama* e postos sob um ministério da educação, o sistema judicial sob um ministério da justiça, e a redação de *fatwas* foi entregue a uma comissão de peritos em leis.

Ijtihad desencadeada

Já se fez referência à intervenção dos *ulama* iranianos – ou mulás, como eram mais geralmente chamados no Irã – nos negócios de Estado (ver I/8). Tanto o poder quanto o desejo de fazer isso resultaram da transformação nos poderes dos *ulama* xiita, que ocorreu no século VIII.

O lado jurisprudencial da lei xiita ficou um pouco atrás do que ocorria nos círculos legais sunitas, mas quando os pensadores xiitas começaram a refletir sobre as raízes da jurisprudência, a visão dominante tornou-se altamente conservadora, a saber: só o Alcorão e os *hadith* do Profeta – "notícias", como os sunitas as chamavam, mas *akhbar*, ou "relatos", no jargão legal xiita – constituem a única base de um código de conduta muçulmano. Os *akhbaris*, como passaram a ser chamados, rejeitavam, como seus equivalentes sunitas entre a *ahl al-hadith*, qualquer recurso à especulação ou *ijtihad*. Outros eram mais liberais: um intérprete treinado e moderado podia de fato usar técnicas racionais para desenvolver os fundamentos (*usul*) religiosos da lei. Assim argumentavam os chamados *usulis*, embora sem grande resultado; desde o final do século X até o século XVIII, os *akhbaris* controlaram os centros de ensino religioso xiita no Iraque e no Irã. Eles foram, por princípio, mais transmissores, que passavam adiante, mecanicamente e sem ampliação especulativa, os relatos transmitidos pela boca de Maomé e dos imãs.

Na segunda metade do século XVIII depois da tentativa, e talvez por causa dela, do governante turcomano do Irã, Nadir Chah (m. 1747), de fazer o Irã voltar ao sunismo, os *ulama usulis*, que tinha se tornado quase sem fala pela teoria *akhbari*, insurgiram-se e, numa espécie de golpe de estado religioso, expulsaram os *akhbaris* dos centros xiitas de ensino e piedade em Najaf e Karbala, no Iraque. Depois disso os *usulis* controlaram o sistema teológico-legal do xiismo imamita, e visto que a interpretação da lei ocupava agora uma posição mais alta do que de mera transmissão, os *ulama usulis* gozaram de novos e extensos poderes na formação das sensibilidades religiosas entre o Shiat Ali.

Os *usulis* começaram rapidamente a institucionalizar os seus novos poderes. O *mujtahid*, erudito legal habilitado para praticar a *ijtihad* e assim interpretar a lei, tornou-se uma figura reverenciada no islã xiita. Na visão então predominante, todos os muçulmanos deviam ser um *mujtahid*, um intérprete autorizado, ou um "seguidor" (*muqallid* < *taqlid*: obediência à autoridade enquanto autoridade). Mas enquanto no islã sunita a *ijtihad* era o resultado de formação e perícia em jurisprudência, no xiismo a autoridade do *mujtahid* acabou ligando-se à autoridade do imã, de quem o *mujtahid* tinha seu poder de "representação geral". Ou seja, ele servia como porta-voz da vontade do imã para a comunidade; a comunidade, por sua vez, tinha de segui-lo sem questionamento. Assim o *mujtahid* xiita tornou-se um "modelo a ser imitado" (*marja al-taqlid*).

Havia sempre mais do que um desses mestres autorizados no islã xiita, mas à medida que seu número crescia devagar – havia só três ou quatro no começo do século XIX –, iniciou-se inevitavelmente uma certa hierarquização. Os *mujtahids* chefes começaram a ser designados como *hujjat al-islam*, ou "prova de islã". Parece que a criação do título, ao invés de conter a inflação de "modelos", os aumentou, e no começo do século XX havia "provas" bastantes na comunidade para que alguns começassem a ser designados pelo nome agora familiar de aiatolá (*ayat Allah*, "sinal divino"). O processo parece estar se dirigindo para um tipo de "romanização", o reconhecimento de um único *mujtahid mutlaq*, uma espécie de *prima mulla assoluta* com autoridade infalível e inquestionada.

Lei costumeira e governo no islã

Nas terras islâmicas, a *xaria* não teve competição até meados do século XIX. Os sultões otomanos, entre outros, tentaram em surdina criar uma espécie de lei estatutária secular através de decreto, o que modernamente se chamaria de "decreto do Executivo", embora nunca tenham ousado chamá-los de *xaria*. Em vez disso, eram conhecidos como *qanuns* (< gr. *kanon*). Depois, nos séculos XIX e XX, muitos dos novos estados-nação que surgiram da antiga Casa do Islã adotaram constituições seculares, no estio ocidental, e, como resultado, a jurisdição da *xaria*, embora nunca fosse completamente abandonada, ficou cada vez mais restrita a áreas de *status* pessoal.

A *xaria* nunca foi um sistema inteiramente fechado, nem na teoria nem na prática. Embora nem sempre possamos documentar suas práticas com precisão, parece bastante claro que os primeiros juízes islâmicos pensaram que possuíam, e de fato usaram, um amplo poder de arbítrio que exerceram ao consultar e até incorporar lei costumeira local em sua administração da justiça. No entanto, à medida que a estrutura teórica da *xaria* tornava-se mais escolasticamente rígida, os juristas detestaram cada vez mais admitir a noção de lei costumeira ou prática local (*urf*, *ada*) como "raiz" legítima da *xaria* divinamente decretada e atemporal. Mas se a lei costumeira era uma noção repugnante para os *fuqaha*, os poderes amplamente indefinidos, mas não menos reais, do governante tinham em seu âmbito uma categoria geral chamada de política ou governança (*siyasa*), que, se não tinha efeitos mais profundos sobre a vida muçulmana do que as raízes tradicionais da *xaria*, tinha pelo menos alguns mais abertamente reconhecidos.

A *siyasa* estava baseada na necessidade do governante de reger a comunidade dos muçulmanos de maneira islâmica apropriada. Assim como o *qadi* era nomeado para administrar a justiça individual segundo o decreto de Deus, também o governante, fosse califa ou imã em sucessão ao Profeta, fosse simplesmente um sultão, o possuidor do poder político (ver I/8), devia cuidar que fosse feita justiça administrativa. Os jurisprudentes podiam admitir isso, mas a *xaria* punha nas mãos dos governantes poucos instrumentos para consegui-lo e pouca liberdade para arquitetá-lo por si mesmos. O "inspetor de mercado" (*muhtasib*) era um agente reconhecido de justiça administrativa, mas funcionava em escala local e por isso pouco ajudava para levar em consideração as questões mais amplas da *siyasa*.

Qanun: a lei do sultão

Os governantes muçulmanos acabaram criando sua própria *siyasa*, com ou sem a sanção dos jurisprudentes. O exemplo mais arrojado e mais bem-sucedido é sem dúvida o dos otomanos. Como outros nômades turcos, eles vinham de uma forte tradição de lei costumeira na Ásia central. Alguns nômades, como os mongóis, foram acusados pelo estabelecimento legal de nunca ter abandonado a observância da lei costumeira da estepe, mesmo depois de se tornarem muçulmanos, mas os turcos otomanos tinham uma forte reputação de defensores da ortodoxia sunita contra os xiitas do Irã e de guerreiros sagrados (*ghazis*, *mujahidun*), incansáveis nas fronteiras do islã antes de sua ascensão ao pináculo do poder na Casa do Islã.

No começo, os otomanos parecem ter dado pouca importância às sutilezas da *xaria* – seu uso da *devshirme* e da conversão forçada de *dhimmis* (ver I/8) é apenas um exemplo de sua despreocupação. Contudo, em 1453, quando Mehmed II tomou Constantinopla (depois Istambul) – e assim levou os otomanos para o cenário internacional, entre 1516-1538, quando as terras centrais árabes (e islâmicas) da Síria, Egito, Arábia e Iraque foram anexadas aos seus domínios –, os otomanos voltaram-se decidida e notavelmente para a ortodoxia sunita. A escola hanafita de direito foi abraçada com entusiasmo, os Lugares Santos do islã foram generosamente dotados, e os otomanos começaram a moldar um Estado islâmico, ou melhor, um império, com a ajuda de *qanuns*, sua versão cuidadosamente elaborada de lei estatutária.

Os *qanuns* não foram inventados pelos otomanos, mas esses aperfeiçoaram o instrumento, talvez por causa de seu contato próximo com as tradições legais romanas ainda vivas em Constantinopla. A vontade do imperador era uma das "raízes" da lei romana – a principal em seus últimos estágios de desenvolvimento – e os sultões otomanos desde Mehmed II não hesitaram em fazer tais decretos, não, como entendiam, em contradição com a *xaria*, mas como sua implementação. Além disso, foram publicados em forma codificada e, uma vez que representavam a vontade de um governante, deviam ser reconfirmados por cada um de seus sucessores. O primeiro "código" (*qanun-name*) de Mehmed foi de lei criminal, publicado em 1453-1456 para regulamentar a conduta do "rebanho" (*reaya*), isto é, os súditos otomanos, embora nunca fossem chamados assim até o século XIX. Em 1477-1478, esse foi seguido por um código que definia a estrutura hierárquica do império e, pelo final do reinado de Mehmed, por um código econômico.

Solimão I, o sultão otomano conhecido no Ocidente como "o Magnífico", foi chamado de al-Qanuni, "o Legislador", pelos seus próprios historiadores. O título não lhe faz justiça. Solimão de fato publicou um vasto conjunto de *qanuns* que regulamentavam o comportamento de seus súditos nos mínimos detalhes. Mas foi também responsável por uma codificação importante da *xaria*: sob a sua direção, Ibrahim ibn Muhammad, o *faqih* chefe de Alepo, preparou um livro intitulado, no estilo retórico da época, de A *confluência dos mares*, que é uma codificação completa da *xaria* em sua compreensão hanafita.

Esses decretos permaneceram em vigor nas terras sob soberania otomana desde a Argélia até o Iraque e os Bálcãs até meados do século XIX, quando modificações da *xaria*, ou melhor, a limitação de seu alcance para áreas cada vez mais estreitas do comportamento social, foram abertamente chamada de "reforma", e quando as fontes dessas modificações foram pela primeira vez identificadas com os ideais jurídicos da tradição secular européia.

Rabinos judeus e ulemás islâmicos

Entre Constantino e o começo da Reforma, o cristianismo, como o judaísmo do templo, operou dentro de um sistema de autoridade dual simbolizado pela imagem evangélica das "duas espadas" (Lc 22,38). Essas duas espadas representavam o poder temporal do imperador (que nem era inteiramente secular, visto que desde o tempo de Constantino ele era entendido como regendo sobre uma espécie de comunidade cristã idealizada, nem inteiramente espiritual, visto que ambos os pés do imperador estavam firmemente plantados na tradição imperial romana) e o do(s) cabeça(s) da Igreja, no Oriente o patriarca de Constantinopla e no Ocidente o papa em Roma. No seu nível mais alto, essa dualidade aparece muitas vezes como um combate corpo a corpo entre indivíduos poderosos, mas nas camadas inferiores, a elite da cristandade eram inequivocamente os seus clérigos, que controlavam o seu sistema sacramental e, através de sua posse da autoridade de ensinar (ver II/5), moldaram o comportamento e as crenças de todos os cristãos.

O ministério dos sacramentos principais e o magistério eram dois poderes espirituais possuídos pelo clero cristão, não pela formação ou pela experiência, mas através do dom conferido do Espírito Santo. Nem o judaísmo nem o islamismo sunita tinham um clero em qualquer sentido semelhante, e em ambas essas culturas os juristas eram e continuam a ser os líderes da comunidade religiosa. Os rabinos eram a elite inconteste dos judeus que viviam em sociedades tanto cristãs como muçulmanas, em que não tinham nenhuma competição secular genuína e muito poucos rivais religiosos – o homem santo ou *zaddik* era um, e os movimentos "pietistas" posteriores, como o hassidismo, também desafiavam apenas a erudição legal. O prestígio dos rabis surgia do seu domínio da lei, que podia ser certificado pelos mestres ou pela ieshivá que tinham freqüentado, ou simplesmente pelo reconhecimento da comunidade.

É tentador ver nos *ulama* muçulmanos os rabinos do islã. Num sentido, a comparação é justa. Os dois grupos constituem uma classe relativamente bem definida que gozava do poder e do prestígio de uma elite religiosa por razão de seu domínio da lei religiosa, e ambos recebiam uma educação padronizada em jurisprudência num ambiente institucionalizado. Nenhum deles era legislador no sentido estrito, mas tanto os rabis como os ulemás eram ao mesmo tempo os guardiões conservadores e os exegetas cautelosamente inovadores de uma longa e complexa tradição legal.

Havia, porém, diferenças importantes. Aos judeus fora concedida certa autonomia comunitária, primeiro no Império Romano e no Sassânida, e depois nas *dhimmi* e mais tarde no sistema de millet, em que viveram por longos séculos na Casa do Islã. A liberdade era uma concessão ditada de cima, e dentro da comunidade os rabinos tinham a função, por delegação e com a aceitação de seus correligionários, de administradores da autonomia restrita. Não apenas mantinham a tradição legal, também a administravam como juízes e substitutos de uma autoridade judicial mais alta, a do patriarca, do exiliarca ou dos *geonim* (ver I/6).

Os *ulama* muçulmanos, ao contrário, pelo menos na variedade sunita, eram apenas um elemento entre as classes e elites que disputavam o poder na Casa do Islã. Antes do período otomano, nem possuíam nem delegavam qualquer autoridade política e evitavam a administração da *xaria*, tarefa que cabia ao *qadi* nomeado e sustentado pelo governo. O poder deles estava em outro lugar, no prestígio que tinham como guardas do componente obviamente islâmico naquilo que era reconhecidamente uma sociedade islâmica; na sua independência do Estado, que podiam castigar ou aplaudir como as circunstâncias ditavam; e na rede de matrimônios pela qual podiam estabelecer laços com outras classes poderosas, como os grandes proprietários de terra ou os comerciantes atacadistas. De modo diferente dos seus equivalentes episcopais, os *ulama* não detinham as chaves do reino em suas mãos; tampouco podiam ligar ou desligar nem forçar um califa a se ajoelhar ou a sair da Igreja. Contudo, possuíam poder, um poder político genuíno. Como os jesuítas, contemporâneos seus na Europa, educavam a inteligência islâmica em seu sistema escolar. Depois do século XI, a educação superior, em todo o território do islã, era inspirada e dirigida unicamente pelos *ulama* em madrasas, onde as consciências islâmicas, e de fato o próprio islã, eram formadas através do instrumento da *xaria*.

Até um período relativamente recente, a escola de leis, ou ieshivá, era a forma exclusiva de educação superior judaica, e o mesmo é quase igualmente verdadeiro do islã. Mas enquanto a ieshivá era uma instituição financeiramente marginal em sociedades cristãs e muçulmanas, em que os próprios judeus eram politicamente marginalizados, no islã, onde a religião e o império eram os dois lados da mesma comunidade, a madrasa, suas faculdades e estudantes geralmente gozavam de apoio financeiro entre bastante e pródigo. No entanto, isso não vinha do Estado, mas de indivíduos privados através da instituição da *waqf*. Quase todo intelectual muçulmano, entre o século XI e o XIX, recebeu sua educação superior (e cada vez mais padronizada) no Alcorão, os *hadith* e jurisprudência nas salas de aula e pátios da madrasa exclusivamente masculina.

Nota: Como instituição, a *waqf*, ou doação, entra na classificação geral de caridade (*sadaqa*), nesse caso voluntária, em contraste com o dízimo-esmola (*zakat*), obrigatório para todos os muçulmanos. O jurista muçulmano al-Kasani (m. 1189) definiu-a como "uma caridade contínua ou fechada em favor de Deus e de sua religião". Do ponto de vista legal, a *waqf* era uma instituição contratual complexa. Por sua declaração pública e testemunhada, o possuidor de uma propriedade ou de um objeto com valor cedia o seu direito de proprietário da mesma propriedade ou objeto: dedicava sua posse e, mais importante, sua renda, a Deus. Mas antes de a transação ser completada, o doador exercia o seu direito de especificar a disposição de sua renda continuada, depois das despesas, que incluíam a manutenção ou operação contínua da propriedade e os honorários dos executores da *waqf*.

Nessa conjuntura, ocorria uma distinção importante na disposição da renda da propriedade sujeita à *waqf*. O doador de *waqf* podia imediatamente nomear uma instituição de caridade específica, a construção e/ou sustento de uma instituição religiosa, por exemplo, uma mesquita ou uma madrasa, e a renda proveniente da propriedade ia perpetuamente para essa instituição. Isso era conhecido como "doação pia". Mas estava claramente dentro dos direitos do doador nomear membros de sua própria família, ou ele mesmo, como beneficiários principais; desse modo, criar uma "dotação familiar". Mas havia limites para a beneficência dele. Dado que toda *waqf* era por natureza perpétua, uma vez que todos os beneficiários nomeados de uma *waqf* familiar tinham morrido, a renda era revertida para uma instituição de caridade que também devia ser nomeada no documento de *waqf*. Assim, cada *waqf* familiar se tornava uma doação pia. Disputas acerca de *waqfs* familiares não eram geralmente resolvidas no tribunal do *qadi*, mas pelo Estado, uma vez que pertencia ao âmbito das "causas divinas" ou, para colocar de um modo um pouco diferente, do bem comum.

A diferença entre os rabinos e os ulemás sunitas está, finalmente, na convicção dos últimos de que são os intérpretes da *xaria*, ao passo que os rabis se viam como os guardas da Torá que "não está mais no céu", mas sim nas mãos do rabinato. Como resultado, durante séculos os rabis praticaram *ijtihad* com muito menos hesitação e muito menor escrúpulo do que seus equivalentes muçulmanos. Embora os dois grupos pensem que são competentes para dar respostas acerca de perguntas específicas da lei, as questões prontas dos rabis, tanto de *gezeroth* para proteger a lei como de *taqqanoth* para promover o bem comum, têm poucos paralelos entre os *ulama sunitas*.

5 – Mandamentos de Deus e moral humana

Os códigos de conduta das três comunidades monoteístas foram considerados um conjunto de leis e normas baseadas na vontade de Deus, assim como essa se expressou nos mandamentos e ensinamentos estabelecidos na Escritura. O assunto se mostrou, porém, muito mais complexo.

Valores e sistemas de valor

Aqui nos referimos aos sistemas de valores ligados aos atos humanos. Por "sistemas" se quer dizer que tais valores foram postos em ordem numa espécie de um todo coerente. Sem uma versão que exclua a outra, tais sistemas entram em duas classes principais. Uma deriva seus valores de um princípio ou princípios imanentes (internos) ao ato ou seu agente, e o segundo deriva de um princípio ou princípios transcendentes (externos ou mais altos). Embora ambos os termos sejam usados de modo amplo e muitas vezes de maneira livre, seguimos o uso histórico predominante e chamamos o primeiro de sistema ético e o segundo de sistema moral. No contexto atual, os sistemas éticos pertinentes são os da antiguidade greco-romana e de seu legado; os sistemas morais são aqueles elaborados dentro das três comunidades religiosas de judeus, cristãos e muçulmanos.

Os princípios dos sistemas éticos não são apenas imanentes ao campo da ação humana; são também, em conseqüência, naturalistas, e são descobertos e expressos no discurso público que chamamos de política, como aconteceu entre os gregos e os romanos e, finalmente, na filosofia. Segundo – e isto é verdadeiro também para os sistemas morais –, a ênfase primária é sobre o comportamento "normativo", aquilo que o agente moral deve fazer ou que se espera que ele faça, não o que de fato foi feito por um ou mais ou até pelo mais declarado adepto do sistema. Mas os sistemas, tanto éticos como morais, à medida que se tornaram institucionalizados numa cultura, rapidamente desenvolveram técnicas para garantir que o normativo se tornasse também o comportamento de fato.

Os ideais normativos de uma sociedade estão expressos em leis. As leis civis definem e punem crimes, ofensas contra a sociedade ou indivíduos enquanto membros da sociedade civil. As leis religiosas se destinam a definir e punir pecados, ofensas contra Deus ou ações proibidas por Deus contra outros indivíduos na comunidade religiosa. Assim, matar é tanto um crime como um pecado porque o Estado proibiu o que Deus já tinha proibido: homicídio. Mas os filósofos estóicos gregos pensavam que tinham descoberto uma medida mais ampla de comportamento. No seu modo de ver, as leis não eram apenas produtos de legisladores humanos. Mais que isso, refletiam um ideal de comportamento plantado por uma Razão Universal na natureza de todas as coisas. A reflexão, portanto, deve permitir que os humanos detectem o bem para toda natureza por um exame dessa natureza. Bom para a humanidade é aquilo que está de acordo com a natureza humana. Essa é a tradição da lei natural, e encontrou entrada fácil nos sistemas religiosos que liam o bem na vontade de um Deus transcendente: o que Deus queria para os seres humanos estava embutido em suas naturezas e fora revelado por razão de uma dispensação especial. Os estóicos descobriram a lei ao examinar a natureza humana; Moisés, ao ouvir a voz de Deus no Sinai. No entanto, era a mesma lei, porque procedia da mesma fonte. Deus era tanto Criador como Revelador; Moisés, tanto profeta como legislador.

A lei natural fez a sua aparição oficial no sistema jurídico cristão, chamado de direito canônico, no *Decretum* do jurista Graciano, composto por volta de 1140 (ver II/4). Graciano era jurista por formação e estudara direito romano, e por isso era capaz de posicionar a lei estatutária emergente da Igreja no espaço amplo de padrões de comportamento representados não só pela lei natural dos filósofos, mas também pela lei imperial do Império Romano e pela lei costumeira ainda em prática na cristandade ocidental. Segundo Graciano, a lei existia na vontade de Deus e podia ser discernida em toda a natureza criada, especificamente na razão e consciência humanas. A legislação humana é apenas uma lei (*lex*) "estatuída" ou "decretada" e deve estar de acordo com o sistema superior de justiça (*jus*) representado pela lei natural. O mesmo é verdadeiro também para a lei da Igreja. "Os estatutos" – escreveu Graciano – "sejam eclesiásticos ou seculares, se forem contrários à lei natural, devem ser totalmente excluídos". O julgamento humano pode falhar; a Vontade criativa e providencial de Deus não pode.

Esse é o grande fundamento. A principal contribuição da tradição ética greco-romana para os sistemas morais dos monoteístas foi o fruto de um exame longo, ricamente detalhado e muito intuitivo do caráter humano. Platão, Aristóteles e os estóicos revelaram as fontes da ação humana e criaram uma tipologia de personalidade humana. O pecado, o ato repreensível concreto – os gregos o chamavam de *hamartia*, "errar o alvo" –, interessava muito menos a eles do que o vício, o traço habituado e habitual de caráter que produzia tal ato. A formação e o conteúdo da moralidade monoteísta tinham um matiz fortemente pessoal: o pecado é uma ofensa contra Deus ou, mais especificamente, contra algo querido por Deus. A motivação para tais atos era problemática. Um "impulso mau" ou Satã era às vezes apontado como o culpado imediato, ao passo que o pecado original fornecia uma explicação mais geral para os cristãos.

Desde o momento em que os judeus, os cristãos e, finalmente, os muçulmanos entraram em contato com a teoria ética grega, essas explicações de por que os humanos agiam apesar da vontade expressa de Deus tornaram-se algo menos que satisfatório. Os monoteístas não precisavam dos gregos nem dos romanos para lhes dizer que "não faço o bem que quero" (Rm 7,19), que tua cabeça (ou Escritura) te diz uma coisa e teu coração (ou alguma outra parte da anatomia) te diz outra totalmente diferente. O que a tradição ética helênica não explicou aos seguidores de Escritura, que eram muito bons em conseguir resultados, foram as regras do jogo. Primeiro, porém, os monoteístas tiveram de explicar a si mesmos por que se devia começar o jogo.

De onde vem o mal?

Para a maioria das pessoas, o mal é um dado tanto da condição humana como da condição cósmica: acontece comigo como acontece com as matas e as planícies alagadas, às vezes com causas distinguíveis, às vezes sem elas. No monoteísmo, porém, e entre as elites encarregadas de explicar tais coisas, a ocorrência do mal, feito por seres humanos ou causado pela natureza, representou um problema de magnitude enorme num mundo criado e governado por um Deus totalmente bom. Suas explicações derramavam-se em numerosas direções diferentes, na teoria do pecado original, por exemplo, ou nas noções de livre-arbítrio e de predestinação (ver mais adiante), mas uma resposta muito popular para a pergunta "de onde vem o mal?" foi tirada de uma camada primitiva do passado bíblico que fica sob a superfície do núcleo monoteísta.

O monoteísmo nunca foi inteiramente bem-sucedido em expulsar todos os deuses que o Único Deus Verdadeiro substituíra. O culto formal e público dos rivais de Javé e de Alá foi banido, é claro, mas ritos privados a outras divindades sobreviveram, potências às vezes disfarçadas sob outros nomes, às vezes transformadas em anjos e santos. Os sobreviventes que mais sucesso tiveram foram os demônios, figuras onipresentes, um pouco perigosas e, às vezes, malévolas – podiam ser amigáveis e até divertidos às vezes – que aparecem em quase todas as paisagens espirituais. Como quer que fossem chamados, os demônios eram seres misteriosos, imprevisíveis, que possuíam poderes além dos nossos e eram em geral considerados responsáveis por aquilo que se podia chamar de inexplicável, em minúsculo.

Jesus e seus seguidores viviam num mundo judeu cujas visões do universo moral eram enunciadas em termos inequivocamente dualistas. O mal não era algo que permanecia como um mau cheiro nos cantos do cosmos, mas era uma força dinâmica, personalizada, que se opunha à vontade do Deus Criador. Na forma mais branda de explicação, o mal era simplesmente um impulso malévolo que incitava os humanos a atos imorais ou não naturais; na sua expressão mais extrema, e não ortodoxa, o mal era a obra de uma divindade rival poderosa empenhada em combate mortal – uma imagem popular em alguns escritos judeus e na maioria dos escritos cristãos – com o Deus bom pelas almas da humanidade. Esse dualismo posterior, incisivo com sua clara dicotomia entre o bem e o mal, entre as forças da luz e das trevas e a guerra entre elas, foi uma crença amplamente difundida na religião do Irã, no maniqueísmo e nas formas extremas de gnosticismo, mas é visível também, de forma mitigada, nos apocalipses judeus pós-exílicos, nos escritos produzidos em Qumran e em muitos escritores cristãos primitivos. Para todos esses últimos, não era nenhum deus, naturalmente, que promovia o mal – os cristãos eram todos monoteístas declarados –, mas um ser que, com todo o seu poder e intenção maligna, era uma criatura do Único Deus Verdadeiro e servia a ele. Seu nome era Satã.

O diabólico, o demoníaco

Os demônios freqüentam as margens da Bíblia, mas nenhum alcançou a importância daquele que no começo não era demônio de modo algum. Nas passagens mais antigas em que a palavra ocorre, *satan* é apenas um substantivo comum, um "adversário", alguém que se opõe. Mas em passagens posteriores, como Zacarias 3,1-2, Jó 2,1 e 1Crônicas 21,1, a função de adversário se especifica na de um acusador, até um instigador do mal, e a personificação foi aprofundada: o adversário tornou-se Satã. O Novo Testamento segue a Septuaginta e traduz *satan* como *diabolos*, "caluniador", embora às vezes a palavra seja conservada em sua forma greco-hebraica como *satanás*. Este Satanás é um agente mais ativo. Ele tenta Jesus a vários pecados (Mt 4,1-11). Ele "entra" em Judas para levá-lo a trair Jesus (Lc 22,3). Tem outros às suas ordens (Mt 25,41), que são chamados "anjos", inclusive Belzebu (Mt 10,25), o conhecido "Senhor das Moscas" da Bíblia (2Rs 1,2-6). No fim, porém, Satanás, "que seduz o mundo", junto com suas hostes, os inimigos de Deus, será derrotado (Ap 12,7-9).

Nos evangelhos, Satanás é tanto universal como familiar, não é apenas "o adversário", mas também um sedutor, tentador e possuidor. A visão de Paulo é mais abrangente. Em algum lugar no fundo de seu pensamento está um campo de batalha cósmico. Aí se trava uma guerra moral, certamente, mas também um combate mais pessoal entre Satanás e Cristo, entre o "príncipe (*archon*) deste mundo" e o soberano do reino de Deus. "Este mundo", "o tempo presente" é nosso mundo de história humana, e Satanás, cujo poder ficou mais fraco com a primeira vinda de Cristo, dominará, todavia, até à segunda vinda. A perspectiva de Paulo foi útil na Igreja primitiva, quando a atividade de Satanás podia ser distinguida na dissidência que ameaçava as primeiras comunidades de crentes. A heresia não era, como a palavra *hairesis* implicava, simplesmente uma questão de fazer uma escolha errada; era obra de Satanás.

A mundividência que subjaz, não profundamente demais, os escritos de Paulo e de muitos padres cristãos primitivos, de que há um conflito moral básico e, talvez, até metafísico entre este mundo ao qual Cristo desceu e um outro reino moral e espiritual onde Deus reina de maneira absoluta, parece próxima daquilo que uma geração ligeiramente posterior de cristãos identificou como gnosticismo (ver I/5, II/9). A diferença principal e mais fundamental entre elas acabou sendo se este mundo era a Criação do Deus bom – os gnósticos, pelo menos alguns gnósticos, diziam "não"; Paulo e outros diziam "sim" – e se o príncipe deste mundo era subordinado ou igual a Deus.

Embora possa ter estado implícito na Bíblia, no tempo do Novo Testamento não há dúvida de que Jesus e seus seguidores judeus tinham identificado Satã e suas coortes com anjos, neste caso, como anjos que se tornaram maus, resultado do que se pensou ser uma queda da graça de Deus. Não podemos seguir todos os fios da trama dessa queda, algo elementar na tradição cristã posterior e na tradição muçulmana sobre o assunto, mas um desses fios é uma parábola visionária em Isaías (14,12-14). Uma forma primitiva tem seu ponto de partida na referência enigmática em Gênesis 6,1-4 aos "filhos de deuses" que tiveram relações sexuais com as "filhas de homens" e geraram uma raça de gigantes. Não sabemos quando os filhos dos deuses se transformaram em anjos, mas o episódio aparece bem desenvolvido no primeiro livro de Enoc, em que os anjos lascivos são chamados "Vigilantes" e são expulsos do céu por sua fornicação. Judas (4-5) sabe tudo acerca do caso e como Deus reservou trevas eternas para eles.

De Ireneu, no século II, a Agostinho, no século V, formou-se nos círculos teológicos cristãos uma idéia coerente de Satã, sua origem, papel e destino. Satã foi criado anjo, por isso seus poderes extraordinários. Mas a certa altura – não está claro se foi antes ou depois da criação da humanidade –, ele e outros anjos foram movidos por um orgulho desordenado a desobedecer a Deus (o caso da fornicação dos Vigilantes foi descartado) e foram expulsos do céu, a casa natural deles, para um mundo planetário inferior. Portanto, Satã não é intrinsecamente mau, como os maniqueus e os gnósticos pensavam, mas escolheu livremente pecar, assim como Adão. O quarto Concílio de Latrão, de 1215, declarou em termos dogmáticos: "O diabo e os outros demônios foram de fato criados por Deus bons por natureza, mas tornaram-se maus por eles mesmos; o homem, porém, pecou pela sugestão do diabo". Além disso, as intenções sempre más de Satã, de novo como algumas inclinações de Adão, são a conseqüência do seu "pecado original" angélico. Seu "reino" não é uma realidade, é uma associação, uma fraternidade, uma súcia. Satanás não é príncipe; é o reitor de uma faculdade.

Os seres humanos podem se arrepender de seus pecados e ter esperança na salvação, mas Satã e seus seguidores não têm tal esperança. Por alguma razão desconhecida, Deus retirou deles a graça que concede aos humanos. No fim, Satã e seus seguidores serão condenados (ver II/10); contudo, entrementes, vagam pelo universo criado, ele como o diabo, eles como demônios, e maldosamente procuram rebaixar e aviltar a humanidade. Satã desejou isso desde o começo, quando tomou a forma de serpente e seduziu Adão e Eva ao pecado (Gn 3,1-7). Tentou novamente, sem êxito, com Jesus. E sua obra continua. Os pagãos enganados adoraram seus demônios como deuses, e os demônios ainda manifestam seus extraordinários poderes sob a capa da magia. Possuem os humanos, assim como faziam no tempo de Jesus (Lc 11,15-25), e devem ser exorcizados com um ritual especial. Acima de tudo, porém, Satã é o tentador: ele não pode causar o pecado dos homens – não há causa quando ele chega ao livre-arbítrio –, mas pode seduzir com seus ardis e sua considerável inteligência.

O *jinn*, Shaytan e Iblis

O mundo da Arábia pré-islâmica é inequivocamente demoníaco, e nem mesmo o monoteísmo resoluto do Alcorão poderia apagar os traços de um animismo enérgico e personificado. Os principais deuses cultuados pelos árabes na era da ignorância foram, até onde podemos concluir, seres celestiais, pelo menos em suas origens, mas a paisagem estava também cheia de criaturas menores, mais familiares, chamadas *jinn*. Os *jinn* eram "espirituais" – compostos mais de fogo do que de barro, segundo o Alcorão (15,27) – e eram os parentes próximos dos *daimones* gregos e dos *genii* romanos, mas com um matiz selvagem que os fazia morar em lugares afastados e levemente sinistros. Os próprios *jinn* eram um pouco sinistros. Não faziam muito mal, porém possuíam poderes sobrenaturais que ocasionalmente colocavam à disposição dos humanos, às vezes para o bem, às vezes para o mal, refletindo a posterior distinção ocidental entre magia branca e magia negra. Eles ajudaram Salomão em seus projetos (Alcorão 27,17.39-42), por exemplo, e, um pouco menos beneficamente, inspiraram poetas – que eram chamados *majnun*, "possuídos por *jinn*" –, coisa que Maomé teve constantemente de negar de si mesmo (Alcorão 36,69; 79,4).

No Alcorão, os *jinn* tinham traços e destino humanos. Também foram feitos para servir a Deus (51,56), embora pudessem fraquejar e acabar no inferno (6,128). Parece que alguns ouviram Maomé às escondidas e se converteram ao islã (72,1-19). Eles podem "seduzir" os humanos (41,29), mas aparentemente não mais do que nós podemos nos enganar uns aos outros. O problema era que, pelo menos em Meca, foram progressivamente divinizados. Os mequenses afirmavam que os jinn eram parentes (38,158) ou companheiros (6,100) de Deus. Não é de surpreender, portanto, a descoberta de que sacrifícios eram oferecidos a eles (6,128) e de que sua assistência era procurada (72,6).

Os *jinn* geralmente não ofereceram nenhuma competição a Alá, mas um deles ofereceu. Foi um *shaytan*, para os mequenses um *jinn* rebelde – ou *jinns*; o nome é também usado no plural, *shayatin* –, capaz de grande mal. O Shaytan do Alcorão é uma espécie de anomalia, é ora um *jinn* altamente maldoso de uma espécie demoníaca e popular do sistema árabe de crença, ora um anjo decaído personificado que desceu do céu, como seu nome deixa claro, numa linha direta do Satã bíblico. Num aspecto importante, porém, Shaytan não é Satã. A queda dos anjos, que é tratada mais de uma vez no Alcorão, concentra-se em torno não do Shaytan do Alcorão, mas de outra figura familiar do Novo Testamento, Iblis, cujo nome é sem dúvida uma forma truncada de *diabolos*. Depois da criação de Adão, Deus mandou que os anjos se inclinassem diante de sua criação mortal (15,30-33; 17,61). Iblis, em 18,50 "um dos *jinn*", é o único a se recusar, e Deus o expulsa do céu com as seguintes palavras: "Estás amaldiçoado. Estás amaldiçoado até o Dia do Juízo" (15,33-34). Como aconteceu com os anjos decaídos da tradição cristã, a sentença a Iblis não será executada até o Juízo Final. Até então, seja ele um anjo ou um *jinn* – questão sobre a qual a tradição muçulmana não tem plena certeza –, Iblis tem o poder de tentar e desviar os humanos, embora não os verdadeiros crentes (15,39-42). Sua primeira conquista é Adão e Eva (2,34-36; 20,116-121).

Pecado e expiação em Israel

Quase que desde o começo, a humanidade não satisfaz as expectativas do Criador: Adão e Eva pecaram bem no começo da estória da Bíblia. No entanto, isso foi antes da Aliança. Os pecados cometidos depois do pacto de Deus com Abraão e seus descendentes são violações de um contrato sagrado. A Torá tem uma grande quantidade de nomes para tais ofensas, embora sejam principalmente representadas aí como *het* ("errar o alvo") – e mais tarde, pelos rabis, como *averah* ("cruzar a linha"). As expressões podem parecer envolver mera inadvertência, e de fato a Bíblia reconhece, em Números 15, a diferença entre pecado inconsciente ou inadvertido e o pecado "de presunção", pecado que "desprezou a Palavra do Senhor e violou o seu mandamento" (30-31). Os rabis mais tarde acrescentaram outra distinção, a distinção entre ofensas graves e leves, que se tornaram os pecados mortais e veniais dos teólogos moralistas cristãos.

Os pecados mortais dos israelitas, que eram lidos como atos de rebelião contra Deus, eram acompanhados, como seus equivalentes no Alcorão, por penalidades específicas e severas. Uma penalidade era o *karet*, a "separação/eliminação" a que já se fez alusão (ver I/5). A *karet* é prescrita na Torá para algumas ofensas contra Deus e seus mandamentos. Os contextos em que a palavra ocorre deixam pouca dúvida que ser "eliminado" inclui, principalmente, ser separado da vida, a última penalidade que o próprio Deus pode exigir – "morte pelas mãos do céu", os rabis a chamavam –, um reconhecimento que às vezes ocorria imediatamente (Lv 20,17), às vezes mais tarde, ou talvez, até entre os descendentes de alguém. Mas a comunidade também podia exigir esse preço (Ex 31,14-15), e temos um exemplo impressionante de sua ocorrência verdadeira no caso de um israelita que foi apanhado recolhendo lenha – portanto, trabalhando –, em dia de sábado e foi morto por causa de sua ofensa (Nm 15,32-33).

Não podemos ter certeza sobre quantos israelitas foram de fato mortos por cometer crimes capitais na considerável lista da Bíblia. Seja qual for o seu número, e a evidência sugere que foi pequeno, o poder de realizar tais execuções era severamente limitado pela progressiva perda que os judeus tiveram de sua soberania política para outros. A entrega de Jesus ao "tribunal secular", nesse caso a uma inquisição romana, porque os judeus não tinham o poder de executá-lo (ou a ninguém) (Jo 18,31), foi muito provavelmente verdadeira. A jurisdição dos tribunais religiosos judeus tornara-se tão limitada como a dos cristãos e dos muçulmanos mais tarde sob estados progressivamente mais seculares.

Absolvição

Além desses atos de profunda rebelião contra Deus, o pecado não era visto como um estado irreversível ou irremediável. Deus não sente prazer na "morte do mau". Ele prefere "que o ímpio mude de conduta e viva" (Ez 33,11). Os profetas abordaram a questão do arrependimento e da reforma, mas a ênfase principal da Torá é a restauração formal das relações entre Deus e os humanos, que o pecador rompeu pela transgressão. O pecado requer expiação. Esta começa com a restituição ou recompensa se a parte ofendida for outro mortal (cf. Ex 21,30); só depois que isso tiver sido realizado pode o pecador ir sacrificar em propiciação a Deus (Lv 5,14–6,7). Se apenas Deus foi ofendido, o pecador é obrigado a fazer o sacrifício, e a Bíblia descreve com muito detalhe os sacrifícios pelo pecado a serem oferecidos através do sacerdócio aaronita no templo (Lv 4,1–5,13).

Nota: Um emaranhado terminológico considerável e muitas vezes confuso cerca a discussão bíblica sobre o que se chama de "pecado", "culpa", "reconciliação" e "expiação". Algumas dessas ofensas, que exigem uma "oferenda pelo pecado", são faltas morais, como não se apresentar como testemunha (Lv 5,1), ao passo que outras, como a condição de uma mãe depois do parto (Lv 12,6), são, no esquema bíblico, apenas "desordens" naturais que exigem correção. Josefo tentou organizar um pouco isso em seu livro *Antiguidades* (3.230-232), classificando as oferendas pelo pecado como exigências para transgressões por inadvertência. As oferendas do Levítico pela culpa, ao contrário, tinham a ver com violações conscientes da Lei, em suma, o que consideraríamos pecado.

Com a destruição do templo no ano 70, e com o desaparecimento até da possibilidade de expiação através do sacrifício, os profetas, de novo, forneceram ao judaísmo posterior suas alternativas para a expiação pelo pecado: arrependimento, oração e boas obras. Os rabis insistiram que todas elas devem ser acompanhadas por confissão, privadamente ou num ambiente litúrgico, como no décimo dia do mês de Tishri, Yom Kippur, ou o Dia da Expiação (Lv 16,1-34; 23,26-32). Em todo caso, essa auto-acusação não era feita a nenhum agente intermediário, mas diretamente a Deus.

O ritual de expiação do Yom Kippur descrito em Levítico inclui a liturgia do bode expiatório. O sumo sacerdote, que oficia todo o ritual, lança as sortes sobre dois bodes sem mancha. O primeiro sobre o qual cai a sorte é "para o Senhor" e é em seguida sacrificado. O outro é "para Azazel", supostamente um demônio que mora no deserto, que precisava ser exorcizado. Mais tarde, na liturgia, o sumo sacerdote impõe ambas as mãos sobre este bode e "confessará todas as culpas, transgressões e pecados dos israelitas, e os porá sobre a cabeça do bode" (16,21). Depois o bode é entregue a um encarregado especial, que o levará para o deserto: "O bode levará sobre si todas as culpas dos israelitas a uma região desabitada" (16,22).

Nota: Levítico 16,29 prescreve um jejum rigoroso para o que ele chama de "o dia dez do sétimo mês", e a tradição muçulmana tem Maomé (e os pagãos de Meca) observando um jejum em Ashura ou "o décimo", provavelmente o jejum da expiação do Yom Kippur. No entanto, Maomé mudou sua prática em Medina, quando encontrou os judeus obstinados contra suas afirmações. Os muçulmanos foram mandados jejuar num tempo diferente, no mês lunar do Ramadã, mas o Ashura parece ter sobrevivido, agora transferido para o décimo dia do primeiro mês do ano muçulmano, Muharram (ver II/6).

Falando de modo geral, a expiação não é um aspecto importante no pensamento moral islâmico. De fato, ela entra quase indiretamente através da identificação do sacrifício de animal da *hajj*, que quase certamente era uma característica pré-islâmica desse ritual, com o sacrifício que Abraão faria de seu filho (Alcorão 37,102-107). Deus abrandou-se, continua o relato, e permitiu que Abraão sacrificasse um animal em vez do filho que o Senhor tinha exigido primeiro. O sacrifício subseqüente era considerado como sacrifício de expiação. Mas de quê? O contexto imediato sugere que era pela idolatria da família de Abraão, especialmente de seu pai. No entanto, sua ressonância expiatória não continuou no pensamento muçulmano.

Ensinamento moral de Jesus

A moral cristã baseia-se, o que não é de surpreender, nos ensinamentos do próprio Jesus, assim como estão relatados literalmente nos quatro evangelhos canônicos e, depois, glosados, ou melhor, explicados e ampliados nos outros escritos que constituem o Novo Testamento. A instrução moral de Jesus cabe confortavelmente, se não perfeitamente, no referencial da moral judaica contemporânea, embora talvez – não há certeza sobre qual era a ênfase moral judaica contemporânea – com ênfase um pouco maior na justiça social. As chamadas bem-aventuranças, particularmente na sua versão lucana (Lc 6,20-26), apontam nessa direção, bem como muitas das parábolas, que são narrativas indiretas em miniatura, características do estilo de ensinar de Jesus.

Se a observância dos mandamentos da Torá por parte de Jesus pode ser classificada como "ordinária", no sentido de que refletia o que supomos que era prática comum, suas preocupações morais na área da responsabilidade social o levaram a um conflito bastante tenso com os fariseus, cujo programa acentuava a observância individual escrupulosa. As "irmandades" farisaicas, círculos daqueles que tinham as mesmas preocupações pela pureza, eram necessariamente fechadas e exclusivas, sobretudo quando se tratava de compartilhar o alimento, ao passo que Jesus descrevia seu próprio público preferido (e comensais) como "publicanos e pecadores" desprezados que não conseguiam manter os padrões farisaicos de pureza (Mc 2,15-17).

Num aspecto, contudo, os ensinamentos de Jesus se desdobram num contexto moral totalmente diferente do contexto da Torá. No tempo de Jesus, a crença judaica numa vida futura era tanto espalhada como detalhada (ver II/10). O castigo de Deus ao pecador se realizava na Geena, e suas recompensas eram concedidas no jardim (paraíso) das origens utópicas da humanidade. Ainda há vestígios da moral bíblica mais antiga nos evangelhos, de que as conseqüências do pecado atingiam a geração seguinte, por exemplo – "quem pecou, ele (o cego de nascença) ou seus pais?" (Jo 9,2) –, mas o pano de fundo moral dos evangelhos é uma indubitável paisagem escatológica que passou rapidamente e com facilidade para a teodicéia cristã.

Há escatologia no primeiro plano também. Os ensinamentos morais de Jesus estão intimamente ligados à sua mensagem principal, a saber, que "o reino de Deus está próximo" (Mc 1,15), e suas declarações messiânicas intimamente relacionadas. Ele disse que não veio "abolir a Lei ou os Profetas, mas completá-los" (Mt 5,17). Essa completude consistia naquilo que pode ser lido como seu agudamento das sensibilidades morais além da observância? Ou suas instruções eram orientações, talvez mesmo orientações temporárias, até que chegasse o Fim? Ou a Torá haveria de ser substituída por uma nova dispensação messiânica?

Moral paulina

Nos evangelhos há fundamentos para todas as três posições sobre o ensinamento de Jesus, embora não seja totalmente claro qual delas os primitivos seguidores de Jesus adotaram quando ficaram independentes. Embora Paulo e seus correspondentes na década de 50 supusessem que o fim estava próximo, Paulo não pensava que a Torá fosse ser suplantada, pelo menos não para os judeus que seguiam Jesus, apesar do fato de no momento não haver necessidade para os convertidos gentios se colocarem sob as asas dela. Contudo, a própria leitura de Paulo daquilo que constituía a moralidade cristã, embora inequivocamente centrada em Cristo, dependia muito pouco das instruções específicas de Jesus. Nem aparece obviamente como uma série de medidas provisórias antes do Fim. Seus conselhos impacientes sobre o matrimônio (1Cor 7,8.25-26) e sua advertência para manter o *status quo* social (1Cor 7,17) podem sugerir isso, mas, em geral, a moral paulina parece estar formada para o longo prazo.

O ensinamento dos evangelhos sobre moral parece profundamente condicionado por um ambiente palestino rural. A justiça social é um tema persistente e, de fato, alguns intérpretes modernos vêem Jesus principalmente como um reformador social, não da maneira veemente de um Savonarola do primeiro século, talvez, porém mais semelhante aos filósofos cínicos contemporâneos, que ensinavam pelo exemplo de suas vidas ou por contos indiretos como as parábolas de Jesus. Com Paulo, a paisagem moral muda, e seria errôneo tomar o fogoso cidadão de Tarso por um sábio camponês. O cenário moral é greco-romano e decididamente urbano, e a tendência dos evangelhos para a justiça social torna-se, em Paulo, uma aversão mais intensa e mais pessoal aos pecados da carne.

Paulo era um moralista judeu, agora cristão, com uma compreensão ética que os gregos tinham de virtude e vício. Com Platão ele partilhava a convicção de que estamos no meio de uma luta desigual entre a carne e o espírito, mas, no lugar da explicação mítica de Platão de por que devia ser assim, ele colocou seu próprio *mythos* [mito] cristão do pecado de Adão como a causa da dominação do espírito pela carne. Paulo partilhava da visão aristotélica e estóica dos vícios como loucura, atos imoderados repetidos acabavam se tornando traços habituais de caráter. Mas aqui não há nenhuma análise fria; o calor sobe da página (Rm 1,26-31). Até as freqüentes listas de virtudes e vícios (Gl 5,19-23; Rm 1,29-31; etc.), que Paulo oferece como guia às suas comunidades cristãs nascentes, embora não muito diferentes das que se encontram nos moralistas estóicos contemporâneos, têm uma urgência moral que comumente não se encontra em tais catálogos.

Paulo e os evangelhos têm uma característica em comum sobre a questão da moral: sua instrução é mais ocasional que sistemática. Tanto Jesus quanto Paulo estavam abordando assuntos prementes ou importantes, às vezes questões muito explícitas colocadas a eles pelos seus interlocutores, que eram, no caso de Jesus, muitas vezes hostis. O conselho de Paulo, como seu contexto social, tinha alcance muito maior – era mais urbano que rural, sem nenhuma questão política urgente do tipo que Jesus teve de responder quando pressionado.

Pecado original

O ensinamento ético de Jesus pouco acrescentou ao repertório de mandamentos específicos da Bíblia. A visão que Paulo tinha da substituição e, talvez, anulação dos pecados da Torá, junto com a sua compreensão de que a morte redentora de Cristo tinha expiado o pecado humano (ver I/2), não apenas as ofensas passadas derivadas do pecado original de Adão, mas também todos os pecados subseqüentes, efetivamente separava o pensamento moral cristão de seus antecedentes judeus.

O pensamento moral judeu reconheceu a ação de um "impulso mau" (*yetzer ha-ra*) que estimulava o pecado, um "impulso do coração humano que é mau desde a infância" (Gn 6,3; 8,21). Os rabinos mais tarde equilibraram essa noção colocando uma força na outra direção, um "bom impulso" (*yetzer ha-tov*), que entra em ação quando um indivíduo torna-se "homem da Lei" (*bar mitzvah*) e aceita a Torá. Embora a existência do *yetzer ha-ra* não estivesse explicitamente relacionada ao pecado de Adão e Eva no Éden, Paulo, como no relato em Gênesis 3, estabeleceu um vínculo entre o pecado de Adão e a morte: através desse ato de desobediência do primeiro homem, a morte entrou na experiência humana. Paulo, porém, foi além da Bíblia ao ligar a morte não só ao pecado original, mas também à conseqüente pecaminosidade dos seres humanos. Pode-se afirmar como verdadeiro que todos pecaram – pois se sabe que todos pecam (cf. Gn 6,5; 8,21; Jó 4,17; 14,4; 15,14; etc.) –, mas se havia uma causa original, era mais provavelmente Eva. Como o Ben Sira pós-bíblico afirmou: "Foi pela mulher que o pecado começou, e é por causa dela que todos morremos" (25,24). Paulo também juntou as idéias de pecado e morte, mas colocou a culpa, com firmeza, em Adão, de modo que "pela desobediência de um só homem [Adão] todos se fizeram pecadores" (Rm 5,19).

A idéia de pecado hereditário reapareceu de maneira vigorosa nos escritos de Agostinho como uma teoria plenamente articulada de pecado original, a qual, depois de alguma opção inicial, tornou-se um eixo da teologia moral cristã. Nessa perspectiva, como um resultado direto do pecado de Adão (o "pecado originante"), todos os humanos – exceto Maria, a quem uma geração muito posterior de cristãos pensou ser beneficiária de uma concepção imaculada – nasceram com uma inclinação quase irresistível para o pecado. O quão precisamente irresistível é questão que atormentou inumeráveis pensadores cristãos depois de Agostinho.

Essa inclinação pervertida da natureza humana, que Agostinho definiu como concupiscência, o anelo por autogratificação, e que para sempre rompeu a ordem divina das coisas, só podia ser curada pela "graça". Esta era o dom de amor livre de Deus, e fornecia a força moral necessária para o cristão resistir ao pecado. Mas, uma vez que o pecado ocorreu, era preciso um remédio mais institucional, o sacramento tradicionalmente chamado de penitência, para apagar o pecado e suas conseqüências (ver mais adiante).

Maniqueísmo

Agostinho, bispo do século V de Hipona, no norte da África – sua sé, que foi um centro cristão florescente, é agora uma aldeia na Argélia –, era e continua sendo o pensador moral mais considerável e mais influente da Igreja. Suas idéias sobre o pecado original de Adão faziam parte de suas profundas reflexões sobre o pecado, o mal e a condição humana, estimuladas por sua experiência própria e sua prolongada polêmica contra as opiniões de Pelágio, seu contemporâneo (ver mais adiante).

Uma parte importante da experiência de Agostinho foi a sua associação inicial com o chamado maniqueísmo. Mani foi um profeta iraniano que, em 241 e.c., recebeu um chamado para propagar uma nova mensagem que completaria as revelações anteriores dadas à humanidade. Ele compôs seu próprio *Grande Evangelho*, o qual pregou em lugares tão distantes como a Índia e depois de novo nas fronteiras ocidentais do Império Iraniano. Depois de gozar, inicialmente, do favor do xá, acabou entrando em conflito com o poderoso sacerdócio iraniano, os Magi, e foi crucificado e, depois, decapitado em 277.

Os ensinamentos de Mani foram levados por seus discípulos para o Império Romano, onde encontraram numerosos convertidos, e, como vimos, reapareceram na Europa cristã do século XII como catarismo (ver I/5). Como o cristianismo, o maniqueísmo tinha uma igreja completamente organizada, com uma hierarquia de autoridades e uma forte dinâmica missionária. Sua mensagem foi reunida num mito complexo que termina na luta entre dois grandes princípios, o Pai da Grandeza, o princípio do bem, e Ahriman, o princípio do mal. Para combater o Mal, o Pai da Grandeza cria a Mãe da Vida e seu filho, o Homem Original. Isso é seguido por um posterior complexo de atos no drama cósmico da luta entre o bem e o mal, concebido, à maneira iraniana, como luz e trevas. A luz da bondade se esparrama através da criação material, que é território de Ahriman. O que resta de luz nesse mundo mau está principalmente personificado em Adão e Eva, e assim o ato final de salvação será a redenção desse par original. Vários mensageiros foram enviados por Deus para ajudar a tirar Adão do mundo material no qual está emaranhado – Jesus, Buda e Zoroastro estão entre eles – e, finalmente, veio Mani, o "selo dos profetas", mesmo título mais tarde dado a Maomé no Alcorão.

O núcleo soteriológico da mensagem de Mani era uma gnose, uma sabedoria que salva (ver II/9). Sua história era explicitada num grande mito cósmico há pouco esboçado, que explica como os humanos ficaram imersos na matéria e como nosso verdadeiro destino é voltar para o reino da luz. O maniqueísmo oferecia um meio prático de salvação baseado nessa gnose. Apoiava-se no ascetismo mais severo, especialmente para os eleitos, os adeptos privilegiados que constituíam o núcleo central da igreja maniquéia e serviam de modelos para os outros crentes, cujos vínculos eram menos rigorosos, chamados de ouvintes. Esse ascetismo característico tinha por objetivo uma veneração pela centelha de Luz que é a vida e uma incompreensível recusa a cooperar com a propagação ulterior ou dispersão da matéria. O vegetarianismo era a forma de afirmação de vida dos maniqueus; sua recusa a casar e ter filhos, um exemplo notável de sua negação da matéria.

O maniqueísmo era uma solução econômica para a existência do mal neste mundo, um enigma que nunca deixou de incomodar os monoteístas que afirmavam a existência de um único Deus criador, todo-bom, embora visse os bons sofrerem e os maus prosperarem inexplicavelmente. Mani cortou o nó colocando simplesmente a existência de dois deuses ou, para usar a figura maniquéia favorita, dois princípios de luz e trevas: um, o autor do bem; o outro, a fonte do mal. Segundo os maniqueus, a vida era uma guerra permanente entre o Deus bom e o Deus mau, guerra que se travava aqui no mundo material, onde o Príncipe das Trevas reinava. Para Mani e seus seguidores não havia problema, como havia no judaísmo, no cristianismo e no islã, em explicar como o Deus bom pôde permitir o mal – ele certamente não o teria criado. No mundo antigo, muitos foram atraídos por essa explicação muito clara da existência do mal. Entre eles estava Agostinho, que foi membro da igreja maniquéia entre 373 e 382. Embora acabasse repudiando o maniqueísmo e se tornasse cristão, algo do desprezo maniqueu pela carne e sua visão dela como fonte do mal nunca deixou Agostinho.

Agostinho como moralista

A visão que Agostinho tinha da moral foi formada não apenas por sua experiência pessoal própria, mas também por sua compreensão de como os seres humanos conhecem, escolhem e agem. Essa compreensão era de base platônica. Para Agostinho, como para Platão, o homem é essencialmente espírito, alma (que ele chama de vários modos: *anima, animus* e *spiritus*) que usa um corpo. Como cognoscente, essa alma é chamada mente; como armazém de lembranças, é conhecida como memória; e como força motriz de ação, vontade. Por sua última faculdade, a alma pode escolher voltar sua atenção para o corpo, o que é um ato de perversão, ou para si mesma, o que revela sua própria glória, mas também sua falta de um bem superior. Para Agostinho, esse bem superior é entendido, e assim a felicidade humana alcançada, quando a vontade faz com que a alma se volte para Deus. Deus é o *summum bonum*, o bem supremo do qual Agostinho fala em sua apresentação mais fundamentada de sua filosofia ética, o oitavo livro de sua *Cidade de Deus*. O sumo bem é definido aí como "o bem que buscamos por ele mesmo e não por causa de outra coisa e, uma vez alcançado, não buscamos nada mais que nos torne felizes". Deus ilumina e instrui a alma, que se voltou para ele, através de uma intuição dos ideais morais (*rationes aeternae*), por exemplo. Estes são percepções intuitivas da lei eterna, que não é outra coisa senão "a razão e a vontade de Deus". No entanto, não é o intelecto, mas o amor, que move o ser humano em busca da felicidade: o que se faz deve ser feito pelo amor de Deus, não por medo das conseqüências. "Ama e faze o que queres" é um dito famoso de Agostinho. Quer dizer, ama a Deus e a virtude se seguirá quase por necessidade.

Esse racionalismo de estilo helênico brilhantemente iluminado tem um outro lado, mais escuro, que decorre da preocupação maniquéia de Agostinho com o pecado. Seguindo o que considerava ser o ensinamento de Paulo e da Igreja universal, Agostinho proclamou que o pecado original de Adão era também nosso. Tinha traumatizado a humanidade; tinha distorcido a ordem natural que outrora existiu entre Deus e os homens; e introduziu uma falha fatal nos seres humanos. Nem sequer entendemos a gravidade das conseqüências desse ato original. A raça humana é agora uma "massa condenada" (*massa damnata*), e o único caminho para a salvação, como o próprio Agostinho atestaria, era com a ajuda ou graça (*gratia*) divina gratuitamente concedida por Deus. Durante anos antes de sua conversão, Agostinho conhecera a verdade da lei de Deus e fora incapaz de agir segundo ela. Somente por meio da ajuda sobrenatural chamada graça ele finalmente se voltou para Deus.

A invocação que Agostinho faz da graça remonta a Paulo. Nas cartas de Paulo, a palavra "graça" (gr. *charis*) é usada tanto em geral para designar a boa vontade de Deus como também, no sentido mais estrito adotado por Agostinho, como vontade salvadora de Deus manifestada em Jesus. Para Paulo, essa graça justifica todos nós "em virtude da redenção realizada por Jesus Cristo... Pois julgamos que a pessoa é justificada pela fé, sem as obras da lei" (Rm 3,24.28). E de novo: "Pois pela graça fostes salvos mediante a fé" (Ef 2,8). Noutros lugares, em Paulo, a graça é oposta a "obras", atos religiosos – no contexto judeu de Paulo, observância da Torá –, que não têm o poder de salvar (Rm 11,5-6; cf. Gl 2,21; 5,4).

Agostinho e Pelágio

O pessimismo sorumbático acerca de seus poderes sem ajuda para fazer o que sabia que era moralmente correto levou Agostinho a entrar em colisão com Pelágio. Este era um reformador asceta que se tornou importante em Roma com o seu programa de vigorosa observância cristã da lei de Deus: os seres humanos tinham o poder de mudar suas vidas. Isso exigia trabalho contínuo e esforço inexorável, mas estava perfeitamente dentro das capacidades humanas e, além disso, era exigido por Deus. O que Deus pedia não era mais, é claro, as "boas obras" às quais Paulo se referia – ou seja, o cumprimento das *mitzvot* da Torá –, e sim a observância de uma moral cristã. Com efeito, Pelágio negava as conseqüências de longo prazo do pecado original, as quais Agostinho sustentara vigorosamente e pintara explicitamente. Para Pelágio, o modo de ver de Agostinho solapava a necessidade humana ou desejo de esforço moral. Agostinho criava cristãos que pensavam que o pecado original era inevitável ou que a graça de Deus o venceria. Em ambos os casos, parecia haver pouco incentivo para fazer os esforços necessários a fim de levar uma vida moral. Agostinho deu a resposta em seu livro *Natureza e graça*, citando uma das parábolas favoritas do evangelho, a do Bom Samaritano. Como o homem atacado por ladrões no caminho para Jerusalém, a humanidade fora deixada semimorta desde o pecado original. Deus não deseja o impossível, mas que os humanos façam o que podem e busquem de outro modo o medicamento curativo da graça divina.

A questão estava colocada. Em 418, Agostinho reuniu em Cartago um sínodo de duzentos bispos africanos que, submissos, proclamaram a centralidade da graça para nos ajudar a compreender os mandamentos de Deus e o dom que ele nos deu de amar de modo a poder cumpri-los, "visto que todos eles são dons de Deus para saber o que devemos fazer e amar a fim de fazê-lo". Esse foi um sínodo de Agostinho, mas em 431, no concílio ecumênico de Éfeso, a Grande Igreja também condenou o que entendia ser a posição de Pelágio. Contudo, não foi o fim do pelagianismo. O monaquismo ocidental se baseou no princípio de Pelágio, que, seja qual for o papel da graça divina, diz que só o esforço humano pode de fato alcançar a salvação. Num concílio realizado em Orange, em 529, os bispos idearam uma fórmula um tanto conciliatória, que mais tarde recebeu a aprovação do papa e se tornou magistério eclesiástico. Segundo esse ensinamento, depois que os cristãos receberam a graça do batismo, "todos os batizados, com a ajuda e cooperação de Cristo, estão aptos e obrigados a realizar o que é necessário para a salvação da alma, se estão dispostos a colaborar fielmente com ela... Não a iniciamos em cada boa obra e somos então ajudados pela graça de Deus, mas primeiro ele nos inspira a sua fé e o seu amor... de modo que possamos, com sua ajuda, realizar aquelas coisas que são do agrado dele". Todos os cristãos batizados, portanto, são capazes de alcançar a salvação, não só, como parece sugerir Agostinho, aqueles que estão predispostos pela graça. Se a graça prece-der, ela ajuda na realização das boas obras pelas quais podemos alcançar a salvação.

Penitência e sistema sacramental

Ninguém tinha lido Paulo como quem dava licença para os cristãos pecarem impunemente; ele e certamente seus leitores entendiam "expiação" não como licença, mas como a expressão da participação dos cristãos nos méritos da morte de Jesus. De modo geral isso era feito através daquilo que se desenvolveu no sistema sacramental. Tal sistema era constituído de certos atos cuja realização dava aos cristãos a "bênção" ou "favor" (gr. *charis, charisma*; lat. *gratia*) de Deus, geralmente conhecida como graça. Por volta do século XII, o número dos atos sacramentais se estabilizara em sete: batismo, confirmação, penitência, participação na Eucaristia, matrimônio, a recepção das ordens sacras e a extrema-unção antes da morte. O batismo iniciava o crente na comunidade, e outros cinco traziam favor e força espiritual ao cristão em boa situação. A penitência tratava diretamente da questão do pecado, para o qual toda a humanidade estava inclinada como resultado do pecado de Adão.

A penitência tem quatro elementos básicos: primeiro, o arrependimento; depois, a confissão dos pecados num fórum público ou eclesiástico, o que mais tarde passou a ser compreendido como confissão a um sacerdote. O sacerdote providenciava o elemento seguinte, a imposição de uma pena ou "penitência" no sentido estrito da palavra, e era ele que, como agente da Igreja na mediação dos méritos da morte de Jesus, finalmente, dava a absolvição.

Na Igreja primitiva, a penitência era no início um ato público que só podia ocorrer uma vez durante a vida (e por isso era muitas vezes adiada até a beira da morte), mas foi gradualmente substituída por uma forma diferente usada na Igreja celta na Inglaterra e Irlanda. Em círculos monásticos aí, a penitência era um assunto privado entre o pecador e o confessor, e ocorria tão freqüentemente quanto as circunstâncias determinavam. Esse uso se espalhou para a Igreja latina no século VI e acabou tornando-se a norma em toda a Igreja ocidental – o cristianismo oriental permaneceu mais próximo da prática original. A penitência sacramental recebeu uma importância nova e extraordinária no Ocidente latino no quarto Concílio de Latrão, em 1215, cujo vigésimo primeiro cânone exigia de todo cristão adulto a confissão anual a um sacerdote, a absolvição e o recebimento da Eucaristia. O estatuto colocou o fiel sob o controle da Igreja, visto que significava pelo menos uma consulta com o clero – a pena para o não cumprimento da obrigação anual era a excomunhão – que podia usar a ocasião para questionar, instruir e dirigir o cristão leigo de uma maneira não disponível previamente. Agora o cristão pertencia verdadeiramente à Igreja, ligado por um vínculo tanto sacramental como canônico. Por fim, como o Lateranense IV deixou explícito, o segredo da confissão – e, portanto, a privacidade do penitente – estava protegido de maneira absoluta.

Em sua nova tarefa, os sacerdotes eram ajudados por vários livros e manuais, que os instruíam como o pecador devia ser guiado no exame de sua consciência de modo a confessar todos os pecados e quais tipos e graus de penitência deviam ser impostos. A Igreja celta foi pioneira na matéria de atos expiatórios impostos ao pecador como satisfação pelos pecados. Esses atos eram geralmente classificados de acordo com a gravidade do pecado, indo de uma peregrinação a Jerusalém (para um homicídio), passando por uma série graduada de jejuns e abstenções, até a pena de rezar orações prescritas. Mas a gravidade de um pecado dependia de um número muito variável de circunstâncias, e para guiar o confessor através dessa complexa paisagem de pecados e seus castigos, a Igreja celta publicou penitenciais, guias para o confessor impor a penitência adequada a cada pecado. Contudo, as penitências em geral eram leves – uma ou outra oração a ser rezada. "É melhor dar uma penitência leve, de modo que o pecador a possa cumprir e vá para o purgatório", dizia um desses guias, "do que dar uma penitência dura e pesada que o pecador não possa cumprir e vá para o inferno".

Depois do Concílio de Orange, a controvérsia acerca da graça de Deus *versus* os esforços humanos à luz do pecado original parece ter diminuído. Agostinho era visto como uma coluna da ortodoxia eclesial primitiva, enquanto o monaquismo, com sua prática muitas vezes árdua de ascetismo, continuou a ser amplamente praticado, num esforço para forçar os portões do céu com boas obras (ver II/8). Enquanto isso, a teologia cristã se afastou calmamente de Agostinho e de sua perspectiva platônica da alma para um outro conjunto de princípios filosóficos, o que produziu uma teologia com ênfases muito diferentes.

Esses novos princípios filosóficos provinham de Aristóteles, que estava agora disponível, em traduções completas e exatas (ver II/7), aos novos teólogos da Igreja formados em universidades. A psicologia de Aristóteles era mais naturalista que a de Platão – os seres humanos são uma união orgânica de alma e corpo –, e por isso a teologia moral também mudou seus fundamentos na mesma direção. Para Tomás de Aquino, por exemplo, a ligação humana com a carne não era mais uma distorção não natural ou uma condenação à prisão: a graça vinha para o indivíduo natural. Se a graça eleva a natureza humana, estava também firmemente construída sobre ela. A graça não substitui uma natureza depravada; edifica sobre ela.

Tomás era frade dominicano, membro de uma das ordens monásticas que praticavam ascetismo durante a vida toda. A busca do ascetismo cristão por parte dos dominicanos e de outros não levantou nenhuma acusação de pelagianismo. Mas a Igreja também estava cada vez mais vinculando a graça à prática de boas obras, na forma de indulgências, prática que conseguiu chamar a atenção de novo para a questão antiga: em que exatamente consistia a salvação.

Purgatório e indulgências

O sistema penitencial, assim como era entendido pela Igreja medieval, tinha várias conseqüências, duas das quais são particularmente interessantes. A absolvição dada pela Igreja em nome de Cristo – o texto fundamental é Mateus 16,19: "Eu te darei as chaves do reino" – podia de fato fazer um pecador voltar a um "estado de graça", mas em geral não se pensava que a penitência imposta, embora pesada, de fato quitava o pecador de sua dívida para com Deus. Céu e inferno eram lugares de recompensa e punição eternas e absolutas; parece que era preciso um estado intermédio, no qual as almas que tinham realmente merecido o céu, por terem terminado suas vidas em estado de graça, pudessem satisfazer os castigos espirituais ainda devidos por causa de pecados veniais não confessados – isso se fazia durante o período entre a morte do indivíduo e o juízo geral cada vez mais distante no fim do mundo. Assim, surgiu no cristianismo ocidental – plenamente visível nas décadas entre 1150 e 1200 – a noção de purgatório, um "lugar médio" de sofrimentos e tormentos como o inferno, mas temporário em sua natureza, onde o pecador arrependido fazia uma expiação adequada e era depois liberto para o céu.

Nota: Uma das descrições mais impressionantes e mais originais do purgatório como um *lugar* imaginado é a segunda parte da *Divina comédia*, a prodigiosa epopéia religiosa e política de Dante Alighieri (m. 1321). O Purgatório de Dante é uma enorme montanha cercada de muralhas a meio caminho entre o céu e o inferno; é exatamente oposta a Jerusalém, nos antípodas ao sul ou mundo contrário ao nosso. Na montanha, há sete círculos em patamares concêntricos reservados para aqueles que estão sendo purificados de sua indulgência e um ou outro dos sete pecados mortais de orgulho, inveja, ira, preguiça, avareza, gula e luxúria. No purgatório, Dante se despede de Virgílio, seu guia ao inferno, e encontra Beatriz Portinari, sua amante morta, que é, como muitas outras coisas no Purgatório, uma ponte redentora que conduz do inferno ao céu.

Se a lógica impulsionou a idéia de abrir espaço para uma quitação dos sofrimentos eternos irreversíveis do inferno ou uma alternativa para eles, a mesma lógica surgiu em outros círculos monoteístas, embora levasse a uma solução bastante diferente. Como veremos (II/10), tanto os judeus como os muçulmanos pensavam que havia uma expiação física pelos pecados imediatamente após a morte, não num lugar diferente, estranho, mas no próprio túmulo-sepultura. Os "tormentos do túmulo" sofridos pelo recém-falecido nas mãos dos agentes de Deus eram aspecto vívido de especulação e de elaboração lendária no seguimento imediato à morte, por parte tanto dos rabis como dos ulemás.

O purgatório acabou se tornando um dogma cristão – um dos vários negados pelos reformadores protestantes do século XVI, sob o fundamento de que esses dogmas não tinham base na Escritura. Mas o seu mero aparecimento e sua aceitação pela maioria dos cristãos trouxeram em sua esteira uma outra noção: a de que os cristãos ainda em vida, às vezes chamados de "Igreja Militante", podiam reduzir os sofrimentos de seus entes queridos falecidos – a "Igreja Padecente" –, por meio de suas próprias boas obras, ou também podiam "bancar" essas mesmas boas obras para seu próprio uso futuro. A Igreja não apenas especificou tais boas obras – as visitas a santuários, particularmente os da Terra Santa, eram especialmente favorecidas, e as cruzadas foram coroadas com méritos –, mas também expuseram com detalhes o grau exato de "perdão" (*indulgentia*) ligado a cada uma. Essas "indulgências" variavam de um perdão plenário ou completo da obrigação de expiação devida pelos pecados – as indulgências não absolviam os pecados; os pecados em questão já tinham sido confessados e absolvidos – até anos, meses ou dias especificados que seriam subtraídos de uma estadia no purgatório. Quando, em troca de indulgências, começou a circular dinheiro de mão em mão – as contribuições pecuniárias para a construção da basílica de São Pedro em Roma foram exemplo claro –, muitos ficaram ofendidos, entre eles Martinho Lutero, um dos que se sentiram mais ultrajados.

Nota: A popularidade tanto do purgatório como das indulgências recebeu um poderoso impulso em 22 de fevereiro de 1300, quando o papa Bonifácio VIII publicou a bula *Antiquorum fida relatio*, que proclamava um "ano jubilar" e prometia "grande remissão e indulgência pelos pecados" a obter-se "visitando a cidade de Roma e a venerável basílica do Príncipe dos Apóstolos". Bonifácio pode ter tido a intenção de continuar um costume um tanto vago de um século antes, mas a idéia básica de um ano jubilar remonta a Levítico 25,10, em que Deus decreta que cada qüinquagésimo ano será um jubileu com "libertação para todos os habitantes no país". Na prática eclesiástica, o tempo dos anos jubilares, com a indulgência plenária das penas de todos os pecados confessados que o acompanhava, variou entre 25, 33 e 50 anos. Ainda observado na Igreja Romano-Católica, o intervalo jubilar parece ter se estabilizado em 25 anos. O ano jubilar mais recente foi o ano 2000.

O purgatório é uma tradição com fortes ressonâncias tanto no judaísmo como no islã. Nem os rabis nem os ulemás estavam inteiramente convencidos de que a Geena/Jahannam era um lugar de castigo eterno. O céu duraria para sempre, mas havia profundas dúvidas sobre a eternidade do inferno. O próprio Alcorão (10,107; 78,23) pareceu sugerir que Jahannam também seria destruído no fim do mundo. Só os cristãos estavam plenamente convencidos da eternidade do inferno. O inferno e seus tormentos tinham, portanto, um efeito purgatório reconhecido distinto para judeus e muçulmanos (ver II/10). O que separa o cristianismo dos outros dois, além de fazer do purgatório um lugar totalmente distinto, é a questão da intercessão. Os judeus e os muçulmanos rezam pelos mortos, mas sem grande quantidade de apoio teológico. Os cristãos, ao contrário, acreditam – e põem em ação um mecanismo para colocar a coisa em prática – que os vivos podem abreviar as punições purgativas dos mortos e apressar a caminhada deles para o paraíso.

Quem se salvará?

A idéia de que Deus, que sabe tudo, escolheu ou "elegeu" salvar alguns da humanidade remonta às origens profundas do cristianismo e, talvez, igualmente do judaísmo. O judaísmo conserva a idéia de um "Livro da Vida" (Êxodo 32,32 numa ponta da Bíblia, Malaquias 3,16-17 na outra), que registrou as boas ações dos merecedores. "Eles serão – diz o Senhor Todo-Poderoso – minha propriedade no dia em que eu agir". Os evangelhos não mencionam este livro, mas Jesus é muito explícito ao dizer que lugares de honra foram reservados "para quem meu Pai os preparou" (Mt 20,23; cf. Jo 10,29). Com Paulo, todas as dúvidas sobre o assunto desaparecem. A Carta aos Romanos diz claramente: "Os que [Deus] previamente conheceu, também os predestinou a serem conformes à imagem de seu Filho [...] e aos que predestinou, também os chamou; e aos que chamou, também os justificou" (Rm 8,29-30). Em Efésios, a apresentação é ainda mais detalhada: "Ele nos escolheu em Cristo antes da constituição do mundo, para sermos santos e irrepreensíveis diante dele no amor. Predestinou-nos à adoção de filhos por Jesus Cristo, conforme a benevolência de sua vontade, para louvor da glória de sua graça que nos concedeu gratuitamente em seu Bem-amado [...] Em Cristo fomos escolhidos herdeiros, predestinados segundo o projeto daquele que faz todas as coisas de acordo com a decisão de sua vontade" (Ef 1,4-11).

A predestinação voltou a entrar na tendência dominante do pensamento especulativo cristão quando a idéia de conhecimento e de poder infinitos de Deus entrou em contato com a doutrina do pecado original, a saber, que o pecado de Adão e Eva criou uma fraqueza permanente e congênita na natureza humana. Assim, Agostinho sustentou, e de maneira bastante rigorosa, que julgava impossível que a humanidade se salvasse em sua situação decaída, exceto por uma intervenção especial do favor de Deus. Está claro na Escritura que nem todos se salvaram, e Agostinho não hesitou em tirar uma conclusão dolorosa: toda a humanidade estava condenada por sua natureza decaída – uma *massa damnata* – exceto aqueles a quem Deus livre e gratuitamente escolheu salvar. O resto enveredaria inevitavelmente pelo caminho da perdição.

No milênio entre Agostinho e a Reforma, a Igreja cristã encontrou alguns meios para adaptar de maneira significativa a noção claramente conflitiva de que a virtude era dependente da escolha moral, como a tradição ética grega afirmava unanimemente e a própria Escritura parecia querer dizer a todo momento. Para a maioria, a liberdade humana de escolher, o livre-arbítrio, como foi chamado, era simplesmente um dado axiomático e primário da experiência. Assim, Duns Escoto aconselhou, no começo do século XIV, que "não se deve buscar razões para coisas para as quais nenhuma razão pode ser dada". Pensava-se que essa liberdade residia sobretudo na vontade.

A vontade absoluta de Deus

Essa ênfase na vontade – geralmente chamada de voluntarismo – também passou a ser aplicada à compreensão que os teólogos tinham de como Deus atuava em seus caminhos misteriosos. Visto que a liberdade humana continuava a ser considerada um dado incontrovertível da experiência, a resposta ao problema do determinismo ou, em termos religiosos, da predestinação, foi buscada na vontade de Deus. O voluntarismo não é tanto uma doutrina como uma questão de ênfase. O Aquinata, que não é considerado voluntarista, já distinguia entre o poder absoluto de Deus, pelo qual pode fazer coisas diferentes das que tinha previsto e predisposto, e seu poder ordenado, pelo qual faz só aquilo que pré-conheceu ou previu e predispôs. "Pois Deus faz as coisas porque assim quer; todavia é capaz de fazê-las não porque quer, mas porque é tal em sua natureza" (*Suma teológica* 1.1.25).

Em discussões posteriores sobre o assunto, a mesma distinção foi aplicada à própria vontade de Deus. Além da distinção entre uma vontade absoluta, pela qual Deus pode fazer qualquer coisa que quiser, e uma vontade ordenada, efetivamente determinada por sua própria escolha – ou seja, o estado das coisas como elas são –, a vontade divina sofreu outras distinções de ruptura à medida que os teólogos investigaram um espaço conceitual amplo o bastante para acomodar tanto a onipotência divina, que pode determinar e determina tudo, e a liberdade humana de escolher entre o bem e o mal. Assim, a vigorosa insistência de Guilherme de Ockham (m. 1349) sobre a diferença entre o poder absoluto de Deus, que não conhece nenhuma limitação, em que o branco pode ser preto e o bem, mal – sentimento que mais tarde encontrou eco, quase da mesma maneira, em Calvino –, e seu poder ordenado representado por nosso mundo moral, onde Deus ordenou que a boa vontade seja recompensada com a salvação e o mal, punido com a condenação, permitiu que um teólogo posterior como Gabriel Biel (m. 1495) localizasse tanto a liberdade humana como o mérito das boas obras no sistema moral ordenado de Deus, ao qual ele se sujeitara, por assim dizer, por sua própria decisão.

Lutero lera Ockham e lera Biel. Na descrição de Ockham sobre a *potentia absoluta* de Deus, Lutero encontrou uma poderosa glosa da insistência de Agostinho de que tudo estava nas mãos de Deus, especialmente a salvação, que era um dom livre e arbitrário de Deus para uma parte da humanidade. Lutero não podia seguir Ockham, e particularmente nem Biel, no que parecia ser a paisagem pelagiana consoladora das boas obras meritórias que os teólogos dos séculos XIV e XV tinham encontrado dentro da *potentia ordinata* de Deus. A soberania de Deus não é absolutamente mitigada, visto que aquilo que ele determinou não é que os humanos devam ser livres, ou obrigados, para conseguir a própria salvação. Só o bel-prazer de Deus salva.

Ockham usara a interação da liberdade absoluta de Deus, por um lado, e sua ordenação, por outro lado, para explicar o estabelecimento arbitrário – tão arbitrário, digamos, como a exposição das leis alimentares –, por parte de Deus, de uma causalidade "especial" do sistema sacramental da Igreja e do meio formal de transferir sua graça para a humanidade. Foi diferente para Lutero, que via o indivíduo sozinho diante de Deus, abandonado à condição de esperar por sua própria salvação em temor e tremor, sem a assistência do clero ou dos sacramentos. Só a fé pode salvar, fé mediada pela Palavra de Deus, lida na Escritura ou pregada aos fiéis.

A questão disputada da natureza e da graça

A questão da graça e da salvação, do livre dom de Deus ou dos esforços humanos, esteve, pois, na vanguarda da discussão teológica nas décadas iniciais do século XVI. As opiniões de Lutero sobre o assunto se formaram não só com o que ele lera em Guilherme de Ockham e em Gabriel Biel, mas também com o que viu acontecer nas igrejas da Alemanha e o que se passava em seu coração. Entre 1512 e 1515 ele teve sua "experiência elevada", uma revelação repentina que o convenceu de que a essência do evangelho estava no fato de que só a fé justifica e salva. Depois, em 1517, o legado papal Johannes Tetzel foi à Alemanha para promover as ricas indulgências concedidas pelo papa Leão X por conta de contribuições para a construção da nova basílica de São Pedro em Roma. Um Lutero irado, então monge agostiniano e professor de teologia em Wittenberg, afixou na porta da catedral dessa cidade 99 teses, algumas das quais negavam a validade de indulgências aplicadas em favor das almas no purgatório e atacavam grande parte da teologia moral que estavam por trás delas.

Para o Aquinata, a graça devia chegar à pessoa antes de qualquer possibilidade de ação virtuosa, mas uma vez que a graça de Deus fora infundida na alma humana, era responsabilidade de quem a recebera cooperar, fazer o melhor possível e, se bem-sucedido, a salvação viria a ele segundo o merecido. Para os sucessores imediatos de Tomás, isso quase não deixava espaço para a liberdade humana e, conseqüentemente, fizeram uma importante revisão na teoria de Tomás sobre graça e salvação. A natureza e a graça estavam ainda entre as *quaestiones disputatae* dos teólogos, assuntos de debate sobre os quais numerosas opiniões (mas não todas) podiam ser legitimamente discutidas. Para Ockham e Biel, a graça não era infundida gratuitamente, mas como recompensa a quem já fez o melhor nas circunstâncias naturais: o exercício da virtude natural trazia o dom da graça e era nesse ponto, na cooperação com essa graça recentemente infusa, que a salvação vinha à pessoa como algo devido.

Embora pudesse não ter sido planejada assim, esta última explicação escolástica apresentada por Gabriel Biel, entre outros, foi lida por Lutero como uma combinação infeliz da posição de Pelágio (a atividade moral consegue a graça de Deus) com a de Agostinho (os atos morais em cooperação com a graça de Deus obtêm a salvação), e ele a rotulou de "novo pelagianismo". Mas ele também via um pouco mais profundamente o sistema. O gênio do mal por trás dessa espécie de pensamento, concluiu Lutero, era Aristóteles e sua teoria da virtude. A *Ética* de Aristóteles e sua teoria de que a virtude era um hábito adquirido somente através da realização repetida de atos morais havia causado o pelagianismo que Lutero associou à teologia escolástica medieval como um todo (ver II/7).

Justificação

Paulo tinha falado do destino cristão em termos de salvação e redenção, duas palavras que implicam ser trazido de volta de alguma situação perigosa ou ameaçadora. Agostinho já definira esse estado perigoso como a corrupção da humanidade devido ao pecado original. A humanidade já não era condenada por causa de algum mal que ela mesma tivesse cometido, o que teria tornado simples a questão da justiça, mas por causa de uma condição natural ou herdada. Segundo Agostinho, os indivíduos deviam ser redimidos das conseqüências não de seus próprios pecados, mas do pecado de outro, de Adão, que tornou pecadores todos nós. Lutero via com clareza crescente que essa redenção era alcançada por dom gratuito de Deus ou graça. O termo em voga no tempo de Lutero era "justificação". O indivíduo tornava-se justificado aos olhos de Deus pela participação que Deus fazia de sua própria justiça. A justificação é um dom; não é mérito nosso.

Se a graça é um favor da parte de Deus, a recíproca humana é a fé, ou, como Lutero colocou, a justificação se dá *pela* graça *através da* fé. "Somos justificados só pela fé", sustenta Lutero. Para Lutero, porém, a fé não era tanto crer *que* como crer *em* – ou, como pareceu a ele e aos reformadores que o seguiram, *confiar* em Deus. Para usar uma de suas próprias figuras, *fé que* crê que o barco existe; a *fé em* nos habilita a entrar no barco e nos *confiar* a ele.

Em 1520, Lutero não estava mais apenas debatendo uma questão difícil com seus colegas teólogos católicos; tinha de fato rompido com a Igreja de Roma. Nesse ano ele publicou três opúsculos nos quais negava muitas das práticas e instituições da Igreja; no último deles, *Sobre a liberdade do cristão*, anunciava a libertação do cristão através da fé, a libertação da obrigação de realizar boas obras. Isso situava bem além a compreensão dos limites do debate *de gratia*, e em 15 de junho de 1520, o papa respondeu com a bula *Exsurge Domine*, na qual 41 das teses de Lutero de 1517 foram condenadas como heréticas. Mandou-se que seus escritos fossem destruídos e ele próprio foi formalmente convocado a retratar-se. Lutero respondeu queimando a bula papal e certo número de livros católicos. Finalmente, a 3 de janeiro de 1521, o Vaticano publicou a bula *Decet romanum pontificem*, que excomungava Lutero.

Duplamente salvos e duplamente condenados

A abordagem medieval da questão da eleição e salvação permaneceria dentro das linhas esboçadas por Paulo, de que alguns são escolhidos ou eleitos para a salvação, e a ênfase de Agostinho de que, como resultado da queda, toda a humanidade está marcada para a condenação, exceto aqueles que Deus elegeu livremente salvar. Os teólogos medievais escolheram, porém, mudar sua ênfase na direção do amor abrangente de Deus pela humanidade e, assim, de sua predisposição a salvar todos, ênfase que colocou de volta nos atos humanos a responsabilidade pela condenação. Essa não era a idéia de Lutero nem de Agostinho acerca de como ocorria a salvação, e o pessimismo de Lutero com respeito à condição humana e a sua fé excepcional de que só o beneplácito de Deus salva direcionaram novamente a atenção para os textos paulinos da eleição e a caracterização que Agostinho fez da humanidade como massa condenada.

Agostinho pensava que toda a humanidade estava condenada em virtude de sua natureza decaída, e que, depois do pecado de Adão, Deus elege salvar uma parte de sua Criação e abandonar o resto à própria sorte. Perto do fim da vida, porém, Agostinho também propôs o que viria a se chamar de teoria da "dupla predestinação", pela qual alguns foram eleitos para a salvação e o resto igualmente "eleito" para a condenação: Deus condenava e salvava com igual firmeza. Lutero se inclinava para esta última visão, mas a doutrina da dupla predestinação é muito mais vinculada a João Calvino (m. 1564), o reformador francês de Genebra que se considerava – e de muitas maneiras era – um seguidor fiel de Agostinho.

A obra-prima de Calvino *Instituição da religião cristã* (que cita Agostinho muito mais que qualquer outra autoridade) teve numerosas edições. A cada revisão, a questão da predestinação, exposta de maneira muito breve nas primeiras versões da obra, era tratada (e sustentada) com mais detalhes, especialmente, parece, porque o assunto teria suscitado o máximo interesse, e oposição, entre seguidores, rivais e inimigos dos reformadores. De fato, era um ensinamento duro. Para Calvino, se não apenas ocasionalmente para o Agostinho tardio, os salvos e os condenados estavam, todos, sujeitos à eleição totalmente arbitrária de Deus. "Nem todos foram criados em condição igual; ao contrário, a vida eterna é predestinada a alguns, a condenação eterna para outros" (*Instituição* 3.21.5). Nenhum grupo merecia a sua sorte. E havia um corolário perturbador, que Calvino parece ter aceitado embora sem muito entusiasmo: Cristo morreu não para remir toda a humanidade, mas somente os eleitos. Por quê? A resposta é a mesma que Calvino deu para a própria predestinação: porque aprouve a Deus fazer isso.

O Concílio de Trento sobre a justificação

O Concílio de Trento reuniu-se em 1545, um ano antes da morte de Lutero. Foi a resposta de Roma à Reforma, uma reunião tradicional dos bispos da cristandade para tratar de questões levantadas por Lutero, Calvino e outros reformadores, agora numerosos, por toda a Europa. A assembléia estudou o assunto da salvação e justificação em sua sexta sessão, em 1547. Lutero começara afirmando, no espírito de Agostinho, que o pecador *se tornava* justo; mais tarde Lutero passou a acreditar que pela graça o pecador era *declarado* justo. Os bispos em Trento voltaram à visão de Agostinho de que a justificação era um processo de regeneração e renovação que ocorria dentro da natureza humana. A graça operava com a natureza para elevá-la; não era algo que simplesmente cobria ou mascarava uma natureza que fora fatalmente afligida. O Concílio condenou a doutrina da justificação só pela fé.

> **Nota:** Na verdade, os reformadores tinham feito uma distinção entre justificação e santificação; a justificação começava pela fé, mas a santificação seguia-se das boas obras. Em julho de 1998, o Vaticano e a Igreja Luterana emitiram uma "Declaração conjunta sobre a doutrina da justificação", que declarava: "Juntos confessamos: só pela graça, na fé na obra salvadora de Cristo e não por causa de qualquer mérito de nossa parte, somos aceitos por Deus e recebemos o Espírito Santo, que renova nossos corações ao mesmo tempo em que nos habilita e nos chama às boas obras".

Agostinho argumentou, em sua maneira platônica, que assim como a alma, que é superior ao corpo, dá vida ao corpo, assim a graça de Deus, que é "algo acima dos homens", os capacita a realizar atos morais (*Cidade de Deus* 19.26). A graça não está, então, de acordo com a natureza, mas, antes, com uma sobrenatureza. Essa qualidade da graça tornou-se o foco principal de discussões católicas sobre teologia moral depois de Trento. Tomás de Aquino aceitara a analogia de Agostinho entre graça e a alma, mas na sua psicologia aristotélica naturalista, a alma era a "forma" do corpo, sua perfeição natural, e para Tomás a graça sobrenatural tornou-se, em certo sentido, "naturalizada". Ela habilitava o cristão a participar na vida de Deus e, ao mesmo tempo, viver uma vida moral perfeitamente natural e perfeitamente cristã. Assim, Tomás e todos os que o seguiram nisso restauraram a integridade dos fragmentos fatalmente defeituosos da natureza humana, que Agostinho contemplara tão pesaroso.

O magistério restaurado

Muitos dos que abraçaram a Reforma fizeram-no não somente por causa do que viam como práticas repreensíveis da Igreja, mas também porque tinham se desiludido com a crescente "aristotetelização" dos teólogos da Igreja no século XIII e com o ceticismo que parecia atingir a muitos no século XIV. No fim, o papado concordou com os reformadores, pelo menos quanto a tirar o magistério dos teólogos (ver I/5). Mas enquanto os reformadores não tinham certeza de onde tal autoridade devia descansar no mundo da *sola Scriptura* e do "sacerdócio de todos os crentes", a Sé Romana o afirmava de si mesma. Roma era *mater et magistra de* todas as igrejas. Lutero queria restringir o direito da Sé Romana de se pronunciar em matéria de salvação quanto ao que estava na Escritura e que tivesse muito cuidado no tocante ao testemunho da primitiva, e ainda prístina, Igreja. A resposta de Roma, em Trento e com maior ênfase nas décadas que se seguiram, foi invocar o magistério, o direito de ensinar de maneira autorizada.

A pretensão romana fora apresentada bem antes da Reforma, como o próprio Lutero reconheceu. Em 1519, ao argumentar contra o representante papal Johann Eck, Lutero declarara que "certamente não está dentro do poder da Igreja ou do papa estabelecer artigos de fé nem sequer leis morais, ou seja, de boas obras, alegando que todas elas foram transmitidas na Sagrada Escritura. Tudo o que está no poder deles é declarar artigos [isto é, de fé, encontrados na Escritura], e em segundo lugar, para a beleza externa da Igreja de Deus, regulamentar cerimônias". O Concílio de Trento rejeitou isso explicitamente, expondo, no decreto que foi chamado de seu "decreto de fundação", sua fidelidade não apenas à Escritura, mas também "àquelas tradições relativas tanto à fé como à moral" – aqui provavelmente práticas religiosas – seja verbalmente de Cristo ou ditadas pelo Espírito Santo e "preservadas de sucessão contínua na Igreja Católica".

O argumento de Trento foi feito em favor da Igreja, da Igreja Romana, é claro, mas os defensores do magistério papal como tal encontraram seu principal paladino em Roberto Belarmino (m. 1621), teólogo jesuíta de Lovaina e do Colégio Romano, sendo este último uma das "universidades" da própria Igreja. O papa ou um concílio geral podem errar, concedia Belarmino, em matérias de fato, que dependem de informação e testemunho humanos, ou quando funcionam como mestres privados de fé ou moral. Mas nem o papa nem um concílio geral podem cometer um erro quando se trata de apresentar definição de fé ou preceitos gerais de moral. Nessa declaração de Belarmino, teólogo que atuava para o papado, e que o papado assumiu como própria, está claro que a Igreja romana pós-Reforma tinha de fato tirado o magistério das mãos dos teólogos profissionais, dos quais Belarmino era um, e colocado firmemente nas mãos da hierarquia, com o papa como árbitro final em todos os assuntos, tanto magisteriais como jurisdicionais.

Conferência sobre Auxílios

As universidades foram logo ou facilmente silenciadas. No século XVI, o coração intelectual da Europa católica batia mais forte e mais alto nas universidades da península ibérica, agora não devido ao assunto da justificação, mas à operação de seu instrumento. Se a graça agora fora elaborada numa compreensão naturalista da natureza humana em círculos católicos, seu modo de agir sobre o indivíduo ainda tinha que ser reconciliado com o pré-conhecimento que Deus tinha de todas as coisas. Os teólogos no século XVI disputavam implacavelmente acerca das questões da "assistência" de Deus; os dominicanos insistiam que Deus promove ou impele os seres humanos à ação moral com a graça, enquanto outros, principalmente os jesuítas, pensavam que essa explicação sacrificava demais o livre-arbítrio humano e defendiam que Deus sabia antecipadamente o que um indivíduo escolheria, e se essa ação era – ou seria – virtuosa, Deus providenciava a graça necessária para realizá-la.

Assim estourou a controvérsia altamente contenciosa, muitas vezes pessoal, e ainda não resolvida, chamada, na taquigrafia teológica, *de auxiliis*, "sobre auxílios", sendo que os "auxílios" ou "ajudas" em questão eram as graças concedidas por Deus para habilitar-nos a evitar o pecado e fazer o bem. Ela procurou responder à questão de como Deus, que faz todas as coisas existirem, podia saber o que faríamos e nada fazer. Como Deus podia nos salvar (pois só ele podia) enquanto parecia somente *ajudar* a salvar-nos? A realização dessa tarefa extremamente difícil e delicada exigia uma extraordinária habilidade conceitual e agilidade lingüística, mas nenhuma das duas faltava nas faculdades de teologia do final do século XVI. Jesuítas e dominicanos ofereciam, cada um, seu próprio cardápio altamente variado de graças de Deus – santificante, eficiente, suficiente, antecedente, congruente e atual –, para explicar como Deus pode saber, e todavia não sabe, pode salvar, e todavia não salva.

Finalmente, o papa Clemente VIII, que pedira opiniões por escrito sobre o assunto e depois nomeou uma comissão para estudá-lo, convocou em 1602 os reitores a comparecer diante dele para resolver pessoalmente o tema. Entre 1602 e 1605 houve 68 sessões sobre o que se tornou conhecido como Conferência sobre Auxílios (Congregatio de Auxiliis). Clemente VIII morreu em 1605 e a tarefa foi assumida de novo por Paulo V. Houve mais 17 sessões entre 1605 e 1607. No fim o papa decretou, a 5 de setembro de 1607, que cada lado podia continuar a manter a sua posição sobre o assunto, embora sem condenar ou injuriar o outro, e, além disso, nenhum livro seria publicado sobre a questão da "graça eficaz" de Deus até que o papa desse permissão. Não é preciso dizer que isso demorou muito.

A crise na moral católica

Em defesa do poder papal para ensinar com autoridade e legitimidade sobre matérias de fé e moral, Belarmino também tratou da questão da consciência, que perturbara os reformadores. Em casos de dúvida moral, "de maneira que não aja contra a sua consciência, ela [a Igreja em seus membros] é obrigada a crer naquele bem que ele [o papa] manda e naquele mal que ele proíbe". A mesma lição, feita para consumo mais popular, num dos principais instrumentos da Contra-Reforma católica, são os *Exercícios espirituais* de Inácio de Loyola, fundador dos jesuítas, com suas 18 regras para "pensar com a Igreja".

Mesmo no mundo católico, porém, nem o papa nem os concílios gerais tinham se pronunciado sobre todas as questões morais, e os "casos de dúvida moral" de Belarmino devem ter parecido consideravelmente mais numerosos e mais complexos no mundo dos séculos XVI e XVII, que se expandiam rapidamente e se secularizavam cada vez mais, do que tinham sido nos séculos XII e XIII. E embora a discussão sobre problemas morais e suas resoluções ainda fosse reservada aos teólogos universitários – agora os das novas universidades católicas da Contra-Reforma; vinte universidades foram fundadas pelo papa Gregório XIII (1572-1585) –, as questões muitas vezes vinham de baixo. Trento decretara a ênfase na educação do clero, bem como na catequese do laicato (ver II/4), e os teólogos universitários deviam fornecer uma teologia moral útil para os párocos e vigários rurais. Onde outrora os manuais de penitências tinham sido úteis agora se exigia a resolução de casos de consciência.

A orientação veio, no primeiro caso, dos peritos, teólogos das universidades mais antigas, mas ainda católicas, como Paris, e nas mais recentes, como Valladolid e

Salamanca, na Espanha, e Coimbra, em Portugal. Trento tinha aprovado oficialmente o sistema teológico de Tomás de Aquino baseado em Aristóteles, e foi no contexto dos escolasticismo tomista que os teólogos dos séculos XVI e XVII atacaram os problemas morais que surgiam de um mundo que passava por uma extraordinária transformação social, econômica e política, num clima de sublevação religiosa.

A um professor espanhol, Bartolomeu de Medina, cabe a distinção de ter definido um dos conceitos mais problemáticos da época. "Se uma opinião é provável – escreveu ele – é permitido adotá-la, mesmo se a (opinião) oposta for mais provável". Uma opinião provável – continuou – é uma "afirmada por um sábio e confirmada por argumentos muito bons". Assim o incômodo assunto do "probabilismo" foi acrescentado à agenda tanto de teólogos como de juristas. Medina escrevia em latim, por isso quando fala que a escolha moral era "provável", não está se referindo a uma posição que era "possível", e sim que era *probabilis*, ou seja, sujeita à prova por opiniões de peso ou argumentos substanciais ou, como aparece pela definição, mesmo uma que seja "meramente provável" em oposição a outra posição que possa de fato ser mais provável (*probabilior*) ou persuasiva. A opinião de que a pessoa confrontada com tal escolha era obrigada a escolher a última maneira de agir "mais provável" logo passou a ser chamada de "probabiliorismo". Rapidamente também outras possibilidades de opção moral apareceram, ou melhor, foram descobertas pelos engenhosos moralistas: uma das mais conservadoras afirmava que a escolha de uma alternativa provável só está disponível quando as duas escolhas fossem igualmente prováveis (a posição chamada "eqüiprobabilismo") ou, de modo mais rigoroso ainda, que em assuntos importantes sempre se tinha de escolher a opção moral "mais segura", ou seja, a escolha que melhor levasse a salvar a sua alma, não importava quão "prováveis" as outras possibilidades pudessem ser.

Esse leque das escolhas morais, adequadamente descrito como uma "taquigrafia moral rebuscada", não é nada mais que uma tentativa de tratar do problema da escolha moral, tentativa empreendida por acadêmicos, é claro, não por pastores encarregados da cura das almas. Medina tinha apresentado o que considerava ser uma base racional para fazer tal escolha, que devia ter por trás dela tanto o peso externo da autoridade competente, os "sábios" da definição, e a força intrínseca de "argumentos muito bons". No entanto, o que se seguiu foi a degeneração da posição probabilista para uma posição mais propriamente rotulada de "laxista", ou seja, em casos de dúvida, uma escolha moral torna-se "provável" ou "demonstrável" e, por isso, permissível, pela invocação de *qualquer* autoridade ortodoxa ou pela apresentação de *qualquer* argumento para justificá-la.

A degradação daquilo que parecia ser uma norma racional em permissividade mais ampla surgiu nos laboratórios acadêmicos de teólogos moralistas, isto é, nos estudos de caso morais (*casus conscientiae*). Essa abordagem dos casos de consciência, chamada de casuística, que fora ideada para fornecer orientação para os confessores ao dar conselho espiritual, não para fregueses em butiques de escolha moral, adquiriram má fama. Como aconteceu com seu paralelo rabínico, *pilpul*, que também se baseava em raciocínio cuidadoso e também em distinções extremamente sutis, a habilidade dos casuístas muitas vezes esmagou as suas sensibilidades morais. Cada escolha moral possível foi logo acompanhada por uma linha de raciocínio calculada para torná-la *probabilis*. De fato, um profissional era tão habilidoso em construir *probabilitas* que se tornou conhecido, não exatamente de modo admirável, como o "Cordeiro de Deus", porque tinha tirado tantos pecados do mundo.

Jansenismo

Um dos assuntos em questão na reflexão moral dos teólogos cristãos do século XIII e seguintes, na verdade no pensamento teológico em geral, foi o sobrenaturalismo. A mundividência platônica inteira se baseava numa disjunção fundamental entre a ordem imperfeita e contingente do mundo material e o mundo eterno e imutável das *eide*, aqueles seres verdadeiros que servem como protótipos de nossa versão atenuada do que erroneamente pensamos ser "realidade". Para um platônico judeu como Fílon ou um platônico cristão como Agostinho, as *eide* eram simplesmente e sensivelmente as idéias de Deus, o único Senhor desse reino superior. Deus, porém, era também o Criador, e por isso nosso mundo material, criado de maneira intencional e à própria imagem dele, era um reflexo deliberado, de alguma maneira, dele mesmo.

Nada disso está longe do que os platônicos posteriores afirmaram e ensinaram; o cristianismo acrescentou sua própria contribuição radical na incursão da realidade de Deus em nosso próprio universo contingente, na própria criação divina do universo, não por uma necessidade interna e eterna, como entendiam os platônicos, mas por um ato livre e voluntário; pela auto-revelação de Deus através da Escritura; esmagadoramente pela Encarnação, o fato de o Filho de Deus se fazer carne e sua morte redentora na cruz; e, finalmente, a sustentação moral de suas criaturas por parte de Deus através de sua graça. Segundo Agostinho, somos salvos apenas por essa condescendência do alto para com este mundo invencivelmente pecador – o preço do pecado original – que existe embaixo. "Não é algo que vem do homem, mas de cima do homem, que torna a vida bendita".

Tomás de Aquino tornou essa posição mais leve ao acentuar, de maneira totalmente aristotélica, a cooperação da graça com a natureza humana: a graça era sobrenatural, acima da natureza, mas um pouco ligada a ela. Ao se aproveitar desse poder sobrenatural oferecido por Deus, o agente humano podia conseguir efeitos que estavam além da natureza não auxiliada. A graça sobrenatural não era mais uma "pílula mágica" para curar-nos do pecado, mas um poderoso aditivo que levava à criação de virtudes morais "infusas", muito superiores aos seus equivalentes naturais. O Concílio de Trento abraçou esse ensinamento tomista sobre sobrenaturalismo "natural" como uma réplica perfeita à leitura que os reformadores fizeram de Agostinho, mas Agostinho ainda era um Padre da Igreja, e havia católicos agostinianos que não estavam dispostos a entregar Agostinho aos protestantes. Um deles foi Michel de Bay ou Baius (m. 1589), professor de teologia na universidade católica de Lovaina e um dos delegados em Trento, cujo estudo detalhado de Agostinho levou-o, não de modo irracional, a concluir, não mais do que trinta anos depois de Trento, que o pecado original nos tinha roubado nosso fim natural. Graça, imortalidade e libertação da concupiscência tinham sido todas naturais a nós. Depois de Tomás, pelo menos alguns de seus intérpretes foram levados a sugerir que a graça de Deus era totalmente extrínseca à natureza humana, e embora sem a graça não possamos alcançar nosso fim humano natural, não podemos chegar ao nosso fim sobrenatural de salvação a não ser que Deus o conceda a nós. Pode ser que Baius estivesse reagindo a essa posição em nome de Agostinho, todavia seus escritos foram condenados em 1567; entre outras coisas, ele afirmou que fora de fato Pelágio, e não Agostinho, que disse que "Deus não manda coisas que são impossíveis". A principal tentativa de substituir a teologia moral tomista pela de Agostinho veio mais tarde, de alguém que lera Agostinho com seu mestre Baius. Foi Cornélio Jansen (m. 1638), bispo de Ypres, cujo *Augustinus* foi publicado dois anos depois de sua morte.

A batalha sobre o que veio a ser chamado de jansenismo não tinha terminado completamente com o *Augustinus*. A raivosa luta entre dominicanos e jesuítas acerca da atuação da graça "assistente" não se dissipara apesar da ordem papal de silêncio sobre o assunto. Ela simplesmente passara para a nova arena da moral prática e o combate da justa sobre opinião moral "provável", na qual os jesuítas geralmente tomavam a posição que consideravam mais humana e compassiva em matéria de moralidade, a mesma condenada pelos seus oponentes como laxista inaceitável. Foi em reação a isso, a incursão tomista no campo da teoria moral e do laxismo percebido dos jesuítas na casuística, que Baius e Jansen releram Agostinho e depois puseram de novo em causa a depravação natural para os humanos (após a queda). A graça não construía sobre a natureza, como tinha sido com Tomás; a graça substituía os fundamentos arruinados da natureza humana e Deus construía sobre o que a natureza não podia.

A última guerra dos teólogos moralistas estourou na universidade de Lovaina, sede dos agostinianos entrincheirados. Os jesuítas tentaram bloquear a publicação do *Augustinus*, enquanto os jansenistas acusavam os jesuítas de pelagianismo, a recriminação cristã normal contra qualquer um que se inclinasse demais para as boas obras como meios de salvação. Os jesuítas, por sua vez, condenavam os jansenistas como "calvinistas", a acusação católica padrão contra aqueles que pareciam sugerir que só a "benevolência" de Deus salvava. Nesse caso, o papa se colocou do lado dos jesuítas, e as bulas papais publicadas em 1653, 1656 e 1705 condenaram as teses jansenistas sobre a salvação. A longa batalha entre Platão e Aristóteles, entre Agostinho e Tomás de Aquino, entre os jansenistas e os jesuítas estava resolvida, no momento em favor de Aristóteles, o "otimismo frio e racional, sempre humanista" de Tomás de Aquino e da Sociedade de Jesus.

De Pascal a Afonso de Liguori

Os jesuítas sofreram ferimentos quase fatais em seus combates com o jansenismo. Eles tinham vencido a batalha teológica – afinal, Roma estava do lado deles –, mas podem ter perdido a guerra moral. Os jansenistas, com sua moral severa, até ascética, tinham enorme influência na França, onde a Igreja tinha caído numa ruína pós-Reforma que Trento nunca conseguiu solucionar. A pregação pelos discípulos de Jansen de uma pureza e vigor morais primitivos apelava para o entusiasmo e fervor de muitos intelectuais franceses, do *parti dévot*, dos aristocratas, e até do clero, que estavam ressentidos com as maneiras muitas vezes arbitrárias de Roma e dos jesuítas. Uma fonte do revivescimento moral jansenista foi a comunidade de freiras cistercienses e seus admiradores no convento de Port Royal, na zona rural de Paris. Foi de Port Royal que um convertido ao movimento, o matemático Blaise Pascal, lançou seu elegante e mortal ataque contra a "moral jesuíta" em suas famosas *18 Lettres provinciales* (*Cartas provinciais*), publicadas em 1656. As cartas eram uma acusação ironicamente zombeteira ao ensino moral dos jesuítas, com base em que eles podiam produzir as mais sofisticadas razões de modo a tornar quase toda opinião "provável" e assim, por sua astúcia moral, perdoar até o mais repreensível comportamento. Segundo Pascal, os jesuítas tinham "colocado uma almofada debaixo do cotovelo do pecador". Nem Roma nem os intelectuais franceses se divertiram com o exercício de Pascal, e as *Cartas provinciais* foram imediatamente colocadas no *Índice dos livros proibidos*. Ela teria a última palavra, mas uma ferida fora infligida tanto aos jesuítas como à estatura moral da Igreja.

Ambos os extremos, o agostinianismo só-pela-graça e a moral radical dos jansenistas – eles lembravam a Voltaire os presbiterianos escoceses, o que para ele não era um elogio –, bem como as posições laxistas dos hipercasuístas, foram condenados pelo magistério e pelo consenso católico. Os jesuítas gastaram a maior parte da segunda metade do século XVII tentando colocar a casa em ordem, embora ainda oscilassem entre o probabilismo e o modelo mais estreito de probabiliorismo, o de que em matéria de moral se devia sempre seguir a posição mais provável.

Não foi nem um jesuíta nem um dominicano que deu rumo à Igreja à deriva num estado de perplexidade moral. Foi, em vez disso, o teólogo italiano Afonso de Liguori [ou Ligório] (m. 1787), cuja santidade pessoal levou-o a ser canonizado em 1839, e cujos escritos estabilizaram o ensino católico sobre moralidade. Sua *Theologia moralis*, publicada pela primeira vez em 1748, com nove edições durante sua própria vida, adotou uma abordagem de senso comum da moral – se parece errado, provavelmente está errado –, embora com bastante rigidez nos modelos de rejeição de qualquer grau de laxismo. As únicas questões verdadeiramente duvidosas, advertiu Liguori, são aquelas em que as opiniões estão igualmente divididas entre pró e contra. Nesse caso, e só nesse caso, é possível seguir alguma opinião "provável". Em todos os outros casos de dúvida, o peso do consenso, a "opinião mais provável" determina o que se deve fazer. Deve-se notar que tudo isso tem a ver apenas com casos duvidosos. Liguori chamou a atenção para o fato de que, na maioria esmagadora das escolhas morais, o ensino da Igreja é tradicionalmente consistente e inequivocamente claro.

Maomé como modelo de moral

Assim como seus correligionários monoteístas, o muçulmano tira da Palavra de Deus revelada seus preceitos de moralidade, bem como também os conselhos e as prescrições detalhadas sobre comportamento. O Alcorão foi dirigido a toda a humanidade, chamando todos à bondade (*al-khayr*, "o melhor"), à eqüidade e, especialmente, à justiça (*birr*), que está explicitamente definida em Alcorão 2,177. A mensagem das suras mequenses em particular destinava-se a todos os que estavam dispostos a escutar, mas à medida que a mensagem e a missão prosseguiam, a instrução do Alcorão cada vez mais se dirigiu, sem qualquer mudança formal de endereço, aos muçulmanos que compunham a comunidade ou *umma*. Por isso o Alcorão é tanto a "Orientação" – uma autocaracterização freqüente – para toda a humanidade e, mais precisamente, um manual de comportamento para o fiel muçulmano.

O papel primário de Jesus na fé cristã foi o de redentor, o filho messiânico de Deus cuja morte sacrifical na cruz redimiu a humanidade do pecado. Mas o Filho de Deus era também "Filho do Homem", que, embora o pensamento que os cristãos tinham dele fosse sobretudo de um título messiânico, ainda possuía a sua ressonância aramaica literal de *bar Adam*, um humano, "em tudo igual a nós", como diz o autor de Hebreus, "com exceção do pecado" (Hb 4,15). Era perfeitamente natural, portanto, que Jesus devesse se tornar o modelo exemplar para todos os cristãos. No entanto, não foi exatamente assim. As duas principais imagens de Jesus eram, na Igreja oriental, *christos pantokrator*, Cristo que reina, senhor do mundo entronizado em majestade, e, no Ocidente latino, Jesus crucificado, o servo difamado pendente ignominiosamente na cruz. O primeiro provocava admiração; o segundo, gratidão amorosa; nenhum sugeria emulação. A Igreja encontrou seus modelos em outro lugar: nos primeiros mártires que deram testemunho de sua fé com seu sangue, e mais tarde nos "confessores", aqueles que mostraram sua fé não por suas mortes, mas por suas vidas – vidas que eram certamente sem censura, mas também marcadas por extraordinária autonegação e auto-abnegação (ver II/8).

Maomé era mais genuinamente "em tudo igual a nós" – não havia nenhuma imagem divina nem para ofuscar nem para sobrepujar a humanidade de Maomé –, embora a piedade muçulmana tentasse, com absoluto sucesso, acrescentar a seu favor "com exceção do pecado" (ver I/3). Ademais, o retrato canônico de Maomé não sofreu nenhum esgarçamento narrativo do relato dos evangelhos dos três escassos anos do ministério noticiado de Jesus. A narrativa evangélica se ocupa de outras coisas além de mostrar, à maneira de uma das biografias de Plutarco, por exemplo, o caráter de Jesus exemplificado em ação. Seu propósito era mais mostrar como ele cumpriu as profecias messiânicas da Bíblia, como demonstrou seus poderes messiânicos através de curas e exorcismos, e como, mesmo nas circunstâncias improváveis de uma prisão, julgamento e execução muito pública, Jesus ainda era o Messias e triunfou para além do sepulcro. Nos evangelhos há também ensinamentos morais de Jesus, a maioria deles bem dentro da tradição moral judaica do tempo e, finalmente, as instruções morais mais idiossincráticas e ainda um tanto problemáticas embutidas nas parábolas características de Jesus. Da própria conduta moral exemplar de Jesus nos é dado relativamente pouco.

Maomé está bem oculto por trás do Alcorão, que foi transmitido através dele, mas só ocasionalmente é sobre ele. Fora do Alcorão, porém, não há tal reticência. Além disso, havia em circulação inicial um enorme conjunto de notícias que alegavam dar a própria instrução moral do Profeta sobre quase todo assunto concebível e, além disso, forneciam vinhetas vívidas de Maomé em oração e nas refeições, em campanha e em família, como marido, pai, juiz, estadista e estrategista militar. Tanto o Maomé privado quanto o Profeta público são plenamente mostrados nos *hadith* (ver II/3).

Nota: Embora haja alguns detalhes pessoais na tradição biográfica clássica que começa propriamente com a *Vida* composta por Ibn Ishaq (m. 768), as obras que aplicaram carne vívida e sangue vivo ao retrato pertencem a um gênero um pouco diferente. Chamadas de "As provas de profecia" ou "As boas qualidades (do Profeta)", são essencialmente coletâneas de casos, e como tal estão muito mais próximas da hagiografia que da biografia. Como os evangelhos apócrifos da tradição cristã, apresentam a vida do seu personagem segundo uma maneira, mas seu principal interesse está em sua personalidade, seu caráter, sua aparência e seus milagres. O primeiro exemplo do tipo é "As boas qualidades", de Al-Tirmidhi (m. 892), obra que foi incansavelmente glosada e ampliada e formou a base do mais influente desses estudos sobre a pessoa e caráter do Profeta, a "Definição autêntica das verdades do Escolhido", escrito por um rigoroso jurista espanhol e chefe de justiça de Granada conhecido como Qadi Iyad (m. 1149). Todas as obras semelhantes posteriores meramente ampliam e elaboram retratos vivos anteriores dos traços, humanos e mais que humanos, do Profeta do islã.

A tradição fornece, portanto, um retrato plenamente elaborado e completo, ainda que às vezes contraditório a si mesmo, do Profeta, e serviu, desde o tempo de sua construção no século VIII até o presente, como padrão e medida da vida muçulmana ideal. E não apenas em assuntos de escolha moral: os *hadith* oferecem uma lista ampla e variada de comportamento social preferido, mais de etiqueta que de moralidade. A noção de etiqueta (*adab*) foi mais tarde integrada ao pensamento moral islâmico em geral.

Moralidade islâmica

Como manual de moral, o Alcorão é obviamente incompleto, pelo menos no sentido de que seus princípios gerais de comportamento não chegaram a cada uma, ou mesmo a muitas, das formas que tal comportamento pudesse tomar. Uma grande quantidade de instruções mais detalhadas foi fornecida pelo corpo de tradições transmitidas pelo próprio comportamento do Profeta, mas restava ainda a considerável tarefa de explicar, organizar e apresentar em seus particulares os princípios morais gerais fornecidos pela revelação. Isso entrava na ciência da jurisprudência (*fiqh*), que Ghazali definiu como "a ciência das regras da Escritura estabelecidas pela regulação dos atos daqueles que estão obrigados", ou seja, os muçulmanos. A teologia dialética (*kalam*) (ver II/7), ao contrário, assumiu a investigação, explicação e defesa dos próprios princípios, entre eles a não insignificante tarefa de reconciliar a Vontade onideterminante de Deus e a responsabilidade dos seres humanos por seus próprios atos (ver mais adiante).

A jurisprudência geral tinha por assunto as "raízes da lei", ao passo que a jurisprudência particular, "a ciência dos ramos", se dedicava a colocar um padrão moral sobre o âmbito da atividade humana consciente para fornecer orientação ao muçulmano. Por conseguinte, numa ponta do espectro dos atos humanos estão os que, como a oração, são julgados "mandatários" ou "obrigados" (*fard*) e por isso são moralmente obrigatórios ao crente. Na outra ponta estão as práticas que são simplesmente proibidas, como a usura (Alcorão 3,130).

> **Nota:** A categorização dos alimentos é um pouco transversal aos atos humanos. Alguns alimentos são de fato proibidos (*haram*) aos muçulmanos por causa de sua substância, como carne de porco (Alcorão 2,167) ou vinho (5,92) ou, no caso de carnes, pela maneira de sua preparação, se os animais foram recolhidos mortos, por exemplo, ou não foram adequadamente abatidos. Os alimentos que satisfazem a estes últimos critérios são chamados *halal*, "kosher", e são permitidos. Aqui, como em outros lugares da lei islâmica, as circunstâncias condicionam a obrigação: onde é impossível o abate ritual, os muçulmanos podem usar açougueiros judeus, e onde não houver disponível outro alimento de qualquer tipo, podem comer alimentos não *halal*.

Entre os atos absolutamente exigidos e os absolutamente proibidos estão três categorias morais intermediárias. No meio está o ato moralmente neutro (*mubah*), ao arbítrio do agente. Em direção à virtude está o campo dos atos que são "recomendados" (*mandub*). Na direção do vício estão os atos "acautelados" ou "desencorajados" (*makruh*). Em todos os casos, porém, o estado interno, a intenção (*niyya*) do agente é crucial para determinar a moralidade de uma dada ação.

Os juristas dividiram as ações prescritas naquelas que se dirigiam a Deus como devidas a ele, os "atos de culto" (*ibadat*) que constituíam o código ritual do islã, e os "atos morais" (*muamalat*), que descreviam e avaliavam as transações entre muçulmanos individuais, em que o consenso desempenhava um papel poderoso. Os atos rituais, que constituem uma categoria das obrigações do muçulmano, baseiam-se no direito de Deus e nas conseqüentes obrigações humanas. Os atos morais, no entanto, são obrigações adquiridas. Tinham origem pré-islâmica em transações, sobretudo relativas ao uso da terra, e nunca perdiam completamente esse sentido original, mesmo ao se desenvolver em categoria moral. Para Ghazali, por exemplo, os *muamalat*, que formam o coração da ética muçulmana, consistiam ou de trocas, como comerciar, vender, emprestar, dívida e semelhantes, ou de contratos e sua dissolução, e por isso assuntos de casamento, divórcio, escravidão, emancipação e outros.

Esse é um estreitamento bastante notável do campo da atividade moral – a questão submetida aos *muftis* para opinião deles (ver II/4) era, certamente, muito mais ampla. Notável, por outro lado, era o papel desempenhado pela noção árabe muito típica de *adab*, espécie de etiqueta social que incluía tanto um "estilo" como um corpo de informação. *Adab* era o que se esperava numa sociedade polida; o que de fato ocorria era *adat*, os costumes ou maneiras da comunidade. Portanto, ao longo de toda a história islâmica, a consideração da moralidade dos *muamalat* teve um vigoroso componente sociológico, o qual levou em consideração tanto *adab* como *adat* para determinar como um muçulmano devia agir em dadas circunstâncias. Em todo caso, era poderoso bastante, para um observador como Ibn Khaldun (m. 1406), para tornar a ciência dos atos morais mais uma das ciências racionais do que uma "ciência revelada" – considerá-la uma preocupação mais ética que moral, como aqueles dois termos têm sido usados aqui. A distinção continua a ressoar na moderna tendência muçulmana de considerar os "deveres rituais" inalteráveis e imutáveis, enquanto a construção dos atos morais é, em parte, determinada pelos dados sociais.

Nota: Os tradutores árabes dos estudos éticos gregos, fossem individuais, como a *Ética a Nicômaco* de Aristóteles, fossem sociopolíticos, como as *Leis* de Platão, trabalharam com desvantagem considerável, visto que não entendiam, ou entendiam pouco, da *adab* helênica – que os gregos chamavam de *paideia* – que dava forma a essas obras. A *política* de Aristóteles era, de fato, a única obra do filósofo à qual os tradutores não deram importância.

Ibn Khaldun tinha uma grande quantidade de evidências a sugerir-lhe que a regulamentação do comportamento era mais propriamente racional que revelacional, ainda que a revelação estivesse cheia de conselhos e diretivas morais. Os intelectuais muçulmanos havia muito tempo tinham consciência de que existia uma extensa literatura teórica em grego sobre ética prática e humanista, o que os árabes passaram a chamar *akhlaq*, talvez a "ética do caráter".

O islã também tinha à disposição um amplo leque de obras descritivas sobre ética e moral popular, representadas, por exemplo, pelos vários "espelhos de príncipes", que o islã herdara de seu passado persa pré-islâmico, ou nas obras aforísticas gregas abundantemente disponíveis em tradução árabe. Esse material rapidamente abrira caminho num corpo maior de obras originais em árabe, que iam desde ensaios literários a manuais para os escribas e, ocasionalmente, cortesões, que povoavam as chancelarias do islã, e visavam introduzi-los nos refinamentos da *adab*, o que invariavelmente incluía uma boa dose de agudeza e sabedoria dos gregos.

Nota: Provavelmente a integridade das fontes originais (tomadas de empréstimo) esteja melhor preservada nas obras em árabe que declaradamente se dedicavam à *akhlaq*. A *Ética* de Aristóteles, junto com o comentário de Porfírio, foi um componente importante delas, assim como foi o eclético *Sobre a ética*, do médico Galeno. A conexão entre medicina e filosofia era geral entre judeus e entre muçulmanos, mais do que entre os gregos, dos quais tinham aprendido ambas as ciências, ou entre os cristãos latinos, que, por sua vez, aprendiam deles. A fusão dessas autoridades – peripatética neoplatônica e pitagórica tardia – se dá em Ibn Miskawayh (m. 1030), cuja *Ética* foi a tentativa muçulmana mais influente na produção de uma ética filosófica. Teve sucessores, sendo o mais notável deles Nasir al-Din Tusi (m. 1274), que alargou o campo para incluir a psicologia de Ibn Sina, e al-Dawwani (m. 1501), que acrescentou uma sensibilidade xiita à agora familiar mistura grega.

Livre-arbítrio e predestinação no islã

Os muçulmanos tiveram de retomar a questão do livre-arbítrio e da predestinação, que no cristianismo acabara tornando-se discutível ou, talvez, no caso romano, silenciada. O Deus revelado no Alcorão possui, não menos que seus equivalentes adorados pelos judeus e cristãos, conhecimento ilimitado e capacidade absoluta de fazer tudo o que quer. Visto que o Alcorão mais vezes afirma o princípio da onipotência de Deus do que a mostra em ação, como a Bíblia faz, os muçulmanos foram entregues à sua própria criatividade quando se tratou de elaborar os detalhes da atuação da Vontade onipotente de Deus. A necessidade de fazer isso surgiu bem cedo no islã. Esteve entre as primeiras questões teológicas com que a comunidade se defrontou – questão suscitada, como se afirmou, por polemistas cristãos – e que teve de resolver suas aporias sem a assistência do Profeta e num clima político e intelectual muito diferente daquele em que o Alcorão tinha sido revelado.

Não havia nenhum engano na mensagem do Alcorão: Deus, que possuía um poder absoluto, o qual se manifestou primeiro em sua criação e depois em sua sustentação providencial do mundo, é também o juiz do mundo. O castigo acompanha o pecado, às vezes nesta vida, como a Bíblia insistiu, e certamente na próxima, como os evangelhos declararam. A ênfase do Alcorão neste assunto está mais perto dos evangelhos: a humanidade será julgada por Deus no Final dos Tempos (ver II/10), e as pessoas serão recompensadas exatamente por sua fé (ou descrença) e por seus atos. Os virtuosos acharão a sua recompensa no paraíso e os maus queimarão eternamente no inferno. Aqui na terra podemos apenas esperar pela mercê de Deus; no Juízo, experimentaremos a justiça perfeita de Deus, mitigada somente pela possibilidade da intercessão do Profeta.

A vívida mensagem nas reflexões do Alcorão sobre paraíso e Geena é bem conhecida; igualmente fortes são as afirmações do Alcorão acerca do poder de predestinação de Deus sobre todas as coisas, inclusive, de maneira totalmente explícita, todas as ações humanas. Os seres humanos agem somente e na medida em que Deus os capacita a agir, por seu decreto. Mais tarde os muçulmanos encontraram fundamentos no Alcorão para distinguir, na questão da Vontade de Deus, entre seu decreto absoluto e eterno (*qada*, literalmente, "julgamento"), como representado em Alcorão 2,117; 3,47; 39,35 e 40,48, e o decreto divino (*qadar*, literalmente, "medida"), que estabelece limites no tempo, nos termos impostos a uma vida humana dada, por exemplo, ou os bens que Deus concede a este ou aquele indivíduo. Em suma, *qadar* é a medida do ser.

Tendo estabelecido essa distinção, a teologia muçulmana preferiu entender *qada*, que difere um pouco da potência absoluta de Guilherme de Ockham, como um atributo essencial de Deus, e assim, na ontologia islâmica, eterno e livre de toda contingência e mudança. A contingência aparece com *qadar*, "a relação da Vontade essencial com as coisas em sua realização particular". *Qadar* é a Vontade de Deus assim como ela atua na vida humana, e não apresentava nenhum problema nocional em seu aspecto "medidor", como em distribuir uma vida curta ou longa, saúde ou doença, sorte boa ou má, funcionando sem parar. O problema surgiu, naturalmente, com aqueles atos para os quais os humanos são considerados responsáveis por Deus como se eles, não ele, os tivessem criado. Os pensadores muçulmanos tradicionais rejeitaram essa possibilidade, que parecia, inevitavelmente, atribuir um ato de criação aos mortais. Preferiam viver com os próprios paradoxos da Escritura de um Criador onipotente que julgava a humanidade pelo que pareciam ser as próprias ações do Criador.

Uma solução racionalista

O paradoxo de um Deus todo-poderoso e, todavia, justo, com que se defrontam agentes humanos moralmente responsáveis e que tinham a liberdade de escolha que tal responsabilidade inevitavelmente implicava, e de Deus refrear sua liberdade ao dividir essa qualidade soberana com sua própria Criação, tinha um sentido tão pouco evidente num contexto muçulmano quanto tivera num contexto judeu ou cristão. Como foi observado, muitos muçulmanos, como a maior parte dos judeus e cristãos, simplesmente abraçaram o paradoxo e tentaram levar sua vida dentro dele. A necessidade de explicar, porém, impeliu os teólogos cristãos para o coração do problema e, sob o mesmo impulso racionalista, a partir das mesmas fontes filosóficas gregas, alguns muçulmanos foram provocados a uma empresa semelhante. Os primeiros e duradouros racionalistas do islã foram os mutazilitas (ver II/7). Eles se orgulhavam, entre outras coisas, de serem defensores da justiça divina. Embora muitos muçulmanos, de fato a maioria, sustentassem que estavam mais solapando do que defendendo esse princípio, os mutazilitas certamente se preocuparam com as questões morais, ainda que num sentido mais profundamente teológico do que prático. De fato, a *sunna* do pensador mutazilita Abd al-Jabbar (m. 1025) foi chamada de "a discussão mais extensa sobre ética preservada na literatura islâmica".

Para preservar a justiça de Deus, os mutazilitas se sentiam obrigados a resolver a tensão entre a Vontade absoluta de Deus e a liberdade de escolha dos seres humanos em favor destes. A decisão não foi motivada tanto por considerações humanistas como pelas exigências da razão. Se Deus era justo e se os humanos foram punidos e recompensados por suas ações, ambos dados alcorânicos, então os humanos devem tê-los escolhido livremente: com efeito, criaram seus próprios atos morais. Se assim foi, então a Vontade de Deus, ou pelo menos algum aspecto dela, sua *qadar*, é condicionada pela escolha humana e, por isso, contingente, sujeita a uma condição externa.

Numa visão tradicionalista, a Vontade absoluta de Deus só podia ser arbitrária. As coisas eram boas ou más simplesmente porque Deus disse que eram, porque era "do agrado de Deus", como diz o Alcorão. Os mutazilitas consideraram inaceitável essa noção e preferiram a outra opção, aparentemente mais justa, embora implicasse que Deus tinha que se conformar a alguma necessidade externa. Deus decretava o bem porque já era bom, bom por natureza. Deus certamente está ligado à sua Criação. Tendo criado a humanidade com a intenção misericordiosa de salvá-la, Deus é obrigado a fornecer a ela os meios de salvação. Embora o Alcorão sugira em muitas ocasiões que Deus abandona alguns indivíduos, que "permite que eles errem", nesse caso, se percam, os mutazilitas não pensavam assim: Deus deve oferecer a "Orientação". Os seres humanos são livres para aceitá-la ou rejeitá-la – a vontade dele não tem grilhões –, no entanto o favor ou a graça (*lutf*) de Deus é necessariamente dado.

Adquirir responsabilidade

A ousada afirmação dos mutazilitas, diante de uma inequívoca evidência alcorânica em contrário – de que, para preservar a justiça de Deus, os humanos tinham de merecer o seu fim derradeiro, e para tanto deviam ser livres para escolher, para "criar" o bem e o mal morais – não conseguiu muito apoio entre os pensadores tradicionalistas do islã, fossem juristas ou teólogos. Se os legistas estavam em geral contentes em aceitar que a onipotência predeterminante de Deus e o castigo humano ou recompensa coexistiriam com a justiça de Deus, "sem perguntar como" (ver II/7), alguns teólogos procuraram fornecer o "como". Segundo a solução proposta pela escola de al-Ashari (m. 935), e desde então geralmente aceita na ortodoxia islâmica, o que ligava os seres humanos a suas ações divinamente predestinadas e divinamente executadas – Deus predetermina tudo e de fato faz tudo – era sua "aquisição" (*kasb, iktisab*) pelo agente (manifesto) humano. Essa "aquisição" certamente não é menos que a capacidade de agir, uma criação divina, mas enquanto evitava a causalidade secundária genuína por seres criados, estabelecia um elo ontológico entre o "agente" (o sujeito de fato) e o ato que se seguia e pelo qual a pessoa tinha, agora, "adquirido" responsabilidade.

Portanto, como deve comportar-se um muçulmano num universo dominado pela vontade absoluta e totalmente arbitrária de Deus? Segundo al-Ghazali, que era asharita em sua teologia, a melhor resposta é dada pelos místicos islâmicos, os sufis, cujo esforço constante de auto-anulação fez com que os melhores deles tivessem uma aguda consciência de que não há nada além de Deus. Nessa perspectiva surge só a esperança dos homens, *tawakkul*, a resignação total da vontade criada à Vontade de Deus. Se os seres humanos não podem extinguir seus próprios desejos, aconselha Ghazali: "vossa esperança, confiança e fidelidade seriam colocadas nele, pois ele é o único e exclusivo agente".

Esse sistema de teologia moral, no qual tudo depende da Vontade de Deus e os humanos são moralmente determinados afinal de contas só pelo "agrado de Deus", foi chamado com justiça de "voluntarismo ético". Em seus aspectos ontológicos, é o que ficou conhecido no Ocidente como "ocasionalismo" (ver II/7).

Consenso sobre assuntos de moral

O consenso (*ijma*) é a chave muitas vezes não reconhecida para a *xaria*. Surgiu da necessidade de uma revelação que foi encerrada por um único acontecimento definitivo, a morte do Profeta; não foi por consenso, como aconteceu no caso dos judeus e cristãos, pois foram eles mesmos que marcaram o fim do crescimento de suas Escrituras por alguma forma de acordo comunitário gradual porém eficaz. O encerramento repentino do Alcorão se deu quando a *umma* começava seu crescimento espantoso para uma comunidade que estava ligada apenas por sua fé monoteísta, sua posse do documento arábico que a tinha proclamado e certos laços etnoculturais. A ausência de normas comportamentais e institucionais detalhadas era em parte suprida pelo crescimento igualmente espantoso dos *hadith*, que pretendiam fornecer orientação moral a partir do próprio exemplo do Profeta (ver II/3). Como instrumento legal, os *hadith* logo ruíram sob seu próprio peso. Para os muçulmanos do século IX havia *hadith* demais para serem convincentes, assim como para o não-muçulmano moderno eles são bons demais para serem verdadeiros. A tentativa de basear de novo a certeza da proliferação das notícias proféticas levou às compilações canônicas de *hadith* sadios ou fortes. Portanto, os eruditos muçulmanos tinham em mãos um conjunto fechado de dados confiáveis e legitimados a partir dos quais formar um código praticável de comportamento muçulmano.

O raciocínio baseado no Alcorão acerca de assuntos de moral sempre foi seletivo no sentido de que todos os versículos da Revelação, como seus equivalentes no judaísmo e no cristianismo, são igualmente verdadeiros, e por isso a citação de qualquer um deles é, em teoria, definitiva. O jurista bem formado pode reconhecer as contradições entre um versículo alcorânico e outro e procurar justificá-las aplicando a eles o princípio da anulação (ver II/1), mas para a maioria o *ipse dixit* alcorânico era suficiente. A mesma atitude parece ter prevalecido no caso dos *hadith*. Tal atitude, a de que "tudo é bom no Alcorão e nos *hadith*", leva ao probabilismo moral, ou seja, uma posição defensável é uma posição permitida; por mais atraente que a noção possa ser para moralistas radicais ou amadores, ela nunca o foi para os juristas muçulmanos. Como, então, na ausência de uma autoridade moral determinante, o muçulmano haveria de decidir entre as posições prováveis mutáveis encontradas no Alcorão ou nos *hadith* ou, de maneira mais desconcertante, nas "opiniões" de juristas que tentaram elaborar soluções para questões morais com base em seu próprio "esforço pessoal" (*ijtihad*; ver II/4)? A resposta acabou ficando no consenso.

A concordância da comunidade dos muçulmanos tinha suas próprias sementes de ansiedade, por exemplo, na sugestão de que a verdade moral era o que a maioria dos muçulmanos pensava que fosse, e não o que Deus disse que era. Uma solução viria logo. A autoridade do consenso estava em Deus, como estava explicado num dito profético já referido que inevitavelmente apareceu em todas as discussões sobre o assunto: "Minha comunidade nunca concordará no erro" (ver II/4). Outro aspecto do problema foi tratado num segundo *hadith*: "Vós sois melhores juízes que eu em assuntos temporais", relata-se que o Profeta tinha dito de si mesmo ao se dirigir às gerações futuras, "e eu sou juiz melhor do que vós no que concerne a vossa religião". Em assuntos de fé, portanto, o Alcorão e os *hadith* reinam sozinhos; em assuntos de moralidade, o consenso da comunidade pode também fornecer uma orientação confiável.

A produção de consenso está clara na questão da circuncisão. A prática árabe pré-islâmica não teve nenhuma justificação no próprio Alcorão, no entanto havia *hadith* fortes que pareciam prescrevê-la tanto para homens como para mulheres. O consenso muçulmano decidiu bem cedo que a circuncisão masculina era realmente uma obrigação, ao passo que não havia concordância geral acerca da circuncisão feminina, a qual é, por conseguinte, praticada por alguns muçulmanos, ignorada por outros e reprovada por outros tantos.

Evidentemente, o consenso é mutável, embora tais mudanças ocorram devagar e apenas com dificuldade. Os argumentos para a mudança tomam a forma tradicional de um debate sobre a interpretação "verdadeira" e, por isso, "a única" das passagens alcorânicas que muitas vezes são opacas e ocasionalmente são contraditas (ou "canceladas") por outras, ou de citações de *hadith* que parecem opor-se ao consenso corrente. O que mudou não é a evidência, mas as sensibilidades morais; elas provocam e direcionam a tentativa de mudar o consenso, assim como um outro contexto de sensibilidades morais o formou da primeira vez. Enquanto uma geração primitiva de muçulmanos preferiu colocar o véu em suas mulheres e fazer do divórcio uma prerrogativa unicamente masculina, alguns muçulmanos mais recentes preferem que as mulheres não usem véu e fazem da iniciativa do processo de divórcio um direito de ambas as partes de um contrato de casamento. Os dois grupos recorrem à exegese alcorânica e à citação de *hadith* para apoiar suas preferências; o que distingue os argumentos mais modernos é a suposição muitas vezes não reconhecida de condicionamento histórico.

6 – Culto divino

Em seus termos mais gerais, o culto é o reconhecimento humano, de maneira formal, da existência e do poder de Deus. Esse reconhecimento pode ocorrer de várias maneiras (por exemplo, louvor, agradecimento, pedido), e suas formas principais, muitas vezes combinadas, são a oração, ou fala dirigida diretamente a Deus, e o ritual, realização de certos atos tidos como aceitos por Deus ou agradáveis a ele. A palavra "liturgia" ou "litúrgico" acrescenta tanto à oração como ao ritual a idéia de que um deles ou ambos são formais, públicos e, em geral, sociais. Existem, evidentemente, orações particulares e individuais e rituais privados, mas em geral não são o tópico do discurso nas três comunidades religiosas monoteístas.

Shekinah / sakina

A Torá, que extraordinariamente tem pouco a dizer sobre a oração, é bastante detalhada em suas prescrições sobre como Deus deseja ser cultuado. Isso é para ser feito sobretudo através do ritual do sacrifício (oferendas de animais, trigo e vinho) a ser realizado em tempos específicos, em lugares específicos, por pessoal específico. O lugar era santificado pela presença de Deus – às vezes, na Bíblia, sua "glória" (*kabod*); mais tarde, sua "presença" (*shekinah*) –, a qual, foi dito aos israelitas, estava especialmente evidente, embora não pintada, entre as asas do mítico querubim que ficava em cima da tampa da caixa chamada Arca da Aliança (2Rs 19,15).

Shekinah é um termo bíblico (Ex 25,8; Lv 16,16) que se refere à presença ou "habitação" de Deus entre os israelitas. A palavra tinha tido uma longa história. *Shekinah*, para os cabalistas, era uma das dez *sefiroth*, ou emanações, de Deus (ver II/9) e mais tarde os autores rabínicos e hassídicos entenderam o termo especialmente no sentido de presença imanente de Deus nos indivíduos bons e piedosos. Aparentemente, porém, os primeiros israelitas entenderam isso de maneira mais literal e mais comunitária como moradia de Deus, num sentido quase físico, no meio do seu povo, até em forma de nuvem, iluminada de noite (Ex 40,36-38). Supunha-se que essa presença permaneceu em Jerusalém mesmo depois do desaparecimento da Arca, onde a tradição antiga a localizara. Só depois que o templo e a própria cidade foram destruídos pelos romanos em 70 e.c., a persistência da *shekinah* de Deus começou a preocupar os rabis. Numerosas fontes rabínicas do século V e seguintes afirmam que a *shekinah* ainda continuava "atrás da muralha ocidental". No começo, essa expressão referia-se à muralha a oeste da cidade, que os romanos tinham deixado de pé; pelo século VII ou VIII, foi transferida para a muralha ocidental da plataforma sobrevivente do templo de Herodes, mais precisamente, para a seção mais visível que se dirigia em direção ao norte a partir do canto sudoeste.

O islã tem uma noção semelhante envolvida no termo alcorânico *sakina*, e em Alcorão 2,248 há uma referência bíblica bastante precisa à *sakina* de Deus na Arca da Aliança junto com "relíquias" de Moisés e Aarão. Noutro lugar (48,18), Deus enviou sua *sakina* aos muçulmanos na véspera da batalha para fortalecê-los, e o termo ocorre ocasionalmente (9,40; 48,4.26), no mesmo sentido de uma presença confirmadora e fortalecedora dentro do crente. Mais tarde, porém, ela se deslocou na direção rabínica e começou a significar a habitação de Deus no piedoso, sobretudo Maomé, e finalmente o sentido favorecido mais tarde pelos cabalistas: a *sakina* é uma forma de iluminação espiritual possuída pelo místico.

Sacrifício

Como a Torá deixa claro, o sacrifício é a principal forma de culto prescrita aos israelitas, para honrar a Deus ou agradecer, para purificação, expiação ou para festejar. Os quatro livros legais do Pentateuco expõem em detalhes suas modalidades, mas nem sempre concordam entre si, ou com as nossas outras testemunhas posteriores, do Segundo Templo, com Fílon e Josefo, ou nossa fonte pós-templo, a Mishná. Os sacrifícios (*qodashim*, "coisas santas") eram oferecidos por e para a comunidade ou indivíduos – mas sempre no templo, e sempre num estado purificado. O sacerdote, o oferente (havia piscinas para ablução na entrada do tempo) e até o sacrifício tinham de estar livres de impureza e imperfeição, seja ao oferecer, sacrificar ou consumir os objetos sacrificais. Os últimos eram animais de rebanho (bois, gado vacum, ovelhas, cabritos), aves, farinha, óleo e vinho.

Era comum que os sacrifícios comunitários (*tamid*) diários fossem oferecidos de manhã e à tarde, para iniciar e encerrar os serviços no templo, e pagos com o dízimo do templo de meio siclo. Cada oferenda era um cordeiro, morto pelo sacerdote, depois completamente queimado (um "holocausto", de uma palavra grega que significa "inteiramente queimado") com uma mistura de farinha e óleo. Parte do sangue era aspergida sobre o altar e o resto era derramado em sua base. Oferendas de animais mais substanciais eram sacrificadas para a comunidade em cada lua nova, para todas as festas principais e no Yom Kippur. Os indivíduos também ofereciam holocaustos, um boi, um cordeiro ou um cabrito (animais que o oferente matava cortando-lhes a garganta, embora os sacerdotes os talhassem e queimassem), simplesmente para honrar e glorificar a Deus, como destaca Fílon. Os indivíduos também apresentavam animais como ofertas pelo pecado e culpa (ver II/5), cuja carne pertencia aos sacerdotes, que mais tarde a cozinhavam e comiam enquanto ainda estavam no templo. Finalmente, havia a categoria dos "sacrifícios de comunhão", quadrúpedes sacrificados para agradecer, cumprir um voto ou simplesmente como oferta espontânea. Esses animais eram em parte consumidos no altar – essa era a parte de Deus: a Bíblia fala claramente das oferendas como sendo "alimento" de Deus (Lv 6,8; Nm 28,2) –, enquanto algumas partes (a coxa direita e o peito) eram dadas ao sacerdote e o resto era devolvido a quem oferecia. Nenhum grupo devia consumir a carne desse sacrifício no templo; devia ser levada para casa e dividida com a família.

Os intervalos de sacrifício eram demarcados por medidas de tempos sagrados: o aparecimento de cada lua nova – os israelitas seguiam, e os judeus ainda seguem, para fins litúrgicos, um calendário lunar ajustado ("intercalado") – bem como os Dias Santíssimos. Estes últimos se estendem desde Rosh Hashanah (Dia do Ano Novo) por dez dias até o Yom Kippur (Dia da Expiação), no começo de cada ano lunar (setembro-outubro); diz-se que Maomé também marcou essa festa como Ashura antes de sua desavença com os judeus de Medina. Finalmente, havia as três grandes peregrinações (*hag*) celebradas na semeadura da primavera (*Pesach*, Páscoa), a colheita de primavera, sete semanas mais tarde (*Shavuot*, Semanas ou Pentecostes) e a colheita de outono (*Sukkoth*, Tabernáculos ou Festa das Tendas).

Um aspecto estranho dessas liturgias, muitas delas descritas detalhadamente na Bíblia, é que não são acompanhadas, em nossas fontes, por qualquer tipo de oração – dedicatória, imprecatória, apotropaica ou outra. Os sacrifícios israelitas eram, segundo todas as aparências, rituais sem palavras, por mais difícil que possa ser imaginar isso. Mas no Alcorão também há rituais sem orações – a *hajj*, por exemplo. Nesse caso, a liturgia da oração cresceu em torno do ritual ou existiu, sem ser noticiada, desde o começo.

Foi a evidente falta de oração e, portanto, de intencionalidade focalizada, que levou os profetas de Israel a falar às vezes de maneira crítica acerca do regime do sacrifício no templo (Is 1,11-14; Amós 5,21-23; Jr 7,21-22)? Eles não denunciavam os sacrifícios como tal, mas desaprovavam seu efeito não intencionado de converter moralidade em mero ritualismo. A misericórdia é preferível ao sacrifício, proclamou Oséias (6,6), e, mais tarde, Jesus, que desdenhava o que considerava ritualismo moral dos fariseus, citou-o com aprovação (Mt 9,13; 12,7).

O sacrifício de Jesus

Jesus viveu no tempo do Segundo Templo tardio e, embora enfatizasse o conteúdo moral da Lei, não teve nenhuma desavença substancial acerca dos sacrifícios do templo, mesmo os voluntários (Mt 5,23-24). No entanto, é difícil dizer se ele tinha em mente o ritual do templo em sua Última Ceia (ver mais adiante), durante a qual disse que seu sangue era "da nova Aliança, derramado por muitos" (Mc 14,24). Em outras partes nos evangelhos, Jesus é identificado com o "cordeiro de Deus" (Jo 1,29; 19,14.36), e suas associações sacrificais óbvias de sua morte com a Páscoa se tornam explícitas em Paulo: "Cristo, nossa Páscoa [cordeiro pascal], já foi imolado" (1Cor 5,7); e mais uma vez: "Cristo nos amou e por nós se entregou a Deus como oferenda e sacrifício de agradável odor" (Ef 5,2).

Se Cristo é o sacrifício pascal para Paulo e outros da primeira geração, para o autor de Hebreus ele se tornou tanto o sacrifício como o sumo sacerdote sacrificante (9,23-29). Nesse mesmo texto muito influente do Novo Testamento, Jesus é explicitamente comparado com as oferendas pelo pecado, ou melhor, de purificação feitas pelos israelitas (Lv 16,27 = Hb 13,11-12). A imagem de Jesus como vítima sacrifical voluntária e como sacerdote do sacrifício perdurou no cristianismo. Assim também, a realização da Eucaristia foi universalmente interpretada, pelo menos até a Reforma, como sacrifício – o "sacrifício da Missa" no cristianismo latino –, estando o ministro sacerdotal da Igreja a representar Jesus, e os elementos do pão e do vinho no altar são transformados no corpo e sangue sacrificados (ver mais adiante).

Nota: O sacrifício animal era uma característica do ritual pré-islâmico em Meca. Embora o ritual fosse dado por Deus, o Alcorão, que descreve o sacrifício, exprime certas reservas em relação a ele (22,32-36; cf. 5,106). Mesmo assim, a prática é imposta aos muçulmanos (sura 108), principalmente no cumprimento da *hajj* (ver mais adiante). A "festa do sacrifício" (*id al-adha* ou *id al-qurban*) ocorre em Mina, no décimo dia do mês *Hajj*. A oferenda deve ser um animal de rebanho – cuja cabeça está voltada para a caaba e cuja garganta é cortada, muito à maneira e intenção do sacrifício judeu do templo, de modo que o sangue escorra para o chão. Embora seja permitido comer depois a carne (Alcorão 22,33), dá-la como alimento aos pobres é considerado meritório. Enquanto essa festa ocorre em Mina, outros muçulmanos pelo mundo afora se unem à celebração do *id al-adha* fazendo, se desejarem, seu próprio sacrifício animal, dividindo o alimento com os próximos e os necessitados.

O sacerdócio judeu

Segundo a Torá dada no Sinai, Deus também estabeleceu uma casta especial de descendentes masculinos de Aarão; só eles estariam autorizados a conduzir os rituais sacrificais (Ex 28,1; cf. Lv 8–10). Esses sacerdotes (*kohen*; pl. *kohenim*) assumiam seus postos no pátio interior do templo, considerado tabu, recebiam as oferendas dos outros israelitas e depois preparavam e sacrificavam essas oferendas. Como já observado, essas oferendas eram, em alguns casos, totalmente consumidas, enquanto, em outros casos, a parte não consumida do sacrifício era reservada para o uso dos sacerdotes. Dificilmente poderia ter sido de outro modo, visto que qualquer coisa oferecida ao templo ou no templo tornava-se por isso tabu (*qorban*) e era afastado do uso comum (ver Mc 7,9-13). Os próprios sacerdotes, bem como suas famílias, tinham de observar uma pureza ritual mais estrita que o resto dos israelitas. Os sacerdotes continuaram a oficiar no tempo e, em geral, a atuar como os guias da comunidade religiosa até a destruição final do templo, quando seu papel de liderança – embora não suas funções litúrgicas – passou para os rabis.

A sinagoga

Não temos certeza absoluta de como os judeus prestavam culto durante as duas ou três gerações de seu exílio forçado na Babilônia, se edificaram templos para si, como alguns outros judeus na diáspora parecem ter feito, ou se simplesmente começaram a substituir os sacrifícios por orações, talvez nos centros de reunião comunitária chamados de sinagogas (heb. *bet ha-knesset*), as quais, especularam alguns, passaram a existir durante essa experiência. Em todo caso, havia sinagogas em Eretz Israel depois que o templo de Jerusalém foi reedificado, sem sugestão de que eram substitutas para o templo. Porém, com a destruição do templo de Herodes em 70 e.c. e a cessação de sacrifício, os judeus começaram a substituir os sacrifícios por orações e a usar as sinagogas já existentes como seu principal local de culto público. Com que dificuldade e oposição, não sabemos. A oração tampouco estava limitada à sinagoga. Um elemento importante do culto judeu ocorre nas casas – celebrações nos sábados, por exemplo –, e a presença de uma liturgia doméstica para tanto é uma característica do judaísmo após 70 e.c.

O serviço público sinagogal ocorria aos sábados, dia da semana de alegria e de ausência de trabalho, e em outros dias santos de celebração, expiação ou memória. O serviço começava com recitações das Escrituras, primeiro, passagens seriadas da Torá distribuídas ao longo ou de um ciclo de três anos corrente na Palestina do segundo ao quinto séculos e.c. ou de um ciclo de um só ano, em uso na Babilônia mais ou menos ao mesmo tempo e que acabou predominando na maioria das comunidades judias. A recitação da passagem semanal da Torá, acompanhada, versículo por versículo, pela tradução aramaica (*targum*; ver II/2), foi seguida de uma passagem convenientemente escolhida de cerca de dez versículos extraída dos Profetas e de novo acompanhada de um *targum*. Depois de cantar um salmo, o pregador começava a parte homilética da liturgia. Primeiro ele citava um "versículo de abertura" de sua própria escolha dos Profetas ou dos Escritos e em seguida relacionava-o à Torá e a passagens proféticas para formar um todo exegético e ético coerente. Jesus é descrito nos evangelhos fazendo exatamente tal homilia, ainda que muito abreviada (Lc 4,16-21).

Nota: Os judeus lançaram os fundamentos do que passou a ser chamado de "fim de semana", mas o desenvolvimento pleno da noção é um fenômeno moderno, visto que abrange o que judeus e cristãos consideravam o último dia da semana, *shabbat* ou sábado, e o primeiro, "domingo". O primeiro dia da semana era um dia comum de trabalho para os judeus e os cristãos primitivos, mas para os últimos logo se tornou "o dia do Senhor" (Ap 1,10), dado que Jesus ressuscitou nesse dia (Mc 16,2). Como tal, começou a adquirir *status* privilegiado e, à medida que os cristãos cresciam separados dos judeus (ver I/5), abandonaram a sua observância anterior do sábado e mudaram algo de sua solenidade, conseqüentemente, para o domingo, o "dia do Sol Invicto". O Sol Invicto (*Sol Invictus*) era o que os romanos tinham de mais próximo de uma religião estabelecida ou estatal no tempo da conversão de Constantino, mas um sol divinizado não tinha, obviamente, futuro no Império Romano Cristão. Embora as línguas germânicas ainda conservem o nome de "dia do sol" (al. *Sonntag*, ingl. *Sunday*) – na Igreja ocidental ele foi oficialmente *dies dominica*, o "dia do Senhor" –, a legislação estatal o declarou dia santo e foi celebrado pelos cristãos como uma comemoração da ressurreição de Jesus e, de maneira um tanto semelhante à judaica, foi observado como dia de descanso. No entanto, o que os judeus e os cristãos entendiam por "descanso" variava muito. Os cristãos muitas vezes o entendiam apenas como a cessação das atividades comerciais e de diversão.

A sexta-feira muçulmana, o "dia de assembléia" (*yawm al-juma*), também começou como uma reação – parece que do próprio Maomé – ao sábado judeu, de novo no sentido de escolher deliberadamente um dia para oração comum que distinguisse os muçulmanos de Medina dos judeus. Nesse dia a oração comunitária é celebrada (ver mais adiante) e, embora não seja formalmente um dia de descanso no sentido de que as atividades normais, geralmente comerciais, devessem ser suspensas, está sendo assimilado pelos muçulmanos, no mundo todo, a uma noção que estende o "fim de semana" como dias sem trabalhar.

Os rituais da sinagoga eram entendidos pelos rabis como uma substituição explícita das liturgias do templo de Jerusalém. Não há nenhum exemplo primitivo, mas a forma essencial do culto sinagogal pode ser reconstruída a partir dos comentários primitivos preservados sobre a Escritura, que seguem um formato padronizado e presumivelmente refletem uma prática sinagogal. A oração privada, normalmente três vezes ao dia, e a liturgia doméstica do judaísmo, que não tem paralelo nem com o cristianismo nem com o islã, deixaram muito poucos traços de sua evolução. Embora sejam compostas amplamente de passagens da Escritura e algumas, como o Shema e as "Dezoito Bênçãos" (Shemoneh Esreh) do Amida, a oração central da liturgia judaica, já estivessem sendo recitadas – de pé, com o rosto voltado para Jerusalém – de alguma forma durante o período mishnaico e, talvez, antes ainda, a formalização da liturgia judaica – mesmo permitindo diferenças regionais e sectárias –, foi obra de eruditos medievais na Europa e na Casa do Islã.

O culto sacrifical judeu terminou com a destruição do templo e, depois disso, o seu lugar foi tomado por serviços que ofereciam orações de louvor e de expiação em vez de sacrifícios vivos para os mesmos fins. O judaísmo, porém, era muito mais que a oferta de orações ou mesmo um certo tipo de comportamento ético. O que Moisés dera no Sinai, a Lei escrita da Torá e a tradição oral finalmente incorporada na Mishná e no Talmude, não eram simplesmente os termos de uma aliança a ser observados por todo judeu, mas a substância de uma vocação litúrgica especial. A *bet ha-midrash*, a "casa de estudo", onde o Talmude era estudado com tanto cuidado amoroso, era um lugar de culto tanto quanto a *bet ha-tefillah*, a "casa de oração", e o estudo da Torá e do Talmude era um imperativo moral tão eficaz como a oração.

A Eucaristia

Podemos estar certos de que Jesus e seus seguidores participavam das liturgias do templo em Jerusalém e, como vimos, "segundo o seu costume" (Lc 4,16), em serviços sinagogais na Galiléia. Contudo, Jesus deixou seu legado litúrgico duradouro na chamada Última Ceia, a refeição que ele celebrou com seu círculo dos Doze na noite antes de sua morte. Tinha muitos aspectos da refeição pascal (mas muitas diferenças também), e foi assim que os cristãos preferiram vê-la. As primeiras comunidades cristãs podem ter celebrado tanto uma refeição comunitária (ver mais adiante) como uma Eucaristia (do gr. *eucharizein*, "dar graças"), mas essa rapidamente se tornou a forma principal de culto litúrgico cristão.

A cena eucarística é lembrada em Marcos, Mateus e Lucas, bem como por Paulo, com detalhes semelhantes, embora de modo algum idênticos. Ocorreu na quinta-feira à tarde, depois do pôr-do-sol, quando começava a Páscoa (João, que não faz menção à Eucaristia, mas anota a refeição de Jesus com os Doze, a coloca na noite *antes* da Páscoa). Jesus e os Doze estavam numa "sala superior" em algum lugar em Jerusalém. Estavam à mesa quando Jesus tomou o pão – se era realmente Páscoa, teria sido pão ázimo ou *matzoh* –, abençoou-o, partiu-o em pedaços e o distribuiu-os aos Doze, dizendo: "Tomai, isto é o meu corpo". Depois tomou o cálice com vinho, abençoou-o também e deu para que bebessem, com as palavras: "Este é o sangue da Aliança, derramado por muitos". Paulo, a primeira testemunha do acontecido, acrescentou o mandamento: "fazei isto em memória de mim".

Todo o ato é impressionantemente não judeu, pelo menos na compreensão literal que os cristãos primitivos tinham dele. Jesus declarou que o pão e o vinho eram seu próprio corpo e sangue e depois mandou que seus seguidores o comessem e bebessem, ato do qual ele mesmo aparentemente não tomou parte. Cada etapa desse ritual levanta, talvez, um eco judeu – a Bíblia ressoa com ecos –, mas como acontecimento único, que é a maneira como nossas fontes o apresentam e os cristãos o entenderam, a Eucaristia não tem paralelo judeu. Se Jesus era sacerdote, o que os próprios textos não sugerem, e o *seder* pascal era, sobretudo, um acontecimento doméstico, não sacerdotal, sua oferenda de si mesmo não em sua própria pessoa, mas na forma de seu "corpo" e "sangue" incorpóreos faz pouco sentido num contexto judeu do Segundo Templo. Havia realmente carne oferecida no altar no templo – e se a Última Ceia era um *seder*, havia carne sobre a mesa, se bem que Jesus preferiu não identificar *essa* carne com seu corpo. Nos sacrifícios no templo a carne nunca era do próprio sacerdote. O sangue era derramado sobre o altar, mas nunca era bebido; de fato, sangue, ou pelo menos o derramamento de sangue, era uma fonte notória de impureza aos olhos judeus.

A liturgia judaica é simbólica e histórica. Recorda acontecimentos; celebra promessas recebidas e chora por esperanças desapontadas. Como a própria Bíblia, ela é ao mesmo tempo registro e celebração. A liturgia cristã é cósmica e declaradamente literal. "Isto é meu corpo" procura, ao mesmo tempo, trazer Deus do céu e elevar a matéria para um plano sobrenatural de uma maneira estranha tanto ao muçulmano quanto ao judeu. Esses dois sabem como ser literais – toda oração é literal – mas não fazem esforço para trazer Deus a terra ou santificar a matéria. Deus intervirá na história quando e onde quiser, mas não habitará entre nós.

À medida que os cristãos tornaram-se cada vez mais autoconscientes e começaram a desenvolver sua própria liturgia particular, é natural pensar que se comportaram como os judeus que eram e edificaram sobre as práticas litúrgicas judaicas familiares a todos eles. Esse parece ter sido o caso, de fato, e os cristãos primitivos tinham uma reunião (*sunaxis*) de oração segundo o modelo de um serviço sinagogal e uma celebração eucarística separada, que podem ter tido associações com a Páscoa. Finalmente, as duas foram fundidas na liturgia eucarística, cujas partes originais ainda são muito evidentes. A primeira é a Missa dos Catecúmenos, ou seja, a liturgia aberta aos que estão recebendo instrução (*katechesis*) para o batismo (ver II/4), e aqui os antecedentes sinagogais são óbvios: há leituras da Escritura (Bíblia/Paulo/evangelhos, muitas vezes uma refletindo-se na outra) e uma homilia, todos eles atos padrão de um serviço sinagogal. Quando este estava terminado (e os ainda não batizados eram despedidos), seguia-se a Eucaristia propriamente dita, com a oferta do pão e do vinho, sua consagração, usando a mesma fórmula que Jesus usou na Última Ceia, e sua transformação – "transubstanciação" (uma substância para dentro da outra) é o termo técnico posterior – no corpo e no sangue de Cristo, que depois era distribuído e consumido ("comunhão") pelos fiéis assistentes.

Liturgias oriental e ocidental

A Eucaristia e outras formas sacramentais e não sacramentais de liturgia cristã tornaram-se mais rebuscadas e mais padronizadas com o tempo. Inicialmente, eram conduzidas, como alguns ofícios sinagogais contemporâneos, em casas de particulares, que serviam também como "igreja" (*ekklesia*) para a comunidade. Com o fim das perseguições, os cristãos, como os judeus, construíram um salão especial para oração que tomou a forma de uma construção romana típica sem conotações religiosas, a câmara/corte de audiência régia ou basílica, e a modificaram para finalidades litúrgicas cristãs.

A maneira exata como a Eucaristia era celebrada variava de lugar para lugar. A maior parte do material disponível para a reconstrução da primitiva liturgia eucarística cristã, como a Didaqué do final do primeiro ou início do segundo século, e a Constituição Apostólica de cerca de 380, referem-se a um tipo de ofício usado nos centros urbanos da Síria por volta do ano 400. Uma forma diferente era comum no Egito por volta da mesma época. Ambos os ofícios eram em grego, mas a Eucaristia foi bem cedo celebrada no aramaico cristão – o dialeto chamado siríaco – em Edessa, e ainda é usado nas igrejas orientais hoje, como a Liturgia de Mari e Adai. Em Roma e nas províncias africanas do império, os ofícios eram em latim e, novamente, a forma da "Missa" romana, como a liturgia eucarística era chamada, diferia em alguns detalhes das versões orientais contemporâneas do mesmo ofício.

O que se seguiu no Oriente dá testemunho, tão certamente quanto a evolução da estrutura hierárquica, da crescente centralização da Grande Igreja e a conseqüente padronização de suas práticas. Uma "liturgia de São Tiago", que pode ter começado em Jerusalém, e um ofício paralelo no Egito atribuído a São Marcos, começaram a expulsar todas as liturgias locais nas sés patriarcais de Antioquia e Alexandria, respectivamente. Com o crescimento de Constantinopla em poder político e prestígio, a prática litúrgica da capital, a chamada liturgia de São Basílio, não apenas dominou nas igrejas da Anatólia, mas, à medida que cresciam o nacionalismo e o separatismo na Síria e no Egito, ganhou um reconhecimento oficial como *a* liturgia da Igreja Ortodoxa Oriental.

Com esses tipos orientais houve, certamente, toda espécie de variações, mas alguns elementos permaneceram constantes. A divisão em duas partes já foi mencionada. A primeira, a sinaxe, era precedida por uma "pequena entrada" dos celebrantes na área do santuário, e era composta de leituras da Bíblia, de Paulo e dos evangelhos, entremeadas de salmos e concluídas com a despedida dos catecúmenos. Nesse ponto começava propriamente a Eucaristia. Depois da "grande entrada" havia várias orações de saudação e comemoração, a recitação de um credo (*symbolon*) e o beijo da paz. O díptico, lista dos vivos e dos mortos em comunhão com uma igreja particular, era lido e eram recitadas algumas orações de ofertório. O sacerdote celebrante começava então a parte mais sagrada da liturgia, a anáfora ou "levantar para o alto", que se iniciava exortando os fiéis a erguerem suas mentes a Deus. Seguia-se um hino aos anjos, depois uma memória (*anamnesis*) da paixão de Jesus e uma invocação (*epiklesis*) dirigida ao Espírito Santo para descer sobre o pão e o vinho que tinham sido colocados sobre o altar. Havia uma bênção final, e a anáfora terminava com a Oração do Senhor. Permaneceu a fração do pão, agora transformado no corpo de Cristo, e a partilha do vinho/sangue com os fiéis.

É possível traçar uma certa evolução nos ritos que se acabou de esquematizar em sua forma desenvolvida plena. Os exemplos mais antigos, a liturgia embutida na Constituição Apostólica, por exemplo, estavam obviamente mais orientados para a oração que para o cerimonial. Com as liturgias ditas de Tiago e de Marcos, apareceu um novo elemento dramático. O altar tornou-se o cenário para o sacrifício de Cristo diante de uma assistência cósmica: anjos, sacerdotes, povo. Finalmente, com a liturgia atribuída a São Basílio, a qualidade extática foi subjugada e o imaginário e a expressão ficaram mais moderados. A linguagem é precisa, quase jurídica, rejeitando a terminologia mais abstrata derivada da filosofia grega que começava a entrar no discurso teológico do período.

Perguntas eucarísticas: quem, quando e como?

A transformação do pão e do vinho em corpo e sangue de Cristo, se é o que de fato ocorre na liturgia eucarística cristã, é com certeza um acontecimento extraordinário. Sua maneira foi muitas vezes discutida em círculos cristãos e, no final, sua explicação separou o cristianismo em oriental e ocidental e, depois, foi parte de uma segunda, e não menos grave, fissura na Igreja ocidental. A primeira questão foi como e quando a transformação do pão e do vinho ocorriam, e a segunda foi sobre o que exatamente ocorria nesse momento.

Os primeiros cristãos sabiam como e por quem a Eucaristia era celebrada, mas nós não sabemos. No começo, a Eucaristia parece inexplicavelmente ligada à ágape ou festa de amor, no entanto é distinta dela (1Cor 11,17-34), que era uma espécie de refeição comum. Quando a Última Ceia foi novamente estabelecida e quem representava Jesus? Nossas fontes não nos dizem.

De algum modo, a Eucaristia era presidida ou "celebrada" por um sacerdote (ver I/6) ou um bispo em sua função sacerdotal, visto que os dois poderes, o magistério e o sacerdócio, eram distintos, mas podiam ser realizados pela mesma pessoa. Ele pronunciava as palavras de Jesus: "Isto é meu corpo... Isto é meu sangue". A Igreja ocidental pensava, ou supunha, que as palavras pronunciadas pelo sacerdote, primeiro sobre o pão e depois sobre o vinho, realizavam a sua transformação em corpo e sangue de Cristo. As liturgias eucarísticas orientais, porém, isto é, seus "roteiros" para a nova realização da Última Ceia usados na Igreja oriental, pensavam de modo diferente. Nessas versões, o Espírito Santo era invocado para "descer sobre essas oferendas e torná-las santas", e a essa altura da epiclese ocorria a miraculosa transformação. No Ocidente, o sacerdote dizia as palavras e consagrava; no Oriente, o sacerdote proferia e o Espírito consagrava.

O que exatamente acontecia no momento da consagração, se realizada pelas palavras do sacerdote ou através da ação do Espírito Santo, não era uma questão menos problemática. Os teólogos cristãos da Idade Média, que tomaram emprestado a teoria aristotélica de substância (o substrato subjacente de um ser) e acidentes (as modificações perceptíveis mas superficiais desse substrato), usaram o termo da arte "transubstanciação" para explicar. A substância do pão e do vinho era inteiramente transformada, se dizia, na substância do corpo e sangue de Cristo, embora os acidentes (cor, gosto, textura etc.) do pão e do vinho permanecessem. Isso foi afirmado como dogma da Igreja pelo Quarto Concílio de Latrão em 1215.

A liturgia da Reforma

Os reformadores protestantes reconheciam a Eucaristia, à qual se referiam agora pela expressão mais escriturística de "a Ceia do Senhor" (1Cor 11,20), junto com o batismo, como um dos sacramentos autênticos do Novo Testamento (ver II/5), mas com uma compreensão um pouco diferente. Lutero substituiu a transubstanciação dos católicos pela consubstanciação, ou seja, depois da consagração, *ambos* os conjuntos de substâncias, pão/vinho e corpo/sangue de Cristo, coexistiam nos elementos eucarísticos. Talvez fosse um milagre diminuído, mas ainda era um milagre. Ulrich Zwingli (m. 1531), o reformador suíço, não pensava assim. Ele considerava a Ceia do Senhor mais como uma memória do que um sacrifício, e sustentava que nem a transubstanciação nem a consubstanciação ocorriam. O pão e o vinho permaneciam; apenas sua associação era mudada. O milagre desaparecera. A posição de Calvino ficou mais ou menos no meio. Ele negava o fato da transubstanciação, mas continuou a afirmar que, ao receber os elementos, o cristão de fato recebia o poder ou virtude do corpo e do sangue de Cristo. *Virtus* tinha substituído a *substantia*; o milagre, antes físico, fora "espiritualizado".

À guisa de resposta às afirmações dos reformadores, o Concílio de Trento, em 1551, reafirmou a doutrina da transubstanciação, embora talvez de modo um pouco mais cauteloso do que até então: "Pela consagração do pão e do vinho é produzida uma mudança de toda a substância do pão no corpo de Cristo e de toda a substância do vinho no sangue de Cristo. A essa mudança a Santa Igreja Católica conveniente e apropriadamente chama de transubstanciação".

Natal

Ao passo que, pelo menos na língua inglesa, *Sunday* (dia do Sol, Domingo) e *Easter* (Páscoa, que originalmente era o nome de uma de festa pagã da Primavera) são nomes pagãos peculiares para dias santos dos cristãos, *Christmas* (Natal) anuncia-se de modo muito mais direto, a saber: a Missa de Cristo. Seus antecedentes pagãos estão ocultos, no entanto, na data: 25 de dezembro. Embora a data da morte de uma pessoa fosse às vezes marcada, no mundo antigo ninguém dava muita atenção às datas de nascimento, visto que não havia nada de notável acerca de nenéns e crianças. Ninguém exatamente sabia, pois, a data, muito menos o dia, do nascimento de Jesus, como também não sabia a do nascimento de Maomé. Podemos supor a partir de algumas indicações que Jesus nasceu no ano 4 a.e.c., no último ano do reinado de Herodes, mas não há nada nos textos evangélicos que torne a data mais precisa, nem sequer para indicar que os cristãos se preocupavam com ela.

Sabemos quando e por que o suposto nascimento de Jesus foi introduzido. Em 274 e.c., o imperador Aureliano decretou que o culto do Sol Invicto constituía a *religio* oficial do império. Não foi uma mudança muito significativa e dá mais testemunho da popularidade do mitraísmo, no qual o culto ao sol era central, e da astúcia do imperador em tentar mais capitalizar politicamente o fato do que fazer alguma mudança profunda nas sensibilidades religiosas de milhões de pessoas. O Sol era celebrado particularmente no dia do seu "aniversário", o solstício de inverno [no hemisfério norte] (21 de dezembro) e nos dias seguintes. Quando Constantino abraçou o cristianismo no começo do século seguinte, começou o processo de cristianização das práticas cultuais do império de um milênio de idade sobre o qual reinava. Fundos estatais foram canalizados para projetos de construções cristãs, bem como para a transformação maciça de Jerusalém e da Palestina em santuários; a lei romana foi reescrita para condenar práticas inimigas ou aceitáveis ao cristianismo e dar autoridade ao clero cristão; e, no âmbito do culto, a Páscoa foi separada da Páscoa judaica (ver I/6). Foi então que o Dia do Sol foi convertido em dia santo cristão (ver I/5), e o último dia da celebração do aniversário do sol, 25 de dezembro, apropriado como o dia do nascimento do próprio Jesus, o *dies natalis Domini*.

Oração muçulmana

O Alcorão não mostra interesse algum pelo primitivo culto do templo judeu, embora haja boas evidências de que o próprio Maomé originalmente rezasse voltado na direção de Jerusalém. Uma das possíveis referências do Alcorão à Eucaristia (5,117-118) sugere que era pensada como uma espécie de refeição enviada do céu para sustento dos crentes. No entanto, a liturgia islâmica não se colocava nessas direções; estava mais próxima daquela do judaísmo rabínico no sentido de que se fundamentava em orações. Os pagãos em Meca rezaram, de certo modo, uma prática que o Alcorão caracteriza como "assobiar e bater palmas" (8,35). Maomé a substituiu, a mando de Deus, por orações litúrgicas formais (*salat*). Em larga medida essas orações diárias não são especificadas quanto ao seu conteúdo, freqüência e horários, mas os detalhes foram rapidamente supridos pela *sunna* do Profeta. As orações muçulmanas são compostas principalmente das próprias palavras de Deus no Alcorão. São precedidas por uma ablução ritual e acompanhadas de gestos e prostrações apropriados; são o coração da liturgia islâmica e a principal obrigação cultual de todo muçulmano.

A oração litúrgica muçulmana é composta de unidades chamadas "inclinações" (*rakas*). A primeira de uma série sempre começa com a frase "Deus é grande" (*Allahu akbar*), recitada com as mãos colocadas, com as palmas para fora, em cada lado do rosto. É seguida da recitação da "Abertura" (*al-Fatiha*), a sura inicial do Alcorão, e uma ou mais passagens do Livro. Em seguida vem a inclinação dos quadris, após a qual o orante volta a uma posição ereta. A seguir o orante se ajoelha e toca o chão com a testa, depois se senta apoiando-se nos quadris. Isso é seguido de uma segunda inclinação como a primeira. Embora a prática ainda seja imprecisa no Alcorão, a oração logo se tornou padronizada em cinco vezes ao dia – aos judeus se pede que rezem três vezes ao dia –, quando os fiéis são chamados por um "convocador" (*muadhdhin*; "muezzin" ou muezim) nas horas apropriadas, que eram ao raiar do dia (*subh* ou *fajr*), meio-dia (*zuhr*), no meio da tarde (*asr*), após o pôr-do-sol (*maghrib*) e, finalmente, na parte inicial da noite (*isha*). No começo, as orações eram ditas com o rosto voltado para Jerusalém, como os judeus faziam – os cristãos se voltavam para o oriente –; mais tarde, porém, a direção da oração, a *qibla*, foi mudada em direção à caaba, em Meca.

Oração de sexta-feira e a mesquita

As orações diárias do muçulmano podem ser feitas em particular em qualquer ambiente decente e digno, mas a oração do meio-dia às sextas-feiras tinha uma importância litúrgica especial, no sentido de que era uma oração comunitária prescrita. A sexta-feira passou a ser chamada de "dia da assembléia" (*yawm al-juma*), e o lugar dessa congregação, a "assembléia" (*jami*). Esta última é o que chamamos de mesquita, embora a palavra remonte a uma outra palavra árabe que descreve outra função do mesmo lugar: *masjid*, um lugar de prostração e de culto.

A primeira mesquita no islã foi o pátio da casa do próprio Maomé em Medina (ver I/3). Suas sucessoras na diáspora islâmica serviram quase que para as mesmas finalidades da construção original; uma estrutura simples usada indiferentemente para assembléia política e para liturgia. Havia poucas exigências arquitetônicas: água corrente para ablução antes da oração num pátio aberto e uma torre ou minarete de onde o muezim podia convocar os fiéis para rezar; dentro, um nicho (*mihrab*) para indicar a *qibla* ou direção da oração (para Meca), e um trono elevado (*minbar*) – em oposição ao púlpito cristão, uma espécie de pódio – que originalmente serviu como uma espécie de tribuna política, mas se tornou, com a progressiva restrição da mesquita para funções litúrgicas, um púlpito para o sermão de sexta-feira.

A *hajj*

A oração diária é uma das Colunas do Islã, às quais estão obrigados todos os muçulmanos (ver II/4). Outra é a *hajj*, a peregrinação aos lugares santos de Meca e seus arredores, que todo muçulmano deve fazer pelo menos uma vez durante a sua vida, se as circunstâncias permitirem. Esse ritual complexo, grande parte do qual está ligado tanto ao tempo como ao lugar, se desenvolve entre os dias 8 e 13 do mês lunar da peregrinação (Dhu al-Hijja).

A *hajj* era um ritual pré-islâmico existente havia muito tempo nos arredores de Meca; não podemos saber quanto tempo, embora seus ritos sugiram práticas semitas primitivas. Em todo caso, eram anteriores à vida de Maomé, assim como a *umra*, a festa mequense mais local celebrada pelo povo da cidade dentro e em torno da caaba. Embora os muçulmanos detestem imaginar o Profeta em qualquer ligação com o paganismo, não temos nenhum motivo real para pensar que Maomé não participasse da *hajj* antes de seu chamado à profecia em 610, nem depois dessa data, pelo menos até sua partida para Medina. Ele participou da *umra* em Meca em 629 e 630, e havia muçulmanos na *hajj* de 631, embora Maomé não estivesse. Sua primeira e última *hajj* muçulmana ocorreu em 632, a chamada Peregrinação de Adeus. Nessa ocasião, pela palavra e pelo exemplo (sua *sunna*), ele fez todas as modificações que foram julgadas necessárias para purificar o ritual que aos olhos muçulmanos tinha sido instituído originalmente pelo próprio Abraão (Alcorão 22,27).

O quanto Maomé mudou? Estamos mal informados acerca da *hajj* pré-islâmica, mas alguns julgamentos são possíveis. Primeiro, as feiras comerciais associadas à peregrinação anterior foram abolidas ou desapareceram logo após o islã. Segundo, alguns dos aspectos mais evidentes do paganismo foram eliminados. Orações, chegadas e partidas que aconteciam ao nascer e ao pôr-do-sol e, portanto, sugeriam culto solar ou planetário, por exemplo, foram mudadas para outras horas do dia, num esforço de quebrar as associações anteriores. Os sacrifícios de animais, que tinham sido um lugar-comum em Meca e arredores, foram abolidos; de maneira um tanto inexplicável, sobreviveu apenas o de Mina. Apesar de tudo isso, notavelmente pouco parece ter mudado daquilo que, segundo todas as aparências, era uma série muito antiga e muito primitiva de rituais.

A *hajj* não foi, em nenhum tempo que podemos observá-la, um ritual único, unificado à maneira de um drama, mas uma concatenação de atividades mal conectadas espalhadas por alguns dias. Ou assim nos parece, visto que quaisquer mitos etiológicos que os árabes tivessem tido para explicar esses rituais agora emaranhados se perderam inteiramente. Talvez já tivessem desaparecido no próprio tempo de Maomé. O Alcorão deu aos crentes suas próprias explicações propriamente muçulmanas. Os rituais da *hajj* eram agora entendidos em referência a Abraão e sua estada em Meca. Aqui, em Arafat, Abraão esteve e rezou diante de Deus. Aqui, em Mina, recebeu a ordem de sacrificar o seu filho e depois recebeu um animal para substituí-lo. Aqui também Abraão foi tentado por Satã, e por isso os três "Satãs" na forma de colunas são apedrejados. E assim por diante.

Além da área de Haram ou santuário no meio da cidade, Meca está cercada por uma área proibida demarcada por pontos ou "estações" ao longo das principais estradas que levam à Cidade Santa (ver I/1). Quando o peregrino ou peregrina chega a esses pontos, ou pouco antes disso, deve entrar num estado de tabu, *ihram* ou "haramização", passando por uma ablução completa, usando uma roupa especial feita de dois simples panos brancos, um amarrado em torno da cintura e que chega até os joelhos e o outro pendendo do ombro esquerdo e atado debaixo do braço direito. A cabeça e o peito dos pés devem permanecer descobertos. Isso para os homens; não há roupa particular prescrita para as mulheres, embora a maioria esteja toda coberta, da cabeça aos pés, de branco. Essa roupa e somente ela é usada durante toda a peregrinação, e não se permite nenhuma outra lavagem ou cuidado. Tampouco se permitem relações sexuais; qualquer tolerância nisso anula a *hajj*.

Ao entrar em Meca, o peregrino deve, o mais cedo possível, realizar a *tawaf*, uma sétupla circumambulação da caaba em sentido anti-horário, as primeiras três num passo bastante rápido. Os peregrinos tentam beijar ou tocar a pedra preta embutida no canto oriental da caaba, à medida que passam por ela, embora a multidão de fiéis muitas vezes torne isso impossível. Completada a *tawaf*, o peregrino vai ao lugar chamado Safa, além do lado sudeste do Haram, e completa sete "corridas" entre ela e outro lugar, chamado Marwa, uma distância de uns três quilômetros no total. Embora outrora nas duas pontas de uma rua pública, os dois lugares, e o caminho entre eles, hoje estão todos cercados de uma colunata com ar condicionado. A *tawaf* originalmente fazia parte da *umra*, mas a corrida entre Safa e Marwa foi ligada a ela pelo próprio Maomé, como podemos ler em Alcorão 2,153.

Há uma certa flexibilidade na realização desses rituais mequenses – alguns preferem realizá-los tarde da noite, quando o tempo está mais fresco e as multidões mais ralas –, mas exatamente no oitavo dia de Dhu al-Hijja começa propriamente a *hajj*. Os peregrinos vão a Mina, aldeia a oito quilômetros ao leste de Meca, onde alguns passam a noite, enquanto o resto vai diretamente à planície de Arafat, distante 17 quilômetros do Haram, onde passam a noite naquela que se torna, por uma única noite, uma das maiores cidades do Oriente Médio. O dia seguinte, o nono, é o coração da *hajj*. Os peregrinos, agora muitas centenas de milhares, se reúnem em torno da pequena colina de Arafat. Às vezes são proferidos sermões durante esse intervalo, mas não têm nada a ver com o ritual, cujo conteúdo é estar diante de Deus, do meio-dia ao pôr-do-sol. Exatamente antes do pôr-do-sol ocorre a "dispersão", às vezes uma corrida em tropel para Muzdalifa, aldeia a meio caminho de volta a Mina. Aí se passa a noite; na manhã seguinte, o décimo dia, há outra dispersão quando os peregrinos se apressam para Mina, onde ocorre o ritual do apedrejamento de Satã, em que se jogam sete calhaus numa coluna de pedra.

Com o apedrejamento de Satã, a *hajj* chegou oficialmente ao fim, mas há alguns ritos que são parte da dessacralização dos peregrinos. Como já foi dito, os peregrinos devem sacrificar um animal – é o *id al-adha* celebrado por todo o mundo muçulmano –, embora alguns peritos legais muçulmanos permitam, baseados em Alcorão 2,196, um período de dez dias de jejum (três na *hajj*, sete depois) como substituto aceitável para o sacrifício sangrento. Então a cabeça dos homens é raspada, os cabelos das mulheres ligeiramente cortados, para indicar o fim da situação de *ihram* – as proibições sexuais permanecem um pouco mais. Os peregrinos voltam a Meca, realizam outra *tawaf*, são aspergidos com água do poço de Zamzam e depois se banham. Os três dias seguintes, o décimo primeiro, o décimo segundo e o décimo terceiro, completam a dessacralização. Os peregrinos voltam a Mina, agora inteiramente livres de todos os tabus. Em cada um dos três dias, os peregrinos de novo apedrejam a grande coluna aí, bem como duas colunas menores. Então a *hajj* está completa e, embora de modo algum faça parte do ritual, muitos peregrinos vão a Medina prestar respeito ao túmulo do Profeta antes de voltar para casa.

Nota: A complexidade da *hajj* é aumentada pelo fato de que a maioria dos peregrinos a realiza uma única vez na vida. Parte da dificuldade pode ser atribuída ao fato de o Alcorão permitir a realização, um depois do outro, daquilo que outrora foram dois rituais distintos (com vestígios de um terceiro, a "corrida" entre Safa e Marwa): a *umra* e a *hajj*. Mais tarde os juristas decidiram que elas podiam ser combinadas de diferentes maneiras e estabeleceram as modalidades. Os muçulmanos em *hajj*, porém, não devem se preocupar: desde o começo Meca teve uma associação de guias profissionais que conduziam os peregrinos através de tudo, desde os alojamentos até a liturgia e a despedida.

Intercalação proibida

Tendo realizado a *hajj* de 632, Maomé voltou-se para outros assuntos relacionados. Foi provavelmente logo após a Peregrinação de Despedida que ele anunciou a revelação banindo a prática da intercalação (Alcorão 9,36-37). Nas sociedades modernas, o estabelecimento de um calendário exato e útil se parece com um ato puramente civil controlado por cientistas, na melhor das hipóteses, e por políticos, na pior das hipóteses. Não é o que acontece nas sociedades religiosas, nas quais o calendário controla a maioria das atividades rituais da comunidade.

Uma das questões em jogo tanto para a exatidão como para a utilidade da marcação do tempo é a prática conhecida como intercalação, a inserção de intervalos fixos de um dia ou dias no ano para conservar o ano contado em sincronia com o sol, e, portanto, com as estações agrícolas. De modo bastante irracional, a terra leva 365 dias e um quarto de revoluções sobre seu eixo para dar uma volta em redor do sol e por isso os que seguem um calendário solar têm um "ano bissexto" quadrienal com 366 dias para repor a diferença: um dia adicional é intercalado em fevereiro a cada quatro anos. Para os que seguem um calendário lunar – ou seja, aqueles que seguem o tempo anual pelas revoluções de vinte e oito dias que a lua faz em torno da terra –, o problema de acompanhar as estações agrícolas determinadas pelo sol é mais rigoroso, visto que 12 dessas revoluções lunares deixarão o "ano" lunar 11 dias mais curto que o seu equivalente solar com cada ciclo da terra em redor do sol.

Os cristãos, por influência romana, seguiram um calendário solar assim que se afastaram de suas raízes judaicas, mas os judeus continuaram a usar, pelo menos para finalidades religiosas, seu calendário lunar tradicional, o qual a própria Bíblia consagrara ao fazer do aparecimento da lua nova uma celebração festiva. Os árabes pré-islâmicos também seguiam um calendário lunar e, como os judeus, praticavam intercalação. Para os judeus, as festas agrícolas de *Sukkoth* e de *Pessach* continuaram a marcar a colheita de outono e a semeadura de primavera respectivamente, ao passo que para os árabes a *umra* seguiu sendo uma festa primaveril e a *hajj* continuou a ser observada no outono.

Não mais, porém, depois que o Alcorão passou a reger. Deus abolira a intercalação, e o que originalmente foram festas sazonais e dias santos, a *hajj*, *umra* e o mês de Ramadã, agora se moviam livremente pelo ano solar, caindo cada ciclo 11 dias antes no ano solar do que no ano precedente. De fato, a *umra* tornou-se tão separada de sua celebração sazonal original que os muçulmanos muitas vezes simplesmente a juntavam ao começo da *hajj* e celebravam ambas juntas. Podemos apenas especular sobre o que estava por trás dessa proibição. O mais provável é que se pretendia desligar as práticas religiosas muçulmanas de todas as suas associações pré-islâmicas, pagãs ou judias, visto que esses dias santos anteriores eram todos sazonais.

A consagração de Jerusalém

Cidades santas como Meca sempre convidaram pessoas de mentalidade política a tirar vantagem fazendo investimento público e visível no lugar, particularmente em seus locais sagrados. Como vimos, Davi, Salomão e Herodes iniciaram tais ações em Jerusalém, com resultados variáveis, como fizeram vários governantes muçulmanos em Meca e Medina, bem como em Jerusalém. Mas os dois que tiveram efeitos mais duradouros, se não para a reputação deles, mas pelo menos para a cidade de Jerusalém, foram Davi e Constantino. Cada um pegou uma povoação que não era particularmente levada em consideração por seus súditos e a converteu em algo muito diferente. A realização de Davi teve resultados políticos e religiosos que duram até hoje. Ao se mudar e levar a Arca da Aliança para a cidade e tomar medidas para sua moradia permanente ali, o rei de Israel fez do povoado jebuseu de Jerusalém a capital política e religiosa dos israelitas. Jerusalém sempre foi isso para os judeus, mesmo estando ausentes desse local tanto a soberania como o santuário.

Davi era apenas o segundo rei de Israel, mas Constantino estava num terreno ainda menos seguro: ele era o primeiro imperador cristão de uma empresa política, o *imperium romanum*, que se estendia, de uma forma ou outra, um milênio para o passado, mil anos pagãos segundo a contagem cristã. Ele segurava as rédeas do governo com firmeza, até com ferocidade, frente aos rivais políticos, e agia não menos decididamente na Igreja, embora aqui sem o mais leve precedente. Na esteira de sua ousada iniciativa de convocar e presidir o Concílio de Nicéia orientou o bispo de Jerusalém a identificar os lugares ligados à vida e à morte de Jesus na Palestina e consagrá-los de maneira apropriada, imperial – projeto para o qual o governador da província foi devidamente mandado dar toda assistência. Assim começou a reabilitação religiosa de Jerusalém.

Havia uma comunidade cristã em Jerusalém desde o tempo de Jesus, primeiro de judeu-cristãos e depois, após 135, uma comunidade de cristãos gentios com bispos gregos. Eles provavelmente se lembravam de alguns dos lugares ligados à vida de Jesus, mesmo depois da ampla remodelação da cidade feita por Adriano. Segundo os cristãos locais, o lugar tanto da execução como do sepultamento de Jesus estava debaixo do templo de Júpiter Capitolino, a divindade tutelar da cidade, o qual Adriano edificara no lado norte do novo fórum da cidade.

Por ordem de Constantino, o local, que tinha ficado fora da muralha de Herodes nesse lado da cidade, mas que agora ficava bem dentro da cidade de Adriano, foi escavado e limpo. Foi encontrado não apenas o local, mas também, na escavação, foram descobertas três cruzes, uma das quais se demonstrou miraculosamente ser a de Jesus. Tanto o túmulo escavado na rocha como o Gólgota, o monte no qual Jesus foi crucificado, estavam vazios. Sobre o túmulo foi construído um edifício circular com cúpula, que, no lado oriental, dava para um pátio descoberto no qual estava o Gólgota, agora encimado pela cruz de Jesus. No lado oriental desse pátio com pórtico fica a enorme basílica de Constantino, com sua entrada monumental que dá para a *cardo*, a rua principal colunata que corre de norte a sul através de Jerusalém. Um prédio semelhante foi construído sobre a gruta identificada como lugar do nascimento de Jesus em Belém, outra no lugar onde Jesus esteve no Monte das Oliveiras. Finalmente, foi construído um santuário em torno do carvalho de Abraão, perto de Hebron.

Peregrinação cristã

Dois tipos gerais de atividades entram na noção de "peregrinação". A primeira refere-se a certos atos de culto que podem ser realizados somente em certos tempos ou lugares. Esses rituais ligados a tempo e lugar são exemplificados na obrigação dos judeus de celebrar as três grandes festas anuais *hag* da *Pessach*, *Shavuot* e *Sukkoth* em Jerusalém nas estações apropriadas e a obrigação do muçulmano de realizar uma vez na vida a *hajj* nos dias indicados dentro e em torno de Meca. Propriamente falando, a melhor definição é considerá-las liturgias. A peregrinação é também usada como viagens voluntárias nas três comunidades religiosas e é propriamente uma visita piedosa – que os muçulmanos chamam de *ziyara*, em oposição ao *hajj* litúrgico –, uma viagem daqui para um outro lugar, como o substantivo latino *peregrinatio* indica. Esse "um outro lugar" é um lugar santo de vários tipos diferentes. Deve ser um local onde a história da salvação se desenrolou – Sinai, por exemplo, ou o lugar da crucificação em Jerusalém –, onde o peregrino pode reviver e, de fato, representar liturgicamente o acontecimento. Pode ser na casa de um santo ou santa, onde se pode ir e contemplar um desses amigos de Deus a quem se atribui a incorporação da virtude perfeita (ver mais adiante). Finalmente, e de modo mais geral, pode ser um dos lugares santificados primeiro pela presença terrena e agora pelos restos sagrados dos mártires e confessores da fé.

Jerusalém é a meta arquetípica do peregrino. Ali a história sagrada das três religiões monoteístas se desenrolou, dentro de suas muralhas está o sepulcro de Jesus, a presença atestadora da vida terrena dele, e o fato de estar vazio dá testemunho do milagre da sua ressurreição. Pode ter havido algum visitante ocasional em Jerusalém antes do projeto de consagração de Constantino, mas depois que esse trabalho começou – e continuou com os membros da família imperial e outros cristãos ricos e piedosos –, os peregrinos começaram a chegar para participar do que se desenvolveu em liturgia estacional: uma série de rituais realizados no tempo da Páscoa em comemoração aos acontecimentos ligados aos dias finais de Jesus em Jerusalém nos lugares exatos em que ocorreram. Muitos peregrinos escreveram suas experiências, que serviram como mais um incentivo para a peregrinação. Cada vez mais lugares em Jerusalém e seus arredores foram identificados como tendo ligação com Jesus, Maria, os apóstolos e outros membros da primeira geração de cristãos.

Não há nenhum sinal de que a peregrinação cristã a Jerusalém, agora sustentada por uma rede de pousadas e outras instalações, tenha diminuído quando os muçulmanos aceitaram a rendição pacífica da cidade, em 635. Os novos soberanos de Jerusalém dedicaram a sua atenção principalmente ao monte do templo em ruínas. Limparam a monumental plataforma de Herodes e construíram nela primeiro uma mesquita, al-Aqsa, no canto sudeste, e depois, em 692, o santuário da Cúpula do Rochedo, ou Domo da Rocha, no seu meio.

O principal lugar santo cristão, a Igreja da Anastasis ou Ressurreição – Santo Sepulcro é um nome posterior e ocidental –, foi em geral ignorado pelos governadores muçulmanos de Jerusalém, embora não sem algum senso de respeito. Segundo o Alcorão 4,157 e sua exegese muçulmana normal, a morte de Jesus na cruz foi apenas aparente. Os judeus *pensaram* ter crucificado Jesus; de fato, ele subiu vivo ao céu, de onde voltará para assinalar o fim dos dias (ver II/10). Nessa visão, não é inteiramente inesperado que os muçulmanos, que veneram Jesus como um grande profeta, tivessem pouca consideração pela Anastasis, o local, segundo os cristãos, da execução, sepultamento e ressurreição de Jesus. Os muçulmanos a chamam por um nome rude, e o sultão egípcio al-Hakim considerou o lugar tão ofensivo que, em 1009, ordenou que o demolissem. Foi logo reconstruído, porém, embora em escala reduzida, e Saladino, quando retomou Jerusalém dos cruzados latinos em 1187, foi igualmente aconselhado a destruir o lugar ofensivo. Mas Saladino entendia melhor que seus conselheiros a natureza dos lugares santos. "Os cristãos ainda fariam peregrinações aqui" – disse ele – "mesmo que a própria terra fosse cavada e jogada para dentro do céu".

O feito de al-Hakim foi horrível, é claro, e quando a notícia da destruição do principal lugar santo da cristandade chegou à Europa, somou-se à onda crescente de ressentimento que acabou levando à cruzada cerca de noventa anos mais tarde. O ato de al-Hakim foi seguido de outro acontecimento cheio de conseqüências. Como foi observado, o imperador bizantino permitira apoiar a reconstrução do Santo Sepulcro na década de 1030; alguns anos depois, quando as muralhas de Jerusalém estavam em mau estado, seu sucessor concordou em dar dinheiro e trabalho para sua reedificação. Mas foi feita uma exigência: só seria permitido que cristãos vivessem dentro do bairro recentemente murado da cidade – o quadrante noroeste – e seus assuntos ficavam nas mãos apenas do patriarca cristão de Jerusalém. Portanto, na década de 1060, trinta anos antes da cruzada européia, havia um bairro cristão murado em Jerusalém, um enclave mais ou menos livre do controle muçulmano e dependente, em certa medida, não dos governadores muçulmanos da cidade, mas do imperador cristão em Constantinopla. O princípio de um protetorado externo sobre a população cristã, muitas vezes invocado pelas potências européias do século XVI em diante, fora estabelecido em Jerusalém e ainda existe, em forma mitigada, até hoje.

A Muralha Ocidental

O principal lugar sagrado em Jerusalém na época medieval tardia e no começo dos tempos modernos era a muralha ao oeste do templo, exemplo não atípico de como um lugar santo de Jerusalém começou com a presença de Deus e acabou nas mãos dos juristas. Como vimos, com a destruição do primeiro templo pelos babilônios, no século VI a.e.c., muitos israelitas estavam convencidos de que a presença de Deus que aí morava, sua *shekiná*, se mudara. Ela voltaria, prometeu Ezequiel (44,1-4), e presumivelmente voltou, ao segundo templo de Zorobabel e Herodes. Mas o que ocorreu no ano 70 e.c.? Em 135? Onde estava a presença sagrada de Deus que dava santidade ao recinto? Vimos que os judeus desafiaram a proibição romana e voltaram ao monte do templo após a destruição, embora não para sacrificar, nem talvez sequer para orar, mas para lamentar o infortúnio que se abatera sobre o lugar. Os *midrashim* do século VII e.c. sustentavam que a presença de Deus nunca saíra da muralha ocidental, mas eles estavam quase certamente se referindo à muralha ao oeste da cidade e não, como se entendeu no século XVI, ao lado oeste da plataforma de Herodes. Isso não quer dizer que os judeus deixaram de reverenciar o lugar do templo; eles simplesmente não tinham permissão para entrar nele. Os judeus reuniam-se no Monte das Oliveiras para o *Sukkoth*, e foi aí, sugeriram alguns, que a *shekiná* veio ficar.

Não é fácil traçar o crescimento subseqüente da tradição, mas na Jerusalém do século XVI os judeus tinham encontrado um novo lugar para orar – com o conveniente ajustamento da exegese rabínica anterior –, no estreito espaço aberto entre o elevado lado ocidental da plataforma de Herodes e o prédio da mesquita muçulmana próxima e o bairro marroquino. Os direitos de ocupação tinham de fato sido estabelecidos. Mas no século XIX, após uma progressiva liberalização da administração municipal de Jerusalém e o apoio crescente dos judeus de Jerusalém por parte de alguns correligionários europeus, o pequeno pedaço chamado de Muralha Ocidental – 120 metros quadrados para ser exato – tornou-se a principal fonte de contenda entre os judeus e as autoridades otomanas. Em outras circunstâncias, os dois lados podiam ter pegado em armas e se preparado para lutar, mas era um tempo muçulmano numa terra muçulmana, e por isso a questão acabou num tribunal – um tribunal muçulmano que se pronunciou contra os judeus. Na esteira da Primeira Guerra Mundial, Jerusalém não era mais muçulmana, mas britânica, pelo menos num sentido mandatário. Os britânicos tinham seus próprios tribunais, mas preferiam, como nós hoje, uma comissão internacional, cujos pareceres, que continuavam a restringir o acesso e o uso judeu, foram incorporados à lei palestina por um decreto do governo local em 1931.

A conquista israelense da Cidade Velha foi um cataclismo; não só as mesas foram reviradas, mas a cidade inteira. Rapidamente, o bairro marroquino foi derrubado e o espaço diante do muro foi ampliado. Os muçulmanos apelaram para o decreto do governo de 1931, mas ele era letra morta. Vigorosamente vivo, no entanto, estava o argumento entre os judeus sobre se o lugar era santo ou histórico. Era ambos, obviamente; a questão real era quem tinha a jurisdição – o Ministério de Assuntos Religiosos, que queria transformar o espaço numa sinagoga, o Departamento de Parques, que queria preservá-lo por tombamento, ou os arqueólogos. Orar ou escavar os fundamentos do templo de Herodes? A resposta foi – como a Unesco esbravejava ineficazmente ao fundo – a solução israelense pragmática de costume: um pouco de cada, com uma linha estrita, embora imaginária de demarcação entre a posição da Torá sagrada e as máquinas escavadoras profanas.

Devoções populares no cristianismo

A posição de submissão vigiada dos judeus, de séculos de duração, às autoridades políticas e religiosas da cristandade e da Casa do Islã garantiu que a maioria das formas de piedade judaica permanecesse principalmente, e seguramente, dentro de cada casa ou da sinagoga e, portanto, fosse necessariamente local. Quando o comportamento piedoso tomou formas mais públicas, como o movimento chamado hassidismo (ver II/8), passou de célula a célula, de comunidade a comunidade, sem tomar as ruas ou chegar ao limiar da atenção popular. O mesmo foi verdadeiro para as dhimmis cristãs sob o islã e os mudéjares muçulmanos que viviam na Espanha cristã (ver I/8); em outros lugares, porém, cristãos e muçulmanos estavam livres para exprimir sua piedade como quisessem.

O cristianismo assumiu personalidade pública com a conversão de Constantino. Desde então os cristãos estavam livres para prestar culto como quisessem, muitas vezes com o apoio do governo. Igrejas e santuários tomavam proporções monumentais e eram pródigos em decoração com ajuda de patrocínio tanto público como particular. Os prédios, porém, eram propriedade da Igreja, e o que se passava neles – a liturgia – era conduzida, e gerida, pelos ministros episcopais da Igreja e, em geral, pelos decretos dos sínodos e concílios episcopais. A liturgia se tornou cada vez mais padronizada e essencialmente estática. Localmente havia cultos de mártires da fé, cujos túmulos ou restos – suas *relicta*, ou "relíquias" – atraíam certo grau de atenção (ver mais adiante). Em Jerusalém, o túmulo de Jesus, o Santo Sepulcro, recebeu atenção particular e criou tanto uma liturgia especial – a das estações, mencionada mais atrás –, coisa que o culto dos mártires não fez, como uma prática de peregrinação, genuinamente internacional.

As devoções cristãs permaneceram centradas na igreja e foram principalmente litúrgicas até a Idade Média, quando a piedade da cristandade latina começou a se exprimir de maneira nova. A piedade contemplativa do cristianismo monástico, fosse ocidental ou oriental, permaneceu essencialmente privada, pessoal e igualmente estática. No cristianismo medieval, todavia, houve um forte crescimento do devocionalismo leigo público, dinâmico. Na arte, na literatura e na prática, o novo grau de auto-expressão religiosa se manifestou por toda a Europa latina. As paredes, coros, altares e capelas das igrejas tomaram vida com cenas múltiplas da vida de Cristo, de sua mãe e dos santos. Painéis múltiplos serviram para transformar essas vidas em genuínas narrativas. Vidas de santos, como a *Legenda áurea* de Jacobus (Tiago) de Voragine (c. 1270), começaram a proliferar até antes da introdução da imprensa. Aconselhamento moral, exortação e explanação encontraram uma nova voz na Idade Média, quando a *Imitação de Cristo* de Tomás de Kempis (m. 1421) tornou-se um *best-seller* internacional. Sermões tornaram-se uma forma de arte popular, particularmente na língua vernácula, e até um acontecimento, se o pregador fosse célebre. Tanto os dominicanos, a Ordem dos Pregadores, como os franciscanos levaram a pregação a sério e tomaram as ruas no século XIII (ver II/8).

O culto a Maria

As devoções muitas vezes dirigiam-se a pessoas e coisas, à paixão de Jesus ou ao seu nascimento, aos santos e às suas relíquias, à Eucaristia. A devoção cristã à paixão tornou o crucifixo (a representação de Jesus na cruz) um símbolo internacional do cristianismo latino – o cristianismo oriental preferiu o Cristo rei, *christos pantokrator* – e fez das cenas de sua paixão e crucificação o assunto mais comum da arte européia, seguido de perto pela Madona (Maria e o Menino Jesus). Dias festivos em honra de Maria foram publicamente celebrados tanto como festas populares como acréscimos formais ao calendário litúrgico sempre mais volumoso da Igreja: o nascimento dela, sua apresentação no templo, o anúncio que o anjo fez de sua gravidez (a "Anunciação"), sua purificação após o nascimento de Jesus e o arrebatamento (a "Assunção") de seus restos mortais ao céu. Orações como a Ave Maria (de Lucas 1,28 mais 1,42) tornaram-se enormemente populares. A prática de repetir levou rapidamente ao "rosário", a repetição dessa oração em séries, desfiando as contas que marcavam a oração acompanhada de cenas da vida de Maria.

Maria não teve nenhum grande santuário na Europa medieval, todavia os "lugares de Jesus" proliferaram pelo simples expediente de transferir para solo europeu – particularmente quando o fracasso das cruzadas tornou a viagem para a Palestina difícil e perigosa – as "estações" ligadas aos últimos dias de Jesus em Jerusalém. A mudança foi feita de duas maneiras: transferindo para locais europeus, as igrejas de Roma, por exemplo, as bênçãos – tecnicamente indulgências (ver II/5) – ligadas às visitas aos locais originais na Palestina, ou construindo réplicas desses lugares, com grau maior ou menor de realismo, dentro das igrejas ou do lado de fora, em lugares como o Monte Verna, perto de Varallo, no norte da Itália. Em 1486, o franciscano Bernardino Caimi, ex-superior dos franciscanos na Palestina, construiu quadros realistas em tamanho natural das cenas da vida de Jesus, cada uma em sua própria capela, ao longo dos lados da montanha. À medida que o peregrino e a peregrina esforçavam-se por andar pelo íngreme caminho, estava de fato fazendo as Estações da Cruz como um participante dos acontecimentos. Por toda a cristandade ocidental, versões desse mesmo ritual tornaram-se uma devoção popular ao longo das margens das estradas e no interior das igrejas.

Da piedade ao dogma: uma concepção imaculada e a impecabilidade profética

Embora Maria tenha um papel muito importante nas narrações do nascimento de Jesus registradas por Mateus e Lucas, não tem o mesmo papel na vida pública dele como descrevem os evangelhos nem, de fato, no Novo Testamento como um todo. Sua virgindade (também afirmada no Alcorão 9,21) foi um elemento na reivindicação messiânica de Jesus, visto que cumpria a profecia de Isaías 7,14, como Mateus indica (1,21-23). No evangelho apócrifo de Tiago, a virgindade de Maria é ampliada para incluir os períodos durante e depois do nascimento de Jesus. Isso implicaria necessariamente a redução daqueles que os evangelhos chamam de “irmãos e irmãs” de Jesus (Mc 6,3) à posição de primos. Era essa exatamente a questão entre Jerônimo (m. 420) e seu contemporâneo Helvécio. Ao argumentar contra a virgindade de Maria, Helvécio podia estar preocupado que o celibato dela por toda a vida não apenas solapava a realidade do casamento dela com José, mas degradava o matrimônio cristão em geral. No entanto, a opinião de Jerônimo, que apoiava a “virgindade perpétua” de Maria, prevaleceu na Igreja.

Houve uma explosão teológica no começo do século V em torno do uso da palavra “portadora de Deus” (*theotokos*) em referência a Maria, mas o uso foi confirmado pelo Concílio de Éfeso em 431 – ainda que a questão da divindade e da humanidade de Jesus, que estavam por trás do argumento acerca de Maria como *theotokos*, não fosse resolvida até o Concílio de Calcedônia (ver II/7). Entretanto, na Igreja ocidental, cresceu de modo muito gradual o interesse por Maria. Agostinho, que morreu um ano antes do Concílio de Éfeso, atinha-se à sua base escriturística e, por isso, parece que não considerava Maria um assunto de contemplação teológica, embora sua visão da virgindade perpétua dela fosse semelhante à de Jerônimo.

O culto era outra questão. Embora na Igreja primitiva não houvesse nenhuma celebração de dias santos marianos, no século VI há evidência de que sua Assunção estava sendo celebrada, sem controvérsia, tanto entre os cristãos latinos como entre os orientais, ainda que não fosse definida como dogma pela Igreja Romano-Católica até 1950. A doutrina da Imaculada Conceição – a opinião de que Maria foi concebida, a única da humanidade, sem pecado original – apareceu pela primeira vez nas obras de Pascásio Radberto (m. 865), mas encontrou forte resistência por toda parte. Bernardo de Claraval (m. 1153), um dos primeiros e mais fervorosos paladinos medievais de Maria, era contrário a ela, como também o mais eminente pensador franciscano do século seguinte, Boaventura (m. 1274), e o eminentíssimo teólogo dominicano, Tomás de Aquino (m. 1274). Eles pensavam que a Imaculada Conceição solapava a missão redentora de Jesus, que morrera por *todos*. A solução foi descoberta por Duns Escoto (m. 1308), que simplesmente redefiniu o problema. Jesus salvou a humanidade de duas maneiras: redimindo aqueles que já tinham pecado e preservando sua própria mãe do pecado *tout simple*. Os bispos no Concílio de Trento foram suficientemente convencidos pelo argumento de Escoto para excluir Maria de sua afirmação da realidade e universalidade do pecado original.

Atrás dos teólogos houve um extraordinário crescimento de devoção popular a Maria, celebração ritual de sua vida, orações dirigidas diretamente a ela, comemoração de sua vida e virtudes em lenda, arte e literatura. Maria recebe cobertura extensa, por exemplo, na *Legenda áurea*, coletânea de vidas de santos escritas por volta de 1270, que existe em mais de novecentos manuscritos, e depois um dos textos mais reproduzidos no início da era da imprensa. Para os reformadores, essa efusão de veneração, com pouca ou nenhuma base na Escritura, parecia mais um excesso de superstição, e o culto a Maria, junto com o dos santos da Igreja da era pós-patrística, foi depreciado, desestimulado e quase desapareceu. Não, porém, no catolicismo romano. A piedade mariana da Contra-Reforma não perdeu nada do seu fervor medieval e a Igreja encorajou a sua difusão. O auge do seu crescimento foi a proclamação da Imaculada Conceição como dogma da Igreja por Pio IX em 1854, "por sua própria autoridade", como reza o decreto.

A definição da Imaculada Conceição foi o ponto final de um processo movido por uma combinação de piedade popular, que muitas vezes estava à frente dos teólogos, e a aplicação de uma espécie de lógica ao desenvolvimento da doutrina. A posição extraordinária de Jesus exigia como necessidade teológica ou pedia, porque era conveniente, uma elevação paralela no *status* daquela que o gerou. Uma combinação semelhante pode ser observada em ação na evolução da doutrina em relação a Maomé, particularmente na questão da impecabilidade (*isma*). Nem no Alcorão, nem nos *hadith*, há qualquer sugestão de que Maomé fosse sem mancha; de fato, um versículo do Alcorão (93,7) apresenta Deus dizendo de seu Profeta: "Não te encontramos no erro e te guiamos?" A implicação desse versículo, e a suposição dos primeiros muçulmanos, foi a de que, antes de receber o chamado em 610, Maomé também participava dos rituais da Meca pagã. Essa suposição explicaria igualmente o acontecimento chamado de Abertura do Peito de Maomé. Na sura 94,1 Deus diz a Maomé: "Não abrimos nós o teu peito?", afirmação enigmática explicada na tradição biográfica como um ato físico que se torna, em sua realização, uma limpeza espiritual do coração do Profeta. Ocorre, segundo um relato, logo antes da Viagem Noturna e Ascensão (ver I/3), quando lhe foram mostrados os conteúdos da revelação. Nessa leitura, Maomé não parece ter sido santificado no útero, como os cristãos afirmaram com respeito a Maria, mas *nel mezzo del cammin di vita*.

Logo entrou em circulação uma visão compensadora. Como explicou um comentador do Alcorão, é perfeitamente apropriado dizer que antes de seu chamado, Maomé aprendia aos poucos, como todos os humanos, mas sugerir que ele partilhava do paganismo de seus contemporâneos, "Deus nos livre!". Inclusive o caso dos "versículos satânicos", que provavelmente é antigo, ficou à beira do caminho (ver I/3). As passagens em que Maomé é descrito nos *hadith* rezando – "Confesso meus pecados. Perdoai todos os meus pecados, pois não há ninguém que perdoa pecados exceto vós" – não eram para ser tomadas como evidência autobiográfica, mas como um exemplo calculado apresentado aos crentes.

A "impecabilidade" do Profeta – de fato, de todos os profetas (Alcorão 4,151) – foi discutida entre os teólogos já no final do século VIII. Os mutazilitas, por exemplo (ver II/7), afirmavam como artigo de fé que Maomé foi imune à descrença (*kufr*) e a pecados maiores tanto antes como depois de seu chamado à profecia. Até pecados menores foram descartados, embora a porta não estivesse totalmente fechada para "inadvertências". Como um "credo" muçulmano de meados do século X colocou: "Maomé... não cultuou ídolos, nem nunca foi politeísta, nem sequer por um único momento. E ele nunca cometeu pecado grave ou leve".

No entanto, sempre houve os que fugiram de tal lógica racionalizadora e tentaram ficar mais perto do que parecia ser a evidência alcorânica de que antes de seu chamado Maomé não era diferente dos outros humanos. Os muçulmanos afirmaram unanimemente que Maomé constituía um modelo sem mancha de comportamento humano durante sua vida de Profeta. Ele não apenas proclamou o Islã; ele o vivia com a perfeição absoluta que fazia dele o "belo modelo" (Alcorão 33,21).

A veneração dos santos

A ressurreição de Jesus foi um triunfo sobre a morte, um triunfo partilhado com todos os seus seguidores. Embora isso fosse verdadeiro para todos os cristãos, um olhar posterior foi elaborado em relação aos mártires que morreram por uma fé nas perseguições romanas da mesma forma que uma geração posterior de judeus elaborou com relação aos macabeus. Há evidência de um culto comemorativo ligado aos restos do mártir Policarpo, no segundo século, e pelo terceiro século havia edifícios comemorativos sobre os túmulos dos mártires fora das cidades do império, enquanto o aniversário do martírio deles era celebrado de forma tanto litúrgica como literária. No novo clima religioso estabelecido pela conversão de Constantino, sepulturas simples foram ampliadas, depois de transferir os restos dos santos dos sepulcros suburbanos para locais mais honrosos no centro da cidade, dentro de igrejas grandiosas em que o dia da festa do santo podia ser celebrado diante de grandes multidões com pompa litúrgica. Como vimos, Constantino também construiu igrejas notáveis sobre os locais ligados à vida e morte de Jesus.

O cristianismo logo institucionalizou a veneração de seus santos e santas. Os mártires foram os primeiros a serem honrados assim, mas com o fim das perseguições e da execução de cristãos, a mesma veneração foi logo estendida aos "confessores", os santos e santas cuja vida toda em busca de virtude proclamava sua santidade de forma tão eloqüente como o sangue dos mártires proclamou a sua santidade. Também os confessores podem ser venerados, embora nunca adorados, e era permitido pedir que intercedessem diante de Deus – o islã é particularmente firme em sua negação de poderes de intercessão a qualquer humano, excluindo Maomé (ver II/10) –, porém a linha entre veneração e adoração é de fato tênue. Agostinho preveniu sobre atravessar a fronteira, e o Concílio Ecumênico realizado em Nicéia em 787 fez uma distinção cuidadosa entre o culto (*latreia*) e a adoração devida a Deus somente e o respeito e veneração (*douleia*), que podiam ser prestados aos santos. Por mais complexo que o assunto possa ser, houve um pequeno destaque: o fato de Maria, a Mãe de Jesus, poder receber uma espécie de superveneração (*hyperdouleia*).

Canonização

Seja lá como tenha sido definida ou chamada, a veneração privada e pública de falecidos santificados entrou profundamente na vida litúrgica e devocional da Igreja, tanto oriental como ocidental. À medida que o número dos falecidos venerados aumentava, aumentavam também suas aparições e os milagres a eles atribuídos. A Igreja romana, como sempre e como tudo mais, procurou controlar o processo. "Canonização" significa que alguém se pronunciou dogmaticamente sobre a autenticidade de um dado santo. O primeiro testemunho papal disso foi a declaração de João XV em 993. À medida que o poder do papa crescia, crescia também o controle do papado sobre o culto aos santos e, em 1234, uma decretal anterior de Alexandre III, de que ninguém poderia ser venerado como santo sem a aprovação oficial de Roma, tornou-se parte do direito canônico. Contudo, parece que não diminuiu o culto aos santos e suas relíquias. No tempo da Reforma, muitos consideravam ambos abusivos, e Lutero atacou vigorosamente a veneração dos santos como prática pagã sob disfarce cristão. Ele afirmava que as vidas dos santos estavam agora muito cheias de lenda e que era impossível ter certeza acerca de muitas delas; que a graça era um dom gratuito de Deus, não uma função das boas obras de suposto santo; e, finalmente, que a salvação era um assunto entre Deus e o indivíduo, sem padres ou santos como intermediários.

Cultos devocionais populares e locais em geral precediam à canonização formal, e a institucionalização inevitavelmente se seguia à medida que a comemoração do novo santo recebia um dia apropriado no calendário litúrgico, no qual o santo ou a santa tinha de competir com numerosos outros ou até com uma celebração de Jesus ou Maria; não se podia ser martirizado em 25 de dezembro! Cada vez mais os cristãos começaram a usar nomes de santos para seus recém-nascidos, embora somente cristãos do Oriente Médio e cristãos hispânicos em contato direto com os muçulmanos – que em sua maioria davam o nome de Maomé aos seus filhos – dessem aos filhos o nome de Jesus.

Em 1563, o Concílio de Trento, o concílio da Contra-Reforma, reafirmou tanto a veneração aos santos como as bênçãos inerentes às suas relíquias, ao mesmo tempo em que aconselhava uma avaliação cuidadosa da autenticidade das relíquias. Uma série de instruções papais institucionalizou gradativamente o processo de canonização, a começar com aquelas feitas pelo papa Bento XIV entre 1734 e 1738, que formalizaram práticas passadas e prescreveram uma ênfase nova, mais cética sobre as "virtudes heróicas" do candidato. Com o passar do tempo, a canonização tornou-se cada vez mais rigorosa, pelo menos até o pontificado de Bento XVI (2006-), atual papa, e muitos santos "populares" de uma época anterior e menos cética foram silenciosamente abandonados pelo culto oficial.

Os santos das Igrejas cristãs orientais diferem pouco dos que são venerados no Ocidente, salvo que não há autoridade centralizada no Oriente para controlar o culto ou regularizar o processo pelo qual alguém se torna, de fato, *hagios*. Tradição, consenso e piedade popular ainda são os critérios orientais para o culto aos santos.

Devoções eucarísticas

A devoção à Eucaristia foi outra manifestação medieval de piedade popular. Como vimos, a liturgia cristã principal foi desde o começo uma celebração ou reencenação da Última Ceia. Nova, na Idade Média, foi uma atenção particular à hóstia, ou pão consagrado. Por volta de 1200, a hóstia começou a ser erguida depois do momento da consagração e, enquanto isso, campainhas eram tocadas para chamar a atenção dos fiéis para a elevação do Corpo de Cristo. A hóstia não demorou a ser exibida fora da liturgia eucarística, num relicário especial chamado "ostensório". Alguns desses ostensórios eram de extraordinária riqueza e de notável arte.

O auge da devoção eucarística foi a instituição de um dia de festa especial para celebrar o Corpo de Cristo, Corpus Christi. A pedido de uma freira visionária de Liège, a festa foi inaugurada em 1246. Em 1264, Urbano IV tornou esse dia uma data santa para toda a Igreja, a ser celebrada com liturgia especial na quinta-feira depois da celebração da Santíssima Trindade, no primeiro domingo depois de Pentecostes. A piedade popular, porém, fez seus próprios arranjos. A hóstia começou a ser carregada em procissões públicas nesse dia e por vários dias depois. As celebrações eram cheias de emoção, às vezes tumultuadas, e com acessórios seculares como jogos e diversões. Tomás de Aquino compôs dois hinos especiais para a liturgia. Um começa "Tantum ergo" e o outro "O salutaris hóstia", e ambos ficaram nos lábios dos fiéis até que o Concílio Vaticano II (1962-1965) decidiu que não se cantava melhor a Deus em latim.

Devoções populares no islã

Nem de longe há qualquer coisa no islã sunita que se pareça com essas devoções cristãs. Sua liturgia, principalmente a *salat* cinco vezes ao dia, tem sua realização tão fixada como seu equivalente cristão, a Eucaristia, e muito menos dramática, pois a Eucaristia é essencialmente uma reatualização. O islã tampouco tem liturgias estacionais como a celebração ritual anual dos cristãos, entre quinta-feira e domingo na semana da Páscoa, dos acontecimentos dos últimos dias de Jesus em Jerusalém, nem liturgias comemorativas como a celebração da liturgia eucarística básica em honra de algum santo, nem missa pelos mortos ou missa de casamento. A única liturgia "sazonal" do islã sunita – como já foi observado, a proibição que Maomé fez da intercalação tornou as celebrações sazonais verdadeiras impossíveis – é a *hajj*, ligada ao tempo e a lugar. Apesar de tentativas ocasionais, porém, o ritual não foi, como um todo, "transladado" com êxito para outros lugares salvo o sacrifício feito em Mina no décimo dia do mês da *hajj*, que, como vimos, é repetido em outros lugares no mundo muçulmano, embora mais como um costume estabilizado em preceito do que como mandamento.

O único dia santo comemorativo do islã sunita é o Mawlid al-Nabi, o aniversário do nascimento do Profeta, no duodécimo dia do mês lunar chamado Primeiro Rabi. A primeira menção de sua celebração formal entre os sunitas é do começo do século XIII, como celebração na corte, mas logo o povo comum e, de maneira mais notável, os sufis assumiram a celebração. Em 1910, o sultão otomano declarou esse dia feriado nacional em seu império. O coração litúrgico da festa é a recitação de um longo panegírico poético, igualmente chamado de *mawlid*, que conta a criação do Maomé preexistente, a "Luz de Maomé" (*nur muhammadi*), a genealogia do Profeta, a "anunciação" à sua mãe, Amina, de que ela dará à luz o Profeta, e uma descrição do nascimento dele. O dia e sua celebração, porém, ainda visto em alguns círculos como uma "inovação" (*bida*), termo mais ultrajante em árabe do que em português. A causa subjacente pode ser sua adoção generalizada em círculos sufis, fato que raramente intensificou a ortodoxia de qualquer coisa no islã. O culto muçulmano aos santos, os amigos de Deus (ver mais adiante), muitos com seu próprio *mawlid*, também não é muito considerado em círculos islâmicos mais exigentes.

Não apenas a *salat* muçulmana não sofreu nenhuma expansão litúrgica, como também faltam caminhos para a difusão da piedade local na cultura religiosa muçulmana. No islã, as bênçãos (*barakat*) são abundantes, mas estão espalhadas em uma vasta variedade de pessoas e objetos. Não há nenhum sistema sacramental para canalizar e regular sua administração, nenhum clero para propagá-las, nenhuma Igreja para institucionalizá-las, nenhuma autoridade ou faculdade para validar sua ortodoxia. A difusão de uma grande variedade de devoções pela Europa cristã tanto antes como depois da Reforma (que tentou freá-la) foi, em grande parte, obra das ordens religiosas, organizações internacionais sob uma liderança centralizada que não têm paralelo no islã, nem no cristianismo oriental, onde o monaquismo foi muito mais descentralizado, contemplativo e voltado para si mesmo do que o seu equivalente ocidental (ver II/8).

As devoções piedosas no islã sunita não foram alimentadas nem pela literatura popular nem pela arte popular, mas o quadro muda dramaticamente quando nos voltamos para a prática xiita. Como veremos, há uma narrativa central entre os xiitas, o martírio de Husayn em Karbala, Iraque, em 680, que foi dramatizada e se tornou um recitativo litúrgico, o "Recital do Jardim", e é celebrado pelos muçulmanos xiitas do mundo todo durante os "dez dias" (*ashura*) no começo do mês de muharram. Mais ainda, os primeiros "santos" xiitas, os imãs descendentes de Ali até seu sétimo ou duodécimo sucessor (ver I/8), eram muito mais do que apenas santos ou simplesmente amigos de Deus; eram eleitos de Deus, reflexos terrenos de uma realidade superior, chefes infalíveis da *umma*. Os nascimentos e mortes de todos eles são celebrados no calendário xiita – muitos como feriados nacionais no Irã –, bem como os aniversários de Fátima, a esposa de Ali, e sua filha Zaynab. Estes "Quatorze Puros" (Maomé, os Doze Imãs e Fátima) são celebrados em seus túmulos: Maomé, Fátima e Hasan de maneira um tanto calada sob os olhares vigilantes dos sauditas sunitas em Medina, os outros no Iraque e Irã com grande entusiasmo popular.

A memória e a celebração dos imãs sublinham como o islã xiita difere de seu equivalente sunita em matéria de devoções. Para os xiitas, há santos genuínos e incontestes nos Quatorze Puros e particularmente na "Sagrada Família" de Ali, Fátima (às vezes referida como "A Virgem", *al-batul*), Hasan, Husayn e Zaynab, irmã deles, que foram tema de infindáveis louvores. Suas vidas foram tomadas como paradigmas do muçulmano e da muçulmana perfeitos, e quadros que os representam foram usados, apesar da proibição de pintar imagens, para elevar e guiar a devoção popular. Além disso, existe uma "Igreja" xiita num sentido muito próximo do cristão por haver um clero hierarquizado de mulás, cuja autoridade é maior e se refere mais à pastoral do que os *ulama* sunitas (ver II/4). Os mulás xiitas encorajaram e ratificaram as práticas populares em torno dos imãs que estão no centro do devocionalismo xiita.

Os amigos de Deus

O culto aos santos, vivos ou mortos, não evoluiu de maneira inteiramente natural no islã, que colocou um abismo quase infinito entre um Alá transcendente e sua criação aqui embaixo. No entanto, aconteceu, e com certa velocidade. Já se notou a oposição ao Mawlid al-Nabi. Maomé, que nunca afirmou ser nada além de mortal (Alcorão 18,110), e resolutamente recusou-se a produzir sinais sobrenaturais para comprovar suas pretensões de profeta, logo depois de sua morte recebeu o crédito de poderes maravilhosos, e os dons e as graças (*karamat*) concedidos por Deus ao seu Profeta foram rapidamente estendidos aos "amigos" (*wali*; pl. *awliya*) de Deus, homens e mulheres. Os cultos a esses amigos de Deus, fosse o fundador da ordem sufi (ver II/8), fosse um santo local ou o próprio Profeta, tinham freqüência popular, e os devotos eram ricamente recompensados com generosas bênçãos – que iam de curas médicas ou fertilidade à sorte no casamento –, que estavam ligadas a visitas ao túmulo dos santos, em geral chamados *qubbas* por causa do pequeno domo característico construído sobre o local. Em particular as mulheres, que não eram encorajadas a participar das orações públicas e em geral não achavam a mesquita um lugar acolhedor, muitas vezes faziam peregrinações ao local do túmulo com pedidos por favores ou intercessão. Tudo isso junto fez com que tais lugares e seus rituais se tornassem um centro e foco de vida espiritual muçulmana, particularmente na zona rural.

O islã possui um mártir prototípico, Husayn, filho do quarto califa, Ali, e neto de Maomé. Depois de uma viagem cheia de aventuras pela estepe a partir de Medina em direção ao leste, ele e seus companheiros foram assassinados numa emboscada omíada na cidade de Karbala, no Iraque, no décimo dia de muharram, em 680. Tanto o dia quanto o lugar adquiriram uma extraordinária importância para os muçulmanos, particularmente os xiitas. Karbala não apenas tornou-se um santuário ricamente dotado e uma cidade de peregrinação, mas a celebração do décimo dia do muharram engendrou uma rica e dramática representação (*taziyeh*) litúrgica do martírio de Husayn (ver mais adiante). O corpo de Husayn está enterrado num magnífico túmulo em Karbala, mas diz-se que sua cabeça está preservada – os caprichos das relíquias são bem conhecidos – na mesquita de Husayn no Cairo, uma genuína relíquia muçulmana.

Esses cultos não passaram despercebidos. A escola de jurisprudência fundada por Ahmad ibn Hanbal (m. 856) foi particularmente ousada em suas críticas ao culto de santos, em particular em seus túmulos. A maior sumidade hanbalita da Idade Média, Ibn Taymiyya (m. 1328), emitiu *fatwas* e escreveu ataques violentos contra elas. Entretanto, embora ele não estivesse em posição de fazer muita coisa acerca dessa prática extremamente comum, muitas de suas opiniões encontraram eco na pregação de Muhammad ibn Abd al-Wahhab (m. 1791), o ideólogo conservador por trás da ascensão da Casa de Saud na Arábia. Em 1813, os wahhabis (ou wahabitas) surgiram da Arábia central para destruir o santuário tumular de Husayn – depois reconstruído em escala muito mais suntuosa – e, quando tomaram Meca e Medina no começo do século XIX e, de novo, de modo mais permanente, em 1926, os zelosos "irmãos" wahhabis destruíram os túmulos de muitos dos heróis mais antigos e mais venerados do islã. No entanto, não tocaram no maior de todos os santuários tumulares, o do Profeta Maomé em Medina. De fato, os sauditas, como vimos, o ampliaram e melhoraram.

Três narrativas dramáticas: Páscoa, Paixão e a Morte de Husayn

Cada uma das três comunidades monoteístas tem narrativas mestras que dão corpo a acontecimentos decisivos para sua existência e identidade. Em certo sentido, cada Escritura desempenha este papel, e o fato de narrar de novo o texto é uma parte importante da vida religiosa e até da vida social das comunidades. Mas dentro desses livros sagrados há ainda estórias mais centrais, que devem ser contadas e recontadas por judeus, cristãos e muçulmanos para preservar as suas identidades. Para os judeus, uma delas é claramente a sua libertação da escravidão no Egito e sua passagem para a terra prometida. No início, a estória estava ligada ao(s) dia(s) santo(s) da Páscoa (*Pesach*), que pode ter começado como uma festa agrícola da primavera – a festa dos pães ázimos (*matzoh*) –, mas acabou como celebração do "êxodo", que ocorreu depois que o anjo do Senhor matou os primogênitos dos egípcios e "passou" pelos dos israelitas.

Êxodo 12,1-36 explica a Páscoa e como ela devia ser celebrada. Depois da construção do templo de Jerusalém, a Páscoa tornou-se uma das três festas de peregrinação que todos os israelitas deviam celebrar anualmente em Jerusalém, mas com a destruição do templo em 70 e.c., muitos rituais judaicos foram transferidos para a sinagoga ou a casa. A Páscoa continua a ser celebrada na sinagoga com orações especiais, mas tornou-se o foco central do ritual doméstico judeu. Ela é o tema de uma liturgia pascal especial (*seder*), que repete a refeição apressada dos israelitas antes de partir do Egito (Ex 12,8-11). Igualmente importante é a narrativa que a acompanha, a *hagadá* ou "narração", que cumpre a ordem bíblica de que a estória de como Deus conduziu seu Povo Escolhido para fora do Egito devia ser recontada pelas gerações futuras (13,8).

A piedade e o ritual do cristianismo ocidental acentuavam principalmente o Jesus histórico, ao passo que os orientais seguiam sua visão particular do Cristo triunfante (gr. *pantokrator*, "todo-poderoso"). Não surpreende descobrir que a liturgia – cujo ato central, a Eucaristia, já era uma reatualização (Jesus teria dito: "fazei isto em memória de mim" [1Cor 11,25]) do que fora uma reatualização da Páscoa judaica – começou a ser realizada de forma cada vez mais dramática por toda a Europa. Hinos foram ampliados para incluir diálogos e, depois, ação dramática. As representações saíram do interior da igreja para o seu pátio externo, e finalmente para a praça do mercado; a língua vernácula substituiu o latim naquilo que eram representações leigas, visto que um decreto papal de 1210 proibia que o clero participasse de tais espetáculos. No entanto, o assunto era espiritual, e os evangelhos forneciam o texto, bem como o Antigo Testamento e até as vidas de santos. Finalmente, toda a economia da salvação cristã, desde a Criação até a Segunda Vinda, que já estava sendo exercitada em pedra, afresco e mosaico nas fachadas e paredes das catedrais da Europa, também se tornou assunto de representações de milagres e moral apresentadas em festivais e em dias santos nas cidades e aldeias da Europa medieval.

A tradição de encenar dramas desapareceu no tempo da Reforma – em muitos casos tinha se deturpado através do contato com representações de carnaval –, mas a representação da paixão, sem dúvida a forma mais popular de drama religioso medieval, sobreviveu nos tempos modernos. A representação da paixão dramatizava as narrativas (harmonizadas) dos evangelhos acerca dos últimos dias de Jesus, desde sua Última Ceia até sua crucificação e ressurreição. A forma gozou de popularidade contínua na Alemanha católica, e em 1634 os habitantes de aldeia alpina bávara de Oberammergau – população atual de cinco mil habitantes – encenou a paixão em cumprimento de um voto de agradecimento pelo fato de a cidade ter sido poupada de uma terrível praga no ano anterior. A representação realizava-se a cada décimo ano – desde 1680 no ano decimal – e persiste até hoje, e a população da aldeia representa os papéis tradicionais.

Nota: A representação da paixão de Oberammergau tornou-se, sem dúvida, mais famosa do que era no passado como o único exemplo sobrevivente de uma pitoresca prática cristã medieval. No começo do século XX, ela começou a ter imitadores em outros lugares, sobretudo nos Estados Unidos. Ficou famosa, porém, como uma expressão muito pública dos sentimentos anti-semitas nos evangelhos, os quais responsabilizavam inequivocamente o sacerdócio judeu pela morte de Jesus; Hitler assistiu à representação do trecentésimo aniversário, em 1935. No aniversário dos 350 anos, a representação foi alterada em resposta a protestos judeus.

O drama não estava entre as artes que encontraram lugar de destaque na cultura islâmica tradicional, embora mais recentemente todas as formas populares, desde ópera a novelas de televisão, sejam representadas em sociedades muçulmanas. O islã tradicional tinha, certamente, suas narrativas dramáticas, como, por exemplo, os louvores ao Profeta no seu aniversário, e os lamentos recitados ou cantados no décimo dia de muharram em memória do martírio de Husayn. Esses "recitais do jardim" – nome derivado principalmente de uma obra xiita intitulada "O Jardim dos Mártires" – eram geralmente sazonais e declamados por recitadores profissionais, mas havia também liturgias processionais. Há evidência de processionais públicos em honra de Husayn em Bagdá já desde o século X, quando carpideiras com roupas rasgadas, cabelos soltos e rostos enegrecidos cercavam a muralha da cidade no décimo dia de muharram, batendo no peito e cantando seus cantos fúnebres. Isso ocorreu quando havia uma dinastia apoiada pelos álidas que governava a capital, mas quando um regime formalmente xiita foi estabelecido no Irã, no século XVI (ver I/8), as procissões tornaram-se espetáculos completos com muitos participantes vestidos como atores na encenação dos acontecimentos relacionados com Husayn.

Em meados do século VIII, as representações teatrais e os recitais do jardim foram fundidos e produziram, em iraniano e em persa, uma atuação genuinamente dramática, em lugares fixos diante de um público parado, a *taziyeh*, ou "consolação". Primeiro, esses dramas foram atuados nos cruzamentos das ruas ou em áreas abertas na aldeia, mas finalmente, no século XIX, arenas especiais foram construídas, de modo permanente ou temporário, para seu desempenho.

Ainda que o acontecimento litúrgico possa ter começado apenas para comemorar o assassinato de Husayn, logo outros temas e outros personagens da história xiita foram introduzidos. Afinal, a *taziyeh* provou ser uma atuação mais adaptada do que a correspondente representação cristã da paixão. Essa permaneceu intimamente ligada aos textos evangélicos e à apresentação fiel dos acontecimentos, que não eram apenas históricos, mas também sacramentais. A *taziyeh*, ao contrário, não conheceu tais restrições textuais ou teológicas. Como as hagadás da Páscoa, que são prontamente alteradas pelos judeus da Reforma para refletir percepções, condições e necessidades mutáveis – os ortodoxos ficaram fiéis ao texto cujo núcleo central remonta ao século IX –, as *taziyehs* variam grandemente em sua apresentação textual e dramática.

Ídolos e imagens

Entre as leis dadas a Moisés no Sinai, uma expressa a preocupação acerca do uso de "imagens" por parte dos israelitas. "Não farás para ti imagem esculpida de nada que se assemelhe ao que existe lá em cima, nos céus, ou embaixo na terra, ou nas águas que estão debaixo da terra", diz Deus (Ex 20,4-5); isso ficou conhecido como o segundo mandamento. Mais tarde – o Deuteronômio é certamente uma versão posterior das leis estipuladas em Êxodo –, a razão da proibição é explicada. Os israelitas são instruídos a destruir todos os locais sagrados na terra que um dia será deles. "Demolireis seus altares, despedaçareis suas colunas sagradas, queimareis as estacas sagradas e esmagareis as estátuas de seus deuses, fazendo com que o nome deles desapareça de tal lugar" (Dt 12,1-3). Não era, portanto, arte – que seria ainda entendido como "ofício" por muitos séculos depois que o texto foi escrito – que incomodava o Senhor, mas o que os artistas faziam, as imagens, efígies e representações de outros pretendentes ao título de "deus".

O Deus dos israelitas, desafiadoramente contrário às imagens, tinha bons motivos para se preocupar. Na maior parte da sua história até o exílio, os israelitas eram atormentados por sua inclinação pelos ídolos e pelo culto aos ídolos. A Bíblia não faz nenhum esforço para esconder essa atração, desde o bezerro de ouro feito durante a ausência de Moisés com o Senhor no Sinai (Ex 32,1-10) até Jeroboão (1Rs 12,28-31) e seus sucessores como reis de Israel que fizeram de um culto semelhante a política oficial do Estado. A seriedade com que alguns porta-vozes de Deus encararam o problema aparece claramente no ataque fulminante e sarcástico do profeta Isaías aos ídolos: "Todos os que modelam estátuas de ídolos não são nada, e suas obras preciosas não lhes trazem nenhum proveito; suas testemunhas nada vêem ou percebem, para a sua própria vergonha" (44,9-10). Na verdade, o Alcorão atribui muitos dos mesmos sentimentos a Abraão (21,51-67), o primeiro a se afastar dos ídolos e voltar-se para o Único Deus Verdadeiro. Ele censura seu pai adorador de ídolos e o resto de sua família com a zombaria: "Adorais, ao lado de Deus, essas coisas que não vos podem fazer nem bem nem mal?" (21,66; 26,73).

Depois do exílio, e com a exposição dos judeus a outro paganismo, de forma grega, o problema parece ter mudado seu foco dos ídolos de divindades mitológicas ou imaginadas para o culto de imagens do governante, vivo ou morto. A partir de Alexandre, os gregos e, depois, os romanos, passaram a "deificar" seus grandes homens, não, é claro, no sentido dos monoteístas de uma divindade que criou e sustentou o cosmos, mas de uma maneira mais doméstica de reconhecer o *theios aner*, o homem cujas qualidades preternaturais foram manifestadas por seu poder, riqueza ou atos. O reconhecimento do carisma era um gesto natural; em certas ocasiões os romanos exigiam veneração dos governantes deificados como ato de solidariedade política e cultural. Os judeus e os cristãos, naturalmente, não o entendiam assim, e um opúsculo mishnaico dedicado à idolatria, Abodah Zarah, ou "Culto Estranho", foi além na descrição do que constituía "ídolos" no segundo século e.c. Alguns rabis proibiam todas as imagens com base no argumento de que eram objetos litúrgicos, mas uma decisão geral restringiu a proibição apenas às imagens de humanos que "tinham na mão um cajado, um pássaro ou uma esfera". Ao que parece, a decisão rabínica se dirigia contra o culto do imperador, visto que, como a Guemara palestina sobre esta passagem explica, a referência aqui é principalmente a regalias provenientes de uma iconografia imperial: "Um cajado porque governou o mundo com ele, um pássaro, porque está escrito: 'Minha mão encontrou como um ninho a riqueza dos povos', uma esfera porque o mundo é feito na forma de uma esfera". O comentário babilônio sobre a passagem da Mishná é mais concisa e mais direta: "Refere-se às estátuas dos reis".

O que quer que os rabis estivessem dizendo, os construtores de sinagoga parecem não ter escutado. Mosaicos no chão de sinagogas palestinas do século V pintam não só cenas bíblicas como a amarração de Isaac (ver I/1), mas até o deus sol grego Hélios conduzindo seu carro no centro de um círculo zodiacal ou majestosamente de pé com um globo e um chicote na mão. Essa atitude mais descontraída deixou seu eco no Talmude palestino, que também oferece um breve resumo de sua história: "Nos dias do rabi Yohanan [século III e.c.], [os judeus] começaram a pintar nas paredes, e ele não os impediu... Nos dias do rabi Abun [século IV e.c.], começaram a fazer desenhos sobre mosaicos, e ele não os impediu".

Os judeus da Antiguidade tardia, quando tanto as sinagogas como os textos em questão tiveram origem, eram obviamente capazes de distinguir um ato de sua intenção e, o que é mais importante, idolatria de mera decoração. O Levítico, por exemplo, disse de modo muito direto: "Não fareis para vós ídolos, não levantareis imagens ou colunas sagradas. Não colocareis em vosso país nenhuma pedra esculpida para vos prostrardes diante dela" (26,1). Quando o *targum* Jonathan, muito mais tarde, parafraseou a passagem, o fez de maneira bastante útil, da seguinte maneira: "Não levantareis pedra esculpida em vosso país, para vos inclinardes diante dela, mas um pavimento com mosaico de desenhos e formas podeis colocar no assoalho de vossos lugares de culto, contanto que não presteis obediência [*ou* vos prostreis] a ele".

Um dos motivos para essa indulgência relativa, mas de modo algum universal, foi que os judeus estavam à vontade na questão da idolatria. O culto a imagens não era mais um grande problema ou preocupação. Já no século II a.e.c. o livro chamado Judite sugeria que "Não houve nas recentes gerações, nem há entre nós atualmente, tribo, família, povoado ou cidade que adorem deuses feitos pela mão do homem, como aconteceu em épocas mais remotas. E foi este o motivo por que nossos antepassados foram entregues à espada e à pilhagem e caíram fragorosamente diante dos inimigos. Nós, porém, não conhecemos outro Deus senão o Senhor" (8,18-19).

Retrato do imperador, estilo cristão

Os cristãos devem ter levado algum tempo para ajustar suas atitudes relativas às imagens com um conteúdo religioso que se pudesse considerar idólatra ou pelo menos inconveniente. Uma dessas imagens era o retrato do imperador. Cristãos já tinham sido executados por se recusarem a adorar tal retrato, e já o Apocalipse do Novo Testamento (20,4) se refere ao fato. Mas quando um imperador cristão era motivo do retrato, parece ter havido pouca dúvida a respeito da representação. Longe de se escandalizar, Eusébio (m. 340), o historiador da Igreja e biógrafo de Constantino, sentia-se bem com esse tipo particular de imagem. Nas imagens de Constantino nas moedas que circulavam por todo o império, ele está olhando para o céu "como se rezasse a Deus". Suas estátuas sobre os portões das cidades do império representavam-no "de pé, olhando para o céu, e com seus braços estendidos à maneira de um homem que reza", uma fonte de edificação, na maneira de pensar de Eusébio, para todos os que entrassem aí.

No entanto, o próprio Eusébio entendia que devia haver limites. E os retratos de Jesus? – perguntou Constância, irmã do imperador. Não há como a "forma da divindade" – Eusébio nem sequer tinha certeza de que esse era o termo certo – ser captada por um artista e, além disso, há o perigo de se cair numa espécie de idolatria.

Afinal de contas, Jesus era homem, podia ser retratado, e estava sendo retratado no tempo de Eusébio, e tanto Eusébio como Constantino sabiam disso. Afinal, Eusébio foi obrigado a recorrer ao argumento bíblico e, de maneira interessante, a apelar para o que parece ter sido uma prática cristã comum de evitação de imagens. "Pode ser" – adverte ele a Constância – "que esqueceste aquela passagem em que Deus estabelece a lei de que nenhuma semelhança pode ser feita seja do que está no céu ou do que está debaixo da terra? Já ouviste algo parecido na igreja ou por outra pessoa? Não estão tais coisas banidas e excluídas das igrejas de todo o mundo, e não é conhecimento comum que tais práticas não são permitidas só a nós?"

Imagens cristãs

Uma carta do bispo Epifânio (m. 403) ao imperador Teodósio confirma que as primeiras igrejas tinham poucas – ou nenhuma – imagem, mas no século IV as representações pictóricas cristãs começaram a aparecer. Epifânio escreve: "Qual dos antigos Padres jamais pintou uma imagem de Cristo ou colocou-a numa igreja ou numa casa particular? Qual antigo bispo jamais desonrou Cristo pintando-o em cortinas da porta? Qual deles jamais expôs Abraão, Isaac, Jacó, Moisés e os outros profetas e patriarcas, Pedro, André, Tiago, João, Paulo e os outros apóstolos ao pintá-los em cortinas ou paredes?" Epifânio não estava satisfeito com o que via e teve problemas com a pintura arbitrária dos santos, ora como anciãos, ora como jovens. O remédio que ele sugeriu ao imperador foi recolher e tirar as imagens das igrejas e caiar as paredes de branco, deixando apenas o sinal da cruz. Teodósio não seguiu o conselho do bispo, e os cristãos continuaram a enfeitar suas igrejas com imagens de Jesus e dos santos, apesar do escárnio dos pagãos, cuja visão espiritual da divindade já os afastara muito da idolatria dos seus ancestrais, e particularmente dos judeus, cuja posição, embora instável, dificilmente toleraria a prática dos cristãos.

No fim não havia mais pagãos, mas a contenda com os judeus continuava. Foi retomada pelo teólogo cristão Leôncio no começo do século VII, não muito antes da chegada dos primeiros muçulmanos. Antes, em seu opúsculo "Contra os judeus", Leôncio indicara que a própria Bíblia mostra que os judeus tinham pouca relutância em cercar-se de imagens, e nos lugares mais sagrados, a saber: na Tenda da Presença – o querubim de ouro é testemunha – e no templo em Jerusalém. Depois toma outra direção. "Vós prestais homenagem ao livro da Lei – diz ele dirigindo-se ao seu interlocutor judeu imaginário – mas não prestais homenagem aos pergaminhos e à tinta, e sim às palavras contidas neles. E é por isso que eu respeito a imagem de Deus, pois quando seguro uma representação sem vida de Cristo em minhas mãos, através dela eu pareço segurar e prestar homenagem a Cristo... Como disse muitas vezes, em cada saudação e inclinação respeitosa é a finalidade da ação que está em questão". Não é adoração, mas veneração que o cristão oferece às imagens. E Leôncio conclui triunfante: "Vós nos chamais de idólatras quando foram santos e mártires cristãos que destruíram os templos dos idólatras".

Iconoclasmo cristão

Em 787, um concílio ecumênico reuniu-se em Nicéia, lugar do primeiro concílio geral da Igreja, para regular a questão do culto a imagens, que perturbara a Igreja oriental por mais de meio século. Como parte de suas deliberações, os bispos pediram um relatório a um certo João, um presbítero de Jerusalém, que descreveu para eles os acontecimentos do começo desse século que tinham levado à explosão da quebra de imagens no Império Bizantino. Esse caso aparece, numa ou noutra versão, na maioria dos relatos da reação inicial à veneração de imagens no Império Romano Cristão. Segundo o relato, o iconoclasmo, "quebra de imagens", bizantino foi uma trama de inspiração judaica que criou asas por causa de um crédulo califa muçulmano que proibiu imagens e culto a imagens em seu reino. Se isso ocorreu, se houve um estímulo judeu ou não, provavelmente aconteceu em 721, e não muito depois da "infecção" ter-se alastrado pela Anatólia bizantina vizinha, a terra que os muçulmanos chamavam de "Rum". Alguns bispos aparentemente sucumbiram e conseguiram ser ouvidos pelo imperador Leão III (r. 717-741), que era natural da região fronteiriça Síria e, como disse um historiador bizantino, um conhecido "simpatizante sarraceno". Vários editos imperiais contra imagens foram publicados a partir de 726, e os efeitos estão descritos na vida de um santo contemporâneo, Estevão: "coisas sagradas (foram) pisadas, vasos (litúrgicos) usados para outros fins, igrejas foram raspadas e cobertas de cinzas porque continham imagens sagradas. E onde quer que se venerassem imagens de Cristo ou da Mãe de Deus ou dos santos elas foram entregues às chamas ou foram arrancadas ou cobertas de tinta.

A destruição continuou sob o filho e sucessor de Leão, Constantino V (r. 741-775), que, em 754, reuniu um concílio e fez da proibição das imagens parte do ensinamento oficial da Igreja. Como o credo publicado por esse concílio afirmou, fazendo eco ao Eusébio de quatro séculos antes, "esse homem [o pintor] faz uma imagem e a chama de Cristo. Agora o nome 'Cristo' significa tanto Deus como homem. Por isso ele incluiu, segundo sua vã fantasia, a Divindade ilimitada na limitação da carne criada, ou confundiu essa união inconfundível... e ao fazer isso aplicou duas blasfêmias à Divindade, a saber, através da limitação e da confusão. Assim também, quem reverencia imagens é culpado das mesmas blasfêmias". O concílio concluiu: "Quem se atrever doravante a fabricar um ícone, ou adorá-lo, ou colocá-lo numa igreja ou numa casa particular, ou escondê-lo; se for um bispo, presbítero ou diácono, será deposto; se for um monge ou leigo, seja anatematizado e considerado culpado sob a lei imperial como inimigo dos mandamentos de Deus e adversário das doutrinas dos padres".

Entre os que se uniram em defesa da veneração de imagens estava João Damasceno (m. 749), filho de família cristã que durante longo tempo exerceu função civil na Damasco muçulmana. João, no entanto, seguiu noutra direção; retirou-se a um mosteiro perto de Jerusalém, onde escreveu incansavelmente em defesa da ortodoxia cristã. Para ele, ela incluía a veneração de imagens de Jesus, de sua mãe e dos santos. Escreveu um tratado especial, *Sobre as imagens sagradas*, em defesa da *ikonodouleia*, a veneração cristã de ícones, como as imagens sagradas eram chamadas no Oriente, e voltou à questão em sua suma teológica, *Sobre a fé ortodoxa* (4.16). Deus fez os seres humanos à sua própria imagem, afirmou João; esse é o fundamento de nossa reverência um pelo outro, porque o outro é a imagem de Deus e a "reverência pela imagem passa pelo protótipo".

Quanto ao argumento de que a veneração cristã de imagens tenha sabor de idolatria pagã, João lembra que elas são de uma espécie totalmente diferente, assim como o sacrifício judaico, que Deus permitia – de fato, mandava –, era diferente do sacrifício pagão, que Deus condenava. Realmente, Deus proibiu o uso de imagens aos judeus, e com razão, pois "quem pode fazer uma imitação do Deus invisível, incorpóreo, ilimitado e sem forma?" O que mudou desde as circunstâncias bíblicas foi, porém, a encarnação de Deus na pessoa de Jesus Cristo, que se tornou verdadeiro homem, alguém que pode ser tocado, sentido e visto.

A imperatriz Irene suspendeu os decretos iconoclastas em 780, e a questão do culto às imagens foi aparentemente resolvida para sempre no sétimo Concílio Ecumênico, que se realizou em Nicéia em 787. O concílio rejeitou a política de Leão III e a teologia de Constantino V. "Mantemos imutáveis todas as tradições eclesiásticas que nos foram transmitidas, as escritas e as não escritas", decretou o concílio, "e uma delas e a fabricação de representações pictóricas... Portanto... definimos com toda certeza e exatidão, que assim como a figura de uma cruz preciosa e vivificadora, também as imagens veneráveis e santas, tanto em pintura como em mosaico, ou outros materiais aptos, devem ser expostas nas sagradas igrejas de Deus... E a elas se deve dar a devida saudação e a reverência (*proskynesis*) honrosa, não de fato a verdadeira adoração (*latreia*), que pertence somente à natureza divina".

Essa declaração abrangente não foi, de modo algum, o fim da controvérsia sobre imagens, nem na Igreja ocidental, onde apareceu de novo durante a Reforma (ver mais adiante), nem na oriental, onde apareceu por primeiro e surgiria de novo logo após o concílio. Em 815, o imperador Leão V, chamado o Armênio, renovou a proibição das imagens e sua veneração. Dessa vez a proibição durou até 843, quando a imperatriz Teodora, viúva do iconoclasta imperador Teófilo, teve a palavra final sobre seu falecido marido ao convocar um concílio, que se reuniu em 843 e publicou um longo *Syndikon da Ortodoxia* – o texto ainda é lido nas igrejas orientais no primeiro domingo da quaresma, um dia celebrado anualmente como a Festa da Ortodoxia. Com audácia, ele proclamava: "Declaramos, afirmamos e pregamos de igual maneira Cristo como nosso verdadeiro Deus e honramos seus santos em palavras, nos escritos e em pensamentos, em atos, nas igrejas, em ícones sagrados, adorando-o como Deus e Senhor e honrando-os como verdadeiros servos seus".

À distância em que estamos, a controvérsia sobre imagens parece desnecessariamente longa e inexplicavelmente violenta: grande parte do rico patrimônio artístico da Igreja oriental foi destruída durante os dois períodos iconoclastas (726-780, 815-843). Os ícones, contudo, representavam algo mais do que arte. Os ícones do Oriente não eram meras representações; eram objetos físicos, em sua maioria pinturas ricamente emolduradas e enfeitadas, às quais com freqüência se atribuíam poderes miraculosos. Para a Igreja oriental, eles eram sacramentais, uma sacralização do mundo material, uma segunda e menor, embora ainda admirável, encarnação do espírito. Para os que eram teologicamente sofisticados, representavam superstição e primitivismo; para o crente comum, eram também a Palavra que se fez carne.

Despojamento dos altares: imagens e a Reforma

Amplamente aceita no Oriente e no Ocidente, a questão da veneração das representações de Jesus, de sua mãe e dos santos surgiu de maneira repentina, e talvez inesperada, bem no começo do movimento da Reforma, no cristianismo ocidental. Houve, na Igreja, quem estivesse alarmado, até chocado, pela externalização sempre crescente da religião na forma de rituais, de devoções e do culto a imagens, porém o impulso de Lutero de volta à Escritura como a única base de crença e prática cristãs colocou a veneração de imagens novamente na agenda eclesiástica. Estavam bem firmes nisso não por causa do próprio Lutero, mas de seus colegas em Wittenberg, Andras Bodenstein Von Karlstadt (m. 1541). Inspirado por Lutero, Karlstadt começou, em 1521, a colocar sua própria leitura da Escritura em prática, a qual incluía, de modo ousado e desafiador, a destruição de todas as imagens sagradas, primeiro em seu próprio mosteiro agostiniano e depois nas paróquias da cidade. Karlstadt publicou um opúsculo sobre o assunto, que se tornou seminal, *Sobre a abolição de imagens*, no qual ele sustentava que a Bíblia era clara nesse ponto: a veneração de imagens era uma forma de idolatria.

Lutero ficou horrorizado. Karlstadt, que também atacou a idéia da presença real de Jesus na Eucaristia, estava simplesmente negando o sacramentalismo, a eficácia da ação material no espírito e sobre ele. A destruição irrefletida de imagens nas igrejas e conventos foi, ademais, outra manifestação da desordem social que Lutero temera e que já estourava por toda parte no norte da Europa, na esteira dos reformadores mais radicais. Em 1524, Lutero estava em guerra com Karlstadt, sendo as imagens uma das questões mais importantes. Karlstadt pareceu ceder um pouco na questão, enquanto Lutero e seus seguidores estavam dispostos a permitir um uso restrito das imagens sagradas, especialmente do crucifixo (uma cruz com efígie de Jesus nela), pois, como Basílio escrevera muito tempo antes e a Igreja não cessou de afirmar depois, a honra prestada às imagens passa pelo seu protótipo. Mas Karlstadt encontrou ouvidos dispostos em outras partes. Zwingli em Zurique e Calvino em Genebra abraçaram o iconoclasmo, e estátuas e quadros sagrados foram quebrados, desfigurados e queimados nas igrejas da Reforma "puritana", enquanto o órgão e todas as formas de instrumentos musicais foram banidos do ofício cultual.

Islã e o ídolo

Desde o começo, o Profeta não fez segredo de suas intenções com respeito aos ídolos onipresentes dos árabes. Às tribos que abraçaram o islã durante a sua vida, pediu que destruíssem os seus ídolos ou, se fossem incapazes eles mesmos de realizar tal ato, o Profeta enviava alguns muçulmanos mais convictos para fazer o trabalho de demolição no lugar deles. Quando Maomé finalmente entrou em Meca, em triunfo, em 630, colocou suas intenções em prática em sua cidade natal. A cena está descrita na biografia tradicional:

> O Mensageiro entrou em Meca no dia da conquista, e ela continha 360 ídolos com Iblis (ou Satã) na vanguarda. O Mensageiro se apoiava neles com um pau em sua mão dizendo: "A verdade veio e a falsidade foi embora" (Alcorão 17,81). Então apontou pare eles com seu bastão e eles caíram para trás um depois do outro... Quando o Mensageiro tinha rezado a oração de meio-dia no dia da conquista (de Meca), ordenou que todos os ídolos que estavam em volta da caaba fossem recolhidos e queimados com fogo e quebrados... Os coraixitas tinham colocado quadros na caaba, inclusive dois de Jesus filho de Maria e da própria Maria, a paz esteja com os dois... O Mensageiro ordenou que os quadros fossem eliminados, exceto os de Jesus e Maria.

Não sabemos o que fazer com este último acontecimento curioso; a caaba foi mais tarde reedificada e não há mais nenhum sinal de quadros (ícones?) de Jesus e Maria. Podemos dizer, baseados no Alcorão, que apesar da oposição de

Maomé à idolatria, não há no Livro nenhum sinal de qualquer preocupação, nem sequer aprovação ou desaprovação aberta acerca de pinturas ou imagens. Mas a situação deve ter mudado logo, pois quando lemos as coletâneas das tradições do Profeta, elas estão cheias de condenações de imagens e da fabricação de imagens: "Abu Talha noticiou ao Profeta dizendo: 'os anjos não entram numa casa que contém cães ou quadros'". Ou de novo: "Aisha contou que ela colocara uma cortina no armazém dela na qual havia figuras, e o Profeta a rasgou. Então ela fez duas almofadas da cortina e as usava em casa para sentar em cima". E muito mais pormenorizadamente:

> Said ibn Abi Hasan disse: "Quando eu estava com Ibn Abbas, um homem chegou até ele e disse: 'Ibn Abbas, sou um homem cujo único meio de vida provém do trabalho de minhas mãos, e faço estas representações de coisas'. Ibn Abbas respondeu que diria a ele apenas o que ouvira do Mensageiro de Deus. Ele o ouvira dizer: 'Se alguém fizer uma representação de qualquer coisa, Deus o castigará até que ele sopre um espírito nela, e ele nunca será capaz de fazer isso'. Depois, quando o homem suspirou e ficou pálido, ele lhe disse: 'Ai de ti! Se tiveres de fazer, faze representações dessas árvores ou de algo que não possui alma'".

Não sabemos quando essas tradições entraram em circulação. Se forem autênticas, estamos diante da mesma espécie de dilema que as sinagogas da Palestina decoradas com figuras apresentavam para uma tradição judaica contrária a imagens. As moedas muçulmanas tinham representações do califa até o reinado de Abd al-Malik (r. 685-705). Mesmo depois dessa data, os soberanos muçulmanos continuaram a construir vilas na estepe da Síria decoradas num estilo que não era meramente figurativo, mas até agressiva e sugestivamente seculares. Talvez seja mais seguro concluir que o islã chegou à sua iconofobia de modo gradual, e que as tradições do Profeta refletem um estágio posterior e não primário nessa evolução.

No entanto, o sentimento islâmico oficial posterior sobre imagens é bastante claro. É o que está expresso num dos livros-padrão de lei islâmica, um comentário sobre a coleção de *hadith* dos muçulmanos escrito pelo jurista sírio al-Nawawi (m. 1377). Todo medo de idolatria passou, e as razões para a proibição são claramente teológicas:

> As autoridades eruditas de nossa escola (shafiita) e outras sustentam que pintar um quadro de qualquer coisa viva é estritamente proibido, porque é ameaçado com pesados castigos, como está mencionado nas tradições proféticas, seja a intenção para uso doméstico comum ou não. Portanto, é proibido fazê-lo em quaisquer circunstâncias, porque envolve uma semelhança com a atividade criadora de Deus [...]. Por outro lado, não é proibida a pintura de uma árvore ou uma sela de camelo, ou outras coisas que não têm vida. Essa é a decisão sobre

fazer de fato uma pintura... Nisso tudo não há diferença entre o que faz sombra e o que não faz sombra. É a decisão de nossa escola sobre a questão, e a maioria dos companheiros do Profeta e seus seguidores imediatos e os eruditos das gerações sucessivas o aceitaram (*Guia para uma compreensão dos muçulmanos* 8.398).

A palavra como decoração

Judeus e muçulmanos têm um apego particular à Palavra expressa em termos de linguagem. Tanto o hebraico como o árabe são línguas sagradas, e ambas são, em certo sentido, a linguagem do próprio Deus. Há, contudo, uma diferença importante. Os judeus perderam o seu hebraico como língua viva enquanto a Bíblia estava ainda no processo de formação. O resultado foi que algumas seções do livro de Daniel não estão em hebraico, mas em aramaico, linguagem semítica parente que na época pós-exílica se tornara a língua franca dos judeus e de muitos outros no Oriente Médio. Esdras tinha as Escrituras traduzidas, provavelmente para o aramaico, na cerimônia de renovação da Aliança na volta do exílio (Ne 8,7-8), e por volta do século II a.e.c. parece que muitos judeus tinham acesso às suas Escrituras seja pela Septuaginta grega (como Fílon e Paulo, bem como os autores dos evangelhos, que falavam grego) ou então os targuns aramaicos (como Jesus, que falava aramaico), sem grande conhecimento. É claro que havia algumas queixas, mas não sobre o fato da tradução – apenas no caso da Septuaginta, por sua falta de exatidão.

Embora os judeus tenham se voltado para a língua vernácula, não foi o caso dos muçulmanos. Sua Escritura freqüentemente se vangloriava de que era "um Alcorão arábico", e enquanto a piedade muçulmana podia considerar o estilo, dicção e sintaxe do Livro como paradigmas de perfeição, os teólogos muçulmanos logo os converteram em milagres. Maomé ensinara a responder aos seus críticos desafiando-os a "trazer uma sura como ela" (Alcorão 1,13; 10,38; 28,49). Não podiam, é claro, e assim nasceu a noção de inimitabilidade do Alcorão, mais especificamente de sua linguagem e estilo, que foi, na base, o milagre confirmador do islã, o equivalente teológico da ressurreição de Jesus dentre os mortos.

A veneração do texto e a veneração da linguagem, portanto, andaram lado a lado no islã, e a ênfase sobre ambos foi fortalecida por sua já observada aversão a artes figurativas. Como acabamos de ver, os muçulmanos levavam a proibição que Deus fizera de ídolos tão a sério como os judeus, e, como os judeus, eles a estendiam, embora não em todos os tempos ou em todos os lugares, à arte figurativa e pictórica em geral. A decoração muçulmana tomou muitas vezes a forma de padrões geométricos repetitivos, o chamado arabesco. Esse tipo de decoração não se originou no islã; pode ser observado em muitos monumentos romanos do Oriente Médio, na Síria, por exemplo, que remontam a muitos séculos antes do islã.

A outra arte muçulmana alternativa à arte figurativa parece ter sido criação, ou pelo menos ênfase, especial do próprio islã. Escrita ampla, com traços elegantes, aparece inequivocamente como decoração, não apenas como informação, nos edifícios gregos e romanos e, em forma miniaturizada, em moedas. Os muçulmanos também colocavam inscrições em suas moedas – das quais as figuras acabaram sendo tiradas – e, desde bem cedo, em seus edifícios, como a Cúpula do Rochedo (692), que tem inscrições de mosaico no interior. À medida que passava o tempo, a escrita nos edifícios em particular, embora ainda transmitisse informação, assumia vida própria e foi transformada de escrita em caligrafia. Escritos extraordinariamente enfeitados circundam os portais, as fachadas, ou de cima a baixo nos painéis nas paredes dos maiores monumentos islâmicos da Idade Média. Seu desenho às vezes é admiravelmente intricado e complexo, de fato quase ilegível, à maneira das grafites modernas. Na maioria dos casos, o letrado que o via provavelmente precisava de pouca ajuda para compreender o conteúdo, pois os textos eram comumente textos familiares do Alcorão. Era pura e simplesmente a Palavra que estava sendo magnificada pelo engrandecimento artístico.

Há pouco paralelo entre os judeus igualmente contrários a imagens. A partir do século X, os judeus produziram manuscritos com iluminuras artísticas no Egito muçulmano, embora sem representações figurativas. Dois séculos mais tarde, quando a iluminura manuscrita judaica começou na Europa cristã, representações de objetos sagrados ou cerimoniais eram retratadas, e depois, nos séculos XVII e XVIII, figuras de rabis e outros começaram a aparecer. Mas não há exaltação do hebraico na forma da monumental caligrafia pública do árabe. Não é difícil entender o porquê. O islã era oficial; controlava a vida pública do Oriente Médio e o que era permitido nela. Os judeus viviam sob a *dhimma, que teria tornado a ostentação pública do hebraico não apenas improvável, mas perigosa.*

7 – Pensamento acerca de Deus

O helenismo distinguiu-se por sua confiança na capacidade do intelecto humano de discernir a natureza do universo e a finalidade da humanidade nele. A parte superior do ambicioso programa intelectual dos gregos, o estudo dos princípios do ser ou filosofia, levou a um princípio último do ser, a saber, Deus. O ramo da filosofia que se dedica ao estudo programático de Deus - sua existência, natureza e atributos - foi chamado de teologia. Segundo uma versão comum da teologia que circulava no antigo mundo mediterrâneo, Deus era um princípio espiritual primário, eterno, onisciente e totalmente bom, de cuja bondade e inteligência fluíram, como a luz do sol, a ordem descendente de seres no universo, desde os espíritos puros no alto, través dos corpos celestes e, na terra, a forma vital mais alta, a humanidade inteligente, até a mais baixa, os seres sem vida do reino mineral. Pensava-se que tudo isso podia ser demonstrado com as provas científicas mais rigorosas.

Mythos e *logos*

A teologia, o discurso acerca de Deus segundo os princípios da razão, foi invenção de um povo sem o benefício da revelação. É desnecessário discutir aqui as origens do pensamento religioso grego, exceto para observar que, no tempo em que começaram a produzir um registro literário, os gregos já exprimiam pelo menos alguns dos seus sentimentos religiosos na forma de mito, narrativas complexas sobre toda uma família de deuses e deusas antropomórficos e imortais com características que iam do majestoso ao ridículo.

Essa era a natureza dos mitos gregos. Como narrativa, o *mythos* é uma forma especial de discurso separado do tempo e só indiretamente ligado a um lugar. Como a arte, ele simplesmente se oferece sem explicar sua presença ou alegar sua validade. Apesar de seus esplendores estéticos, uma geração posterior de gregos estava infeliz com o relato mitológico dos deuses. Tanto a forma mítica do discurso quanto o sistema de valor inerente nos próprios mitos foram desafiados, numa sociedade grega em evolução, por atitudes éticas novas e, na prática, por uma espécie diferente de compreensão humana, que encontrou sua expressão externa e formal num novo tipo de discurso, chamado *logos*.

O *logos* é essencialmente uma abordagem da compreensão que busca as causas e é, ao mesmo tempo, um modo de discurso que dá uma razão dessa busca; que argumenta e demonstra em vez de simplesmente narrar; e está sujeito à verificação por critérios exteriores a si mesmo. As categorias de verdade e falsidade, totalmente inaplicáveis ao mito, são parte desse aparelho de verificação. O *logos* é, em suma, o que chamamos de ciência, e que os gregos, de maneira mais ampla, chamavam de filosofia.

Na geração de Sócrates e de Platão, os filósofos aplicavam o discurso do *logos* a todas as partes do universo conhecido, bem como ao domínio da atividade humana. Na geração seguinte, Aristóteles formalizou o método do *logos* numa série de obras sobre lógica (a ciência do *logos*), e depois passou a distinguir e organizar o já vasto corpo de conhecimento que a filosofia conseguira. Nem Platão nem Aristóteles apresentaram Deus ou os deuses, antes apenas assunto de mito e objeto de culto cerimonial, ao exame do *logos*; nem, depois de apresentado, o sobrenatural cedeu seu controle mais tradicional sobre as mentes e os corações dos gregos. Platão e Sócrates, porém, juntaram Deus e razão de uma maneira tal que influenciou profundamente o pensamento ocidental acerca de Deus e que tanto estimulou como perturbou os protetores do auto-retrato divino, os judeus, cristãos e muçulmanos.

A filosofia grega, ou melhor, seu ramo chamado "*logos* acerca do divino" (*theologia*), não começava presumindo a existência de Deus, embora todo grego aceitasse o fato dessa existência. Em vez disso, sua tarefa era demonstrar – provar cientificamente – a existência e a natureza do divino. Poucos tinham dúvidas de que isso pudesse ser feito, e os teólogos gregos expuseram, com sua espontaneidade elegante, os vários argumentos, mais tarde tão familiares, desde o desígnio e ordem do universo, o consenso da humanidade e a necessidade de uma primeira causa na grande corrente de seres, assim como ela procede, e de uma causa final para a qual volta.

Todos esses argumentos simplesmente tentavam demonstrar, de forma mais ou menos rigorosa, o que os gregos, os romanos e outros já sabiam. A nova ciência partiu, de modo mais radical em relação às opiniões comumente mantidas, de um retrato desse ser ou seres que os gregos chamavam de “Imortais”. O método do *logos*, então, despojou o divino de dois de seus atributos mais óbvios e universalmente reconhecidos, a saber: a pluralidade e o antropomorfismo. A teologia, com sua visão hierárquica da realidade, atingiu o coração do politeísmo antigo – só havia um Deus supremo – e negou que esse Deus pudesse ser outra coisa que puro espírito, além da carne e dos ossos, certamente; além dos afetos humanos tais como amor e ódio; além do pensamento, talvez; e até, alguns afirmavam, além do próprio ser.

A visão que os teólogos tinham de Deus como causa única, transcendente e espiritual não era ainda monoteísmo. Embora tirasse o Ser Supremo do contato direto com o universo material, colocou uma grande quantidade de seres intermediários abaixo da distante transcendência de Deus. Alguns eram inteligências sem matéria; outros moravam em planetas. Estes seres também eram divinos, emanações eternas do próprio Deus, que desciam por graus para as inteligências partilhadas com a humanidade.

Os teólogos não estavam desatentos às trapalhadas que tinham feito com as atitudes e crenças religiosas populares. Alguns declaravam não se preocupar, porém, outros, como os estóicos, tentaram salvar os mitos tradicionais alegorizando-os. Afirmava-se que Homero fora teólogo, mas sua maneira de descrever a natureza dos deuses era determinada pela qualidade de seus ouvintes, ao passo que os teólogos especulativos podiam apresentar as mesmas verdades na linguagem científica sem verniz da filosofia. Mesmo as religiões mistéricas, com seus rituais transparentemente primitivos, podiam ser explicadas em termos racionalistas para a recente *intelligentsia* mediterrânea sofisticada.

Revelação no estilo judeu-islâmico de uma divindade que comunica através de agentes humanos as verdades necessárias para a salvação era uma noção estranha aos gregos. Se os deuses falaram aos humanos, como certamente fizeram em sonhos e através de oráculos, foi para avisar ou aconselhar algum ato bem delimitado, não para oferecer alianças ou salvação. Se devesse ocorrer salvação, seria através do uso que os seres humanos fariam de suas próprias faculdades intelectuais para descobrir o que era a vida boa e a maneira prática e prudente de alcançá-la.

A teologia de Fílon de Alexandria

A teologia foi uma das manifestações do helenismo que chegou ao Oriente Próximo na esteira das conquistas de Alexandre, o Grande, no século IV a.e.c. Ela criou raízes nas escolas de estudos superiores que surgiam nas recém-fundadas cidades como Alexandria e Antioquia e, em forma mais popular, se espalhou entre a *intelligentsia* helênica e helenizada, que era um subproduto do urbanismo grego-romano no Mediterrâneo oriental. Já se chamou atenção para o encontro entre helenismo e judaísmo, tanto na Palestina como na diáspora. Ideais éticos gregos, por exemplo, estão presentes e são visíveis em escritos judeus do século III a.e.c., como o Coélet [Qohelet] (Eclesiastes na Septuaginta) e em Sabedoria de Jesus Ben Sira no século II.

Essas obras podem ser classificadas como apresentações semipopulares que visavam a um público geral, letrado. Para uma evidência de especulação filosófica e teológica mais formal entre os judeus do Segundo Templo, é preciso sair da Palestina e voltar-se para a comunidade da diáspora no Egito. O primeiro judeu que sabemos que mostrou interesse pela teologia grega foi um certo Aristóbulo, que era de família sumo sacerdotal e atuava em Alexandria, no século II a.e.c. Os fragmentos dispersos de suas obras, que foram escritas em grego, mostram um teólogo típico em ação, embora pela primeira vez sobre material escriturístico judaico. Somos logo prevenidos a não cair na armadilha da interpretação literal da Torá, que exatamente no tempo de Aristóbulo foi traduzida para o grego. Uma abordagem literal do texto, defendida pelos tradicionalistas, não mostra nada particularmente incomum acerca da Torá, mas uma compreensão alegórica revela Moisés como um verdadeiro profeta que compartilhava o dom da sabedoria dos filósofos, embora o relato de Moisés seja, apesar de todas as suas expressões metafóricas, superior à versão grega da sabedoria por causa de sua óbvia antigüidade.

Os temas tratados por Aristóbulo – a identidade da sabedoria grega e judaica, por exemplo, que é revelada pela prudente aplicação da exegese alegórica – não só foram retomados pelo seu colega alexandrino Fílon (c. 50 e.c.), mas também generosamente ampliados. A língua de Fílon era o grego; ele também lia a Bíblia na tradução da Septuaginta, e também ele tentou realizar a reconciliação entre a Escritura – que é essencialmente um discurso narrativo (*mythos*) – e o *logos* científico helênico. A forma literária que escolheu foi um comentário ampliado sobre os livros iniciais da Bíblia, e embora o método exegético de Fílon seja estóico e muitos dos pressupostos filosóficos seus sejam platônicos, seu assunto, do começo ao fim, é a Escritura judaica.

Para Fílon, Deus é absolutamente transcendente. Ele é, ao mesmo tempo, o Uno e o além do Uno. Mas é também, na melhor tradição platônica e escriturística, o Criador. Da mente de Deus, como a água da fonte ou a luz de uma tocha, provêm as Formas eternas (gr. *eide*, transcrito para o latim como *ideae*, que levou à tradução altamente equivocada como "idéias"), os protótipos platônicos de todo ser. De fato, Fílon é o primeiro que conhecemos a conceber as *eide* de Platão como noéticas e a identificá-las com os pensamentos de Deus. Elas descem, numa grande corrente, para o mundo criado, tornando-se progressivamente mais materiais à medida que descem. A primeira entre essas Formas, que Fílon chama de *logoi* segundo a maneira estóica, é o *Logos* supremo, que Fílon descreve de maneira ousada como o "primogênito do Pai" e o "segundo Deus". O *Logos* baixa ao mundo material por excelência, onde é incorporado na razão humana: habitou em Moisés e é imanente a todos os seres humanos como inteligência.

Os teólogos gregos fizeram, por algum tempo, experiências com a noção de um *Logos* ou Palavra ou Razão – o termo grego é extraordinariamente polimorfo –, como a primeira emanação de Deus – a visão platônica do cosmos descansava invariavelmente na metáfora de Deus como sol ou fonte, e o universo como seu "transbordamento" –, bem como o instrumento de criação. A influência helênica talvez seja visível no tratamento que os autores judeus deram à Sabedoria como entidade personificada algo distinta de Deus e até como agente na Criação (ver I/1). Se a linguagem de Fílon acerca do *Logos* parece arrojada, certamente não foi interpretada como um recuo do monoteísmo. Pelo contrário, parece destinada a proteger a transcendência de Deus e, ao mesmo tempo, estabelecer uma ligação entre esse criador agora filosoficamente longínquo e sua criação distante e um tanto quanto degenerada.

Os primeiros teólogos precisaram levar em conta o fato de que os poetas e outros tiveram suas opiniões acerca de Deus, e tentaram reconciliar a teologia "poética" e a "especulativa" pela exegese alegórica. O trabalho de Fílon foi um tanto diferente. Ele aceitava sem hesitação ou reserva a realidade de uma revelação histórica a Moisés no Sinai, assim como aceitava as verdades contidas nessa revelação. Aceitava também a verdade da filosofia e não via contradição entre as duas, pelo menos em princípio. De fato, havia diferenças – os gregos geralmente acreditavam, por exemplo, num universo criado, porém eterno, e numa providência que era geral, e não descia a particularidades. Algumas diferenças que surgiam entre Escritura e filosofia podiam ser resolvidas aplicando-se uma exegese racionalizadora à primeira, mas onde Fílon julgava impossível a reconciliação, seguia resolutamente Moisés, não a Platão.

A língua de Fílon era o grego e, por isso, leu a sua Bíblia numa tradução: a Escritura chegou a ele em roupagem grega, com seu conjunto próprio de conotações, algumas delas já filosóficas. Porém, deu um passo decisivo ao converter noções escriturísticas em noções filosóficas por meio de exegese alegórica, abrindo assim a

Septuaginta a um tipo de discussão negada aos exegetas legais. O empreendimento prosseguiu desde então – quase do mesmo modo como Fílon o concebeu. O pensamento filosófico acerca de Deus foi levado adiante não apenas entre os judeus – Saadya Gaon e Maimônides são dois exemplos eminentes; ver mais adiante –, mas também em círculos cristãos e muçulmanos, depois de seus encontros com o helenismo racional. Os cristãos do terceiro e quarto séculos receberam a sua educação (helênica) nas universidades pagãs; os pensadores muçulmanos, depois do movimento de tradução que passou as obras críticas de Aristóteles e Platão para o árabe. Aos sucessores de Fílon, entre os judeus, cristãos e muçulmanos, restou explorar e superar plenamente a distância que separava a nova tendência filosófica dominante do discurso escriturístico mais antigo e mais familiar, tarefa imprescindível e talvez necessariamente impossível.

O trabalho de Fílon não foi saudado com um entusiasmo visível pelos judeus da Palestina. Os fariseus e outros judeus não helenizados, em todo caso, provavelmente não tiveram nenhum acesso a ele; e embora a voz dos "helenistas" palestinos da época pudesse ser ouvida em questões políticas, não era ouvida em assuntos religiosos. A obra de Fílon deve ter sido lida na diáspora – Paulo parece ter tido conhecimento dela – e encontrou o seu público mais apreciador e comprensivo entre os convertidos helenizados ao cristianismo, primeiro dentre os judeus e depois dentre os gentios. O *Logos* na abertura do evangelho de João provavelmente não deve nada a Fílon, mas pôde obviamente ser capaz de uma interpretação filoniana, a qual foi livremente aplicada na própria cidade de Fílon, Alexandria, menos de dois séculos mais tarde, por helenistas cristãos como Clemente e Orígenes.

Atenas e Jerusalém

A teologia não entrou no cristianismo apenas através de Fílon. Em Paulo e no evangelho de João há noções teológicas, isto é, idéias expressas na terminologia conceitual abstrata típica mais do discurso teológico do que do discurso escriturístico. Paulo e João certamente estavam expostos a idéias teológicas, que aceitaram e usaram. Já havia uma abundância delas na literatura judaica não canônica, a qual, como já se observou, retratava a Sabedoria divina e o Messias como realidades espirituais que existiam desde o momento da Criação. Paulo aceitou e combinou as duas noções em sua descrição de Jesus como *Logos* preexistente.

Embora nem Paulo nem João argumentassem pela via teológica – simplesmente afirmavam por força de sua própria autoridade como apóstolos –, a demonstração e a prova lógica eram as marcas características do método filosófico, como todo pensador judeu e cristão que entrou em contato com a filosofia nessa época sabia. A autoridade apostólica pode ter impressionado novos judeu-cristãos, mas não atraiu muito a *intelligentsia* gentia como uma alternativa para a prova, e por isso alguma coisa que os gentios podiam entender e de fato entendiam acabou tomando o seu lugar. Alguns dos primeiros cristãos provenientes dos gentios voltaram-se inevitavelmente para a filosofia em sua tentativa de explicar a nova fé, exceto os que reconheciam os atraentes perigos da teologia especulativa. Embora alguns, como Fílon e Justino, o filósofo cristão martirizado em cerca de 165 e.c., pensassem que "a sabedoria dos gregos" e "a sabedoria de Deus" pudessem ser reconciliadas, Paulo as opôs como antagonistas naturais (1Cor 1,20-24).

Num determinado sentido, Paulo estava certo. Os monoteístas tinham uma fonte garantida de verdade acerca de Deus e dos seres humanos na Escritura e, por isso, sempre que havia um conflito óbvio entre os dados da Escritura e os achados da filosofia e da teologia, o conflito devia ser resolvido em favor da Escritura. A teologia sustentava, por exemplo, que, uma vez que Deus não pode sofrer mudança ou modulação, não pode passar da inação para a ação, da potência para o ato, no jargão das escolas, o universo tinha necessariamente de ser uma emanação eterna de Deus. Além disso, a transcendência de Deus o excluía do controle das criaturas abaixo dele: Deus criou os seres e depois os tornou livres para funcionar segundo sua própria programação ou natureza. A visão escriturística tanto da Criação como da Providência era totalmente diferente do raciocínio dos teólogos, e estes tiveram de ceder àqueles. A teologia podia fazer perguntas, mas a Escritura dava as respostas seguras.

Na teologia sacra (em oposição à teologia racional dos gregos), então, a razão desempenhou o papel de serva da revelação. A relação de fato, porém, foi muito menos serena. Se uma razão humana sem amparo podia chegar a um conhecimento adequado de Deus e do fim da humanidade, por que se precisava de revelação? Por que o profeta era superior ao filósofo? Porque, Fílon tentou responder, o profeta transformava as verdades de Deus em códigos comportamentais; alguém como Moisés não foi somente um profeta, mas um legislador.

A declaração mais firme da oposição dos primeiros cristãos à sabedoria dos gregos foi expressa por um jurista latino, Tertuliano (m. depois de 220), que exclamou retoricamente: "O que Atenas tem a ver com Jerusalém? Que entendimento há entre a Academia e a Igreja?" Tertuliano testemunhara os efeitos do gnosticismo e tinha, como outros, seguido o curso de seus erros que remontavam à filosofia grega. Essa ligação confirmava a sua convicção de que a fé sozinha era suficiente para o cristão, pois a verdade inteira fora revelada. Tertuliano estava disposto não apenas a aceitar, mas até a vangloriar-se de suas diferenças: o cristão acredita nos paradoxos do cristianismo precisamente porque são absurdos.

Tertuliano, que tinha uma confiança consideravelmente maior na razão humana quando se manifestava na forma da lei romana e não da filosofia grega, pode refletir uma diferença cultural básica entre as formas latina e grega de cristianismo. Clemente de Alexandria (m. c. 215 e.c.), que provinha de um ambiente muito diferente, não mostrava nada do desdém de Tertuliano pela filosofia e não proferiu nenhuma apóstrofe contra o "miserável Aristóteles". Para Clemente, as obras da razão humana tinham a mesma finalidade para os gentios que a Lei teve para os judeus: elas eram uma "preparação evangélica", como mais tarde Eusébio as chamou. A sabedoria grega era sabedoria verdadeira à medida que era o produto de uma inteligência que os seres humanos partilham com Deus, ou de uma espécie própria de revelação natural que o *Logos* deu aos gentios. Clemente, que conhecia a obra de Fílon extremamente bem, estava ciente dos argumentos de Fílon para justificar o recurso à filosofia – que os pensadores gregos tinham lido as Escrituras e expropriaram muitas de suas doutrinas –, e não hesitou em invocá-lo para o seu próprio caso. Os cristãos agora estavam apenas devolvendo o favor, à semelhança de como os israelitas se serviram dos objetos valiosos dos egípcios quando saíram do Egito, os melhores para edificar um templo ao Senhor (Ex 11,2-3). Esse exemplo feliz de "surrupiar dos egípcios" é de Orígenes (m. c. 254 e.c.), um distinto aluno da escola platônica de Alexandria e o autor de *Dos primeiros princípios*, tentativa pioneira do cristianismo de apresentar as verdades da Escritura na forma e linguagem de uma teologia sistemática. Ao falar do Pai, de Jesus, o *Logos*, e do Espírito Santo, Orígenes descreveu cada um como uma "essência" ou "substância" (*ousia*) separada e um "indivíduo" (*hypostasis*, *hypokeimenon*), e depois caracterizou a trindade divina de indivíduos num único Deus como "consubstancial" (*homoousios*).

Teologia e credos: de Nicéia a Calcedônia

O cristianismo talvez não tivesse escolha senão abraçar a teologia helênica, pois seus primeiros intelectuais tinham sido todos educados nesse sistema. Portanto, se tinham de explicar a doutrina cristã para eles mesmos e para outros, primeiro deviam transformar o *mythos* escriturístico (como o Paulo helenizado já começara a fazer) no *logos* de estilo helênico comumente aceito. Filho de Deus, por exemplo, era a metáfora biológica dos evangelhos para explicar a relação de Jesus com Javé, que os teólogos-filósofos do século IV substituíram pelos termos do discurso científico corrente: geração e substância, modalidade, subordinação, eternidade. Uma tentativa de pensar Jesus nesses últimos termos levou o clérigo alexandrino Ario (m. 336) a propor que Jesus, como "Filho", tinha necessariamente de estar subordinado ao seu "Pai", que era, por definição, eterno e não gerado, ao passo que para Jesus "houve um tempo em que ele não existia". Logicamente, isso fazia sentido, talvez, mas quando esse ensinamento se espalhou, os bispos reunidos em concílio em Nicéia, em 325 (ver I/6), declararam-no herético e decretaram seu próprio dogma afirmando que Jesus foi "gerado, não criado" pelo Pai e era consubstancial a ele. Esse último termo estava na moda em *logos*, mas se posicionava extremamente longe da Escritura. Ademais, a definição grega da Trindade como "três indivíduos (*hypostases*) em um ser (*ousia*)" tornou-se em latim "três pessoas em uma substância", tradução que causou um problema adicional. Os bispos continuaram a sustentar suas posições citando a Escritura, mas invariavelmente o dogma foi publicado (ver I/5) na linguagem da teologia. O que não é surpreendente, pois mesmo havendo importantes canonistas (ver II/4), os teólogos entre o clero (um filtro duplo) constituíram a elite do cristianismo durante a maior parte de sua história.

Em Nicéia, os bispos pronunciaram-se dogmaticamente sobre a relação entre o Pai e o Filho, mas o trabalho de traduzir as maneiras escriturísticas de falar e de pensar para o idioma científico (isto é, teológico) do tempo mal começara. A questão do próprio Jesus permanecia. A cristologia era a decodificação dos títulos no Novo Testamento, mas nas décadas seguintes a Nicéia, os intelectuais cristãos tentaram entender o Messias judeu em termos teologicamente coerentes. A Escritura pôde afirmar simplesmente que ele era tanto homem como Filho de Deus, mas os teólogos dos séculos IV e V tiveram de reconciliar essas asserções em termos de discurso filosófico contemporâneo: como a personalidade única de Jesus podia abranger tanto uma natureza humana como uma natureza divina?

A cultura, a tradição e a destreza teológica forneceram respostas variadas. Algumas acentuavam a humanidade de Jesus: ele foi um homem que Deus glorificou na posição divina. Esse ponto de vista pode ter se desenvolvido de uma posição judeu-cristã original que via o messianismo de Jesus como adquirido ou concedido, provavelmente em sua ressurreição. Outros, sob influência mais helênica, consideravam Jesus eterna e predominantemente divino, estando a divindade revestida em carne, por assim dizer. A primeira posição tornou-se conhecida pelo nome de nestorianismo, e talvez refletisse uma maneira mais antiga, judaica, de olhar para Jesus; a segunda foi chamada de monofisitismo, e era claramente mais conveniente para alguns dos teólogos de mentalidade helênica. O concílio ecumênico reunido em Calcedônia em 451 condenou ambas e afirmou, contra toda lógica – mas inequivocamente *com* a Escritura –, que Jesus era "completo na divindade e completo na humanidade, verdadeiro Deus e verdadeiro homem", e que cada natureza, a humana e a divina, podia usar as faculdades da outra, ou, como agora podemos colocar, cada sistema operativo podia usar as aplicações do outro. Como a tese da redenção já implicara, Deus devia ter morrido na cruz; por sua definição dogmática, o Concílio de Calcedônia afirmou que isso de fato ocorrera. A filosofia helênica tinha como um de seus objetivos "salvar os *phainomena*", ou, "explicar a evidência" ao apresentar uma hipótese razoável. A intenção da sacra teologia, como se demonstrou claramente em Calcedônia, era, porém, "salvar os *theologoumena*", as crenças da fé.

O Concílio de Calcedônia teve conseqüências políticas enormes no Oriente Médio. As igrejas ocidentais aceitaram a fórmula – tinha sido de fato proposta pelo papa –, bem como as igrejas "imperiais" ou melquitas de língua grega sob o controle de Constantinopla. Mas as igrejas "nacionais" e "vernáculas" no Egito, Abissínia, Síria, Armênia e Iraque não aceitaram; preferiram suas visões monofisitas ou nestorianas próprias da divindade e da humanidade de Jesus. Diferença teológica não era necessariamente uma heresia no século V, mas a relutância em afirmar o credo de um concílio ecumênico era, e à medida que se passava do século V para o VI, o argumento teológico tornava-se político. Às vésperas da expansão muçulmana em seus territórios, as igrejas orientais estavam numa situação de considerável redemoinho teológico e de confusão política.

Os muçulmanos se encontram com Aristóteles

As religiões monoteístas reveladas entraram em contato com o modo científico de pesquisa – investigação ou explicação de fenômenos a partir de princípios racional e dialeticamente defensáveis – em várias ocasiões diferentes, mas em nenhuma parte tão trabalhosamente ou produtivamente como em seu contato com o helenismo. Em alguns casos, os monoteístas aprenderam grego, como os judeus fizeram na diáspora no segundo e primeiro séculos a.e.c. e os cristãos dois ou três séculos mais tarde, e assim se tornaram helenos no sentido lingüístico mais estrito. Em outros lugares, porém, os bens culturais do helenismo tiveram de ser traduzidos para o siríaco, por exemplo, em benefício de cristãos mal helenizados do interior da Síria e da Mesopotâmia; para o árabe para muçulmanos e judeus da Casa do Islã dos séculos IX-XI; e, finalmente, para o latim, para a Europa cristã dos séculos XI-XII, que havia quase esquecido sua herança helênica. De maior interesse no presente contexto comparativo são os dois casos posteriores: a passagem das obras científico-filosóficas gregas para o árabe e seu efeito sobre a cultura religiosa do islã e do judaísmo e, depois, a tradução de muitas dessas mesmas obras do árabe para o latim e seu efeito sobre o cristianismo europeu medieval.

Os muçulmanos provavelmente entraram pela primeira vez em contato com a teologia não em sua forma grega, mas em sua adaptação cristã, que já foi caracterizada como sacra teologia – isto é, o racionalismo helênico ao serviço às vezes desajeitado da fé escriturística. Isso provavelmente ocorreu quando os muçulmanos passaram para os ambientes ainda predominantemente cristãos no Oriente Médio. Parece que o livre-arbítrio e a predestinação ocuparam um lugar no topo da lista dos assuntos de debate (ver II/5), bem como a Trindade, que o próprio Alcorão questionara. A polêmica deve ter sido unilateral, pelo menos até que os muçulmanos começaram a se equipar com as armas dialéticas de seus adversários religiosos. Pelo final do século VIII, intelectuais muçulmanos, principalmente na nova capital cosmopolita de Bagdá, tinham à sua disposição as obras fundamentais do helenismo intelectual: resumos e adaptações dos diálogos de Platão e traduções completas de praticamente todas as obras de Aristóteles (junto com vários comentários gregos posteriores a elas), bem como a geometria de Euclides, a geografia astronômica e alquimia de Ptolomeu de Alexandria e as obras médicas de Galeno, entre outras. Essa passagem de bens intelectuais de uma cultura para o idioma totalmente diferente de outra foi uma transferência de tecnologia em escala maciça. Os responsáveis por essa transferência foram os refinados cristãos sírios de alta cultura do Iraque, a maioria dos quais abandonara o aprisco ecumênico na esteira do Concílio de Calcedônia e, conseqüentemente, tinham pouca estima pela Igreja "imperial" (melquita) de Bizâncio. Sua linguagem, o aramaico siríaco, servia como o estágio intermediário entre o grego de Aristóteles e o arábico dos muçulmanos.

O movimento de tradução do grego para o árabe durou pelo menos duzentos anos – estava quase pronto pelo ano 1000 –, e seus efeitos, junto com a absorção paralela do material indiano e persa através do Irã, foram profundos. Deu uma energia nova e muito criativa ao interesse muçulmano por medicina, farmacologia, matemática, física, ótica, astronomia, astrologia e alquimia. As duas últimas ciências eram exatas e altamente apreciadas na Antiguidade e na Era Moderna, embora vistas com desaprovação pelas autoridades religiosas, a astrologia porque era fatalista demais, a alquimia porque era *criativa* demais. Mas essa herança helênica também enfrentou e desafiou os próprios princípios do islã, como fizera com o judaísmo e o cristianismo, e aí seus efeitos foram consideravelmente mais problemáticos.

Falsafa

A matemática, a astronomia e a medicina gregas tiveram conseqüências ilustres e criativas em seu novo ambiente islâmico. Alguns muçulmanos tentaram também construir sobre esse fundamento grego herdado uma espécie de filosofia racionalista muçulmana que propusesse uma visão de Deus, do universo e dos seres humanos consoante tanto com a nova ciência quanto com a doutrina do islã. A experiência chamou-se *falsafa*, e seus praticantes, *faylasuf*, diretamente da *philosophia* grega. Sua intenção racionalista e interesses eram tão claros como a origem do seu nome.

O primeiro mestre da *falsafa*, al-Kindi (m. c. 870), expôs uma série de posições perturbadoras. De maneira extremamente nefasta, ele fala sobre existência de uma sabedoria racional humana que corria paralela à sabedoria sagrada da revelação. Em Kindi, a sabedoria humana, para a qual os juristas tinham concedido uma pequena autonomia sob o título de *ijtihad* (ver II/4), recebeu acesso direto a Deus: o que o Profeta ganhara sem trabalho por dom de Deus, o filósofo podia também alcançar por esforço intelectual laborioso. Foi uma concessão generosa, mas um pouco de má vontade à filosofia. O médico e filósofo al-Razi (m. 925) não só deu ao filósofo acesso a um conhecimento de Deus; negou-o aos profetas da revelação. A filosofia era a *única sabedoria*. Isso era apostasia e descrença (*kufr*) pura e simples, e, embora não houvesse muitos outros filósofos dispostos a ir tão longe como al-Razi, os perigos da posição racionalista eram claros. A *falsafa* não teve uma carreira brilhante no islã, apesar dos esforços de homens como al-Farabi e Ibn Sina para conciliar fé e razão de uma maneira mais sofisticada do que Kindi, e com maiores sensibilidades islâmicas do que aquelas mostradas por Razi.

Diferente de Kindi, al-Farabi (m. 950) não estava disposto a anular a revelação profética como um meio separado e independente de obter iluminação. Ele abordou a questão do ângulo característico da filosofia política, característico não com respeito ao seu mentor Platão, certamente, mas à luz da história da filosofia grega posterior, que não mostrava qualquer interesse por filosofia política. O Estado ideal de Farabi devia ser regido por alguém que combinasse tanto iluminação intelectual como prática, as qualidades do filósofo e as do profeta. O verdadeiro profeta, segundo Farabi, partilharia as verdades com o filósofo por razão do intelecto superior e as converteria, através da faculdade imaginativa, nas verdades figuradas de uma revelação como o Alcorão ou nas realidades concretas da lei como a *xaria*. Mas o que Farabi disse do "profeta" era verdadeiro com relação a todos os profetas, e não havia nenhuma tentativa aparente de defender uma qualidade única da revelação islâmica.

Ibn Sina, a quem o Ocidente latino chamou de Avicena (m. 1038), como Farabi, não conseguiu explicar nem a necessidade nem o processo de revelação profética, e escreveu um tratado especial, *Da prova da profecia*. O processo poderia ser pensado com bastante facilidade dentro das amplas categorias das teorias cognitivas gregas, com as quais Ibn Sina e Farabi estavam bem familiarizados, mas era totalmente diferente a necessidade de revelação, se as mesmas verdades estavam disponíveis à razão humana sem ajuda. Aqui os filósofos recorreram a bases platônicas e gnósticas familiares. Nem todos eram capazes de raciocínio reflexivo, e para a grande massa dos que não eram filósofos Deus – tanto o Deus dos ignorantes como o dos letrados – escolheu revelar suas verdades através de um profeta.

O argumento não é diferente daquele encontrado entre os sufis e outros místicos em busca de revelação privada. A Lei não é para eles; é para as massas.

Ibn Sina podia experimentar essa linha de raciocínio, dado que não estava muito distante da posição mística em sua filosofia tardia. Muitos dos gregos na tradição platônica tinham defendido que o raciocínio discursivo tinha seus limites, e que o conhecimento final de Deus era o resultado de iluminação, um salto intuitivo para Deus, do "só ao Só", como Plotino colocou de maneira famosa. Esse momento assumiu grande importância para Ibn Sina. A iluminação (*ishraq*) ou gnose (*marifa*) não aparece muito nas enciclopédias filosóficas de Ibn Sina como o *Cânone da Medicina* ou seu *Livro do conhecimento científico*, mas seus tratados místicos tardios deixaram claro que essa união intuitiva com o divino era central ao que ele começava a conceber como uma espécie de filosofia esotérica.

O grupo solitário dos filósofos muçulmanos, a maior parte dos quais continuava a afirmar e praticar o islã e fazer algumas tentativas de conciliar seu novo saber de estilo grego com as crenças islâmicas, permaneceu, com tudo isso, marginalizado e suspeito para a maioria dos muçulmanos. Esses filósofos não foram insignificantes – o principal teólogo medieval do islã, Ghazali (m. 1111), teve de pegar em armas contra eles. Contudo, a filosofia não exerceu uma atração enorme ou irresistível sobre muçulmanos e judeus, principalmente por causa das idéias que tinha da Criação, de sua exaltação de uma causalidade secundária às custas do sentido que os seguidores da Escritura tinham de uma criação continuada de Deus, de sua negação da providência divina e, finalmente, de seus problemas com a ressurreição do corpo – tudo ia contra, direta ou indiretamente, aos ensinamentos da Bíblia ou do Alcorão.

Falando de Deus: os inícios muçulmanos

Pelo século XI, havia entre os muçulmanos uma teologia característica chamada *kalam*, literalmente "discurso". No seu conteúdo – a investigação a partir de uma base escriturística, isto é, alcorânica, da natureza e dos atributos de Deus e seu papel no universo –, ela não foi muito diferente da atividade cristã contemporânea chamada teologia. Seu método era sistemático e amplamente aristotélico, novamente como sua equivalente cristã; mas diferente da disciplina cristã, *kalam* não ocupou o centro do espectro intelectual e religioso entre os muçulmanos. Embora visível, a teologia não foi vigorosa nem muito considerada nos círculos muçulmanos.

Do século XII em diante, obras de *kalam* plenamente desenvolvidas por autores muçulmanos estão disponíveis, mas se remontarmos à corrente teológica, o curso da *kalam* torna-se cada vez menos certo, seus traços menos evidentes e suas origens quase desconhecidas. No entanto, se entendermos a teologia de maneira ampla como um interesse nas questões religiosas fundamentais levantadas pela mensagem de Maomé, sua origem foi ainda anterior, e seu ponto de partida, pelo que parece, político.

No começo do agitado califado de Ali (r. 656-661), um grupo chamado caridjitas levantou a questão, como vimos (I/5), de quem era muçulmano e quem devia governar a comunidade muçulmana. Na primeira questão, tomaram uma posição rigorista. O muçulmano praticante era o único verdadeiro muçulmano; qualquer outro era pecador e, de fato, apóstata. Sobre a questão do imamato ou liderança, os caridjitas tomaram uma posição radicalmente igualitária: qualquer muçulmano (praticante) podia dirigir a comunidade. Nenhuma das duas posições prevaleceu na comunidade muçulmana mais ampla, mas a ligação baseada em princípios entre moralidade e liderança que tinham discutido não desapareceu. Quando o califado passou para as mãos da família omíada em 661, a questão tornou-se ainda mais aguda, visto que os califas omíadas não eram nem pretendiam ser muçulmanos modelares. Tampouco pareceu a muitos que estivessem governando a Casa do Islã, em rápida expansão, por meio do que se podia razoavelmente considerar princípios islâmicos – de fato, poucas diretrizes político-morais de uma constituição política muçulmana tinham sido até então estabelecidas.

Alguns pensaram que os omíadas deviam ser depostos, pela força, se necessário, com base na conduta irreligiosa deles, mas os califas encontraram outros sentimentos, profundamente teológicos, que eram mais do seu agrado, a saber, que tudo estava nas mãos de Deus, que possuía todo o poder. Na política, como na vida, o que tivesse que ser, seria, inclusive o califado omíada. Isso era teologia usando a máscara da política, e debaixo dela estava a mesma questão do livre-arbítrio e predestinação que tinha ocupado os pensadores religiosos entre judeus e cristãos (ver II/5). Agora, pela primeira vez, começavam a envolver muçulmanos, não porque herdassem o problema dos cristãos contemporâneos, mas porque a questão foi levada pelas circunstâncias para o próprio contexto deles, particularmente islâmico. O califa Abd al-Malik (r. 685-705), o mesmo governante que edificou o extraordinário santuário em Jerusalém conhecido como o Domo da Rocha, solicitou uma opinião de um personagem religioso da época, Hasan al-Basri (m. 728), sobre o assunto do livre-arbítrio e do poder predestinador de Deus. Hasan era mais pietista que teólogo, e sua resposta reservada ao califa é uma meditação teológica sobre a vontade de Deus e a liberdade humana. Ainda não é, porém, teologia no sentido formal, pois o caso do livre-arbítrio e da responsabilidade não é discutido, mas simplesmente afirmado através de habilidosa citação do Alcorão e das tradições do Profeta.

O uso de argumento dialético em vez de citações escriturísticas no tratamento de questões teológicas tornou-se mais comum logo após essa permuta entre o califa e o homem santo. A questão da predeterminação onipotente de Deus e o livre-arbítrio e responsabilidade humanos, estes ainda analisados em contexto político de remoção do líder da comunidade, continuou a exercitar os pensadores religiosos. A certa altura, porém, talvez pelo final do século VIII, o problema começou a ser tratado em termos dialéticos, isto é, pelo uso de argumentos lógicos para apoiar e apresentar argumentos escriturísticos. Primeiro, essa argumentação foi edificada sobre indícios ou "sinais", *dalil* em árabe, onde a fumaça aponta para o fogo, por exemplo. A técnica lembra muito a lógica estóica, e esses praticantes iniciais da dialética provavelmente tomaram o método da leitura de traduções de obras médicas gregas – no Iraque havia uma tradição médica vivamente inspirada no helenismo –, que estavam profundamente interessadas na metodologia em geral e na lógica em particular. O mestre a cujos pés os muçulmanos aprenderam a se sentar foi Aristóteles.

Aprendendo a falar dialeticamente

Como já vimos, muito mais do que Aristóteles foi traduzido do grego para o árabe, mas as obras de Aristóteles foram o eixo de toda a herança helênica na Casa do Islã, visto que fornecia instrução no método científico crítico que pode ter sido, sobretudo, a atração desse saber. Não podemos ter certeza do que levou os muçulmanos a traduzir Aristóteles e os outros, ou usar traduções (os cristãos sírios provavelmente fizeram a maior parte desse trabalho), ou o que levou governantes muçulmanos, como o califa al-Mamun (r. 813-833), a apoiar tal atividade. Os muçulmanos não herdaram um sistema escolar helênico vigoroso com filosofia grega, história e letras intactas dentro dele. A faculdade de filosofia em Alexandria pode ter sobrevivido nos tempos islâmicos de forma atenuada – a velha filosofia era às vezes uma empresa perigosa na era cristã –, mas o que os recém-chegados muçulmanos encontraram no Egito, Síria e até no Iraque conquistados foi uma florescente empresa teológica cristã, que absorvera uma grande quantidade tanto de Platão como de Aristóteles em várias formas e sabia como usar as armas dialéticas aristotélicas para sua vantagem polêmica.

Pode ter sido, pois, um Aristóteles cristão que, inicialmente, chamou a atenção dos muçulmanos, talvez um Aristóteles usado por uma seita cristã ou outra mesmo antes de os muçulmanos entrarem na peleja. Mas acabaram entrando. Uma vez que experimentaram os efeitos da dialética aristotélica sobre suas crenças, muitas vezes ainda incipientes, os muçulmanos foram tentados a expropriar as armas dos seus oponentes. Os cristãos sírios, por sua vez, entendiam os esforços de ir longe demais em companhia de Aristóteles. Tinham traduzido a lógica e a dialética de Aristóteles, a maioria dos pequenos tratados conhecidos coletivamente como *Organon*, mas pararam de repente de entrar nas águas perigosas dos tratados substantivos como a *Física*, *Metafísica*, *Ética* e *Da alma*. Os tradutores muçulmanos, a maioria deles cristãos sírios bilíngües ou trilíngües em grego, siríaco e árabe, ignoraram os avisos e mergulharam de cabeça no corpo completo da obra de Aristóteles. Os arrojados e os *faylasufs* foram além e começaram a especular na mesma linha dos seus predecessores gregos, iniciativa que rapidamente chamou a atenção dos eruditos tradicionais islâmicos, coletores de *hadith*, e dos primeiros juristas islâmicos, e foi, quase tão rapidamente, rejeitada como profana e perigosa.

Mas nem os tradicionalistas nem os coletores de *hadith* estavam imunes ao novo saber, visto que na Bagdá cosmopolita dos séculos IX e X ele vinha sob a forma não tanto de uma ciência como de polêmica cristã. Nessa época, porém, tinham à mão versões arábicas das mesmas armas intelectuais que os cristãos possuíam, e logo começaram a aparecer nas obras de autores muçulmanos não apenas traços de dialética de estilo helênico, mas os próprios contras e conceitos de uma nova lógica. Foi chamada de "dialética", ou mais literalmente – e com uma referência óbvia ao *logos* grego – "discurso" (*kalam*), e seus praticantes, "falantes" (*mutakallimun*). A mesma expressão aparece em Tomás de Aquino, quando ele se refere às autoridades muçulmanas e adversários como *loquentes in lege Maurorum*, "falantes na religião dos mouros", ou, como foi sugerido mais recentemente por seus opositores, como "as classes faladoras".

Uma inquisição islâmica

Como raciocínio, *kalam* não era demasiado rigoroso (embora nem o próprio Aristóteles fosse ao usar seu novo método), mas em algumas partes suas implicações mais profundas começaram a se manifestar mais rapidamente. Se Deus é de fato um e único, então tudo o mais, inferiu-se, deve ser diferente dele e, portanto, parte de sua criação. A maioria dos muçulmanos concordaria intuitivamente – afinal, o que é o islã senão monoteísmo estrito? –, embora não talvez quando as conseqüências foram explicadas: o Alcorão também deve ter sido criado. Na época em que essa proposição estava sendo feita no final do século VIII, a piedade muçulmana já tinha promovido o Alcorão, com indicações substanciais do próprio Livro, a uma posição de santidade não diferente da santidade da Torá entre os judeus. O Alcorão, a única base da fé muçulmana, era eterno, inimitável e incriado. "Impossível", foi a réplica dos novos racionalistas do islã: se o Alcorão era incriado, ele também devia ser Deus, assim como os cristãos afirmavam de *sua* Palavra Divina, Jesus.

Os que seguiram a lógica e começaram a defender a posição "racional" de que o Alcorão tinha sido criado ficaram conhecidos na história da religião muçulmana como mutazilitas. Nessa e em outras posições características deles – também desejavam despojar Deus de seus atributos "eternos" baseados quase nos mesmos fundamentos lógicos –, representam uma tentativa inicial de assimilar sistematicamente as noções da lógica filosófica grega ao pensamento religioso islâmico. O protetor deles foi al-Mamun, o mesmo califa que patrocinou muitas das traduções de Aristóteles em Bagdá e que tinha simpatia indisfarçável pelos xiitas (ver I/8). Os primeiros califas tinham dado passos sumários eventuais contra homens que pareceram perigosos, seja para a fé, seja para o regime, mas al-Mamun, cuja política de governo acentuava a centralização e o controle, deu uma grande passada nesse caminho ao iniciar a *mihna*, ou "investigação" – uma tradução menos precisa evocaria a "inquisição", embora o fenômeno cristão tenha sido muito mais complexo, generalizado e duradouro (ver I/5).

De modo diferente dos califas predecessores, que podem ter punido desvios, mas nunca procuraram definir a ortodoxia, al-Mamun decretou que a "ortodoxia" islâmica consistia em crer que o Alcorão tinha sido criado. Isso foi assunto de investigação, e quem faltasse a isso estava sujeito a açoite ou prisão. O ponto teológico pode chocar alguém que não está atento ao discurso religioso na Bagdá do começo do século IX, de preferência como uma questão misteriosa sobre a qual construir um juramento de fidelidade teológico, mas por baixo dela havia um enorme *iceberg* de argumento filosófico que, por sua vez, derivava das noções aristotélicas sobre matéria, espaço, tempo e, de fato, o próprio Deus.

Como freqüentemente parece acontecer, al-Mamun pegou um mártir muito grande em sua rede. Ahmad ibn Hanbal (m. 856), o líder dos tradicionalistas de Bagdá, preferiu a cadeia a um Alcorão criado, e as forças do conservantismo e, num plano mais amplo, de autoridade religiosa descentralizada, tinham o seu ponto de reunião. No entanto, ele foi logo libertado e todo o caso parece ter sido um fiasco. Ibn Hanbal tornou-se uma espécie de testemunha viva da fé tradicional, um Galileu ao contrário, por assim dizer: *e pur'* ***non*** *si muove*. A *mihna* durou mais alguns anos até que, em 848, o califa Mutawakkil abandonou o dogma do Alcorão criado. Mas o dano estava feito. O que os primeiros califas da Casa de Abbas tinham pensado como uma sociedade aberta tornou-se polarizado, os racionalistas se opuseram aos tradicionalistas e, a modo de corolário, os teólogos filosóficos afrontaram os juristas. No final, os últimos triunfaram. A dialética aristotélica e partes da problemática dos filósofos encontraram um modesto ponto de apoio na teologia dialética e receberam um lugar provisório à margem do currículo legal, o único que tinha valor na educação superior islâmica. O medo do racionalismo, porém, não se dissipou facilmente, e houve um decreto califal sobre a venda de livros que tratavam de *kalam* ou *falsafa* em 892, repetido em 897.

Os transtornos das últimas décadas do século IX estavam ligados ao crescimento do ismailismo (ver I/8), movimento político e ideológico, e suas bases filosóficas esotéricas estão expostas nos preservados *Tratados dos irmãos da pureza*. O conteúdo dos *Tratados* acabou não sendo tão esotérico; é uma mescla familiar de ocultismo neoplatônico com aristotelismo e temperada neste caso com uma boa dose de numerologia neopitagórica. Os *Tratados* exalam do começo ao fim um forte odor de filosofia grega, apesar de uma fina máscara islâmica. A máscara foi logo levantada pela *intelligentsia* sunita; uma crítica, pelo filósofo Abu Sulayman al-Sijistani (m. depois de 1001), é particularmente notável para nossos propósitos. Os ismailitas tentaram o impossível, diz ele, a saber: combinar lei islâmica e *falsafa*. Isso não pode ser feito: *falsafa* são apenas os achados da razão humana, mas "a lei islâmica é derivada de Deus por meio de um enviado entre ele e a humanidade e por meio de revelação".

Kalam amadurecida

Ibn Hanbal e seus seguidores não queriam ter nada a ver com a recente habilidade de argumentar porque, quando aplicada ao que consideravam o fundamento da fé, levava à "inovação", que era, no melhor dos casos, discórdia e, no pior, heresia. A maioria dos muçulmanos provavelmente concordava, e quando o apoio oficial do califa foi tirado dos mutazilitas, os hanbalitas, como passaram a ser chamados, não hesitaram menos em levar sua raiva para as ruas de Bagdá e manifestar a sua oposição contra os inovadores e racionalistas do que haviam feito os monges cristãos de Alexandria, Antioquia ou Constantinopla no século V. Mesmo assim, forças de reconciliação estavam em ação. A tradição atribui o primeiro passo a al-Ashari (m. 935), que não era nem filósofo nem, no fim, *mutakallim*. Erudito mutazilita promissor, Ashari decidiu, por vários supostos motivos, adaptar as posições reconhecidamente racionalistas ao que se tornara, sem benefício de definição ou sanção clerical, uma forma de ortodoxia popular. Pelo século X, as crenças muçulmanas tinham alcançado uma espécie de consenso, o de ler o Alcorão literalmente e tomar como orientação para a compreensão do Alcorão e para viver uma vida muçulmana a "*sunna* do Profeta", o corpo das tradições fortes noticiadas desde Maomé. Essa era uma linha básica de islã genuíno, segundo Ashari, e ele sugeriu o que Fílon propusera de modo pioneiro para os judeus e Orígenes para os cristãos, a saber: combinar, de alguma maneira, o que então constituía a crença islâmica com a abordagem racional que os mutazilitas faziam da crença – em suma, construir o que se poderia chamar, em termos cristãos, uma teologia sacra. Assim passou a existir a *kalam*, ou teologia dialética.

A versão pioneira de Ashari sobre *kalam* pendia notoriamente mais para os *hadith* do que para a dialética, como a *kalam* sempre seria; todavia, representa o esforço da tendência muçulmana predominante em assimilar o aristotelismo, em diversos graus, à cultura religiosa islâmica. Seus efeitos de Ashari em diante não foram notáveis, e seu praticante mais considerável, al-Ghazali, um professor de jurisprudência na principal madrasa de Bagdá, achou *kalam* tristemente inferior ao misticismo como caminho para Deus. O máximo que Ghazali concederia era que *kalam* seria uma arma defensiva útil, "como uma tropa protetora ao longo do caminho do peregrino". Ibn Khaldun tentou, mais tarde, dizê-lo de modo mais sistemático: "*Kalam* é uma ciência que discute a partir de provas lógicas em defesa dos artigos de fé e para refutar inovadores que em seus dogmas desviam dos primeiros muçulmanos e da ortodoxia muçulmana".

Ashari não convenceu inteiramente os hanbalitas, mas o partidário estrito dos *hadith* não podia evitar que uma versão da *kalam* asharita ganhasse um lugar modesto no leque da ortodoxia islâmica como instrumento legítimo para explicar e defender a revelação e as tradições do Profeta. A oportunidade de mostrar a utilidade da *kalam* como arma dialética era mais clara na resistência ao xiismo ismailita, o qual descansava suas convicções no ensinamento infalível (*talim*) de um imã, mas estava de fato coberto com os modelos e métodos da filosofia grega. A defesa do sunismo contra o novo saber que era brandido contra as maneiras tradicionais de pensar e de falar acerca de Deus foi assumida por Ghazali, que procurou desacreditar não só os ismailitas, mas também os filósofos que eram a inspiração deles. Não fez isso recorrendo a argumentos de *hadith*, que teriam sido rejeitados de imediato por seus opositores, mas infundindo a *kalam* com rigor suficiente para enfrentar a oposição em seu próprio terreno. Os filósofos, especialmente Farabi e Ibn Sina, foram afrontados em *A incoerência dos filósofos*, e os ismailitas, numa série inteira de tratados polêmicos dirigidos explicitamente contra eles.

Ghazali não era, de modo algum, um reacionário teológico. Ele transferiu para sua versão de *kalam* muito mais de Ibn Sina do que Ashari podia ter imaginado, e aceitou e glorificou uma forma de sufismo cujos fundamentos intelectuais estavam profundamente arraigados no neoplatonismo. Ibn Sina e Ghazali são personagens centrais na teologia islâmica posterior. A crítica que Ghazali fez da cosmologia de Ibn Sina e da cosmologia grega que estava por trás dela tornou-a suspeita para sempre entre os teólogos dialéticos do islã. Porém, ao seguir Ibn Sina pelo caminho do iluminacionismo, Ghazali abriu aos seus sucessores uma estrada real para a teosofia (ver mais adiante). A *kalam* tradicional não é uma disciplina distinta depois de Ghazali e Fakhr al-Din al-Razi (m. 1209). De fato, conservadores como o espanhol Ibn Hazm (m. 1064) e o sírio Ibn Taymiyya (m. 1328) mostram vigor intelectual muito maior ao atacar a tradição racionalista do que os *mutakallimun* em defendê-la.

> **Nota:** Apesar de todo o seu saber, os ismailitas eram políticos radicais que não hesitavam em usar métodos terroristas para alcançar seus fins. O assassinato era uma dessas táticas, e o homicídio ismailita, em 1094, do primeiro ministro do califa, Nizam al-Mulk, que indicara Ghazali para seu cargo de mestre, deixou o teólogo temeroso por sua própria vida. Ghazali deixou seu posto em Bagdá em 1095 e passou anos incógnito, primeiro em Damasco e depois num pequeno convento sufi acima da Porta Dourada em Jerusalém, antes de voltar a Bagdá e retomar seu ensino. Foi durante esse período que escreveu sua obra mais famosa, *A revivificação das ciências da religião.*

As razões pelas quais a teologia sacra teve efeito tão suave sobre a cultura religiosa são bem evidentes. A única forma institucionalizada de educação superior no islã era a madrasa, que foi, desde o seu começo até o presente, uma escola inabalável de lei islâmica. A maioria esmagadora da *intelligentsia* do islã passou por esse sistema e, assim, quer praticassem ou não, tornavam-se *ulama* formados na jurisprudência voltada para os *hadith*. A *kalam* asharita encontrou apenas lugar modesto no currículo da madrasa, como uma espécie de atividade menor e inócua. Por isso a *kalam* era pouco aceita, tinha pouco apoio e era subvalorizada; afinal, descobriu-se que tinha pouco a dizer. Só nos extremos do empreendimento havia sinais de vitalidade, nas margens exteriores da tradição grega e nos limites externos da comunidade muçulmana.

Credos muçulmanos

Nem mesmo os tradicionalistas muçulmanos (ver mais adiante) estavam inteiramente imunes ao novo racionalismo do tipo praticado, primeiro, pelos mutazilitas e retomado num sentido muito mais mitigado na *kalam*. Nem sempre podemos avaliar a resposta dos tradicionalistas a argumentos típicos da *kalam*, visto que os tradicionalistas defendiam sua posição mais amiúde com polêmica do que com declarações dogmáticas. Vimos que o cristianismo se definiu e redefiniu numa série de afirmações de credo e em dogmas positivos e anátemas negativos emitidos pelos concílios. O islã não tinha uma estrutura conciliar comparável, e sua maior aproximação de um credo no sentido de uma fórmula batismal é a simples *shahada*: "Não há deus senão O Deus, e Maomé é seu enviado". Por meados do século VIII, declarações mais longas na forma de um credo (*aqida*) começaram a aparecer anonimamente em círculos legais. Ao contrário do que se poderia esperar, não tinham nada a ver com os dois elementos básicos da *shahada*, que são as afirmações exigidas do muçulmano individual, mas se dirigem preferentemente às questões em disputas religioso-políticas correntes. Assim, os dez artigos de Fiqh Akbar I tomaram posição contra os caridjitas, xiitas e os partidários do livre-arbítrio e, portanto, datam provavelmente de cerca de 750, quando essas questões eram comuns.

Um século e meio mais tarde, os 27 artigos do Testamento de Abu Hanifa refletem a controvérsia mutazilita acerca do fato de o Alcorão ser criado, tomando uma posição fortemente hanbalita e tradicionalista em contrário e muito mais audaz que seu predecessor em tentar definir a fé e julgar entre a importância relativa da fé e das boas obras. O vocabulário técnico da *kalam* também aparece pela primeira vez. Um terceiro documento, o Fiqh Akbar II completa a evolução. O credo do final do século X mostra claramente a penetração da *kalam* no pensamento tradicionalista. Como seus predecessores, ele não é uma declaração do que se deve crer que é um muçulmano, mas é menos que uma declaração asharita sistemática de posição sobre os argumentos teológicos de seu tempo: a corporalidade de Deus, a compreensão alegórica da Escritura e a realidade dos atributos divinos.

Todos estes chamados credos evidentemente não eram documentos pelos quais viver, mas declarações um tanto sectárias sobre problemas que incomodavam os primeiros juristas e *mutakallimun*. Muitos pontos ainda estavam em disputa no tempo da composição, mas ao se voltar para a era de Ghazali e além, quando um consenso desse tipo se desenvolvera no islã sunita, os credos muçulmanos se pareciam com um catecismo cristão. São tratados de teologia escolástica altamente estilizados, embora abreviados, como o catecismo inserido pelo próprio Ghazali em seu *Revivificação das ciências da religião*; os *Artigos de fé*, de Najm al-Din al-Nasafi (m. 1141); e, na aurora do modernismo no Oriente Médio, o *Credo*, de al-Fudali (d. 1821).

Os credos são o que há de mais próximo da definição de ortodoxia por parte da comunidade dos muçulmanos. Como os seus equivalentes cristãos, surgiram no contexto da disputa, como resposta a outros modos de ver acerca de Deus, dos seres humanos e do universo que a comunidade, ou pelo menos os líderes religiosos, julgaram estar em desacordo com o Alcorão, a *sunna* ou simplesmente as sensibilidades muçulmanas. No lugar dessas crenças desviantes, os credos exprimem, em forma de proposições e afirmações, o que parece correto chamar de consenso muçulmano sunita. Pode ser resumido como segue.

A respeito de Deus, de sua natureza e atributos:

> Deus é um, único, sem companheiro ou descendência; é eterno e imutável; sua existência pode ser provada a partir do mundo contingente; Deus é diferente da humanidade; incorpóreo, por isso as descrições alcorânicas suas devem ser aceitas "sem perguntar como" (*bila kayf*) [ver mais adiante]. Deus goza de maneira preeminente dos atributos alcoranicamente atestados de onipotência, onisciência, vida, vontade, audição, vista e fala, bem como todos aqueles outros que constituem seus "belíssimos nomes" (ver I/1). O Alcorão é o discurso incriado de Deus.

Depois, Vontade de Deus:

> A vontade de Deus é soberana no mundo e eficaz sempre e em toda parte; de fato, como muitos sustentam, Deus predestina acontecimentos de antemão (ver II/5). Todos os atos humanos, como todos os acontecimentos, são criados por Deus, mas são atribuídos a seres humanos ou, como se diz, "adquiridos" (*iktisab*) por eles, visto que procedem de um poder interno criado nos humanos no momento em que atuam.

As últimas coisas:

> Os sinais do Final dos Tempos são todos autênticos e reais, inclusive o questionamento por Munkar e Nakir e os tormentos do túmulo (ver II/10), e quando o fim chegar, Deus julgará toda a humanidade. Algumas pessoas, sendo Maomé a principal delas, terão a permissão de interceder pelos pecadores entre os muçulmanos no Juízo; orações e esmolas oferecidas pelos vivos também ajudarão os mortos; paraíso e Geena existem agora e existirão para sempre.

Revelação:

> Deus enviou apóstolos e profetas à humanidade. Maomé é o "selo" ou o último deles, e ele e os outros profetas foram preservados do pecado (embora talvez apenas dos graves). Contra os xiitas, deve ser sustentado que depois de Maomé, os primeiros quatro califas foram os melhores homens; só o bem deve ser falado dos companheiros do Profeta (ver II/3).

Crença:

> Fé é conhecer no coração, confessar pela língua e, segundo a maioria, realizar boas obras. A fé é devida somente à orientação de Deus, e a descrença ao abandono por ele.

Razão e revelação no islã

O debate sobre as reivindicações contrárias da razão e da revelação foi longo e ruidoso no islã, em que a tendência piedosa mostrou-se muito menos disposta a sucumbir às blandícias do racionalismo de estilo helênico do que seus equivalentes cristãos anteriores e posteriores, por exemplo. "Razão" e "revelação" não eram, todavia, os termos referenciais do debate entre muçulmanos. O discurso estava em geral centrado em torno do uso de argumentos de tipo racional em face do que se podia chamar de tradicionalismo.

A versão muçulmana desse debate perene era de fato trilateral, ou melhor, havia dois debates entre três partidos. O primeiro, e o mais conhecido no

Ocidente, pois envolvia alguns personagens familiares na filosofia medieval, foi o famoso debate entre os *faylasufs* e os teólogos dialéticos (*mutakallimun*), já referido entre Ghazali e seus adversários filosóficos, particularmente Ibn Sina, com a réplica de Ibn Rushd (ver mais adiante). O outro, muito mais generalizado e com conseqüências maiores para o islã, foi o debate entre os mesmos teólogos da *kalam* e um grupo amplo de pensadores muçulmanos que podem ser chamados de "tradicionalistas".

Nota: "Tradição" (*hadith*) é, como vimos, um termo comumente usado no islã e serve como uma espécie de abreviatura – "tradição profética" é expressão mais completa e mais explícita – que se refere à notícia de um dito ou um feito de Maomé (ver II/3). Aqueles que transmitiram, recolheram ou estudaram tais notícias foram chamados "tradicionistas" (*muhaddith*; pl. *muhaddithun*). "Tradicionalista" e "tradicionalismo" são termos mais amplos (e ocidentais modernos) e usados aqui para tudo o que diz respeito ao Alcorão – coletivamente, a *sunna*, ou costume, do Profeta – e consenso como base primária da crença e prática muçulmanas. Todos os tradicionistas eram também tradicionalistas nesse sentido, mas o último grupo também incluía pessoas que podem ser mais propriamente consideradas teólogos.

Havia poucos – ou nenhum – racionalistas no islã, se esse termo for entendido como significando uma dependência absoluta da razão humana para a dedução de normas de fé e de comportamento. Tampouco está claro que houvesse muitos, mesmo entre os *faylasufs*, que consideravam a razão como um instrumento primário, embora não o único, para deduzir essas normas. Os filósofos aparentemente sugeriam posição independente e igual da razão na aquisição da verdade – que as verdades concedidas pela revelação podiam também ser alcançadas pelo uso apropriado da razão humana. Entendia-se que essa pretensão ameaçava o islã, e contra ela eram erguidas armas, incluindo a do argumento racional, por fiéis escandalizados.

O outro debate era mais sutil e tinha a ver com questões de grau. Assim como era difícil haver um muçulmano racionalista, não importava o quanto fosse helenizado, que punha a razão antes da revelação, dificilmente havia um pietista que não se servisse, por mais desajeitadamente que fosse, de argumentos racionais para explicar ou defender sua posição. Nesse sentido, os pensadores muçulmanos eram racionais, embora só raramente racionalistas. Até Ibn Taymiyya, o príncipe dos tradicionalistas muçulmanos, medievais e modernos, pensava haver duas espécies de "indicações" no Alcorão; a uma classe ele chamava "revelacional", a outra "racional", porque "sua verdade é conhecida através do intelecto". E ele afirmava com a mesma veemência de seu equivalente teológico Ghazali que não havia contradição entre elas.

Se, porém, todos os lados concordassem que havia *algum* lugar no discurso religioso muçulmano para argumentação racional, havia uma discordância igualmente ampla e geral sobre onde ficava esse lugar e qual era a sua extensão. Para os tradicionalistas, os fundamentos do islã estão clara e exclusivamente no Alcorão, na *sunna* do Profeta, e no que o Alcorão (4,115) chama de "o caminho dos fiéis", o qual é tecnicamente referido como "consenso" (*ijma*) e já foi explorado no ensinamento moral muçulmano (ver II/5). Consenso é um termo ambíguo, mas sua compreensão mais conservadora – que é sustentada pela maioria dos tradicionalistas – é a de que abrange matérias afirmadas em comum pelos companheiros de Maomé (*sahaba*), isto é, seus contemporâneos, por aqueles que estavam na posição de testemunhas oculares na corrente de transmissão dos *hadith* (ver II/3), bem como uma primeira geração ou duas de seus seguidores – em suma, "os Pais" (*al-salaf*) (ver II/2). Muçulmanos mais liberais podem ampliar o "consenso" para o acordo da comunidade muçulmana inteira em qualquer época, mas uma das características da ala tradicionalista do islã é que ela vigia de perto o "consenso" como um elemento determinante no islã e o limita aos Pais e àqueles que transmitiram e protegeram o legado dos Pais, a saber, os tradicionistas.

Além disso, os tradicionalistas opunham-se a toda "inovação" (*bida*) ou abandono da revelação recebida e de sua compreensão pelos Pais, que é precisamente onde surgiu a disputa entre os tradicionalistas e seus irmãos de tendência teológica mais racional. Os *mutakallimun* revisitaram as conclusões dos Pais em matérias como o conflito entre livre-arbítrio e predestinação (ver II/5), ou a questão da natureza existencial dos atributos divinos. Seguiram-se, muitas vezes, desacordo e disputa contenciosa, que eram, argumentavam os tradicionalistas, o inimigo da fé, pois tinham a ver não com questões de comportamento, no que os próprios Pais discordaram, mas com questões de princípio, no que não discordaram.

Deus supremo: ocasionalismo islâmico

A negação muçulmana de qualquer elo necessário entre o agente humano e os atos que ele ou ela parecem produzir simplesmente prolonga em termos morais uma negação profunda de toda causalidade secundária, ou seja, de qualquer conexão ontológica ou necessária entre causa e efeito (ver II/5). Ghazali formulou isso com absoluta clareza em seu livro *Incoerência dos filósofos*, cujo alvo não eram os pensadores gregos havia muito tempo mortos, com os quais tal "incoerência" surgiu, mas seus herdeiros muçulmanos como Farabi e Ibn Sina. "Segundo nós", declara al-Ghazali em nome dos *mutakallimun*, "a conexão entre o que é comumente declarado como causa e o que se crê que é um efeito não é necessariamente conexão. Cada uma das duas coisas tem sua individualidade própria e não é a outra. A conexão entre elas está baseada num decreto de Deu de criá-las numa ordem sucessiva". Segundo Ghazali, nossa própria experiência passada e constante (embora ainda não necessária) repetição produz a expectativa natural que chamamos de "efeito". No entendimento de Ghazali não podemos demonstrar causalidade. Simplesmente observamos a coincidência entre fogo e fogueira; supomos, embora não possamos demonstrar, que um se segue necessariamente do outro.

A semelhança da posição da *kalam* à dos racionalistas teológicos pode ser vista claramente em dois ataques dirigidos contra ela, um pelo jurista, médico e filósofo judeu Maimônides (m. 1204) em seu *Guia dos perplexos*, e o outro pelo muçulmano aristotélico espanhol Ibn Rushd (m. 1198) em seu livro *Incoerência da incoerência*, escrito como refutação direta de Ghazali. Como Maimônides afirmou, a *kalam* não reconhece nenhuma natureza estável nas coisas, mas apenas uma sucessão de acidentes que, estando ausente uma base subsistente, tinha de ser criada e recriada em cada momento sucessivo de tempo. O Criador era, naturalmente, Deus, o único ser verdadeiramente subsistente no universo. Deus criou igualmente o *hábito* de um acidente seguindo outro, de modo a criar a impressão de uma conexão necessária, entre fogo e fogueira, por exemplo. "Segundo eles" - escreve Maimônides, referindo-se aos *mutakallimun* –, "não há corpo dotado do poder de ação... O agente último é Deus". O que chamamos de causa não é senão a *ocasião* da próxima ação de Deus, que transformamos em efeito pelo hábito ou pela concorrência que ele também criou. O hábito dá consistência, predizibilidade e até esperança à vida humana. Sabemos que Deus não interromperá a seqüência habitual dos eventos e produz conseqüências inabituais, como no caso de um milagre, por exemplo, exceto para nosso próprio bem. Há uma outra cláusula de escape, pelo menos para Ghazali. Se Deus altera a seqüência habitual, pode também remover o hábito: "o conhecimento do habitual é tirado no tempo da interrupção... e Deus não o cria mais".

Ibn Rushd

Kalam não era muito respeitada pelos faylasufs, que reconheciam que essa teologia argumentava dialeticamente à maneira da *Retórica* e dos *Tópicos* de Aristóteles e não tanto por demonstração científica como descrito em sua *Analítica*. Pode ter sido isso, mas o valor da *kalam* referia-se ao fato de não levar, como acontecia com a *falsafa*, a proposições que eram ou aberta ou implicitamente *kufr*, ou descrença. Ghazali era o mais notável tradicionalista do islã - *Revivificação das ciências da religião* é provavelmente o livro mais influente escrito por um muçulmano –, mas era também habilidoso nas técnicas da *falsafa*. Enfrentou os racionalistas em seu *Incoerência dos filósofos*, no qual propôs demonstrar, com os próprios métodos da *falsafa*, que as proposições contrárias à fé muçulmana eram também contrárias à razão. Ghazali fez referência particular à insistência dos faylasufs sobre a eternidade do mundo (à lua da imutabilidade de Deus) e sua negação do cuidado providente de Deus sobre indivíduos (à luz da transcendência de Deus). Os argumentos de Ghazali prevaleceram nos círculos tradicionais, mas a visão helênica do universo e como ele funciona, com a qual as doutrinas filosóficas estavam inseparavelmente ligadas, penetrou profundamente nos círculos intelectuais do islã, sunita e xiita, científico, teológico e místico.

Ibn Rushd, também conhecido como Averróis, era uma figura familiar à cristandade latina medieval: ele aparece, de maneira exótica e inconfundível, no primeiro plano à esquerda da *Escola de Atenas*, famosa representação pictórica de Rafael da galeria da fama da filosofia ocidental. Ibn Rushd era, além de qualquer dúvida, o mais influente e erudito aristotélico do islã, e escreveu sua *Incoerência da incoerência* para refutar a *kalam* asharita em geral e a sua defesa sofisticada por Ghazali em particular. Ao fazer isso, não poupou sequer Ibn Sina. Com o seu conhecimento ímpar de Aristóteles, Ibn Rushd foi capaz de identificar e desmantelar o híbrido platônico-aristotélico típico da filosofia de Ibn Sina e que dá forma a ela, bem como da filosofia de todos os faylasufs.

Ibn Rushd foi o único entre os muçulmanos a ler Aristóteles todo, por isso podia distinguir o pensamento autêntico dos gregos na complexa mistura filosófica que fora feita na antiguidade tardia e se tornara uma posse desconhecida dos faylasufs. Portanto, o universo não era o produto de uma emanação divina, como pensavam Farabi e Ibn Sina, porque os filósofos anteriores tinham entendido mal Aristóteles; nem era composto de átomos ligados somente pela vontade de Deus, como afirmava a *kalam* num esforço desatinado de defender a onipotência de Deus. Como Aristóteles demonstrara, a causalidade eficiente e final reinava por toda parte, desde Deus, a causa primeira, até os humanos, os agentes morais.

Em outra obra, mais breve, *O tratado decisivo*, Ibn Rushd passou dos mutakallimun para uma defesa da filosofia contra o que, na Espanha do século XII, era um grupo muito mais poderoso de antagonistas, os juristas. As obras de Ghazali tinham sido queimadas em público quando chegaram à Espanha pela primeira vez; versões relativamente suaves da *kalam* asharita surgiram entre os juristas espanhóis, que estavam ferozmente ligados ao tradicionalismo maliki. No começo do século XII, porém, houve novas agitações religiosas e políticas entre os berberes norte-africanos. Em 1121, um deles, Ibn Tumart, foi proclamado *Mahdi*, o Corretamente Guiado, que uniria todos os seres humanos que observassem a lei islâmica, preparando assim o Final dos Tempos. Seus seguidores berberes, que foram chamados "unitários" (*al-muwahhidun*; em português, almoadas), acabaram reinando em toda a África do Norte desde Tunis até Marrocos e a metade sulista da Espanha, e criaram um novo ambiente religioso e intelectual que permitiu a obra de Ibn Tufayl (m. 1185), um *faylasuf* altamente imaginativo, e de Ibn Rushd, enquanto forçava o teólogo Maimônides ao exílio.

O paradoxo dos destinos divergentes de Ibn Rushd e Maimônides simplesmente repete um paradoxo maior no mahdismo de Ibn Tumart. Um sunita dos sunitas, Ibn Tumart, tomou emprestado da ideologia xiita o imã infalível para completar seu papel como *mahdi*. Ele e seus discípulos seguiram os princípios mais estritos da lei islâmica, forçaram judeus e cristãos à conversão, e ao mesmo tempo assumiram posições teológicas ligadas à *kalam* mutazilita e asharita, e, no caso de Ibn Rushd, encorajaram uma reconciliação entre a *xaria* e a *falsafa*; ou, para dizê-lo na maneira mais modesta de Ibn Rushd em *Tratado decisivo*: o estudo da filosofia é permitido ou mesmo obrigatório pela lei islâmica?

A resposta era, certamente: sim. Como Ibn Rushd explicou, o Alcorão comanda o estudo do propósito de Deus no universo, e esta e a meta da filosofia. A principal objeção a tal conclusão levemente discutida foi imediatamente levantada. A filosofia, que faz suas afirmações independentes de verdade, muitas vezes divergiu das verdades da revelação. As diferenças, segundo Ibn Rushd, são apenas aparentes, e surgem de dois modos diferentes de expressão: a linguagem figurada, metafórica, da Escritura e a linguagem científica da filosofia. A solução, portanto, está onde sempre esteve desde Fílon, na exegese alegórica da Escritura. Ibn Rushd até insistiu no ponto: os filósofos, não os *mutakallimun* ou juristas, são os únicos habilitados a interpretar a Escritura, pois só eles possuem uma compreensão verdadeira de seu sentido "real", filosófico.

A voz da ortodoxia islâmica conservadora

Muitos muçulmanos eram resolutamente conservadores, voltados para a tradição e absolutamente relutantes em ter qualquer interação com a teologia, fosse dialética ou racional. O objetivo deles não era definir ou entender Deus, mas simplesmente descrevê-lo "como ele se descreve a si mesmo em seu Livro e como o Profeta o descreveu na *sunna*". Essas palavras, uma descrição tão boa da ortodoxia islâmica como qualquer outra, são de Ibn Taymiyya, de quem já se falou no contexto da guerra contra a heresia (ver I/5). Ele pertenceu a uma escola conservadora de jurisprudência fundada por Ahmad ibn Hanbal e sabia, com firmeza e decisão, o que um muçulmano era e como devia crer e agir. Ibn Taymiyya discutiu fortemente contra o entendimento de Deus dos racionalistas, aqueles que "despojariam" Deus de seus atributos atestados pelo Alcorão – os mutazilitas replicariam que não estavam "despojando", mas "distanciando" alguma noção de criaturidade a partir da essência de Deus – em nome de uma divindade mais espiritualmente exaltada. Na outra ponta do espectro, Ibn Taymiyya achou igualmente inaceitável o patente antropomorfismo de alguns de seus conservadores mais literais. Finalmente, rejeitou a leitura figurada e alegórica livre dos místicos ao texto sagrado.

Ibn Taymiyya preferiu o ensinamento característico da escola hanbalita. Ela é chamada *tafwid*, e significa dar a Deus uma espécie de "poder de advogado" em matérias de fé, deixando a crença em suas mãos ou, na formulação que ficou famosa, acreditando em Deus "sem perguntar como" (*bila kayf*).

Kalam judaica

Juristas como Ibn Taymiyya continuaram sem se convencer pelo *Tratado decisivo* de Ibn Rushd, o que não é de surpreender, e depois de Ibn Rushd nenhum muçulmano falou de maneira tão ampla e tão audaciosa em favor dos direitos dos filósofos perante os juristas, por um lado, e do *mutakallim*, por outro. A voz de Ibn Rushd continuou a fazer eco na Europa cristã, mas não na Casa do Islã. Houve, porém, outras vozes, que falavam com sotaques um pouco diferentes, que continuavam a levantar a questão da razão e da revelação no mundo de fala árabe. A principal delas, como vimos, foi a voz do médico, filósofo e erudito talmúdico judeu Moisés Maimônides (m. 1204), que a perseguição almoada expulsara da Espanha para a África do Norte e, finalmente, para uma carreira longa e bem-sucedida no Egito.

Maimônides surgiu no meio de uma longa tradição da teologia judaica na Idade Média. A prática da teologia especulativa começou com Fílon e foi rapidamente abandonada, mas foi retomada de novo no islã pelo *gaon* Saadya ibn Yusuf (m. 942). Formado tanto na Escritura como na tradição mística, Saadya foi o primeiro judeu a seguir seus contemporâneos mutazilitas muçulmanos na *kalam*. O resultado foi o primeiro tratado sistemático de teologia judaica, escrito em árabe, o *Livro das crenças e opiniões*. Não há nenhum engano sobre quem era Saadya nem sobre o queria fazer. No seu discurso preliminar, garantiu aos seus leitores que sua tarefa era, sobretudo, confirmar as verdades da revelação e esclarecer dúvidas, não estabelecer novas verdades. Explicou que a verdade surge geralmente dos sentidos, da razão e da intuição, ao que ele, como membro da "comunidade dos monoteístas", acrescentou uma quarta: a tradição autêntica ou revelação. Um tratado inteiro da obra é dedicado a defender a validade da profecia em geral e da Torá em particular, e outra à redenção de Israel.

É claro que Saadya não era um filósofo segundo o modelo grego, mas um teólogo do tipo que se desenvolve dentro das três religiões monoteístas de revelação. Tudo levava a reconhecer que a revelação era a primeira fonte de verdade. Embora, porém, a revelação se verificasse originalmente por milagre, podia ser abalada tanto por dúvidas internas como por ataques externos, e assim havia a necessidade de apoio de argumentos racionais. Todas elas eram proposições sobre as quais os *mutakallimun* muçulmanos concordariam, e embora pudessem diferir sobre a necessidade de compreensão racional, todos colocavam a filosofia a desempenhar o papel de Agar e a Escritura, o de Sara.

Mesmo durante a vida de Saadya, outros judeus descobriam as atrações da *falsafa* como uma disciplina autônoma sem as algemas de uma escrava. Mas foi sobretudo nos vigorosos novos centros judeus na Espanha que estudiosos começaram a buscar seriamente a filosofia. O século entre Ibn Gabirol (m. 1050 ou 1070) e Ibn Ezra (m. 1164) testemunhou um notável desenvolvimento do neoplatonismo judaico. Encontrou até o seu próprio Ghazali em Judá Halevi (m. 1141), cujo livro *al-Khazari*, embora sob a forma de um debate entre um filósofo, um muçulmano, um cristão e um judeu na presença do rei dos khazars, tinha a mesma intenção que *Incoerência dos filósofos* de Ghazali, a saber: lançar a base para as alegações dos filósofos chegarem às verdades que apenas a revelação, aqui especificamente uma revelação judaica, bíblica, podia dar.

Um guia para os perplexos

A resposta da filosofia ignorou Judá Halevi, embora não o problema que ele apresentou. O *Guia dos perplexos* é uma apologia da filosofia e do papel da razão no discurso religioso, mas vai muito além. Ibn Rushd e Maimônides partilhavam uma convicção comum de que o aristotelismo era uma explicação mais rigorosa e mais fiel de Deus e do universo do que a explicação oferecida pelo neoplatonismo predominante. Tinham também uma preocupação "política" comum acerca do destino do fiel não instruído, preso entre o tradicionalismo não iluminado dos juristas, os argumentos semi-ilustrados dos *mutakallimun* e as verdades duras da filosofia. Ibn Rushd era menos moderado em sua expressão, contudo mais prudente em suas propostas; a exegese alegórica, por exemplo, não devia ser divulgada entre os fiéis comuns. Maimônides era mais precavido no *Guia*, porém mais disposto a dar orientação para o judeu comum em outros contextos. Tanto na introdução à sua *Mishneh Torah* (ver II/4) como em seu *Comentário à Mishná* (Sanhedrin 10.1), Maimônides apresentou as 13 proposições fundamentais da fé judaica mais na forma dogmática de ortodoxia do que no modo haláquico mais tradicional de ortopraxia (ver I/5). A "observância cega" não era mais satisfatória para Maimônides do que a "fé cega" tinha sido para Clemente e Orígenes.

O *Guia* de Maimônides tencionava pelo menos em parte ajudar o fiel judeu a passar da piedade talmúdica simples para uma afirmação dos princípios mais profundos da fé ao explicar pacientemente a exegese alegórica da Escritura, em particular as passagens que podiam sugerir que Deus é corpóreo. Mas também pretendia guiar o estudioso mais sofisticado acerca das perplexidades suscitadas pela *kalam*. Os teólogos dialéticos eram perigosos porque pretendiam explicar. Eram, de fato, mais dialéticos do que filósofos, e seus argumentos estavam crivados de erros, como Farabi mostrara dois séculos antes. Entretanto, Maimônides não queria seguir cegamente os filósofos. Numa passagem reveladora, ele não mostra nenhuma hesitação em pôr de lado a demonstração de Aristóteles da eternidade do universo como não provada; e visto que é uma questão aberta, Maimônides prefere seguir, sem ajuda de prova formal, o ensinamento da Escritura "que explica coisas com as quais não está no poder da especulação consentir".

Maimônides confiava no poder da profecia e em sua promulgação numa Escritura revelada e dedicou uma longa seção do *Guia* (2.32-48) para explicá-la e defendê-la. Diferente, porém, de seu mentor Farabi, cujos argumentos ele seguiu aqui, Maimônides estava disposto a mostrar, como fizera Saadya, uma revelação judaica especial e separar Moisés dos outros profetas. Assim, Maimônides se comprometia a defender a base racional e filosófica da Torá, tarefa à qual Farabi nunca se propusera com respeito à *xaria*. A filosofia das Escrituras é, naturalmente, oculta; sua ciência natural está na "Obra da Criação" e sua ciência divina na "Obra do Carro". Explicar esses dois temas, que eram pontos favoritos de partida para a mística judaica e assunto de freqüentes notas de advertência pelos rabis (ver II/9), é o programa que o *Guia* inteiro pretendia. Tendo indicado com essas notas programáticas que a Escritura continha tanto uma física como uma metafísica, Maimônides podia continuar e libertar as duas ciências dos erros dos *mutakallimun* e reconstituí-las com base em suas próprias convicções aristotélicas.

Falsafa e *kalam*

Ghazali e Maimônides, um argumentando a favor da *kalam* e um contra, tiveram quase o mesmo efeito sobre seus sucessores. Uma filosofia puramente racionalista, fosse a partir de Aristóteles ou de al-Razi, permanecia inaceitável aos adeptos de uma religião revelada, e inclusive as conciliações da *falsafa* de um Farabi, um Ibn Sina ou um Ibn Rushd não puderam esconder o fato de que prezavam a sabedoria filosófica acima da religiosa, Atenas acima de Meca, e de modo algum podiam defender o *status* único da última. Maimônides, ao contrário, podia fazer e fez isso por Jerusalém, e "racionalizou" a Lei aplicando habilmente a ela uma filosofia política, o que os filósofos muçulmanos não podiam. A lei islâmica, no entanto, foi racionalizada não pelo *faylasuf* Farabi, mas pelo *mutakallim* Ghazali.

Tanto Ghazali como Maimônides alegaram que as conclusões da razão humana não tinham a palavra final no processo de compreensão; muitas delas eram imperfeitas até em seus próprios termos. Todavia a razão humana não podia ser ignorada. Depois de Ghazali, a *kalam*, judaica, cristã ou muçulmana, não podia mais se dar ao luxo de ser dialética em vez de totalmente demonstrativa; se ela havia de ser serva da Escritura, pelo menos devia ser uma mulher honesta.

Sabedoria recebida

A experiência ocidental de Aristóteles foi diferente da islâmica desde o começo. Algumas obras filosóficas gregas, inclusive o *Organon* de Aristóteles, foram traduzidas na Antiguidade tardia, especialmente por Boécio (m. 524), senador romano na Itália dos godos. Assim, os clérigos latinos letrados no começo da Idade Média tinham à disposição resumos bastante substanciais da filosofia grega – geralmente de tipo estóico, mas perpassados por grande presença de Platão e Pitágoras – pelas mãos de Cícero, entre outros. E já havia, finalmente, a imponente estrutura de uma teologia cristã, uma síntese latina de testemunho escriturístico com pensamento filosófico erigida sobre uma base platônica por Agostinho. Não é de admirar, portanto, que a teologia cristã, desde a época dos padres até meados do século XI, fosse principalmente a de Platão, com sua ênfase atraente nas realidades espirituais duradouras e na imortalidade da alma humana. Foi só no século XI que a visão platônica do mundo que subjazia ao imponente edifício teológico de Agostinho começou a ser questionada – e questionada em seu coração platônico: se havia de fato realidades universais como o "bem" ou "justiça" aos quais nossos conceitos mentais correspondem. A realidade cristã está filosoficamente fundamentada nesses absolutos platônicos, e quando eles começaram a ser contestados por pensadores influentes como Abelardo (m. 1142), alguns teriam ouvido tremer as fundações intelectuais da Igreja.

O desafio mais sério à visão de Platão de um mundo imutável de formas universais e eternas foi levantado por seu próprio aluno, Aristóteles. Muitos dos escritos de Aristóteles tomaram a forma de comentário e crítica ampliados das posições de Platão. O Aristóteles cientista era também realista, e para ele a realidade consistia, primeiro, de indivíduos concretos. Estes podem pertencer a espécies idênticas – suas essências ou formas, por exemplo, humanidade, são idênticas, mas se tornaram indivíduos pelo componente material na forma de sua composição. O intelecto humano é em seguida capaz de abstrair essa essência, de separá-la mentalmente de seu componente material, e assim de captar o "universal" que está por trás ou, como Platão diria, acima do indivíduo. O intelecto não cria essas essências ou formas; ele as extrai da matéria que as individua.

Os teólogos cristãos no Ocidente tinham acabado de tomar consciência do ataque ao universo platônico no começo do século XII, quando, na Espanha e na Sicília muçulmanas, e em menor medida na Provença, as obras científicas e filosóficas gregas, inclusive de Aristóteles, foram traduzidas do árabe para o latim. A ciência e a filosofia andavam juntas na Idade Média, como tinham andando na Antiguidade. A reputação de Aristóteles, primeiro como cientista natural – eventualmente também como mágico: ciência e magia andavam juntas – e depois como lógico, levou os clérigos ocidentais para o seio de sua metafísica, portanto para dentro de um mundo totalmente diferente do de Platão e, com conseqüências maiores, do de Agostinho.

A Espanha e a Provença principalmente nos interessam aqui, pois aí foram feitas as traduções filosóficas. Como aconteceu com as versões anteriores do grego para o árabe, uma versão intermediária foi empregada, nesse caso hebraica. Houve também patrocínio político, especialmente os reis castelhanos Afonso VII (r. 1126-1157) e Afonso X (r. 1252-1284), e os arcebispos regentes de Toledo. E assim como os árabes tinham originalmente traduzido não apenas as obras de Aristóteles, mas também as de seus comentadores da Antiguidade tardia, que tinham formado substancialmente sua própria compreensão desse filósofo, também as traduções latinas de Aristóteles foram acompanhadas por traduções dos *faylasufs* muçulmanos como al-Farabi e Ibn Sina – ambos tinham aceitado a síntese da Antiguidade tardia de Platão e Aristóteles – e, mais importante de todos, do cordovês Ibn Rushd. Embora esse último filósofo, como os outros *faylasufs*, não soubesse grego, tinha estudado o Aristóteles arábico (e seus comentadores antigos) intimamente e era, ademais, um pensador de alguma originalidade própria. Por conseguinte, os pontos de vista de Ibn Rushd influenciaram, e estorvaram, a teologia ocidental por pelo menos um século após sua chegada em traduções latinas.

Ibn Rushd chegou onde o *corpus* aristotélico tinha vindo descansar, nas faculdades das universidades ocidentais que, em meados do século XII, estavam emergindo das escolas catedrais da França e das escolas municipais da Itália. As novas universidades eram centros de estudo, corporações de mestres e estudantes onde se oferecia ensino segundo um currículo fixo, testes padronizados eram administrados e concedidos títulos reconhecidos universalmente. Salerno, onde as traduções de autoridades médicas muçulmanas iniciaram novos estudos nesse campo, foi pioneira, seguida de Bolonha, onde havia um interesse renovado pelo direito romano. Em teologia, as universidades em Paris e Oxford tomaram a frente. Ambas tinham começado como escolas clericais, mas pelo começo do século XIII tinham, além da esperada faculdade de teologia, uma faculdade de artes, cujo curso incluía, na antiga maneira aprovada, instrução em gramática, lógica e retórica.

A característica das universidades ocidentais – essas "associações especiais para a fabricação de homens eruditos", como um historiador as descreveu – era sua visão ampla de saber. Suas faculdades estavam preparadas para oferecer instrução em várias disciplinas diferentes tanto em humanidades como em teologia, e não somente, como a madrasa e a ieshivá, formação na lei religiosa. Os textos escolares eram lidos – era a lectio do currículo medieval – e comentados por mestres licenciados, muito à maneira da madrasa. A diferença era que os textos básicos na madrasa consistiam exclusivamente dos *hadith* do Profeta; os textos da universidade incluíam, entre outros, as obras de Aristóteles.

Sacra teologia, estilo ocidental

O projeto de tradução arábico-latina ocidental do século XII, como a tradução anterior de algum material grego para o árabe dentro da Casa do Islã, introduziu um aprendizado secular altamente sofisticado, tanto em método como em matéria, nas culturas religiosas, embora em circunstâncias muito diferentes e com resultados muito diversos. Aristóteles e outros pensadores gregos foram importados, através de uma profunda divisão de descontinuidade cultural, para uma sociedade árabe que não tinha nenhuma experiência de tal saber e não possuía nada que pudesse ser chamado, em sentido formal, de teologia, discurso racional acerca de Deus. A exposição a tal aprendizado produziu alguns filósofos muçulmanos genuínos – nenhum deles era "homem de igreja" como os muçulmanos podem entender esse termo; além disso, o discurso helênico foi assimilado à mundividência muçulmana apenas nos termos mais rudimentares. A idéia muçulmana de Deus como uma vontade onipotente que predeterminou tudo e depois determinou até os menores acontecimentos – a perspectiva já observada chamada ocasionalismo – deixou pouco espaço para o Deus essencialmente intelectualista, não determinador dos gregos, que infundiu "naturezas", princípios de ação, no sistema mundial e depois permitiu que eles atuassem "naturalmente", e que os seres humanos entendessem seus atos a partir da evidência disponível.

Quando os cristãos europeus encontravam-se com o *corpus* aristotélico recentemente traduzido do árabe no século XII, estavam encontrando um velho amigo, embora talvez descuidado. O mundo ocidental medieval nunca perdera contato com seus antecedentes latinos e, através deles, com seu passado grego mais distante. Ademais, o cristianismo medieval possuía uma síntese teológica antiga e altamente persuasiva feita por Agostinho, que, ainda que ele mesmo não soubesse grego, tinha suas raízes nos teólogos cristãos primitivos em Antioquia e Alexandria. Tanto a Igreja ocidental como a oriental já tinham debatido a complexa questão teológica da Trindade, e a Igreja ocidental adquirira um amplo, flexível e sofisticado vocabulário teológico latino nos séculos IV e V. Tinha também o *Organon* de Aristóteles e sabia como usar esse poderoso instrumental heurístico.

A introdução do "novo" Aristóteles por meio de versões arábicas no século XII foi, de fato, a exposição a um Aristóteles mais rico e completo, o qual agora incluía não só a lógica, mas o conjunto completo de tratados de física e metafísica, sua obra sobre a alma e sobre a ética. A isso se seguiu uma terceira onda de helenismo no século XIII, quando os estudiosos ocidentais começaram a traduzir novamente Aristóteles, dessa vez diretamente do grego. O efeito desse encontro pleno com o aristotelismo foi duplo: a primeira onda de traduções, o Aristóteles grego-arábico, habilitou os eclesiásticos e intelectuais ocidentais a entender o pleno alcance da mundividência aristotélica.

Tomás de Aquino

Essa nova compreensão de Aristóteles não criou uma teologia, como aconteceu no islã, mas forneceu uma abordagem do mundo e seu funcionamento que diferia do neoplatonismo cristão predominante. A nova perspectiva ameaçou os fundamentos intelectuais do cristianismo, até que Tomás de Aquino (m. 1274) criou com êxito um aristotelismo cristão a partir desse novo saber. Tomás fornecia uma explicação do cosmos, em termos aristotélicos, que era coerente e intelectualmente persuasiva, que fazia justiça aos dados escriturísticos do cristianismo e, ao mesmo tempo, não parecia derrubar o edifício agostiniano no qual a Igreja ocidental baseara a sua teologia. A síntese tomista, exposta em todo o seu esplendor dialético na sua *Summa thologiae*, de fato desalojou o platonismo dominante, pelo menos por um tempo, e colocou em seu lugar uma nova teologia inspirada pelo realismo epistemológico e metafísico de Aristóteles e apoiado por seus argumentos e métodos.

Tomás de Aquino não era herdeiro apenas de Aristóteles, mas de todo o legado aristotélico, o conteúdo misto de gregos e muçulmanos que estava ligado ao cânone aristotélico. Se o Aquinata se sentia livre para se apropriar sempre que achasse conveniente para seu próprio uso, a fim de adaptar, descartar ou refutar a obra dos *loquentes in lege Maurorum*, era também consciente que o islã apresentava tanto um desafio como uma ameaça real à cristandade. Um produto dessa consciência foi sua

Summa contra gentiles, pela qual ele entendia os muçulmanos. Os judeus e hereges podem ser convencidos apelando para a Escritura, mas os "gentios" muçulmanos, que não aceitam a Bíblia – vimos que a situação é um pouco mais complexa –, podiam ser atraídos apenas pela razão. O *Contra gentiles* – um projeto sugerido a Tomás de Aquino um pouco depois de 1265 por seu colega dominicano Raimundo de Peñaforte (m. 1275), o homem-chave do programa da Igreja para converter os judeus e muçulmanos – começou a fazer exatamente isso. Propunha demonstrar racionalmente as verdades essenciais do cristianismo e, pelo menos, mostrar que a razão não excluía crenças tais como a Trindade, por exemplo, em matéria de fé.

Escolasticismo

A metodologia que aparece na obra de Tomás de Aquino e que de fato caracteriza a teologia cristã latina e o direito canônico – em certa medida, seu equivalente islâmico também – é conhecida como escolasticismo. O fenômeno pressupõe que haja um texto (ou textos) com autoridade absoluta e que a atividade intelectual mais louvável e produtiva é explicar o(s) texto(s) em questão. Essa preocupação com o texto e seu sentido leva a diversas direções, inclusive determinar quais textos têm autoridade e assim criar um cânone (ver II/3). Aqui, no entanto, interessa sobretudo o segundo elemento na noção de escolasticismo, ou seja, o tratamento do texto autorizado.

O escolasticismo antigo está plenamente manifesto em círculos literários na Alexandria helenística, onde as obras da época "clássica" – a convicção de seus praticantes de que são sucessores de uma época mais magistral é um dos sinais intrigantes de escolasticismo – foram avaliadas; listas canônicas de autores trágicos, historiadores, oradores etc., foram elaboradas; edições de suas obras foram preparadas; e as próprias obras foram submetidas a análise e interpretação. Nas academias filosóficas da mesma época estava em andamento um processo semelhante. À medida que progredia, Aristóteles começou a aparecer, provavelmente com base em sua lógica, como a autoridade por excelência, e suas obras tornaram-se temas de comentários das escolas, apresentados oralmente pelo mestre (freqüentemente a partir de notas) e anotados pelos estudantes. Os comentários seguiam o texto parágrafo por parágrafo, cada um ampliado e explicado por sua vez, ou então o todo era resumido e explicado. Em outros casos, o próprio método de *aporia* e *lysis* de Aristóteles – a exposição de um problema seguida de sua resolução – era muitas vezes empregado.

Entre os judeus e cristãos, o texto autorizado era, naturalmente, a Escritura. Os judeus acabaram acrescentando a Mishná e seus próprios comentários, os dois Talmudes (ver II/3); os cristãos acrescentaram o grupo dos primeiros escritores da

Igreja mais tarde conhecidos coletivamente como os Padres (ver II/2), que serviram de autoridade para todos os partidos até à Reforma e além. O escolasticismo dos primeiros cristãos – a Bíblia era o texto autorizado e sua interpretação era a preocupação intelectual primeira – derivou naturalmente de seus antecedentes judeus e, como os judeus, os exegetas cristãos foram influenciados pelos métodos da crítica literária desenvolvidos pelos estudiosos gregos em Alexandria, onde a exegese alegórica, por exemplo, era aplicada normalmente a Homero e outros poetas.

No início da Idade Média, o escolasticismo bíblico cristão encontrou outro estilo de atividade escolástica comum na Antiguidade, o método de análise dialética descrito no *Organon* de Aristóteles, que se tornou a abordagem dominante a textos nas escolas filosóficas. Quando o trabalho nas escolas de copistas da era carolíngia se acelerou, começaram a ser reunidas compilações de excertos dos Padres, por um lado, e dos autores clássicos, por outro. Ao mesmo tempo, os monges desenvolveram arte da "glosa", um comentário à margem, e depois finalmente também a anotação entre as linhas, que pretendiam esclarecer o texto. Os excertos patrísticos compilados serviram admiravelmente bem a esse fim, e durante toda a Idade Média os textos bíblicos dos cristãos foram acompanhados pela glosa ordinária, um comentário introdutório padronizado que guiava o leitor através da interpretação do texto sagrado, muito ao modo com o qual os Pais judeus como Rashi (m. 1105), cujas observações eram igualmente feitas em redor do texto hebraico, guiaram o leitor judeu para uma compreensão da Torá (ver II/2).

Se a Bíblia era um texto em torno do qual os comentários cresciam por agregação, as *Sentenças*, outra característica medieval, eram uma autoridade fabricada. Eram também uma compilação de autoridades bíblicas, patrísticas e cristãs contemporâneas arrumadas não seguindo o texto da Bíblia, mas por assunto e assim, por sua seleção e arrumação, com uma agenda teológica própria. As *Sentenças* mais famosas foram aquelas compiladas em 1155-1158 por Pedro Lombardo, bispo de Paris, e organizadas em quatro livros que tratavam da Trindade; Criação e Pecado; a Encarnação e as Virtudes; e os Sacramentos e os Novíssimos. De início a obra encontrou alguma oposição, por conta de sua abordagem da Trindade e da cristologia, mas foi defendida no Concílio de Latrão em 1215, e desde então se tornou o livro-texto teológico padrão da Idade Média. Quase todo teólogo importante até Tomás de Aquino produziu um comentário formal sobre as *Sentenças* de Lombardo.

Averroísmo latino

Tomás tinha diante de si não somente traduções de Aristóteles de meados do século XII feitas através do árabe, mas, finalmente, novas versões feitas diretamente do grego – a maioria delas pelo enciclopédico dominicano flamengo Guilherme de Moerbeke (m. 1286), mais tarde bispo de Corinto –, e por isso pôde proceder de um modo um tanto diferente de seus predecessores imediatos. Não era possível separar Aristóteles de suas paráfrases e comentários árabes e ver o grego diretamente, mas só pelos olhos de Farabi, Ibn Sina e Ibn Rushd. Os pensadores ocidentais não conseguiam distinguir algo que chamaram de "averroísmo". Todavia, era mais fácil cunhar a palavra do que definir a realidade. Ibn Rushd tinha de fato muito a dizer acerca de Aristóteles. Parte disso constituía intuições perceptivas no sentido do pensamento de Aristóteles – tanto o Aquinata quanto Dante consideraram-no *o* comentador de Aristóteles –, que se tornaram parte do aristotelismo latino sem nota ou observação. Alhures, porém – por exemplo, em suas observações sobre o funcionamento do "intelecto agente", a função iluminativa crucial e sempre operante na intelecção humana que Aristóteles tinha secretamente observado que veio "de fora" –, Ibn Rushd ofereceu sua própria explicação. Ele localizou o intelecto agente, que considerava único, como faculdade universal para toda a humanidade, na esfera celeste inferior (ver II/9). Dadas as premissas, essa é uma posição plausível e coerente, mas não num contexto cristão. O intelecto é o talismã da imortalidade da alma, e um intelecto universal de qualquer espécie tornaria impossível a fé cristã básica na imortalidade individual. Tomás, entre outros, não queria nada disso.

As duas faces da verdade

As especulações de Ibn Rushd sobre o intelecto agente eram uma tentativa de explicar uma questão obscura, embora crítica, da epistemologia aristotélica. Em outra parte, no entanto, o *faylasuf* muçulmano aprofundou-se e aproximou-se do núcleo filosófico. Como vimos, os primeiros filósofos muçulmanos tinham sido criticados dentro dos círculos tradicionalistas, de modo especial por al-Ghazali em seu *Incoerência dos filósofos*, por abraçarem ou, de modo talvez mais exato, serem levados a posições que eram contrárias ao ensinamento do Alcorão e à fé muçulmana. Ibn Rushd respondeu a Ghazali na ocasião oportuna com seu *Incoerência da incoerência*, que tentou mostrar que o famoso jurista-teólogo não compreendia nem a *falsafa* nem o islã. Mas tratava-se de contra-polêmica pura e simples; Ibn Rushd entendia com perfeita clareza que a palavra revelada de Deus e a pesquisa da razão não seguiam o mesmo caminho. Em vez, porém, de escolher um ou outro, renunciar ao islã ou à filosofia, Ibn Rushd propôs uma teoria da dupla verdade, uma da religião revelada e a outra da filosofia, ambas igualmente válidas, ainda que em aberta contradição, a qual somos incapazes de resolver.

Essa chamada teoria da dupla verdade não era de modo algum nova. Tinha sido proposta antes em todas as três culturas religiosas tanto por exegetas como místicos, entre outros, ainda que de uma forma mais polida e aceitável, a saber, que há níveis diferentes de compreensão da verdade de Deus e que elas não estavam abertas a todos. As pessoas comuns liam o Alcorão (ou os evangelhos ou a Torá) e isso bastava; o filósofo, o místico e o perito penetravam mais profundamente nos infinitos caminhos da Palavra de Deus e encontravam nesses lugares apagados algo mais profundo e talvez, embora poucos ousassem pronunciá-lo, mais verdadeiro. Uma verdade com muitos níveis de compreensão era uma idéia inaceitável, ainda que nem sempre confortável, no judaísmo, cristianismo e islã. Porém a dupla verdade dicotômica de Ibn Rushd não era.

Ninguém deu muita atenção à noção de dupla verdade em círculos muçulmanos porque, quando Ibn Rushd morreu, a *falsafa* islâmica morreu com ele. Mas quando a idéia voltou à tona no século XIII, na faculdade de artes da Universidade de Paris, onde Ibn Rushd *era* lido, atraiu muita atenção. A universidade e seu direito de conceder a seus graduados licença de ensinar estavam sob a supervisão do bispo de Paris e, em 1271, e novamente em 1277, o bispo Estevão Tempier, por virtude de seus poderes jurisdicionais em matéria de fé e moral (ver II/5), decretou a condenação não das explicações de Ibn Rushd, mas do que se percebia como sendo a causa do problema: vários ensinamentos aristotélicos (ver I/5).

Embora provocativa, a condenação de Paris foi um incidente breve, e os aristotélicos tomistas em Paris e outras partes conseguiram deixar claro às autoridades que só havia uma verdade. Embora ela fosse indubitavelmente ensinada na Escritura, era universal e, portanto, acessível a – e entendida por – Aristóteles e outros antigos. No entanto, muitos não se convenceram. Muitos ainda pensavam que Ibn Rushd estava certo, que a ciência ou filosofia não podia reconciliar-se com a Escritura, ou, como diria um mais radical, com os ensinamentos da Igreja; que a fé e a inteligência eram duas cadeiras diferentes e que se podia tentar sentar em ambas, mas que nunca podiam ser unidas. Outros, como os teólogos franciscanos Boaventura (m. 1274) em Paris e, mais tarde, Duns Escoto (m. 1308) em Oxford, não eram tomistas e, portanto, não eram aristotélicos, e preferiram permanecer fiéis à síntese platônica de Agostinho.

Nota: Pelo final do século XIV, Ibn Rushd tinha desaparecido da história da filosofia européia e islâmica. Foi restabelecido no Ocidente como pensador criativo em 1852, quando o intelectual francês Ernest Renan, muito mais conhecido por sua *Vida de Jesus* historicista, publicou *Averróis e averroísmo*. Ibn Rushd foi "redescoberto" pelo mundo árabe quando parte da obra de Renan foi traduzida para o árabe pelo cristão sírio Farah Antun no final do século XIX.

A Reforma e a teologia sistemática cristã

Em 1509-1510, Martinho Lutero, monge dos Eremitas de Santo Agostinho, realizou o exercício acadêmico tradicional de escrever um comentário sobre as *Sentenças* de Pedro Lombardo. Lutero era então ainda um teólogo bastante escolástico em seus métodos, termos de referência e colocação de problemas, mas era curioso e teimoso. Lutero estava logo lendo a *Física*, *Metafísica* e *Ética* de Aristóteles, bem como Agostinho, e, talvez o mais importante, visto que o colocou em contato com a Escritura, lecionava sobre as Cartas de Paulo aos Gálatas e aos Romanos. Muitas dessas preocupações foram colocadas de lado em 1517, quando Lutero afixou suas famosas teses contra a prática da Igreja de conceder indulgências e assim se envolveu numa controvérsia mais ampla sobre graça e salvação (ver II/5). Pouco antes disso, porém, publicou sua *Disputa contra a teologia escolástica*. A questão da graça está presente nela, mas está ligada à questão mais ampla de como deve ser feita a teologia cristã.

Os adversários de Lutero nessa matéria não eram tanto Tomás e os primeiros escolásticos, mas personagens mais próximas ou mais distantes de seu próprio tempo. Na cabeça da fila estava Aristóteles, cujo racionalismo infectara toda a teologia. "O Aristóteles todo está para a teologia como as trevas para a luz", Lutero quase gritou na décima quinta de suas teses de Wittenberg de 1517. A filosofia, declarou o pai da Reforma, trata da verdade dialética, e quando chega à fé, "a verdade dialética está fora, embaixo, acima, debaixo, em redor e além dela". Nesse sentido, Lutero, que era doutor em teologia e professor na universidade de Wittenberg, seguia de perto o próprio Ockham, embora o inglês tivesse separado a teologia da fé em bases epistemológicas, enquanto o movimento de Lutero fora da teologia parece ter sido incitado por convicções privadas. Sua insatisfação com a teologia corrente pode ter surgido diretamente de seu envolvimento íntimo com a Escritura em 1515-1516, quando seus deveres exigiam que ensinasse Salmos e Paulo. Nesse caso, Lutero tinha aliados. Humanistas também, como Erasmo de Roterdã, estavam criticando a Igreja por seu tratamento teológico seco e sem vida dos textos que continuavam vivos. A Escritura seria o seu texto, escreveu Lutero para seu próprio bispo em 1518, depois que começou a tempestade; "se é vergonhoso para um teólogo falar sem um texto". Seu texto, portanto, não era Aristóteles, como era para os teólogos, mas o Novo Testamento e, deve ser acrescentado, o direito canônico e os escritos dos Padres, em que toda a demonstração verdadeira descansava. Lutero estava discutindo para que a exegese substituísse a dialética, que o ensino da teologia bíblica ocupasse o lugar da teologia dialética na escola da Igreja para o clero da Igreja.

Quando Lutero escreveu, estava principalmente envolvido em polêmica. Calvino, ao contrário, não tinha tanto a opor-se como a edificar. Era um pedagogo de primeira, talvez, e a primeira versão de sua obra em latim, *Instituições da religião cristã* – que ele mesmo traduziu para o francês à medida que o projeto prosseguia –, tinha a intenção de instruir os iniciantes na "nova fé", a qual, na visão de Calvino, não era nova, mas a primitiva e original fé cristã. A revisão das *Instituições* por Calvino continuou por 23 anos, mas a última edição latina, completada em 1559, visava a um público um pouco mais sofisticado de "líderes eclesiais" que necessitavam de orientação em sua leitura e interpretação da Escritura.

As *Instituições da religião cristã* é um livro sistemático, mas não uma obra de teologia sistemática. O conteúdo – livro 1 sobre Deus como Criador, livro 2 sobre Deus como Redentor, livro 3 sobre a Graça, e livro 4 sobre os meios externos da Graça – está organizado de maneira clara e lógica, porém a doutrina é derivada diretamente da Escritura (com evidência confirmadora dos primeiros Padres, particularmente Agostinho). Calvino, como Lutero, considera a teologia filha e serva da exegese escriturística, e as *Instituições*, com todo o seu método e clareza sistemática, é essencialmente uma obra de exegese que coloca a Escritura na construção de um novo edifício de fé. Diferente da *Summa theologiae* de Tomás, escrita em e para um ambiente universitário do século XIII, as *Instituições*, que se dirigiam a um público mais amplo (ainda que em nada popular), não têm a maioria do aparato dialético e escolástico de uma *suma*. As posições contrárias são geralmente tratadas de maneira polêmica; é derivada mais de princípios hermenêuticos do que de princípios especulativos.

O escolasticismo, porém, estava longe de ter morrido nos círculos da Reforma. As regras do engajamento intelectual não tinham mudado, e logo após a morte de Calvino, os teólogos reformados começaram a voltar ao aristotelismo tantas vezes atacado por Lutero e seus contemporâneos. Em Genebra mesmo, Teodoro de Beza (m. 1605), professor de teologia na Academia de Genebra de 1559 a 1599 e o maior teólogo calvinista de sua geração, publicou entre 1570 e 1582 os três volumes de suas *Tractationes theologicae*. Neles ele se propunha a dar uma explicação racionalmente coerente da teologia de Calvino, isto é, uma explicação que estivesse de acordo com a lógica aristotélica. O *Tractationes* não tem influência de *Instituições* – não é nem um pouco um manual de formação – mas tentou discutir de modo muito mais filosófico e rigoroso os pontos simplesmente propostos por Calvino, alguns dos quais, como aqueles sobre expiação e predestinação, se tornaram assunto de ardorosas disputas tanto com luteranos como com católicos.

A sabedoria de iluminação

O helenismo tardio, legado grego do qual o islã tornou-se herdeiro, de modo algum era apenas Aristóteles, nem mesmo só Aristóteles ou só filosofia. A Antiguidade tardia tinha combinado de maneira despreocupada as tradições platônica e aristotélica e acrescentado uma boa quantidade, geralmente não reconhecida, de estoicismo. Outro elemento de grande peso nessa mistura foi uma vasta corrente de ocultismo que ia desde um ressuscitado misticismo pitagórico do número até práticas mágicas helenísticas. Isso era teosofia pura e simples, a crença de que havia uma sabedoria (*sophia*) além do que o intelecto humano podia alcançar. Tinha passado por profundos canais desde a Antiguidade remota, pela atuação de sábios místicos como Hermes três vezes máximo (gr. *Trismegistos*), que possuía – e agenciou – a sabedoria dos gregos, egípcios e babilônios. Os conhecedores ainda tinham acesso a essa sabedoria oculta na era de transição, que tinha um paganismo expirando numa ponta e uma tradição intelectual cristã emergindo na outra. No cristianismo, ela foi chamada *gnosis*; no judaísmo, *hokma*; e no islã, *hikma* (ver II/9). Em todas as três versões, a ciência, a filosofia e a teologia gregas estavam subordinadas a uma fé abrangente de que através desse "saber" podia-se alcançar não apenas entendimento, mas também salvação pessoal.

A noção de sabedoria salvacional entrou no islã com o resto do legado helênico e penetrou no pensamento religioso muçulmano através não da *kalam*, mas por outros canais, menos evidentes. Só podemos notá-lo quando aparece numa forma literária mais distinta. Aparece, por exemplo, de forma mais aceitável, entre os xiitas ismailitas (ver I/8), cujos *Opúsculos dos irmãos da pureza* sobrevivem e contêm boa quantidade de sabedoria platônico-pitagórica semidigerida colocada ao serviço de um programa de instrução islâmico. Mais vital e de maior conseqüência é outra espécie de teosofia antiga que parece ter passado de Ibn Sina, que conhecia Platão e Aristóteles, mas anunciou em várias ocasiões sua preferência por uma "sabedoria iluminativa" (*al-hikma al-mashriqiyya*) ou, como se poderia traduzir, "sabedoria oriental".

Um dos que rejeitaram as pretensões de Ibn Sina foi o filósofo-teólogo persa Shihab al-Din Suhrawardi (m. 1191). Tinha estudado com alguns mestres desconhecidos no Irã – muitos deles lógicos – antes de ir para o Ocidente em 1183, para Alepo, onde foi nomeado tutor de al-Malik al-Zahir, então governador da cidade e herdeiro presuntivo do herói muçulmano das cruzadas, o sultão aiúbida Saladino. As circunstâncias são obscuras, mas através de uma combinação de intriga de corte e suspeita de heterodoxia (xiita?), Suhrawardi foi executado em Alepo por ordem de seu aluno e com o encorajamento do pai – famosamente ilustrado – do estudante. A acusação formal foi de *zandaqa*, então o termo preferido entre os muçulmanos para heresia incurável (ver I/5).

Durante seu tempo em Alepo, Suhrawardi compôs suas principais obras, inclusive sua *Sabedoria da iluminação*, o livro em árabe – ele foi o primeiro dos *faylasufs* islâmicos a escrever extensivamente em persa também – que foi o clímax e o termo de sua construção de uma filosofia em chave nova. A marca dessa chave era "iluminação" (*ishraq*), uma maneira não discursiva e intuitiva de saber, que está em contradição explícita com a ciência demonstrativa dos "peripatéticos" (*mashaiyyun*), o termo que doravante representa a tradição aristotélica em *falsafa* e foi revelado, para Suhrawardi e todos os que vieram depois, pela obra de Ibn Sina. Apesar de suas pretensões, Ibn Sina não participou da verdadeira sabedoria iluminativa, como foi explicado por uma autoridade não menor que o próprio Aristóteles, e que apareceu em sonho a Suhrawardi.

No novo esquema de Suhrawardi, a metafísica (*ilahiyyat*, as "coisas de Deus") foi dividida em duas ciências distintas, uma geral e uma especial. A primeira tinha a ver com o mundo (aristotélico) filosoficamente familiar da causalidade secundária: seus temas eram existência, substância, acidentes, tempo e movimento. A segunda, metafísica especial, distinguia-se não tanto por seu tema, que podemos chamar de "seres espirituais", como por sua epistemologia: tudo o que sabemos sobre este outro domínio, o que Suhrawardi chamou de "mundo imaginado" ou "mundo figurado" (*alam al-khayal*), conhecemos por meios não discursivos, por "sonhos verídicos" e "experiências visionárias".

No início de sua obra, Suhrawardi observou: "não alcancei (a sabedoria da iluminação) com pensamento discursivo, mas através de algo mais, e somente depois busquei provas para ela". O "algo mais" era uma compreensão intuitiva das "realidades" do tipo alcançadas pelos místicos clássicos do islã, o persa "intoxicado" Sufi-Bistami (m. 876) e o iraquiano executado al-Hallaj (m. 922) (ver II/9). A semelhança não era casual. Quando Suhrawardi explica como se pode alcançar essa iluminação, traça um caminho muito semelhante ao que leva a uma iniciação sufi. Um longo retiro e um regime ascético de autopurificação habilitam ao acesso à "luz" sobrenatural que está em todos nós – há um esforço marcante de autoconhecimento e auto-revelação em Suhrawardi. Isso é seguido, no final e só por alguns, por uma iluminação de fato do intelecto do filósofo por uma das luzes divinas que giram em volta através da filosofia de Suhrawardi como esferas celestes. A sabedoria da iluminação é finalmente alcançada sob a orientação da "Luz das Luzes", do Ser que se auto-emana, cuja essência e atributos são idênticos, e que é, certamente, Deus.

A Escola de Isfahan

O principal impacto do pensamento de Suhrawardi foi sentido no Irã, embora seu *Sabedoria da iluminação* pareça não ter sido traduzido para o persa até cerca de 1600 pelo sufi indiano al-Harawi. Houve, a começar por Shahrazuri em 1288, forte corrente de comentário arábico sobre a obra de Suhrawardi, mas o crescimento do iluminacionismo numa "escola" plenamente elaborada e sistematizada devia esperar até a conversão do Irã ao islã xiita no começo do século XVI e o subseqüente aparecimento, na nova capital safávida de Isfahan, do celebrado filósofo-teólogo Mir Damad (m. 1631) e seu aluno ainda mais famoso, Mulá Sadra al-Shirazi (m. 1640). Os dois homens ilustram o poderoso e continuado controle de Ibn Sina e seu peripateticismo sobre a posterior tradição *falsafa* no islã. Seu enciclopédico *Cânone da medicina* continua sendo um texto fundamental, e o aristotelismo que representa – o método (*bahthi*) "discursivo", como Mir Damad o chama – nunca deslocou completamente a abordagem (*dhawqi*) "intuitiva" que Suhrawardi tornou o centro metodológico do iluminacionismo.

A Escola de Isfahan, como é agora chamada, identificada com Mir Damad, Mulá Sadra e seus seguidores, foi um grupo de integracionistas que tentaram combinar o legado do aristotelismo meditado de Ibn Sina – os "originais" ainda estavam sendo lidos na Bagdá do século X, mas desapareceram na sintetizadora que foi *falsafa* islâmica – e que tinham aprendido de Suhrawardi. Mir Damad e Mulá Sadra criaram um discurso unificado a partir desses diferentes espíritos como era o *faylasuf* Ibn Sina, o jurista teólogo Ghazali, o ousado místico intelectualista Ibn Arabi (ver II/9) e dos esotéricos anônimos que modelaram a cosmologia xiita. O que passou a ser chamado de teosofia transcendental (*al-hikma al mutaaliyya*) estava possuído de integridade e vigor suficientes para sobreviver até o dia de hoje como forma viável de filosofia para muitos intelectuais muçulmanos.

No entanto, em seus dias, a Escola de Isfahan não representou nem a ideologia oficial dos soberanos xiitas do Irã – que, como a maioria esmagadora dos governantes do Islã, preferia os juristas aos filósofos de qualquer espécie – nem um movimento popular ou mesmo amplamente aceito, inclusive no Irã. Era de fato uma escola sábia, quase sempre isolada, que transmitia seus conhecimentos e percepções a outros, sem o benefício de apoio acadêmico ou institucional ou sem qualquer forma de patrocínio. A escola tampouco encontrou muito apoio entre os teólogos tradicionais, os *mutakallimun* xiitas. "Se Deus achasse que as pessoas tinham inteligência suficiente (para filosofar)", observou um deles, "não lhes teria enviado mensageiros e profetas". Essa era a acusação perene, a pancada direta, contra a suposição subjacente da *falsafa* no islã.

8 – Dos santos do deserto aos sufis muçulmanos

A maneira do mundo

Todos os três movimentos monoteístas desenvolveram-se a partir de uma distinção percebida entre Deus, "o qual só é santo", e as circunstâncias presentes nas quais a humanidade se encontra. Tais circunstâncias são muitas vezes referidas como "o mundo" ou "este mundo". Embora Deus tenha olhado para este mundo, que era, afinal de contas, criação sua, e declarado que é "bom" (Gn 1,4; etc.), seus adeptos muitas vezes tiveram uma visão mais pessimista das suas circunstâncias, como o próprio Deus teve às vezes, visto que havia elementos nessa criação, alguns de origem humana outros totalmente naturais, que ele desejava manter longe de sua presença.

Como e por que um mundo que parecia tão incorrupto em Gênesis tornou-se um lugar perigoso e até mau foi explicado de várias maneiras. O Gênesis ofereceu suas próprias razões, sendo a principal delas a delinqüência moral da humanidade, tema rebuscadamente glosado pelos cristãos na doutrina do pecado original (ver II/5). Outros, como os gnósticos, foram além e declararam que o Deus bom possivelmente não podia ter feito o mundo abominável no qual vivemos agora: sua criação era necessariamente a obra de um Antideus maligno (ver I/5). Esta última afirmação ultrapassava as fronteiras da ortodoxia monoteísta, mas a visão mais moderada de que este mundo era moralmente perigoso penetrou profundamente nas sensibilidades religiosas de cristãos, de muçulmanos e, em medida menor, de judeus. Os cristãos e muçulmanos podiam opor aos trabalhos e perigos deste mundo as recompensas e castigos do mundo seguinte; para os israelitas em geral, e para muitos judeus depois, a justiça perfeita do além simplesmente não estava disponível (ver II/10).

Exatamente quão perigoso este mundo seria para israelitas e judeus está amplamente ilustrado na Torá, que traça cada ato moral e perigo físico encontrados na criação. Foi, lamenta-se Paulo, como um mapa rodoviário do pecado (Rm 7,7), no qual todas as curvas perigosas foram claramente marcadas. Javé mostrou aos seus adoradores exatamente que partes de sua criação, atos e objetos deviam ser evitados (e mantidos afastados dele). As Escrituras cristã e muçulmana naturalmente fizeram o mesmo, e todos os três textos sagrados expõem códigos de comportamento para o crente (ver II/4).

A questão do ascetismo judeu

A lei divina não nos impõe nenhum ascetismo. Ao contrário, deseja que devamos manter o equilíbrio e dar a cada faculdade mental e física o que lhe é devido, tanto quanto pode suportar, sem sobrecarregar uma faculdade à custa de outra... Tampouco a diminuição de riqueza é um ato de piedade, se for ganha de maneira legítima, e se sua aquisição não interferir com o estudo e as boas obras, especialmente para aquele que tem um lar e filhos. Ele pode gastar parte dela com esmolas, o que não desagradaria a Deus, mas aumentá-la seria melhor para ele.

Essas são as palavras de Judá Halevi, durante algum tempo poeta espanhol e filósofo – acabou repudiando ambas as coisas –, escritas entre 1130 e 1140 e dirigidas, num diálogo fictício, ao rei dos khazars, tribo junto ao mar Morto, que estava fazendo uma pesquisa sobre as afirmações das diferentes religiões. Quando Judá escreveu essas linhas, pondo-as na boca de seu *alter ego*, tinha diante dele a longa história de uma tradição ascética que floresceu igualmente entre cristãos e muçulmanos, uma tradição que estava explicitamente separando do judaísmo contemporâneo.

Os cristãos praticavam o que chamavam de *askesis* e os muçulmanos, depois deles, *zuhd*; as duas palavras são normalmente traduzidas por "ascetismo". Antes de passar para um contexto religioso, a palavra grega significava um regime ou modo de vida, o "treinamento básico" do soldado ou do atleta. Como era praticada pelos cristãos primitivos, *askesis* ainda se parecia com seu protótipo pagão. Significava, antes de tudo, práticas e devoções não obrigatórias, isto é, além daquelas prescritas; exigia alguma forma de abnegação; e comumente envolvia um grau de separação da sociedade. A *askesis* do cristão diferia da do atleta e do soldado em sua intenção. Os cristãos adotaram esse regime muitas vezes rigoroso por motivos religiosos, para refrear a vontade, por exemplo, para controlar as paixões, ou, finalmente, para fazer uma declaração de desaprovação do mundo.

Os mapas escriturísticos de Deus são o assunto da lei, não do ascetismo, embora freqüentemente a lei aponte o caminho para o ascetismo. Num nível, o ascetismo opera sobre o princípio de que, se a lei prescreve um grau de abstenção de alguma coisa, então mais abstenção é ainda melhor. O asceta muitas vezes tende a empurrar as "cercas da lei" para horizontes distantes, embora sem benefício da autoridade do mandato de Deus. A severidade farisaica não é ascetismo, visto que é, ao ver deles, mandada pela Torá, escrita ou oral. O asceta justifica-se, se surgir a necessidade, ao tentar discernir o que está por trás da proibição legal e, depois, estendendo voluntariamente essa proibição para áreas novas, porém relacionadas: a lógica da analogia freqüentemente move a prática ascética. Por fim, há uma espécie de ascetismo circunstanciado ou, talvez melhor, um ascetismo escatológico no qual o Final dos Tempos que se aproxima dita um estilo de vida especial. Os essênios, em seu acampamento em Qumran, ilustram esse tipo, mas o exemplo clássico é João Batista, vestido de pele de animais, que só come gafanhotos e mel, e que proclama a vinda do Reino (Mt 3,1-4).

O arrependimento (*metanoia*), literalmente, "mudança de mentalidade", o *teshubah* ou "retorno" dos judeus ortodoxos, ou o que o moralista da Nova Era pode chamar de "ajustamento de atitude", era o que João estava pregando à beira do Jordão, e não está de todo claro se ele oferecia seu próprio modo de vida como modelo para o comportamento dos outros. Um desses outros era Jesus de Nazaré, que não partilhou nenhuma das preferências de João por alimento e roupa, embora os dois pregassem quase a mesma mensagem. De fato, uma das incertezas mais profundas da própria pregação de Jesus é se sua intenção moral era um ascetismo escatológico, uma "ética de salva-vidas" ou, como a comunidade cristã foi obrigada a pensar com o Final dos Tempos retrocedendo para o longínquo horizonte do futuro, moralidade de longo alcance. O próprio ensinamento aparece, à primeira vista, incorporar mais uma moral de longo prazo do que um ascetismo de curto prazo, e a própria maneira de vida de Jesus não tem nada dessa urgência pura que caracterizou o breve momento de João.

Embora possa ser dado um pequeno exemplo de uma inclinação para os prazeres da mesa (Lc 7,34), o Jesus dos evangelhos não parece negar muito que está desinteressado pelos prazeres e assuntos do mundo. Estava mais concentrado na fé em Deus, que tornou tal falta de interesse e preocupação possível, do que nos perigos de cair neles. Jesus, que era um artesão em Nazaré, desistiu de sua profissão para se tornar pregador itinerante ou, talvez, foi até uma espécie de erudito, em sua Galiléia natal, apoiado, ao que parece, por amigos e seguidores, muitos deles mulheres (Lc 8,3). Era solteiro, supomos e a tradição cristã afirma dogmaticamente, embora seja revelado que pelo menos de um de seus seguidores, Pedro, tinha esposa (Mc 1,30), e de maneira tão casual que podemos imaginar o mesmo de todos eles. Em todo caso, o celibato não parece ter sido uma questão para Jesus e seus seguidores. Ele se relacionava facilmente com mulheres, algumas das quais eram seguidoras devotadas – Maria e Marta em Betânia (Jo 11,1-2) e Maria Madalena (Lc 8,2), por exemplo. As mulheres foram as primeiras a dar testemunho de sua ressurreição, ou pelo menos do túmulo vazio (Mc 16,1; Mt 28,9; Jo 20,11s).

Não há dúvida de que ser membro do movimento de Jesus exigia um grau de abnegação. Jesus ensinou: "Se alguém quiser vir após mim, renuncie a si mesmo, tome a sua cruz e me siga" (Mc 8,34). Nos evangelhos são feitas numerosas observações para se abandonar a vaidade das riquezas e os ricos (Mt 19,13-24; Lc 6,24; 8,14). No entanto, têm a aparência de lugares-comuns, e Maomé diz muitas coisas iguais, embora em circunstâncias sociais e econômicas muito diferentes. Um dos ensinamentos de Jesus a esse respeito, porém, era de grande conseqüência. Quando perguntado sobre o que fazer de bom para ter a vida eterna, Jesus disse para cumprir os mandamentos, isto é, observar a Torá. Mas o jovem persistiu: ele era observante. Jesus então respondeu: "Se queres ser perfeito, vai, vende tudo que tens, dá o dinheiro aos pobres... depois vem e segue-me" (Mt 10,16). A tradição cristã posterior leu isso como convite de Jesus para uma vocação mais alta, a abertura de um amplo panorama para uma estrada real – "se queres ser perfeito" – para o Reino de Deus. Era, como acabou sendo, uma espécie de licença para o ascetismo cristão voluntário.

O deserto é uma cidade

Na Antiguidade tardia, a forma mais comum de santos pagãos era uma figura hierática estimada pelas elites urbanas, mas separada da sociedade e finalmente repudiada por ela (ver II/6). Sua substituição cristã começou de maneira exatamente contrária, pela retirada deliberada do mundo para o deserto. E a noção que o levou da cidade para o deserto foi o ascetismo.

O ascetismo como um movimento característico apareceu primeiro dentro do cristianismo após a expectativa de um Final dos Tempos que enfraquecera e no meio de um mundo mediterrâneo ainda pagão. Manifestou-se na urgência de retirar-se do mundo e, no exemplo mais bem conhecido, de uma cidade pagã pecaminosa, Alexandria, para o deserto que se estendia quase sem fim a cada lado do Nilo. Mas se a cidade era o epicentro de um mundo pecaminoso, o deserto era o lugar de morada do demoníaco e do impuro. Os israelitas, que tinham andado por quarenta anos por tal lugar, reconheciam isso no ritual do bode expiatório levado para o deserto para aplacar o demônio Azazel (ver II/5), que talvez tenha seu eco no Novo Testamento (Lc 8,24). O próprio Jesus foi conduzido ao deserto por quarenta dias e tentado por Satanás (Mc 1,12-13).

A tradição cristã identifica Antão (m. 356 e.c.) como o primeiro a praticar, por motivos religiosos, o tipo de "retirada" (*anachoresis*) conhecida no Egito já na época em que o primeiro faraó concebeu a idéia de edificar uma pirâmide e o primeiro egípcio previdente achou que estaria melhor longe no deserto do que nos trabalhos de uma corvéia real. Antão provavelmente não foi o primeiro cristão a fugir do mundo nesse sentido literal, mas sua carreira bem pública no deserto – Atanásio (m. 373), bispo de Alexandria e o herói da guerra contra o arianismo (ver II/7), foi seu biógrafo – forneceu o incentivo e modelo de vida anacoreta para as gerações futuras de cristãos com os mesmos interesses. Antão fez do deserto sua casa sob o sol implacável do Egito e praticou uma espécie de abnegação feroz que quase imediatamente se tornou a característica do ascetismo cristão e transformou o próprio Antão numa celebridade.

Carisma, santidade, *baraka* ou "bênção", como os muçulmanos chamaram, quando incorporado num santo cristão (*hagios*), num *zaddik* judeu ou num amigo de Deus (*wali Allah*) muçulmano (ver II/6), quase sempre e em toda parte atraiu atenção pública – ver, ouvir, tocar a pessoa santa é partilhar o dom dele ou dela – e inevitavelmente provocou emulação fortíssima. Logo a área em torno da pobre cabana de Antão estava cheia de outros que tinham vindo observar e, talvez, até ficar e imitar o famoso santo que derrotara o mundo. Depois seus admiradores tiveram seus próprios admiradores e discípulos. Em pouco tempo, "o deserto" tornou-se, numa frase famosa, "uma cidade". Homens e mulheres vinham aos bandos para os desertos do Egito e logo começaram a viver uma vida em comunidade (*konobion*). O ascetismo cristão passou para sua segunda fase, da fase eremita (gr. *eremos*, "vazio", "só") para a cenobítica. Uma nunca substituiu inteiramente a outra, mas a forma cenobítica ou comunitária de monaquismo cristão era mais facilmente institucionalizada – e mais facilmente controlada – e teve o efeito mais longo e mais profundo sobre a cristandade como um todo.

Obediência do Espírito

A vida comunitária tem sua economia de escala óbvia; se for permitido falar dessa forma de um modo de vida perto de um nível de subsistência. Principalmente ela fornecia o apoio psicológico do exemplo mútuo para um grupo de pessoas com os mesmos sentimentos que se meteu numa empresa de dificuldade assustadora. Finalmente, a vida comunitária fornecia o corretivo definitivo para um aspecto do apetite humano que fora previamente exposto por esse mesmo exemplarismo moral. Os primeiros "solitários" (gr. *monachoi* > monges) rapidamente descobriram que tinham levado o mundo com eles para o deserto. Este não estava localizado na distante Alexandria, mas em seus próprios membros e cabeças não controlados, e praticavam as formas mais admiravelmente ferozes de ascetismo em seus esforços para aniquilá-lo. A abnegação deu vazão à automortificação e, diriam alguns, ao masoquismo puro e simples em suas longas vigílias, jejuns de punição e flagelações da carne, que eram lugares-comuns do deserto nos séculos IV e V cristãos. Isso não se deu só no Egito. Relatos ricamente detalhados dos "padres do deserto" circularam por toda a cristandade, e logo houve ascetas dedicados à busca implacável de abnegação na Palestina, Síria e Anatólia, embora os rigores do clima tornassem um pouco problemática a busca do ascetismo de estilo do deserto nas regiões mais ao norte.

Os praticantes dessa rigorosa e muitas vezes violenta forma de abnegação foram chamados de "atletas de Deus". O título era justo – os atletas profissionais da Grécia e de Roma tinham praticado *askesis* –, mas o esforço desses atletas do deserto tornou-se também altamente competitivo. Se Aba Shenoute podia jejuar por 15 dias, então o bem-aventurado Macário, um pouco mais abaixo no mesmo *wadi*, podia agüentá-lo por um mês, ou mais, se fosse realmente desafiado. A competição chegara ao deserto, seguida da ardente intuição de que aqui estava um vício realmente cardeal: a vontade estava sendo gratificada mesmo se a carne gemia *no más*. E rapidamente esses médicos da alma encontraram sua cura, a obediência do espírito.

A obediência era a peça final no grande tríptico das virtudes monásticas. A pobreza significava não possuir nada e almejar ainda menos. O celibato significava renunciar até àquelas atividades sexuais permitidas aos cristãos, renegando, de fato, o casamento. Porém, o desejo de bens e prazeres carnais, com todas as suas formas malevolamente sublimadas, é relativamente fácil de detectar comparado às necessidades e exigências daquilo que uma geração posterior chamaria de ego. No entanto, os ascetas cristãos visavam a uma cura institucional. Os monges que viviam em comunidade seriam governados por uma regra, um superego impessoal ao qual suas próprias vontades estariam sujeitas e, cabendo dentro dos interstícios da regra, um superior humano cujos mandamentos (geralmente inócuos) representassem a vontade de Deus em resumo, por assim dizer. O superior monástico, outro monge, qualquer monge, nem o mais brilhante, nem o melhor, nem o mais santo – qualidades estas que tornariam a obediência racional e, portanto, fácil –, era o último e mais poderoso dos instrumentos de abnegação previstos para a vida monástica, e a obediência, da letra e do espírito, era sua exigência mais difícil.

Os santos na cidade

O século IV foi o período de incubação da santidade cristã; nos séculos V e VI estava bastante madura para voltar à sociedade e tentar transformá-la. Os monges do Oriente, onde o ascetismo passara de maneira mais vigorosa da gruta do eremita para as grandes comunidades no Egito, Palestina e Síria, freqüentemente afluíam em quantidade do interior para as ruas de Alexandria, Antioquia e até Constantinopla para apoiar um lado ou outro das disputas cristológicas que sacudiram esses dois séculos (ver II/7). Outros permaneceram no lugar e atraíram multidões das cidades e até da estepe interior por sua reputação de santidade, comprovada com milagres públicos. Simeão (m. 458), por exemplo, o excêntrico santo da região ao norte de Alepo, que fugiu do mundo de maneira mais vertical que horizontal, instalou-se no alto de uma coluna por trinta e tantos anos e dava conselhos e bênçãos tanto aos moradores da cidade que vinham vê-lo como aos beduínos que se reuniam em torno da base da coluna no fim de suas caminhadas sazonais do deserto para a semeadura. Em outras ocasiões o santo tornou-se porta-voz dos oprimidos do império, defendendo-os diante dos magnatas e dos príncipes.

De onde vinha esse poder extraordinário? O carisma talvez seja a sua explicação adequada, mas elementos devidos às circunstâncias contribuíram também. Pelo século V os antigos oráculos tinham silenciado, e os sacerdócios pagãos estavam em ruínas. O santo cristão saiu dessa desintegração religiosa no final do mundo antigo. Triunfara sobre o mundo e os desejos próprios e, por assim dizer, de uma grande altura moral. Esse "profissional implacável", como foi chamado, era ouvido. Aconselhava, mediava, intervinha, tudo em base individual: imaginava-se que *esse* homem, nesse tempo e nesse lugar, incorporava o sobrenatural.

A Regra de São Basílio

Basílio, um nobre rico que foi monge e mais tarde bispo de Cesaréia na Capadócia, tinha considerável conhecimento do monaquismo na maioria de suas variedades do Oriente Próximo. Visitara comunidades monásticas no Egito, Palestina e Síria por volta de 358, e sua própria experiência anterior da tradição monástica desorganizada e até anárquica em sua Capadócia natal levou-o a redigir regras para o governo da vida monástica, um dos primeiros e mais influentes conjuntos de regulamentos, desde o sublime ao banal, que se tornou a própria substância do monaquismo cristão. As regras de Basílio subsistem numa versão mais longa e numa versão mais breve, e delineiam com grande detalhe não somente os ideais, mas também as práticas da vida dos monges, desde os critérios de admissão ao mosteiro até a maneira de vestir-se aí.

Para Basílio, a vida comunitária era de longe preferível à eremítica por causa de seu bem social maior. Foi, de fato, Basílio quem estabeleceu as metas sociais – com suas conseqüências econômicas e intelectuais – tão evidentes na vida monástica no Ocidente, onde Bento assumiu a maior parte do pensamento de Basílio para sua própria *Regra* no Monte Cassino (ver mais adiante). Basílio acreditava no trabalho, físico e intelectual, e a vida do monge devia ser de trabalho e oração regulados. Orações diárias de manhã e à tarde não eram incomuns em algumas das maiores igrejas cristãs, mas Basílio estabeleceu uma norma de oração monástica oito vezes por dia, a começar pela aurora e continuando pelo dia e pela noite com três horas de intervalo. Essa recitação ou cantoria comunitária diária de orações prescritas – o Ofício Divino, como foi chamado – em horas fixas do dia e da noite tornou-se um dos traços mais característicos do monaquismo cristão, e pode até ter deixado alguma marca em Maomé, que apoiava orações noturnas no começo de sua atividade (Alcorão 73,23).

Basílio colocou o mosteiro sob o controle firme do superior (*hegoumenos*) ou abade, como foi chamado no Ocidente, um oficial monástico que mais tarde gozou dos mesmos poderes e privilégios de um bispo. A Grande Igreja foi ainda mais longe em suas regulamentações. As comunidades monásticas podiam ser, e foram, tão perturbadoras para a ordem da Igreja como os monges individuais, e as disputas teológicas dos séculos V e VI foram muitas vezes acompanhadas de tumultos monásticos. O Concílio de Calcedônia reagiu, em 451, ao colocar as comunidades monásticas sob a jurisdição dos bispos, e os concílios seguintes tentaram, nem sempre de maneira exitosa, fortalecer o controle da hierarquia sobre os chamados atletas de Deus. No século VI, quando o governo imperial começou a intervir mais diretamente nos assuntos da lei canônica, o imperador também assumiu a causa da regulamentação e reforma monástica.

O monaquismo oriental desenvolveu-se geralmente segundo o modelo e ideal de Basílio, como fez um pouco mais tarde seu equivalente ocidental. Havia, porém, profundas diferenças entre os dois modelos. Como veremos (II/9), os monges orientais seguiam um caminho que levava, de forma totalmente consciente, ao misticismo, enquanto as comunidades monásticas do Ocidente latino se envolveram cada vez mais com o mundo, primeiro em missões sociais e depois em ocupações intelectuais, que, no século XIII, fizeram dos membros das ordens mendicantes os principais intelectuais da época. No Oriente, o decreto de Calcedônia que colocava os mosteiros sob o controle firme dos bispos locais evitou, de fato, que o monaquismo oriental acabasse numa espécie de órgãos "internacionais" que, no Ocidente, respondiam apenas ao papa. Embora monges individuais exercessem influência grande e contínua no Oriente, não houve beneditinos, frades mendicantes ou jesuítas que ampliassem ou modelassem essa Igreja.

Bento e os beneditinos

Os inícios do monaquismo formal na Igreja ocidental ocorreram em meados do século VI, quando Bento (m. c. 550), primeiro eremita e mais tarde o chefe de uma pequena comunidade de monges no Monte Cassino, na Itália, pôs por escrito de forma bastante simples as linhas gerais da vida de um monge assim como ele as entendia. Essa *Regra de São Bento*, que se baseava na obra anterior de Basílio bem como no exemplo dos padres do deserto e no pensamento de Agostinho, tornou-se a pedra de toque de comunidades de ascetas até a virada do século XIII, quando recentes problemas produziram novas formas de vida religiosa.

Na *Regra* de Bento, o governo da comunidade é pensado em termos paternos: o chefe da casa ou abade (< gr. e aramaico *abba*, "pai") devia governar seus membros exatamente como um pai governa uma família, combinando compaixão com justiça. Os irmãos, fossem sacerdotes ou não – o próprio Bento não era sacerdote e o sacerdócio não aparece muito na maioria das formas do monaquismo medieval –, deviam ao superior obediência completa e perfeita. As ordens do abade deviam ser seguidas, não importava quão difícil ou aparentemente irracional fossem, pois ele falava em nome de Cristo. A permissão do abade era exigida para muitas coisas, grandes e pequenas. Por sua vez, previa-se que o abade precisava do conselho dos irmãos nas decisões importantes que afetassem a comunidade; ele também necessitava delegar autoridade a alguns membros da comunidade mais piedosos e inteligentes. Enquanto os assistentes do abade e delegados eram nomeados, o próprio abade era eleito por todos os membros da comunidade; onde isso fosse impraticável, um grupo menor o elegia. Se uma comunidade preguiçosa e corrupta escolhesse um abade como ela, o bispo local ou outro abade – as ordens religiosas posteriores eram em geral isentas de tal supervisão episcopal – podiam anular a eleição e indicar outro em seu lugar.

Os candidatos a membros da comunidade eram avisados sobre os rigores da vida que tinham à sua frente e eram cuidadosamente examinados em busca de evidências de piedade e humildade. Depois cada candidato passava por um período de provação, o noviciado, durante o qual estudava de novo as regras e examinava suas próprias intenções. Se no final dessa provação tanto o candidato como os membros da casa concordassem com sua admissão, ele recebia a permissão de fazer os votos de pobreza, celibato e obediência ao superior e prometia cumprir e observar a *Regra*. Trocava a roupa mundana pelo traje simples do monge, uma túnica preta grosseira, uma capa com capuz e calçados feitos de qualquer material barato e disponível.

Uma vez completados os seus votos, o monge beneditino enveredava pelo regime que marcaria o resto de sua vida: oração, leitura e trabalho. Era aconselhado a praticar paciência e humildade em seu próprio coração, caridade e compaixão para com seus irmãos e obediência aos colocados acima dele. Havia de dormir com os outros numa única sala, completamente vestido, e levantar para cantar as orações em comum prescritas. Havia duas refeições cozidas por dia, ao meio dia e à tarde. Quartas-feiras e sextas-feiras eram dias de jejum durante a quaresma, bem como outros longos períodos durante o ano. Todas as refeições eram tomadas em silêncio, enquanto um dos irmãos lia trechos da Escritura ou algum outro texto edificante.

Bento considerava a oração a atividade central e crucial da vida do monge – ele a chamava de trabalho de Deus – e especificava quando e como devia ser realizada. Orações durante todo o dia e de noite eram uma tradição muito antiga no cristianismo, e os monges do deserto egípcio já se encontravam em ocasiões fixas para orações comuns, comumente recitação dos salmos, todos eles durante um único dia. Bernardo fixou um horário de oração detalhado para os monges da Igreja ocidental. O Ofício Divino consistia de oito momentos distintos chamados Laudes (ao amanhecer), Prima (na "primeira hora" ou cerca de 6 horas), Terça, Sexta e Noa (na terceira, sexta e nona hora do dia), Vésperas (de tarde, antes de escurecer), Completas (antes de dormir) e Matinas (às vezes rezadas à meia noite, embora Bento a prescrevesse para as 2 horas da madrugada).

Nota: Todos os salmos, hinos e orações usados na recitação do Ofício Divino – agora chamado de Liturgia das Horas em alguns círculos – encontravam-se originalmente em livros diferentes, mas desde o século XI, particularmente quando as ordens mendicantes ficaram mais móveis, começaram a ser coligidos num único livro chamado de *Breviário*. Esse compêndio foi revisado em muitas ocasiões diferentes, sendo a última em 1971. O leque completo das "horas" descritas mais acima era rezado dentro dos mosteiros, mas também para o público em geral em catedrais pelos cônegos ou clero ligado à catedral (ver mais adiante). Na Igreja Romano-Católica todos os clérigos são obrigados a rezar diariamente as passagens prescritas no *Breviário romano*, as ordens monásticas a recitá-lo em comum, todos os outros clérigos a dizê-lo privadamente.

O dia monástico era geralmente cheio de atividades. O canto do Ofício Divino ocupava grandes intervalos, os quais eram alternados com atividades físicas, nos campos ou dentro de casa, cópia de manuscritos no *scriptorium* ou simplesmente limpeza, consertos, edificação. O essencial era evitar a preguiça, tida por todas as autoridades como um dos principais inimigos da vida monástica.

A regra beneditina foi adotada em número sempre crescente – e em estilos variáveis – pelas novas comunidades religiosas que surgiam pela Europa, e recebeu um poderoso impulso político quando Carlos Magno ordenou que fosse o modelo em todos os mosteiros do seu império. Uma dessas comunidades foi o mosteiro beneditino fundado em 909 em Cluny, perto de Macon, na Borgonha. Através dos esforços de uma série de abades eficazes, enérgicos e diplomatas como Pedro o Venerável (m. 1156), que governou aí, Cluny tornou-se o mosteiro beneditino modelar, assim como a regra beneditina tornou-se o padrão da vida monástica. Outras casas clunistas seguiram na sua esteira, e logo houve uma rede pela Europa, cada um tentando imitar a celebração clunista cada vez mais rebuscada do Ofício Divino (com a conseqüente diminuição do trabalho físico no dia do monge), a sua cuidadosa administração e observância escrupulosa. Em meados do século XII, havia mais do que mil fundações dessas, mas depois disso a poderosa influência do mosteiro francês começou a declinar diante dos novos impulsos monásticos, como aqueles dos frades mais flexíveis e ativos conhecidos como franciscanos e dominicanos.

Experimentos beneditinos: cartuxos e cistercienses

O poder e a riqueza dos mosteiros clunistas bastante organizados foram bem-sucedidos em institucionalizar, quase ao ponto de tornar empresa ou corporação, o modo de vida beneditino, mas ao preço, talvez, de seu impulso ascético inicial. Havia, no entanto, "beneditinos" que exploravam outros caminhos de perfeição. Um deles foi Bruno (m. 1101), monge beneditino de origem alemã e educação francesa que tentou voltar à tradição anterior a Bento, à vida eremítica dos primeiros padres do deserto. Em 1084 ele fundou uma casa em La Chartreuse, nos Alpes franceses ao leste de Grenoble, na qual tentou combinar a regra beneditina com a solidão dos primitivos eremitas. Os monges nesta e subseqüentes "cartuxas", como passaram a ser chamadas, viviam em celas individuais – minúsculas suítes com sala de trabalho, quarto e pequeno jardim cercado –, onde trabalhavam em silêncio, rezavam, comiam seu pão, legumes e verduras escassos – duas ou três vezes por semana apenas pão e água – e dormiam sozinhos. Mas essa vida cartusiana era também vida comum. Os monges se reuniam na igreja e cantavam juntos pelo menos parte do Ofício, comiam juntos num refeitório comum em certos dias de festa, partilhavam uma biblioteca comunitária e faziam passeios semanais juntos. No começo havia apenas 13 monges na solidão da "casa superior", enquanto perto, na "casa inferior", viviam vinte e tantos "irmãos leigos", cujo trabalho ajudava a sustentar os monges contemplativos em sua solidão.

Inicialmente não havia nenhuma regra cartusiana como tal, mas um desejo de aprovação papal acabou prevalecendo, e por isso uma combinação da *Regra* de Bento e dos "Costumes" que tinham se desenvolvido em La Chartreuse desde o tempo de Bruno foi submetida a Roma e aprovada por Inocêncio II em 1133. Suas disposições eram simples: os monges cartuxos passavam o dia (e parte da noite) rezando a sós, meditando, lendo, fazendo trabalho manual e, acima de tudo, cantando ou recitando o Ofício.

Se os cartuxos representam uma tentativa audaciosa de restaurar o protótipo beneditino de vida monástica, a outra abordagem do século XII a essa vida foi uma reforma – mais exatamente, uma reforma da versão clunista. Em 1098, 21 monges e seu abade, Roberto, deixaram a casa beneditina em Molesmes, na Borgonha, e fundaram um novo estabelecimento monástico em Cîteaux, perto de Dijon, com a finalidade expressa de seguir a *Regra* de Bento ao pé da letra. Viveriam e se vestiriam de maneira simples, em roupa branca não alvejada em vez do tradicional preto beneditino, e seu culto seria simples – muito reduzido em relação à versão clunista rebuscada, em edifícios simples sem qualquer imagem ou ornamento, totalmente diferente do estilo clunista empresarial.

Ao passo que Cluny provera um modelo que outras casas em outros lugares imitaram, os monges de Cîteaux (lat. *Cistercium*; port. *Cister*), ou cistercienses, fundaram suas próprias "colônias". À medida que o empreendimento prosperava, particularmente depois que Bernardo de Claraval (m. 1153), o líder eclesial do começo do século XII, juntou-se à abadia em 1120 e colocou sua pena prodigiosamente dotada à sua disposição, monges foram enviados de Cister para criar novas casas, não como unidades independentes, mas como "casas filiais" cuidadosamente reguladas e supervisadas pela "casa-mãe". Cluny criara uma rede, mas Cister, um império e, de fato, a primeira "ordem" religiosa. O controle era mantido através de visitas anuais do abade ou delegado, desde a casa-mãe para suas filiais, bem como por um capítulo ou assembléia geral anual de todos os abades.

Era um sistema efetivo para manter um alto nível de observância bem como para elaborar e implementar política, e o modelo do império cisterciense foi usado pelos franciscanos e dominicanos em sua própria organização e, de fato, na maioria das ordens religiosas européias que vieram depois.

Cônegos regulares e outros

Na Igreja ocidental, a forma de vida monástica associada a Bento de Núrcia começou a espalhar-se no século XI para lugares mais públicos. Um modo foi através das adaptações da vida beneditina empreendida pelos monges em Cluny e depois através das feitas pelas variantes cisterciense e cartusiana. Um outro foi iniciado pelas reformas eclesiásticas do papa Gregório VII (1073-1085) e seus sucessores, inspirados por Cluny. Os papas reformadores entendiam que os monges cristãos levavam vidas semelhantes às dos apóstolos de Jesus, suposição carregada de conseqüências no século XIII (ver mais adiante). No século XI, porém, significava apenas que o clero cristão comum, agora entendido como os apóstolos do último dia do Senhor, devia fazer o mesmo. Em muitas paróquias, isso era impossível, mas não para o clero ligado às catedrais das cidades. Em meados do século XI, sob a influência das casas beneditinas, os clérigos começaram a se organizar em comunidades quase monásticas.

Esses clérigos eram chamados de cônegos. Adotaram a regra monástica atribuída a Agostinho de Hipona – provavelmente foi de algum dos seus discípulos – e foram reconhecidos pelo papado como comunidades religiosas formais sob o nome de Cônegos Regulares de Santo Agostinho. Levavam vida em comunidade ao comer, dormir e cantar o Ofício Divino juntos, como seus equivalentes monásticos. E eram também clérigos, ordenados para o ministério da Igreja, desempenhando várias atividades sacerdotais nas paróquias da cidade. Os cônegos regulares ocuparam a Igreja do Santo Sepulcro durante as cruzadas, por exemplo, e administravam a igreja na qual os cruzados tinham transformado o Domo da Rocha muçulmano. Esses últimos cônegos viviam em alojamentos construídos na parte norte da plataforma sobre a qual o Domo ainda está.

Os frades mendicantes: franciscanos e dominicanos

O estilo beneditino de monaquismo cedeu, no século XIII, a um tipo mais flexível de vida comunitária religiosa. Primeiro Francisco de Assis e depois Domingos de Gusmão fundaram ordens religiosas masculinas que tiveram por mandato a maior propagação e defesa da Palavra de Deus e a cura das almas. Do mesmo modo que os primeiros monges, essas duas ordens de frades (< lat. *fratres*, "irmãos"), os franciscanos (Ordem dos Frades Menores) e os dominicanos (Ordem dos Pregadores), cantavam o Ofício em comum em mosteiros, mas suas principais tarefas espirituais estavam fora, na catequese (ver II/4) e na explicação e defesa do ensinamento cristão. Os frades podiam ser enviados de um lugar a outro pela cristandade, conforme a necessidade ou a oportunidade se apresentassem, como foi o caso na batalha contra a heresia ou na propagação da fé. Finalmente, os novos frades eram "mendicantes" ou mendigos, os franciscanos de modo absolutamente literal. Ambas as ordens faziam votos, embora com nuanças diferentes, de pobreza grupal ou individual: a própria ordem não possuía nada e se sustentava apenas com ofertas espontâneas. Outros grupos monásticos seguiram o exemplo delas e, no final do século, os carmelitas e os eremitas agostinianos se tornaram ordens mendicantes de frades.

Os franciscanos e os dominicanos tiveram pontos de partida totalmente diferentes. Francisco (m. 1226) era um mercador italiano movido por uma visão pessoal do que devia ser a vida cristã em sua forma mais alta e mais ideal. Domingos (m. 1221) era um clérigo espanhol com um senso de missão unido a uma idéia de como a Igreja podia enfrentar o desafio da heresia cátara (ver I/5). Francisco era filho de um comerciante italiano abastado de Assis e levou uma vida despreocupada do ponto de vista religioso até 1205, quando teve uma série de visões que o inspiraram a seguir uma vida que ele entendia como sendo de pobreza evangélica. Como Jesus, ele não possuía nada e vivia inteiramente das esmolas caridosas dos outros. Pregava aos outros, de modo um tanto ruidoso, mas com grande eficácia.

Em cinco anos, Francisco tinha atraído atenção suficiente e imitadores bastantes, de modo que o que inspirava e liderava podia ser chamado de movimento. Em 1209 ou 1210, submeteu o que deve ter sido uma espécie de "regra" vaga – ela não foi preservada – ao papa Inocêncio III (1198-1216), que de maneira igualmente vaga aprovou-a. Em 1212, uma mulher chamada Clara pediu a Francisco permissão para que ela e algumas outras mulheres pudessem seguir a mesma regra em comunidade. Foi dada a permissão e assim passou a existir a Segunda Ordem de São Francisco ou Clarissas Pobres, que acabou recebendo a própria aprovação papal em 1253. Houve também uma Terceira Ordem para aqueles que desejassem viver o espírito franciscano, mas eram incapazes, por causa do casamento ou outros compromissos, de assumir todos os encargos da vida franciscana (ver I/5). A Ordem Terceira de São Francisco foi aprovada em 1289.

Nota: Com o fracasso da Primeira Cruzada e a retomada de Jerusalém por Saladino em 1187, todo o clero latino foi expulso das igrejas expropriadas ou construídas pelos cruzados, e o clero "nativo", principalmente grego e sírio, as reocupou. Os latinos, porém, não se foram para sempre. Por volta de 1244, os clérigos latinos, especificamente os franciscanos, receberam a permissão dos governantes muçulmanos da cidade de voltar a Jerusalém e até de encontrar um lugar na Igreja do Santo Sepulcro. Os frades tiveram sua posição confirmada por bula papal em 1342, e desde então exerceram um virtual monopólio – reconhecido pelas autoridades muçulmanas – sobre qualquer ponto de apoio eclesiástico que os cristãos ocidentais conseguissem na Terra Santa e sobre todos os peregrinos cristãos que chegassem da Europa, os quais hospedavam, alimentavam e guiavam pelos lugares santos. Até hoje um franciscano goza do título de "Custódio da Terra Santa" (*Custos Sanctae Terrae*).

Francisco se dedicava a pregar a mensagem dos evangelhos, e seus seguidores se espalharam pela Europa, inclusive nas zonas de guerra dos cruzados no Oriente Médio. A meta pessoal do próprio Francisco era pregar o evangelho aos muçulmanos, e em 1219 satisfez o seu desejo. Acompanhou um exército de cruzados num ataque ao Egito e atravessou as linhas para dentro do acampamento do sultão al-Kamil, que o ouviu com cortesia, mas declinou de se tornar franciscano ou mesmo cristão.

Francisco teve pouco tempo para lamentações. Teve de voltar à Europa para resolver problemas sérios em suas próprias comunidades. Francisco guiara o movimento com sua instrução e exemplo pessoais, mas à medida que o número de membros e casas crescia, o controle começava a escapar de suas mãos nem sempre terrivelmente interessadas. O papa exigiu uma regra nova e formal para guiar as várias comunidades que declaravam seguir o exemplo de Francisco. Ele apresentou uma versão em 1221, baseada em sua idéia severa de pobreza. Tentou novamente dois anos mais tarde, e essa versão foi aprovada pelo papa nesse mesmo ano. Assim começaram a existir os Fratres Minores, ou Frades Menores, mais popularmente, os franciscanos. Francisco morreu em 1226, não inteiramente feliz com o movimento que criara, que passava inevitavelmente para outras mãos, menos idealistas e mais práticas. Foi canonizado com notável rapidez em 1228.

Domingos de Gusmão era um homem diferente com uma idéia diferente: não compartilhava nem das visões nem dos ideais radicais de Francisco. Era um padre ordenado, fora assistente de uma universidade e prior ou chefe dos cônegos regulares da catedral de Osma, na Espanha. Acompanhou seu bispo, que fora encarregado de investigar a difusão do catarismo no Languedoc, no outro lado dos Pirineus. Domingos entendeu logo que os cátaros, movimento puritano com um grupo de adeptos amplamente popular, deviam ser enfrentados em seu próprio terreno pela pregação em locais públicos por um clero de vida simples e exemplar. Se Francisco era motivado principalmente pelo ensino e exemplo de Jesus sobre a pobreza, a inspiração de Domingos era o envio que Jesus fez de seus discípulos para pregar a sua mensagem ao mundo inteiro.

As atividades de Domingos receberam a aprovação preliminar de Inocêncio III em 1205, e ele e alguns companheiros seus começaram a usar um mosteiro em Prouille, perto de Toulouse, como seu centro. Inocêncio dera permissão para adotarem uma regra monástica e Domingos escolheu a *Regra* de Santo Agostinho, a mesma que regia a maioria dos cônegos regulares, à qual acrescentou uma série de "costumes", que tinham em vista esses novos monges altamente móveis e muito públicos. A combinação do antigo e do novo por parte de Domingos recebeu a aprovação papal formal em 1216 como a Ordem dos Pregadores, ou dominicanos. Honório III acrescentou sua própria expectativa em relação a Domingos e seus seguidores: "Aprovamos vossa Ordem com a esperança plena de que os irmãos serão defensores da fé e verdadeiras luzes para o mundo".

Os companheiros de Domingos espalharam-se a partir de Prouille e fundaram casas dominicanas pela França, Itália e Espanha. Em 1220, o primeiro "capítulo" geral – uma assembléia de superiores da ordem – foi celebrado em Bolonha e redigiu um conjunto completo de "constituições" para apoiar e codificar os "costumes" anteriores e, em particular, para abraçar a noção de pobreza como meio de vida. Como os franciscanos, os dominicanos tornaram-se mendicantes. Não podiam possuir propriedade; viveriam das esmolas que os fiéis lhes dessem.

A história subseqüente desses dois começos totalmente diferentes em espiritualidade cristã e em organização eclesiástica reflete tanto a personalidade como o propósito de seus dois fundadores. Francisco de Assis, visionário e místico, era movido pelo ideal de santidade pessoal, que ele julgava ser alcançada melhor pela imitação da vida de Jesus e particularmente da pobreza de Jesus; sua ordem tentou seguir seus passos. Os primeiros franciscanos eram muito semelhantes ao próprio Francisco. Eram leigos, não clérigos ordenados, a maioria deles com escassa instrução. Eram, todavia, animados pelo ideal de santificação pessoal através da pobreza evangélica e empenharam-se em levar essa mesma mensagem por toda a Igreja por meio de sua pregação veemente. Domingos, ao contrário, era movido por uma tática e uma missão. Seu programa foi feito tendo em vista um fim muito específico, a pregação de uma mensagem cristã genuína para combater a heresia – a palavra latina *Dominicani* foi habilmente transformada no trocadilho *Domini canes*, "os cães do Senhor" – e salvar almas perdidas para a Igreja. Domingos era clérigo e formado em universidade, e os dominicanos tendiam a ser o mesmo. Embora Domingos fosse sobretudo pregador, o ensino logo encontrou paridade com a pregação entre os seus seguidores. Os dominicanos tornaram-se proeminentes na vida intelectual da Igreja medieval através de seu trabalho nas novas universidades fundadas na Europa mais ou menos ao mesmo tempo em que a ordem. Os franciscanos acabaram seguindo os filhos de Domingos nas faculdades universitárias, mas o pensamento do século XIII é dominado pelo imponente dominicano Tomás de Aquino.

A perfeição é possível? A controvérsia franciscana

Quase todas as comunidades religiosas que apareceram na Igreja ocidental começaram com uma visão de perfeição de um indivíduo – ainda que uma visão condicionada por uma longa história de ascetismo – que atraiu outros para a realização do mesmo ideal. A Igreja supervisou tais movimentos e assim a visão foi logo "regularizada" ou rotinizada. Em suma, os epígonos tornaram-se uma ordem religiosa. Tais ordens se mostraram atraentes para um número cada vez maior de fiéis e, ao mesmo tempo, úteis para a Igreja. Para torná-las ainda mais atraentes e mais úteis, os papas concederam às novas ordens vários privilégios que, em muitos casos, aliviaram o idealismo rigoroso do fundador. O idealismo foi sacrificado em favor da praticidade: as ordens se tornaram mais acessíveis e mais eficazes.

Com o tempo, muitas vezes um tempo breve, começou uma reação. Alguns religiosos descobriram – ou se lembraram – que o ideal do fundador e dos primeiros membros era diferente da vida atual da comunidade. Houve tentativas de reformas. Algumas falharam e seus proponentes desapareceram atrás da comunidade ou dentro do mundo. Outras terminaram em alguma forma de cisma ou na criação de outro ramo legítimo e legitimado da ordem, os "observantes", ou até, em certos casos extremos, a reação de uma variante foi condenada pela Igreja. Duas exceções notáveis para esse processo quase universal foram os cartuxos e os jesuítas (ver mais adiante). Os cartuxos, cujo orgulho era "nunca reformados porque nunca deformados", estavam destinados a não ter "sucesso"; a austeridade de sua vida era tal que poucos podiam sustentá-la e sua vida eremítica e severamente fechada fez deles agentes pouco prováveis de qualquer projeto eclesial que não visasse a própria salvação dos membros. Os jesuítas, ao contrário, estavam programados para o sucesso. Desde o começo, seu modo de vida era flexível bastante para permitir quase qualquer adaptação. Desde o início estavam destinados a assistir ao papado e por isso o seu uso em atividades variadas da Igreja não levou a nenhuma deformação: os jesuítas se dobram e se torcem, mas nunca se quebram.

O exemplo mais notório de cisma radical dentro de uma ordem religiosa ocorreu com os franciscanos. A idéia que Francisco de Assis tinha de pobreza evangélica ardia de maneira pura e brilhante e ao mesmo tempo era altamente persuasiva para pessoas com o mesmo espírito. Mas depois que essas pessoas com o mesmo espírito começavam a viver em comum e perseguir as metas comunitárias, a pureza da visão talvez tivesse necessariamente de sujeitar-se à praticidade. O ideal de Francisco era que os frades deviam sobreviver – e não muito mais do que isso – ou pedindo esmolas ou fazendo trabalhos dos mais humildes; pois deviam viver como os mais pobres dos pobres. Sua proibição do dinheiro era absoluta: os frades sequer deviam manuseá-lo. Mesmo, porém, durante a sua vida, particularmente durante sua ausência no Oriente Médio no começo da década de 1220, alguns dos seus seguidores sob a liderança de frei Elias, de mentalidade prática, já estavam adaptando sua regra original para levar as comunidades franciscanas mais de acordo com as casas monásticas tradicionais. Em 1230, para resolver o que já se tornava uma questão entre alguns frades, Gregório IX publicou uma bula papal, *Quo elongati*, fazendo uma distinção entre a posse da propriedade, que estava proibida pela regra franciscana, e seu uso (e, como conseqüência, sua administração), que, no entender de Gregório, não estava proibido.

Ao que parece, o próprio Francisco sabia e entendia o que estava acontecendo, e embora aprovasse a *Regra* modificada de 1223, suas palavras finais, como estão registradas em seu *Testamento*, incluíam um apelo por fidelidade ao ideal evangélico de pobreza que o movera em primeiro lugar. As casas franciscanas começaram a se dividir, não obstante a bula de 1230, entre aquelas que desejavam aderir à visão dramática de Francisco, a qualquer custo, e aquelas que desejavam sujeitar-se ao serviço da Igreja, embora com algum custo, é claro, para o ideal. Para os pragmáticos, o caso era evidente por si, e talvez também se impusesse por si mesmo. Para formar pregadores religiosos e entrar na alta vida intelectual da Igreja do século XIII era preciso planejamento, organização e recursos além do que Francisco poderia ter imaginado. O argumento dos rigoristas aduzia o exemplo do próprio Francisco e dos primeiros frades, mas logo a controvérsia saiu da história e entrou em profundas águas teológicas, especialmente a natureza e a extensão da própria pobreza de Jesus, o modelo evangélico que constituía o fundamento da prática dessa virtude por parte de Francisco – e dos franciscanos.

A controvérsia entre os dois partidos estourou, como foi notado, ainda durante a vida de Francisco e durou dois séculos, muitas vezes com conseqüências trágicas. Finalmente, em 1619, uma bula papal reconheceu como forma legítima de vida franciscana um grupo chamado de capuchinhos, que se dedicavam à observância literal da *Regra* de Francisco "até os mínimos detalhes", como dizia a bula, e sem recurso às "declarações a respeito dela [a *Regra*] promulgadas pelos romanos pontífices". Houve posteriores divisões dos principais partidos franciscanos, mas o reconhecimento dos capuchinhos (chamados assim por causa do capuz pontudo que usavam à imitação de Francisco) estabeleceu que, à parte as mulheres (as clarissas) e os leigos (a Ordem Terceira de São Francisco), havia três herdeiros de Francisco de Assis dentro da Igreja, a saber: os conventuais, os observantes e os capuchinhos.

O ideal de vida de pobreza evangélica está na raiz de todas essas três comunidades. Os conventuais eram, de fato, os seguidores imediatos de Francisco, cuja observância da *Regra* original – que Francisco em seu *Testamento* disse que não devia ser alterada – foi de fato modificada por uma série de bulas papais de *Quo elongati* em diante. A intenção dos decretos papais era em geral mitigar a *Regra* de Francisco ao conceder várias facilidades. O papado, por exemplo, de fato seria o proprietário dos recursos da ordem, a serem administrados por alguém que não fosse franciscano, e os frades teriam apenas o seu uso, sem propriedade. Muitos franciscanos pensavam que podiam viver com esse arranjo sem comprometer suas consciências; notável entre eles foi Boaventura, ministro geral dos frades entre 1257 e 1274 e, depois de Francisco, o mais famoso e influente franciscano do século XIII. Boaventura recriou os franciscanos ao redigir de novo as constituições da ordem e depois refazer a vida do próprio Francisco. Para esse fim, ele compôs a *Legenda de Francisco*, biografia que um capítulo geral determinou que seria a única oficial, assim como outro capítulo determinara que a constituição de Boaventura deveria substituir todas as versões anteriores da regra franciscana.

A luta cada vez mais feroz entre os herdeiros de Francisco, cada um com suas próprias propriedades, pessoal e constituições – a constituição dos observantes foi redigida por João de Capistrano (m. 1456) –, durou até que o papa Leão X reuniu uma "cúpula" franciscana em Roma, em 1514. Em seguida, o papa publicou uma bula, *Ite vos*, que separava formalmente os conventuais e os observantes em duas ordens franciscanas distintas. Para alguns, isso não foi suficiente, e o ideal severo de pobreza de Francisco de Assis continuava a acenar. A questão foi finalmente apaziguada em 1619, com o reconhecimento papal de que os capuchinhos "superobservantes" constituíam um terceiro e autônomo membro da família franciscana.

Ordens militares, cristãs e muçulmanas

As chamadas ordens militares, religiosos em armas, estão intimamente associadas ao cristianismo latino medieval, embora houvesse instituições análogas na sociedade islâmica (ver mais adiante), nas quais a versão cristã pode ter se inspirado. Na Igreja do Ocidente, a ordem militar combinou formas recém-evoluídas de monaquismo com o emergente ideal de um código de honra de cavaleiros, numa palavra, a cavalaria. A nova figura não se tratava tanto de um monge que tinha se voltado para as armas como de um cavaleiro, um membro da nobreza da Europa, que abraçou os ideais do monaquismo cristão, particularmente os dos novos cônegos regulares – monges que estavam sob os votos e a disciplina da Igreja e que, no entanto, viviam e trabalhavam no mundo.

As ordens militares nasceram durante as cruzadas do século XII, na Palestina, a recém-conquistada Terra Santa, que estivera em mãos muçulmanas desde o século VII. O encontro do monge com o cavaleiro aconteceu pela primeira vez no Hospital de São João, fundação pia perto do Santo Sepulcro e anterior às cruzadas. Era mantido pelos monges beneditinos aos quais se juntou, depois da conquista latina de Jerusalém em 1099, o cavaleiro Raimundo de Puy. Já em 1113, os irmãos que aí cuidavam dos doentes foram reconhecidos pelo papa como uma ordem monástica distinta, a Ordem do Hospital de São João. Em 1120, Raimundo tornou-se o chefe e, além de tratar dos enfermos, ampliou a missão da ordem para a proteção dos peregrinos e visitantes da Terra Santa contra os ataques muçulmanos.

Embora esta última atividade militar permanecesse, por muito tempo, secundária para os hospitalares, a idéia de monges em armas logo se espalhou entre os cavaleiros do reino latino. Em 118, o nobre franco Hugo de Payens reuniu oito outros cavaleiros para se dedicarem à proteção de peregrinos no perigoso caminho de Jafa a Jerusalém. Em 1127 ele discutiu sua idéia de uma associação de monges cavaleiros com Bernardo de Claraval, o influente cisterciense que introduziu nova vitalidade no monaquismo cristão no século XII. Bernardo se convenceu e escreveu um panfleto intitulado "Em louvor da nova cavalaria" para animar recrutas. Em 1129, graças em grande parte ao apoio entusiasta de Bernardo, um concílio em Troyes reconheceu a nova ordem, os Pobres Cavaleiros de Cristo. Balduíno II, o rei latino de Jerusalém, instalou-os na mesquita de Aqsa, conhecida pelos cruzados como Templum Salomonis, visto que acreditavam que fosse o local do palácio de Salomão (o atual templo, que chamavam de Templum Domini, foi identificado com o Domo da Rocha). Daí o nome posterior, mais popular, de Cavaleiros do Templo de Salomão, ou simplesmente os templários.

Uma série de bulas papais, nas décadas de 1130 e 1140, deu forma à vida, estilo e fortunas da nova ordem militar e, por implicação, da maioria dos seus sucessores e imitadores. O seu modo de vida baseava-se no ideal cisterciense de Bernardo, mas esses cavaleiros – que deviam fornecer suas próprias montarias e equipamento – eram, como seus sargentos e escudeiros, monges, não clérigos. As funções sacerdotais eram realizadas exclusivamente por capelães, que eram membros da ordem, mas não usavam armas. Como nas ordens monásticas tradicionais, o templário individual fazia um voto de pobreza, mas a ordem adquiriu enormes propriedades, castelos e as terras circundantes por todo o reino latino e, quando o valor desse exército permanente profissional foi reconhecido, na Europa também. Os templários, os hospitalares, à medida que se militarizavam, e, um pouco depois, os cavaleiros teutônicos – outra ordem militar que se desenvolveu no Hospital de Santa Maria em Jerusalém mantido pelos germanos –, tornaram-se a espinha dorsal dos cruzados no Oriente Médio. Essa espinha dorsal foi quebrada por Salah al-Din no campo de Hattin em 1187, e quando Acre, o enclave latino final, caiu em poder dos muçulmanos em 1291, os hospitalares retiraram-se primeiro para Chipre e depois para a ilha de Rodes, que compraram em 1307. Em Rodes os hospitalares resistiram a repetidas tentativas muçulmanas, dos mamelucos do Egito e depois dos otomanos, para desalojá-los pela força. Solimão, o Magnífico, finalmente conseguiu em 1522, e os cavaleiros sobreviventes receberam permissão de se retirar para Malta, onde resistiram a novos ataques otomanos até que a ameaça naval otomana desapareceu do Mediterrâneo. Os hospitalares evoluíram depois para os Cavaleiros de Malta, associação filantrópica de leigos católicos, ainda existente.

Os templários tiveram história muito mais breve e menos heróica. Com a queda de Acre, parece que perderam o rumo. Em 1307, tornaram-se objeto de profunda suspeita de Filipe, o Belo, da França, por heresia, como este afirmava, ou pela necessidade que o rei tinha de dinheiro, como outros pensavam. Em 1312, depois de uma série de julgamentos e audiências públicas, o papa, Clemente V, permitiu-se ser persuadido de que a ordem devia ser eliminada (ver I/6). Suas propriedades foram formalmente transferidas para os hospitalares, embora informalmente caíssem no bolso de Filipe. Os cavaleiros teutônicos mudaram-se em 1291 para Veneza, depois, em 1309 para Marienburg, na Prússia, onde se tornaram de fato senhores da terra. Expandiram rapidamente suas propriedades, mas acabaram entrando em conflito com as ambições da Polônia e da Lituânia, que juntas derrotaram os cavaleiros teutônicos em Tannenberg em 1410, solapando definitivamente o poder e o prestígio da ordem.

Tanto os templários como os hospitalares tinham propriedades na Espanha, bem como no resto da Europa, e os príncipes cristãos logo tentaram usá-los na guerra contra os estados muçulmanos na península ibérica, sobretudo Afonso I de Aragão, que em 1131 nomeou ambas as ordens entre os herdeiros de seu reino. As ordens militares não se persuadiram facilmente a abrir uma segunda frente contra o islã na Espanha. Podiam usar os reinos da Espanha para recrutar cavaleiros e levantar dinheiro, mas seu primeiro objetivo ainda era defender Jerusalém e a Terra Santa. Em 1143, porém, os templários tinham tomado em armas na Espanha e alguns anos mais tarde os hospitalares os seguiram na "defesa da Igreja ocidental que está na Espanha, para a derrota, subjugação e expulsão da raça dos mouros e a exaltação da santa fé e religião cristãs", como afirmara um decreto de um dos príncipes.

O exemplo dos templários e dos hospitalares logo produziu versões locais de ordens militares. A Ordem de Calatrava foi fundada em Castela em 1158, a de Santiago, ou São Tiago, em Leão em 1170, e um pouco mais tarde talvez, a Ordem de Alcântara, também em Leão. Todas tinham em comum o propósito explícito dos cavaleiros de Santiago, a saber: "que pudessem ser como um muro de fidelidade contra o delírio dos infiéis". O apoio das ordens espanholas era forte entre os príncipes, visto que os internacionais templários e hospitalares eram poderosos demais para ser controlados e, ao mesmo tempo, eram comprometidos com a empresa espanhola apenas de forma irregular.

Como já observado, os membros das ordens militares levavam uma vida baseada na vida das comunidades monásticas mais antigas. Usavam hábitos característicos, uma túnica, muitas vezes branca, por cima de sua armadura, adornada com uma cruz característica ou algum outro símbolo. Os membros viviam juntos, cumpriam seu ofício diário, embora muitos dos cavaleiros, que eram analfabetos, simplesmente estivessem presentes em vez de participar nas reuniões de orações recitadas ou cantadas em comum pelo capelão ou membros clericais da ordem. Havia disposições para as ausências dos cavaleiros de suas casas para assuntos militares, e aos da Ordem de Santiago era permitido casarem-se, embora devessem abster-se de relações sexuais com suas esposas durante os períodos prescritos de jejum. Os cavaleiros estavam proibidos de se entregarem aos "prazeres mundanos" da caça ou participar de torneios de cavaleiros.

Embora as ordens militares cristãs se moldassem aos modelos monásticos tradicionais, a combinação de serviço militar e religioso num ambiente conventual ocorrera mais cedo ainda no islã. Temos poucas informações acerca de suas origens e desenvolvimento, mas desde uma era primitiva havia "mosteiros" fortificados chamados *ribats* ao longo das fronteiras do islã, particularmente à beira-mar. Seus ocupantes não eram soldados regulares do islã, mas sufis, como o termo é entendido no seu sentido mais elástico (ver mais adiante). Os "monges guerreiros" do islã não eram tão bem organizados nem tão controlados como seus equivalentes cristãos posteriores, mas espalharam a partir de um *ribat* ao sul da fronteira saariana do islã um movimento chamado "homens do *ribat*" (*al-murabitun* > almorávidas), que difundiu suas armas reformadoras e ideologia por toda a África do Norte e pela Espanha.

Ascensão e queda da Sociedade de Jesus

Em 1521, o soldado cortesão basco Iñigo, da cidade de Loyola, levou uma bala na perna durante o assédio francês de Pamplona. Durante sua dolorosa convalescença ele passou por uma conversão, não através de alguma visita sobrenatural – elas viriam mais tarde –, mas lendo a não por demais excepcional *Vida de Cristo* de Ludolfo da Saxônia e a coletânea de vidas de santos chamada a *Lenda dourada*. Foi a conversão de um fidalgo, um cavaleiro temporão como Dom Quixote, cujos instintos cavaleirescos agora o chamavam não a façanhas cortesãs, mas a feitos valorosos em favor do seu Salvador. Um ano depois, Inácio, como passou a se chamar, estava em retiro em Manresa e no mosteiro próximo de Montserrat, dando a suas novas intuições o molde de uma formulação espiritual que sustentaria não apenas suas próprias convicções por toda a vida, mas as de seus seguidores por outros quinhentos anos (ver II/9).

O impulso inicial de Inácio foi fazer uma peregrinação e, talvez, ficar e trabalhar na Terra Santa, mas quando isso se mostrou impossível, decidiu, pelo contrário, com grande zelo mas ainda sem um grande foco, "estudar". Onde quer que se estabelecesse, fosse como estudante não regular em Alcalá e Salamanca, ou mais tarde como aluno formalmente matriculado de 1528 a 1535 na Universidade de Paris, atraiu outros, às vezes por sua orientação – as mulheres o consideravam particularmente admirável – e às vezes para imitá-lo. A esse último grupo ele chamou, em sua maneira militar, de "Companhia de Jesus". O título mostrou-se demasiado modesto. Essa companhia rapidamente se expandiu de um pelotão para uma brigada e uma força militar, e, como Sociedade de Jesus, tornou-se uma das principais armas no contra-ataque da Igreja romana contra a Reforma. Reconhecidos por Roma como ordem religiosa em 1540, os jesuítas, como foram logo rotulados, representavam um desenvolvimento revolucionário no monaquismo ocidental. Ligados pelos votos monásticos de pobreza, celibato e obediência, esses monges à paisana – vestiam-se como clérigos comuns – estavam também livres das obrigações do coro e de cantar o Ofício Divino, embora fizessem um quarto voto especial de obediência ao papa para ir a qualquer parte e qualquer lugar, quando e onde a Igreja solicitasse.

Inácio, que morreu em Roma em 1556, pode ter considerado esses encargos como serviço aos pobres e catequização nas ruas, mas o resultado foi exatamente o contrário. Os dominicanos, os "cães do Senhor", e os franciscanos também, eram recursos poderosos na luta da Igreja contra a heresia no século XII; depois, no século XIII, ocuparam seu lugar na vanguarda da nova *intelligentsia* universitária da Europa. Os jesuítas envolveram-se noutra guerra, essa contra os reformadores do século XVI. Podem ter lutado nas trincheiras de frente no sul da Alemanha e se envolvido em trabalho encoberto na Inglaterra elisabetana, mas seu trabalho principal foi restaurar o arsenal espiritual e intelectual da Igreja romana. Em 1548, Inácio respondeu a um pedido do vice-rei espanhol e enviou dez jesuítas para abrir uma escola em Messina. Nem ele nem os jesuítas que estavam nessas salas de aula provavelmente perceberam que a Sociedade de Jesus dera o seu primeiro, quase inconsciente, passo para que seus membros se tornarem os mestres-escolas da Europa católica. Depois de Trento, a Igreja romana reconstruiu-se, e os principais arquitetos e edificadores do projeto foram os jesuítas.

O crescimento dos jesuítas foi rápido e prodigioso, em número e na extensão de suas operações – estavam na vanguarda das missões cristãs desde o Paraguai até o Japão – e influência. Tinham amigos em todas as altas rodas e, inevitavelmente, inimigos também. Seu poder e sua influência cada vez maiores entre os papas, com quem tinham feito uma aliança íntima desde o começo, e com a aristocracia, de quem tinham sido os educadores por gerações, eram acompanhados de um aumento paralelo em popularismo, secularismo e anticlericalismo europeus, que atingiriam seu auge na Revolução Francesa. Mas antes de a revolução abalar os tronos da Europa, sacudiu também os jesuítas de suas altas posições. Seu fim começou, de maneira um tanto implausível, em Portugal, onde em 1750 o novo primeiro-ministro era o Marquês de Pombal, que antes fora embaixador na Inglaterra. Pombal combinou uma admiração pelo modo como os ingleses tratavam – de maneira imperiosa – a sua Igreja com um desejo voluntarioso de que o Estado, não a Sociedade de Jesus, controlasse as "reduções", as grandes reservas semelhantes a Estados no Paraguai, onde os jesuítas abrigavam da iniqüidade moral e mercantil dos homens brancos aos seus índios convertidos. Na idéia dos jesuítas, as *reducciones* eram utopias cristãs; Pombal, que recebera o controle do território por um tratado com a Espanha em 1750, estava convencido de que havia minas de ouro atrás dos hinos e rosários. Ordenou que as reduções fossem ocupadas, que os índios saíssem e que os jesuítas fossem expulsos do Novo Mundo português.

A guerra tinha apenas começado. Pombal levou o caso a Roma, dizendo que os jesuítas tinham "exercido conduta ilícita, pública e escandalosa" em Portugal e em suas colônias. Era um tempo incerto em Roma e as acusações passaram. Em 1759, os jesuítas foram civilmente proibidos – uma espécie de dissolução empresarial – em Portugal. Acusações semelhantes foram feitas na França. Os jesuítas da Martinica estavam também gerenciando plantações, de maneira precária, como se viu depois, e houve uma bancarrota pública e um escândalo mais público ainda. O caso foi levado ao parlamento, onde os muitos inimigos dos jesuítas – os principais deles eram os jansenistas (ver II/5), tiveram a sua oportunidade no tribunal. O parlamento se pronunciou contra os jesuítas e, em 1764, Luís XIV assinou o decreto dissolvendo a ordem e dando a seus membros a escolha ou renunciar a seus votos ou deixar o país.

O *pogrom* dos jesuítas teve seu próprio ímpeto. Ataques se seguiram na Espanha, Nápoles e Parma, onde as acusações – de que os jesuítas eram antimonarquistas e perdoavam os regicidas – eram claramente políticas. Em 1767, a Sociedade de Jesus foi dissolvida na Espanha e em suas duas dependências de Nápoles e Parma. Foram, sobretudo, dissoluções civis, iniciadas e executadas pelo Estado. Faltava a supressão eclesiástica – a renúncia da Sociedade de Jesus por parte do papa e, portanto, da Igreja. Em fevereiro de 1769 tomou posse um novo papa, Clemente XIV, e foi imediatamente montada uma ofensiva contra os jesuítas por parte dos monarcas da França e da Espanha através de seus chamados cardeais da coroa. Ficou claro desde o começo que o papa haveria de ceder, quaisquer que fossem suas apreensões. Em 16 de agosto de 1773 ele assinou o documento dissolvendo a Sociedade de Jesus. No entanto, não foi uma bula dirigida a toda a Igreja e com eficácia imediata, mas uma ordem executiva que só tinha efeito quando e onde fosse oficialmente promulgada. Em alguns lugares, especialmente na Rússia de Catarina, a Grande, a bula nunca foi publicada, e por isso um pequeno grupo de jesuítas continuou a linhagem até que a tempestade cessasse. Aconteceu por volta de 1814, e a Sociedade de Jesus foi reconstituída na Igreja romana, não terrivelmente purificada, mas de modo algum a mesma criatura brilhante que tinha sido antes de o Marquês de Pombal se lembrar de certas fazendas fabulosas no Paraguai.

A Montanha Santa

Há muito tempo o centro monástico da ortodoxia oriental tem sido o complexo de mosteiros e eremitérios na chamada Montanha Santa. O Monte Atos é, de fato, a península rochosa mais oriental das três penínsulas da Calcídica no mar Egeu, ao leste de Tessalônica. Eremitas cristãos viveram aí desde bem cedo e seu número aumentou gradualmente com a chegada de fugitivos de uma ou outra das querelas teológicas que ocasionalmente perturbavam a Igreja oriental. Mas o verdadeiro começo de Atos como centro monástico data da chegada do celebrado monge Atanásio de Trebizond, por volta de 960. Ele introduziu a vida cenobítica na montanha ao fundar, com considerável ajuda imperial, um grande mosteiro, e desde então cenobitas e eremitas viveram lado a lado, embora nem sempre tranqüilamente, nessas encostas escarpadas cobertas de mato. Outros seguiram Atanásio, e como o número de mosteiros proliferasse – às vezes havia mais de trinta e o número total de monges às vezes alcançou dez mil –, acabou se desenvolvendo uma forma de governo republicano. Os monges nos mosteiros viviam segundo a Regra de São Basílio, mas assuntos comuns na Montanha Santa eram geridos por um conselho de abades – na Igreja oriental o superior monástico era chamado *hegoumenos* – sob a liderança de um deles, o *protos*, ou "primeiro".

> **Nota:** A Igreja oriental desenvolveu sua própria forma modificada de cenobitismo, que é também visível no estilo de vida dos cartuxos na Igreja latina. Os monges orientais muitas vezes viviam numa *laura* (ou *lavra*), recinto monástico que incluía tanto um mosteiro propriamente, com capela, coro, como refeitório, na qual os monges podiam se reunir para exercícios litúrgicos e sociais comuns, e havia também celas individuais (*kellia*), nas quais os monges de fato viviam e passavam a maior parte do seu tempo em oração solitária e contemplação.

Os imperadores bizantinos em geral olharam favoravelmente para essa jóia na coroa do monaquismo oriental. No final do século XI, Aleixo I Comnenos (r. 1081-1118) tirou os mosteiros de Atos do controle de todas as autoridades leigas e eclesiásticas, exceto a do próprio imperador. Andrônico II (r. 1282-1328) deu o passo final e colocou a jurisdição sobre Atos, que ele chamou de "este segundo paraíso, o céu estrelado, este refúgio de todas as virtudes", sob o controle apenas do patriarca de Constantinopla. Andrônico pode ter tirado sua imagem de Atos da vida e percurso de seu cidadão mais famoso, seu contemporâneo Gregório Palamas (m. 1359), durante muito tempo monge na Grande Laura de Atos, por algum tempo eremita e arcebispo de Tessalônica, e sempre defensor da forma de espiritualidade do Monte Atos chamada hesicasmo (ver II/9).

A queda de Constantinopla e da maior parte do resto do império do Oriente nas mãos dos turcos otomanos deixou a Montanha Santa intacta, mas cada vez mais empobrecida. Os turcos muçulmanos geralmente não interferiam com os monges, mas exigiam o seu tributo costumeiro, e os mosteiros, que tinham vivido sobretudo de patrocínio e esmolas, tinham grande dificuldade de pagá-lo. A essa altura, a vida monástica experimentou outra adaptação, a saber: a introdução do estilo "idiorítmico". Num esforço de tornar os mosteiros auto-sustentáveis, os monges receberam permissão de possuir propriedade privada e distribuir seu tempo entre a oração e alguma forma de trabalho de sustento. Os monges idiorítmicos começaram a se agrupar em "famílias", pequenas comunidades ou cooperativas, que eram um pouco mais viáveis do que o monge-trabalhador individual.

A salvação, pelo menos no sentido fiscal, chegou à Montanha Santa com os monges eslavos e o patrocínio eslavo, principalmente russo, que equilibrou os números declinantes e elevou as finanças periclitantes do Monte Atos. Todo o conjunto sofreu terrível prejuízo físico em seus ícones e manuscritos inestimáveis nas mãos dos turcos em retirada em 1822, mas desde esse tempo Atos sobreviveu através de uma combinação de tradição rígida, a disposição de se adaptar ao turismo – durante a maior parte de sua história, nenhuma fêmea de qualquer espécie colocou o pé, o casco ou a pata no Monte Atos – e um interesse renovado da *intelligentsia* oriental por essa que é a vocação espiritual mais exigente de todas.

A vida pessoal de Maomé

Maomé viveu em circunstâncias totalmente diferentes das de Jesus. Meca era tanto um centro comercial como religioso; dada a importância de seu santuário, a religião era clarissimamente o negócio principal e, como diriam alguns intérpretes modernos, o comércio pode ter se tornado a religião de Meca também. Maomé tinha um papel modesto, mas visível pelo menos, no comércio da cidade: casou-se com uma empresária local, Khadija (ver I/3), e a tradição o coloca como encarregado do interesse comercial dela em caravanas. O Alcorão, em todo caso, está cheio de termos mercantis acerca das contas da humanidade, cálculos de Deus e dolorosos balanços do Final dos Tempos.

Já se falou sobre as observações às vezes depreciativas de Jesus sobre a riqueza e os ricos. O Alcorão está muito menos interessado na riqueza do que na atitude que a engendra. O alvo direto das primeiras pregações aos mequenses era a arrogância e a mesquinhez dos ricos que pensam que a propriedade é direito deles e que não dividem seus lucros com os pobres e os necessitados. No entanto, em Medina as circunstâncias eram totalmente diferentes. Maomé e sua comunidade de crentes rapidamente partilharam a prosperidade, que era tão perigosa aos mequenses, embora não fosse responsabilidade do Profeta dizer como devia ser usada (Alcorão 59,6-10). Em Medina, o Alcorão anima os assaltantes muçulmanos com a promessa de "ricos espólios" (48,19), e a tradição fala das imensas fortunas em pilhagem adquiridas por alguns dos primeiros muçulmanos. Esses mesmos assaltantes, porém, foram alertados a não se preocuparem abertamente com pilhagem, pois Deus também tem "espólios" armazenados para os fiéis (4,94).

Como já vimos (II/5), Maomé foi o exemplo de todas as virtudes humanas para o muçulmano, e embora tenhamos um amplo retrato do homem nos *hadith*, que compõem o costume do Profeta (ver II/3), nem sempre sabemos o que fazer com os detalhes. Muitas das notícias do Profeta parecem estar combatendo uma guerra posterior, algumas louvando o ascetismo, outras o deplorando; algumas dizendo que o Profeta é parcimonioso, outras que é pródigo. O Alcorão concedeu ao Profeta uma grande parte dos espólios de suas incursões cada vez mais exitosas (59,6) e permitiu que ele tivesse tantas esposas quantas quisesse – um "privilégio concedido a nenhum outro crente" (33,50-52). Antes de tudo isso, porém, Maomé não aparece engrandecendo a si mesmo nem particularmente preocupado com riqueza pessoal, nem em Medina, onde a possuiu, nem em Meca, onde não a teve. As esposas do Profeta – seu número é um pouco incerto, talvez umas 13 – representam uma questão diferente, cara aos polemistas cristãos posteriores, que encontraram amplo material nos *hadith* para pintar o Profeta do islã como sensualista com olho e gosto por mulheres. Como um famoso *hadith* afirmou, "quando chegam a este mundo (*al-dunya*), as mulheres e o perfume se tornam caros para mim", ao que é rapidamente acrescentado: "mas o prazer do meu coração está na oração".

Seja qual for a verdade precisa de todas essas notícias, Maomé claramente não era asceta. Não era exagerado nem abstêmio em sua conduta, traço notável num homem que conheceu tanto a pobreza em seus primeiros anos como um extraordinário sucesso mundano no meio de sua vida. "Sou apenas um mortal como vós", diz ele no Alcorão (18,110), e tanto o Alcorão como a *sunna* confirmam essa afirmação. Tampouco Maomé prega aos outros qualquer grau discernível de autodomínio ou abnegação voluntários com respeito aos prazeres legítimos da vida.

Este mundo e o próximo

Se o Profeta do islã era um "homem moderadamente sensual" em pessoa, suas prioridades religiosas eram mais radicalmente definidas, pelo menos como surgem do Alcorão, que tem um forte sentido da distinção entre "este mundo" (*al-dunya*) e o "próximo mundo" (*al-akhira*). "Sabei", diz o Alcorão (57,20), "que a vida deste mundo é apenas diversão e brincadeira, uma ornamentação, ostentação e jactância entre vós, e luxúria para multiplicar riquezas e filhos. É como a chuva tão agradável ao cultivador para sua vegetação que brota e cresce, e depois começa a murchar, e a vedes tornar-se amarela e reduzir-se a palha. Há severa punição no Além, mas também perdão de Deus e aceitação. Quanto à vida deste mundo, não há mais que a mercadoria da vaidade". Mais ainda, nossos desejos estão muitas vezes deslocados: "Quereis os frágeis bens deste mundo, mas a vontade de Deus é para o outro mundo" (8,67). Não há nenhuma contradição necessária entre os dois âmbitos; é simplesmente que no próximo mundo acontecerá o julgamento de como usamos os bens deste mundo – aí aqueles que os usaram bem encontrarão seu lugar de recompensa e aqueles que os usaram mal, seu lugar de castigo (ver II/10).

Os ensinamentos do Alcorão diferem pouco com respeito aos dos evangelhos, muito embora os exemplares nos dois casos possam estar enviando mensagens diferentes por sua conduta pessoal. E embora os dois homens tivessem a mesma preocupação pela pureza ritual – o Jesus judeu provavelmente um pouco menos do que o Maomé mais "judeu" –, não traçaram as linhas estritas entre o sagrado e o profano que se encontram na Torá. Se a Torá considerava esta vida como um lugar perigoso, não era por causa de sua atração, mas porque reunia minas terrestres claramente marcadas de impureza que ameaçavam (aparentemente) tanto a Deus como aos seres humanos. Os judeus, cautelosos sobre o lugar em que estavam os perigos, estavam livres para gozar o descanso da paisagem terrestre. Os cristãos e os muçulmanos estavam sob uma espécie diferente de restrição, como veremos.

Ainda que esteja traçada no Alcorão, a distinção entre este mundo e o próximo, cada um com seu conjunto de valores, não está plenamente desenvolvida. Os pecados deste mundo parecem ser principalmente do espírito: falta de confiança em Deus, falta de generosidade para com o pobre e o necessitado. Vinho intoxicante é proibido (2,219) – embora seja servido no Paraíso (47,15) –, e isso é novo; estão também proibidos certos alimentos, especialmente carne de porco (5,3), e isso não é novo. O judaísmo disse isso antes, embora o menu alimentar muçulmano seja muito menos restritivo que o judeu. Ademais, os muçulmanos tinham o exemplo do Profeta, que não era, como já foi notado, totalmente livre de ambigüidade quando se tratava das coisas lícitas do mundo.

Os primórdios do ascetismo muçulmano

O que estimulou os primeiros muçulmanos a se separarem de seus companheiros pela prática do ascetismo (*zuhd*), ou seja, um estilo de vida com um notável grau de abnegação, parece ser um senso de contradição entre as maneiras cada vez mais bem-sucedidas e extravagantes de muitos muçulmanos e a simplicidade geral e o caráter relativo a outro mundo mensagem alcorânica. Essa disparidade não parece ter preocupado o próprio Maomé, que não teve nem saudade nem nostalgia da sua pobreza em Meca, embora a prosperidade usufruída por ele e seus companheiros em Medina fosse apenas uma escassa sombra do que se seguiu no primeiro século do islã. De qualquer forma aparecem cá e lá, entre as pessoas conhecidas nossas nesse primeiro século, alguns poucos indivíduos que se "retiraram" da sociedade contemporânea, não à maneira da fuga precipitada dos cristãos para os desertos do Egito, mas de maneira mais cautelosa e circunstanciada. Muitos deles usaram o título de sufi.

A palavra "sufi", que deriva de *suf*, "lã", ou "manto de lã", desencadeou uma grande onda de especulação acerca das possíveis origens cristãs do fenômeno muçulmano. Um manto de lã característico, embora possa ter sido usado também pelos pobres e prisioneiros na sociedade muçulmana, se transforma claramente nos hábitos monásticos grosseiros usados pelos monges cristãos orientais com quem tanto Maomé como seus seguidores estavam bem familiarizados: a poesia árabe pré-islâmica conhecia monges e monjas errantes. O Alcorão, ou talvez exatamente sua linguagem, é ambivalente a respeito de monges cristãos e monaquismo (*rahbaniyya*). Um versículo famoso tem Deus observando que depois de enviar os primeiros profetas, enviou Jesus "e lhe deu o evangelho, e nos corações daqueles que os seguiram nós colocamos compaixão e bondade. E monaquismo eles criaram, o qual não está prescrito para eles por nós exceto para buscar os prazeres de Deus; no entanto, eles não o observaram como deviam ter observado corretamente" (57,27).

O sentido, e, portanto, a tradução, do pedaço do versículo que começa "e o monaquismo..." permanece incerto. "Monaquismo" é paralelo a "compaixão e bondade", prática virtuosa iniciada pelos cristãos por sua vontade própria, ou "monaquismo" é contraposto com o que precede imediatamente, como uma inovação humana digna de censura? Em árabe, o versículo permite os dois sentidos, e sua ambigüidade inerente se reflete nos primeiros comentários muçulmanos sobre ele. Não sabemos qual é a interpretação mais provável, mas a maioria dos comentadores acabou lendo o versículo num sentido pejorativo, a saber, que o monaquismo era uma inovação cristã, não exigida – talvez até indesejada – por Deus. Não surpreende, então, que logo começou a circular uma tradição sobre o assunto atribuída ao próprio Maomé. Diz-se que o Profeta teria dito: "nenhum monaquismo no islã".

Inspirado nos cristãos ou não, houve, como se verificou, um monaquismo sofrível no islã. Os primeiros indivíduos identificados como sufis repudiavam voluntariamente ou se retiravam da vida vivida pela maioria dos muçulmanos comuns reduzindo drasticamente suas posses materiais e adotando práticas de abnegação, jejum, por exemplo, de maneiras muito além das prescritas no Alcorão.

Certas práticas devocionais caracterizavam os primeiros pietistas muçulmanos (ver mais adiante), mas é seu ascetismo que principalmente nos interessa aqui. A virtude, que era sua meta principal, é mais bem resumida na palavra arábica *tawakkul*, ou "confiança em Deus". Significava colocar-se completamente nas mãos de Deus, "como um cadáver nas mãos de um lavador", frase e noção não muito diferentes do conselho de Inácio de Loyola a seus companheiros para serem "muito semelhantes a um cadáver" quando se tratava da vontade de Deus, para não ter nenhum desejo próprio. Um sufi que tivesse conseguido isso era de fato um "mendicante" (*faqir*), literalmente "um pobre", ou um "filho do momento" (*ibn al-waqt*), segundo outra frase dramática. Os primeiros sufis esforçavam-se para ser indiferentes, não à maneira da *apatheia* estóica, um estado de ser imune ao afeto que exigia um regime ativo; mas eles não se preocupavam consigo mesmos, como não se preocupavam "os pássaros do céu" ou os "lírios do campo" nos exemplos que Jesus dava da providência de Deus sobre o necessário para sua criação.

Além de alguns detalhes biográficos, pouco sabemos acerca dos primeiros sufis muçulmanos, mas podemos observar quase imediatamente as diferenças e semelhanças entre eles e os contemporâneos monásticos cristãos, dos quais deviam estar, em geral, bem inteirados. Não houve nenhuma fuga muçulmana para o deserto; seus ancestrais acabavam de vir do deserto da Arábia. As cidades do novo império islâmico não estavam cheias de pagãos e de paganismo, mas de judeus, cristãos e muçulmanos de fé própria. Os sufis em geral permaneceram nas cidades: sua "fuga" era pessoal e interior. Tampouco suas práticas de abnegação tinham o aspecto ascético feroz tão notável nos santos e santas cristãos do Oriente Médio. É claro, os sufis muçulmanos praticavam um ascetismo, ocasionalmente de tipo severo, mas era sempre mais ocasional, mais temporário e mais condescendente do que seu equivalente cristão. Uma razão pode ter sido que passava mais depressa de um fim para um meio. O ascetismo sufi encontrou sua vocação mística muito mais rapidamente do que qualquer versão cristã de abnegação.

Conventos sufis: *khanqah*, *ribat*, *zawiya*

Há numerosos opúsculos escolásticos em árabe sobre a teoria e prática do sufismo (*tasawwuf*), sobre a teologia ascética e mística muçulmana, como podem ser chamados no cristianismo, mas para a maioria dos muçulmanos a realidade do islã era a *tariqa*, ou irmandade, em que os sufis começaram a se reunir. Como no cristianismo, os primeiros santos "eremitas" excêntricos do islã chegaram ao sufismo como um empreendimento social, com várias casas comunitárias que eram as equivalentes dos mosteiros cristãos.

No cristianismo, como vimos, a vida cenobítica pode ter sido mais sustentável nas profundezas dos desertos do que a vida eremítica, mas o *koinobion* logo desenvolveu seu próprio caráter moral com obediência a um superior, e mais tarde a uma regra, como a sua virtude mais altamente apreciada. No islã, os sufis parecem originalmente ter se reunido sob um mesmo teto por razão da atração de um único mestre, com o mestre e seu círculo se mudando de lugar para lugar. No final, esses círculos ficaram mais estacionários, com residência fixa chamada por vários nomes, a saber, *khanqah*, *ribat*, ou *zawiya*, *tekke* entre os turcos e *dargah* nos círculos sufis persianizados da Índia.

O *khanqah*, o convento ou alojamento sufi, apareceu pela primeira vez no contexto religioso islâmico no século X. Teve suas origens nas margens orientais do Irã – a própria palavra é persa –, onde pode ter algo a ver com as residências para os eleitos maniqueus. A palavra, e talvez a instituição, foi tomada de empréstimo pelos sectários islâmicos. No começo do século XI, porém, o sufi Abu Said (m. 1048) já estava elaborando regras para sufis que viviam num *khanqah*, e rapidamente o *khanqah* foi um ingrediente institucional reconhecido no então emergente islã sunita normativo. O *khanqah* foi introduzido no Egito em 1174 por Saladino como parte de seu programa de retomar aquela terra do xiismo ismailita.

Os documentos de fundação dos *khanqahs* indicam que eram previstos como locais onde os sufis podiam viver, orar e ir em busca de sua visão de uma vocação mística em comum, sob uma regra que estipulava o seu comportamento e um xeique para guiar o seu progresso espiritual. À medida que evoluiu, o *khanqah* tornou-se uma instituição mais pública, com as características de uma mesquita de sexta-feira – um minarete e um púlpito para os sermões de sexta-feira – de modo que aquilo que começou simplesmente como uma residência sufi com um oratório ou sala de oração acabou se tornando uma mesquita com instalações de internato para sufis. À medida que prosseguia a "normalização" do sufismo no islã sunita, essas instalações tornavam-se também madrasas: por meados do século XIV, os *khanqahs* tinham espaços onde a *xaria* era ensinada.

> **Nota:** Há ampla evidência de que havia *khanqahs* tanto para homens como para mulheres na época medieval. As mulheres podem ter sido idosas, muitas delas viúvas e mais pobres do que seus equivalentes masculinos. Embora socialmente um pouco diferentes, as mulheres praticavam os mesmos exercícios *dhikr* (ver mais adiante) que os homens, tinham um guia religioso próprio delas, uma *sheikha*, e tinham até seus próprios líderes e pregadores.

O *ribat* teve sua própria evolução histórica. A certa altura, foi uma estrutura fortificada para finalidades defensivas ao longo das costas da Casa do Islã. Esse lado militar do *ribat* é fortemente evidente na África do Norte, onde tais lugares foram matrizes para os movimentos dos almorávidas fanáticos (ver mais adiante). No Oriente Médio, contudo, o *ribat* se tornou um albergue para mulheres e homens pobres e necessitados e até, com o tempo, para os profissionais pobres, os faquires sufis.

O *zawiya*, o *dargah* indiano-persa, era um lugar bem mais pessoal. Foi em geral construído para um santo sufi e seus seguidores. O *zawiya* tornou-se uma espécie de "casa religiosa", a residência de uma única *tariqa*, muitas vezes com o túmulo santo do fundador, mais ou menos grandioso, em suas instalações.

As ordens sufis

A finalidade das associações sufis, como de seus equivalentes no cristianismo e no judaísmo, era essencialmente a imitação de um homem santo reconhecido e sua instrução. No século X, o sufismo comunitário era uma vocação para poucos e para a elite. Inicialmente não se tratava de regras ou de um modo de vida formal. *Tasawwuf* era diferente em toda parte, em toda parte centrada num mestre reconhecido cuja tarefa era mais mostrar a união íntima do sufi com Deus do que explicá-la ou defini-la. Como Ghazali observou mais tarde, a vida sufi "não pode ser aprendida, mas apenas alcançada por experiência direta, por êxtase e transformação interna".

Pelo século XIII, o sistema se transformara e os aspectos elitistas do movimento tinham cedido lugar a um modo mais geral de associação de membros. Foi então que começaram a existir as "ordens" sufis maiores e mais fecundas, cada uma com sua própria descendência espiritual: a *qadiriyya*, fundada por Abd al-Qadir al-Jilani (m. 1166); os *mevlevis*, fundados por Jalal al-Din Rumi (m. 1273) e a *shadhiliyya*, que tira seu nome de Abu al-Hasan al-Sadhili (m. 1258). O ensino se institucionalizara numa doutrina e método, e a vida dos que viviam em comunidade era governada por uma regra, à medida que a influência da tradição legal muçulmana começou a se manifestar. As *tariqas* tinham agora uma identificação formal validada por uma corrente de mestres que remontava ao santo que era seu "fundador", ou melhor, sua âncora, visto que é claríssimo que nenhum dos primeiros amigos de Deus tinha intenção de "fundar" qualquer coisa. Finalmente, no século XV, sob os otomanos, a *tasawwuf* tornou-se um sistema plenamente articulado de "ordens religiosas" distintas e características, a um tempo popular e empresarial no caráter, com ênfase tanto em "ser membro" como no culto agora plenamente desenvolvido do santo fundador.

Como vimos no caso do cristianismo, a regra que rege a comunidade de ascetas pode ser construída, como foi no caso de Basílio ou de Bento, ou, como no caso dos franciscanos, inspirada diretamente pelo exemplo de vida do fundador. As ordens sufis, de modo quase universal, tentaram seguir o segundo paradigma. O santo que estava na cabeça da fila de sufis não era tanto um fundador, como foi dito, quanto um modelo ou paradigma em torno do qual se reuniram seguidores nos *khanqahs* originais na esperança de participar, por associação e imitação, de sua *baraka*, bênção ou graça que ele possuía. A regra evoluiu a partir de uma tentativa de lembrar e imitar pelo menos seu comportamento. Duas coisas, porém, devem ser notadas. A regra não vinha do santo, como no cristianismo, e não se exigia nenhuma aprovação formal. No cristianismo, não havia "ordem" até que fosse aprovada e, no Ocidente, aprovada pela autoridade mais alta, o bispo de Roma.

Se o fundador de uma ordem religiosa cristã possuía uma *baraka*, como se pensava em geral que possuía, visto que a Igreja mais tarde canonizou formalmente quase todos eles como santos, o melhor que se podia esperar era que pudesse ser partilhada pela ação da regra. O carisma, porém, desaparecia com o santo: Francisco de Assis foi seguido por frei Elias entre os franciscanos, Inácio de Loyola pelo padre Diego Laínez como chefe dos jesuítas. No islã foi totalmente diferente. A *baraka* do santo era um dom espiritual que podia ser transferido, como os poderes episcopais no cristianismo e os do imã xiita no islã (o que pode de fato ter influenciado a evolução desta crença sufi), para um sucessor designado. Assim a *baraka* do pai fundador passava para sua ordem, sobretudo para seu sucessor como xeique ou mestre, que servia como seu mediador, mas também num grau menor, contudo não menos real, a todos os membros da *tariqa*. Sua passagem era marcada por uma série de rituais e garantida pela *silsila*, ou corrente espiritual, que passava, como a *isnad* dos *hadith*, ininterrupta desde o fundador até o mais novo recruta.

Tanto a *baraka* do fundador como a regra que tentava capturá-la na prática foram institucionalizadas dentro do convento, particularmente na casa-mãe da ordem. Era nesse *zawiya*, como muitas vezes se chamava, que o santo fundador era em geral sepultado, seu túmulo venerado e seus descendentes espirituais realizavam práticas ascéticas e místicas que ele começara. Esse e outros conventos sufis foram construídos e sustentados, como as mesquitas e madrasas do islã, pelo tipo de fundação pia chamada *waqf* (ver II/4), e os aspectos exteriores, pelo menos, da vida prescrita para os sufis que moravam aí foram postos por escrito no documento de fundação.

O iniciado sufi fazia um juramento de fidelidade (*baya*, a mesma palavra usada para o juramento de fidelidade pré-islâmico ao xeique tribal e depois aos primeiros califas) ao fundador da ordem e ao seu sucessor e representante terreno atual, o elo comum na corrente espiritual que remontava diretamente ao santo fundador. O iniciado numa ordem religiosa cristã fazia três votos de compromisso permanente a Deus: um de pobreza pessoal, um de celibato e um de obediência à regra, conforme expressa na vontade do superior. A diferença entre o monge cristão e o sufi se torna muito clara precisamente quando se trata do juramento/voto. O sufi jurava fidelidade a um indivíduo, o monge a uma regra, ou um ideal. Mais notável ainda, talvez, era o fato de que o iniciado sufi recebia, de novo no *baya*, o *wird*, ou formulário de oração próprio de sua ordem. Parte do *wird* era como o ofício do monge e seria recitado em comum e em público na *dhikr* da *tariqa* (ver II/9). Mas parte também era pessoal e secreta. O formulário secreto era dado ao iniciado sufi, aumentando aos poucos, e ficaria completo por ocasião de seu voto final de fidelidade. Os membros de uma *zawia* encontravam-se regularmente para uma "sessão" (*majlis*), onde além das orações litúrgicas prescritas (*salat*), eram realizados a *dhikr* e o *wird*, o último muitas vezes com a ajuda de um "rosário" muçulmano, um cordão com contas chamado *subha* (ver I/1). Às vezes havia refeição comum, ou em silêncio ou enquanto se ouvia uma leitura espiritual.

As *tariqas* sufis tiveram um imenso apelo popular no islã, não sendo de menor importância o fato de os apelos serem uma reação social e espiritual ao caráter clerical e legal cada vez maior daquilo que se tornaria o islã oficial, que foi dominado por um rabinato com poderosas conexões econômicas, sociais e políticas. Do ponto de vista funcional, as ordens sufi desempenhavam muitos dos mesmos papéis que o clero cristão em geral no Ocidente medieval. Como o clero diocesano ou local da Igreja ocidental, os "irmãos" (*ikhwan*) sufis apartavam-se da comunidade local e de seus membros, permaneciam perto da comunidade, e ofereciam, como seus equivalentes clericais ocidentais, diversos serviços espirituais e corporais aos outros muçulmanos. Suas *dhikrs*, nas cidades e na zona rural, proviam uma liturgia contínua com conteúdo emocional, dramático e místico que não havia na *salat* diária, que era, essencialmente, uma devoção privada. Finalmente, os túmulos dos sufis santos tornaram-se, como já vimos (II/6), uma rica fonte de bênçãos (*barakat*) e graças (*karamat*). O que o santo falecido conseguia de além-túmulo, também conseguia o xeique vivo da *tariqa* enquanto receptor da própria *karamat* carismática do fundador. Ambos eram canais através dos quais podiam fluir bênçãos, favores e proteções contra doenças e tragédia para o muçulmano comum. A Igreja cristã orientou essas bênçãos através de um sistema sacramental altamente institucionalizado e despersonalizado; o sufismo realizava a mesma finalidade através de seus rituais personalizados e descentralizados ao celebrar os amigos de Deus, tanto os vivos como os mortos.

Sufis no serviço do islã: *chishtis* e *bektashis*

A *tariqa* sufi conhecida como *chishtiyya* tem sua origem remota na migração de um homem santo chamado Ibn Ishaq de sua Síria natal para a cidade de Chisht, perto de Herat, no Afeganistão. Ibn Ishaq estava ligado ao Profeta por uma *silsila* típica e, por sua vez, fundou uma nova tradição sufi no islã oriental. Entre os seus discípulos, o primeiro a se estabelecer sozinho foi a eminência *chisti* Muin al-Din, o sétimo numa linha partindo de Ibn Ishaq, que fixou residência em Ajmer por volta do ano 1200. Quando morreu, em 1236, era imensa a sua reputação de piedade, e seu túmulo em Ajmer tornou-se o centro o magnético a partir do qual se difundiu a *tariqa chishti*.

Os primeiros *chishtis* indianos mantiveram sua distância dos governadores do sultanato de Déli (1192-1398), a primeira organização política muçulmana na Índia, mas seus próprios xeiques mantinham sobre eles um controle rígido e centralizado. O sultão Muhammad ibn Tughluq (r. 1324-1351), no entanto, tinha outras idéias para a *tariqa* popular e influente, e mandou espalhar a hierarquia *chishti* por todas as suas terras. Sob esse novo regime, a autoridade central da ordem se desfez e cada "casa" local seguiu seu próprio caminho. Em Déli, entretanto, Ibn Tughluq e seus sucessores estenderam aos chishtis seu opulento patrocínio, o que significava, como em geral acontecia, considerável investimento real nos túmulos-santuário (*dargah*) da ordem, particularmente os de Muin al-Din e a grande eminência *chishti* seguinte, Nizam al-Din (m. 1325), com a conseqüência esperada de aumento de peregrinação para esses locais recém-adornados e ampliados.

Se alguns xeiques foram usados para apoiar o sultanato em Déli, outros serviram para legitimar regimes que tinham declarado sua independência de Déli em Deccan, Bengala e Gujarat. E os *mughals* que os sucederam foram, apesar de todo o seu ecletismo religioso (ver I/5), pouco diferentes na observância dos rituais de piedade popular que resultaram da presença sufi profunda e influente nas terras muçulmanas da Índia. Akbar (r. 1556-1605), o maior dos príncipes mughals, fez 14 peregrinações ao santuário de al-Din em Ajmer.

O que distinguia os chishtis dos outros sufis e os tornava tão relutantes a pegar e segurar a mão real era sua pobreza: rejeitavam completamente a propriedade privada e viviam inteiramente de esmolas. "Confia em Deus" era seu epíteto, uma confiança que permitia que aceitassem iniciados antes mesmo de eles se converterem ao islã: a conversão formal devia seguir a conversão espiritual, pensavam eles. A sua atitude de acomodação tornou a *chishtiyya* imensamente popular no ambiente religioso pluralista da Índia. Tanto a sua teologia mística, com sua inclinação natural para um panteísmo do tipo de Ibn Arabi (ver II/9), como sua posição despreocupada – que muitos chamariam de descuidada – em relação às sutilezas da observância islâmica deram forma à *tariqa chishti* numa espécie de superfície osmótica através da qual as práticas e crenças hindus locais entraram no islã popular e, naturalmente, facilitaram o caminho para que os próprios hindus se tornassem muçulmanos.

Outra acomodação sufi com resultados semelhantes ocorreu nos Bálcãs otomanos. O sufismo se espalhou pelos domínios otomanos em tantas variedades como o cristianismo, mas a *tariqa* dominante nos Bálcãs, e na Anatólia turca, dos séculos XIV a XVIII, foi a dos bektashis. Embora a versão oficialmente sancionada do islã sunita favorecido pelos otomanos fosse ensinada nas madrasas que recebiam apoio dos sultões, essas instituições essencialmente urbanas eram de longe excedidas em número pelos *tekke*, como os sufis turcos chamavam seus khanqahs. Esses alojamentos populares davam pouca atenção formal fosse para a teologia fosse para o misticismo que caracterizou o sufismo inicial; os bektashis nunca encontraram uma crença ou uma prática de que não gostassem. Nas áreas rurais e provinciais da Casa do Islã, das quais os Bálcãs eram um ótimo exemplo, seus tekkes tornaram-se o equivalente de igreja paroquial, e seus líderes, o *baba*, o clérigo local.

Os bektashis tinham uma história curiosa. Suas origens parecem indubitavelmente xiitas, em sua adulação de Ali e sua família, por exemplo, e ligadas de alguma maneira aos *quizilbash*, os "cabeças vermelhas" que acabaram surgindo como os governantes do Irã xiita, os inimigos mais intransigentes dos otomanos. Os bektashis, no entanto, declaravam-se sunitas, pelo menos no império otomano oficialmente sunita, e os otomanos, pragmáticos como de costume, os aceitaram como tais. Os otomanos podiam estar também se tornando politicamente prudentes. Os dervixes bektashis tinham se associado intimamente com os janízaros, a elite militar otomana escolhida entre os recrutados devshirme (ver I/8), e quando os janízaros chegaram ao seu fim sangrento em 1826, os bektashis desapareceram com eles. Nessa época, naturalmente, os povos dos Bálcãs já estavam tentando se separar do Império Otomano, mas durante os quatro séculos anteriores, os bektashis ecléticos e acomodadiços, organizados em suas casas rurais sob a direção de seus babas muitas vezes altamente carismáticos, eram a única força muito poderosa para a propagação do islã nos Bálcãs cristãos.

Embora a influência *bektashi* fosse soberana na propagação do islã na Bulgária e Albânia, o foi menos na Bósnia, pelo menos segundo a evidência disponível a partir da paisagem urbana. O islã bósnio era mais tradicional e mais ortodoxo (como o islã entendia essa palavra) do que o islã difundido pelos bektashis – um visitante de meados do século XVII descreveu os muçulmanos bósnios como "pessoas tementes a Deus, de fé pura, reta e imperturbável" –, e vemos o porquê. O primeiro *tekke* em Sarajevo, edificado antes de 1463, pertencia à ordem *mevlana*, que se tornou famosa por Jalal al-Din Rumi, e outra edificada em 1500 era a casa dos membros da ordem *naqshabandi*. O viajante turco referia-se aos 47 tekkes que contara – junto com mais de uma centena de mesquitas – apenas em Sarajevo, por onde ele passara em 1660. Havia mais espalhados pelo interior, mas aparentemente muito poucos foram fundados ou eram habitados por dervixes bektashis complacentes.

Os ritos chineses

Os chishtis na Índia e os bektashis na Anatólia e nos Bálcãs adaptaram-se prontamente, como vimos, às circunstâncias religiosas locais, não muçulmanas, e sua boa vontade flexível em se acomodar os tornou, sem dúvida, agentes bem-sucedidos em realizar a conversão de muitos da população local ao islã. Sucesso semelhante parece que tiveram as missões jesuítas na China no século XVI. De modo diferente dos sufis muçulmanos, porém, os jesuítas não apelaram para as massas, mas para as elites. Sob a liderança de Matteo Ricci (m. 1610), que entrou na China com grande dificuldade, os jesuítas ali tentaram dominar as complexidades da linguagem e do aprendizado chineses para se tornarem, de fato, mandarins. Os chineses estavam modestamente lisonjeados, mas o que conseguiu o seu interesse permanente foi a revelação da ciência européia. Os mapas eram a chave dessa primeira China aberta à missão cristã, particularmente um mapa que demonstrava de maneira convincente aos chineses que, ao contrário de sua firme crença, havia outras e grandes potências na face da terra. Os mapas dos jesuítas, e seu considerável conhecimento científico, conseguiram para os cristãos estrangeiros uma audiência.

Embora a própria assimilação dos jesuítas à cultura secular chinesa não colocasse problemas, o molde confunciano de muitas crenças e práticas chinesas levantou questões ideológicas para os missionários. Os chineses e os cristãos adoravam o mesmo Deus, seu "Senhor do Céu" ou "Soberano Senhor"? A veneração a Confúcio e seus ancestrais era um comprometimento dos preceitos religiosos cristãos ou apenas a anuência a práticas culturais tradicionais? Os jesuítas pensavam que sim e permitiram que seus convertidos chamassem Deus pelos nomes tradicionais e continuassem suas práticas consagradas pelo tempo de venerar Confúcio e seus ancestrais. No entanto, os jesuítas tinham rivais cristãos nos dominicanos e franciscanos que entraram na China depois deles e também faziam proselitismo entre os chineses. Os frades protestaram contra as acomodações dos jesuítas, e o caso foi para Roma.

A questão foi apresentada ao ministério papal chamado de Congregação para a Propagação da Fé, que ouviu o caso dominicano e condenou os ritos chineses em 1645, o que foi revogado em 1656. Os jesuítas continuaram seu trabalho e os convertidos tornaram-se mais numerosos. O imperador Kangxi parecia mais que favoravelmente inclinado, e em 1692 publicou um decreto observando que "os europeus são muito quietos... não cometem crimes e sua doutrina não tem nada em comum com a das outras seitas do império nem tem tendência a excitar sedição". Por conseguinte, os missionários cristãos e seus convertidos não deviam receber oposição ou ser impedidos de realizar suas devoções. No entanto, Roma ainda não estava convencida: a muitos parecia que o confucionismo não era uma filosofia, como os jesuítas sustentavam, mas uma religião. O papa Clemente XI pensava assim. Em decretos que lançou em 1704, seguidos de uma bula formal em 1715, ele condenou as orações e rituais sancionados pelos jesuítas na China e proibiu qualquer um de dizer que era cristão e realizá-los, fosse em templos públicos fosse em santuários domésticos próprios.

O papado tomara uma decisão, e os jesuítas e as outras ordens religiosas, que tinham adotado a maneira jesuíta de pensar a questão, tiveram de se submeter, mesmo sendo a bula um golpe fatal para as missões cristãs na China. Notícias da decisão papal acabaram chegando à corte na China e Kangxi reagiu. "Nunca vi um documento tão cheio de coisas absurdas", anunciou ele em 1721. "A julgar por esta proclamação [papal], a religião deles não é diferente de outras seitas, pequenas e fanáticas, do budismo ou taoísmo... A partir de hoje, para evitar mais transtornos, que os ocidentais não tenham mais permissão de pregar na China".

Ordens religiosas cristãs e muçulmanas

Uma *tariqa* sufi era essencialmente uma reunião de capítulos locais unidos por sua devoção comum a um único santo fundador, do qual derivavam tanto a sua legitimidade como os seus privilégios espirituais. As ordens religiosas ocidentais, monges, frades e clérigos regulares formavam, todos, sociedades intimamente regulamentadas dentro da Igreja à qual serviam, e muitos deles tinham, não menos do que a própria Igreja, alcance internacional. As ordens religiosas cristãs eram legitimadas por aprovação papal formal de sua regra e organização, e eram reguladas pelas normas do direito canônico; eram controladas desde Roma através de um superior geral que residia aí e internamente através de visitas e capítulos gerais. O islã não tinha nenhuma autoridade espiritual suprema como o papa, nem as *tariqas* tinham oficiais eleitos. A autoridade do xeique era carismática e permanente, não atribuída e temporária, como a que prevalecia nas comunidades monásticas cristãs, e sua jurisdição era local. Governantes muçulmanos, como os sultões otomanos, que também reivindicavam o título de califa, tentaram controlar as *tariqas* indicando um "xeique de xeiques" para servir como ligação entre eles e as ordens, mas o ofício nunca foi bem-sucedido. Os xeiques e seus seguidores nas *tariqas* eram essencialmente um fenômeno local com base em apoio popular, e embora o governo pudesse reduzir suas dotações de *waqf* com que os ajudava, de modo algum limitou ou minou a autoridade das *tariqas*.

A Igreja ocidental podia dispor de suas ordens religiosas quando e onde lhe agradasse, para fazer proselitismo entre os não-crentes em terras recentemente descobertas, por exemplo – como os franciscanos fizeram no Novo Mundo e os jesuítas no Extremo Oriente –, ou combater os inimigos da Igreja em casa – como os dominicanos fizeram com os albigenses no sul da França e com os convertidos judeus e muçulmanos relapsos na Espanha (ver I/5) e os jesuítas fizeram com os protestantes no sul da Alemanha. Os jesuítas, que faziam um quarto voto particular de obediência especificamente ao papa, de fato, foram fundados exatamente para fornecer à Santa Sé uma força rápida de resposta e reação. As ordens sufis, embora geralmente reconhecessem as autoridades políticas sob as quais viviam, não serviam a elas, e suas relações com a elite do islã ou outra elite espiritual, os *ulama*, foram muitas vezes antagônicas. Os *ulama* nunca condenaram explicitamente o esforço dos sufis por uma relação mais íntima, mais pessoal com Deus – os vínculos dos sufis com o Profeta talvez fossem forjados de maneira forte demais. Porém os mais conservadores entre eles foram às vezes ousados em sua condenação das práticas sufis, as *dhikrs*, que incluíam música e dança, por exemplo (ver II/9), e a veneração muitas vezes extravagante dos sufis por santos mortos (ver II/6).

Supressão

As ordens religiosas, tanto da cristandade como da Casa do Islã, eram organizações de prestígio, muitas vezes ricas e sempre poderosas – no islã por causa de seu apoio popular e sua autoridade espiritual independente; no cristianismo por causa de sua organização sofisticada, flexível e sua liberdade do controle local. No Ocidente essa combinação de riqueza e poder foi às vezes vista como ameaça pelos bispos locais, que não tinham nenhum controle, ou tinham pouco, sobre esses organismos internacionais, e por príncipes e magistrados locais muitas vezes incomodados pela fidelidade ao papa das ordens. No islã, pelo século IX, as *tariqas* constituíam um movimento popular de ampla base, cujos ideais estavam em desacordo fundamental com os ideais dos regimes seculares emergentes no Oriente Médio. Em ambos os casos, o medo levou à supressão. Já vimos, por exemplo, as pressões feitas por Filipe IV da França para que fosse dissolvida a ordem dos cavaleiros templários em 1312; e como os jesuítas, que eram considerados igualmente poderosos em seu auge, sofreram a extinção pelas mãos do Estado em

Portugal, França e Espanha até 1773, quando o papa Clemente XIV foi persuadido a suprimi-los no mundo todo.

Quase desde que apareceram no islã, as *tariqas* estiveram sob ataque tanto das autoridades políticas, que acabaram chegando a um relacionamento cauteloso com a maioria delas, como dos *ulama*, que nunca chegaram a tanto. No século XIX e começo do século XX, a oposição dos *ulama* ficara tão forte que muitas das práticas e rituais mais públicos dos sufis - que seriam denunciados como "inovação" (*bida*) (ver I/5) - foram proibidos. O próprio sufismo foi suprimido pela nova República Turca em 1925, e por toda parte tanto os tradicionalistas como os modernistas se tornavam cada vez mais críticos em relação ao sufismo. As *tariqas* pareciam mal adaptadas às progressivas e cada vez mais seculares idéias que surgiam nos regimes coloniais e em seus regimes sucessores independentes nos novos Estados-nação da antiga Dar al-Islam. Tampouco o fundamentalismo islâmico, que acima de tudo busca autenticidade, encontra espaço para o sufismo em sua imagem de um Estado islâmico autêntico.

Fraternidades judaicas na Galiléia

A associação dos judeus com o islã parece ter levado alguns deles para mais perto dos ideais sufi de comunhão com Deus, particularmente para a espécie de ascetismo que Judá Halevi pensava ser estranho ao judaísmo. De qualquer forma, essa é uma conclusão que pode ter sido tirada do *Deveres do coração* de Bahia ibn Paquda, tratado ético judeu do século XI (escrito em árabe) com um interesse marcante por ascetismo. Mas havia correntes semelhantes visíveis por toda parte entre os judeus que não tinham nada a ver com o islã. Nos séculos XII e XIII, por exemplo, grupos pietistas judeus na Alemanha também defendiam práticas ascéticas estranhas ou desconhecidas para os judeus anteriores.

Nada disso parece particularmente institucionalizado. Foi em Safad, o centro da cabala judaica nos séculos XVI e XVII (ver II/9), que as práticas ascéticas, metas místicas e algum grau de organização comunitária se reuniram de maneira mais visível. Apesar de sua prosperidade econômica como centro têxtil, Safad nunca foi mais que uma cidade pequena - não havia mais do que dez mil judeus em toda a Palestina em meados do século XVI -, e os judeus ainda se dividiam em numerosas congregações diferentes: sefarditas da Espanha, asquenazitas da Europa e *mustarabim*, "os que querem ser árabes", no hebraico arabizado da época, isto é, judeus da Palestina e vizinhança de fala arábica. Foi nesse ambiente fechado, mas sectário, que adeptos da principal pequena indústria de Safad, a cabala, começaram a se organizar em *haburoth*, ou "irmandades". Porém, de modo deferente das comunidades sinagogais, constituídas segundo linhas étnicas, as *haburoth* reuniam-se em torno de líderes espirituais reconhecidos, mestres da cabala, muito ao modo como as *tariqas* sufis contemporâneas se reuniam em torno de seus xeiques.

Além da reverência a seu mestre e das metas místicas partilhadas, os membros de uma *haburah* de Safad estavam ligados por um conjunto solto de "regras de piedade" (*hanhaqot*), que, apesar de não tão formalizadas como as regras de uma comunidade religiosa cristã ou uma *tariqa* sufi – os membros de uma *haburah* não viviam, afinal, sob um mesmo teto –, forneciam disciplina e condução espiritual para os membros. Recomendava-se grande abnegação em matéria de comida – "Vossa mesa servirá como um altar sobre o qual sacrificareis vossas más inclinações" –, bem como restrições sexuais pela prática da mesma "modéstia dos olhos" que Inácio de Loyola prescrevia para os jesuítas do seu tempo: "Adquiri o hábito de manter vossos olhos sempre baixos de modo a não ter oportunidade de olhar para uma mulher proibida para vós". Mandava-se que os membros jejuassem às quintas-feiras e se abstivessem de carne e vinho aos domingos, o dia santo dos cristãos; a falar em hebraico com os "associados"; e confessar suas transgressões da "regra" em público, no que parece ser uma lei geral dos irmãos.

Santos sem regras: os hassidistas

A cabala era uma alternativa judaica para a busca legal de Deus através das densas páginas da Torá e do Talmude (ver II/9), alternativa que os rabis se permitiam, mas negavam ao judeu comum. A estes últimos, o arcano cabalístico e a compreensão intricada da "realidade" por trás de textos simples e do mundo material pareceriam irremediavelmente difíceis, como provavelmente se pretendia desde o começo. Mas no interior profundo da cabala estava o desejo místico de se aproximar de Deus de maneira paradoxalmente mais direta, um desejo poderoso demais para permanecer escondido dentro das dobras do esoterismo. No islã o misticismo popularizou-se nas ordens sufis; no cristianismo, por clérigos pós-tridentinos como Inácio de Loyola e Francisco de Sales, que no final do século XVI deram uma versão facilmente assimilada e rigorosamente controlada dos exercícios espirituais dos monges para o clero secular e os leigos igualmente. No judaísmo, foi o movimento hassídico que, o século XVIII, despojou o cabalismo de alguns de seus aspectos mais esotéricos e inacessíveis para torná-lo uma espécie de revelação popular.

O movimento chamado hassidismo – o *hassid* em hebraico é o piedoso – que apareceu na Europa oriental no começo do século VIII foi uma reação inequívoca a uma série de males que acometeram a comunidade judaica e à cura que tinha sido prescrita pelos rabis. Houve judeus na Europa Oriental desde o começo do século VIII, mas os povoados esparsos desde a Criméia, ao norte do Báltico, tinham aumentado muito pela emigração judia da Europa Ocidental incendiada pelo zelo dos cruzados na Alemanha e na França nos séculos XI e XII, e depois pela praga chamada peste negra, que devastou a Europa em 1348-1349. Casimiro, rei da Polônia (r. 1333-1370), convidou os asquenazitas, ou judeus europeus, a povoar suas terras, o que fizeram em grande número. Os povoados judeus ao leste da Alemanha, na Polônia, na Galícia e na Ucrânia prosperaram; em geral, eles governavam-se a si mesmos num ambiente político benigno.

Esse período de ocupação e crescimento foi seguido, em meados do século XVII, por calamidades improváveis em tamanho e alcance. Em 1648, tropas cossacas invadiram impunemente os povoados judeus desprotegidos na Polônia e na Ucrânia. Segundo uma estimativa, metade da população judia foi eliminada. Na esteira dessa devastação, o apoio e a proteção governamentais desapareceram quase totalmente, e as comunidades judaicas estavam sujeitas às exigências extorsivas do Estado, da Igreja, e de quaisquer bandidos que aparecessem pela vizinhança. Depois, os judeus foram suspeitos de conluio com os invasores suecos da Polônia em meados do século, e mais ruína se seguiu. Foi nesse ambiente de desesperança que a mensagem messiânica de Sabbatai Zvi (m. 1676) se espalhou desde o Oriente Médio para os povoados judeus na Europa Oriental (ver I/2). No século XVIII, outro messias surgiu na Polônia, sendo que Jacó Frank (m. 1791) afirmou ser o sucessor e herdeiro de Sabbatai. Os resultados foram iguais: expectativas aumentadas de alívio vindo do alto, esperanças frustradas e, finalmente, apostasia de Sabbatai Zvi para o islã, de Jacó Frank, de maneira mais perigosa, para o cristianismo, onde encontrou um público preparado para suas histórias de judeus pérfidos.

A resposta rabínica a essas dificuldades de dentro e de fora foi fechar mais ainda o círculo de carroças. Havia salvação apenas na Torá e no Talmude, através de uma minuciosa análise legal dos textos ou através e um mergulho nas suas profundidades esotéricas em companhia da cabala. Aqueles que não queriam ou não podiam seguir esses caminhos altos e estreitos estavam condenados ao que o campesinato judeu em larga medida analfabeto podia conseguir para consolar-se e salvar-se, uma rica mistura de demônios e encarnação, ou magia e milagres.

Os adeptos e manipuladores dessas últimas artes eram em geral conhecidos como "mestres do nome", mas um desses homens santos do século XVIII foi um tanto diferente. Rabi Ben Eliezer (m. 1760) passou a ser chamado, em contraste estudado aos pequenos mágicos contemporâneos e fazedores de milagres, Baal Shem Tov, "Mestre do Nome Divino", ou, ao modo do tempo, pelo acrônimo hebraico Besht. Começou a sua carreira de maneira não muito diferente dos outros mestres do nome: nascido de pais pobres numa pequena aldeia perto da fronteira entre Ucrânia e Polônia; pobremente instruído na Torá e, de modo perigoso para ele mesmo e para os outros, autodidata na cabala; trabalhador em parte do tempo e pregador em meio-período. Em 1736, porém, começou a explorar um filão mais rico. É difícil distinguir seus pensamentos dos de seus seguidores posteriores, mais instruídos, mas esse foi o núcleo onde surgiu o chamado hassidismo ou "pietismo". Foi, em suma, um atalho entre o legalismo talmúdico instruído e o esoterismo às vezes impenetrável dos cabalistas. Rejeitava ambos os extremos e, ao mesmo tempo, inventou uma versão aceitável – aos seus adeptos pelo menos – de cada um. Como os movimentos semelhantes na Europa cristã da véspera da Reforma, o hassidismo preferiu devoção simples à observância escrupulosa e erudita. Como os cabalistas, os novos pietistas viam Deus por toda parte, mas agora nos objetos e ações mais simples. Besht pregou, nesse lugar arruinado, uma religião de alegria: culto simples e alegre, observância francamente alegre – uma vida totalmente simples e alegre.

A sucessão apostólica na Europa oriental

Muitos consideram o instruído rabi Dov Baer, chamado o Maggid ou pregador, o verdadeiro fundador do hassidismo. Discípulo de Baal Shem Tov, Dov Baer representou o Boaventura acadêmico e organizado para o Francisco de Assis de Besht. Seu conhecimento era verdadeiro e sério, profundo e genuíno o bastante para chamar a atenção, nem toda ela afável, de outros rabis influentes aos ensinamentos de Besht. Mas com a morte de Dov Baer em 1773, as várias comunidades hassídicas na Europa Oriental começaram a seguir seus próprios caminhos, cada um sob a orientação e inspiração de seu próprio *zaddik*, e a história do hassidismo desde o século XIX até o presente tem sido a história de comunidades judaicas distintas com um etos comum, marcado tanto por ortodoxia estrita como por sua herança beshtiana de descobrir de maneira alegre Deus em cada ato e objeto, mas cada um com sua identidade distinta própria. Preservaram a integridade dessa identidade no primeiro caso ao aderir com absoluta fidelidade a uma sucessão apostólica de *rebbes* descendendo diretamente do pai fundador: Nahman (m. 1810) de Breslau na Ucrânia; Shneur Zelman (m. 1813) e a família Schneersohn em Lubavitch na Bielo-Rússia; Sholom Roqeah (m. 1855) em Belz, na Galícia oriental e Shelomah Halberstam (m. 1886) em Bobova, na parte ocidental dessa mesma região; Yitshaq Meir Rothenberg Alter (m. 1866) em Gora Kolwara (Ger), perto de Varsóvia; e Michael Teitelbaum (m. 1841) em Satu-Mare (Satmar) no que era então Hungria e agora é Romênia, para citar apenas alguns dos *zaddikim* reverenciados como fundadores de fraternidades hassídicas.

A filiação espiritual de cada comunidade hassídica com seu santo fundador através da "corrente" de seus sucessores igualmente bem-aventurados tem sido fortalecida com o tempo por ideais e objetivos comuns (muitas vezes expressos no legado literário do fundador), por aquilo que se tornou um conjunto de práticas rituais típicas, bem como por uma vida comunitária próxima (e fechada) que sustentava um estilo de vida característico. Esse estilo de vida se manifestou de maneira mais visível no modo de vestir-se. Alguns elementos da veste hassídica, como roupas pretas, coberturas para a cabeça, cabelo sem cortar e xales de oração com bordas são simplesmente uma questão de seguimento de prescrição legal. Mas em outros particulares – por exemplo, o tamanho e a forma da cobertura da cabeça, o corte das roupas, o estilo de cabelo –, os homens de cada comunidade hassídica usam, como os membros das ordens religiosas cristãs, uma versão do estilo comum no tempo e no lugar do fundador: chapéu de feltro, tipo de calças etc.

O *habad*

Um dos jovens acadêmicos mais brilhantes atraídos ao hassidismo em seus primórdios foi rabi Shneur Zalman, que estudou na Polônia com Dov Baer e era versado tanto em cabala como no Talmude – escreveu um comentário altamente apreciado sobre o *Shulkhan Aruk* (ver II/4) com a idade de 25 anos – e foi nomeado por Dov Baer para voltar e enfrentar a crescente oposição ao hassidismo, particularmente forte nas ieshivás da Lituânia. A partir de 1772, esses opositores (*mitnaggedim*) lançaram muitas excomunhões contra o hassidismo. O resultado foi um afastamento, embora Zalman tenha sido preso pela polícia do czar depois de ser denunciado pelos *mitnaggedim* locais.

A vantagem de Zalman como polemista era sua erudição, mas sua capacidade de pensar e escrever com clareza e sistematicamente, bastante evidente no tratado chamado *Tanya*, quando visto pelo prisma de seus dons carismáticos, tornou sua marca particular de hassidismo poderosa e duradoura. Foi chamado *habad*, acrônimo hebraico para sabedoria (*hokmah*), entendimento (*binah*) e conhecimento (*daat*), e está firmemente baseado no ensinamento exposto no *Tanya*, com sua ênfase nos temas hassídicos típicos da imanência de Deus – "Não há nenhum lugar que esteja vazio dele" –, que tanto incomodou a compreensão tradicional dos rabis acerca da transcendência suprema de Deus, o que em hebraico se chama *hitlahavut*, sentimento intenso acerca de Deus. No entanto, a forte insistência do *habad* sobre o poder do intelecto na aproximação de Deus era diferente dos outros movimentos hassídicos. Na visão singular de Zalman, a qualidade divina da humanidade é intelectual e reside no cérebro, que através de nossos esforços deve controlar a alma animal, cuja sede está no coração – percepção diretamente oposta à proposta por Gregório Palamas e adotada pelos místicos da ortodoxia oriental (ver II/9).

Embora fosse inevitavelmente considerado um *zaddik*, Shneur Zalman nem sempre parece confortável nesse papel, particularmente onde ele parecia implicar algo mais que dons humanos, como aconteceu em muitos casos. Ele preferiu o título *rebbe* e negou com firmeza que possuísse o poder de fazer milagres. Seu sucessor no século XX, como veremos (II/10), permitiu-se, não sabemos dizer com que grau de apreensão, um papel muito mais dramático, quase apocalíptico.

O filho de Shneur Zalman, que o sucedeu, mudou o centro do *habad* da Lituânia para Lubavitch, na Bielo-Rússia, onde ficou até 1915. A partir de 1915 a sede do *habad* mudou de cidade em cidade na Rússia e Polônia. Em 1940, a hierarquia do *habad* fugiu da guerra iminente na Europa, e desde então o movimento tem sua base no Brooklyn, onde em 1950 o rabi Menachem Mendel Schneerson (m. 1994) sucedeu seu sogro como mestre. Como seu predecessor, este *rebbe* pretendia levar a presença de Deus para toda esfera da atividade humana e assim "santificar os mundanos". Enquanto outros grupos ortodoxos voltavam-se protetivamente para dentro em busca de sua salvação, o *habad* voltou-se ousadamente para fora para enfrentar e converter o mundo, um mundo constituído, em primeira instância, por todos os correligionários judeus, para levar os observantes para o *habad* e os "judeus seculares" de volta para a Torá. Na sua leitura da Escritura, o *habad* permaneceu resolutamente fundamentalista e literalista; contudo, com a mesma resolução, agarrou todos os instrumentos da modernidade, particularmente a ciência.

Como outros grupos hassídicos, a solidariedade do *habad* estava construída sobre a ligação pessoal íntima de cada membro e, por implicação, de cada judeu, com a pessoa carismática do *rebbe*. No coração desse movimento ostensivamente sectário há um universalismo profundo: o *rebbe* é o mestre de todos; o *habad* é o judaísmo autêntico ao qual todos os judeus pertencem por natureza. Para conseguir isso, eles construíram, como fizeram os beneditinos dentro do monaquismo cristão, formidáveis instrumentos para se estender para fora do claustro de sua comunidade fortemente unida para o mundo mais amplo de judeus: escolas, publicações e celebrações religiosas públicas para as quais todos os judeus estão convidados. Tampouco os gentios devem ser ignorados ou negligenciados; devem ser exortados a cumprir os mandamentos de Noé (Gn 9,1-17), que Deus revelou para a especial orientação deles.

9 – Saltando das trevas para a luz: misticismo

O misticismo é aqui entendido simplesmente como a busca e a realização de uma experiência imediata de Deus. Difere tanto da teologia, que tenta entender Deus através de meios intelectuais discursivos, e das várias formas de ortopraxia, que tentam abordar Deus, tornar-se divino, através de comportamento observante com relação à sua Lei.

Face a face com Deus

A contemplação de Deus, ou para dizê-lo em termos mais simples e surpreendentemente mais antropomórficos, a visão de Deus face a face, pareceria uma perspectiva pouco eficaz em tradições religiosas que afirmam de maneira tão firme a transcendência absoluta de Deus. Isso, porém, não estava além de toda esperança ou expectativa. Desde Abraão até Jacó, Moisés e depois até Isaías, certos indivíduos escolhidos tinham tido uma experiência direta de Javé. Exceto Abraão, que ainda tinha algo da despreocupada conversa de Adão e Eva com Deus, a experiência era um momento extraordinário e assustador para todos eles. Deus era, como uma geração posterior de cristãos afirmou, *totaliter alter*, "totalmente diferente", e os perigos de ultrapassar a linha que separa o domínio de Deus da morada inferior dos humanos estão graficamente representados nas advertências de Javé aos israelitas para não se aproximarem do monte Sinai, onde estava para ocorrer uma teofania, e nas regras de pureza que Deus decretou para preservar a integridade de sua santa casa (ver I/6). Moisés, no entanto, subiu a montanha e sobreviveu, como ocorreu com outros luminares, dotados ou ousados, ao longo de toda a história bíblica.

Freqüentemente, esses indivíduos privilegiados eram profetas eleitos por Deus para transmitir sua mensagem, e a experiência de Deus era a recompensa, ou o preço, dessa eleição. Mais tarde, porém, o medo do encontro parece ter diminuído um pouco. A experiência passou a ser menos de confronto do que de arrebatamento. O sujeito, fosse Ezequiel, Daniel ou Enoc, foi levado para fora de si mesmo, caiu num sonho, devaneio ou transe, e depois ocorreu não um encontro único com Deus, mas uma experiência visionária prolongada. Mas enquanto Ezequiel foi levado para o alto pelo Espírito de Deus, o primeiro mortal a ter sido abençoado assim, e chegou até mesmo a ficar diante do trono de Deus, Enoc foi arrebatado numa viagem celestial bem descrita, no final da qual estava na presença de Deus: "Eis que, na visão nuvens me elevaram [...] e os ventos na visão fizeram com que voasse e me erguesse para cima e me levaram para o céu [...] E olhei para dentro e vi um elevado trono" (1Enoc 14,8; 18,20). Enoc viveu muito antes de Ezequiel e Daniel, naturalmente, mas sua extraordinária experiência de vida (Gn 5,24), que os judeus mais tarde entenderam que significava que ele não morrera, mas que Deus o arrebatara vivo para o céu, fez dele um veículo atraente sobre o qual os autores pós-exílicos posteriores projetariam suas próprias visões apocalípticas. Muitos desses relatos de viagens celestes terminaram num testemunho do Final dos Tempos (ver II/10), mas os viajantes celestes, de Ezequiel a Enoc ao Esdras apócrifo, encontraram-se inevitavelmente diante do trono de Deus.

Viagens celestes tornaram-se um lugar-comum em relatos de experiência mística – Paulo foi "arrebatado até ao terceiro céu" (2Cor 12,2) e Maomé até o sétimo –, e o terreno que os viajantes atravessavam se tornou um pouco estereotipado de modo a sugerir fortemente que aqui, como no caso de semelhantes "idas ao inferno", estamos em geral mais na presença de literatura do que de experiência pessoal. Embora vários dos equivalentes gregos dessas viagens celestes ao âmbito do divino, sendo a mais famosa a descrita por Platão em *Fedro*, se movam nas mesmas paisagens mais míticas que pessoais, um aspecto mais pessoal estava embutido nas reflexões dos gregos sobre a contemplação de Deus também. Alguns deles, sem dúvida, acreditavam, com base na sua experiência própria, que os seres humanos podiam alcançar uma visão do Absoluto.

O começo

O misticismo dos monoteístas não começou, porém, nos salões das academias. Tanto para os judeus como para os cristãos e os muçulmanos, começou na Escritura, com Moisés no Sinai, ou com o arrebatamento de Ezequiel, ou no relato evangélico da revelação transfigurada da divindade de Jesus a Pedro, Tiago e João no Monte Tabor (Mt 17,1-8), ou na célebre descrição que o Alcorão faz do brilho de Deus "como uma lâmpada num nicho" (24,35), ou talvez na própria ascensão miraculosa de Maomé (ver I/3). No entanto, esses foram apenas pontos de partida, insinuações de que experiência direta de Deus pode ser possível. Nenhum dos exemplos sugeriu que o encontro fosse conseguido por ação dos mortais. Do começo ao fim, as tradições cristãs e muçulmanas sustentaram – as judaicas um pouco menos, certamente – que Deus concedia a experiência de si mesmo e não os esforços de suas criaturas, não importava quão santas fossem.

Os adeptos de Qumran

Embora o cristianismo nos apresente a primeira evidência concreta de um sistema que pode ser identificado como gnóstico, essa pode não ser a fonte absoluta do fenômeno. Vestígios desse modo de considerar o cosmos e o papel dos seres humanos nele aparecem num contexto religioso ainda anterior – o mesmo, de fato, que produziu o próprio cristianismo, a saber, os círculos amplamente anônimos de apocalíptica e sabedoria influentes no judaísmo pós-exílico (ver I/1). Há evidência fossilizada de tal pensamento, como o testemunho dos mandeístas, seita curiosamente híbrida que ainda existe, de maneira tênue e incerta, no sul do Iraque, e cuja literatura tradicional mostra sinais de ser mais um resultado, neste caso gnóstico, dos grupos divergentes do judaísmo do primeiro século. Alguns pretenderam ver as supostas raízes judaicas do gnosticismo em apócrifos bíblicos como o Livro de Enoc. A maioria dos apócrifos judeus é, no entanto, tão cuidadosamente escondida atrás de falsos nomes e contextos fictícios que não temos a menor idéia do contexto histórico de tal pensamento. Também não sabemos muito acerca dos indivíduos ou círculos concretos que meditavam sobre essas idéias de uma sabedoria celeste ou viagem celestial.

Entretanto, em Qumran temos exatamente tal contexto histórico. Evidentemente, os essênios que viviam aí não mostram nenhum sinal de serem místicos, e a comunidade em Qumran pode não ter sido absolutamente uma associação gnóstica. Contudo, sua literatura preservada, que inclui vários apócrifos bíblicos, mostra que os membros mantinham expectativas apocalípticas e que tais expectativas deram um colorido profundo à sua leitura altamente privilegiada tanto das Escrituras judaicas canônicas como dos apócrifos (ver II/2). Ademais, eram, muito provavelmente os portadores da tradição apocalíptica na comunidade cristã nascente. Qumran, cristianismo e gnosticismo juntaram-se num outro contexto interessante. Fontes patrísticas atribuem as origens do gnosticismo a Simão Mago, o samaritano fazedor de maravilhas contemporâneo do apóstolo Pedro (At 8,9-24). O mestre de Simão foi Dositeu, que tinha ligação com João Batista, pregador escatológico que pode ter sido criado como essênio.

O carro celeste

Se esse caminho, ainda que mal definido, leva do judaísmo apocalíptico para o gnosticismo cristão, a conexão entre o elemento místico implícito no apocalipticismo e na observância centrada no esforço farisaico e rabínico no judaísmo é quase totalmente invisível. Há, porém, motivo para pensar que os fariseus – Josefo é o melhor exemplo – deliberadamente subestimaram esse lado apocalíptico do judaísmo, em particular para o benefício dos romanos. Em todo caso, não podemos chegar ao começo exato do misticismo judaico, dado que os mais antigos textos considerados místicos datam do século IX. Há, porém, bons motivos para pensar que aquilo sobre o que esses textos falavam ocorreu muito antes. Temos, por exemplo, um relato de Yohanan ben Zakkai (m. c. 80 e.c.), figura decisiva na passagem do judaísmo farisaico para o judaísmo rabínico (ver I/2), envolvido numa discussão de fato sobre temas místicos e apocalípticos comuns. Essa e outras indicações apontam para os rabis de após a década de 70 como o ponto de partida de especulação expressa acerca da possibilidade de um contato mais íntimo com Deus. A entronização divina num carro mítico (*merkabah*), descrita no primeiro capítulo de Ezequiel, foi o ponto de partida para tais pensamentos, e as várias viagens celestes através dos palácios-templos (*heykaloth*) descritas na literatura apócrifa do judaísmo do Segundo Templo abriam o caminho. *Merkabah* e *heykaloth* são os dois pólos em torno dos quais se desenvolve o misticismo judeu inicial, todo ele, aliás, em círculos rabínicos altamente legalistas e observantes, desde o século II ao X no Oriente Médio, quando foram suplantados pelo sistema conhecido como cabala, que então surgia na França e na Alemanha (ver mais adiante).

"Quatro que tentaram entrar no Paraíso"

Encarar a majestade de Deus era um empreendimento sempre perigoso e às vezes temerário, como atestam muitos incidentes na Bíblia, mas falar sobre ela também era. Os rabis aconselhavam cuidado ao discutir os "Mistérios do Carro", como chamavam essa visão de Deus inspirada em Ezequiel, com pessoas jovens, iletradas ou qualquer um que provavelmente não a entendesse. De modo algum é certo que a especulação acerca do misterioso carro celeste de Ezequiel tenha levado a misticismo prático. Há muita conjetura nos relatos preservados do *merkabah*, e há muitas descrições do que aconteceu aos rabis envolvidos nessa especulação, mas não há sinal de que qualquer um desses rabis tenha tentado subir no carro ou feito algo mais do que enveredar por uma exegese audaciosa da conhecida passagem em Ezequiel (1,4-28). O que *é* certo é que o tratamento era esotérico; a Mishná (Hagigah 2,1; cf. BT Hagigah 14b) em muito recomendava que tal conversa se restringisse aos espiritualmente sofisticados, a círculos de eruditos maduros e adeptos que não interpretariam mal o novo modo radical de abordar Deus. Os rabis estavam se aproximando da sarça ardente da presença de Deus mais do que era confortável ou seguro, e alertavam um ao outro para tomar cuidado.

A certa altura, porém, os indícios começaram a apontar para Akiva, o rabi associado à insurreição contra Roma em 132-135 e.c., liderada por Bar Kokhba. O mito de Akiva, que está conservado no suplemento da Mishná chamado Tosefta, reconta em forma de parábola o caso de quatro rabis que "tentaram entrar no *pardis*", termo que significa "parque" ou "pomar" e pode referir-se ao paraíso celeste ou ao pátio real em geral. Três deles falharam, com graves conseqüências; mas o quarto, rabi Akiva, conseguiu: "ele entrou em paz e saiu em paz". A parábola é obscura, mas parece descrever mais uma experiência do que exegese, e assim pode marcar a passagem da espiritualidade judaica para um verdadeiro misticismo experimental.

Amor de Deus, corpo de Deus

Rabi Akiva está enredado em outra linha mística: o crescimento da importância exegética do Cântico dos Cânticos bíblico, o cântico de Salomão ao amor erótico que celebra em termos explícitos as qualidades físicas dos amantes. O Cântico dos Cânticos é uma descrição bastante explícita e intensa de um encontro erótico entre um homem e uma mulher, um noivo e uma noiva, mas sua inclusão na Bíblia sugere que os judeus desde cedo o liam de maneira figurativa ou alegórica, assim como os cristãos mais tarde o leram. A "noiva" representa muito bem Israel ou a Igreja, e vários e consideráveis atributos físicos "dela" ofereceram um convite muito sedutor a gerações de exegetas exercitarem suas imaginações. Mas o Cântico é, sobretudo, acerca dos preparativos eróticos, parece, sendo o verdadeiro ato de união adiado como um acorde wagneriano não resolvido. O Cântico, portanto, adaptava-se perfeitamente à exegese mística, e o fato de que era claramente uma união heterossexual era apenas um desafio adicional a exegetas/místicos masculinos que tentavam "acasalar" com alguém inequivocamente masculino na pessoa de Jesus Cristo. Os sons de gênero que se dobra – mas não se quebra – estão sem dúvida presentes em toda a longa tradição exegética de Cântico dos Cânticos.

Um fenômeno afim é o aparecimento da curiosa obra chamada *Shiur qomah*, "A medida da altura", isto é, o corpo de Deus. Novamente, o ponto de partida era o Cântico dos Cânticos. Como se notou, esse saboroso poema erótico era um tema favorito de comentários tanto judeus quanto cristãos, mas o autor anônimo do *Shiur qomah* deixa de lado tanto a poesia como o erotismo e, em vez disso, oferece uma lista dos membros de Deus, seus nomes muitas vezes ininteligíveis e suas dimensões gigantescas. Obviamente, a forma mais grosseira de antropomorfismo tem aqui a finalidade de revelar algo novo e profundo acerca da realidade de Deus. Pode também ter sido uma realidade experimentada, visto que a viagem ao carro-trono de Deus começou a unir-se com a "descrição" de Deus na "Medida", no fenômeno conhecido como *heykaloth* ou misticismo dos palácios.

Os palácios

O *heykaloth* das histórias que chegaram até nós é entendido como os palácios-templos das esferas planetárias através das quais o místico deve ascender – cada uma delas representa um "julgamento" de conhecimento para o adepto – a fim de alcançar a morada de Deus no sétimo céu. A viagem é descrita em duas obras preservadas do período, o *Heykaloth menor*, atribuído ao rabi Akiva, e o *Heykaloth maior*, creditado a seu discípulo rabi Ismael.

Como já se observou, a viagem celeste é um tema comum na literatura apocalíptica judaica da época do Segundo Templo, mas à medida que se desenvolveu, também se desenvolveram os esquemas de uma nova versão. Cada palácio planetário tinha agora um portão, junto ao qual ficava um arcanjo guardião. O adepto levava consigo vários "selos", provavelmente versões esotéricas do nome de Deus, e eles o habilitavam a entrar em cada palácio seguinte. Aqui nos defrontamos com um roteiro claramente mágico para obter resultados – uma vez dentro do palácio, o viajante tinha um desejo satisfeito – por meio da enunciação da fórmula correta, e este pode ser de fato o principal ponto, e interesse, dessas obras. De qualquer forma, o foco mudou de uma experiência de Deus para uma viagem para lá: os meios tornaram-se o fim. Com efeito, o exemplo mais completo do gênero, o *Livro de heykaloth*, que pretende descrever a ascensão celeste do patriarca Enoc, parece ser um pouco mais do que uma antologia de tais peças realistas descritivas. Se por acaso houve um misticismo experimental por trás desses textos de *heykaloth*, acabou no fim submerso debaixo de interesses puramente literários e da atração não insignificante do esotérico.

O *Livro da Criação*

Ocupando um lugar incerto entre o *heykaloth* inicial, por um lado, e a cabala do século XIII, por outro, está a obra de teosofia especulativa chamada de *Sefer yetzirah*, ou *Livro da Criação*, que apareceu cedo, talvez no quarto século cristão, e está cheia de uma espécie de especulação meio mística, meio científica que caracterizou grande parte da filosofia grega tardia. Seu conteúdo é o outro assunto "restrito" dos rabis, a Obra da Criação. Se a mística do *merkaba* tirava sua inspiração de Ezequiel, o autor anônimo do *Livro da Criação* tirou a sua do Gênesis. O opúsculo explica a origem do universo através de 32 "caminhos de sabedoria", que compreendem as 22 letras do alfabeto hebraico e os 10 números básicos, a década. Estes últimos são chamados *sefiroth* no texto, nome e conceito que teria uma longa história nos círculos místicos judeus. As visões do livro não são inteiramente surpreendentes. Para os pitagóricos, escola filosófica grega que teve uma popularidade renovada na Antiguidade tardia, os números eram os componentes básicos na construção do universo. Além disso, os judeus, como muitos outros, exprimiam tanto as letras como os números com os mesmos símbolos; *alef*, por exemplo, exprimia tanto a primeira letra do alfabeto como o primeiro dos números ordinais.

> **Nota:** *Gematria* (gr. *geometria* > hebr. *gimatriyyah*) é a prática de transformar palavras hebraicas no equivalente numérico de suas letras e usar o resultado para deduzir um sentido alegórico do texto. Isso é diferente da especulação direta sobre a importância dos números na Escritura, como as meditações de Fílon ou de Agostinho sobre o sentido dos seis, ou sete, dias da criação. A gematria, antes, escava o sentido escondido no substantivo ao inverter o texto, em certo sentido, e ler o código de barras atrás dele. O método tornou-se um dos favoritos entre os cabalistas bem como entre os teosofistas muçulmanos. O *Livro da Criação*, porém, nunca recorre à gematria como tal.

Visões sobre o primado tanto da linguagem como dos números estavam já sendo discutidas em outros ambientes judeus: a Mishná dissera que o mundo fora criado por "dez declarações divinas" e que as letras do alfabeto hebraico foram os instrumentos de criação. O *Sefer yetzirah*, porém, tomou essas idéias e as expandiu numa apresentação sistemática pelas quais as *sefiroth* estavam associados a limites (os pontos cardeais, em cima e embaixo, começo e fim, bom e mau), ao passo que cada letra governava um elemento específico em cada um dos três reinos do céu, do tempo e do corpo humano. Embutidas na gramática da linguagem, afirmava o autor, estavam as leis da natureza, a mesma espécie de religião "natural" que levou Abraão adorar o Único Deus Verdadeiro sem a ajuda da revelação. O *Livro da Criação* é sobre cosmogonia, a origem do universo, e cosmologia, sua ordem e organização, e muito pouco sobre Deus, Israel ou a Aliança. O livro não é místico em nenhum sentido experimental da palavra, mas deu às gerações subseqüentes de místicos o plano de um sistema esotérico do universo subjacente ao relato bíblico esotérico e que equivalia a um convite aberto para penetrar mais profundamente nesse mistério.

Do ascetismo cristão ao misticismo

A busca cristã de experiência direta de Deus diferiu desde o começo da busca judaica e muçulmana no sentido de que, desde o começo, foi centrada em Cristo. A união com Deus para os cristãos significa invariavelmente união com Jesus. O tema da união com Cristo já tinha impressionado muito Paulo, cuja experiência pessoal de Jesus no caminho para Damasco (At 9,3-6) foi o fundamento de sua autoridade como apóstolo. As cartas de Paulo estão cheias de expressões que descrevem a vida, morte e ressurreição do cristão como ocorrendo "em Cristo" e "com Cristo". Além do mais, há a poderosa figura de Paulo de que os cristãos constituem o corpo de Cristo (1Cor 12,27-28), sendo eles os "membros" de um corpo (1Cor 6,15) do qual Cristo é a cabeça (Ef 4,15-16). Finalmente, ao participar da Eucaristia, ao partilhar o pão e o vinho, o cristão participa do corpo e do sangue de Cristo (1Cor 10,16).

A recepção da Eucaristia forneceu assunto de meditação espiritual para incontáveis gerações de cristãos e provocou paixões profundas em muitos, mas não foi necessariamente uma experiência mística no sentido que o termo está sendo usado aqui. A união mística com Deus era tanto intuitiva como sensual e, por sua natureza, uma ocorrência rara e única. No entanto, apesar de todas as suas qualidades intuitivas e pessoais, era também descritível e até explicável; um grande conjunto de escritos de origem cristã e muçulmana professa descrever a experiência de Deus e orientá-la em canais institucionais que podem permitir que os fiéis, ou pelo menos os mais espiritualmente sensíveis entre eles, consigam essa experiência por si mesmos. A obtenção dessa experiência era apoiada por uma teoria de como a união com Deus era possível, em primeiro lugar, e depois, de maneira um pouco mais pragmática, quais os métodos pelos quais podia ser obtida. Não é de surpreender que a teoria venha dos gregos.

Os filósofos gregos nunca acreditaram que a *ascese* levasse diretamente à *theoria*, ou contemplação. Acreditavam que o autodomínio, cujo estado perfeito os estóicos chamavam de *apatheia*, ou a imobilização das paixões, era a principal ajuda na busca de uma vida filosófica, que mais tarde os helenos consideraram muito à maneira de uma vocação religiosa. Para os intelectuais gregos, o caminho para a contemplação consistia não tanto em mortificação da carne, mas num rigoroso programa intelectual. O auge dessa ascensão das ciências "inferiores" como a física para as "superiores" como a matemática – os graus de abstração da matéria marcavam a trajetória para cima – estava na teologia, que levava o pesquisador a um conhecimento (*episteme*) de Deus (ver II/7). Além da obtenção da episteme, porém, permanecia a brecha entre o conhecedor e o conhecido, que só podia ser atravessada por um salto intuitivo, a "fuga do solitário no Solitário", como o filósofo Plotino (m. 270) o descreveu. Essa compreensão do divino não era tanto uma realização, mas um dom: Deus alcançava com as mãos e erguia, mais do que aquele que buscava subia para a presença do divino.

Esse foi o legado da *intelligentsia* cristã grega que buscou o alto caminho para Deus. Ainda antes de Antão se retirar para o deserto e colocar em movimento as correntes ascéticas que acabaram resultando no monaquismo (ver II/8). Teólogos orientais como Orígenes (m. c. 254), que estudou platonismo com o mesmo mestre que Plotino teve em Alexandria, estavam moldando um novo ideal para o cristão asceta, diferente do da vida contemplativa.

Enquanto os primeiros ascetas cristãos acentuavam uma meditação escriturística simples, a imitação de Cristo, e o treinamento da vontade, mestres cristãos da vida espiritual do século IV, como Evágrio, no Oriente, e João Cassiano, no Ocidente, desviaram o seu olhar da vontade para o intelecto e sua iluminação. Na ponta superior da "escada espiritual" do asceta, cujo degrau inferior ainda consistia de ascetismo prático, estava o novo ideal de unidade com Deus, a *theoria* ou *theologia*, como foi chamado no novo vocabulário de inspiração helênica. A "via purgativa" do asceta levava agora à "via unitiva" da proximidade com Deus e, finalmente, à meta dos místicos, a "via iluminativa" e a recepção da luz divina.

Evágrio (m. 399) do Ponto, no noroeste da Anatólia, foi ordenado clérigo menor por Basílio o Grande na Capadócia, e depois serviu sob outro eminente teólogo, Gregório de Nazianzo, em Constantinopla. Embora logo ficasse óbvio que Evágrio não era um teólogo acabado, não era nem um clérigo modelar nem mesmo um cristão modelar – pelo menos não até que passou por uma conversão pessoal e se tornou monge em Jerusalém, em 383. Em seguida viajou para o centro do monaquismo cristão no deserto egípcio, onde se tornou discípulo do celebrado asceta Macário e escreveu a maioria de suas obras, nas quais descansa a sua fama. Muitas delas eram teóricas (e ocasionalmente de ortodoxia dúbia), mas a mais influente de todas foi sua obra *Capítulos sobre a oração*, que se tornou um manual de espiritualidade monástica na cristandade oriental.

Depois de Orígenes, que o influenciou de maneira profunda e, segundo alguns, perigosa, Evágrio estava entre os primeiríssimos ascetas que ligaram deliberadamente as práticas do monaquismo cristão às principais doutrinas neoplatônicas que estavam sendo propagadas nas academias da Antiguidade tardia, meio intelectual cada vez mais familiar aos cristãos. Na antropologia platônica de Evágrio, os seres humanos eram almas aprisionadas em corpos. O corpo era inútil para o cristão, e a meta do monge era libertar a alma espiritual de suas redes e armadilhas. Segundo Evágrio, isso era conseguido pela oração incessante, um dos principais motivos da espiritualidade oriental. Evágrio escreveu: "A oração é a comunicação contínua da mente com Deus... É um estado habitual de calma imperturbável. Leva para as alturas da realidade inteligível a mente que ama a sabedoria".

A linguagem é inequivocamente platônica. O intelecto era o elemento divino na humanidade, e só pela oração, interna e altamente intelectualista, a alma se elevava para Deus. Evágrio tinha pouca necessidade da Escritura ou de Jesus em sua espiritualidade. Aquilo por que o monge se esforçava, segundo Evágrio, era a *teologike*. Esta precedida pela *praktike*, ou ascetismo, e pela *physike*, contemplação do mundo natural, e não era nada menos do que a visão de Deus, descrito como "luz sem forma, além da expressão humana e representação". A visão beatífica era a realização deste último estágio da busca do místico e levava quietude (*hesychia*) à alma do conhecedor. A teologia apofática (inefável) era assim introduzida no discurso e na prática mística da Igreja.

Aproximação do incognoscível

Se o desejo cristão de experiência direta de Deus encontrou encorajamento na estória evangélica da Transfiguração de Jesus, enraizou sua teoria de como isso era possível no relato da Criação no Gênesis. Aí se afirmou que esse Deus criara Adão "à sua imagem e semelhança" (1,26), asserção que não foi feita sobre o resto da criação, e que ele fez Adão do pó da terra e depois soprou nele o seu espírito (2,7). Visto que, segundo Paulo, todos nós participamos da vida do "novo Adão", que é Cristo (1Cor 15,45-49), todos devemos partilhar a imagem, semelhança e vida de Deus, convicção poderosamente sublinhada pela natureza teândrica de Jesus Cristo, "verdadeiro Deus e verdadeiro homem", como o Concílio de Calcedônia o definiu.

Esse é o fundamento conceitual de todo misticismo cristão, esta analogia do ser que enche a vasta brecha entre este preso à terra e o Outro inefável.

Foi provavelmente a própria inefabilidade de Deus que encorajou os seres humanos a se aproximar dele. Os teólogos, cuja confiança em saber tudo acerca de Deus se baseava nessa mesma analogia do ser, entenderam a divindade de duas maneiras básicas. Uma era através da abordagem da supereminência: Deus era simplesmente virtude humana ampliada, Muito Ampliada. A outra, inversamente, Deus podia ser entendido por sua ausência de limitação. Deus não era apenas Muito Bom; estava além da bondade, de fato, além do próprio ser. Este último caminho era a celebrada *via negativa*, o caminho para o nada, popularizado em círculos cristãos pelo anônimo teólogo grego do começo do século VI oculto sob o nome de Dionísio Areopagita, senhor marcantemente não notável, mencionado de passagem em Atos 17,34. "Deus de modo algum é como as coisas que têm ser", escreveu Dionísio. "Não temos absolutamente nenhum conhecimento de toda a sua incompreensível e inefável existência". Muitos místicos cristãos, que tinham uma visão muito mais afetiva de Deus do que os místicos muçulmanos (principalmente devido ao fator Jesus, mas com alguma base nas descrições escriturísticas de Deus também), encontraram a perspectiva das trevas no topo do Sinai, a "nuvem do desconhecimento", como um místico inglês definiu mais tarde, muito mais convidativa do que a luz ofuscante da Transfiguração.

Dionísio ofereceu aos cristãos não apenas uma noção convincente do que Deus era (ou não era), mas também uma explicação de como chegar a entendê-lo. Ele pode ter chamado seu trabalho de "teologia", mas o termo incluía, para ele, como para os cristãos orientais em geral, tanto o pensamento discursivo como a compreensão intuitiva de Deus, em suma, o que aqui está sendo chamado de misticismo. Conseguimos isso, diz Dionísio, deixando para trás nossos conceitos de Deus, ao acabar com o que chamamos de pensamento. Portanto, devemos ir além da razão, do pensamento e do conhecimento. "Além da última fronteira do mundo, a alma entra em união com o próprio Deus".

A oração de Jesus

Para os cristãos, o ascetismo – muitas vezes um ascetismo por toda a vida – era a estrada real para o misticismo, mas o caminho para experimentar Deus podia ser facilitado, até apressado, por alguns passos um pouco mais práticos. Tanto os cristãos como os muçulmanos muitas vezes empregaram técnicas em sua busca mística. As técnicas místicas judaicas eram muitas vezes caracterizadas pelo uso de fórmulas e se concentravam na aproximação de Deus, ao passo que cristãos e muçulmanos empregavam meios emotivos e físicos para fazer experiência de Deus. A cristandade ocidental, que institucionalizou em alto grau e monitorou mais intimamente o ambiente espiritual, não favoreceu muito essas técnicas, mas os cristãos orientais eram consideravelmente mais experienciais. As orações monásticas ocidentais, por exemplo, a recitação do Ofício Divino, era um exercício comunitário público e estritamente estruturado (ver II/8); a espiritualidade mais idiossincrática do Oriente favoreceu as formas pessoais de culto, sendo a principal delas a chamada oração de Jesus.

A oração de Jesus é diretamente dirigida a Cristo, geralmente na forma "Senhor Jesus Cristo, Filho de Deus, tende piedade de mim", embora haja variantes mais curtas e mais longas. A oração é muito antiga no cristianismo, como se poderia esperar de sua simplicidade, mas seu uso desenvolvido como um mantra cristão não apareceu até o século VI ou VII entre os monges do Egito e do Sinai. Ela é descrita pela primeira vez nos *Três métodos de oração* de Simeão, chamado de "O Novo Teólogo" (m. 1022). Como técnica mística, a oração de Jesus exigia repetição continuada e rítmica. Sua repetição era guiada por uma espécie de "corda de oração" (*komboskoinion*) com nós, obviamente aparentada com os dispositivos de narração da prática espiritual da Ásia oriental, com o *subha* dos muçulmanos e o rosário dos cristãos latinos, que tinham a mesma finalidade (ver I/1). Sua regularidade era acentuada e aumentada por uma respiração conscientemente ritmada, outra herança do Oriente, que pelo século XIII tinha desenvolvido uma liturgia própria na cristandade oriental. Quem fazia a oração devia estar sentado, com cabeça e ombros abaixados, com os olhos voltados para baixo e para dentro, com o olhar dirigido para o coração ou o umbigo. A respiração devia ser regular e rítmica, e coordenada com as palavras da oração ou, mais tarde, a batida do coração. Finalmente, a atenção, assim como o olhar, devia estar focada para dentro, com a intenção de parar o pensamento, como Dionísio aconselhara, e de substituir o pensamento pela ação emotiva do coração.

Hesicasmo

Um dos principais discípulos de Evágrio foi João Clímaco (m. 605), monge do Sinai cuja *Escada da ascensão divina* fica a um mundo de distância da versão de Basílio orientada para a comunidade e altamente regulamentada. O monge de João se esforça, na melhor tradição evagriana, para obter a tranqüilidade (*hesychia*) de corpo e mente que convida a graça divina a encher a alma com luz do alto. Nem a tranqüilidade nem a iluminação divina eram idéias novas no século V, mas tornavam-se a parte central do monaquismo no Oriente – nos escritos de Simeão, o Novo Teólogo, por exemplo. Elas explodiram em controvérsia no Monte Atos, uma verdadeira sociedade de mosteiros no norte da Grécia (ver II/8), onde pelo século XIV a obtenção da hesiquia estava condicionada por um rebuscado conjunto de exercícios físicos que tinham menos a ver com o ascetismo cristão tradicional do que com um tipo de ioga bizantino: contemplação do umbigo, respiração regulada e entoação repetitiva da oração de Jesus. O ponto culminante desse regime foi uma infusão da luz divina, a mesma vista pelos discípulos de Jesus no Monte Tabor (Mc 9,2-8; Mt 17,1-8), e uma união com a essência divina – em suma, uma espécie de deificação (*theiosis*).

Tanto a oração dos hesicastas quanto sua desejada experiência de Deus tinham raízes profundas nos primórdios da tradição cristã. O que atraiu a atenção para esse complexo particular de método e experiência foram os termos nos quais a experiência posterior se exprimiu e o laço inexorável forjado entre meios e fim. Os monges orientais, particularmente os eremitas do Monte Atos, que praticavam a oração de Jesus da maneira mais completa, afirmavam que tal oração conduzia a uma visão e participação da luz divina incriada do Tabor que fluía do céu diretamente para dentro de seus umbigos. Como a maioria das tentativas de descrever uma experiência pessoal do sobrenatural, essa provavelmente está carregada de literalismo demasiado, e seus opositores zombavam deles caracterizando os hesicastas como *omphalopsychikoi*, ou "pessoas com suas almas no umbigo".

As questões colocadas ao mundo cristão por essa prática atraente e vistosa de alguns monges orientais eram, porém, complexas. Em círculos teológicos sofisticados era bastante fácil parodiar e ridicularizar os eremitas que contemplavam seus umbigos em suas celas no Monte Atos, mas as questões mais amplas que apresentavam aos crentes eram, em primeiro lugar: qual era exatamente o papel da oração na salvação; em segundo lugar, como era possível, se de fato era, para um ser limitado entrar em contato direto com o Ser Inefável de Deus? Foi essa última pergunta metafísica encampada pelos opositores do hesicasmo que seus praticantes resolveram defender. O protagonista nesse caso foi um monge grego da Calábria, Barlaão, que iria a Constantinopla e se tornaria notável como uma das luzes intelectuais de liderança do patriarcado. Ele era um defensor firme e leal da ortodoxia oriental e escreveu numerosas obras atacando a posição ocidental sobre o *Filioque*, a frase que os latinos tinham acrescentado ao Credo Niceno dizendo que o Espírito Santo procedia do Pai *e do Filho*. Ele, porém, conduziu a polêmica de maneira nova e nada familiar aos teólogos orientais. Barlaão era formado também nos métodos do escolasticismo ocidental e os usou eficazmente contra os seus praticantes latinos. Sua abordagem nova atraiu a atenção desfavorável de um antigo eremita do Monte Atos, Gregório Palamas (m. 1359), que apresentou suas próprias idéias sobre o assunto. Barlaão não foi muito convencido por eles e começou a examinar mais de perto as práticas no Monte Atos que já eram conhecidas em círculos ocidentais, ou seja, a prática rotulada como hesicasmo. Ficou horrorizado com o que acontecia e com o que se dizia e atacou tanto a prática como a teoria por escrito. Por insistência do patriarca, que também fora monge no Monte Atos e discípulo de Palamas, o santo eremita de Atos respondeu e a questão se resolveu.

Energias de Deus e essência de Deus

A posição hesicasta apoiava-se pesadamente, como a metafísica neoplatônica a ela subjacente, na analogia venerável de Deus e do sol. A criação era, de fato, uma emanação, uma efusão da bondade ilimitada de Deus, que, como a luz proveniente dos raios do sol, não diminuía, pensava-se, a fonte da qual procediam. Os hesicastas usavam a mesma figura. A luz que eles viam não era o próprio Deus, mas seus "raios" ou, de maneira mais filosófica, mais suas "energias" (*energeiai*) do que sua essência. Esse era o cerne da questão: se era possível distinguir entre o ser essencial de Deus e suas energias, a realização ou manifestação de seus poderes ou, de modo mais geral nesse tipo de discurso, seus atributos, e se seria possível predicar algum tipo de realidade dessas últimas. No cristianismo, os hesicastas platonizados diziam "sim"; seus oponentes aristotélicos diziam "não". Entre os muçulmanos, que tinham assumido a mesma questão de maneira um pouco diferente (ver II/7), os mutazilitas, como os aristotélicos cristãos, de quem devem ter aprendido esta lição particular, diziam igualmente: "Não, não há realidade nos chamados atributos de Deus". Os hanbalis, e depois deles a maioria dos muçulmanos, diziam "há sim". Os atributos de Deus, embora distintos de sua essência, eram, como a luz do Tabor que transfigurava os monges hesicastas, tanto eterna como incriada. Essa opinião tornou-se a ortodoxia muçulmana e, num concílio realizado na Santa Sofia em 1351, declarou-se também que o hesicasmo constituía ortodoxia na cristandade oriental.

O debate hesicasta, que atraiu muitos outros além de Barlaão e Gregório Palamas, também levantou a questão da natureza e da finalidade da oração. Segundo a compreensão ocidental geral, a oração devia ser necessariamente uma oração de petição, uma tentativa de levar nossa vontade a conformar-se com a de Deus. Em sua forma mais alta, a oração leva à contemplação, a elevação do intelecto a Deus. Para o Aquinata, como para Barlaão depois dele, a oração era um hábito que, uma vez adquirido, transfigurava as ações humanas de maneira que se podia dizer que rezamos incessantemente, como ensinavam os padres. Palamas e os hesicastas pensavam de modo diferente. Para Palamas, a oração incessante significava estar em comunhão constante com Deus, um dom conseguido principalmente pelo monge asceta, visto que perseguia a meta de subir a Deus por seu ascetismo incansável e fazer Deus descer por seu amor, sendo o amor transcendido e Deus condescendido, como foi apropriadamente colocado. Em seu ponto mais alto, essa oração conseguia união verdadeira com o Criador; a Luz Divina do alto era literalmente difundida na alma do ser humano e o místico experimentava aqui embaixo a mesma revelação divina que os santos experimentavam na outra vida.

Espiritualidade oriental e ocidental

Numa perspectiva mais ampla, o hesicasmo e a oposição que engendrou foi mais uma fase no conflito entre a espiritualidade e a eclesiologia cristãs do Oriente e do Ocidente. Um misticismo afetivo e quietista do tipo hesicasta não era desconhecido no Ocidente: está presente na espiritualidade dos franciscanos, dos carmelitas e mesmo em movimentos leigos como os "iluminados", os *alumbrados* da Espanha do século XVI, e até em reformadores radicais como os quacres. Falando de modo geral, contudo, essa abordagem da oração e de seus efeitos era ou controlada ou marginalizada. O misticismo ocidental preferiu, tanto oficialmente como não oficialmente, o ideal mais humanista da contemplação intelectual, bem como omitir a experiência reconhecidamente mística do divino em fenômenos pessoais e por isso inimitáveis. Aqueles que como Barlaão se opunham ao hesicasmo na Igreja oriental eram, muitos deles, animados pelos mesmos ideais humanistas e intelectualistas que guiavam a Europa Ocidental para a Renascença; a maioria daqueles que descordavam mais profundamente de Palamas apoiava a união das Igrejas (ver I/6). Afirmar o hesicasmo como ortodoxia e identificar a ortodoxia oriental com hesicasmo, como a Igreja oriental fez em concílios em 1341, 1347 e 1351, foi cortar outro elemento de contato dos cristãos do Oriente com os do Ocidente de maneira tão eficaz como se tivesse sido declarado um anátema contra o humanismo. Marcou também o triunfo dos monges sobre os teólogos na Igreja oriental. Cada vez mais a hierarquia das Igrejas orientais – búlgara, sérvia e russa, bem como a grega – era composta de monges do Monte Atos e seus discípulos, homens cuja formação e perspectivas tinham sido forjadas dentro de mosteiros separados, não em universidades ou nas igrejas das grandes cidades do império.

Exercícios espirituais

Os exercícios praticados pelos monges do Monte Atos ou do Monte Cassino, não menos do que aqueles dos muçulmanos que escolhiam seguir o caminho sufi, eram empreendimentos privados conduzidos sob a orientação de um mentor mais velho e experiente, no que se tornou um aprendizado espiritual muitas vezes prolongado. No começo da era da imprensa, aconteceu a um soldado inválido aquele mesmo efeito que podia ser alcançado de maneira um pouco mais rápida e eficiente. Bem no começo de sua nova e dedicada vida como cristão, Inácio de Loyola, o basco cortesão que se tornou santo (ver II/8), teve a idéia de pôr suas experiências por escrito, não como autobiografia, mas numa forma esquematizada que pudesse ser seguida por outros, que assim poderiam ser levados a uma mudança semelhante de mente e de alma. Essa foi a origem, por volta de 1522-1523, dos *Exercícios espirituais*, notável documento de espiritualidade cristã. Não era nada menos do que um programa de mudança de vida, ou melhor, para mudar a própria vida, pois os *Exercícios* são notoriamente não prescritivos: diretos e laconicamente secos, são destituídos tanto de mistério como de sentimentalidade espiritual. Os *Exercícios espirituais* abrangem quatro "semanas" e foram de fato planejados para um mês de oração e meditação guiadas sobre os mistérios do cristianismo e o estado de alma da pessoa. Depois de uma primeira "semana" amplamente introspectiva, a segunda é dedicada à vida de Cristo, a terceira à sua paixão e morte e a última às suas aparições como ressuscitado. O diretor dos *Exercícios* e aquele que os fazia estavam também providos de várias regras e orientações, para o "discernimento dos espíritos", por exemplo, como um guia para observar e avaliar os estados espirituais, para "pensar com a Igreja" e sobre os "três métodos de oração", dos quais um lembra muitíssimo a oração de Jesus.

Não há nada de radical ou mesmo de novo nos *Exercícios espirituais*. Sua espiritualidade é normal – a *Imitação de Cristo* de Tomás de Kempis era a leitura predileta de Inácio – e o tom é suave: o método é mais orientação do que comando. Mas a obra é sagaz em sua psicologia e, de modo muito mais importante, é pragmática. Se não é misticismo, é pelo menos uma espiritualidade poderosa para cada um, a conversão de seriedade cristã alta numa forma que pode ser internalizada e depois usada por qualquer cristão. Todos podem seguir as pegadas de Inácio: todo leigo pode tornar-se monge, todo cristão um santo.

A trajetória subseqüente dos *Exercícios espirituais* se dividiu em duas direções, diferentes, mas paralelas. A primeira foi o "retiro", pelo qual o cristão ou um grupo de cristãos se retirava temporariamente da sociedade e de suas ocupações cotidianas para seguir uma versão especialmente talhada e convenientemente encurtada dos *Exercícios*. Supunha-se que os jesuítas, os membros da ordem religiosa que Inácio fundara, fizessem os *Exercícios* completos no começo e no fim de seu período de formação, mas para o cristão comum seriam suficientes três dias ou, no máximo, uma semana. Essa nova atividade espiritual deveria ser realizada sob a direção de um guia espiritual perito, que tinha um manual jesuíta adicional, o *Diretório* (1599), para ajudá-lo a aplicar os *Exercícios* num ambiente um tanto modificado. Segundo, os *Exercícios espirituais* levaram os jesuítas e, nos passos deles, a Igreja Católica, no caminho para a orientação espiritual do laicato (ver I/6). Onde o clero tinha principalmente administrado os sacramentos, a nova espiritualidade pós-Trento (e pós-jesuíta) exigia que dessem conselho e orientação espiritual, não apenas no confessionário, onde clero e laicato tinham tido os encontros mais freqüentes e privilegiados, mas no âmbito mais amplo dos contatos sociais que os jesuítas e outros encorajavam nos sodalícios, confraternidades e associações pias que se tornaram cada vez mais comuns na era da reconstrução católica que se seguiu ao Concílio de Trento.

Maomé purificado e arrebatado

As buscas ascéticas muçulmanas, que tenderam a ser um pouco mais ocasionais e menos orientadas para o deserto do que eram no cristianismo, assumiram cedo suas próprias aspirações místicas, com um anelo por união com um Deus que a maioria dos muçulmanos adequadamente considerava transcendente. O sufismo, como todas as formas de misticismo, tem como seu fim reconhecido uma experiência imediata de Deus, uma experiência quase sempre expressa em termos de união (*tawhid*) ou identidade (*ittihad*).

Os místicos cristãos, que passaram de um cultivo cuidadoso de abnegação para um desejo de estar diante do trono divino, ou até de olhar para a face de Deus, tinham amplos precedentes nos passados judaico e helênico ainda meditativos. Os sufis primitivos não conheceram nenhum arrebatamento para outros domínios. Em vez disso, tinham o exemplo de seu próprio mestre. Depois de um ritual de iniciação, o próprio profeta Maomé subira ao céu mais alto e entrara em contato com Deus. Esses dois acontecimentos, chamados respectivamente de Abertura do Peito de Maomé e Ascensão, são ricos em subseqüentes associações islâmicas, mas são apenas tocados, de maneira tipicamente indireta, no Alcorão. "Nós não abrimos o teu peito e tiramos de ti teu fardo que estava quebrando tuas costas?", pergunta Alcorão 94,1-3. A tradição biográfica e exegética desenvolveu a estória de um anjo abrindo fisicamente o peito de Maomé, no começo de sua vida ou imediatamente antes de sua vocação como profeta, tirando toda imperfeição que existisse aí e derramando em seu lugar fé e sabedoria em abundância.

Esse procedimento iniciatório catártico é seguido imediatamente, no imaginário dos místicos, por Maomé sendo carregado em seu sono – ele é descrito descansando no espaço sagrado perto da caaba –, primeiro até Jerusalém – a famosa Viagem Noturna de Alcorão 17,1 (ver I/3) –, e daí, do local do templo na Cidade

Santa, para o céu mais alto. Essa é a Ascensão (*miraj*) do Profeta, que nunca é completamente descrita no Alcorão, mas é muitas vezes celebrada na literatura e na arte. Alguns de seus detalhes parecem extrapolados daquilo que quase com certeza eram traços das verdadeiras visões do Profeta, como aquela descrita quase de passagem em Alcorão 53,1-18. A anotação do próprio Alcorão dessas visões é mínima ao extremo, mas a tradição sufi, inclusive as notícias proféticas (*hadith*) que pretendiam remontar ao próprio Maomé, colocaram a ascensão firmemente e para sempre no contexto da viagem celeste de Maomé. O Profeta é levado para cima por um corcel sagrado através dos sete céus da cosmologia antiga e medieval (ver II/10) para estar na presença de Deus.

Como na literatura judaica da subida celestial de "carro" e "palácios", em cada céu que Maomé entrou em sua viagem, só entrou depois de um desafio e uma resposta dada ao seu guardião profético – Adão no primeiro céu, depois Jesus, José, Idris (Enoc), Aarão, Moisés e, finalmente, no sétimo céu, Abraão. Além desse patriarca está o próprio Deus, que, segundo o relato de Maomé noticiado nos *hadith*, "inspirou em mim o que Ele inspirou". Então se segue uma seqüência totalmente típica de "negociação" (cf. a negociação de Abraão em favor da Sodoma condenada em Gn 18,20-32), na qual Deus inicialmente determina cinqüenta orações diárias para a comunidade muçulmana, que Maomé gradualmente negocia baixando para as cinco canônicas.

Tal paradigma profético mostrou-se infinitamente frutífero para os místicos sufis. Eles também tiveram suas próprias "ascensões" no mesmo terreno, embora muitas vezes adornadas com novos detalhes, para acabar no mesmo lugar terrível diante do trono de Deus. Agora na sagrada companhia dos profetas aí reunidos estava o próprio Maomé para saudar seu seguidor viajante místico.

Maomé viu Deus?

Embora os muçulmanos em geral concordem que os fiéis verão Deus na vida futura (ver II/10), houve ainda uma notória discussão sobre se a "visão de Deus" podia ser alcançada nesta vida. Uma parte do debate desviou na direção dos místicos, cujas experiências do divino eram em geral relatadas na linguagem opaca da metáfora e do símbolo, sob uma capa de poesia altamente carregada. Eventualmente, porém, a nuvem da alegoria subia e o muçulmano tradicional era confrontado com as declarações de alguém como al-Hallaj, que se identificou a si mesmo com Deus, ou um Ibn Arabi, que deixou pouca dúvida de que vira Deus (ver mais adiante). O consenso muçulmano não tinha muita simpatia por tais afirmações, mas outro caso provocou uma atitude mais atenta e cuidadosa, a do próprio Maomé.

O Alcorão está plenamente consciente do caso de Abraão, cujo contato com Deus era direto, embora de modo não especificado, e, de modo mais particular, de Moisés, que pediu a Deus: "Mostra-te a ti mesmo a mim para que eu possa olhar para ti" (7,143). As revelações de Maomé, não menos que as de Moisés, vieram de Deus, mas o Alcorão dá pouco ou nenhum testemunho de como ocorreram. O Alcorão tem Maomé admitindo, a fim de acalmar céticos que pensavam que ele "errara", que tivera duas visões sobrenaturais (53,1-18) – ele viu alguém "forte em poder, possuído de sabedoria" –, embora sem especificar quem precisamente ele vira. Para abrir e expandir esses textos, os exegetas dispunham de grande número de ditos do Profeta, alguns dos quais tratavam bastante diretamente do assunto da visão de Deus. A afirmação "Não verás a Deus até que morras" parece negar explicitamente a possibilidade de tal coisa durante a vida, enquanto a afirma implicitamente após a morte. A declaração, porém, é dirigida aos crentes, e a maioria dos comentadores aduziria facilmente uma exceção para os profetas em geral e para Maomé em particular.

Noutro *hadith* difundido, que os juristas julgaram autêntico, Maomé dizia, com toda simplicidade: "Eu vi meu Senhor". Os exegetas abordaram o texto de várias direções. Uma das abordagens o ligou diretamente às visões descritas nas linhas iniciais da sura 53 e o interpretou de maneira totalmente literal. Outras entenderam que se referia a uma ocasião totalmente diferente e depois tiveram de escolher se a visão foi "com os olhos do corpo", isto é, literalmente, ou com "os olhos do coração", o que se faria referência a uma visão em sonho. Essa última validaria a autenticidade da experiência – os sonhos de todos os profetas eram verídicos –, enquanto suavizava a sua "corporalidade" (*tajsim*). O debate então passou para a questão de como Deus apareceu. Alguns afirmaram, com a anuência dos místicos do islã, que Deus apareceu numa "manifestação figurada", isto é, adotou uma aparência quase material, apropriada para a ocasião. A sura 53, entretanto, começou a desenvolver sua própria história exegética. Se alguns dos primeiros comentadores pensaram que as linhas queriam dizer que Maomé vira Deus duas vezes, alguns dos *hadith* posteriores mostraram uma preferência marcada por Gabriel, não Deus, como seu objeto, assim como as suras posteriores do Alcorão começaram a identificar esse anjo como o agente na revelação de Deus a Maomé (ver II/10).

Há, de fato, um *hadith* que resume de maneira sintética a discussão acerca da visão de Deus por Maomé. Está relacionada à autoridade da esposa de Maomé, Aisha, que noticiou que o Profeta lhe contara que havia três mentiras terríveis acerca de Deus. A primeira era a afirmação que alguns faziam de que Maomé vira Deus. O noticiador a quem Aisha estava contando o caso ficou muito surpreso. E sobre as referências do Alcorão às suas visões (53,13; 81,23)? "Sim", respondeu

Aisha, "eu fui a primeira a perguntar-lhe sobre isso". E Maomé respondeu: "Foi apenas Gabriel. Não o vi no estado verdadeiro no qual ele fora criado senão nessas duas vezes". O que sugere, naturalmente, que as revelações alcorânicas foram todas puramente auditivas.

Os sufis como místicos

Para os primeiros sufis, o amigo de Deus era o indivíduo que observava a *xaria* com escrúpulo bem-intencionado e falava a Deus na oração. Essa pessoa não possuía nenhum dom especial, nem ele ou ela podia, na opinião da maioria, alegar qualquer conhecimento particular de Deus a não ser o que Deus dava aos seus amigos no Juízo. Havia, porém, idéias compensatórias. O desenvolvimento de conceitos de uma sabedoria gnóstica, revelação particular e iluminação divina separavam o místico, o indivíduo que experimentara Deus, do simples asceta, ao atribuir ao primeiro um estado, seja como meta ou realização, diferente do dos outros muçulmanos.

As meditações do jovem sufi Rabia (m. 801) sobre o anelo da amante pelo amado, com seu foco sobre a relação pessoal e essencialmente privada entre a criatura e seu Deus, pode ter contribuído para o mesmo fim. Ela desejava, dizia, que o véu fosse removido de modo que ela pudesse olhar para o Amado. Para alguns, porém, olhar não era bastante. Abu Yazid (m. 876), de Bistam, no Irã, que estava separado apenas uma geração do zoroastrismo de seu avô, foi iniciado na tradição mística de um tal Abu Ali, o "Indiano" (al-Sindi), que aparentemente também era novato no islã, visto que ao chegar a Bistam não sabia sequer árabe suficiente para manejar o Alcorão. Al-Bistami, como Abu Yazid é mais freqüentemente chamado, ensinou árabe e a *xaria* para ele e recebeu de Abu Ali, em troca, instrução sobre as "realidades" e a "extinção do si-mesmo na unidade de Deus".

Não há mais nada de Abu Ali; depois disso apenas a voz de Bistami é ouvida, capturada sozinha naquilo que ele chamou de "declarações paradoxais", exclamações vivas e excitadas em seu persa nativo. Através do fervor subjetivo delas brilha uma mudança fundamental da abordagem que o místico faz de Deus. As meditações visionárias dos primeiros sufis tinham se esforçado para tornar presentes as perspectivas distantes do Juízo. Bistami não podia esperar pelo *eschaton* (Final dos Tempos); lançou-se precipitadamente na posição de êxtase já concedida ao Profeta. Por muitos anos, Bistami confessou, não tinha cultivado nada senão seu próprio si-mesmo. Então, com a subitaneidade de uma iluminação, viu toda a criação numa nova luz. Ela tornou-se semelhante a um cadáver aos seus olhos, e despojando-se de seu próprio eu "como uma serpente se despe de sua pele", Bistami começou sua experiência pessoal de "subida ao céu". Levado para diante de Deus, pediu para ser investido com a Unidade, Individualidade e Unicidade de Deus. Foi-lhe concedido. Como o próprio Bistami descreveu, estava vestido dos atributos divinos – "Tornei-me um pássaro cujo corpo era Unicidade e cujas asas eram Eternidade". Seguiu-se, se nossa compreensão da seqüência das "declarações" de Bistami está correta, a experiência final de "extinção na unidade de Deus". Ele chegou ao ponto do não-ser, e depois de permanecer aí por dez anos, Bistami passou "do Não ao Não por via do Não". Despojado de sua própria personalidade, o místico estava diante da Essência de Deus, e de seus lábios veio o mais surpreendente dos seus paradoxos: "Glória seja dada a Mim! Como é grande a Minha Majestade!" Depois acrescentou: "Bastante de mim mesmo! Bastante!".

O desenvolvimento da teoria sufi

Notícias de Bistami e suas experiências com extinção e a união mística chegaram rapidamente a Bagdá, onde a autoridade sufi governante era Abu al-Qasim al-Junayd. Junayd (m. 910) leu o "Glória seja dada a Mim" num sentido prudencial que absolveu Bistami de blasfêmia, mas aceitou claramente a possibilidade do que Bistami descrevera, a saber: uma união mística com Deus. Segundo a fórmula do próprio Junayd, esse estado de união (*tawhid*) foi alcançado "ao separar a forma eterna daquilo que fora criado no tempo".

Talvez isso seja já um grau de conceitualização abstrata estranha a Bistami, mas Junayd já tinha uma teoria sobre por que e como os seres humanos podem aspirar a essa possibilidade extraordinária de união com Deus. Surgiu da meditação de Junayd sobre a passagem do Alcorão (7,172) na qual Deus chama para diante dele os filhos de Adão ainda incriados e manda que testemunhem que Alá é o seu Senhor. Outros lêem a famosa "aliança" (*mithaq*) como uma revelação de pré-criação; Junayd, porém, viu-a como um testemunho claro de um tipo especial de existência possuída pelas almas antes de sua criação no tempo e uma garantia que essas almas têm da possibilidade de mais tarde, em suas vidas terrenas, restabelecer tal existência espiritual "nele".

Antes de o místico poder avançar (ou regredir) a esse estado de existência espiritual primordial, ele ou ela tinham primeiro de trabalhar pela "auto-extinção" (*fana*) já explorada por Bistami. A visão que Junayd tinha da *fana* está bem dentro da passagem alcorânica desse termo, a saber, um despojamento do eu ou si-mesmo mundano, mas quando chega ao seu complemento, *baqa*, ou subsistência continuada em Deus, estava invocando sua própria compreensão um tanto filosófica da preexistência dos humanos, o que era sugerido e confirmado por sua exegese da passagem da aliança como um pensamento na mente de Deus. A meta proposta ao místico por Junayd era, então, não mais do que uma volta às raízes espirituais originais dos humanos. A enormidade de reclinar-se no seio de Deus deve ter sido substancialmente diminuída pela percepção de que, antes de começar a existência temporal, os seres humanos foram criados nessa mesma posição.

A subsistência em Deus de modo algum era o fim do processo. Junayd sabia que o místico ou a mística deviam inevitavelmente voltar à situação cotidiana e reassumir a sua personalidade individual. O místico passou por uma mudança, tanto interna quanto externa. O místico que tinha experimentado as glórias da unidade divina via agora o mundo numa nova luz, com a clareza e sobriedade, segundo Junayd, e "suas ações no mundo tornam-se um modelo para seus companheiros". Bistami emergira de seus arrebatamentos num estado de alta intoxicação; o místico de Junayd, numa sobriedade fria e até triste, condenado a viver no mundo com a lembrança de um estado brevemente restaurado da inocência original, de fato preexistente.

A preexistência das almas, embora fosse um aspecto familiar no pensamento platônico, estava longe de ser um ponto fundamental no islã, no começo. Na Bagdá do século IX, Junayd tinha ampla oportunidade para instruir-se no pensamento helênico, mas não temos nenhuma evidência direta de que fez isso. Nossas suspeitas são um tanto mais fortes no caso de um dos contemporâneos de Junayd. Al-Tirmidhi, que tinha o sobrenome de al-Hakim, "o Sábio", nasceu em Tirmidh, no Irã, "converteu-se" ao sufismo a partir das ciências tradicionais aos 28 anos de idade, e passou a residir em Neyshabur, quando sua ortodoxia tornou-se suspeita em sua cidade natal.

Tirmidhi é representado por um número impressionante de obras, mas a mais influente foi seu *Selo dos santos*, reunião um pouco desconexa de mais de 150 questões disputadas na tradição sufi. O *Selo dos santos* é uma obra densa, mas a sua base ideológica está claramente exposta. A tradição da fé muçulmana fundamenta-se numa compreensão da profecia, cujo último exemplar, o "Selo dos Profetas", foi Maomé. Tirmidhi colocou perto da profecia outro grau de espiritualidade, o de "santidade". Em sua aceitação mais ampla, a santidade (*walaya*) caracterizou a comunidade muçulmana inteira por causa de sua profissão de fé comum. Há, no entanto, uma classe particular e elitista de "santos", a saber, aqueles indivíduos que partilham um entendimento iluminativo dado por Deus e que estão mais alto na classificação espiritual que os profetas. Assim, do mesmo modo que Maomé era o "Selo dos Profetas", Jesus era o "Selo dos Santos".

A exaltação que Tirmidhi fez do santo acima do profeta parece notável à primeira vista, mas tem seus antecedentes entre os escritores sufis; existe até um *hadith* a esse respeito que foi aceito pelos tradicionistas. A posição de Tirmidhi estava, no entanto, baseada em ideologia, não na tradição. O profeta era legislador – e Tirmidhi entendia que nem todos os profetas o eram –, e por essa mesma qualificação constituía-se um "comum", noção que ia contra a espiritualidade elitista de Tirmidhi pela qual verdades superiores eram comunicadas por inspiração ou, para usar sua própria imagem, pela difusão de "luzes" espirituais, outra noção com uma história longa e frutífera em círculos místicos muçulmanos.

Sufismo e gnosticismo

Evidentemente, há uma metafísica em ação em Tirmidhi, talvez também no Bistami mais experimental. O sufismo progredira de sua primeira preocupação exclusiva com o que a tradição cristã chamou de via purgativa – em termos muçulmanos, "renúncia" – para uma experiência imediata de Deus, e agora, finalmente, para uma visão do mundo que verificava e explicava essa experiência. Os primeiros sufis tinham avaliado suas experiências próprias e dos outros junto com a via purgativa e tinham tirado delas tanto a noção do eu como o foco dos impulsos egoístas dos humanos por gratificação e a de entendimento, faculdade dada por Deus para distinguir entre o bem e o mal. As duas noções pertenciam à ética e eram compreensões psicológicas úteis para fazer o bem e evitar o mal. No tempo de Tirmidhi, a alma, o entendimento e o espírito eram partes de uma estrutura metafísica elaborada que excedia em muito os limites da ética. No final do século VIII, o pensamento de certos sufis foi invadido por uma metafísica da luz que coloria a sua cosmologia, antropologia e visão da vida espiritual tanto de Deus como dos seres humanos. Em termos mais simples, os novos metafísicos afirmavam, ao contrário da tradição islâmica, a consubstancialidade entre Deus e o elemento espiritual nos humanos: a Luz, que é essência de Deus, desceu através de uma série de emanações, sendo a última delas o espírito humano.

Isso posto, a tese não é diferente daquilo que era comumente entendido pelo platonismo tardio ou diferente da versão da teoria propagada pelos representantes muçulmanos da tradição platônica. Havia, no entanto, versões um pouco diferentes dessa metafísica, inclusive a dos próprios sufis, que apontam para fontes diferentes das puramente filosóficas. Os sufis místicos, por exemplo, não seguiam a crença de que a luz divina nos humanos era uma disposição inteiramente natural, com base na qual qualquer indivíduo podia aspirar à união com sua fonte metafísica. A versão sufi era elitista em sua convicção de que a irradiação substancial de Deus era um dom limitado aos "privilegiados" e que o conhecimento fundado nele não era apenas uma forma exaltada de intelecção natural (gr. *episteme*; ar. *ilm*), mas uma sabedoria (gr. *gnosis*; ar. *marifa* ou *hikma*) especial concedida aos "santos".

O místico muçulmano era, na versão acabada, um gnóstico. Como ele ou ela chegou a essas crenças não é imediatamente claro. O místico estava em certo sentido cercado de possibilidades: traduções de obras gregas como a "Teologia de Aristóteles" ou alguns trechos da *Hermenêutica*; contatos com um ou outro dos grupos marginais com atitudes gnósticas dentro da Casa do Islã, como os maniqueus ou os misteriosos cientistas teosóficos de Harã chamados sabeístas; ou encontros com alguma seita islâmica que já tinha aceitado a visão gnóstica da realidade, os xiitas ismailitas, por exemplo (ver I/8). Essa última possibilidade talvez seja a mais atraente. O Plotino neoplatônico não era, afinal de contras, um gnóstico genuíno, enquanto outros, como os sabeístas, estavam envolvidos numa complexa mitologia cósmica inaceitável para muçulmanos, partilhando um pessimismo mundano que não tinha equivalente entre os sufis dos séculos X e XI.

Sufis e xiitas

Uma característica primária da visão dos sufis era sua crença na natureza contínua da revelação, o fato de juntarem numa parceria o profeta e o santo, com vantagem para o último, como repositórios duais das verdades divinas. Assim, em sua forma primitiva, a apresentada por Bistami, por exemplo, o sufi apenas reclamava uma participação na extraordinária experiência dada a Moisés. Nas versões posteriores, Maomé e o sufi tornaram-se iguais existenciais na classe dos "privilegiados", com a diferença de que Maomé tipificava a classe de profetas cuja união com Deus estava "congelada" na revelação pública que se seguiu, enquanto o sufi era o beneficiário de uma revelação contínua.

Isso é um pouco semelhante ao que estava sendo afirmado pelos xiitas do círculo do imã Jafar al-Sadiq (m. 765); os imãs xiitas eram exatamente tais repositórios de revelação contínua por razão de sua ligação especial com sua fonte divina. Na medida em que a experiência das "Realidades" estava limitada em cada geração a um só indivíduo designado descendente da família de Maomé, Fátima e Ali, o sufi presumivelmente entraria em desavença com a visão xiita. Os xiitas defendiam uma elite espiritual com dimensões o mais estreitas possível, que fosse baseada numa consideração dinástica, e portanto, política; o místico sufi abriu a experiência de Deus para toda uma classe de aristocratas espirituais, os amigos de Deus.

À medida que o xiismo era um movimento político e social e o sufismo era essencialmente uma associação de ascetas, houve xiitas que usaram o título de sufi. Quando, porém, tanto os sufis como os xiitas se voltaram para a ideologia, uma ideologia gnóstica, a separação entre os dois grupos ficou clara. Os tradicionalistas podem ter considerado o místico al-Hallaj um qarmate (ver mais adiante), mas só porque os qarmates tinham transcendido, como os próprios sufis, a prolongada ligação xiita com a história na pessoa de um imã álida. Os sufis e os xiitas não eram aliados, mas competidores, desde meados do século VIII até o século XII, quando o sufismo teve o seu amplo encontro seguinte com o gnosticismo.

Parte do complexo de idéias partilhadas pelo sufismo e pelo xiismo ainda nesse estágio inicial foi o conceito de preexistência de Maomé. Plotino criticara os gnósticos de seu próprio tempo por multiplicarem as emanações espirituais produzidas pela causa primeira, e o cosmos do gnosticismo pré-islâmico realmente parece cheio de um deslumbrante aparato de intelectos transcendentes que habitam o superior mundo de luz. Entre as hipóstases havia uma simplesmente chamada de "Homem". Segundo um relato hermético, Deus produziu um homem primordial, que era incorpóreo, imaterial e impecável. Já havia uma insinuação dessa idéia em Plotino, e o gênio anônimo ou promotor de discórdias que transformou passagens seletas nas *Enéadas* dentro da "Teologia de Aristóteles" alteraram essa insinuação numa versão gnóstica inequívoca do primeiro homem. Mesmo antes, Fílon também postulara a criação de um arquétipo espiritual do homem que possuía exatamente as mesmas qualidades e foi identificado com Adão.

O fecho de todos esses temas, o homem primeiro do gnosticismo, o homem inteligível de Fílon, o Jesus preexistente do cristianismo helênico e, ainda, talvez, o Gayomart do Irã, na teoria muçulmana de um Maomé de Luz, é um problema histórico imensamente complexo. Suas implicações plenas não se desenvolveram até que tanto o sufismo quanto o xiismo tivessem se tornado muito mais teosóficos do que eram no século X. Al-Tirmidhi, porém, já captara o essencial.

Al-Hallaj

De modo algum Tirmidhi era o único metafísico de sua geração de místicos. Sahl al-Tustari (m. 896), embora não representasse a mesma espécie de evidência literária, interessou-se pelos mesmos problemas psicológicos e soluções gnósticas que Tirmidhi. Também defendia uma "comunidade de santos" de elite, os quais, ao participar da luz primordial, tinham conhecimento dos mistérios da divindade. Isso pode ter sido parte da herança dos santos desde toda a eternidade, algo da maneira como Junayd entendia a aliança entre Deus e os filhos de Adão antes da criação.

O discípulo mais famoso de Sahl foi, segundo a opinião corrente, Husayn ibn Mansur al-Hallaj, que bem no começo de sua carreira estudou com Sahl e seguiu-o no exílio em Basra em 874. Iraniano de nascimento e, como Bistami, a apenas uma geração de distância do zoroastrismo, Hallaj logo abandonou seu guia e foi para os sufis de Bagdá, entre eles al-Junayd. Al-Hallaj ficou aí por um pouco mais de vinte anos, levando uma vida de retiro austero. No entanto, foi apenas um prelúdio. Hallaj rompeu com seus mestres de Bagdá acerca do que se tornara um princípio do sufismo; que as Realidades eram a propriedade esotérica de uma elite espiritual.

Como resultado de seu desentendimento, Hallaj deixou Bagdá e assumiu uma vida de pregação pública em Khorasan e Fars, embora agora não mais vestido como sufi. Esse primeiro ministério público durou cinco anos, e então Hallaj voltou por um breve período a Bagdá e depois reassumiu seus trabalhos num espaço oriental ainda maior que o levou pelo Turquestão e regiões da Índia. Em suas viagens, Hallaj talvez tenha feito contatos fatais com os cármatas revolucionários (ver I/8) e com o conhecido médico filósofo herege Maomé ibn Zakariya al-Razi (m. 925).

Ao voltar para Bagdá em 910, Hallaj começou a experimentar algumas das repercussões políticas e teológicas do que fizera e dissera. Afirmou, como outros tinham feito, com cautela, antes dele, que as obrigações canônicas da lei muçulmana podiam ser substituídas por atividades mais espirituais. De maneira mais geral, e mais provocadora, ele tornou o misticismo parte do domínio público ao exibir seus próprios poderes miraculosos e declarar para todos que quisessem ouvir que a união da alma do santo com o espírito de Deus era uma realidade alcançada por amor e não era uma metáfora. "Eu sou a Verdade", confessou abertamente Hallaj, apropriando-se de um dos nomes de Deus. A união verdadeira entre os dois – o ser humano mortal e seu Deus transcendente – podia ser conseguida apenas identificando as duas substâncias. Embora essa idéia fosse anátema para o islã, teve, observou o teólogo infrator, amplos precedentes no maniqueísmo, para o qual a alma humana era uma centelha caída da Luz Divina.

Hallaj foi acusado formalmente de *zandaqa*, ou heresia (ver I/5), com base num julgamento feito contra ele pelo jurista Ibn Dawud. Houve uma tentativa de prendê-lo em 913. Ele escapou, foi perseguido e capturado. Foi aberto um processo contra ele em 915 perante o grão-vizir, e à acusação política de ser propagandista cármata foi acrescentada a de *zandaqa*. Hallaj foi condenado e ficou preso por oito anos. O caso, porém, não estava resolvido. Foi julgado de novo, condenado mais uma vez, em março de 922. Hallaj foi flagelado, mutilado, pendurado numa forca e, finalmente, decapitado. Seu corpo foi queimado e as cinzas jogadas no Tigre.

Há pouca coisa em Hallaj sem paralelo em Bistami, Tirmidhi, Tustari e Junayd, sendo que os primeiros três sofreram o exílio por causa de seus ensinamentos. Al-Hallaj não era respeitador profundo da letra da *xaria*, atitude que tinha ressonâncias políticas infelizes numa Bagdá aterrorizada pela ameaça cármata de anarquia. Hallaj foi também mais ousado que seus predecessores acerca do tema da infusão da divindade na alma mortal como a base de uma união mística. Tirmidhi e Tustari moderaram seus pensamentos com um intelectualismo quase gnóstico; al-Hallaj moldou o seu na linguagem mais perigosa do amor.

A execução de Hallaj não resolveu o problema do sufismo no islã. Pode ter aguçado a questão e, ao fazer isso, ter dado o fundamento para uma solução final. O sufismo foi fortalecido com seu primeiro mártir, mas recebera um aviso também. A linguagem de intoxicação com Deus não era a linguagem corrente da Dar al-Islam, e depois de Hallaj poucos foram tão imprudentes para pensar assim. As alegrias da união mística estavam escondidas nas metáforas da poesia, nas circunvoluções da exegese alcorânica, ou nas densas páginas de teoria especulativa. E aqui também estão os meios de fazer as pazes com a ortodoxia.

A via sufi

No século X, o sufismo encontrou sua voz literária. No início, seus tons foram principalmente hagiográficos, coletâneas de casos e dos ditos daqueles homens e mulheres que haviam conseguido uma reputação de piedade no islã. Finalmente se ramificaram em coletâneas sistemáticas de biografias sufi como *Classes de sufis* de al-Sulami (m. 1021), o monumental *Adorno dos santos* de Abu Nuaym al-Isfahani (m. 1038) e a *Epístola* de Abu al-Qasim al-Qushayri (m. 1072), que acabou se tornando uma declaração clássica. Todas essas obras diferem entre si no alcance e na ênfase, mas têm em comum uma compreensão da finalidade e dos métodos do sufismo, a saber: experimentar a unidade de Deus no final de uma série de estágios altamente articulados de esforço pessoal, marcada em seus níveis mais avançados pela dispensação de certas graças de Deus igualmente bem definidas. Desses autores podem-se tirar algumas noções generalizadas sobre a estrutura da via sufi (*tariqa*). No entanto, o tratamento delas raramente é teórico, visto que as obras em questão em geral ilustram seus pontos em vez de discuti-los ou explicá-los.

O caminho para a perfeição começava, certamente, com uma "conversão", uma virada, pelo arrependimento, dos caminhos do mundo para uma consciência de Deus. Essa era, por comum acordo, a primeira das "estações" (*maqamat*) e era seguida por uma série de estágios semelhantes: escrupulosidade de consciência com respeito à ação moral, renúncia até dos prazeres legítimos, pobreza voluntária, paciência, abandono a Deus e, finalmente, a estação mais perfeita, a da complacência divina, na qual o lutador estava em conformidade perfeita com a vontade de Deus.

Essas estações eram os frutos dos próprios esforços do místico e semelhantes aos passos dados na *via purgativa* dos cristãos. Uma vez alcançadas, porém, o progresso espiritual posterior do sufi dependia não tanto do esforço pessoal como da misericórdia benevolente e gratuita de Deus, que outorgava os vários "estados" (*ahwal*) à alma. Aqui também, a via estava cuidadosamente mapeada. Os teóricos sufis distinguiam entre os "estados" de amor, medo, esperança, anelo, intimidade, tranqüilidade, contemplação e certeza. Por sua própria natureza, eram transitórios, como a culminação do esforço do sufi e o final do caminho: unificação com Deus.

A fronteira entre as estações e os estados marcou uma grande virada na história da moralidade. As "estações" faziam eco, com muitas mudanças e refinamentos, à visão tradicional grega da virtude. Para Platão, Aristóteles e os estóicos, a virtude era um hábito da alma; adquirida por uma ascese de um tipo ou de outro e dependia dos esforços humanos contínuos. No primeiro e no segundo séculos cristãos, a essa noção foi acrescentada outra, totalmente diferente – a de que a virtude era dom de Deus, uma "graça", como o muçulmano colocaria. Nas obras sufis do século X, esses dois conjuntos muito diferentes de virtudes foram organizados numa série contínua, separadas apenas pela passagem da estação para o estado.

A mesma combinação já fora realizada pelos místicos cristãos do século VII. O cristianismo também conhecia a tradição da virtude como um hábito adquirido. Esse método de "ação" (*práxis*), como foi chamado, não devia nada à ética helênica. Ao contrário, a visão cristã de virtude como *práxis* desenvolveu-se, como a de seus equivalentes muçulmanos nas estações, de uma meditação sobre os ensinamentos da Escritura e os exemplos do fundador. Mas porque o ascetismo cristão inicial manifestou-se na vida monástica, as "virtudes práticas" do santo e da santa cristã encontraram sua principal declaração nas "regras" monásticas que apareceram no Oriente Próximo a partir do século IV. O islã, que prezava o ascetismo mas não o valorizava no monaquismo, não conheceu regras até o surgimento das primeiras "ordens" sufis no século XIII.

Sufismo prático

O arrebatamento do sufi era um estado transitório, uma exaltação breve na presença de Deus. Para alguns, era um acontecimento único e quase casual, mas está claro que no islã muitas almas piedosas aspiravam a esse estado e tomaram medidas bem definidas e até escolásticas para consegui-lo. O convertido ao sufismo era considerado um mero noviço e colocado sob a direção de um xeique já completo na vida espiritual. No começo, esse mais velho podia ter sido simplesmente um diretor de almas hábil e experiente, mas esse ideal acabou sendo substituído, como foi no cristianismo oriental, pela noção de um guia carismático, um "pai espiritual", que possuía o dom da graça (*baraka*) divina. Para o muçulmano, não menos que para o cristão, o progresso através das estações começava como uma *jihad*, uma luta contra as inclinações mundanas que refletia a tradição ascética do sufismo primitivo. O xeique o conduzia através das estações por meio de exercícios como o exame de consciência, meditação e a repetição constante do nome de Deus. Esperava-se que a obediência fosse imediata e total.

O terreno espiritual que levava do ascetismo para a presença de Deus estava bem descrito pelos teóricos sufis, como estava pelos teólogos místicos cristãos. Como já observado, os mestres muçulmanos formalizaram o caminho sufi para o Absoluto numa série de "estações" ou estágios de prática ascética e de autocontrole que eram seguidos, no sufi mais experiente e avançado, dos estados através dos quais a graça de Deus, mais do que os esforços do sufi, guiavam a alma agora purificada para a união com ele. Essa passagem bem delineada parece brilhantemente iluminada e esquemática, e é muito mais sugestiva da teoria do que da prática. As biografias sufis preservadas mostram caminhos espirituais que são muito mais erráticos, e os testemunhos muçulmanos de experiências místicas verdadeiras são de uma qualidade mais obscura, mais árdua e ao mesmo tempo mais extática do que os manuais nos levariam a esperar.

O mais perto que chegamos do sentido de uma verdadeira experiência de Deus está no grande corpo da poesia sufi, a maior parte em pérsico, que encantou, edificou e inspirou muitos muçulmanos, e talvez tenha espantado e até chocado muitos outros mais. Experimentar Deus é experimentar o Outro último. No cristianismo, a pessoa de Jesus estende uma ponte humana entre o finito e o Absoluto, mas não há tal passagem convidativa nem no judaísmo nem no islã. Os místicos judeus em geral evitaram prudentemente esse momento final, mas os místicos muçulmanos foram muito mais ousados em enfrentar a experiência e tentar descrever, quando não explicar, o inefável.

O mestre espiritual introduzia o noviço em duas ou mais práticas comuns de sufismo, as quais eram chamadas "lembrança" (*dhikr*) e "audição" (*sama*) (ver II/8). O termo *dhikr* tem seu sentido espiritual, interno, de recordar o nome de Deus (Alcorão 18,24; 33,41) e suas bênçãos, mas sua forma mais visível no sufismo é a repetição ritual do conjunto de fórmulas, especialmente a profissão muçulmana de fé ou dos 99 "belos nomes" de Deus (ver I/1). A *dhikr* era geralmente um exercício comunitário, embora pudesse ser realizada em particular, e era precedida pela ladainha característica da *tariqa*, ou *wird*, as orações poéticas compostas pelo fundador. A memória era pronunciada em uníssono rítmico pelos irmãos e era muitas vezes acompanhada pela respiração controlada, como na oração de Jesus usada para o mesmo fim pelo cristianismo oriental. Era recomendada uma sucessão de posições, de novo de maneira semelhante à prática hesicasta: "Começar a recitação do lado esquerdo do peito, que é, por assim dizer, o 'nicho que contém a lâmpada' do coração, o foco da luz espiritual". Outro especialista recomendava começar com a cabeça abaixada sobre o umbigo. Depois, quando a primeira sílaba de "Alá" era pronunciada, "levantar a cabeça do umbigo para o nível do cérebro, então pronunciar a lembrança da palavra sobre o umbigo secreto".

O objetivo da *dhikr* era louvar e adorar a Deus, mas havia um fim prático também, a consecução de um estado extático de aniquilação (*fana*), que para o sufi era o antecedente natural da união com o divino. Freqüentemente havia também um complicado ritual de canto e dança com o qual a *dhikr* podia estar combinada. Essa *sama* era um "concerto espiritual" virtual, e embora fosse muito característica de certas associações sufis, como os célebres dervixes rodopiantes que seguiam os ensinamentos do místico persa Jalal al-Din Rumi (m. 1273) em Konya, na Turquia, a prática não estava aprovada e nem era aceita em toda parte. Houve extravagâncias, certamente, nesses rituais, e mais de um muçulmano tradicional e conservador se escandalizou com práticas que se tornaram, na véspera dos tempos modernos, mais atuações teatrais do que exercícios espirituais.

Hierarquias espirituais

A certa altura de suas respectivas evoluções, a corrente gnóstica no sufismo islâmico encontrou sua variedade paralela no xiismo. Embora essa união se consumasse oficialmente na criação do Estado safávida no Irã, no século XVI, a ligação estava sendo preparada muito antes. Não há certeza sobre o momento em que as afinidades entre xiismo e sufismo desenvolveram-se pela primeira vez, mas os fundamentos já estavam presentes, como vimos, quando o xiismo elaborou a sua teoria do imã como figura carismática que possuía um conhecimento espiritual autorizado e o deu exclusivamente aos adeptos xiitas.

Uma das características da mundividência gnóstica é sua crença numa série de seres sobrenaturais. Aparecem em séries porque são comumente considerados emanações que descem do princípio primordial único. Na sua versão grega, são muitas vezes chamados de *eons* e são anteriores à criação do nosso mundo. Era a descida, muitas vezes relutante, de um deles que dava início ao drama da redenção que se realizaria através da gnose.

Parece que desde bem cedo, no desenvolvimento do xiismo, seus ideólogos, fossem os próprios imãs ou outros pensadores não identificáveis, estiveram expostos a uma forma poderosa de esoterismo gnóstico. Já nas tradições xiitas canônicas sobre o imã recolhidas por al-Kulayni, Ibn Babuya e outros no século X (ver II/3), tanto Maomé como os imãs foram trazidos à vida antes da criação do mundo. Segundo esse mito de fundação xiita, no começo havia apenas um mundo de trevas; Deus criou o Profeta e os imãs na forma de luzes divinas para iluminar esse lugar preexistente. Eles reconheceram primeiro a unicidade (*tawhid*) de Deus e tentaram ensiná-la aos outros seres espirituais ainda não iluminados. A luz primordial possuída pelo Maomé cósmico e pelos imãs cósmicos passou para Adão no momento da criação terrena, e aqui na terra se desenrolou o mesmo drama de luz e trevas na história humana: Adão e os outros profetas são portadores de luz tanto na sua forma exotérica ou "aberta" (*zahir*), o que chamamos de "revelação", como em sua forma esotérica ou "fechada" (*batin*) disponível apenas através de uma leitura propriamente alegórica da Escritura e do ensino privilegiado, e em cada ciclo profético que tentam difundir entre seus companheiros humanos. O ciclo de profetas falantes, cada qual seguido por uma série de imãs intérpretes, continuou até alcançar seu destinado fim e perfeição, Maomé e a linhagem de imãs descendentes de Ali ibn Abi Talib (ver I/8).

A apoteose de Ali: os alawitas

Desde cedo, a presença de algumas dessas noções, principalmente uma reverência exagerada pelos imãs, levou à caracterização de certos elementos do xiismo como *ghulat*, ou "extremistas" (ver I/5). O corpo principal do Shiat Ali acabou encontrando seu próprio nível confortável de "ortodoxia" sobre esses assuntos, mas alguns elementos "extremistas" conseguiram sobreviver. Um deles são os nusairis, agora mais comumente chamados de alawitas ou alawis, que se concentram no noroeste da Síria e compõem, talvez, 10% da população daquele país, embora atualmente dominem sua estrutura política.

Segundo a tradição, o fundador epônimo da seita, Ibn Nusayr, apoiava o décimo imã, Ali al-Hadi (m. 868) e o discípulo favorito do décimo primeiro, Hasan al-Askari (m. 874). Sua doutrina, ou pelo menos o ensinamento da comunidade que agora reivindica seu nome, começa com a premissa *ghulat* de que Ali é, de maneira bastante simples, Deus, ou mais exatamente, manifestação de Deus. Segundo a versão que tinham do mito gnóstico (ver I/5), os alawitas são luzes divinas lançadas para fora do céu por negarem a divindade de Ali. Foram imersos na matéria e condenados a outro princípio *ghulat*, reencarnação contínua ou metempsicose (*tanasukh*). O alawita é remido apenas pelo reconhecimento da divindade num dos sete ciclos da automanifestação histórica de Deus.

Em cada uma dessas manifestações, Deus, que é referido na melhor forma gnóstica como a Essência (*al-mana*), é acompanhado de dois seres menores, um chamado o Nome ou o Véu e o outro, o Portão. Assim, Deus tomou carne nas formas sucessivas de Abel, Set, José, Josué, Asaf (o lendário vizir de Salomão), Pedro e Ali ibn Abi Talib, de onde passou para os 11 imãs terrenos da sucessão xiita. Deus, porém, não era reconhecido em sua divindade por causa da presença ocultadora de cada Véu respectivo, a saber, Adão, Noé, Jacó, Moisés, Salomão, Jesus e Maomé, cada um dos quais desviou a atenção da Essência. A função dos respectivos Portões era propagar a mensagem verdadeira. Assim,

Salman al-Farisi, seguidor persa semilegendário de Maomé, era o Portão na geração quando Ali foi a Essência e Maomé seu Véu, e o próprio Ibn Nusayr serviu como o Portão para o décimo primeiro imã. O reconhecimento da verdadeira identidade da Essência significa libertação do ciclo de reencarnação humana e volta à contemplação de Deus como luz eterna.

A promoção dos imãs acima dos profetas, sobretudo de Ali acima de Maomé, é uma tentação a que os xiitas resistiram com grande dificuldade. Os alawitas sucumbiram. O imã Ali não foi apenas superior ao profeta Maomé; era Deus encarnado.

Os pais da teosofia islâmica: Ibn Sina e Suhrawardi

A profusão de presenças cósmicas que participam tanto das dimensões espirituais como históricas inevitavelmente tornaram imprecisa a distinção não só entre imãs e profetas, mas também entre esses dois e os santos. Os xiitas glorificavam seus imãs sob a capa de sua ideologia de uma hierarquia celeste, mas os espiritualistas sunitas logo beberam nas mesmas fontes e as usaram para alimentar seu interesse crescente pelo "santo", e particularmente o santo arquetípico, o "eixo" ou "pólo" (*qutb*) em torno do qual os santos de cada geração giram. Do século XII em diante, a distância entre imã, profeta e santo tornou-se cada vez menor, com a evolução daquilo que alguns chamaram de sufismo teosófico e outros de sofiologia ou iluminacionismo. *Hikma* (sabedoria) é, muito simplesmente, *gnosis* em roupagem muçulmana.

O principal agente da virada tanto da filosofia como do misticismo islâmicos na direção da teosofia foi o filósofo Ibn Sina (m. 1038). Sua contribuição para o desenvolvimento e o refinamento da filosofia islâmica em sua mistura então corrente de Platão e Aristóteles foi enorme (ver II/7). Contudo há indicações em toda a sua obra de que Ibn Sina teve, por trás e além de seus tratamentos públicos e escolásticos de temas filosóficos, uma "sabedoria iluminacionista" (*hikma mashriqiyya*) mais esotérica, cujos conteúdos podiam ser apenas insinuados. As alusões indiretas do próprio Ibn Sina tornam sua identificação um pouco problemática, mas muitos muçulmanos que vieram depois dele entenderam a filosofia esotérica de Ibn Sina como uma forma de misticismo e identificaram imediatamente seu autor como sufi.

Tenha ou não sido sufi em algum sentido formal, Ibn Sina acentuou com muita força uma forma de iluminação (*ishraq*) divina como o meio pelo qual o filósofo e o profeta receberam seu conhecimento. O ponto em questão, porém, não era nem o profeta nem o filósofo, mas o como nós sabemos. No modelo peripatético para a teoria do conhecimento de Ibn Sina, o conhecimento sensível e a intelecção estavam intimamente ligados. As formas *inteligíveis* das coisas existiram antes de nós a conhecermos, isto é, antes de serem inteligidas. Elas subsistem nas coisas materiais, de onde vêm, através da sensação, para a faculdade intelectual humana. Aqui eram convertidas sob a ação do que Aristóteles chamara de intelecto agente nas formas de fato inteligidas. Ibn Sina quase eliminou a base realista, sensível do conhecimento intelectual. No seu modo de ver, as formas inteligíveis são dadas ao intelecto humano pelo mesmo intelecto agente, o décimo e mais baixo dos intelectos celestes divinos, e a inteligência humana meramente os reflete "como num espelho".

> **Nota:** Tanto Platão como Aristóteles partilhavam a convicção de que os corpos celestes estavam vivos e, portanto, eram animados. Platão pensou que suas almas estavam dentro das esferas, mas Aristóteles preferiu movê-las a partir de fora por um intelecto que as acompanhava (mas era externo), que é o objeto de amor de cada corpo celeste. Aristóteles precisou de 56 desses intelectos para mover 56 corpos necessários para explicar o movimento observado dos sete planetas e da esfera cristalina na qual as estrelas "fixas" estavam embutidas (ver II/10).
>
> Ibn Sina reduziu drasticamente o número dos motores intelectuais para dez, ao devolver as almas motrizes para dentro daquelas mesmas oito esferas, mais um motor para o "primeiro céu" além das estrelas fixas e outro para mover as almas dos humanos. Cada esfera tinha ainda seu intelecto desincorporado que a acompanhava, o qual é reconhecido pela alma celeste como seu bem e em torno do qual ela gira. O décimo e o menor desses intelectos separados servia como o "dador de formas" para a humanidade e a causa da intelecção humana.

Na cosmovisão de Ibn Sina, e para muitos depois dele, as séries descendentes de intelectos celestes desincorporados são identificadas com os querubins da tradição judaico-cristã, e o décimo deles, o intelecto agente ou Espírito Santo, com Gabriel, o arcanjo que foi instrumento de Deus para revelar o Alcorão a Maomé. As almas celestiais que animam os corpos celestes também são anjos, embora de perfeição menor, pois estão incorporadas nas esferas celestes. Os dois graus, os intelectos querubins e as almas celestiais secundárias são dotados de inteligência e vontade, em grau mais perfeito que os humanos.

Em todo caso, não era uma recepção passiva de um dom o que ocupava Ibn Sina, mas o esforço individual e a consecução individual na busca de união com Deus. Não há nada nele da passagem de uma *baraka* espiritual do mestre para o noviço, nenhuma "corrente" carismática para subir sem esforço para o alto.

No entanto, um dos mais influentes intérpretes de Ibn Sina o leu de maneira um pouco diferente. Suhrawardi (m. 1191) retomou e completou os "recitais visionários" de Avicena e interpretou a filosofia iluminacionista do filósofo como um renascimento genuíno da sabedoria persa. Para aqueles antigos sábios do Irã, o Ser Primeiro era Xvarneh, "a luz da glória" do zoroastrismo, e isso abriu para Suhrawardi a oportunidade de transformar em verdadeira metafísica o que tinha sido para Ibn Sina e al-Ghazali uma metáfora epistemológica. Existência e luz são idênticas; o Ser Necessário é Luz Absoluta. A "luz" é iraniana, talvez, mas a idéia de um "absoluto" derivava diretamente da tradição grega subjacente ao pensamento de tantos pensadores muçulmanos.

Embora o jurista e teólogo sunita fosse provavelmente uma personagem menos simpática para ele do que o filósofo xiita, Suhrawardi aprendeu tanto de Ghazali como de Ibn Sina. Ghazali (m. 1111) já tinha antecipado, como veremos, uma nova tarefa para a filosofia, e Suhrawardi desenvolveu-a com entusiasmo. O conhecimento especulativo, a sabedoria que vem da pesquisa e da investigação, era simplesmente uma preparação para a "sabedoria que saboreia", o conhecimento experimental de Deus. Assim a filosofia recebia a sua justificação e, ao mesmo tempo, lhe era atribuído um lugar como preparação para os estágios finais da busca do Absoluto. Suhrawardi também seguiu Ghazali ao elaborar as ricas possibilidades de uma exegese alegórica a serviço do misticismo.

Foi feita uma distinção moderna entre o "misticismo do infinito" e o "misticismo da personalidade", com o argumento anexo de que o sufismo posterior está inequivocamente na primeira categoria, que reconhecia Deus como a realidade última e única, enquanto este nosso mundo material possui apenas a "realidade limitada" de uma emanação distante do Ser Uno. Nessa última perspectiva, toda a Realidade é de fato Una, posição não muito simpática à revelação muçulmana, que acentua o abismo entre o Criador e sua criação, e que pregou, mesmo em seu modo místico, uma abordagem de Deus através da atividade moral, não da identidade com ele. União ou identidade (*ittihad*) com Deus já era um conceito sufi incômodo para os tradicionalistas, mas mais escandalosa ainda era a mensagem divulgada pelo influente filósofo e poeta espanhol Ibn Arabi (m. 1240), a saber: que a "unidade do Ser", para a maioria dos muçulmanos é uma elisão de Deus e sua criação, não uma descrição simples, panteísta do ser (ver adiante).

> **Nota:** Os sufis de modo algum eram os únicos a defender o gnosticismo na Casa do Islã. Existem premissas gnósticas na base da maioria das ciências ocultas que floresceram no mundo antigo e medieval – alquimia, por exemplo. A facilidade com que tantos deles passaram de um ambiente religioso para outro totalmente diferente do paganismo greco-romano antigo, islã médio-oriental, cristianismo oriental e ocidental e judaísmo sublinha tanto o apelo como a adaptabilidade do gnosticismo. E no islã, o gnosticismo demonstrou que podia adaptar-se rapidamente tanto para fins políticos como científicos.

A obra de Suhrawardi, com sua defesa do lugar da Pérsia na história da sabedoria, sua atraente metafísica da luz, sua teoria desenvolvida de exegese alegórica e sua valorização da experiência acima do conhecimento teórico, forneceu um programa para os filósofos e místicos do Irã e uma ponte oportuna para que pudessem doravante se encontrar. Que os encontros foram freqüentes e compensadores está atestado pela tradição dupla da poesia mística em persa e o curso mal traçado, mas impressionante, da especulação teosófica e filosófica durante o reinado dos safávidas no Irã.

Defensor da fé

Os ismailitas, como vimos (I/8), eram uma subdivisão dos xiitas que, ao contrário do corpo principal do Shiat Ali na Idade Média, tinha um programa político para derrubar o califa sunita e substituí-lo por um imã *mahdi* (ver II/10). Não foram bem-sucedidos em seus objetivos políticos, mas tiveram acesso e usaram todo o aparato gnóstico de história cósmica, na qual os imãs xiitas tornaram-se os *eons* gnósticos; uma revelação secreta das realidades que estão escondidas mais no sentido oculto (*batin*) que no evidente da Escritura; um guia-imã que possuía um magistério (*talim*) infalível e autorizado; e uma elite iniciada que formava, no caso ismailita, o núcleo de um rebuscado movimento político clandestino. Em sua base no Cairo, cidade fundada pelos fatímidas ismailitas em 969, eram instruídos agentes na gnose e no programa ismailitas, e enviados com o "chamado" (*dawa*) do imã *mahdi* a células e quadros que tinham sido estabelecidos nas terras califais no Iraque e Irã.

A defesa intelectual do sunismo contra as pretensões dos ismailitas e dos excessos tanto dos xiitas como dos sufis foi empreendida em Bagdá pelo jurista e teólogo Ghazali, numa série de panfletos que atacavam aqueles a quem chamava de "os esotéricos". Mas a questão que envolveu Ghazali aparece em toda a sua complexidade numa declaração mais pessoal, seu *Libertador do erro*, que descreve suas próprias investigações das pretensões concorrentes sobre a fé dos muçulmanos. A fé ligada à simples aceitação da autoridade dos outros (*taqlid*) era insuficiente para Ghazali; podia ser abalada pelas pretensões conflitantes apresentadas por partidos e seitas diferentes dentro do islã e pela adesão igualmente forte à sua própria fé pelos cristãos e judeus. A não ser que estivesse preparado para cair no ceticismo agnóstico, e Ghazali não estava, devia haver outro caminho para a certeza pessoal para quem buscasse a verdade. Quatro possibilidades se apresentavam: a via da teologia especulativa ou dialética – *kalam* –, que declarava apoiar suas crenças religiosas com argumento racional; a via dos filósofos, que apelava para demonstração científica verdadeira; a via ismailita, que prometia certeza religiosa apoiando-se no ensinamento de um imã infalível; e, finalmente, a via dos sufis ou místicos, que ofereciam compreensão intuitiva e uma certeza nascida do fato de estar na presença de Deus.

Para alguém preso nos dilemas da fé, havia uma atração inegável para um *talim* como os xiitas, e mais particularmente os ismailitas, ofereciam. Ghazali podia responder que se essa fosse a resposta, então era preferível aceitar o ensinamento infalível do Profeta ao invés de um imã derivativo, cujos ensinamentos acabariam sendo, em qualquer caso, uma forma rebaixada da filosofia grega. Nenhum, porém, pode realmente curar a doença; faz parte da condição humana duvidar e discordar, e no nível racional, a única solução para tal ambigüidade não era entregar-se à autoridade de outrem, mas elaborar uma resposta com paciência e inteligência, baseada igualmente no Alcorão e nos princípios da razão reta. Em suma, a solução era a versão rigorosa de Ghazali acerca da *kalam*.

Em sua busca da certeza, Ghazali finalmente voltou-se para o misticismo. Como foi observado antes, era um caminho (*tariqa*) no qual se podia entrar pelo lado escolástico, intelectualizado, ou de maneira mais pessoal, aproximando-se dele através da experiência. Ghazali, com compromissos intelectuais e formação profundos – "o saber era mais fácil para mim do que a atividade" –, entrou pelo primeiro caminho: leu os tratados teóricos clássicos e as vidas dos santos sufis. Foi um erro, como ele logo descobriu. E concluiu: é melhor experimentar a intoxicação do que saber definir a embriaguez. Ghazali, no entanto, começou imediatamente a definir *tasawwuf*. A via sufi começava com a *via purgativa* do ascetismo e levava à aniquilação de si (*fana*). Seguiam-se estados sempre mais altos, visões dos anjos e dos espíritos dos profetas. Finalmente, a experiência desejada de Deus foi alcançada por alguns, quer fosse chamada "infusão", "conexão" ou "identidade". Então Ghazali rompeu com tudo e se retirou. Estava tudo errado. A apreensão de Deus era incomunicável e era possível aprender mais associando-se aos sufis do que com as explicações de suas atividades.

Tornando o sufismo seguro para o islã

A autobiografia espiritual de Ghazali pode parecer uma série de reviravoltas radicais, de entradas e retiradas apressadas. No entanto, as retiradas são mais aparentes do quer reais. Ele aceitou e nunca renunciou à causa de uma teologia intelectualmente fortalecida. Ghazali admitia as pretensões dos filósofos de possuir no método lógico um instrumento para obter certeza. Concedia que para a maioria dos muçulmanos uma simples aceitação com base na fé era um procedimento inevitável e não inteiramente indigno. E defendeu energicamente, mas com cuidado, que havia um lugar legítimo e importante na vida islâmica para o conhecimento experimental de Deus pretendido pelos místicos. Todos esses temas estão interligados em sua grande *suma* muçulmana, a *Revivificação da ciência da religião*.

A *Revivificação* teve o efeito desejado. A teologia muçulmana tornou-se mais rigorosa ao expropriar de modo prudente a metodologia dos filósofos, sem aceitar todas as suas conclusões. A união mística com Deus e a via sufi que levava a ela ganharam um grau de aceitação cautelosa. A linguagem de Ghazali sobre o misticismo na *Revivificação* é uma versão cuidadosamente moderada de "intoxicação sóbria". No entanto, ao falar de maneira mais pessoal, ele podia ir e foi além. Seu *Nicho para luzes* é uma meditação sobre os famosos "versículos de luz" no Alcorão (24,35), que para os místicos muçulmanos tiveram a mesma função provocadora que tiveram o capítulo inicial em Ezequiel e o episódio da Transfiguração dos evangelhos para judeus e cristãos.

Os doutores do islã abraçaram a *Revivificação*. Os místicos meditaram sobre o *Nicho para luzes* e encontraram nele todos os temas convergentes no consenso sufi: a identificação entre essência de Deus e Luz, cujo esplendor ontológico era a criação e cuja função cognitiva era iluminar os intelectos dos santos e dos profetas; a distinção entre o sentido "pleno" (*zahir*) e "oculto" (*batin*) da Escritura, e a necessidade de exegese alegórica para tirar esse sentido; o elitismo que distinguiu o místico de todos os outros no islã e o esoterismo que torna a revelação das Realidades aos não iniciados – podemos ouvir advertências semelhantes de rabis –, uma iniciativa perigosa e altamente desaconselhável. Suhrawardi e Ibn Arabi já estão presentes em embrião no *Nicho para luzes*.

Ressurreição espiritual

Ghazali tornou o sufismo seguro para o islã, mas não desarmou os ismailitas, cujo ataque ideológico e militar contra Bagdá continuou por mais de dois séculos, embora nem sempre com os mesmos métodos. No século XII, o aparelho ismailita no Iraque e no Irã desligou-se do controle político egípcio e seguiu o seu próprio curso revolucionário. Descentralizou a insurreição ao tomar pontos fortes isolados e fazer uso da arma desmoralizadora do assassinato de personalidades políticas e religiosas sunitas. A oposição sunita endureceu contra os chamados esotéricos, e os ismailitas foram forçados a jogar o seu trunfo final, o anúncio do Final dos Tempos, a ressurreição espiritual (*qiyama*).

A *qiyama* ismailita não era uma variante do apocalipse judeu ou cristão. Era o término glorioso do ciclo cósmico da história. A série milenar de profetas e imãs, de revelações públicas e compreensões privadas estava no fim: a Era da Perfeição tinha raiado. Havia algo vagamente paulino na declaração ismailita do fim do islã e da anulação da lei islâmica. Mas enquanto Paulo podia substituir a antiga Aliança por uma nova e saudar a lei nova de Jesus que habitava nos membros da comunidade eclesial, a teologia ismailita da ressurreição não dava a seus seguidores um sentido reenergizado de missão, mas representava a admissão de que o islã sunita estava fora de seu alcance. Paulo podia renunciar às suas expectativas em prol dos judeus em favor de suas esperanças em prol dos gentios, mas para os ismailitas não havia uma missão aos gentios; o paraíso estava limitado às fronteiras estreitas de suas fortalezas nas montanhas, onde os mongóis as encontraram e destruíram (ver I/8).

Na margem: Ibn Arabi

Muhyi al-Din Muhhammad ibn al-Arabi, ou simplesmente Ibn Arabi, nasceu numa antiga e distinta família árabe em Múrcia, na Espanha, em 1165. Seu pai era alto funcionário na nova administração dos almoadas reformistas em Sevilha (ver II/10), e o filho foi educado tanto nas ciências polidas como nas "sérias", que o levariam na mesma direção. Mas Ibn Arabi passou por uma profunda experiência religiosa, provavelmente quando tinha apenas entrado na adolescência, e acabou preferindo seguir a vida sufi. Abraçar esse modo de vida era descer um degrau social, mas Ibn Arabi permaneceu sufi até à morte, e no fim gozava de fama e influência muito maior do que jamais teria tido como estadista ou cortesão no al-Andalus.

A educação sufi era adquirida por aprendizagem e muitas vezes era peripatética. Ibn Arabi, segundo seu próprio testemunho, já beneficiário de uma iluminação divina, foi, todavia, de professor a professor na Espanha – onde estudou com algumas notáveis mulheres sufis – e na África do Norte, aprendendo com os mestres correntes de espiritualidade e teosofia e praticando as orações, vigílias e jejuns de um asceta dedicado. Ibn Arabi foi também um escritor durante toda a vida e especialmente produtivo. Ninguém tem certeza do tamanho dos "livros" que estão por trás das listas medievais, mas cerca de setecentos títulos são creditados a ele, e quase duzentas obras ainda existentes levam o seu nome. Havia também visões, encontros dramáticos com o divino em Marraquech, Fez e Tunis. Um deles mandou que ele fizesse a *hajj*, e em 1201 Ibn Arabi estava a caminho do Egito e das cidades sagradas.

Foi uma reviravolta criativa. Durante seus dois anos em Meca, Ibn Arabi escreveu sua coletânea de poemas de amor chamada *O guia dos desejos*, inspirado pela filha de seu mentor mequense, e que ele teve de explicar mais tarde que era realmente sobre Deus: "Quando me referi a 'mulheres de peitos grandes e formosas que parecem sóis'", alegou, "tudo isso deve ser considerado como sendo apenas os mistérios divinos e as luzes celestiais". Ele começou também as *Revelações mequenses*, empreendimento monumental no qual trabalhou durante por toda a vida. Mais tarde, em sua passagem pelos centros sufis na Turquia, Iraque e Síria, onde começou a atrair discípulos influentes, Ibn Arabi compôs suas meditações sobre os profetas, chamadas *Engastes de sabedoria*. Finalmente se estabeleceu em Damasco, onde viveu de 1226 até sua morte em 1240, o reconhecido gênio, *ali-shaykh al-akbar*, o *Doctor Maximus*, do misticismo islâmico.

O "Mestre Máximo" era um pouco mais do que isso. Entre sua prodigiosa produção, *Revelações* é uma obra gigantesca, extensa – chega a 37 volumes em sua edição árabe mais recente –, e espantosamente desorganizada. Não é de admirar: como todas as suas criações, *Revelações* foi escrito ao sabor da inspiração e deliberadamente sem plano. "Em tudo o que escrevi nunca tive uma finalidade estabelecida", orgulha-se Ibn Arabi. "Lampejos de inspiração divina costumavam vir a mim e quase me esmagavam de modo que só os podia colocar para fora de minha mente pondo por escrito o que me fora revelado. Escrevi algumas obras a mando de Deus, enviadas a mim durante o sono ou através de revelação mística". O livro *Engastes de sabedoria* é uma das obras de Ibn Arabi mais acessíveis, visto que é breve e possui uma estrutura organizada, a saber, a espiritualidade, que Ibn Arabi chama de "engaste" ou "bizel" de sabedoria, de cada um dos 37 profetas desde Adão, passando por Moisés e Jesus, até Maomé. Foi revelado a ele num único sonho; de fato, ele afirmou que o próprio Profeta tinha ditado o livro para ele em Damasco no final do mês de Muharram em 1230. No entanto, muitos de seus leitores muçulmanos pensavam que as obras de Ibn Arabi provinham de alguém diferente de Deus; achavam suas idéias aberrantes, desencaminhadoras e extremamente perigosas.

As experiências místicas de Ibn Arabi estão descritas em detalhes, de modo atraente e franco, e muitas vezes surpreendente – ele conta de maneira inabalável suas conversas com Deus, Maomé e vários santos sufis, mortos e vivos –, e ainda estão embutidas numa metafísica e epistemologia extraordinariamente complexas que constituem o seu "sistema". Certamente não há nada de "sistema" a não ser dentro da cabeça do próprio Ibn Arabi, e que vai sendo revelado aos poucos e ao acaso por todo o enorme corpo de sua obra escrita. Os leitores modernos de Ibn Arabi provavelmente estão mais confusos do que ofendidos com os muitos quilômetros de escrita que têm diante deles, sendo alguns familiares em seus sentimentos, outras impenetráveis. O familiar decorre da combinação de metafísica neoplatônica e teosofia gnóstica que apareceu cedo na tradição mística do islã; é prontamente discernível em Ibn Sina e Suhrawardi, e perpassa muito do misticismo erudito e esotérico no islã. Ibn Arabi usou tanto os conceitos como os termos dessa cosmovisão. O que é impenetrável é sua manipulação desses conceitos dentro de seu próprio sistema não sistemático, combinado a seu apego ao paradoxo, seu gosto pela contradição e, essencialmente, a originalidade de sua visão espiritual.

O próprio Ibn Arabi ofereceu aos leitores uma explicação totalmente diferente de sua inspiração; ele foi um leitor excessivamente privilegiado, e suas obras foram assunto para um público privilegiado e restrito. Em Ibn Arabi há as advertências costumeiras acerca de partilhar com o homem comum tais mistérios tão prontamente mal interpretados, uma figura de linguagem normal entre os esotéricos, mas o Grande Mestre era um pouco mais explícito. O misticismo era como sexo, explicou ele: "O conhecimento dos estados místicos só pode ser conseguido por experiência verdadeira. A mente do homem não pode defini-los nem chegar a qualquer entendimento deles por dedução".

O selo dos santos

O privilégio de Ibn Arabi como autor (e autoridade) é igualmente colocado sem rodeios. O solo espanhol é rico na qualidade que alimenta místicos. Só no século XVI, Teresa de Ávila, João da Cruz e Inácio de Loyola deixaram sinais indeléveis na espiritualidade cristã. Nenhum deles, porém, tinha coisa alguma perto do que esse místico muçulmano de al-Andaluz declarou que Deus lhe outorgara. Ibn Arabi afirmou que estava entre as criaturas de Deus espiritualmente mais dotadas, um santo, e mais que um santo. Os muçulmanos, seguindo al-Tirmidhi, comumente distinguiam entre dois tipos de dons religiosos dados aos homens: aquele concedido ao profeta e o possuído pelo santo ou amigo de Deus (ver II/6). No modo de ver de Ibn Arabi, ambos eram recebedores da revelação divina, o primeiro para disseminá-la formalmente como lei entre os homens, o segundo por sua própria instrução e para confirmar a autenticidade da mensagem do profeta. Poderiam ter sido notícias surpreendentes para a maioria dos muçulmanos, se tivessem sido partilhadas com eles, mas aqui havia mais. Em alguns casos, indivíduos verdadeiramente excepcionais – Ibn Arabi os chamou de santos profetas e se colocou entre eles – eram autorizados a autenticar os *hadith* que os juristas rejeitavam e rejeitar outros que a tradição declarava fortes, em suma, não apenas reinterpretar, mas reescrever a lei islâmica.

Para Ibn Arabi, os santos estavam intimamente ligados aos profetas, a linhagem que começou com Adão e terminou com Maomé, o selo dos profetas. De maneira semelhante, haveria também um selo ou um auge para a linhagem santa derivada da herança "maometana". Não havia nenhuma dúvida acerca da identidade do "selo da santidade maometana" (*walqya muhammadaniyya*), a "santidade que pertence especificamente à comunidade que é de Maomé no modo em que aparece". Era o próprio Ibn Arabi: "Eu sou o selo dos santos, assim como foi atestado que Maomé era o selo dos profetas". No fim, continuou ele, todos os profetas serão colocados sob a autoridade de Muhyi al-Din Muhammad ibn al-Arabi, sem excluir o próprio Jesus: "Embora Jesus seja um selo, ele próprio será selado pelo selo Maomé".

O ensinamento e seus opositores

Ibn Arabi parece ter despertado mais admiração que oposição durante sua vida. Suas declarações místicas mais exageradas provavelmente limitavam-se a pequenos grupos de adeptos sufis e simpatizantes entre os quais viajava, e seu comportamento pessoal era tão edificante quanto meticuloso – meticuloso bastante, em todo caso, para não despertar qualquer dúvida ou suspeita nos círculos islâmicos mais tradicionais. A oposição veio depois, com a circulação mais geral de seus ensinamentos.

Os "ensinamentos" de Ibn Arabi, ou os fundamentos de sua espiritualidade organizados de modo coerente, são o produto de uma geração ligeiramente posterior, especialmente de seu discípulo mais famoso, Sadr al-Din al-Qunawi (m. 1274). Al-Qunawi era um sufi persa que andou em companhia de Ibn Arabi em Konya e escreveu o primeiro e mais influente comentário sobre o *Engastes de sabedoria*, o escrito mais acessível do mestre. Al-Qunawi, que foi também o principal responsável pela moda posterior e continuada de Ibn Arabi nos círculos místicos persas e xiitas, "sistematizou" Ibn Arabi, e foi dessa maneira, pela leitura de uma geração posterior do *Engastes de sabedoria* através dos olhos de al-Qunawi, que os muçulmanos chegaram a conhecer os ensinamentos do primeiro místico do islã.

A abordagem de Ibn Arabi da busca que o místico faz de Deus mergulha diretamente no coração de duas das grandes questões que atravessavam o monoteísmo: a semelhança e dessemelhança de Deus para conosco, sua criação, e a unicidade simultânea de Deus e as manifestações claramente múltiplas. O primeiro paradoxo começa com a convicção dos monoteístas de que, num sentido, todos nós temos nosso ser "à imagem de Deus", e, todavia, entre ele e nós há um enorme abismo de "outridade" (*ghaybiyya*). Os cristãos conseguiram atravessar esse abismo na pessoa de Jesus Cristo, que ficou sobre ele, enquanto os teólogos muçulmanos, na maior parte, ficavam do lado de cá e advertiam contra os perigos de *tashbih*, de "indicar as semelhanças". Sua posição preferida era *tanzih*, "despojando impurezas" da representação de Deus. Alguns místicos cristãos passaram pela mesma via negativa a caminho de uma experiência de Deus, mas os teólogos muçulmanos a usaram para projetos mais seguros, para defender a divindade contra o antropomorfismo ao qual suas criaturas pareciam tão propensas. Ibn Arabi abraçou ambas as posições. O místico deve ser "o que tem dois olhos", alguém que reconhece a transcendência de Deus e ao mesmo tempo pode saborear o "estar com Deus" (*maiyya*), e levar vantagem disso, com relação a nós mesmos.

Na versão de Ibn Arabi da criação, Deus se desdobra no tempo e no espaço a partir de um primeiro anelo de contemplar a si mesmo no espelho do cosmos: *tajalli*, "automanifestação", e *kashf*, "desvelamento", são dois dos conceitos mais penetrantes na compreensão que Ibn Arabi tem de Deus. Isso é realizado, à maneira platônica, com base nos arquétipos espirituais eternos (*ayan thabita*), que servem como o modelo de criação. Tal autodesvelamento divino ocorre em dois "momentos", o primeiro num "mundo imaginal", âmbito ontológico distinto do mundo puramente espiritual acima dele e do mundo corpóreo abaixo dele, embora compartilhando das perfeições e limitações de ambos. É o mundo da imaginação (*khayal*), embora não da nossa imaginação humana, que é mera fantasia; o "mundo imaginal" é real num sentido profundo. É o que Ibn Arabi chama de *barzakh*, um istmo ou ponte que tanto separa como liga. Abaixo disso está nosso mundo material, onde a imagem de Deus, já refletida no mundo imaginal, torna-se progressivamente mais vaga, embora ainda possa ser encontrada no coração e na alma humana e por muito poucos, os amigos de Deus, no mundo imaginal, ao qual podem, em certas ocasiões, subir.

Assim, para Ibn Arabi, nosso mundo não é nada mais do que uma automanifestação ou reflexo de Deus; é o mesmo que Deus, diferindo apenas em seu grau de perfeição, por sua mistura de não-ser. Parece seguir-se, então, se é que se pode falar de "seguir" no dialeto místico de Ibn Arabi, que Deus e o mundo, o Criador e a criação, são um. Essa é a base da conhecida doutrina chamada de "unicidade do ser" (*wahdat al-wujud*) – expressão que o próprio Ibn Arabi parece não ter usado – uma adesão ao monismo ontológico – "Há só um ser" – que se tornou o principal foco dos ataques posteriores a Ibn Arabi.

Entre os primeiros muçulmanos a acusar a visão de Deus e do mundo de Ibn Arabi estava o temível jurista sírio Ibn Taymiyya (m. 1328). Ele confessou que a primeira coisa que ouvira dele o inclinara favoravelmente para o místico espanhol, mas, ao ler *Engastes de sabedoria*, reconheceu não apenas a negação implícita que Ibn Arabi fazia de muitos princípios fundamentais do islã, mas também o perigo mais amplo para a comunidade no descrédito que ele lançara sobre o sufismo. Para Ibn Taymiyya, o sufismo era uma ciência comportamental, que conduzia seu praticante sincero a uma observância mais perfeita da *xaria* e não, como Ibn Arabi parecia afirmar, a uma compreensão mais íntima – Ibn Arabi teria, sem dúvida, preferido "descoberta" – da essência inefável de Deus.

Acadêmico com pronunciado apetite por controvérsia, Ibn Taymiyya enfrentou Ibn Arabi em quatro opúsculos separados, nos quais primeiro identificou e depois atacou o que considerava como posições não ortodoxas de Ibn Arabi. Antes de tudo, naturalmente, estava a agora programática "unicidade do ser", na qual, segundo Ibn Taymiyya, o sufi falhou em separar o ser de Deus do ser de suas criaturas; de fato, Deus parecia partilhar a existência com todas as coisas, "mesmo *jinns*, demônios, pecadores, cães e porcos". Foi o preço que Ibn Arabi pagou por declarar, como quase todos os místicos, ainda que em seu caso de maneira mais explícita, mais enigmática e mais provocadora, a "similitude" que predomina entre Deus e sua criação como a *imago Dei*. Ibn Taymiyya dá pouca importância à insistência de Ibn Arabi sobre o "distanciamento" (*tanzih*) de Deus em relação a todo o resto.

Havia muito mais em *Engastes* para perturbar um jurista voltado para a *xaria*, e Ibn Taymiyya revelou tudo. Entre outras inovações, havia a incômoda noção daqueles "seres eternos" (*ayan thabita*) que em ambientes platônicos mais inócuos eram as idéias de Deus e serviam de modelos para a criação, mas para os quais Ibn Arabi concedera tanto subsistência como até um papel determinante na criação do universo. Ibn Taymiyya identificou-os infalivelmente como identidades puramente noéticas e negou-lhes qualquer realidade extranoética – pensar assim não faz com que seja assim – e reclamou para Deus somente o poder de criação, a qual Deus fez, como o Alcorão afirmou claramente, do nada. Para a pretensão de Ibn Arabi a um grau de santidade que o fazia igual aos profetas, Ibn Taymiyya, que suspeitava do culto aos santos em geral (ver II/6), tinha apenas zombaria. A noção surgiu, concluiu ele, como surgiu a maioria dos erros no ensino de Ibn Arabi, da exegese privilegiada do Alcorão e do *hadith*, que todos os esotéricos reivindicavam e era de fato perversamente disparatada e malévola.

Ibn Taymiyya pode ter estado certo acerca da metafísica, mas errado acerca da mensagem: um escritor em prosa jurídica criticando um poeta místico; um lógico tentando entender um prestidigitador espiritual. Mas pode também ter estado certo num sentido mais profundo ao julgar que esse pensador meta-islâmico era, por isso mesmo, a-islâmico. Na seqüência, em todo caso, o ataque de Ibn Taymiyya, o primeiro de muitos pensadores muçulmanos tradicionais, acabou por representar uma opinião amplamente sustentada de Ibn Arabi no mundo sunita de fala árabe: suas obras eram, no melhor dos casos, perigosas e, no pior, blasfemas. O julgamento tornou-se muito mais explícito por parte de outro jurista mais famoso como historiador. Enquanto era chefe de justiça no Egito, Ibn Khaldun (m. 1406) emitiu uma decisão jurídica (*fatwa*) contra certos "prováveis sufis", incluindo Ibn Arabi nominalmente. Suas obras, concluiu, "exalam incredulidade completa e inovação repreensível". De fato, fizeram o investigador "se perguntar se essas pessoas podem ser tratadas como membros da comunidade (muçulmana) e contadas entre os seguidores da *xaria*". As obras deles, entre as quais estavam incluídos, de novo, nominalmente, *Engastes de sabedoria* e *Revelações mequenses*, "quando forem encontradas devem ser destruídas pelo fogo ou lavadas com água até que todos os traços de escrita desapareçam".

Os primórdios da cabala

O desenvolvimento de uma forma esotérica e mística de judaísmo, que evoluiu simultaneamente, ainda que de maneira muito menos pública, com a obra legal dos rabis, acabou se tornando o que se chamou de cabala, literalmente "aquilo que é transmitido". A Mishná também tinha sido "transmitida", mas a distinção entre Mishná e cabala é a mesma que se pode observar entre filosofia grega e ciências ocultas do helenismo; entre teologia cristã e gnosticismo; entre o ensino dos juristas islâmicos e o dos sufis. Um tipo de saber é público, literal e discursivo; o outro é esotérico, alegórico e místico. Há, finalmente, a diferença entre teologia e teosofia; entre lei e alegoria; entre intelecto e intuição.

A cabala representa uma tradição do misticismo judaico que pode ser identificada, nem sempre com clareza e nem sempre com convicção, pela presença nela de certos temas e símbolos. Os elementos do sistema aparecem pela primeira vez no *Sefer ha-bahir*, o *Livro do resplendor*, do norte da Espanha ou do sul da França no final do século XII; a cabala alcançou seu primeiro momento culminante no *Sefer ha-zohar*, o *Livro do esplendor* de Moisés de Leon (m. 1305), que continuou sendo uma declaração clássica. Entre eles, Provença e os restos de al-Andalus, ou, para usar seu nome hebraico, ha-Sefarad, onde ambos os livros foram produzidos, permaneceu a matriz da especulação mística judaica por quase mais dois séculos. Em 1492, porém, com a expulsão dos judeus da Espanha, os adeptos dessa sabedoria esotérica espalharam-se por todo o Mediterrâneo. Depois disso a cabala foi ao mesmo tempo a posse e o produto da diáspora sefardita, em Tessalônica, Istambul e depois, após 1517, quando os otomanos tornaram-se os senhores das terras árabes, em Safad, na Galiléia, que passou a ser um povoado judeu próspero e um centro de atração crescente para adeptos rabínicos da cabala, que modelaram uma nova versão da tradição, uma espécie de "cabala para todo mundo" (ver II/8).

Desde o começo da especulação judaica sobre assuntos esotéricos, os rabis tentaram limitar seu exercício a grupos restritos de intelectuais maduros. Em geral foram bem-sucedidos, e foi mantida a tradição de uma gnose exclusiva e elitista por toda a longa e obscura história da cabala inicial. Em Safad, porém, particularmente por obra de Isaac Luria (ver mais adiante), o programa mudou: a busca de iluminação não seria mais exclusiva de poucos privilegiados, instruídos, mas assunto para as massas. Os efeitos da popularização de tal especulação foram difusos e explosivos. O cabalismo popular, idéia que teria gelado o sangue dos primeiros rabis, produziu, num grau ou noutro, as convulsões messiânicas de Sabbatai Zvi no século XVII (ver I/2) e o impulso não menos poderoso chamado hassidismo no século XVIII (ver II/8).

O *Zohar*

Que a tradição cabalística era profundamente esotérica está manifesto a cada passo, e em nenhum lugar isso fica mais claro do que no clássico já citado, o *Zohar*, escrito – ou melhor, composto – na Espanha entre 1270 e 1300 por Moisés de Leon, natural de Guadalajara. Segundo a notícia que logo circulou junto com o livro, o verdadeiro autor era Shimon bar Yohai, autoridade citada na Mishná que viveu na Galiléia no século II e.c. O fato de uma obra da Palestina do segundo século, onde ninguém tinha ouvido falar dela, chegar à Catalunha do século XIII era extraordinariamente misterioso – ela foi, muito simplesmente, "transmitida", o que, afinal de contas, a cabala é. A transmissão do *Zohar* é tão misteriosa que os estudiosos modernos estão inclinados a atribuí-la ao próprio modesto Moisés de Leon (que teve a preocupação de compô-lo em aramaico, embora com uma sintaxe espanhola incriminadora por trás) do que a Shimon. No entanto, a tradição medieval inteira pensou que fosse de Shimon, e seu culto como o pai do judaísmo místico ainda é muito evidente na Galiléia de hoje.

O *Zohar*, com toda a sua credencial de antiguidade a partir da terra natal do judaísmo rabínico, abriu uma nova e espaçosa janela para os textos sagrados do judaísmo. O grosso da imensa e extensa obra é dedicado a uma exegese esotérica dos cinco livros da Torá, divididos, à maneira clássica dos *midrashim* rabínicos, segundo o ciclo de recitação litúrgica da Lei (ver II/6). Diferentemente, porém, dos comentários escolares ou exortativos que constituíam o coração da tradição exegética judaica, o *Zohar* corria solto pelo texto, envolvendo-o num tecido de estórias e contos, que levavam, de maneira tortuosa, para o âmago do esotérico, que constituía a herança mediterrânea comum tanto de judeus como de cristãos e muçulmanos.

Moisés de Leon não inventou a cabala. O *Resplendor* era anterior, e o *Livro da criação* muito mais antiga. De fato, o famoso rabi provençal Naamânides (m. 1270) escreveu um comentário sobre o Pentateuco que também glosava o texto aduzindo explicações esotéricas. Mas os tratados anteriores tinham sido anônimos (e altamente secretos), enquanto Naamânides, apesar de todo o seu saber esotérico, ainda tratava o texto à maneira integral de seus predecessores mais tradicionais. Naamânides indicou esse caminho, e isso para o estranho cenário que passava ao longo da estrada; o *Zohar* deixou a estrada e então levou o leitor em uma viagem que era ao mesmo tempo poética, iluminadora e divertida. Pode ser chamado com justiça de "uma novela mística baseada na Torá".

O mundo das *sefiroth*

Debaixo desse mundo superficialmente acessível de histórias, parábolas e imagens está o mesmo sistema básico que dá forma a toda a cabala. Estamos ainda no mundo das *sefiroth*, as dez emanações divinas que aparecem no *Livro da criação*. Embora o *Zohar* evite o didaticismo de muitos dos tratados edificados em torno das *sefiroth*, estes estão presentes e são fundamentais, e permanecem assim em toda a cabala. São um subproduto familiar do gnosticismo antigo. Embora os nomes sejam um pouco diferentes, as dez *sefiroth* – coroa, entendimento, sabedoria, poder, amor, beleza, majestade, resistência, fundação, presença – são outra versão dos *eons* gnósticos, emanações eternas, hipostasiadas do primeiro princípio, que os cabalistas chamavam de En Sof, "O Ilimitado". De fato, o mito gnóstico da desordem no pleroma, o mundo espiritual acima do nosso, é repetido nas versões cabalísticas desse mesmo drama cósmico.

Segundo a nova versão cabalista do mito gnóstico, a *sefiroth* mais baixa, aquela chamada Shekinah ou "presença" (ver II/6) e identificada com o elemento ou princípio feminino, está "despedaçada" – a "quebra dos vasos" é uma norma da dinâmica cabalista – e espalhada no meio do mundo inferior, material, o *kenoma* dos gnósticos. Na versão cristã do que se segue, um dos outros *eons*, Christos, desce à maneira de carne no *kenoma* para realizar a salvação dos fragmentos espalhados da Sophia caída, mas a versão judaica é notavelmente diferente. A integridade é restaurada – o processo é chamado exatamente assim, *tikkun* ou "restauração" – no mundo das *sefiroth* pelos atos de judeus individuais. Oração, devoção, observância dos mandamentos e rigoroso ascetismo restaurarão a Shekinah ao seu lugar legítimo. Os gnósticos cristãos tinham de fato mitologizado Jesus Cristo, mas os cabalistas fizeram o inverso e converteram o mito em história, uma história não mais controlada por Deus, mas por suas criaturas.

Os cabalistas gastaram uma extraordinária quantidade de energia e ingenuidade em desdobrar as permutações das *sefiroth*, que resultam, numa inspeção mais de perto, como sendo não emanações de Deus, como no modelo grego neoplatônico, mas um campo de atividades dentro de Deus. "Elas são Deus e Deus é elas", como diz uma formulação. O En Sof anunciou sua própria inefabilidade: não era apenas infinito; era também indestrutível. O que os cabalistas estavam fazendo, porém, era mapear, como físicos nucleares, as atividades dos componentes subatômicos daquilo que tínhamos sido levados a crer que era o princípio irredutível do ser. O En Sof, como o próprio átomo, tinha, afinal, uma vida interior altamente ativa.

O En Sof, todavia, mostrou que não era afinal tão inefável, e ainda permanecia inabordável. Nenhum desses habilidosos "cientistas nucleares" pensou em penetrar no En Sof, ou eles mesmos entrarem no mundo das *sefiroth*. O que é chamado de "misticismo judeu", embora tivesse seu lado afetivo e aconselhasse o cultivo de práticas devocionais em suas "regras de piedade" (*hanhaqoth*; ver II/8), das quais pelo menos algumas eram previstas para consumo popular, era muito mais especulativo do que experimental. Quase desde o começo, os místicos judeus buscavam mais o conhecimento de Deus do que a experiência dele, mais como ir daqui para Lá do que o Ser Lá tão proeminente nos relatos dos místicos cristãos e muçulmanos.

Não há dúvidas de que muitos dos adeptos da Safad tiveram o que pode ser em geral considerado experiências místicas. Mas é digno de nota que estas invariavelmente tomavam a forma de um encontro não com Deus (ou o En Sof), mas com um intermediário, no caso de Joseph Karo (ver II/4), um *maggid* ou mensageiro angélico ou, como seus discípulos pensavam de Isaac Luria, com não menos que o profeta Elias. Em cada caso, o que ocorria era a transmissão de saber privilegiado, em suma, cabala adicional. E a experiência podia ser induzida. Isaac Luria recomendou algo que chamava de *yihud*, "unidade" ou "unificação", e embora em outros sistemas se pudesse pensar que isso sugeria união com o divino, para os adeptos de Luria significava estender-se sobre a sepultura de um *zaddik* anterior e concentrar-se na perspectiva de ressuscitar a alma do santo falecido. Se fosse bem-sucedido, o *yihud* ou união poderia ser usado para canalizar o aprendizado esotérico do *zaddik* morto no saber do adepto vivo.

Isaac Luria

Essa compreensão arcana e intricada da "realidade" por trás de textos simples e do mundo material aparece agora irremediavelmente difícil, como era provável que desde o começo se queria que fosse. Bem no fundo, porém, está o desejo do místico de aproximar-se de Deus de uma maneira paradoxalmente mais direta, um desejo poderoso demais para ficar escondido dentro de grupos esotéricos. No islã, o misticismo popularizou-se nas ordens sufis; no cristianismo, por clérigos como Inácio de Loyola e Francisco de Sales, que no final do século XVI produziram uma versão facilmente assimilada e muito controlada dos exercícios espirituais dos monges para o clero secular e para o laicato também; e no judaísmo, pelo movimento hassídico, que no século XVIII despojou o cabalismo de Safad de alguns de seus aspectos esotéricos e inacessíveis para fazer dele uma espécie de revelação popular (ver II/8).

O principal responsável por isso foi o maior e mais influente de todos os cabalistas de Safad, o já mencionado Isaac Luria (m. 1572). Nasceu em Jerusalém de pais asquenazitas – isto é, europeus – recém-chegados e recebeu sua formação inicial em rabinismo no Egito, onde também descobriu, aparentemente por conta própria, as atrações da cabala. Pouco antes de 1570, foi para Safad e estudou por um breve período com o cabalista mais famoso da época, Moisés Cordovero (m. 1570), ele próprio aluno do temível jurista rabínico Joseph Karo. A força de Cordovero era o pensamento sistemático: suas meditações, na forma de um imenso comentário ao *Zohar*, sobre o mundo complexo das *sefiroth* eram tão coerentes quanto imaginativas. Cordovero morreu logo após a chegada de Luria a Safad, e a partir daí o mais jovem passou muito rápido de estudante a professor, ou mais exatamente, um *zaddik*, com seu próprio círculo de discípulos, muitos dos quais se tornaram os cabalistas líderes da geração seguinte – e os repórteres de Luria. Luria escreveu pouco; a maior parte do que se conhece de sua abordagem da cabala vem nas notas de seus estudantes.

Central ao pensamento de Luria era a já referida teoria da *tikkun*, a "restauração" da *shekinah* ao seu estado anterior à queda por esforços espirituais, agora não por um simples adepto, mas pela comunidade inteira. Assim Luria incluía todo o corpo de judeus, pelo menos os espiritualmente conscientes, no ousado projeto de redimir Deus. Por trás dessa idéia luriânica estava uma experiência igualmente poderosa, a saber: a do novo exílio do povo judeu e do pesar que provocou. No caso, o exílio era de ha-Sefarad, a amada al-Andalus ou Espanha muçulmana, e o "luto por Sião" era sentido de maneira mais pungente no próprio Sião, na Eretz Israel, antes de ir para o interior judeu da Europa onde entristeceu, e exaltou, novas gerações de judeus, e acendeu seu zelo pela *tikkun*.

Cabala para todo mundo: o hassidismo

Pelo que podemos saber de Baal Shem Tov através das densas nuvens de lenda que acabaram cercando sua vida, parece que ele não teve a intenção de fundar um movimento, mas quando morreu em 1760, existia um (ver II/8). Entre suas primeiras realizações estava a formalização de seus quadros de liderança carismática. Os líderes do hassidismo eram de fato *zaddikim*, literalmente, "homens justos", mas talvez melhor "justificados". Estes eram os líderes espirituais de cada geração, e depois em cada ramo do hassidismo, uma ligação vital com o divino, por assim dizer, através do qual o hassídico mantinha conexão com Deus. Os *zaddikim*, ou *rebbes*, como eram também chamados comumente, eram, como os *pirs* do sufismo e os imãs do islã xiita, não apenas guias mas condutos de favor e bênçãos divinas.

Esses "santos" iniciaram uma atraente possibilidade familiar desde a cabala e agora seguida com entusiasmo pelos hassídicos, a de *tikkun olam* ou "conserto do mundo". A frase tem uma história longa. No começo se referia à capacidade dos rabis de "pôr em ordem" a vida da comunidade através de seus decretos. Era usado também num sentido escatológico de Deus aperfeiçoar o mundo no Final dos Tempos. Na cabala, essa leitura escatológica da *tikkun olam* era aplicada ao "conserto" do estado fraturado da Plenitude (*pleroma*), cuja perfeição original fora quebrada no grande drama cósmico (I/5).

Quando idéia do *zaddik*, do "eixo" carismático, como os muçulmanos se referiam aos seus mestres sufis santificados, das bênçãos de Deus, juntou-se à ênfase que Baal Shem Tov dava à piedade alegre, difundiu ondas de entusiasmo que perpassaram as comunidades judaicas da Polônia oriental, para o norte em direção à Lituânia e para o sul, na Ucrânia e Hungria. Em breve havia pietistas por todas essas regiões orientais da Europa, na fronteira que liga o cristianismo latino e ocidental e o islã turco otomano, cantando e dançando diante do Senhor com um abandono que sem dúvida aliviava suas almas maltratadas e fazia com que outros judeus, particularmente aqueles que tinham sido educados na observância rabínica estrita, olhassem de esguelha para esses entusiastas de uma piedade simples e muito livre. Os naysayreus ou *mitnaggedim* seriam encontrados nas principais ieshivás da época, muitas das quais se localizavam no que agora se chama Lituânia.

O que mais incomodou esses opositores do movimento hassídico foi a substituição do aprendizado por uma piedade pessoal bastante notável. As devoções despreocupadas e até irresponsáveis do hassidismo, que pareciam rezar quando e onde desejavam e que favoreceram, além disso, o ritual sefardita em vez do ritual asquenazita normal, ritos às vezes alimentados com álcool, dizia-se, estavam em contradição total com o estilo escrupuloso e instruído das comunidades rabínicas tradicionais. Os *mitnaggedim* tinham preocupações cada vez mais profundas acerca da ignorância e laxismo hassídico, seu panteísmo claro e sua superficialidade em relação à cabala, o que era visto com certa ansiedade pelos rabis. Os hassidistas preferiam experimentar Deus a servir a ele pelo estudo sério e observância rigorosa de seus mandamentos.

O conflito entre os hassidistas e os tradicionalistas terminou com cada lado, se não capitulando ao outro – os dois grupos ainda permanecem distintos –, assimilando muitas das virtudes um do outro. Os rebbes hassídicos tornaram-se mais instruídos na Torá e suas comunidades, mais observantes, enquanto os *rosh yeshivah*, os professores rabínicos, gradualmente assumiram alguma aura espiritual dos zaddik. As duas abordagens à vida judaica abreviadas num tipo "ortodoxo" diante de um desafio ainda mais distinto à tradição, o movimento da reforma judaica (ver I/5).

10 – As coisas últimas

Em grego, *eschaton* significa "fim", e na perspectiva das três comunidades monoteístas, esse "fim" é entendido em dois sentidos relacionados e, às vezes, conflitantes. Refere-se, no primeiro caso, ao fim do indivíduo: o que acontece, se acontece algo, com uma pessoa imediatamente após a morte. É uma questão completamente pessoal e individual. Contudo, as três fés estão também, e de maneira talvez até mais refletida e aflita, preocupadas com o Final dos Tempos, o final absoluto do plano de Deus para o cosmos, e o que pode haver além. Verificou-se que houve uma grande quantidade de explicações a respeito do além. O Fim marcará apenas o fim da história; além de "o Dia" e "a Hora", estende-se a eternidade, não a mera prolongação do tempo, mas uma dimensão inteiramente nova de ser. A eternidade é um estado ou condição, e, enquanto a teologia procurou explicar em que consistia, a "eternidade" simplesmente declara de si mesma que não tem começo ou fim: os seres humanos simplesmente entrarão nela.

Enredos do Final dos Tempos

O Final dos Tempos foi e continua sendo uma questão complexa para judeus, cristãos e muçulmanos, com um cenário complicado e articulado da série de atos que o constituirão. Seu plano formal de produção começou com os apocalipses visionários do judaísmo pós-exílico, quando indivíduos privilegiados tiveram permissão de divisar o futuro. As notícias subseqüentes dessas viagens ao além, judaicas, cristãs e muçulmanas, estavam cheias de detalhes pormenorizados dos acontecimentos e de suas seqüências, da topografia, das personagens e até do diálogo. Coube aos teólogos e juristas posteriores, em geral moderados, colocar alguma ordem nesses relatos detalhados, filtrar os elementos que se mostrassem inúteis ou inaceitáveis e tentar incorporar outros detalhes, mais antigos, que de algum modo tinham sido deixados de lado. Por volta de suas próprias Idades Médias, todas as três comunidades monoteístas tinham uma idéia relativamente coerente do que ocorreria no Final dos Tempos, um esquema ou enredo para um quadro mais sóbrio, vivo, para aqueles que tiravam sua instrução de pregadores, poetas ou das paredes das igrejas.

Naquilo que parece ser a primeira visão pré-apocalíptica do Fim, os judeus já estavam fazendo a ligação do "Dia do Senhor" com Jerusalém, vinculação que persiste até o dia de hoje entre judeus, cristãos e muçulmanos. Isaías profetiza: "Dias virão em que o monte da casa de Javé" se elevará acima de todos os outros, e as nações do mundo dirão: "Subamos ao monte de Javé, para que nos instrua em seus caminhos" (2,2-3). Se isso é justificação sem julgamento, o julgamento se seguirá logo. Em Isaías e em seus companheiros profetas, Israel será julgado e purificado antes de ser reintegrado (2,12-22), e em Sofonias esse julgamento é estendido a todas as nações da terra. Em Ezequiel, a idéia de um julgamento coletivo das nações, do qual ele participa, é suplementada por uma poderosa idéia nova. Os indivíduos também serão chamados para o julgamento: os israelitas serão salvos ou condenados segundo seus méritos (11,17-21).

O texto bíblico mais importante sobre o Final dos Tempos é sem dúvida o livro do profeta Joel: "Sim, está próximo o dia do Senhor, ele chega como uma devastação vinda do Todo-Poderoso", brada ele (1,13). O ponto de partida de Joel é uma praga de gafanhotos, que ele logo amplia para uma visão apocalíptica do Dia do Senhor. A história passou para a escatologia, e leva consigo para o Final dos Tempos o tom de moralismo severo e imagens de ruína e destruição que profetas anteriores como Amós usaram para descrever o desastre político iminente. No Dia do Senhor, os inimigos de Israel atacarão Javé (2,1-17). Haverá sinais e prodígios – "o sol se transformará em trevas e a lua em sangue" (2,31).

Haverá poucos sobreviventes, "em Jerusalém, entre os sobreviventes estará aquele que o Senhor chama" (2,32). Deus se sentará em julgamento. Ele "reunirá as nações e as conduzirá ao Vale do Julgamento do Senhor" (3,1-2). Então Israel será justificado, quando "o Senhor rugir de Sião, e de Jerusalém trovejar sua voz" (3,16). Deus recompensará Israel com prodigalidade com todos os prazeres de um povo ressequido: "Todos os riachos de Judá se encherão de água, e uma fonte brotará da casa do Senhor" (3,18).

Muitos dos elementos do Fim estão presentes, portanto, nos profetas, quando descrevem um desastre político ou natural iminente, que é transferido para uma ruína distante, escatológica. Não há evidência, porém, nesses textos, sobre o momento em que tal evento pode acontecer, seja na história ou além: é, simplesmente, no futuro. O que o localizou com mais precisão foi a conexão do julgamento de Deus, que está poderosamente presente na Bíblia, com um conceito mais novo, a ressurreição dos mortos (ver mais adiante). Isso era imaginado como uma ressurreição nacional coletiva, por implicação, um acontecimento no Final dos Tempos. A abertura para o Além torna-se clara na época pós-exílica, embora não possamos dizer o que – se a experiência do exílio em si, a exposição às noções zoroástricas de um julgamento e de um fim, ou a difusão da idéia grega da alma como espiritual e imortal – induziu o novo pensamento.

O apreensivo sentido de iminência do Fim e a rápida alternância entre desespero político e esperança sobrenatural produziram os apocalipses do judaísmo do Segundo Templo. Os rabis deixaram fora do cânone bíblico textos como aqueles atribuídos a Enoc e a Esdras como "livros estranhos" (*seferim hitzonim*), no entanto deixaram sua marca indelével nas sensibilidades judaicas – e também cristãs e muçulmanas – em relação ao Final dos Dias.

O fim, julgamento e castigo/recompensa são os três principais atos de todos os enredos escatológicos, cada qual ampliado com detalhe ilustrativo, instrutivo e até de diversão. O fim é estendido para trás para abranger um prelúdio que pode ser chamado de sinais: como poderemos saber que o fim virá? "Ninguém sabe o dia nem a hora", certamente, no entanto uma grande quantidade de crentes gastou uma grande quantidade de tempo calculando-o. Haverá perturbações da natureza e perturbações do espírito, e às últimas pertencem os falsos messias, falsos cristos, e os "enganadores" dos muçulmanos. Finais soltos devem ser amarrados: Enoc e Elias devem voltar para passar pela morte, aos quais os muçulmanos acrescentariam Jesus (ver I/3). Para os cristãos, Israel deve converter-se, na história, antes que o segundo ato possa começar. O clímax vem com a derrota dos inimigos de Deus – aqui as figuras do Messias e do *Mahdi* estão em evidência –, seguida pela destruição do mundo, a grande conflagração na qual o cosmos material perece.

Antes que o julgamento propriamente comece, deve ocorrer a ressurreição dos mortos, acontecimento prodigioso e prodigiosamente incômodo. Então os bons e os maus, as ovelhas e os bodes serão solenemente chamados perante o tribunal de Deus, suas virtudes e vícios são declarados – anjos estiveram registrando-os em livros – e o julgamento será feito. Não é, de fato, diferente do que foi decretado para todo indivíduo no momento da morte (ver mais adiante): agora, porém, a justiça de Deus é aplicada a todos. O próprio julgamento é aumentado pelo desejo de assegurar que nenhum herói e particularmente nenhum inimigo de Deus passara despercebido. É o momento de acertar as contas muito humanas, visto que os inimigos de Deus, como Dante mostrou, muitas vezes vivem na rua, ou na porta ao lado.

O primeiro e segundo atos do drama escatológico são grandes telas para pintores e poetas; o terceiro ato, "Castigos e Recompensas", tem amplo espaço gráfico também, mas se tornou mais precisamente a tela de rascunho para teólogos e juristas que tiveram de explicar como, no meio de águas correntes frescas do paraíso e chamas violentas do inferno, algo assim podia acontecer.

Depois da morte há o quê?

Antes do julgamento vem a morte, a morte do crente e do infiel, do santo e do pecador igualmente. Desde o começo, a Bíblia parece ter muito pouca idéia ou interesse a respeito daquilo que se segue à morte. A aniquilação total é uma noção difícil, de fato até sofisticada, e os israelitas antigos preferiam a ausência de vida, uma existência, mas exatamente sem vida, num lugar sombrio chamado Xeol. Embora as descrições e a localização sejam vagas, e sua conceitualização não tenha sido plenamente elaborada, o Xeol é em geral um lugar escuro, silencioso, subterrâneo – seus outros nomes são "sepulcro" ou "abismo" –, e, onde são especificados, seus principais habitantes parecem ser aqueles que morreram de modo violento ou não tiveram um enterro apropriado ou, segundo outro modo de ver, todos os mortos. "Lá os ímpios cessam de perturbar", diz Jó do Xeol, "lá repousam os exaustos de forças. Lá os presos estão tranqüilos, sem ouvir a voz do capataz. Lá estão tanto o pequeno como o grande, e o escravo fica livre de seu senhor" (Jó 3,18-19).

O pensamento de que só os afligidos e perturbados em particular eram destinados ao Xeol pode ter levado a outra idéia, ou talvez simplesmente a tenha tornou útil – a idéia da retribuição. Pensava-se que Israel seria punido por seus pecados nesta vida, mas alguns profetas começaram a acrescentar outra dimensão a suas reflexões morais, a saber, que os inimigos de Israel seriam punidos por suas iniqüidades na paisagem gradualmente mais distinta do Xeol. A idéia é apresentada tanto em Isaías (14,15) como em Ezequiel (32,18), que destinam o Egito e a Assíria ao Xeol por causa de seus crimes contra Israel. Não há nenhuma sugestão de que Ramsés e Assurbanipal encontrarão algum israelita nesses recintos duros, porém o pensamento moral acerca de Israel também estava mudando no grande cataclismo em torno da queda do Primeiro Templo. Lá havia uma nova idéia de justiça – justiça divina (ver I/1) –, indicada como tal quando Jeremias anunciou: "Nesses dias não mais se dirá: 'os pais comeram uvas verdes e os dentes dos filhos se embotaram'. Mas cada um morrerá por sua própria falta. Todo aquele que tenha comido uvas verdes terá seus dentes embotados" (31,29-30). Ezequiel faz eco a Jeremias quando faz Deus mesmo proclamar: "A pessoa que peca é que morre" (18,20). Ezequiel continua com sua própria negação precisa da responsabilidade coletiva: "O filho não partilhará da culpa do pai, nem o pai partilhará da culpa do filho" (18,20).

Morte e juízo

Embora a linguagem deles aparentemente possa sugerir, nem Jeremias nem Ezequiel estavam propondo que a justiça de Deus se realiza para com o indivíduo numa outra vida: é durante a sua existência mortal que o indivíduo prestará contas a Deus. Os israelitas dessa época ainda não tinham uma convicção forte na sobrevivência pessoal após a morte. Mas seus sucessores pós-exílicos tiveram, e debaixo dos enredos dos apocalipses judeus iniciais do Segundo Templo está a suposição inquestionada não apenas de que há vida após a morte, mas que os indivíduos sobreviverão de alguma maneira ao sepulcro para participar no juízo final de Deus e para serem julgados também segundo seus próprios méritos. Somente na época pós-exílica, em Macabeus, por exemplo 2Mac 12,43-45, em que Judas "levou a ressurreição em consideração", bem como em outros apócrifos judeus, surgiu a noção de que os atos pecaminosos e virtuosos desta vida seriam castigados ou recompensados em lugares particulares após a morte. O primeiro é identificado com a Geena, o buraco onde se queimava lixo em Jerusalém, e o último como o Jardim do Éden, o lugar primordial de bem-aventurança utópica de Adão e Eva. Essa era também a paisagem de outra vida de Jesus, e a crença de que aí havia alguma forma de vida após a morte e de que a justiça do Senhor seria feita aí no Dia do Juízo (*yom ha-din*) prevalecia universalmente no judaísmo rabínico, bem como no cristianismo e no islã.

O juízo particular

Nos evangelhos há evidência de crença cristã tanto no Final dos Tempos cósmico, que inclui o último juízo, bem como num julgamento mais particular feito ao indivíduo imediatamente após a sua morte. O julgamento geral foi uma parte importante da mensagem messiânica de Jesus, como seria da de Maomé, ao passo que o julgamento particular é mencionado apenas de passagem. Aparece mais claramente como a premissa de uma parábola (Lc 16,19-23) sobre a inversão da sorte. Um pobre chamado Lázaro morre e "é levado pelos anjos para o seio de Abraão". Um rico anônimo também morre, mas depois de seu sepultamento ele se encontra "no Hades, onde está no meio de tormentos". A mesma idéia de um julgamento imediato está presente quando Jesus se volta para um dos que tinham sido crucificados com ele e lhe garante que "hoje estarás comigo no paraíso" (Lc 23,43).

Esse não é um motivo relevante na pregação de Jesus – é mais provável que fosse apenas uma crença judia comum –, mas depois foi aceito como ensinamento em círculos cristãos, ainda que a ênfase primária do Novo Testamento seja inequivocamente sobre o Juízo Final (ver mais adiante). Parece que os Padres da Igreja se contentaram em receber o juízo particular como doutrina com base nas referências exíguas do evangelho – em sua defesa de um julgamento imediatamente após a morte, Agostinho cita a parábola de Lázaro e do rico. A existência de tal julgamento causava pouca hesitação; muito mais incômodo era resolver a questão do castigo ou recompensa que se seguiam a ele. Não podemos dizer qual era a idéia de Jesus acerca da sobrevivência individual, mas logo seus seguidores, agora principalmente gentios convertidos, imaginaram a alma como uma entidade espiritual imortal que, com a morte, separava-se do corpo e sobrevivia a ele. Como era possível punir a alma desincorporada com os castigos notoriamente físicos do inferno, "onde o verme não morre e o fogo não se apaga" (Mc 9,48)? Isso era problemático.

A ressurreição do corpo

Quando o *faylasuf* muçulmano andaluz Ibn Rushd (m. 1198) tratou o difícil problema da ressurreição corporal em seu livro *Incoerência da incoerência*, observou que "a ressurreição tem sido mencionada em diferentes religiões por pelo menos um milhar de anos... Os primeiros a mencionar a ressurreição corporal foram os profetas de Israel depois de Moisés, como é evidente a partir dos salmos e muitos livros atribuídos aos israelitas. A ressurreição corporal também é afirmada no Novo Testamento e atribuída pela tradição a Jesus". A questão, porém, não era tão simples, como acabamos de ver. Como se realizava a ressurreição do corpo e sua reunificação com a alma, e quando, levantou problemas substanciais em todas as três comunidades religiosas.

Talvez haja na Bíblia menções posteriores de sobrevivência após a morte, mas a primeira referência inequívoca à ressurreição corporal aparece na célebre visão de

Ezequiel (37,1-8) de uma planície de "ossos secos" sobre os quais o Senhor sopra vida. "O sopro entrou neles, e eles vieram à vida e puseram-se de pé qual imenso exército". "Esses ossos", continua o texto, "são toda a casa de Israel". E há mais. Isso é profecia e o Senhor fala do futuro: "Eu vos farei sair de vossas sepulturas, ó meu povo, e vos conduzirei para a terra de Israel" (37,10.13).

Isso é claramente uma ressurreição nacional, uma restauração escatológica dos *bnei* Israel à Eretz Israel, mas na posterior visão de ressurreição de Daniel, ela se torna um pouco mais precisa e está relacionada à idéia de castigo e recompensa: "Muitos dos que dormem na terra poeirenta despertarão, uns para a vida eterna, outros para a vergonha, para a ignomínia eterna" (12,2). Desde então a ressurreição dos mortos tornou-se um aspecto normal das visões da vida futura e um elemento decisivo nas ações de justiça de Deus. Na época tardia do Segundo Templo tornou-se, de fato, uma linha divisória entre os fariseus e os saduceus. Os fariseus afirmavam, de acordo com Josefo, que as "almas têm um vigor imortal nelas (e o) poder de mover e viver de novo" (*Antiguidades* 18.1.4) – ponto de vista partilhado pelos primeiros cristãos (por exemplo, Mc 12,23-26) e certamente por Paulo, que o citou como sinal de sua própria ortodoxia (farisaica) quando foi convocado diante do sinédrio (At 23,6-10).

Paulo era fariseu, ou pelo menos fora educado como um (At 22,3), por isso não é de admirar que seguisse a posição farisaica sobre a ressurreição. Mas e quanto ao seu mestre, Jesus? Em Marcos 12,18 alguns saduceus aproximam-se de Jesus, os quais, observa o evangelho, "dizem que não há ressurreição". Eles propõem a Jesus um enigma legal: uma mulher fora casada com sete diferentes maridos, um depois do outro, tendo todos morrido antes dela. Na ressurreição, de qual deles ela será mulher, "quando todos ressuscitarem?" A intenção era provavelmente demolir a fé na outra vida por uma redução legal ao absurdo, mas Jesus leva a questão a sério e dá uma resposta séria. Não há casamento depois da ressurreição: os ressuscitados são como "anjos no céu", portanto, supõe-se, em certo sentido, imateriais. "Não lestes no livro de Moisés", continua Jesus, "no episódio da sarça, como Deus lhe falou: 'Eu sou o Deus de Abraão, o Deus de Isaac e o Deus de Jacó' (Ex 3,6)? Ele não é Deus de mortos, mas de vivos" (12,26-27).

Também a resposta de Jesus, portanto, está de perfeito acordo com o ensinamento dos fariseus, e sua tentativa de estabelecê-lo a partir da Torá é o polêmico rumo tomado pelos rabis posteriores quando debateram a questão da ressurreição no tratado Sinédrio do Talmude. "Debate" talvez não seja a palavra. Os saduceus, que se opunham ao ponto de vista farisaico em nome de uma posição derivada da Torá, não eram mais uma força na vida judaica depois de 70 e.c. e por isso o ensino farisaico sobre a vida futura como lugar de castigo e recompensa tornou-se, de fato, ortodoxia judaica. É testemunha disso, por exemplo, a segunda das Dezoito Bênçãos introduzidas no culto sinagogal normal nessa era: "Vós, ó Senhor, sois poderoso para sempre, despertais os mortos, sois poderoso para salvar. Vós sustentais os vivos com bondade amorosa, despertais os mortos com grande misericórdia [...] e conservais vossa fé com aqueles que dormem no pó. Quem é como vós, Senhor de feitos poderosos, e quem se parece convosco, ó Rei, que mata e revive e faz a salvação brotar".

Os rabis estavam em geral de acordo acerca da questão da ressurreição do corpo e de sua reunião com a alma; em discussão estava quem seria ressuscitado – Israel todo, como a passagem de Ezequiel parecia indicar, ou apenas os justos de Israel? Visto que havia também consenso de que a ressurreição ocorreria em Eretz Israel, o que aconteceria com os que morreram na diáspora? Essa última inquietação levou ao costume generalizado de enterrar de novo em Jerusalém os judeus da diáspora, em particular no Vale de Josafá ou Cedron, onde se acreditava amplamente que ocorreria o Juízo Final. Cristãos e muçulmanos partilharam dessa crença, e o Vale do Cedron tornou-se o lugar de enterro favorito para judeus, cristãos e muçulmanos, igualmente, até o dia de hoje.

A semente, a estátua e a conjunção de matéria e forma

A partir do Novo Testamento, a crença na ressurreição do corpo continuou sendo um princípio básico do cristianismo. Os cristãos, como sempre, sentiam-se impelidos a explicar para si mesmos, à maneira como Jesus fizera ou o ex-fariseu Paulo fez aos céticos de seu dia, e assim fornecer um molde para suas crenças: "Alguém perguntará", começa Paulo, "como ressuscitam os mortos? Com que corpo eles voltam? Insensato! O que semeias não nasce sem antes morrer. E o que semeias não é o corpo da planta que há de nascer, mas o simples grão. E Deus dá o corpo segundo Sua vontade, a cada uma das sementes o corpo que lhe é próprio... Semeado corruptível, ressuscita-se incorruptível. Semeado desprezível, ressuscita-se glorioso. Semeado na fraqueza, ressuscita-se cheio de vigor. Semeado corpo animal, ressuscita-se corpo espiritual" (1Cor 15,35-44).

A metáfora da semente que germina era atraente, mas a idéia de um corpo espiritual colocava problemas consideráveis, que gerações de cristãos esforçaram-se por resolver, especialmente os intelectuais que tinham uma propensão platônica, que pensavam que o corpo era um mero túmulo ou prisão da alma. Eles preferiam ressuscitar como anjos. E o corpo, como todos reconheciam, era um estado constante de fluxo, até a sua dissolução final no túmulo. O que é reagrupado, ressuscitado ou renovado? "Regerminação" era uma resposta popular ao problema: após a morte, nossa semente germina de novo; é a mesma pessoa – com DNA idêntico, podemos dizer, que cresceu de novo ou foi clonada. Agostinho, porém, não gostava da idéia, pois envolvia processo, que para ele significava corrupção. Se o corpo ressuscitado devia ser incorrupto, como deve ser, deve também estar afastado de toda mudança. Agostinho pensava que o corpo seria reagrupado, sem faltar nada, no seu estado mais belo – numa passagem ele imaginou que seria por volta dos trinta anos de idade, talvez porque era a idade de Jesus ao ressuscitar –, sem mudança (fome e comida, perda e crescimento, está tudo banido) e sem defeito, embora se pudesse afirmar que os mártires levariam as gloriosas cicatrizes de seu sofrimento por Cristo. De fato, o crescente culto das relíquias dos mártires (ver II/6) pode ter contribuído para a atração pelo modelo de ressurreição do reagrupamento.

Assim a questão da ressurreição passou a fazer parte do cardápio do debate do cristianismo latino medieval, e Agostinho, como de costume, saiu na frente. Mas logo veio uma nova voz para o debate, a de Aristóteles. Com a redescoberta de Aristóteles pelo Ocidente latino no século XIII, cujas conseqüências são mais visíveis em Tomás de Aquino (ver II/7), a discussão tomou uma direção diferente. À medida que o modelo aristotélico do ser substituía o modelo platônico anterior, o conceito de ser humano como união natural e orgânica de matéria e forma começou a orientar a discussão da sobrevivência humana e ressurreição. A forma do ser humano – forma agora entendida no sentido aristotélico de princípio ativo e organizador de um ser – era a alma racional, que constituía, assim, a personalidade sobrevivente do indivíduo. Mas o princípio humano formal, a alma, está ordenado para o seu princípio material, a corporalidade, e, no caso de qualquer indivíduo dado, para a sua matéria particular, o que chamamos de nosso corpo. A sobrevivência individual é, então, principalmente, uma questão de sobrevivência de sua alma espiritual imortal, mas uma alma que é incompleta sem o corpo material para o qual ela está naturalmente ordenada.

Tomás ficou preocupado com os detalhes levantados pela idade, genitália (para que ela serve na outra vida?) e, por isso, com o gênero, com o canibalismo, mutilação e todas as mudanças das quais a carne é herdeira. Cada detalhe devia ser tratado na sua vez, mas o paradigma aristotélico de corpo como matéria e alma como forma – a hipótese é chamada de hilemorfismo – fornecia um modelo filosófico estável para uma antropologia e, forçando um pouco aqui e ali, para a ressurreição da carne.

Enquanto isso...

Mais ou menos na mesma época em que Tomás e seus colegas aristotélicos estavam reescrevendo a história cristã da alma, a Igreja enfrentava a questão duradoura do que acontecia com uma pessoa imediatamente após a morte. Fazia tempo que os cristãos concordavam que a alma e o corpo seriam reunidos no Juízo Final e, nessas circunstâncias, os sofrimentos físicos do inferno e a realização do paraíso faziam sentido. Enquanto isso, porém, à medida que o corpo permanece (e apodrece) na sepultura, afirmavam alguns, a alma deve estar numa espécie de sono ou hibernação. Eram, porém, minoria. A maioria dos cristãos preferiu crer que o castigo dos maus e, especialmente, a recompensa dos justos se seguiam imediatamente à morte, "sem perguntar como". O culto inicial e generalizado, primeiro, dos mártires e, depois, dos santos em geral dá testemunho da força e da convicção de que os heróis do cristianismo foram, como Lázaro, imediatamente para sua recompensa (ver II/6).

No entanto, perguntas ficaram sem respostas e, em 1274, o Segundo Concílio de Lion declarou que as almas livres de pecado iam diretamente para o céu, embora alguns continuassem a defender o argumento – o papa João XXII (1316-1334) entre eles (ver mais adiante) – de que não gozavam da presença de Deus, a chamada visão beatífica, até que estivessem reunidas ao corpo no final cósmico. O sucessor de João, Bento XII, tratou da questão da visão beatífica em 1336, mas em 1439, no Concílio de Florença, a questão foi resolvida de maneira mais programática para a Igreja ocidental – e, provavelmente, para a oriental também, visto que esses eram os termos dogmáticos da reunião das igrejas (ver I/6). A declaração de fé do concílio anunciou que depois da morte, as almas sem pecado gozariam imediatamente da visão beatífica, ao passo que os pecadores estariam destinados diretamente ao inferno. Havia também – o ponto real da declaração, dirigido à Igreja oriental – um estado intermediário chamado purgatório, reservado para aqueles que ainda precisavam de expiação por seus pecados confessados previamente (ver II/5).

A cosmologia do outro mundo

A tradição situou o Juízo Final no Vale de Josafá, ao leste de Jerusalém. A localização do resto do drama escatológico era um pouco mais problemática e dependia de como os dramaturgos viam o mundo e suas partes. Os antigos tinham duas visões do universo. Uma de nível popular: a terra era uma superfície circular, porém chata, e estava cercada por uma beirada de água que os gregos chamavam Oceano, e coberta por uma abóbada que continha os planetas e as estrelas. As terras e os lugares míticos, como o Jardim do Éden, as Ilhas da Felicidade ou os Campos Elíseos estariam situados nas suas margens exteriores distantes e imperfeitamente conhecidas, de maneira muito semelhante, como, por exemplo, os muçulmanos localizavam o Éden em Sri Lanka. Os lugares do castigo, os vários "infernos" muitas vezes ligados ao fogo, estavam localizados debaixo da terra.

Todas as versões desse imaginário popular da Terra acabaram tendo de competir com o modelo científico associado a Aristóteles e Ptolomeu. Nesse modo de ver, a Terra é estacionária no centro do sistema planetário. Em volta dela se movem sete esferas cristalinas, e em cada esfera está embutido um dos sete corpos celestes (fora da terra: Lua, Mercúrio, Vênus, Sol, Marte, Júpiter e Saturno). Além delas gira a esfera das estrelas "fixas", além da qual está a esfera cristalina pura, e por isso completamente invisível, cujo movimento é imitado por todas as outras. Além desta está o Empíreo, o "Ígneo", que existe fora do tempo, espaço e movimento. Esse é o "céu" dos monoteístas, a "morada de Deus e de todos os bem-aventurados".

Nessa visão científica do universo, que passou a predominar entre os instruídos nas três comunidades monoteístas, e que Dante recapitulou e deu corpo em sua *Divina Comédia*, o inferno permanecia firmemente debaixo da terra, embora sua entrada, que os gregos e os romanos localizavam em várias cavernas e grutas em redor do Mediterrâneo – a *Eneida* de Virgílio popularizou a região em redor do Lago Averno, no sul da Itália – tinha se tornado fixa no vale do Enom (heb. *Ge Hinnom* > Geena), o lugar ao sul de Jerusalém que servia para queimar o monte de lixo mal cheiroso da cidade. No entanto, o local da recompensa era uma questão mais complexa. Havia duas versões opostas, às vezes conflitantes, às vezes em harmonia, sobre o lugar em que os virtuosos encontrariam seu descanso final, se no paraíso ou no céu.

A noção mais antiga, mais física, era a de que ele se localizaria na utopia original do Éden, o tranqüilo jardim de Adão e Eva. Se o pecado original cometido lá levou ao paraíso perdido – *paraíso* é uma palavra emprestada dos persas que significa "parque" –, os não culpados esperariam encontrar descanso nesse mesmo paraíso recuperado. Assim muitos judeus e cristãos primitivos acreditavam, como também os muçulmanos em geral ainda acreditam, visto que essa imagem do jardim (*janna*), junto com muitos de seus detalhes físicos, está profundamente cravada no Alcorão e na consciência dos muçulmanos formada pelo Alcorão.

Não havia lugar para um Éden terrestre na visão científica do universo à qual todos os monoteístas acabaram sendo introduzidos. Deus morava num espaço sem tempo além do sétimo céu, e a noção de bem-aventurança para os crentes foi vagarosamente transformada em desejo de morar com Deus e, como vimos, até de antecipar essa sorte pela contemplação de Deus nesta vida. Os judeus do Segundo Templo começaram a preparar uma geografia de tal viagem mortal através das esferas para o trono de Deus, e que se tornou um ponto forte de meditação, e de esperança, entre místicos tanto judeus como cristãos e muçulmanos (ver II/9). A volta para Deus, e o gozo de sua presença, era uma perspectiva cada vez mais atraente para os virtuosos. Foi reforçada pela noção de que a alma – a alma espiritual imortal que surgiu com o contato com as teorias filosóficas gregas – tinha origem nos céus e com o nascimento descera através das esferas, adquirindo em sua descida as várias influências astrais. Essa premissa tornou a astrologia, que tentava ler essas influências, infinitamente fascinante para homens e mulheres antigos e medievais de todas as fés. Os mortos, portanto, não iam simplesmente "para o céu"; voltavam para sua casa original.

O mapa do paraíso e do inferno

A visão simples da outra vida mantida pelos primeiros israelitas tornou-se cada vez mais complexa e cada vez mais incoerente, quando novas idéias, algumas autogeradas, algumas aprendidas de outros, penetraram na mistura. Quando o Xeol, por exemplo, reaparece dos textos apocalípticos do judaísmo do Segundo Templo tardio, tem diferentes câmaras, algumas para os justos e algumas para os maus que estão esperando o julgamento final. Em 1Enoc a localização da Geena em Jerusalém aparece pela primeira vez como o lugar onde os maus serão punidos. O paraíso também aparece pela primeira vez, o "jardim" original de Deus, junto com o conceito totalmente diferente de "céu", onde os bem-aventurados brilharão como estrelas – aqui estão em ação noções muito não bíblicas – e serão bem-aventurados "como os anjos do céu". Finalmente, o mundo por vir (*olam ha-ba*) faz seu aparecimento. No entanto, essa ainda é apenas uma espécie de misteriosa porta aberta; deve esperar os rabis para se tornar um portal. Quanto ao paraíso, o livro chamado 2Enoc faz uma descrição muito mais explícita. Numa viagem completa pelo céu, somos introduzidos na idéia de um "paraíso terreno", o qual o viajante espia desde o terceiro dos sete céus.

A elaboração do paraíso, como a elaboração ligeiramente posterior do inferno, é em parte especulação imaginativa e em parte resposta a uma sensibilidade moral ampliada. Cristãos, judeus e muçulmanos convenceram-se igualmente de que havia graus ou níveis de felicidade na outra vida, assim como havia níveis de castigo: quanto mais justo fosse o crente ou quanto mais perfeito o seu amor por Deus, mais perfeita era a visão de Deus no céu. No começo, isso se exprimia localizando o mais justo no mais alto no céu e o mais malvado, mais profundamente no inferno, ou por grande alegria para o primeiro e dor mais severa para o último. O inferno representou menos problemas a esse respeito, e a Geena acabou sendo um lugar realmente físico. Os escritores da Antiguidade tardia e da Idade Média pouco se preocupavam em imaginar tormentos dolorosos e, no fim, tormentos perfeitamente adaptados, segundo o modelo de Tântalo, para os males cometidos durante a vida, como fome para os glutões ou lábios rasgados e uma língua dilacerada para o mentiroso.

No entanto, a apresentação do paraíso mostrou-se problemática, visto que todos os bem-aventurados deviam forçosamente estar felizes – "Em toda parte no céu é paraíso", como disse Dante – e toda comparação invejosa era rejeitada. Todos gozarão dos mesmos prazeres e todos estarão de algum modo na presença de Deus. E a mesma passagem da *Divina Comédia* continua: "embora a graça do Deus supremo não chova lá na mesma medida" (*Paraíso* 3,88-90). Nada era igual no céu. A solução, falando de modo geral, está na proximidade. Todos os bem-aventurados estavam na presença de Deus, mas alguns estavam mais perto do trono do que outros; todos olhavam para a Face, mas alguns a viam mais claramente que outros. A metáfora dominante em todas as fés é a luz, que tem a virtude de participar tanto do material como do físico. Todos vêem a luz, mas os verdadeiramente bem-aventurados estão tão perto que são cegados por ela.

Uma viagem celestial

Como já foi observado, as múltiplas versões do céu e do inferno fizeram a sua aparição formal no monoteísmo nos apocalipses judeus da era pós-exílica, mas o que começou como um conto inventado apareceu com mais freqüência, particularmente nos *midrashim* agádicos, como simples exposição. O narrador rabínico anônimo simplesmente descreveu o jardim e a Geena em detalhe sempre crescente. Dante representa a continuação da tradição de viagem no cristianismo, mas a verdadeira seqüência das viagens celestiais de Enoc e outros, e talvez a fonte, como alguns sugeriram, de onde Dante tirou seu modelo e muitos dos seus detalhes, é a linguagem figurada das viagens celestes que apareceram primeiro no Alcorão e tiveram uma sobrevida suntuosa no islã.

As viagens celestes estão no próprio coração da espiritualidade muçulmana. O protótipo é a própria ascensão (*miraj*) de Maomé ao céu durante a famosa Viagem Noturna que o arrebatou de Meca a Jerusalém, daí ao céu mais alto e de novo à sua cidade natal, tudo durante uma noite (ver I/3). O Alcorão apenas faz alusão a ela, mas a viagem, e particularmente o trânsito do Profeta através dos céus, rapidamente se tornou a matéria da lenda muçulmana. Logo apareceu de forma ampliada nas biografias do Profeta. Por fim apareceram tratados independentes dedicados inteiramente à ascensão do Profeta – possivelmente uma tradução disso para o italiano tenha caído nas mãos de Dante – e artistas muçulmanos, apesar da proibição contra imagens, acharam a ascensão um campo rico para ilustração.

Em seu cenário alcorânico, a estória talvez pretendesse explicar as origens divinas das revelações de Maomé, e assim continuou sendo. Mas à medida que a estória se ampliava, começou a incluir um olhar de relance no inferno e seus habitantes, fosse a caminho de Jerusalém, fosse do ponto privilegiado do terceiro céu. Nas versões posteriores, os sete céus da cosmologia normal não alojavam mais os predecessores proféticos de Maomé, como nos primeiros relatos, mas eram habitados por uma grande variedade de espíritos angélicos. Começara a exploração muçulmana do céu.

O Alcorão introduz duas formas ou níveis de paraíso. A Sura 55 diz que "para aqueles que temem estar diante de Deus, há dois jardins" (v. 46), e pouco depois (v. 62) acrescenta: "deste lado [*ou* acima] há mais dois jardins". Segundo uma contagem, portanto, há quatro "jardins para os bem-aventurados", e os comentadores muçulmanos foram rápidos em elaborar os detalhes. O *Livro dos estados da ressurreição*, um manual medieval para a outra vida, conta sete ao todo, provavelmente para torná-los simétricos aos sete céus da ascensão tradicional. O sexto é chamado *firdaws*, "paraíso", e o sétimo é o mais alto, o "jardim do Éden". "Este é a capital do jardim", acrescenta, "e é mais alto que todos os outros jardins".

Isso não é uma mera topografia, embora haja grande quantidade dela nessas reconstruções imaginativas. Como o "jardim" duplo dos rabis e cabalistas e dos muitos círculos de paraíso de Dante, a ampliação muçulmana do céu se deve em parte a uma tentativa de acomodar a justiça de Deus, dar aos bem-aventurados suas justas recompensas. Uma imitação ousada da viagem do Profeta foi para justificar uma revelação pessoal. Em seu livro *Revelações mequenses*, o sufi espanhol Ibn Arabi (m. 1240) descreve uma subida ao mundo superior, nesse caso de um filósofo e um "teólogo", embora esse último seja claramente o próprio Ibn Arabi. O filósofo recebe instrução, ao mesmo tempo filosófica e mística, em cada uma das esferas planetárias, mas depois, como Virgílio na *Divina Comédia*, é deixado para trás na beira da sétima esfera, e o teólogo segue sozinho para o além. Ele passa por um terreno familiar com marcos alcorânicos até que alcança o trono de Deus, onde os mistérios divinos finalmente lhe são revelados. No entanto, não é uma viagem escatológica; o teólogo volta à Terra com o filósofo, que agora se converte ao islã.

O paraíso de Dante é um lugar complexo, como são o seu inferno e purgatório. Em parte isso é exigido pelo enorme elenco de personagens, míticas e históricas, antigas e contemporâneas, que o poeta tem de distribuir pela vida futura. Mas a complexidade também reflete duas tradições religiosas, a judaica e a cristã, e talvez uma terceira, a muçulmana, que alimentou de idéias o assunto da vida futura e particularmente sua geografia. É realmente longo o caminho do Xeol ao "seio de Abraão" para Dante Alighieri.

Vida boa: os anjos

Os "aborígines" do céu, por assim dizer, são os seres espirituais chamados anjos ou, mais literalmente, "mensageiros" (gr. *angelos*), embora entregar mensagens não fosse a única coisa que faziam. Os anjos estão presentes com grande evidência em todos os três sistemas de crença monoteístas, desde o nível mais sofisticado ao mais popular. Eles eram, em sua forma plenamente conceitualizada, uma classe de seres que ocupavam um lugar entre Deus e a humanidade. Eram imateriais e imortais como Deus, embora limitados em seus poderes e confinados pelo modo de sua existência a um lugar – os cristãos medievais gostavam de discutir como se localizariam (quantos podiam caber "na ponta de um alfinete", por exemplo) seres que não têm extensão. Os anjos se parecem com os humanos por serem criaturas, embora superiores por possuírem um intelecto livre de qualquer ligação com a matéria.

Essa é alta lógica medieval acerca dos anjos, uma angelologia, mas a espécie teve um começo um pouco mais modesto. Na Bíblia, essa espécie de anjo (*malak*) foi provavelmente uma adição tardia (pós-exílica?) à cosmovisão dos israelitas. Quando os anjos aparecem, têm a função de mensageiros (Gn 16,7; 32,1), servem ao trono de Deus (Dn 7,10; Tb 12,15; cf. Ap 8,2-5), o que estabeleceu para sempre a morada deles no céu, e até são agentes da vontade de Deus (2Sm 24,16-17; 2Cr 21,15-20; Dn 10,9-13; cf. Jo 5,1-4). Nos apócrifos pós-exílicos, de modo todo especial no Livro de Enoc, os anjos são promovidos a novas funções, como promulgar a lei de Deus (cf. At 12,23). Outro fio na história dos anjos perpassa algumas passagens bíblicas (por exemplo, Gn 16,7-11) e aparece nas palavras do próprio Jesus (Mt 18,10), a saber, que cada alma tem um anjo da guarda.

Alguns desses anjos bíblicos têm nomes e formas que revelam origens mais antigas e mais míticas para seres posteriores, puramente espirituais. Miguel é o padroeiro e defensor de Israel (Dn 10,13.21; 12,1). Gabriel (Dn 9,21-27) tem um papel desenvolvido tanto nos evangelhos, nas passagens em que se anunciam os nascimentos de João Batista (Lc 1,11, sem nome) e de Jesus (Lc 1,26), e no Alcorão, novamente como portador das boas-novas da concepção de Maria (19,19, sem nome) e do próprio Alcorão a Maomé (2,97). Socorre também os crentes (2,97-98, com Miguel). E, finalmente, há Rafael (Tb 3,25s). Os anjos também aparecem como aquilo que se pode chamar de "tipos", como o querubim em Ezequiel (1,4-14), e em outros lugares – suas efígies estão no santuário interior do templo de Jerusalém e ficam sobre a Arca da Aliança –, onde são representados como leões e touros alados com cabeças humanas. Serafins alados são mencionados na visão de Isaías (6,6), embora sem muito detalhe. Mesmo em seu ser mais espiritual, muito depois que seus corpos animais tinham desaparecido, as asas continuaram sendo parte permanente da iconografia dos anjos.

Os evangelhos habitavam o mesmo mundo judeu onde os anjos, agora mais obviamente antropomorfizados, eram mensageiros ativos e agentes da vontade de Deus. Paulo, todavia, nos leva para um lugar um tanto diferente. O seu cosmos espiritual é dominado por certos poderes espirituais que ele chama de "principados, potestades e dominações" (Ef 1,21) e em outro lugar (Cl 1,16) acrescenta "tronos". Os mesmos seres, porém, são chamados malévolos e malignos (Ef 6,12), talvez porque fossem anjos adorados como deuses, prática aparentemente difundida no tempo de Paulo no Mediterrâneo oriental, como foi mais tarde na Meca de Maomé (ver mais adiante). Grande parte dessa paisagem demoníaco-angélica foi eliminada, ou posta de lado, pela difusão do cristianismo, embora sistemas inspirados pelo neoplatonismo e amplamente derivados do gnosticismo fornecessem espaço mais que suficiente para um mundo de seres espirituais intermediários – quer fossem chamados *eons*, imãs ou *sefirot* –, distribuídos hierarquicamente entre o primeiro princípio único e a multidão turbulenta que constitui nosso mundo material.

Anjos na Arábia

Num raro aparte histórico, o Alcorão celebra a vitória dos muçulmanos sobre os seus inimigos nos Poços de Badr (ver I/3). Primeiro, numa referência um tanto enigmática (3,13), dá a entender que havia duas vezes mais gente do lado muçulmano do que realmente havia. A alusão não é inteiramente clara para nós, nem deve ter sido para os ouvintes de Maomé, como a glosa do próprio Alcorão revela mais tarde na mesma sura. Deus fala a Maomé: "Lembra-te de quando disseste aos fiéis: 'Não é bastante para vós que vosso Senhor ajudou-vos com trezentos anjos enviados (em Badr)?' Sim, e se permanecerdes firmes e corretamente, mesmo se o inimigo viesse contra vós aqui com muita pressa, vosso Senhor vos ajudaria com cinco mil anjos no ataque" (3,123-125).

Os anjos que aparecem milagrosamente para aumentar o número dos muçulmanos em Badr eram criaturas familiares não apenas aos muçulmanos, mas também aos mequenses pagãos. Além das divindades semitas citadas como Uzza, Manat e al-Lat, que eram adoradas na Meca de Maomé, outros seres sobrenaturais faziam parte da paisagem religiosa. Mas Maomé e seus compatriotas ocasionalmente se separavam sobre a questão dos anjos. De fato, pode ter havido confusão entre as chamadas filhas de Alá e anjos (cf. 21,26) visto que o argumento acerca da implausibilidade de Deus ter apenas filhas é comum a ambos (37,149-150). Em outro lugar, os mequenses pagãos são acusados muito explicitamente de adorar anjos, e anjos em forma de mulheres: "E eles fizeram anjos (seres) femininos os quais são servos de al-Rahman. Dão *eles* testemunho de sua criação?" (43,19).

O Alcorão tem a sua própria "angelologia" desenvolvida, muito semelhante às crenças judaicas e cristãs acerca de tais seres. Embora não apareçam nas primeiras revelações, os anjos, ou criaturas sobrenaturais que supomos que sejam anjos, surgem em vários papéis nas suras mequenses e medinenses – Gabriel e Miguel são identificados pelo nome (2,97-98). São testemunhas tanto da Criação (2,30-34) como do Juízo (25,25), são cantores dos louvores de Deus em torno de seu trono celestial (40,7; 42,5) e são "vigias" que registram os feitos dos humanos. Os anjos são inequivocamente criaturas de Deus que servem tanto como seus mensageiros alados (15,8; 35,1), a Abraão (11,69-73 etc.), por exemplo, e a Maria, mãe de Jesus (19,19). Finalmente, são guardiões individuais de seres humanos (13,11; 82,10-12).

Depois de deixar Meca, Maomé acertou-se com os anjos-deuses dos coraixitas, e depois da batalha de Badr, não se diz mais que os anjos aparecem em forma humana: nos relatos alcorânicos dos anjos depois de Badr, sua presença é invisível e os seres humanos não têm mais consciência da operação deles, indicando não apenas um novo sentido do papel dos anjos, mas também da relação entre Deus, anjos e seres humanos. Antes de Badr, os anjos serviam a Deus principalmente em funções celestiais ou escatológicas; mais tarde, são usados para servir aos propósitos de Deus para com a humanidade, sobretudo para ajudar os últimos em suas lutas. Ajudam inclusive o próprio Profeta numa contenda familiar, aliás, não especificada (61,3-4).

A visão de Deus

A expectativa de ver Deus é indubitavelmente bíblica em sua origem. O retrato íntimo, até familiar, de Deus em Gênesis certamente aumentou tal esperança, e mesmo os terríveis encontros de Moisés com o Senhor no Êxodo, ao mesmo tempo em que sublinham o privilégio e os perigos de tais ocasiões, reforçam mais do que rejeitam a possibilidade. Fazer a experiência de Deus de maneira tão direta é um tema que exaltou e incomodou um círculo estreito de místico e seus críticos, mas sua ocorrência na vida futura era a esperança de todos os crentes.

A idéia de ver Deus, mesmo na outra vida, era problemática em vários aspectos. Certamente, estava cheia do que os muçulmanos chamavam de corporalidade (*tajsim*), a forma mais grosseira de antropomorfismo. Ainda que a expressão "face de Deus" ou "ver Deus" fosse mitigada numa maneira mais aceitável como "estar" ou "viver" na "presença de Deus", a incômoda questão da "similitude" (*tashbih*) não desapareceu. Mas enquanto os tradicionalistas combatiam a idéia de uma visão de Deus pelos vivos – o inimigo aqui eram os hesicastas e os sufis como Ibn Arabi (ver II/9) –, apenas concordavam quando se tratava da recompensa aos bem-aventurados. Tanto a Escritura quanto a tradição eram fortes e claras demais para que qualquer cristão ou muçulmano se opusesse à conclusão de que na eternidade os justos "estarão com Deus", seja lá como isso foi explicado. Segundo Tomás de Aquino, que dedicou uma questão inteira de sua *Summa theologiae* ao modo como podemos conhecer a Deus, nós o conhecemos na outra vida mesmo se não podemos compreendê-lo (1.12.7). Deus é infinitamente inteligível – ao contrário de nós.

Já foi observada a crença de que deve ser a *pessoa*, não a alma, que goza da presença de Deus, e isso levou alguns a concluir que a recompensa da visão beatífica, como os cristãos a chamaram, deve necessariamente ser adiada até depois da ressurreição e do Juízo Final. Como já mencionado, o "alguns" incluía o papa João XXII, que no final de 1335 pregou um sermão no qual tentou seguir a Escritura neste assunto. O papa "opinou", como sustentam alguns, ou "definiu", como dizem outros, que os justos que morreram antes da morte redentora de Jesus descansavam no "seio de Abraão" mencionado em Lucas 16, e que depois, eles e todos os outros que morrem na graça de Deus antes do Final dos Tempos descansarão "debaixo do altar". Esse lugar enigmático é descrito no Apocalipse (6,9-11) como um santuário para mártires e outros, que foram aconselhados a "esperar mais um pouco", isto é, até o Juízo Final.

João XXII morreu logo depois de seu pronunciamento público, e seu sucessor, Bento XII, apressou-se, em 1336, em publicar um decreto papal, "que é para permanecer em vigor para sempre", sobre o controvertido assunto da visão beatífica. Todos os bem-aventurados, declarou, "mesmo antes de reassumirem seus corpos, verão a essência divina, e inclusive face a face, sem a mediação de nenhuma criatura...; a essência divina se manifesta de maneira franca, clara e aberta, e dessa maneira gozarão da essência divina".

As primeiras suras do Alcorão fornecem detalhes abundantes sobre as recompensas e castigos que se seguirão ao ajuste de contas. As recompensas dos bem-aventurados são expressas principalmente em termos do prazer do Jardim do Éden, ou simplesmente, o Deleite. Os capítulos mequenses do Alcorão os apresentam em detalhe: os bem-aventurados se reclinarão sobre divãs, comerão frutas e beberão o vinho proibido, servidos pelas huris (as "de olhos pretos") virginais do paraíso (43,70-73; 44,54; 55,46-78; 56,11-39 etc.). Mais tarde, nas revelações em Medina, há uma mudança notável de ênfase para o gozo da "aprovação" (*ridwan*) de Deus como a recompensa última dos crentes (9,72). Num verso-chave, porém, aparece uma provável alusão a uma visão de fato de Deus na outra vida: "Nesse dia os rostos de alguns brilharão, ao olhar para o seu Senhor" (75,22-23). Outro (83,15) declara: "naquele dia eles (os transgressores) serão velados". Numerosos *hadith* preenchem os detalhes, muitos deles em termos altamente exatos. Os bem-aventurados "visitarão" Deus toda sexta-feira, os homens escoltados por Maomé e as mulheres escoltadas por sua filha Fátima até à Presença, passando no caminho pelas várias peças da mobília cósmica que a tradição colocou aí, a caaba celestial (52,4), por exemplo, e a "tabuleta guardada" (85,22), o protótipo do Alcorão. Finalmente, "o véu é levantado" e Deus aparece ao fiel, brilhando "como a lua cheia".

O antropomorfismo manifesto dessas cenas causou mal-estar em alguns meios, como se pode imaginar. Os mutazilitas, os primeiros racionalistas do islã (ver II/7), leram simplesmente o versículo como "olhar para o seu Senhor" de maneira a eliminar as implicações espaciais de "voltar-se" e as físicas de "ver". Houve ajuda para essas ansiedades num *hadith* no qual Maomé noticia Deus dizendo: "Preparei para meus servos o que nenhum olho jamais viu, nem ouvido ouviu, nem o coração humano jamais sentiu". Isso forneceu uma rejeição bem aceita de toda semelhança e habilitou a maioria dos muçulmanos a abraçarem a recompensa de uma "visão de Deus" (*ruyat Allah*), embora, como o Aquinata, não pudessem explicá-la. Foi nessa forma que a visão beatífica tomou seu lugar nos vários credos muçulmanos: "Os fiéis o verão no Paraíso, com seus olhos corporais, mas sem fazer comparações (entre ele e nós) (*tashbih*) e sem explicação (*kayfiyya*, "modo como")".

Com uma pequena ajuda do Criador

Enquanto os muçulmanos geralmente evitavam o "modo como" sobre assuntos misteriosos como esse, os cristãos muitas vezes foram até o fim e o abraçaram. Mais uma vez Agostinho traçou o mapa do caminho para o temível assunto de ver Deus. É o intelecto humano que "vê" Deus, não os olhos do corpo – mais tarde em sua vida ele voltou à verdade literal do "vê" –, e isso apenas porque o meio foi dado pelo próprio Deus. Esse meio é um dom especial (*gratia*) concedido ao bem-aventurado. E isso é amor (*caritas*): é o amor de Deus transfigurado no amor de Deus que suscita o intelecto humano preso à terra até a altura em que pode "ver" Deus.

Os teólogos cristãos medievais abordaram o problema um pouco mais tecnicamente. Eles tinham sido instruídos por seus predecessores gregos que a visão se dá através de um meio, a saber, a luz. Mas a visão beatífica parecia excluir isso: Deus devia ser visto sem mediação, nele mesmo. Ou assim pensavam os estudiosos ocidentais. Os orientais tinham outras idéias, quase desde o começo. Educados na inefabilidade de Deus, do qual nos aproximamos melhor pela via negativa, os padres do Oriente, e os místicos que vieram depois, foram incitados a explorar um meio pelo qual Deus podia ser conhecido ou intuído. Deus podia ser conhecido, evidentemente, pelos seus "sinais" (*ayat*), como os muçulmanos os chamaram, as impressões digitais do Criador em sua criação. Mas isso era saber *sobre* Deus. Há uma maneira muito mais direta de conhecer Deus, tão direta quanto é possível ao nosso estado defeituoso, isto é, experimentando-o em suas "energias" (*energeiai*) como Deus prefere manifestá-la a nós. Esse mesmo meio venerável, agora transposto para uma luz divina, serviu aos hesicastas como a forma de ligar o monge com

Deus, bem como místicos muçulmanos como Ibn Arabi, que preferiu chamá-la de "manifestações" (*tajalli*) (ver II/9).

Os ocidentais estavam um pouco mais convencidos de que podiam olhar diretamente na face de Deus. O segredo, explicou Tomás de Aquino, como Agostinho fizera antes, é que em nosso estado atual não podemos possivelmente conhecer Deus – nossos intelectos não estão programados para apreender tal objeto – a não ser que Deus nos transforme. E é exatamente isso que acontece com os bem-aventurados na outra vida: são transformados pelo que Agostinho chamou de graça, mas que Tomás prefere chamar de "luz da glória", termo que tem o mérito adicional de estar dentro das teorias de visão cientificamente aceitas.

Paraíso perdido: Maimônides (e outros) sobre o mundo futuro

Tomás não foi, de modo algum, o único pensador medieval a redescobrir a filosofia grega. Duas gerações antes, o jurista filósofo judeu Moisés Maimônides (m. 1204), atuando no meio da *falsafa* da Espanha muçulmana (ver II/7), tomou conhecimento desses outros modelos mais filosóficos para o ser humano e sua sobrevivência. Um dos textos rabínicos mais influentes sobre a vida futura está no tratado mishnaico Sanhedrin (10,1), que começa: "Todos os israelitas têm parte no mundo por vir (*olam ha-ba*)". O tratamento medieval mais sistemático sobre essa passagem ocorre no célebre *Comentário sobre a Mishná* de Maimônides. Este estava longe de ser um rabino normal, certamente, e sua tentativa de organizar e esclarecer os relatos às vezes discordantes e muitas vezes lendários da vida futura que circulavam entre os judeus leva as marcas intrigantes de um explicador profissional e um racionalista convicto. O que é mais interessante em seu tratamento, porém, é que expõe, ainda que de modo um tanto esquemático, o pensamento judeu corrente – isto é, medieval – sobre a vida futura.

Segundo Maimônides, as expectativas dos judeus sobre o Final dos Tempos incluem um número de ingredientes básicos que estão sozinhos ou em combinação. Alguns, pesadamente calcados nos *midrashim* homiléticos imaginativos (ver II/2), acentuam a luxúria e os prazeres do paraíso terrestre que aguardam o justo e as dores e sofrimentos de fogo da Geena. Outros preferem olhar para o fim como os Dias do Messias, cuja vinda marcará a justificação de Israel e a derrocada de seus inimigos. Alguns esperam a ressurreição dos mortos, a reunião das famílias e a retomada de uma vida social normal e tranqüila, enquanto outros ainda acreditam que o fim realizará todos os desejos pessoais, saúde, fortuna e uma vida longa e próspera com muitos filhos.

Maimônides não tinha grande simpatia por tais visões literais e materialistas do mundo futuro derivadas em grande parte dos *midrashim*, as quais, como seus equivalentes muçulmanos e cristãos (a essas visões os cristãos acrescentaram grande quantidade de arte visual extremamente gráfica), atiçaram a imaginação popular sobre a vida futura. Para Maimônides, embebido na herança filosófica do helenismo, o bem final não podia ser senão a contemplação intelectual de Deus. Maimônides tinha seu texto próprio, nesse caso talmúdico, sobre as verdadeiras alegrias da vida futura. Berakhoth 17A reza: "No mundo por vir não há comida, bebida, lavagem, relações sexuais; os justos sentam-se com suas coroas em suas cabeças e gozam do brilho da Presença divina (*shekinah*)" (ver II/6). Para Maimônides era um passo exegético fácil de "coroas em suas cabeças" para contemplação intelectual. Calmamente, a questão de uma ressurreição física é posta de lado: o intelecto sobreviverá à morte do corpo e através do intelecto os justos de Israel alcançarão o bem final, a contemplação de Deus.

Os racionalistas do islã enfrentaram quase o mesmo problema com as recompensas da vida futura, exceto que os textos que tinham de explicar não eram apenas de tipo popular, midráshico, dos quais havia muitos no islã, mas encontravam-se no próprio Alcorão. Os primeiros ouvintes mequenses do Alcorão tinham problemas em aceitar seu ensinamento sobre a ressurreição (13,5; 19,66 etc.) – embora não, aparentemente, sobre os prazeres do paraíso –, e os racionalistas do próprio islã, desde os *faylasufs*, passando pelos teólogos mutazilitas aos asharitas, e até alguns mestres não muito racionalistas da via sufi, também encontraram incongruências da descrição graficamente física que o Alcorão faz das recompensas do Jardim (ver mais adiante).

Entretanto, a ortodoxia muçulmana em geral ficou próxima da linha básica alcorânica, mesmo que alguns crentes menos tradicionais tenham desenvolvido, ao mesmo tempo em que afirmavam a verdade do relato do Alcorão, uma espécie de exegese "secundária" que convertia aqueles prazeres físicos em prazeres espirituais. O principal desses prazeres era, em particular para os sufis, nada menos que a visão de Deus. Alguns foram ainda mais longe. Ibn Sina, por exemplo, considerou inequivocamente o sentido espiritual da escatologia do Alcorão como primária: uma volta ao corpo é um castigo, não uma recompensa; os justos encontraram sua verdadeira recompensa como intelectos separados do corpo. Os muçulmanos comuns não podem elevar-se a essa altura, mas terão de contentar-se com a experiência daqueles prazeres aparentemente sensuais numa faculdade mais presa à terra, a imaginação. Os sufis seguiram o caminho que escolheram, alegorizando em parte os prazeres físicos do paraíso ou simplesmente não os alegorizando em favor de um desvelamento da "Face divina" – a expressão é alcorânica (2,110 etc.) –, um estado que muitos deles pretendem ter alcançado já nesta vida.

Salvação

Todos os monoteístas compartilham a noção de salvação, que tanto os judeus como os cristãos analisam como redenção, ser salvo de uma situação de risco. Os muçulmanos a imaginam como a salvação que um indivíduo faz de si mesmo num universo moralmente neutro: Deus julgará, e os que escolheram o mal serão castigados, enquanto os que escolheram o bem serão recompensados, se bem que sempre e em toda parte paire a questão da predestinação (ver II/5). Para cristãos e judeus, porém, a redenção é um assunto totalmente diferente. Para os judeus, é sobretudo Israel que será redimindo: o povo de Deus será libertado, por fim, do jugo imposto a ele pelo mundo gentio hostil. Para os cristãos, a ênfase recai com força na redenção individual. O indivíduo caiu sob a subjugação do pecado – um legado do pecado original (ver II/5) – e no Final dos Tempos participará, enfim, do ato redentor pleno começado com a morte de Jesus na cruz. No judaísmo e no islã, Deus simplesmente concede a salvação; no cristianismo, Jesus tornou-se o Redentor por sua morte sacrifical. Aquilo que na Bíblia foi chamado de Dia de Javé torna-se, no Novo Testamento, o Dia do Senhor, isto é, de Jesus Cristo, que, segundo Paulo, já tinha antecipado os resultados dele em seu próprio sofrimento, morte e ressurreição.

O Alcorão não caracteriza a esperança futura da humanidade em termos de redenção ou salvação. O que se promete é, antes, "prosperidade" (*falah*), termo que ocorre com freqüência no Alcorão e se refere ao êxito tanto neste mundo como no próximo. O Alcorão adverte: dize tuas orações e "talvez serás próspero" (62,10). Maomé e seus seguidores são aconselhados a se "esforçarem" – a raiz é a mesma que a de *jihad* – "com suas posses e eles mesmos, por eles esperam coisas boas: eles são os prósperos" (9,88).

Essa forma de salvação não é apenas para muçulmanos. Segundo o Alcorão (30,30), todos os seres humanos nascem com um sentido de "religião original" (*fitra*), como foi chamada, de Deus. *Fitra* é uma palavra alcorânica difícil, mas aparece explicada numa tradição do Profeta: "Toda criança nasce segundo a fitra, depois seus pais a tornam judia, cristã ou zoroástrica". Muitos pensaram que isso significava que todos vêm ao mundo como *muslim*, pelo menos no sentido em que Abraão o era, e depois são "pervertidos" pelos pais em outras crenças. Se não for dotado de revelação, tal pessoa tem apenas de olhar para os sinais (*ayat*) que Deus, em sua misericórdia, espalhou pelo universo, para entender sua unicidade e generosidade (30,20-25). Mas para os muçulmanos há uma orientação especial: o Alcorão (2,185), com seus claros *ayat* – palavra que logo passou a referir-se aos versículos individuais do Alcorão. O Livro também se caracteriza a si mesmo como *furqan*, "critério". Também é uma palavra difícil, mas seu contexto sugere que o âmbito inteiro de seus valores está relacionado aqui: critério, revelação, salvação. O Alcorão é, então, em suas próprias palavras, tanto um guia como o instrumento de salvação, dado que, como acabamos de ver, o fim para os seres humanos é uma doação generosa de prosperidade, uma colheita bem sucedida de recompensas nesta vida e uma entrada no Jardim, que é a recompensa de Deus para os justos na outra vida.

Sionismo religioso: apressando o fim

Os livros apócrifos bíblicos judeus do século III a.e.c. e seguintes dão uma visão clara – um "desvelamento" ou apocalipse, como foram chamados – do julgamento final de Jesus sobre o mundo e sua justificação de Israel. Como já foi observado, houve diversos enredos imaginados de maneiras variadas para o que muitos, talvez numa reação desesperada à piora da condição política e econômica de Israel sob a sombra dos gregos e romanos, acreditavam ser a aproximação rápida do Final dos Tempos. Como sinal dos últimos dias, a ordem política e social se arruinaria; desastres naturais ocorreriam numa escala sem paralelo; falsos profetas apareceriam e desencaminhariam muitos. Mas a justiça de Deus acabaria prevalecendo, marcada por uma batalha final entre as forças do bem e as forças do mal, na qual alguns previam o surgimento de um agente divino, o "ungido" (heb. *meshiah*; gr. *christos*), um rei davídico, talvez, ou um sacerdote, que presidiria o triunfo final de Israel sobre seus inimigos e o seu reconhecimento pelos gentios. O mundo como o conhecemos acabará e o domínio de Deus prevalecerá então até à eternidade.

Alguma providência já fora tomada do curso dessa idéia messiânica pela história judaica (ver I/1, I/2). As conseqüências infelizes que se seguiram das pretensões messiânicas de Jesus de Nazaré, Bar Kokhba e, mais tarde, de Sabbatai Zvi não reforçaram nem apagaram as expectativas judaicas de que um dia Israel seria remido e de que um ungido desempenharia algum papel nesse ato. Afinal de contas, essa redenção seria escatológica e decisiva, mas ainda que a escatologia se realize em alguma outra dimensão, ela *começa* na história. Há sinais claros de que o Final dos Tempos se aproxima em cada era da história humana, e muitos judeus se preocuparam principalmente com o papel humano em iniciar esse último ato no drama cósmico de redenção. A "irrupção" do Final dos Tempos seria repentina ou gradual? Virá por vontade de Deus ou dependerá do arrependimento dos judeus? A salvação de Israel será política – com o povo judeu finalmente libertado de seus opressores terrenos – ou será apenas justificação na glória? Haverá uma nova ordem política, ou um mundo novo?

Essas eram perguntas que os rabis, tanto os juristas como os místicos, faziam entre si por toda a alta Idade Média. Um dos momentos definidores na discussão está registrado no Talmude. Aí nos é dito que os israelitas participaram de três juramentos. Um foi "não subir o muro". Deus, por sua vez, "imprecou Israel a não se rebelar contra as nações do mundo" (111a). A primeira referência é à estória extrabíblica de como a tribo de Efraim, os filhos de José no Egito, erroneamente tentou "subir o muro" do exílio e deixar o país antes que Deus o quisesse. Foram castigados com morte, e como resultado, Israel jurou não "apressar o fim" como os impacientes efraimitas e tolerar a opressão em vez de se rebelar contra ela.

O juramento foi levado a sério em círculos rabínicos, embora fosse sempre considerado agádico e exortatório e não haláquico e prescritivo numa área em que podia ser pensado como crítico – isto é, na matéria de *aliya*, o "subir" ou voltar a Sião. A migração para Eretz Israel foi uma questão viva, senão candente, para pelo menos alguns judeus desde o tempo da conquista muçulmana da Palestina e sua suspensão da proibição romana que durou quinhentos contra estabelecimentos judeus na Judéia, anos. Alguns judeus, especialmente os caraítas, que viviam lá e temiam pela sua própria sobrevivência sectária, encorajaram a imigração, enquanto outros não estavam tão certos de que o repovoamento de Sião contribuiria em algo para a santidade. Em todo caso, não era grande o número dos envolvidos, ainda que a partir das cruzadas, quando a vida na Europa ficou mais perigosa para os judeus, o passo da migração se acelerasse um pouco, e muitos judeus famosos, como o poeta espanhol Judá Halevi (m. 1141) e o estudioso francês Naamânides (m. 1270), passassem a residir em Sião. No entanto, os rabis ainda discutiram a favor e contra a sua conveniência.

Sionismo político e Eretz Israel

Embora um anelo por Sião e a oração pela rápida reedificação de Jerusalém ecoe por toda a história judaica, os pais fundadores do moderno sionismo político, que se reuniram em Basiléia em 1893, eram resolutamente seculares: "O sionismo não tem nada a ver com religião", proclamou um deles, e a história inicial do movimento o confirmou amplamente. Embora, porém, rejeitassem os motivos religiosos, a linguagem dos sionistas que pedia uma volta a Israel fez eco à promessa de um messianismo de "reunião dos exilados". Desde então, o sonho de um Estado secular de Israel, e sua propaganda, confrontaram o rabinato ortodoxo normativo com uma escolha: condenar o sonho, abraçá-lo ou acomodar-se a ele. Afinal de contas, o que o "Estado de Israel" (*Medinat Israel*) tinha a ver com a "Terra para Israel" (*Eretz Israel*) ou os "cidadãos" de um Estado-nação judeu com o "reino de sacerdotes" biblicamente imposto?

A resposta de muitos foi "nada", e essa foi a posição assumida pels hassidistas húngaros, entre outros, visto que os sionistas estavam cometendo, com seus atos, o pecado efraimita de forçar ou apressar o fim. Nas décadas de 1920 e 1930, os mais extremados deles denunciaram duramente inclusive a Agudat Israel, associação que encorajava os ortodoxos a migrarem para a Palestina – os quais se opunham, de fato, ao sionismo – como cópia inconsciente dos sionistas. A Terra de Israel, a Terra Santa, era, além disso, religiosamente carregada demais para os judeus viverem lá. Outros a viam de modo diferente. Alguns dentre os ortodoxos europeus, como os membros do movimento Mizrachi, podiam manter expectativas messiânicas separadas do programa sionista para um Estado judeu e julgar esse último com bases puramente históricas. Finalmente, havia aqueles para os quais o sionismo político abria novas perspectivas tanto para o messianismo como para a escatologia.

Hoje as opções dos ortodoxos parecem ter se estreitado a dois extremos. De um lado, os seguidores ideológicos do rabi Abraão Isaac Kook (m. 1935) e o Gush Emunim, o "Bloco dos Fiéis", sacralizaram o Estado de Israel e refletem sobre a sua fundação, preservação e prosperidade como um claro portento messiânico. No modo de ver deles, a vitória de 1967 sobre os Estados árabes e a recuperação da Cidade Antiga de Jerusalém por parte dos judeus foi um sinal de ajuda divina, e a entrega pelo governo do mínimo pedaço da *Eretz* Israel é uma traição da vontade de Deus. Do outro lado, a Edah Haredit (*haredim*; ver I/5), a organização da comunidade ultra-ortodoxa de Jerusalém, o grupo Satmar entre os hassidistas e os Neturei Karta, os "vigias da cidade", os mais ferrenhos opositores do sionismo, todos consideram o Estado de Israel uma criação meramente secular e, pior, uma perversão, visto que os judeus substituíram a Torá por leis feitas pelos homens numa terra que não pode ser governada por nenhuma outra coisa. Alguns chegaram a ler o Holocausto como o julgamento de Deus dos pecados de Israel, sendo o principal deles possivelmente a violação que o sionismo fez dos três juramentos. Os "redencionistas", que seguiram a liderança, primeiro, do rabi Abraão Isaac Kook e, depois, de seu filho, Zvi Yehudah Kook (m. 1982), consideram o sionismo "o movimento para a redenção concreta em nosso tempo". O sionismo não é uma questão de "forçar o fim", mas de Deus forçar a humanidade através da instrumentalidade dos sionistas seculares a recriar Israel. Para esses ortodoxos não há messias pessoal, mas uma idéia messiânica, o sionismo, e um acontecimento messiânico, Israel.

As dores de parto do Messias

Como já se observou, o Lubavitcher ou Habad Hasidim da Bielo-Rússia no começo opunham-se fortemente ao sionismo e à fundação do Estado de Israel. Em 1904, rabi Shalom Dov Schneersohn, o quinto mestre do Habad, proclamou que os sionistas "nunca prevaleceriam contra a vontade de Deus". Eles prevaleceram, com ou sem Deus, e o Habad, de modo diferente do Satmar húngaro, adaptou-se à nova realidade de um Estado de Israel fundando uma base lá, Kafr Habad. Desde então expandiram suas atividades em quase todos os aspectos da vida israelita. Mantendo ainda sua oposição teórica a um Estado judeu secular, o Habad participou de atividades estatais e procurou influir tanto a política externa de Israel como sua legislação interna.

O Lubavitcher Habad é uma manifestação do hassidismo que começou, como todas as outras, na Europa Oriental, mas mostrou notável vigor depois de sua transferência para os Estados Unidos (ver II/8). Como as ordens monásticas cristãs primitivas, o Habad colocou o hassidismo num novo caminho com sua virada ousada em direção ao mundo. Mas além de seu programa ativista em busca de metas religiosas, a característica mais impressionante do habadismo contemporâneo é ter abraçado não um ideal messiânico, agora edificado profundamente nos fundamentos do judaísmo, mas uma realidade messiânica. No começo, o Habad também era um movimento quietista com respeito às questões sociais e políticas, mas concentrou-se, em vez disso, no desenvolvimento interior do indivíduo. Redenção coletiva não era o estilo do Habad. Como vimos, o aparecimento do sionismo no último quarto do século XIX provocou grande quantidade de auto-exame nos círculos ortodoxos, *hassidim* e *mitnaggedim*. A resposta do Habad foi negativa. Os sionistas foram considerados pessoas que forçavam o Fim, e os membros do Habad foram advertidos de que em qualquer forma de cooperação era contrária a todos os seus ensinamentos religiosos. Com o Holocausto e os acontecimentos que levaram a ele, a atitude do *rebbe*, neste caso José Isaac Schneersohn (m. 1950), passou por uma mudança dramática. Como no passado, um acontecimento catastrófico provocava a esperança de redenção imediata: dos pogroms no começo do século XX ao Holocausto em meados desse século, os judeus testemunhavam, na visão do *rebbe*, não menos que “as dores de parto do Messias”. “Poli os botões da roupa real”, proclamou alegremente o rabi José Isaac.

O sentido de uma imediação do fim tornou-se cada vez mais agudo sob o seu sucessor, rabi Menachem Mendel Schneerson (m. 1994) – o nome de família foi levemente alterado de um “Schneersohn” mais europeu –, pela razão exatamente oposta. Todos os enredos apocalípticos tramavam um tempo de perturbações, seguidos por uma era quase utópica de governo do Messias. Se a primeira metade do século desencadeou a resposta de que o Final dos Tempos estava iminente, a parte final da segunda metade, com sua prosperidade (particularmente na América), o colapso da União Soviética, o fim da Guerra Fria e o desaparecimento da ameaça de destruição nuclear pareciam realmente utópicos. O *rebbe* começou a garantir aos seus seguidores que o Messias já estava no mundo e pediu intensidade espiritual crescente para apressar a ação escatológica. A comunidade habad respondeu, e anúncios públicos começaram a aparecer falando da vinda do Messias. Em 1991 o *rebbe* disse abertamente e sem ambigüidade que aquele era o ano em que o "Rei Messias vem".

Embora o rabi Schneerson, fazendo a mesma espécie de reticência que talvez Jesus tenha feito, nunca reivindicasse nada para si mesmo, alguns de seus seguidores, de maneira não natural, consideravam o próprio *rebbe* o Messias, e abaixo-assinados começaram a circular, na comunidade judaica em geral, para que as pessoas se juntassem a eles a fim de pedir ao *rebbe* que se declarasse abertamente. O projeto foi recebido com horror em alguns círculos. A maioria dos judeus já tinha, havia muito tempo, desistido de qualquer expectativa de aparecimento imediato de um messias, e para aqueles de memória maior, o que o Habad estava propondo parecia uma repetição dos trágicos acontecimentos em torno do messianismo de Sabbatai Zvi no século XVII (ver I/2), salvo que nesse caso não havia violações à lei judaica, nenhuma afirmação de que a Torá fora transcendida. O rabi Schneerson morreu em 1994 sem fazer a ansiada declaração e antes que qualquer ato escatológico decisivo fosse empreendido.

Escatologia realizada e futurista no cristianismo

Embora Paulo não tenha conhecido Jesus em carne, estava bem ciente de que ele morrera e ressuscitara dos mortos e de que, nesse sentido, a obra da redenção estava completa. Mas suas cartas também revelam que, em meados da década de 50, 25 anos depois da morte de Jesus, os cristãos estavam convencidos de que Jesus, que tinha sido elevado ao céu enquanto seus discípulos olhavam (At 1,9), voltaria (1Ts 2,19), pelo menos para reunir aqueles que morreram (4,13-16). E isso aconteceria logo, pois, segundo ele, "[nós] que estamos ainda na terra, seremos arrebatados juntamente com eles para as nuvens, ao encontro do Senhor nos ares" (4,17). Não há nenhum enredo de cataclismo implícito nessas observações, que ocorrem, afinal de contas, numa carta que trata de certas preocupações, mas em 2Tessalonicenses somos transportados diretamente para o coração da apocalíptica judia e para os julgamentos e tribulações que devem necessariamente preceder a volta do Senhor (2,1-12).

O desvelamento que os evangelhos fazem do Final dos Tempos ocorre em Marcos 13, com paralelo nos outros Sinóticos. Essa é uma versão condensada e seletiva dos apocalipses judeus de Daniel a Baruc, feita, com certeza, especialmente para a nova convicção cristã de que a figura messiânica que aparece em alguns deles era de fato Jesus de Nazaré. No relato evangélico, que é colocado na boca do próprio Jesus, ele diz aos seus discípulos que "verão o Filho do homem vir sobre as nuvens com grande poder e glória" (Mc 13,26). Além disso, o evento ocorrerá logo – isso é escrito mais do que 15 anos depois que Paulo já tinha garantido aos cristãos: "Eu vos asseguro: não passará esta geração antes que tudo isso aconteça" (Mc 13,30). Noutro contexto, Mateus e Lucas transmitem de sua "fonte de ditos", agora conhecida como "Q" (ver I/2), a declaração de Jesus que "o reino de Deus chegou até vós" (Mt 12,28; Lc 11,20).

Essas primeiras apreciações do propósito e do papel de Jesus ilustram a tensão que perpassa todos os escritos cristãos primitivos entre escatologia realizada – a convicção de que o Reino é agora, quer seja compreendido como tendo começado quando Jesus se encarnou, ou no começo de seu ministério público ou, até, em sua ressurreição – e escatologia futurista – a crença de que o Reino será logo, isto é, encontrará sua realização na segunda vinda de Cristo. Para Paulo, como já vimos, um dos principais motivos da parúsia foi efetuar a ressurreição dos mortos, entendida como um dos principais efeitos da ressurreição do próprio Jesus. Sob essa questão pode ter estado, porém, uma preocupação mais profunda daqueles que estavam embebidos pelo apocalipticismo judeu de que os sinais bem expostos do *eschaton* de fato não tinham ocorrido, realidade que impediu que muitos judeus assentissem com a messianidade de Jesus, e tema que continuou a ser explorado na polêmica judia contra os cristãos.

A certa altura, os cristãos devem ter percebido que a parúsia não estava prestes a ocorrer no futuro próximo e começaram a harmonizar os atos messiânicos que tinham ocorrido e ainda ocorreriam. Não sabemos quando o processo começou, mas ainda é visível, embora incompleto, tanto em Paulo como nos evangelhos. Paulo, por exemplo, prega como obra primária de Jesus não a inauguração do Final dos Tempos, mas o ato redentor de sua morte sacrifical na cruz, ato cujos benefícios os cristãos podem continuar a partilhar ao participar da metáfora ousada de Paulo, o "corpo de Cristo" (1Cor 12,27 etc.), isto é, sua comunidade. A meditação vai numa direção um tanto diferente no evangelho de Lucas e em Atos. Aí a ênfase é no ensinamento de Jesus, que se torna o principal legado e é difundido, após sua ascensão, pela Igreja, suas autoridades e instituições.

Um apocalipse cristão

A escatologia realizada triunfou sobre a escatologia futurista na tradição cristã, e os fios paulino e lucano foram trançados numa convicção única acerca da obra messiânica de Jesus Cristo e sua continuação na Igreja. Mas o legado apocalíptico judeu nunca desapareceu, e uma crença numa parúsia final ou segunda vinda é incorporada no credo dos cristãos, que afirma que "de novo [Jesus] há de vir para julgar os vivos e os mortos".

O testemunho mais admirável da escatologia futurista cristã – e em certo sentido o mais judeu dos textos incluídos no Novo Testamento – é o último livro da coletânea, conhecido simplesmente como Apocalipse. Ele pretende ser uma carta de um certo João (1,1) – que a tradição da Igreja acabou identificando com o autor do quarto evangelho e das cartas no Novo Testamento, João, o "discípulo amado" de Jesus –, e é endereçada às sete principais igrejas cristãs da província romana da Ásia, o que hoje é a Turquia ocidental. O autor estava na ilha de Patmos e afirmou que recebera do próprio Jesus o texto para ser enviado àquelas igrejas (1,9-19).

Os primeiros três capítulos contêm as mensagens para as sete igrejas: estão repletos de profecias, admoestações e censuras. No capítulo 4, começa o apocalipse propriamente dito e está plenamente dentro da ampla corrente literária que vai de Daniel ao 2Esdras. É um recital visionário, pois uma voz do céu diz a João: "Sobe até aqui, e eu te mostrarei as coisas que devem acontecer depois destas" (4,1). A partir de então desenvolve-se uma série de visões, todas nos moldes de uma linguagem altamente poética e parabólica de apocalipse. Começa diante do trono fantástico de Deus, que segura um rolo de pergaminho com sete selos. Estes serão abertos pelo "Cordeiro, que tem nele as marcas do sacrifício" (5,6). Os selos são rompidos e os desastres se espalham, entre eles quatro cavaleiros, dos quais o quarto é a morte montada em "um cavalo esverdeado" (cap. 6–7). Então soam sete trombetas (cap. 8-11) e finalmente as sete taças são derramadas (cap. 16–17). Entrementes (cap. 12–13) nos é mostrado o adversário de Deus e do Cordeiro, a saber, o dragão (Satã) com seus anjos e a besta. Essa última é provavelmente Roma, e o autor tenta ajudar: "Aqui se requer sabedoria. Quem tiver inteligência calcule o número da besta, porque é o número de um homem. Seu número é 666" (13,18).

Oposto à besta e seu aliado bestial – possivelmente o Anticristo de 1Jo 2,18.22 e outras passagens – estão de pé o Cordeiro e os 144 mil "que traziam escrito na fronte o nome dele e o nome do seu Pai" (14,1). No fim, a cidade da besta, Babilônia (Roma), é destruída e Jesus triunfa (16,19–19,10). A besta e o Anticristo são lançados num lago sulfuroso e Satã é acorrentado por mil anos (20,1-3), o milênio (ver mais adiante; e, sobre Satã, II/5), depois do que deverá ser solto "por pouco tempo" (20,3), quando a batalha cósmica final for travada e a vitória final de Deus celebrada (20,7-15). O livro termina com a visão de uma nova Jerusalém que desce do céu, construída com ouro e pedras preciosas, mas a cidade não tem nenhum templo, "pois o seu templo é o Senhor Deus todo-poderoso e o Cordeiro" (21,22).

Milenarismo / quilianismo

O último livro do Novo Testamento foi decisivo na formação das idéias e imagens cristãs da era messiânica futura. Todas as noções da volta terrena de

Jesus ou da restauração histórica de Israel, ainda intermitentemente visíveis nos evangelhos, foram agora descartadas. O cenário da parúsia é cósmico no estilo dos apocalipses judeus, com empréstimos liberais das visões de Daniel e Ezequiel. No entanto, a história não é deixada inteiramente para trás. A *ekklesia* cristã estava então na antecâmara da *parúsia*. É a idade do sofrimento e do reinado do Anticristo, do sofrimento experimentado na morte dos mártires cristãos nas mãos de seus perseguidores, do reinado identificável na pessoa não menos que o imperador romano. É provavelmente Domiciano (r. 81-96), o perseguidor dos cristãos, que está escondido sem muita profundidade por trás do estilo tradicionalmente indireto e referencial do Apocalipse.

Esse, porém, ainda foi apenas o prelúdio; o clímax cósmico estava adiante. A segunda vinda de Jesus Messias marcará o começo do reinado de mil anos (lat. *millennium*) da justiça de Deus (Ap 20,4), quando, como diz Daniel, "seus santos possuirão o reino" (7,22), e com o seu acabamento o próprio mundo chegará ao fim. No começo pensava-se que o milênio do reinado de Cristo começaria apenas com a própria segunda vinda, e assim, em certo sentido, a contagem regressiva para a eternidade ainda não começara. A partir do terceiro século, no entanto, começou a prevalecer a visão de que a Encarnação de Cristo acontecera no começo do milênio messiânico, o que significava que o relógio estava realmente correndo.

Desde cedo a Igreja tomou nota de tal cálculo teológico especulativo, batizado de "quilianismo" (gr. *chilias*, "um mil" = lat. *millennium*) pelos teólogos gregos do Oriente cristão. Eles preferiram ler a história sagrada mais como interna e espiritual do que como política, e um quilianismo abertamente político foi condenado com vigor no Concílio de Éfeso, em 431, que, todavia, não pôs fim à idéia fascinantemente atraente de ser capaz de sondar o plano de Deus. Por um cálculo muito simples, o ano 1000 e.c. podia muito bem marcar o fim do mundo. Muitos cristãos acreditaram que esse era realmente o caso, e o fim do primeiro milênio da era cristã foi marcado por manifestações extraordinárias tanto de piedade como de pânico, de depressão piedosa até histeria franca, de resignação passiva até meios frenéticos de garantir salvação naquela hora considerada, de modo completamente literal, a undécima hora do mundo.

O reinado do Espírito: Joaquim de Fiore

A divisão que o livro de Daniel faz da história em quatro períodos de impérios mundiais – o assírio-babilônio, persa, grego e romano (2,36-45; 7,2-27) – foi decisiva para muitos, mas o ponto de vista dos cristãos – já apresentada por Paulo – de que a Nova Dispensação substituiu a Antiga ofereceu outra perspectiva. Aqui a linha divisória não apareceu no *eschaton*, quando a história temporal cedeu lugar à sua conclusão cósmica triunfante, mas na encarnação de Jesus (ou morte, ou ressurreição, se podia afirmar, e se afirmou), quando a Nova Aliança, o Reino de Cristo, substituiu a Antiga. Agostinho, como vimos (I/7), identificou o Reino de Cristo com a Igreja e o contrapôs, agora entendido como cidade de Deus, à cidade paralela, mas efêmera, dos homens. No entanto, não foi a única abordagem que Agostinho fez da história. Adotou também o esquema teológico de inspiração paulina e dividiu a história humana numa era antes da Lei (a era dos patriarcas), sob a Lei (Israel) e depois da Lei (a era cristã).

Agostinho não estava muito preocupado com o fim da última era, mas a questão deixou outros ansiosos, e ninguém de maneira mais controversa do que Joaquim de Fiore (m. 1202), monge cisterciense da Calábria, que combinou de maneira perigosa santidade pessoal, visão profética e imaginação teológica. Um teólogo místico anterior, Dionísio Areopagita (ver II/9), dividira a história mundial não em estágios, mas em estados, que no seu modo de ver correspondiam ao Antigo Testamento, ao Novo Testamento e a um terceiro estado, novo, que se realizará no céu com Deus. Joaquim, cujas obras foram submetidas à aprovação do papa e a receberam, pensava de modo diferente. Ele lançou o modelo da Trindade sobre a história. O Antigo Testamento foi a era do Pai, e a que começou com a Encarnação era a era do Filho. O Novo Testamento refere-se com freqüência a um Paráclito, o Espírito Santo que descerá sobre os fiéis. Se a maioria pensava que o Espírito Santo estava presente na Igreja depois de Pentecostes, Joaquim projetou esse estado para o futuro, não para uma era cósmica no céu, mas uma era histórica aqui na Terra. Com a vinda do "evangelho eterno", a Igreja e suas instituições seriam dissolvidas, os gregos e latinos uniriam-se em comunhão, os judeus converteriam-se e toda a humanidade viveria sob o evangelho eterno referido em Apocalipse 14,6. Joaquim fez alguns cálculos, com base nessas insinuações dadas no Apocalipse: o fim catastrófico da era presente e o começo do reinado do evangelho eterno ocorreriam no ano 1260.

Joaquim já estava seguramente morto em 1260, mas muitos tinham lido e prestado atenção às suas palavras. Entre os franciscanos, surgiu um grupo de joaquimitas, que acabou encontrando um lar institucional nos franciscanos "espirituais", ramo radical dessa ordem religiosa que se tornou altamente crítico da Igreja como o veículo demasiadamente terreno do evangelho eterno. Os espirituais tentaram ser um pouco mais específicos acerca do fim que se aproximava. O imperador Frederico II foi identificado com o Anticristo, e mesmo sua morte em 1250 não conseguiu arrefecer a convicção deles de que o fim estava próximo. Entre os joaquimitas começou a circular o boato de que o Espírito começara a abandonar o Antigo e o Novo Testamento por volta de 1200, e uma *Introdução ao evangelho eterno*, de um tal Fra Gerhardo, propôs que os escritos de Joaquim eram de fato o evangelho eterno que os substituiria. A obra foi examinada e condenada por uma comissão papal em 1256, que incluía alguns ensinamentos de Joaquim no anátema. Enquanto isso, 1260 chegou e passou de maneira absolutamente comum, e o movimento joaquimita começou a desaparecer tranqüilamente. Ainda era, no entanto, poderoso bastante no final da mesma década para Tomás de Aquino dedicar um artigo de sua *Summa thologiae* para refutar Joaquim na forma da proposição que "A Nova Lei não durará até o fim do mundo" (1.2.106.4).

Os anseios utópicos por um cristianismo perfeito nascidos do quilianismo, ou do reinado de mil anos de Cristo, duraram até a época da Reforma, particularmente entre os seguidores boêmios de Jan Hus. A ala hussita radical conhecida como taboritas tentou imitar a vida em comum dos primeiros cristãos descrita nos Atos dos Apóstolos (2,42-47). Foi um caso curioso e isolado; de importância e conseqüências muito maiores, porém, foi a virada para o ativismo, o fervor revolucionário cristão que levou à revolta dos camponeses alemães em 1525. Teve a oposição do corpo principal dos reformadores – a principal declaração de fé protestante, a Confissão de Augsburgo redigida por Filipe Melanchthon em 1530, condena explicitamente o quilianismo, que identifica como uma "doutrina judaica" –, que o suprimiu com grande violência. A desaprovação oficial, porém, não acabou com as tentativas de certos reformadores de estabelecerem o reino de Deus aqui e agora, pela força se necessário. Entre eles estavam os anabatistas e os irmãos boêmios, no continente, e os puritanos, na Inglaterra, e todos partilhavam de muitos dos anelos que logo depois se manifestaram entre os seguidores judeus do messias Sabbatai Zvi (ver I/2).

Abraão, o intercessor

Se existe castigo além-túmulo, como os judeus, cristãos e muçulmanos afirmam, surge, pelo menos para alguns, a possibilidade, por natureza passageira, de mitigar ou modificar o julgamento de Deus. Pôr tal esperança em prática chama-se intercessão. O protótipo de tal ação é Abraão, que no começo da Bíblia tenta modificar a justiça de Deus com respeito ao povo pecador de Sodoma. Embora haja uma prolongada "negociação" entre Abraão e Deus (Gn 18,23-33), no fim Abraão é apenas parcialmente bem-sucedido: graças à intercessão dele, somente Ló e sua família são poupados da destruição geral das Cidades da Planície (19,29). O Alcorão está ciente do ocorrido, de seu resultado e suas implicações, embora explique essas últimas de maneira um pouco diferente. Deus diz a Abraão, depois de seu pedido por misericórdia pelo "povo de Ló": "Não esperes por isso. O decreto do teu Senhor foi publicado e um castigo que não há de ser evitado veio sobre eles" (11,77).

O Alcorão é consciente, portanto, do conflito talvez insolúvel entre a misericórdia de Deus, que determina perdão para a humanidade – "Em nome de Deus, o compassivo, o misericordioso" ecoa como uma ladainha no Alcorão – e a justiça de Deus, que emitiu o decreto contra Sodoma. A ampliação midráshica judaica da estória mostrara antes a mesma ambigüidade. "Se queres que o mundo perdure", os rabis puseram um Abraão falando a Deus à maneira rabínica, "não podes fazer justiça estrita, mas se queres justiça estrita, o mundo não pode continuar... Queres tanto o mundo como justiça estrita, mas a não ser que cedas um pouco, o mundo não pode durar" (Rabbah sobre Gênesis 49,9). Em outra parte do Alcorão, ele parece pender para o lado da justiça de Deus. Abraão também tentou interceder por seu próprio pai, que era pagão, embora sem grande esperança de sucesso (Alcorão 19,48). No fim, somos informados, Abraão desistiu de intervir: "De qualquer forma, não tenho nenhuma autoridade vinda de Deus", diz ele (60,4), e "separou-se" de seu próprio pai (9,114).

O Alcorão abre a questão da intercessão para perspectivas mais amplas, mas sua ênfase não recai sobre aquilo em que a estória de Abraão coloca – a saber, em mudar o decreto de Deus aqui e agora –, e sim sobre a questão mais ampla se há qualquer intercessão no julgamento para aqueles que necessitarem (ver mais adiante). Há os pecadores que, como o povo de Ló, provocaram a ira de Deus e estão prestes a responder à Sua justiça na avaliação do Final dos Tempos com que todo mortal se confronta. Aqui também havia amplos antecedentes judeus e cristãos. Tanto a possibilidade como a prática de intercessão em favor dos mortos fez o seu primeiro aparecimento famoso em Macabeus, em que, no entanto, a questão é de interceder não pelos pecadores, mas pelos heróis mortos de Israel. Judas Macabeu faz uma propiciação – e dado que é no Israel pré-70, é por sacrifício – pelos mortos, "para que ficassem livres de seus pecados". E fez isso, como somos informados, na expectativa plena de que ressuscitariam para a glória por seu ato (2Mc 12,44-45). A estória mostra que havia, pelo menos entre alguns judeus, uma nova visão da vida futura, ou do mundo futuro, onde os pecadores seriam castigados e os virtuosos "ressuscitariam" e, finalmente, onde a intercessão era possível.

A reputação de Abraão como amigo de Deus e, por isso, intercessor, chegou até esse novo domínio escatológico também. Já foi referida a estória moral de Jesus de um pobre chamado Lázaro, que morreu e foi habitar "no seio de Abraão", enquanto o rico morreu logo depois e foi para "o Hades, em meio a tormentos". Desesperado, o rico grita: "Pai Abraão, tem piedade de mim... porque sofro nestas chamas". Abraão respondeu: "Há um grande abismo entre nós; os que querem passar daqui para aí não podem, nem tampouco daí para cá" (Lc 16,22-26). No cristianismo, o único que pôde passar, naturalmente, foi Jesus Cristo, e no Apocalipse de João,

Jesus diz explicitamente que tem "as chaves da morte e do Hades" (1,18). Cristo, portanto, é o intercessor por excelência para os cristãos; de fato, "intercede por nós" à direita de Deus, segundo Paulo (Rm 8,34).

Os mortos muçulmanos

Os rituais em torno da morte são simples no islã. O corpo do falecido é ritualmente lavado e envolvido numa mortalha, são ditas algumas breves orações funerais (*janaza*) numa mesquita imediatamente após a *salat* canônica, e o enterro – a cremação, tradicionalmente proibida no judaísmo e no cristianismo, tampouco é tolerada no islã – ocorre tão rapidamente quanto possível, às vezes no mesmo dia da morte. O Alcorão não diz nada sobre isso; sua atenção está dirigida quase exclusivamente para o estágio mais amplo do *yawm al-din*, o "dia do juízo", como é chamado tanto em árabe como em hebraico.

Diante do silêncio do Alcorão sobre o que acontece entre a morte e o juízo, os acontecimentos que se seguem à morte de um indivíduo muçulmano ocorrem de uma maneira um tanto confusa na literatura sobre o assunto, o que se deve em parte à liberdade da imaginação popular em colocar detalhes dentro do vácuo de silêncio e em parte à dificuldade de reconciliar aquilo que no cristianismo se chama juízo "geral" e "particular". Todos os relatos muçulmanos concordam que a hora da morte, que imediatamente precede e se segue ao passamento do indivíduo, é um tempo doloroso e incômodo, que se torna mais difícil ainda pela crença difundida de que Satã faz um esforço particular para persuadir o crente a abandonar a fé exatamente antes de morrer.

Na hora da morte o espírito (*ruh*) ou a alma (*nafs*) – para desgosto dos filósofos, as duas palavras são com freqüência usadas juntas ou de maneira intercambiável nesses relatos – deixa o corpo. De imediato uma distinção moral é discernível. A alma do fiel sai facilmente do corpo e é escoltada por anjos vestidos de branco através dos sete céus, parando, de modo semelhante à maneira dos relatos dos "palácios" judeus (ver II/9), para dar a devida senha ao guardião de cada esfera, até alcançar o trono de Deus, embora não a presença de Deus em si. Segundo alguns relatos, as almas do pecador e do infiel tentam fazer a mesma subida, mas são mandadas de volta. A certa altura, porém, tanto as almas dos crentes como as dos pecadores devem voltar para o cadáver e sofrer os castigos do túmulo.

Nota: A idéia muçulmana de uma provação do túmulo pode ter tido origens rabínicas. Desde cedo os rabis sustentaram que os corpos dos mortos recentes experimentavam dor, principalmente, parece, para finalidades de purgatório (ver II/5), isto é, expiar os pecados cometidos durante a vida (BT Sanhedrin 47b).

Desde então, as dores do sepulcro tornaram-se sinônimos de julgamento do sepulcro. E o julgamento é "público": um anjo faz as almas dos mortos tomarem formas corporais de modo que possam ser reconhecidas pelos outros mortos. Os castigos são executados por anjos, ou só pelo Anjo da Morte, ou por um grupo de cinco deles, e eles se adaptam exatamente aos pecados que são punidos, sejam dos lábios, dos olhos, dos ouvidos ou dos membros.

Há sugestões, mas nenhuma garantia clara dessa provação no Alcorão. Os *hadith*, porém, descrevem em termos vivos o exame violento, de fato uma prova de fé, feito ao recém-morto, a quem dois misteriosos anjos, Munkar e Nakir, ordenam que "se levante". O tormento do sepulcro é afirmado como dogma em vários credos muçulmanos, principalmente porque foi desafiado pelos primitivos racionalistas islâmicos, os mutazilitas (ver II/7), que reagiram à idéia de castigos sendo aplicados a um corpo morto. Os tradicionalistas tiveram de admitir, com relutância, com base numa observação alcorânica enigmática – "Por isso nós te criamos e para isso te retornamos, e dali te trazemos de volta uma segunda vez" (20,55) – que Deus reuniria a alma mais uma vez ao corpo para o versículo fazer sentido. Finalmente, o recém-falecido defronta-se com duas personagens, uma atraente e perfumada, a outra repelente e malcheirosa, que representam o bem e o mal feitos durante a vida. No fim da provação, os castigos apropriados são infligidos àqueles que os merecem – uma espécie de processo purgatorial para aqueles que, afinal, não merecem o inferno – e, para os fiéis, as recompensas adequadas, um antegosto no próprio túmulo das dores da Geena e dos prazeres do paraíso. Depois, segundo a maioria dos relatos, vem um sono sobre o morto até a hora final, a ressurreição e o juízo.

O *eschaton* alcorânico

O Alcorão prega o juízo final em termos vivos, como o Novo Testamento e os apócrifos judeus, embora não haja evidência clara de que se acreditava que fosse iminente, ou que Maomé fosse em algum sentido o seu arauto, como se pensava que Jesus fora. Como seus equivalentes cristão e judeu, o *eschaton* muçulmano desenvolveu-se numa série de atos, ligados com o fim próximo da morte e julgamento de cada indivíduo e com o fim distante de um dia de julgamento (*yawm al-din*) universal ou dia da ressurreição (*yawm al-qiyama*). Na "hora", uma trombeta soará e o mundo se enrolará como um rolo de pergaminho. Ao toque na segunda trombeta, os mortos sairão de suas sepulturas e se reunirão aos seus corpos. O grande julgamento, o ajuste de contas (*al-hisab*) se seguirá: o livro dos atos de cada mortal será lido e avaliado, os atos pesados. Os justos receberão Jannat Adan, o Jardim do Éden; os maus, Jahannam, ou Geena. O Alcorão evita essa cena de julgamento muitas vezes nas suras primitivas, e embora os quadros do fim sejam intensos e detalhados, são mais impressionistas do que esquemáticos. Jahannam é apenas um dos sete nomes diferentes para inferno no Alcorão, por exemplo. A tradição exegética posterior muitas vezes aumentou os detalhes de maneira imaginativa, ao passo que os juristas e os teólogos, como vimos, que também tinham um considerável corpo de *hadith* sobre o assunto para explicar, tentaram reduzir os sumários instantâneos escatológicos a um relato sistemático. O que exatamente ocorreu no fim, e em qual ordem, nunca foi estabelecido com exatidão, mas os juristas dedicaram considerável atenção aos acontecimentos, particularmente aqueles com implicação política, que precediam ao fim, e à questão da intercessão – se era possível para o ser humano vivo, ou talvez só os santos mortos, intervir em favor do pecador no julgamento.

Intercessão no islã

O Alcorão adverte fortemente contra contar com qualquer assistência perante o tribunal de Deus: "Se pedires perdão por eles setenta vezes, Deus não os perdoará porque rejeitaram a Deus e seu apóstolo" (9,50). E de novo, no dia do julgamento, "os malfeitores não terão nenhum amigo ou intercessor para tornar as coisas mais fáceis" (40,19). De fato, o princípio geral e estabelecido com grande clareza: "Cuidado com o dia quando nenhuma alma pode dar satisfação por outra, e nenhuma compensação feita por ela, e não serão úteis" (2,45; cf. 2,123). Os versículos parecem dirigir-se aos descrentes, para que fiquem contando com a ajuda do último minuto para se salvarem da condenação. Outro conjunto de versículos tem expectativa diversa. Os deuses adorados pelos mequenses pagãos não têm nenhum poder, seja na vida seja na morte: "Eles (os pecadores mortos) não terão nenhum intercessor dentre aqueles que associaram com Deus" (30,13). "Terei deuses além dele?", diz o pagão. "Se o Misericordioso pretende alguma adversidade, a intercessão deles de nada me adiantará" (36,23).

Esses pontos referem-se aos descrentes; não significa que os fiéis devam perder a esperança. Daí resultou que existe a forte possibilidade de intercessão (*shafaa*) no Dia do Juízo em favor daqueles que se submeteram, mas, no entanto, pecaram. O Alcorão repete sempre de novo que tal intercessão ocorre quando e se Deus permitir (20,109; 34,22). Não diz quem goza do privilégio – os anjos talvez –, mas a tradição muçulmana foi rápida em estendê-la ao profeta Maomé, a quem por ordens de Deus foram concedidos favores especiais (17,79; 93,5), inclusive, se pensava, o poder da intercessão. Os *hadith* deram forma às modalidades. Maomé é descrito rezando pelos mortos, e o costume permanece normativo entre os muçulmanos. Outra tradição diz que todos os profetas anteriores cederam seus poderes de intercessão a Maomé e ele, por sua vez, os exerce em prol dos membros da comunidade muçulmana. O que se seguiu foi simplesmente um debate dos juristas sobre até onde se estendiam esses poderes de intercessão. Tanto aos pecados sérios como aos leves? Em favor apenas daqueles que se arrependeram (a posição cristã sobre a intercessão) ou por todos os pecadores? No final, os tradicionalistas forneceram o que se tornaram as respostas normativas: Maomé intercederá por todos os pecadores e por todos os pecados.

Um salvador volta

À medida que os juristas e os teólogos lerem a evidência da aproximação do Final dos Tempos, a comunidade muçulmana será rachada por cisma e sectarismo. Deus, no entanto, enviará socorro na forma do *mahdi*, o guiado, que será um homem da casa de Maomé – ele também será chamado Muhammad ibn Abdullah – e unirá o islã. A noção não é alcorânica: Maomé dificilmente poderia ter previsto o tamanho de sua comunidade, muito menos que ela sofreria cismas, e o Profeta mortal e morto dificilmente serviria como seu próprio messias. Ao contrário, a crença parece ter surgido nas guerras civis cismáticas do primeiro século islâmico e ter tido sua origem nos mesmos círculos que acabaram se desenvolvendo em xiismo (ver I/5). Segundo os xiitas, o mahdi seria de fato alguém da casa de Maomé: um descendente do imã Ali. Se o *mahdi* era uma noção xiita, foi logo abraçada pelos sunitas, não como uma certificação dos álidas nesta vida, mas como uma expectativa de ajuda da Casa Profética na próxima. O que seria exatamente essa ajuda dependia, como aconteceu no judaísmo, da forma com que o cenário escatológico estava sendo lido. Muçulmanos em número suficiente liam-no em termos políticos para fazer do *mahdi* um símbolo ainda mais poderoso de insurreição ou revolução política do que o messias fora para os judeus (ver I/1).

O ato seguinte no drama escatológico começará com a vinda do Anticristo, o Enganador (*al Dajjal*), que introduzirá um outro reinado de terror, que durará até o aparecimento de Jesus, que, conforme o Alcorão, foi elevado ao céu vivo e deve voltar à terra para morrer. Na sua volta, ele matará o Anticristo e depois ocorrerá o Juízo Final descrito no Alcorão.

O turbilhão de expectativa messiânica no islã de meados do século VIII talvez tenha sido tão real como o que agitou o judaísmo palestino no primeiro século. O excesso omíada, junto com as crescentes dúvidas acerca da legitimidade da nova dinastia e suas pretensões, provocou a reação islâmica, a opressão grega e romana provocou a reação dos judeus, ao que acrescentamos dúvidas acerca dos reis hasmoneus, os herodianos que os sucederam, e até, em algumas partes, o sumo sacerdócio do templo. A inquietação política e religiosa palestina terminou nas duas insurreições malfadadas contra Roma, tendo a segunda delas uma aura messiânica característica em torno de seu líder, Bar Kokhba. O descontentamento muçulmano chegou a termo na revolução abássida de 750, embora essa não tivesse sido mais do que a substituição de uma dinastia califal por outra que chegou ao poder na esteira, ou na promessa, do messianismo álida, que se concentrou nos filhos de Ali.

Desde cedo no xiismo, os partidários da família de Ali colocaram suas esperanças de restauração em cada um dos dois ramos de seus descendentes. Um era da linhagem de Maomé Ibn al-Hanifiyya ("filho da mulher hanifita"), descendente de Ali e uma de suas esposas tribais, e o outro era da linhagem ou de Hasan ou Husayn, os filhos da união de Ali com Fátima, filha de Maomé. As pretensões dos primeiros foram apresentadas, como vimos (I/8), por al-Mukhtar, e ainda que não conseguissem seu fim original de colocar um álida no trono califal, título que supostamente passou de Maomé, filho de Ibn al-Hanifiyya, para o primeiro dos abássidas, reforçou as pretensões de legitimidade do último. Por isso tudo, foram os descendentes da linhagem Ali-Fátima que triunfaram, não no sentido de que governaram, mas na medida em que controlaram e formaram o xiismo, tanto em sua variedade ismailita como imamita.

O obscuro e indefinido Ibn al-Hanifiyya, porém, era mais do que pretendente ao poder político; parece ter estado entre os primeiros do islã a serem considerados o *mahdi*. Por trás dele talvez estivesse o protótipo do próprio Ali, que muitos de seus seguidores acreditavam que um dia voltaria para guiar a comunidade. De fato, alguns dos seguidores de Ali negaram que ele tivesse morrido. Fosse qual fosse a metafísica que estava por trás dessa crença – desde cedo a idéia comum nos grupos extremistas xiitas era que Ali era divino de alguma forma (ver II/9) –, a convicção de que o imã, finalmente, o *último* imã, voltaria à sua comunidade espalhou-se entre os xiitas de todos os matizes de crença.

Quer tenha morrido ou desaparecido, o reaparecimento do imã xiita foi a volta de outra dimensão de alguém que já tinha estado vivo. O sentimento é paralelo às crenças judaicas pós-exílicas (e finalmente islâmicas) acerca de Elias ou Enoc. O crescimento da convicção dos xiitas de que o último imã, fosse o sétimo ou o duodécimo, estava oculto e um dia voltaria é o resultado plausível de dois fatores: negação da morte de um líder reverenciado, que estava aparentemente silenciado no caso de Maomé, mas persistia no caso de Ali; e aquilo que pode ser chamado, de maneira geral, de expectativa messiânica. Os messias nascem do desespero, em particular de um desespero de que os processos políticos, ou até, de maneira mais geral, os processos históricos, nunca podem alcançar o fim desejado. No caso muçulmano, foi provavelmente engendrado pelo fracasso da revolução abássida em restaurar um dos Povos da Casa, sempre entendido como unicamente o ramo álida da casa do Profeta, ao imamato. Os abássidas, tendo deposto os omíadas, recusaram-se a ceder o imamato a um álida, e os xiitas levaram suas esperanças frustradas para outro lugar. O imã escondido foi oculto em outra dimensão e assim ficou a salvo das autoridades abássidas. Um dia, porém, voltará como messias para restaurar a verdadeira dispensação islâmica.

A volta esperada de Jesus, que sofreu seu próprio ocultamento quando foi elevado, glorificado, mas inequivocamente numa condição física, do monte das Oliveiras para seu Pai no céu (At 1,6-14; Alcorão 4,158), foi adiada dentro de uma geração de cristãos de um futuro imediato para um futuro indefinido. Essa transformação de expectativa pode ter ocorrido mais rapidamente ainda entre os xiitas. A esperança presente desapareceu nos círculos xiitas dos séculos IX e X. Os crentes prepararam-se para o longo período de tempo até o *eschaton*, e os que eram impacientes o bastante para começar a contar os dias e os atos para o Final dos Tempos e, portanto, para o retorno do imã, foram advertidos a se abster de tais exercícios perigosos.

Nota: Às vezes a impaciência triunfou. Embora escondido, o Imã Oculto, ou Imã das Idades, como também era chamado, fornece orientação permanente para a comunidade xiita, como já vimos (ver I/8). Mais do que conselho, sua intervenção um pouco mais direta foi espetacularmente invocada – e se acreditou que ocorrera – em dois momentos na história xiita moderna. A primeira foi a Revolução Constitucional Iraniana de 1906-1911, quando os ulemás xiitas anunciaram que a oposição à nova constituição equivalia a tomar em armas contra o Imã Oculto. Recorreu-se ao mesmo expediente em 1979, na Revolução Iraniana. Dessa vez havia um foco mais particular. O aiatolá Khomeini (m. 1989) foi universalmente reconhecido como porta-voz do Imã, e pelos entusiastas como o próprio Imã, que voltara enfim para "encher o mundo com justiça e retidão" ou, senão o mundo, pelo menos a República Islâmica do Irã.

O *mahdi*

De algum ponto desse mesmo terreno de esperanças e desapontamento, os sunitas encontraram sua própria explicação de um salvador do Final dos Tempos. Chama-se *al-mahdi*, o divinamente guiado. *Mahdi* não começou seu percurso como um epíteto escatológico; de fato, numerosas figuras proeminentes no islã inicial foram assim caracterizadas por sua santidade ou conduta reta, e um califa abássida – os omíadas usavam seus nomes comuns, mas os abássidas preferiam mais os títulos de trono aos meros nomes – assumiu al-Mahdi como seu nome de trono, e outro al-Hadi, aquele que guia divinamente, sem qualquer implicação escatológica notável. A primeira associação dessa caracterização com o Final dos Tempos foi aparentemente feita com Jesus, a quem os muçulmanos esperavam que voltaria não apenas para sucumbir à necessidade mortal de morte (ver I/3) – seu túmulo está preparado próximo ao de Maomé em Medina –, mas, muito à maneira da crença cristã, para iniciar o estágio final na história do cosmos. Na versão muçulmana desse enredo, o *mahdi* era simplesmente uma caracterização do Jesus da parúsia. Jesus, porém, era uma personalidade mítica e, como se notou, muçulmanos piedosos e desiludidos de meados do século VIII necessitavam de uma ajuda mais concreta e mais imediata. Um príncipe *mahdi* foi projetado para dentro do presente imediato, um messias mais histórico do que escatológico, para corrigir erros presentes e inaugurar um islã mais autêntico.

Os sunitas, como os xiitas, colocaram suas esperanças nos abássidas, os primeiros para ajuda, os segundos para realização ou cumprimento. Ambos ficaram desapontados, mas enquanto os xiitas tinham seus próprios candidatos potenciais na pessoa dos imãs álidas, os sunitas não tinham nenhum. Não havia necessidade, portanto, nem para um ocultamento nem para uma volta: o *mahdi* sunita era simplesmente adiado para um *eschaton* indefinido, não como Jesus – embora alguns continuem a sustentar que Jesus e o *mahdi* são um e o mesmo –, mas ao lado de Jesus, e os enredos muçulmanos subseqüentes do Final dos Tempos preferiram atribuir papéis separados ao *mahdi* e a Jesus.

Como o messias dos judeus, o *mahdi* não perdera toda a sua potência política em seu adiamento para o Final dos Tempos. Em várias ocasiões em vários lugares, pessoas se adiantaram para anunciar que elas eram o *mahdi* esperado. Nos tempos modernos, a restauração do islã foi no mais das vezes procurada no contexto de formação de um Estado islâmico ou de expulsão da dominação estrangeira sobre a população muçulmana. O representante moderno mais famoso desse tipo continua sendo Muhammad Ahmad, que revelou sua identidade de *mahdi* no Sudão em 1881 e convenceu muçulmanos em número suficiente da verdade de suas pretensões para conduzir uma insurreição contra os ingleses, que destruiu um exército britânico comandado pelo general Charles Gordon em Cartum em 1885, e precisou de outro comandado pelo general Arthur Kitchener para depô-lo em 1889.

Pensamentos finais

Povos do Livro e da Aliança

As três comunidades religiosas monoteístas, que chamamos de judaísmo, cristianismo e islã, constituem agora o maior bloco de crentes organizados na terra. Os números são obviamente apenas aproximados, ou talvez imaginados, mas acredita-se que os cristãos de todas as tendências sejam cerca de 2 bilhões no mundo todo, os muçulmanos, um pouco mais de 1 bilhão e os judeus, cerca de 15 milhões. Unificá-los sob a palavra monoteístas é apenas começar a descrever os laços que os unem. Todos adoram o que podemos identificar, com reservas, como o mesmo Deus. Todos os três acreditam que essa divindade interveio na história humana em várias ocasiões, de duas maneiras muito particulares. Primeiro, esse Deus concluiu um pacto ou aliança com uma personagem que se entende como histórica, Abraão; segundo, a mesma divindade fez, em seguida, sua vontade conhecida a seus seguidores através de uma revelação formal que acabou preservada na forma de um livro sagrado.

Portanto, além de partilhar um vasto leque de ideologia, história e tradições, cada uma das três comunidades que consideramos remonta a uma Escritura sagrada – os muçulmanos os chamam corretamente de Povos do Livro –, livro que cada um crê ter sido revelado pelo Único Deus Verdadeiro que todos eles adoram. Ademais, como já foi notado, todos os três podem ser chamados de "abraâmicos" no sentido de que (1) há uma estória de Abraão no centro de sua memória de longo prazo (a memória de longo prazo dos cristãos é de fato a mesma dos judeus – está na Bíblia, embora de forma um tanto diferente); (2) essa estória tem a ver com uma promessa, uma aliança, um contrato e (3) cada um pensa que é o único beneficiário dessa promessa, o único herdeiro genuíno entre os filhos de Abraão.

Odium theologicum

Judeus, cristãos e muçulmanos não parecem se preocupar muito uns com os outros, percepção visível tanto a partir de nossa própria experiência como dessa breve investigação de como esses três se portaram no mundo. Tudo, desde silêncio ameaçador até polêmica repulsiva e mutilação inefável, marcou as suas relações quando o tempo, lugar ou circunstância os misturou ou, mais exatamente, colocou um ou dois deles sobe o controle político de um terceiro. Não há, todavia, nenhuma simetria em suas relações políticas. Desde o século IV e.c. até 1948, os judeus viveram apenas com sofrimento político e religioso sob cristãos ou muçulmanos, enquanto os dois últimos muitas vezes trocaram de lugar na dominação mútua da Espanha aos Bálcãs e à Palestina.

Por que essa hostilidade mal disfarçada que às vezes quase chegou à destruição? Na verdade, cada um reconheceu que os outros dois devem ser marcados como inferiores, embora não, em termos gerais, aniquilados: uma "solução final" nunca foi parte do cálculo de qualquer uma das três comunidades monoteístas. Tem havido, porém, muita hostilidade teológica, desprezo político e incontáveis tentativas de dominação, controle e repressão. O registro é tão evidente como a história. Mas por quê?

Todos os três povos são filhos de um mesmo pai, de uma maneira que é mais do que mera metáfora. Embora todos os três tivessem o mesmo pai, pensava-se que esse pai reconhecia, sem grande quantidade de evidência, apenas um herdeiro genuíno, que cada um agora afirma ser. A luta entre os monoteístas, portanto, é uma briga de herança – sobrevivência, justificação, exaltação, salvação, seja lá como for classificada – e qualquer tolerância concedida de má vontade ao outro é um reconhecimento de que, afinal de contas, são parentes, descendentes de mesmo pai. Deus, o *mesmo* Deus, é o Pai Criador para os judeus, cristãos e muçulmanos igualmente, mas seu verdadeiro progenitor foi o xeique patriarcal chamado Abraão no passado distante, mas ainda vivamente relembrado.

A religião de Abraão

A identidade do pai do monoteísmo e os problemas que colocou para seus filhos se deram com extrema clareza na Arábia ocidental nas primeiras décadas do sétimo século cristão. À medida que a mensagem de Maomé começava a revelar-se em Meca e Medina, alguns nessas cidades escutaram e ouviram algo familiar em suas palavras. Esse novo chamado ao monoteísmo, com sua ameaça de julgamento no mundo futuro, suas estórias de outros profetas em outros tempos – não pertenciam à fé dos judeus e dos cristãos? Não, respondeu o novo profeta árabe: "esta é a religião de Abraão" (Alcorão 2,135).

Se era Deus quem falava nessa ocasião, como os muçulmanos acreditavam, ou se era simplesmente um extraordinário pregador de Meca, a resposta era exata. A pregação envolvida como revelação no livro chamado Alcorão era de fato a religião de Abraão. O monoteísmo insistente de Maomé – o coração da mensagem que brotava dos lábios dele em Meca e Medina – era abraâmico em sua urgência e sua pureza. Para Maomé, como para Paulo, o seguidor de Jesus, Abraão era o monoteísta prototípico, um homem que passara da idolatria do Oriente Médio de seus pais para uma fé simples no Deus Criador. Abraão, porém, representava algo mais. Foi feito um argumento adicional no Alcorão, como fora antes feito por Paulo. Abraão era *anterior* a Moisés e à Torá e *anterior* a Jesus e aos evangelhos, e por isso não pode ser considerado nem judeu nem cristão. A pretensão do Alcorão de afinidade com Abraão era, de fato, uma negação de dependência, e derivação, tanto do judaísmo como do cristianismo. Mas essa orgulhosa ligação com Abraão fizera, ao mesmo tempo, o islã, como a nova comunidade de crentes começou a ser chamada, um irmão dos dois. Juntos eles eram, e são, parentes, a família de Abraão.

Quem é o herdeiro?

A expressão "Filhos de Abraão" toma, portanto, a imagem de uma família, dos descendentes do mesmo pai. A descrição é tanto adequada como exata: as comunidades de judeus, cristãos e muçulmanos afirmam todas que são, em algum sentido, os descendentes do patriarca hebreu com quem Deus fez sua Aliança nos primeiros dias do mundo. Mais corretamente, afirmam que são os únicos herdeiros legítimos de Abraão, visto que a Aliança que Deus fez com ele levava consigo uma rica promessa. No Gênesis, em que é noticiada por primeiro, a herança que passará para os filhos de Abraão consiste de números – serão tão numerosos como as estrelas no céu e a areia na praia do mar – e de terra: sobreviverão, florescerão e, finalmente, serão justificados antes de toda a humanidade.

Para os judeus, é evidente por si mesmo que são herdeiros de Abraão, porque são descendentes de Abraão, tanto por descendência de sangue – na Bíblia são chamados pelo nome tribal de "Filhos de Israel", neto de Abraão – como por sua fidelidade para com os termos da Aliança. Ninguém, nem judeus nem os não-judeus que disputam com eles a herança, negou a primeira afirmação: os judeus são de fato descendentes de Abraão através de Isaac e Jacó, sendo o último renomeado Israel. Os cristãos e os muçulmanos têm algo mais em mente, no entanto. Alguns judeus, talvez muitos, retomaram a questão de que não bastava ser descendente de Abraão para garantir a herança; era exigido a mais um tema de debate vivamente sectário na virada da era comum. O movimento de Jesus nasceu nesse ambiente de contenda, e os seguidores de Jesus acabaram tomando a posição radical de que não se tratava absolutamente de ser descendentes de sangue – João Batista não pregara que Deus poderia suscitar filhos de Abraão até das pedras se quisesse (Mt 3,9)? – nem da sua *obediência* aos termos da Aliança como numerosos judeus começavam a entender o termo, como observância escrupulosa da Lei. Foi a *fé* dele que tornou Abraão justo aos olhos de Deus, e mais uma vez seria a fé – desta vez em Jesus como Messias e Senhor – que constituiria a nova Aliança que Deus planejara e os profetas predisseram (Rm 4,1-22). Portanto, o cristão, o crente em Cristo, era o verdadeiro herdeiro da fé de Abraão e da promessa da Aliança de Deus.

A afirmação muçulmana é um pouco semelhante. No ponto de vista do Alcorão, os judeus e os cristãos, ambos receptores de uma revelação genuína, mostraram-se infiéis ao legado abraâmico. A sua infidelidade provocou outra revelação, o Alcorão, transmitida pela ação de um homem assinalado como "o selo dos profetas" (Alcorão 33,40), o agente final das revelações providenciais de Deus à humanidade. O Alcorão não apenas transcende e substitui a Torá e o evangelho; ordenou nada menos do que uma volta à "religião de Abraão" (3,68). O que constituiu essa última – o que o Alcorão chama de *islam* ou "submissão" – era monoteísmo estrito e a prática de uma versão purificada de algumas práticas rituais de Abraão que tinham de algum modo conseguido sobreviver em Meca e sua vizinhança.

O verdadeiro Israel

Com bases puramente cronológicas, o culto original desse Deus Javé, como os judeus foram ensinados a chamá-lo (Ex 3,13-16), aparece como algo prístino, sem origens ou antecedentes humanos. Começou como resultado de um ato inexplicado, e talvez inexplicável de fé e obediência da parte de um patriarca hebreu seminômade chamado Abraão (ou Abrão, como era então conhecido) em "Ur dos caldeus". No entanto, o destino de Abraão não estava no que hoje é chamado de Iraque, mas na faixa de território espremida, muitas vezes à maneira de uma presa numa armadilha, entre Egito de um lado e Assíria e Babilônia do outro lado do Crescente Fértil. Aos olhos dos descendentes de Abraão, sua fé comum herdada não teve precursores entre os povos do Oriente Médio, e seus pretensos sucessores são todos tidos como tentativas desencaminhadas ou maliciosas de falsificar o original. Ou talvez, num modo de ver diferente, mais liberal, os outros dois prováveis monoteístas são uma extensão providencial da fé originalmente confiada aos judeus e por eles aceita.

Nem o cristianismo nem o islã pretendem ser prístinos. Eles não apenas reconhecem o seu passado judeu; cada um proclama o seu *status* de comunidade substitutiva. Cada um é, em certo sentido, o novo, o verdadeiro "Israel", o sucessor legítimo e autorizado da Aliança feita com Abraão e seus herdeiros. Mas assim como os judeus contestam essa reivindicação de herança aos cristãos, assim também os cristãos a negam aos muçulmanos: Jesus, chamado Cristo, encerra a ação intervencionista divina como final para os cristãos, assim como Maomé o faz para os muçulmanos.

Quando o cristianismo e também o islã afirmam que "sucederam" ao judaísmo, tem-se uma afirmação que é tanto teológica como histórica. Cada um anuncia sua sucessão ao título de Povo Escolhido simplesmente como tal, mas cada um sucedeu a esse título num dado momento na história, e a sucessão foi condicionada pela evolução da comunidade-mãe. Jesus tomou carne "na plenitude dos tempos", como diz Paulo (Ef 1,10), e num momento da história de Israel determinado desde o começo pelo decreto eterno de Deus (Ef 1,4), quando o mundo "gemia" por sua libertação. Os cristãos, em cujas fileiras logo se incluíram sofisticados intelectuais do mundo gentio da Antiguidade, foram rápidos em discernir sinais desse gemido de expectativa entre a inteligência pagã desde as meditações de Platão sobre a imortalidade da alma até os sonhos de nova era de Virgílio em sua quarta *Écloga*.

A eleição do islã como o novo Israel tem o mesmo tipo de especificidade vaga. Na maneira como os muçulmanos leram a história, tanto o judaísmo como o cristianismo sofreram uma espécie de evolução degenerativa, uma descida da revelação original para um estado de descrença. O islã não era apenas um sucessor teológico para as outras duas comunidades de fé; como já foi notado, foi o revivescimento histórico da fé original de Abraão e de sua família (Alcorão 2,135). O conhecimento não terrivelmente firme que os primeiros muçulmanos tinham da história dos judeus e dos cristãos, ou da história secular do Oriente Médio, não permitiu, contudo, que desenvolvessem de alguma maneira considerável o mesmo tipo de argumento histórico de uma *praeparatio quranica* que se mostrou útil para os cristãos.

Uma família dividida

Tanto os cristãos como os muçulmanos afirmam, como fazem de fato os judeus, que são os únicos herdeiros do legado de Abraão. A exclusividade de suas reivindicações levou os três irmãos a uma família notoriamente dividida, visto que cada um duvida da legitimidade dos outros, enquanto ao mesmo tempo reconhece, muitas vezes indiretamente e sempre de má vontade, sua filiação mútua. Os cristãos, por exemplo, quando gozaram da soberania que torna tal ação possível, decretaram a aniquilação do paganismo e mostraram pouca tolerância para com seus próprios hereges. Ao mesmo tempo, concederam aos judeus, que viviam sob seu controle político, uma espécie de tolerância protetora. Os muçulmanos tampouco mostraram misericórdia para com pagãos ou apóstatas, decretaram os judeus e cristãos que viviam sob sua soberania como comunidades protegidas e sob uma aliança (*dhimma*) de segurança com os muçulmanos.

Como já se observou, a animosidade peculiar de cada um dos três grupos para com seus correligionários monoteístas necessita de pouca documentação. As proteções garantidas foram cobertas por séculos de polêmica opressiva e solapadas por surtos explosivos de perseguições e guerras santas: pogrom e calúnias sangrentas, cruzadas e *jihad* soam por demais familiares nas comunicações mútuas dos Filhos de Abraão. Os judeus ficaram um pouco de fora da equação, não porque o fanatismo de seu monoteísmo ou a exclusividade de suas pretensões sejam menos determinados do que os dos cristãos e dos muçulmanos, mas por causa de sua realidade um pouco menos atenuada de que os judeus nunca exerceram, pelo menos até 1948, soberania sobre seus rivais teológicos. Agora, porém, existe um Estado declaradamente judeu, talvez o primeiro desde 6 e.c., quando os romanos sopraram as cinzas de uma monarquia judia cliente na Palestina. Israel é uma obra em andamento; está ainda tentando encontrar o equilíbrio entre suas origens seculares e as crescentes sensibilidades religiosas de seus cidadãos. Já aprovou uma lei para a "Proteção dos Lugares Santos" plenamente dentro da tradição tolerante e movida pelos direitos das atuais democracias do Ocidente. Ao mesmo tempo, o crescimento do fundamentalismo religioso aí dá motivo para pensar que esta pode não ser a última palavra sobre o assunto da relação dos judeus com os outros Filhos de Abraão no Estado de Israel.

As três comunidades avaliaram de maneira totalmente diferente as promessas abraâmicas de crescimento e terra. Os judeus sempre a tomaram num sentido absolutamente literal. A fidelidade de Deus ao seu lado da Aliança está sem dúvida demonstrada pela sobrevivência continuada do povo judeu, enquanto seus rivais e antagonistas de longa data, os cananeus, egípcios, assírios e babilônios, foram reduzidos a memórias históricas sem importância. Até a promessa da terra se cumpriu, pela conquista de Canaã nos últimos anos do segundo milênio antes da era comum e, de novo, nesses últimos dias, como pensam alguns, pela restauração do Estado judeu nessa mesma terra santificada pela promessa de Deus. Os judeus sempre foram sionistas em seu apego à terra prometida, particularmente quando separados de seu solo, como estiveram no exílio de 597 a.e.c. ou quando impedidos de entrar nos seus lugares mais santos, como depois da insurreição de 132 e.c. Esse apego, porém, era meramente nostálgico, até que tomou seu primeiro corpo não substancial como sonho político na última metade do século XIX e, depois, como uma realidade completa no Estado de Israel em 1948.

Para cristãos e muçulmanos, cuja história comunitária foi de crescimento extraordinariamente rápido, a questão da sobrevivência pareceu bastante irrelevante. Também a questão territorial. O Império Romano, que se tornou cristão trezentos e poucos anos depois de Jesus, ultrapassou os mais selvagens sonhos de ambição imperial, e o cristianismo mostrara também sua capacidade de saltar tanto as fronteiras políticas como étnicas e se estender por todos os rincões do globo. O islã também gozou de sucesso político excessivo: apenas cem anos depois de Maomé, a Casa do Islã se estendia da França às fronteiras da China. A atração de uma "terra prometida" não foi tanto alcançada como esmagada pelos acontecimentos.

Mas as duas comunidades religiosas traziam outra promessa consigo. A pregação original de Jesus e de Maomé tinha em seu núcleo uma profunda expectativa escatológica da justiça divina, de recompensa para os justos e de castigos para os maus na outra vida. Essa justiça seria atribuída aos indivíduos, certamente, mas seus seguidores também a entendiam num sentido mais amplo como justificação da comunidade. O sonho nascera do Israel original, mas fora rapidamente apropriado pelos dois pretendentes posteriores que não leram mais as promessas da Aliança em termos de números ou terra, mas nada menos que a promessa de salvação eterna.

Os encantos dos rivais

A hostilidade transparente entre os herdeiros de Abraão parece muitas vezes ter mascarado o medo comum que cada um tem do fascínio do outro. A polêmica entre as três comunidades foi de fato produzida sobretudo para consumo doméstico, escrita para garantir aos seus próprios crentes que eles, não seus rivais obviamente atraentes (se olharmos de perto), eram o Povo Escolhido. Se os judeus do segundo e do terceiro séculos se angustiavam com a sangria de seus membros para a forma nova e messiânica de suas crenças chamada cristianismo, os cristãos estavam igualmente alarmados com a perspectiva de seus novos gentios convertidos poderem voltar ao tronco da árvore da qual eram evidentemente os ramos. E embora a lei religiosa muçulmana permitisse a prática livre de sua religião para os judeus e cristãos que viviam no meio deles, ela deixa bem claro aos seus companheiros de Escritura que de maneira alguma devem tentar seduzir os muçulmanos a abraçar a fé de qualquer um dos dois adoradores do Único Deus Verdadeiro.

Não é fácil fazer o mapa da passagem interconfessional dos crentes de uma comunidade de fé para a outra. Tudo o que podemos observar é que quase todos os primitivos convertidos ao cristianismo eram judeus ou crentes da órbita dos judeus ou simpatizantes judeus – aqueles primitivos "pescadores de homens" lançavam suas redes principalmente nas águas da sinagoga –, e depois que o islã deixou para trás os beduínos pagãos da Arábia, o número esmagador de novos muçulmanos era feito nas fileiras dos judeus e dos cristãos. Como os fundamen-talistas modernos, os monoteístas antigos eram propensos sobretudo a se converterem uns aos outros. Os judeus continuaram a se converter ao cristianismo e ao islã por toda a Idade Média, embora o fato deva ser lido nas entrelinhas da polêmica, e o mesmo é verdadeiro para cristãos e muçulmanos, uns em relação com os outros, fosse o motivo convicção, medo ou esperança de vantagem.

Sempre e em toda parte houve medo dos efeitos do mais poderoso de todos os missionários, o amor. Judeus e cristãos pregaram esforçadamente e tentaram esforçadamente fortalecer a endogamia. A legislação eclesiástica medieval sobre o assunto era tão severa e proibitiva como a promulgação de Neemias na Jerusalém do século VI a.e.c. Os esforços exortativos e as medidas legislativas contra casar-se fora da fé não foram feitos por algum sentido de pureza racial, mas porque se sabia muito bem que as conversões eram freqüentemente feitas debaixo dos lençóis e que as mães sabiam lidar com as cabeças e os corações de seus filhos pequenos. Os muçulmanos parecem muito mais relaxados a esse respeito. A prática da poligamia e particularmente do concubinato pode ter amaciado um pouco os vínculos e as obrigações do matrimônio, contudo mais provavelmente sua complacência com a exogamia era atribuível ao fato de que o islã se difundiu na esteira de uma conquista de um exército masculino, homens que deixaram suas esposas e filhos, se os tinham, longe e muito para trás. Casaram-se forçosamente com populações não muçulmanas conquistadas, experiência que os judeus e os cristãos nunca tiveram. Os missionários cristãos eram celibatários; os missionários do islã eram mulherengos.

Fé e história

O foco deste estudo não é sublinhar a hostilidade (ou a atração subliminar) que existiu e, de modo muito transparente, ainda existe entre os adoradores do Único Deus Verdadeiro, mas apontar para algo que está igualmente em evidência entre eles, embora apenas num exame um pouco mais cuidadoso. A pretensão de unicidade é básica à ideologia judaica, e o substitucionismo, como vimos, está profundamente dentro da auto-identificação dos cristãos e dos muçulmanos. Mas as três comunidades também cresceram uma à sombra ideológica e institucional de cada uma das outras e, nos tempos pré-modernos, em circunstâncias sociais e políticas similares. Por isso não têm apenas semelhanças genéticas herdadas de Abraão e da Aliança, mas todo um conjunto de traços adquiridos e condicionados emprestados, roubados ou imitados – as palavras realmente importam? – uma da outra. Afinal, é um retrato de família de parentes definitivamente não separados no nascimento. Viveram juntos – lado a lado dificilmente faz justiça à sua intimidade – durante tempos muito bons, na Espanha medieval, por exemplo, e durante tempos aflitivamente maus, como na moderna Jerusalém. Por isso o presente livro é essencialmente uma obra de história. Está menos preocupado com os aconte-cimentos no céu do que com o que é divulgado na terra; menos com os *acta Dei* do que com os *gesta*, embora mais com os *gesta fidei*, os "atos incitados pela fé", do que com os *gesta hominum* mais familiares do historiador.

Se as três comunidades monoteístas parecem ter integrado fatos e fé, teologia e história, sem qualquer grande empecilho, a presente obra não goza de confiança tão fácil. Os crentes nas fés monoteístas aceitam essa fé precisamente como tal. A Escritura é aceita como total e simultaneamente verdadeira – uma grande quantidade de esforço foi desenvolvida na resolução de suas aparentes contradições – e a mesma aceitação é, enfim, concedida ao extenso corpo de dilatação e explicação chamado "tradição". Mas as três comunidades são notáveis no sentido de que tanto sua Escritura como sua tradição se desdobram dentro das dimensões de tempo e lugar que chamamos de história. Judeus, cristãos e muçulmanos têm, todos, seus momentos cósmicos e explicações posteriores escatológicas que fogem à história, mas são, com tudo isso, apenas momentos. Tanto os *acta Dei* como os *gesta hominum* que compõem o corpo de suas Escrituras ocorrem, somos levados a entender, em tempo histórico discernível.

Se os atos de fé internos dão-se em algum órgão humano até agora não detectado, os instrumentos do historiador estão bem à mão, e desde o século XVIII foram cada vez mais usados no Ocidente para atacar, deliberadamente ou como conseqüência não tencionada de acuidade intelectual, os fundamentos da fé religiosa. Os acontecimentos da Escritura – Moisés conduzindo os israelitas para fora do Egito, Jesus diante de Pilatos, a derrota que Maomé inflige aos coraixitas hostis em Poços Badr – foram todos apresentados como verdadeira história para aceitação dos crentes, o que acabei de caracterizar como *gesta fidei*. A história, porém, assim como se apresenta, pode ser tanto verificada como aceita. No século XIX, os europeus não apenas conseguiram estabelecer a autonomia absoluta da disciplina – a história não é guiada por nenhuma verdade superior nem responde a ela –, mas tinham também elaborado técnicas de análise e crítica que podiam ser empregadas ao que fora outrora considerado as Palavras de Deus. A Escritura podia agora ser tratada como mera fonte pela nova casta de historiadores que tinham algumas perguntas difíceis a fazer a Moisés no Egito, a Jesus diante de Pilatos e a Maomé naqueles famosos poços de água da Arábia ocidental.

Índice remissivo

B

C

D

N

O

Q

R

U

V

O autor

F. E. Peters – um dos maiores *experts* em fés monoteístas do mundo – é professor de História, Religião e Estudos do Oriente Médio na Universidade de Nova York. Entre outros livros, é autor de *Islam: A Guide for Jews and Christians* e de *The Children of Abraham*. No Brasil tem publicada a obra *Os monoteístas vol. 1: os povos de Deus* pela Editora Contexto.

O tradutor

Jaime A. Clasen é formado em Filosofia e Teologia, com pós-graduação em Sociologia. É tradutor no campo das Ciências Humanas, com destaque para a área de Teologia.